State, Corporatism and Social Movements
:Between Institutions and Collective Action

国家・コーポラティズム・社会運動

制度と集合行動の比較政治学

桐谷 仁

東信堂

まえがき

われわれは、日々の生活において、家庭、職場、近隣等々の各種の社会領域で組織間関係の網の目のなかに組み込まれて暮らしている。もちろん、時と場合によって、あるいはひとによって、それらの組織間関係への依存度は、物質的にも精神的にも、また量的にも質的にも、異なるであろう。ある場合には、それが、生活上のいわば「セーフティ・ネットワーク」として働いて、物質的な安定と精神的な安心を与える基盤となることもある。また、逆に、それは、あるひとにとっては、「関係の桎梏」として立ちはだかり、まるで「関係性の囚人」であるかのような意識をもたらすものであるかもしれない。その場合、そうした組織間関係のあり方は、当人にとっては、自己の存在を圧迫・抑圧する対象でもあり、抵抗や離脱や変革の対象ともなりうる。さらに、そうした関係性そのものの稀薄さや欠如のために、疎外感を抱くひともいる。しかし、あるひとにとっては、その関係性の稀薄さが、束縛の少なさを意味し、自発的かつ積極的に新たな関係性を構築する機会につながることもある。いずれにしても、どのようなひとであれ、「すでに、ここに」ある既存の組織間関係の編成のあり方とは無縁ではありえない。たとえ、そこから「排除」されているひとでも、既存の組織間関係が織りなす「アリーナ」のまさしく「外部」に置かれているという形態をとって「存在」しているのである。

こうして、われわれは、各種の組織間関係に由来する様々な「しがらみ」とのかかわりで行動せざるをえない。だが、ここで問題にしたいのは、その「しがらみ」を人々がどのように受け止めるのかといった、人々の側の心理や意識ではない。むしろ、どのような「しがらみ」があるのか、そのなかで人々はどのようなかたちで存在しているのか、そして、その「しがらみ」がどのような人々の行動をとらせるのか、といった「しがらみ」の側を問題にしたいのである。つまり、われわれの意識内容ではなく、われわれの存在形態の諸相を明るみに出すことが重要であると考えている。

私が本書で解明しようとした課題は、なによりも、そのような組織間関係のあり方が、政治領域のある側面において、人々の政治行動にどのようなかたちで影響を及ぼしているのかである。そこで、まず第一に、そうした組織間関係がどのようなまとまりをもったものであるのか、そのまとまりのかたちの違いはどのようなものであるのか、を見定めることから始めた。本書では、組織間関係の配置のあり方を「制度」として規定する。さらに、その組織間関係の配置が流動的かどうか、その「揺らぎ」の程度を「制度変動」とみなす。政治領域としては、生産者団体や職能団体に着目して、とくに労使の組織間関係の「集権化」のあり方（「ネオ・コーポラティズム体制」）に焦点を据えた。そのうえで、戦後の先進諸国のそうした制度編成や制度変動の動向を比較してみると、決して一様ではなく、各国の「多様性」もまた浮かび上がってくることが明らかになった。

第二に、そうした制度配置および制度変動によって、人々は、他者との関係性に根ざした「集合行動」をどのような場合に、どのようなかたちで展開するのか、という主題に議論を進める。本書では、制度編成の内部に起点をもつストライキ行動と、制度外部からの新しい社会運動という形態の異なる二つの集合行動に注目した。そして制度配置および制度変動とそれらの新旧社会運動との関連について、石油危機以後の先進諸国を例にとって比較分析を試みた。その結果、制度および制度変動と集合行動とは、従来しばしばいわれていたような単純な比例的な直線的な関係にはないケースも多々あり、それは、より複雑な型をもっていることがわかった。たとえば、制度化の程度の高低両極で運動が活発化するU字型の関係なども示唆されるのである。

われわれは、なによりも制度的存在たらざるをない。そして制度が行動を規定するのであって、その逆ではない。そのような「われわれ」の政治行動と制度の関係は、決して単純ではなく、より複雑ないくつかの型がある。要するに、われわれを取り囲む「しがらみ」とそこにおける政治行動の一端を明らかにすること、これが本書の底流にあるモチーフである。

こうした本書の意図そのものが妥当かどうか、また、その意図が、本書において奏功しているかどうかは、読者の方々の判断に委ねるしかないことはいうまでもない。だが、議論を具体的に展開するに先だって、本書の狙いをまずはじめに簡単ではあるが述べさせていただいた。

本書は、これまで私が勤務先の静岡大学の紀要にすでに発表した論文の一部を、字句の修正だけでなく、内容や配列の面でも大幅に加除・修正を施して再構成したものである。本書のもとになった論文の初出は以下の通りである。

・序章――書き下ろし。ただし、序章第二節は「市民社会論の復権と『社会資本』の概念――国家―社会関係をめぐる一考察(十)」『法政研究』(静岡大学法経学会)第六巻二号(二〇〇一年一二月)の〈補論〉の一部、ならびに「制度と集合行動との関係をめぐって――ネオ・コーポラティズムの再解釈と社会運動」『法政研究』第七巻一号(二〇〇二年八月)の一部に大幅に加筆修正を施して所収した部分がある。

〈第一部〉

・第一章――「市民社会論の復権と『社会資本』の概念――国家―社会関係をめぐる一考察(一)」『法政研究』第二巻三・四号(一九九八年三月)の第二章二節と三節を全面的に削除のうえ加筆修正を施し、「同(二)」『法政研究』第三巻一号(一九九八年九月)の第三章三節を削除のうえ加筆修正し、そして「同(四)」『法政研究』第四巻一号(一九九九年八月)の第四章三節一項を大幅に加筆修正のうえ所収した。

・第二章――「市民社会論の復権と『社会資本』の概念(五)」『法政研究』第四巻二・三号(二〇〇〇年一月)の第四章三節三項の一部を大幅に削除したうえで加筆修正を施し、そして「ネオ・コーポラティズムと政治経済パフォーマンス(一)」『法政研究』第六巻三・四号（二〇〇二年三月）の第一章の一部を大幅に加筆修正して所収した。

〈第二部〉

・第三章――「市民社会論の復権と『社会資本』の概念（六）」『法政研究』第五巻一号（二〇〇〇年八月）の一部を大幅に加筆修正して所収した。

・第四章――「市民社会論の復権と『社会資本』の概念（六）」『法政研究』第五巻一号（二〇〇〇年八月）の第四章三節三項、そして「同（七）」『法政研究』第五巻二号（二〇〇〇年一二月）第四章三節七項の一部を大幅に改稿したもの。この既発表の論文では、本章で用いられたものとは若干異なる分析モデルによって議論が展開されており、本章では当該部分を全面的に書き改めた。

〈第三部〉

・第五章――「市民社会論の復権と『社会資本』の概念（七）」『法政研究』第五巻二号（二〇〇〇年一二月）第四章三節八項の一部を大幅に加筆修正して所収した。

・第六章――「市民社会論の復権と『社会資本』の概念（八）」『法政研究』第五巻三・四号（二〇〇一年三月）の一部を大幅に加筆修正して所収した。

・第七章――「市民社会論の復権と『社会資本』の概念（九）」『法政研究』第六巻一号（二〇〇一年八月）の一部を大幅に削除し加筆修正を施し、また「同（十）」『法政研究』（第六巻二号、二〇〇一年一二月）の〈補論〉を除いた部分に加筆修正を施して所収した。

・終章――書き下ろし。ただし「市民社会論の復権と『社会資本』の概念（十）」『法政研究』第六巻二号（二〇〇一年一二月）の〈補論〉の一部、ならびに「制度と集合行動との関係をめぐって――ネオ・コーポラティズムの再解釈と社会運動」『法政研究』第七巻一号（二〇〇二年八月）の一部に大幅に加筆修正を施して所収した部分がある。

このようなかたちで連載中の論文の一部を本書に所収するにあたっては、とくに『法政研究』（静岡大学法経学会）に関わる静岡大学人文学部法学科の学会幹事をはじめ関係各位に謝意を表したい。

本書の刊行にあたっては、慶應法学会（慶應義塾大学）から出版助成金をいただいた。ここに厚く御礼申し上げる次第である。また当初の予定時期より刊行が遅れたため、幹事をはじめ同法学会の関係各位にはご心配をおかけしたことをお詫び申し上げたい。

なお、前述の本書所収の諸論文に関連して、平成八－一〇年度には文部省科学研究費補助金（基盤研究（C）（2）：課題番号08620057）の配分を受けたことを申し添えておきたい。ここに記して感謝の意を申し上げる次第である。

二〇〇二年八月二五日

著　者

まえがき（i）

序　章……3

第一節　本書の課題……3

第二節　本書の分析視角……5

①制度概念（5）　②国家―社会関係とコーポラティズム概念の再解釈（7）　③集合行動―ストライキ行動と新社会運動（10）

第三節　主要な論点……11

①国家―政治社会―市民社会――コーポラティズムと国家―社会関係（12）　②相対集権化と絶対集権化（15）　③相対脱制度化・変易率と絶対脱制度化・変易率――制度変動（17）　④促進・抑制・U字型・ハンプ型（逆U字型）――制度配置・制度変動と社会運動（20）

第四節　本書の構成……23

①第一部　ネオ・コーポラティズムと国家―社会関係（23）　②第二部　ネオ・コーポラティズムとストライキ行動（25）　③第三部　ネオ・コーポラティズムと新社会運動（26）

注（27）

第一部　ネオ・コーポラティズムと国家―社会関係……33

第一章　国家─社会関係とネオ・コーポラティズム……35
はじめに……35
第一節　国家対社会の二元論を超えて……36
①国家─社会関係をめぐる論争（36）　②ネオ・コーポラティズム論の問題提起（37）　③社会の二重性──政治社会と市民社会（38）
第二節　国家─社会関係とネオ・コーポラティズム……40
①国家─政治社会─市民社会：A・ステパンの図式（40）　②政治経済体制ないし社会経済レジーム（41）　③アソシエーション（結社）の論理（43）
第三節　組織間関係の配置としてのネオ・コーポラティズム……47
①影響力の論理（47）　②組織間ネットワークへの埋め込み（49）　③公的地位の問題と「アソシエーション」の論理（50）　④調整型自主規制（52）
第四節　ネオ・コーポラティズム体制下の緊張関係……54
──アソシエーティヴ・デモクラシー論の諸問題──
①各種の民主主義形態との関係（55）　②拒否権ポイント──否定的論理（58）
第五節　ネオ・コーポラティズムと新旧社会運動──制度編成とコンフリクトとの関係──……60
①利益媒介の制度的論理（60）　②コンフリクトの形態──シュミッターの図式（62）　③国家─社会関係と新旧社会運動──本書の構図（65）
おわりに……68
注（69）

第二章　ネオ・コーポラティズム論の展開と比較コーポラティズム分析の新たな指標……79
——相対・絶対集権化ならびに脱制度化・変易性——
はじめに……79
第一節　ネオ・コーポラティズム指標をめぐる論争……81
第一項　政策形成への参加の制度化の度合(83)
①社会民主主義政権の問題(83)　②政権構成の問題(84)　③所得政策への労組の参加度(86)　④広範な経済政策過程への労働の参加度(88)
第二項　集権化と集中化をめぐる議論(91)
①集権化と集中化の概念をめぐる問題提起(91)　②論争点(92)　③アイヴェルセン指標(94)　④M・ゴールデン、M・ワレンシュタイン、P・ラングのGWL指標：ハーフィンダール指標(Herfindahl Index)の援用(99)　⑤問題点(102)
第三節　修正指標——相対的集権化と絶対的集権化：政治社会と市民社会との乖離……103
①相対集権化と絶対集権化(103)　②意　義(105)　③各国の「多様性」(107)　④デュアリズム——理論的含意(その一)(108)　⑤インサイダー対アウトサイダー——理論的含意(その二)(111)　⑥マクロ＝ミクロ・リンケージ——理論的含意(その三)(112)
第四節　ネオ・コーポラティズム体制の制度変動：変易性と脱制度化の概念を中心に……115
①制度変動——制度配置の揺らぎ(115)　②脱制度化と変易率(117)　③軌道の「多様性」(118)　④ストライキ行動と制度の不安定性(120)
おわりに……121

注(123)

第二部　ネオ・コーポラティズムとストライキ行動……………137

第三章　制度問題とストライキ行動――行動論から新制度論へ――……139

はじめに――問題の所在……139

第一節　行動論的視座……141

第一項　政治意識・心理中心的アプローチ(141)

①制度的コンテクストとの関係(142)　②イベント偏向――方法の問題(143)

第二項　多元主義論――集団論あるいは圧力団体的アプローチ(144)

①多元主義論への批判(146)

第二節　各種の制度論的アプローチ……147

①制度概念の諸相(147)

第一項　権力資源の動員――組織化・社会民主主義政権・選挙動員の問題(149)

①資源動員・組織能力モデル――ティリー=ショーター・モデルとブリット=ゲール・モデル(149)　②制度設定の問題――組織能力と政党の問題：D・スナイダー・モデル(151)　③権力資源モデル：選挙動員と社会民主主義政党の存在――コルピー&シャリフ・モデル(154)　④問題点(156)

第二項　ランク・アンド・ファイルの反乱と社会民主主義政党・エリートのジレンマ(159)

①ランク・アンド・ファイルと反社会民主主義政党の問題――D・ヒッブス・モデル(159)　②政治的要因の重要性(160)　③ランク・アンド・ファイルの叛乱と反社会民主主義政党の存在(161)　④問題点――反・社会民主主義

型の労働者政党(162)　⑤労組＝社会民主主義政党のトリレンマからランク・アンド・ファイルの反乱へ(163)
第三項　構造論的—組織論的視座(166)
①構造から制度へ——ハンプ型モデルの提示：L・ペローネ＝E・O・ライト・モデル(166)　②組織間関係の配置への着目——フランゾッシ・モデル(168)
第三節　ネオ・コーポラティズム論による解釈……172
①促進説から抑制説へ(172)　②問題点(173)
おわりに……175
注(176)
第四章　ネオ・コーポラティズムとストライキ行動——修正モデルによる比較分析——……189
はじめに……189
第一節　ストライキ行動の諸類型……190
第二節　相対・絶対集権化とストライキ行動——修正モデル(一)……193
①モデルの概要(195)　②推定結果(198)
第三節　制度変動とストライキ行動——修正モデル(二)……203
①脱制度化・変易率とスト行動との関係(205)　②推定結果(206)
おわりに……208
注(211)

第三部　ネオ・コーポラティズムと新社会運動……215
第五章　政治的機会構造論と新社会運動論……217
はじめに……217
第一節　政治的機会構造論の展開……219
第一項　多元主義的アプローチへの批判(219)
①多元主義とインプットの問題(219)　②ハンプ型説の提起(220)　③挑戦者の問題(221)　④小　括(223)
第二項　政府能力の問題(224)
①入力から出力へ(224)　②政策アリーナの問題(225)　③入力と出力との関連――H・キッチェルトの図式(227)
④小　括(229)
第三項　プロテスト・サイクルと統治連合の問題(232)
①プロテスト・サイクルの問題(232)　②統治連合の問題(234)　③政治体制との関係(236)　④機会構造論と資源動員論の関係(237)
第二節　新しい社会運動の「新しさ」……239
第一項　「新しさ」の根拠(239)
①政治意識対構造変動――主観主義と客観主義の二元論(240)　②制度的論理の必要性(242)
第二項　国家―社会関係の変容と争点の変化(243)
①福祉国家―コーポラティズムの危機――H・キッチェルトの議論(243)　②争点の変容：「ライフ・チャンス」(245)　③生産対消費(246)　④構造から制度へ(247)　⑤国家―社会関係と政治領域の再編：C・オッフェの議論(248)　⑥新旧社会運動の区別(250)　⑦階級連合論(251)

おわりに……253
注(255)

第六章　ネオ・コーポラティズムと新しい社会運動——自由民主主義体制と集合行動——……265
はじめに……265
第一節　リベラル・デモクラシーと新しい社会運動……266
①運動の周期性と政治体制の時期区分(267)
第二節　多元主義体制と新しい社会運動……269
①多元主義の制度的論理(269)　②弁護論的多元主義とその批判(272)　③多元主義のパラドックス：修正多元主義論(273)　④小　括(274)
第三節　ネオ・コーポラティズム体制と新社会運動……275
①促進説(277)　②抑制説(278)　③帰無説(無関係説)(279)　④ハンプ型(282)　⑤U字型(284)
おわりに……284
注(285)

第七章　ネオ・コーポラティズム体制における政治的機会構造と新社会運動……291
——代替的な修正モデルによる比較分析——
はじめに……291
第一節　比較分析に向けて……292
①機会構造の再解釈(292)　②政治—制度的変数(294)　③新社会運動の諸指標(297)

第二節　コーポラティズム型制度編成の機会構造と新社会運動……300
第一項　説明モデルの概要――集権化と新社会運動(300)
第二項　推定結果と解釈(302)
①社会運動頻度(302)　②新社会運動への相対参加度(306)
第三節　制度変動の度合と新社会運動――コーポラティズム型制度編成の機会構造の変化――……309
第一項　説明モデルの概要――制度変動：脱制度化と変易率と新社会運動(311)
第二項　推定結果と解釈(313)
①新社会運動の頻度(313)　②新社会運動への相対参加度(316)
おわりに……320
注(322)

終　章……327
はじめに……327
第一節　議論の総括……328
①制度配置と新旧社会運動――集権化との関係を中心に(330)　②制度変動と新旧社会運動――脱制度化・変易率を中心に(331)　③政治社会と市民社会の両アリーナの差異――制度の相対性と絶対性(332)
第二節　既存のアプローチとの関連……332
第一項　旧来のコーポラティズム論との関係(334)
第二項　各種のアプローチとの関係(335)

①アクター対構造(336)　②国家対社会：政治アリーナの問題(337)
第三項　「社会」中心的アプローチ(338)
①修正多元論(338)　②階級闘争論(339)　③権力資源論(340)　④交叉階級連合論——階級同盟論との関係(341)
第四項　国家中心的アプローチ(342)
①国家の相対的自律性の問題(343)　②国家論(ステイティスト)——国家介入の問題(344)
第五項　体制変容と制度変動の問題(345)
①コーポラティズム変容論との関係——分権化とマクロ＝ミクロ・リンケージの問題(345)　②制度変動の問題(347)
第六項　社会運動論——政治的機会構造論の再解釈とU字型説(348)
①ミクロ的基礎づけについて(348)　②多元主義論および連合論(349)　③構造主義的アプローチ(350)　④資源動員論(351)　⑤政治的機会構造論の再解釈(352)
第三節　今後の課題と展望——比較の問題を中心に……353
おわりに……357
注(357)
あとがき……365
付録図表……369
主要文献リスト……442
索　引……446

国家・コーポラティズム・社会運動

——制度と集合行動の比較政治学——

序章

第一節　本書の課題

本書の問題関心は、制度と集合行動との関係を比較の観点から探索することにある。制度は社会運動にどのように影響を及ぼしているのか、逆に言えば、社会運動は制度によってどのように規定されているのか、あるいは規定されていないのか、これが、本書全体を覆っている大きな課題である。したがって本書は、集合行動を、アクター（行動主体）の意識や心理、あるいは計算合理性といったミクロ・レヴェルでの基礎付けに立脚して説明することを企図しているのではない。また、アクター間の相互作用が織りなす政治過程のなかで誰が影響力をもっているのか、いないのか、といった有力なアクターの有無やその複数性ないし優勝劣敗を特定し、その帰結として集合行動を説明することを意図しているわけでもない。

むしろ、本書の主眼は、どのような制度的コンテクストのなかで、アクターは、他者と相剋しつつ、どのようなかたちで集合行動を展開していくのか、言い換えれば、アクターを取り巻くどのような制度的環境が、アクターを集合行動へと駆り立てさせるのか、という課題を追求することにある。その意味で、社会運動を説明する独立変数は、アクターではなく制度なのである。

この問題設定は、「なぜ人々は叛乱するのか」（T・ガー）ではなく、「どのような場合に、どのようにして人々は叛乱するのか」に焦点をあてることを意味する。ここには、信条・イデオロギー、理念・規範、心理や意志、あるいは合理性や了解・納得も含めて、その動機がなんであれ、それだけでは、人々は集合性をもった叛乱を起こすわけではないという政治認識がある。当該アクターの目的や動機や認知図式や戦略の合理性を解明したからといって、ただちに、それが、行動の「集合性」を説明する有意性をもつわけではない。少なくとも社会運動が他者との関係性に根ざす「集合的」な行動として顕在化する以上、人々が集合行動に立ち上がるのは、アクター自身に根拠があるからというよりも、むしろ、当該アクターを文字通り集合的な行為の主体たらしめるような制度的条件があるはずである。あえて大胆にいえば、アクターには動機など欠落していても、あるいはアクターの意図に反してさえ、「集合的」行動は十分に起こりうる。むしろ重要なのは、そうした集合行動の制度的条件を見極めることのほうにあると考えるからである(1)。

もちろん、「集合」行動の制度的条件を探ることは、必要条件の追求だけであって、十分条件の解明ではなく、いくら必要条件を積み重ねてみても、それだけでは集合行動を説明したことにはならないという批判も成り立つことは確かである。しかし、このような批判が妥当するのは、必要条件としての制度の内実が、明確な場合に限られると思われる。はたして、本書で取りあげるストライキ行動にせよ、新社会運動にせよ、そのような制度的条件は十分明らかにされてきたのであろうか。あるいは、そもそも、その制度とはどのようなものなのであろうか。これらの制度への問いを抜きにして、アクターの各種の意図や動機に還元して集合行動を基礎づけることは、たとえその論証過程が洗練されている場合でさえも、説明としては十分ではないと思われる(2)。ここに、アクターの問題よりも、アクターを取り巻く「制度配置」を重視し、またアプローチの点でも制度論の先駆ともいえる「ネオ・コーポラティズム」論をあらためて取りあげる意義があると考える。

したがって、本書では、「ネオ・コーポラティズム」をめぐる問題を中心に議論が展開するが、しかし、その際には、同概念を、制度編成の「集権化」を主たる要素として再規定する。そして、それを踏まえたうえで、コーポラティズム化の制度化の程度と、新旧の社会運動（ストライキ行動と新社会運動）との関連を比較の視座から分析するつもりである。各章に入る前に、㈠

どのように制度を把握しているのか、そして、㈡なぜコーポラティズムなのか、また、㈢なぜストライキ行動であり新社会運動なのか、といった三点を中心にして、本書で用いられる用語や概念も含めて、分析視角について述べておきたい。

第二節　本書の分析視角

①制度概念

本書で、制度という用語はしばしば使われるが、その場合、アクターが組み込まれている組織間関係の「配置(configuration)」や「編成(arrangement)」や「布置(constellation)」のあり方を指し示している。それは、アクターを取り巻く環境として、あるいはアクター間の「関係」が織りなす「磁場」として存在し、そしてアクターが活動する「アリーナ」を構成し、アクターの行為のあり方を――拘束と解放の両者を含めて――規定しているものである。本書では、そうした意味において制度配置や制度編成や制度的布置構造という言葉もよく使われるが、それらはほぼ互換的であり、またときにはそうした制度的配置の体系的な存在という限定した意味で「体制(regime)」と言い換えている場合もある。さらに新制度論のアプローチに関連づけていえば、本書のアプローチは、後にみるように、国家―社会関係の観点から、政治社会と市民社会の二つのアリーナの区別とその両レヴェルのギャップに着目し、そして組織間関係の配置のあり方に焦点を据えているという意味において、「組織論的アプローチ」の一端に連なる(3)。したがって、本書でいう制度は、アクターにとっての「ゲームのルール」や「ノーム」といったミクロなレヴェルでの行動の次元に関わるものではない。むしろ制度は、マクロなレヴェルでの組織間関係の配置・布置・編成にアクターがどのように組み込まれているのかというアクターの存在の様態を示す存在論的な次元に関わっている。

新制度論の合理的選択派は、ゲームの「プレイヤー」としてのアクターと、「ゲームのルール」としての制度を区別し、アクターが、そうした制度の拘束のなかで行動せざるをえないことを強調する。このアクターの行動への制約に着目している点は、本書の議論と視点を共有している。しかし、その場合の制度とは、あくまでもアクターの行動にとっての前提や準則を示し、その行動を規定するものであって、アクターが置かれている存在のあり方に関わるものではない。だからこそ、諸々のゲームのルールを勘案することによって「われわれは再び行動論者の世界に入る」という主張を述べることができるのである(4)。そこでは、プレイヤーのプレイには関心があるが、しかしプレイヤーが置かれたポジション、あるいはプレイヤーとしてそもそも存立しうるかどうか、といったアクターの存在の基盤に関わる問題への考慮は稀薄になりがちである。

本書における制度観は、個人にせよ集団にせよ、行為主体は、それが行為の主体たりうるのも、その存在のあり方とは切り離すことができない制度内存在であるからだという視点に由来している。アクターの存在のあり方の違い(存在論的差異)が行動の相違をもたらすのであって、その逆ではない。したがって、アクターが保持する信条や心理、ましてやアクターが抱くアイデアとかイデオロギーの違いが決め手になって、各種の行動が集合行動として顕在化するのでもなければ、行動類型の差異がもたらされるわけでもない。この基本視角は、本書の底流に一貫している(5)。

このような存在論的な観点にたって、本書では、構造対行為という二元論ではなく、構造―制度―行為という三項図式のなかで制度を捉え直している。つまり、制度は、構造への依存性とアクターの自存性という両極のいずれでもなく、その中間ないし媒介的次元として設定されている(6)。

この三つの次元の関係については、**図表序-1**に示してある。構造の次元は、制度に影響を及ぼす各種の「要因」やアクターの「位置」を示唆する。それらの要因によって、制度を構成する諸々の「要素」が規定される。制度とは、そうした諸要素の布置構造を示している。アクターにとってみれば制度は、行為を展開するコンテクストやゲームのルールなど、行為へと転化す

図表序-1　構造－制度－行為とアクターとの関係

	構　造	制　度	行　為
アクター	要因：位置	要素：機会	契機：状況

る前提となる種々の「機会(opportunity)」の束として表われる。そして、その機会に応じてアクターは、「状況」のなかに行為の「契機(moment)」を見いだすのである。それらの制度の諸要素は、アクターを取り巻く組織間関係といった極めて物質的で客体的なものから、規範や倫理といった意識や文化という精神的(脱物質的)で主観的なものまでを含んでいる。ここから選好の形成は、優れて合理的・戦略的なものから倫理や信条に依拠するものにまで及ぶ。こうしてアクターの存在に関わる観点からみれば、構造次元での位置：要因──→制度次元での要素：機会──→行為次元での契機：状況という三層が成立するのである(7)。

ネオ・コーポラティズム論による比較分析がしばしば意図してきたのは、構造およびその変動の類似性と制度編成の差異性とによって政治・経済パフォーマンスや集合行動の相違を説明することであった。同様の構造的圧力にたいして制度編成が収斂していくのかどうか、あるいは各国で政治経済パフォーマンスの傾向が収斂化しているのかどうか、そして、そのパフォーマンスの違いに、制度編成はどのように影響を及ぼしているのか、あるいはいないのか、といった一連の構造―制度―行為といった諸次元の関係についての問題設定なのである。

したがって、本書でのコーポラティズム概念は、「制度」の次元で規定されている。それは、「協調行動」や「調整行為」といった「行為」の次元に属するものではない。しばしばコーポラティズム概念は、制度次元ではなく、経済全体への調整行為等のかたちで行為次元で把握されてきた。だが、それは、制度の次元と行為の次元とを混同することに陥いりやすい。あくまでも本書では、同概念は、組織間関係の布置として制度の次元で設定されている(8)。このような分析視角に基いて、本書では、制度編成の「集権化」に焦点をあてたコーポラティズムの制度化の程度の違いが、どのようにストライキ行動や新社会運動の発生や形態に影響を及ぼしているのか、という課題を探ることになる。

②国家──社会関係とコーポラティズム概念の再解釈

では、制度をそのように、組織間関係の編成のあり方として規定するとすれば、次の問題は、そうした組織間関係の各種のレヴェルや領域は、どのようなかたちで分節化されているのか、さらにいえば、そのようなレヴェルや領域として弁別させている基軸となる関係はなにか、言い換えれば「諸関係の関係」として、各種のアリーナや領域を区分させている支配的かつ基軸的な関係はなにか、あるいは、諸々の組織間関係が何を核にして分節化されているのか、ということになる。

そして、これらの問題を、ネオ・コーポラティズム論は、しばしば暗示的であるとはいえ、明確に意識していた。本書が、コーポラティズム概念を「集権化」を核とした組織間関係の制度配置の体系の一類型としてあらためて捉え直す理由の一端もそこにある。第一に、ネオ・コーポラティズム論では、そうした組織間関係の基軸として、「資本―労働関係」だけではなく、「国家―社会関係」も明確に意識化されており、さらには、この両者が交錯するアリーナも主題化されていた。この二つの「諸関係の関係」が、構造の次元かどうかということをここでは詳しく論じないが(9)、いずれにしても、各種のアリーナや領域を区分させているところの支配的な諸関係の存在が指摘されていたのである。もちろん、本書では、そうした「関係の拘束性」を述べているのであって、「関係の絶対性」を主張しているのではない。もし、そうした関係が絶対性を帯びているならば、制度の次元も行為の次元も、その自律性は成立しえないであろう。

第二に、それに関連して重要なのは、ネオ・コーポラティズム論は、そうした支配的な座標軸が存在するからといって、それが、そのまま組織間関係の編成に単純に反映されるとか、組織間関係の編成はそうした基軸的関係に還元されるといった反映論や還元主義に陥いっていない点である。つまり、組織間関係の配置としての制度次元が自律性をもっている点が、明確に意識されていたのである。たしかに、その自律性が相対的・媒介的か、あるいはより絶対的・独立的なのかが曖昧であるという指摘もある(10)。だが、いずれにせよ、ネオ・コーポラティズム論では、組織間関係の制度的配置が織りなす独自のアリーナが主題化されていた。したがって、そうした組織間関係の編成は、外部のいわば構造的圧力から生じる機能の顕在化としての役割構造の体系として把握されていたのではない(11)。

第三に、だからといって、ネオ・コーポラティズム論における利益媒介や利益代表の集団論の問題をただちに多元主義論の集団論の延長線上に位置づけることもできない。ネオ・コーポラティズム論は、多元主義論のように、アクターとしての利益集団がもつ影響力や支配力、あるいは特定の利益集団の政治過程における優劣に焦点をあてることよりも、むしろアクターを取り巻く組織間関係の配置に着目していた。そして当該利益集団がどのような組織間関係の編成に組み込まれているのかというまさに制度配置を重視していたのである。多元主義論は、主としてアクターとしての利益集団そのものに注目する。そして各種の利益集団のうちいずれかが、集団間の相互作用としての「政治過程」において支配的か、といった問題をたて、いくつかの事例を選択し、そのケース・スタディからその解答を経験的に導くことに主眼を置いている。これに対して、ネオ・コーポラティズム論は、アクターよりもアクター間の相互行為を規定する組織間ネットワークのあり方に焦点をあてている。そのうえで、そうした組織間関係を規定する基軸や、主要な組織間関係が展開されるアリーナなどを問題にしていたのである。

こうした点からも、ネオ・コーポラティズム論が「制度論の先駆」といわれる理由の一端は理解できよう(12)。制度配置としてあらためてネオ・コーポラティズム概念を再解釈することが適切であり、逆にいえば、制度編成を考察するうえでネオ・コーポラティズム論は重要な示唆を与えてくれるのである。

本書では、ネオ・コーポラティズムをめぐる種々の論争を踏まえたうえで、組織間関係の配置を示す鍵概念として「集権化」に焦点を据えて、制度配置としてネオ・コーポラティズムを捉え直し、さらに国家—社会関係を勘案して「相対集権化」と「絶対集権化」という修正指標をたてて、それを分析概念化する。

次に、その制度配置の流動性や不安定性といった「制度の揺らぎ」を「制度変動」とみなして、制度変動を「脱制度化」や「変易性」として尺度化し、その分析概念化をはかる。そして、ここでも国家—社会関係の視点を入れて「相対脱制度化」と「絶対脱制度化」、「相対変易率」と「絶対変易率」として指標化を試みている。そのうえで、それらを比較の尺度として主要先進国の制度配置と制度変動の様相における類似性と差異が分析されることになる。

③集合行動――ストライキ行動と新社会運動

前述のようにコーポラティズム概念が再把握されることを踏まえて、次なる課題は、コーポラティズム体制の制度化にともなって、国家―社会関係と資本―労働関係の二つを座標軸とする制度編成の内部にどのようなストレスやコンフリクトが抱えこまれるのか、そして、そうした緊張や対立は、どのようなかたちで集合行動として顕在化するのかということになる。

本書は、集合行動としてストライキ行動と新社会運動とを検討の対象とする。ストライキ行動を取りあげたのは、何よりも、そのアリーナと担い手も含めて制度内部に存在根拠があるからである。ストライキ行動は、制度の内部ではじめて労働者という役割を付与されるという意味での制度内アクターとしての労働者が、制度内部に埋め込まれているコンフリクトの一端をストライキ行動という制度内闘争として顕在化させたものと言い換えることができる。そこでは、制度とは、前述のように、集権化を中軸に据えた組織間関係の編成・配置・布置のことであり、労働者をそのような制度内アクターたらしめる存在論的なあり方のことを指し示している。アクターとしての労働者というものは、その制度的枠内に組み込まれている存在なのである。したがって、ここでいう制度は、アクターが動員・利用可能な道具という意味での「政治的資源」や「権力資源」のことではない。こうして労働者というアクターを主たる担い手としたストライキ行動はどのようなかたちでそうした制度配置と関連があるのかが探求される。

これに対して新社会運動は、とりわけそのアリーナが既存の制度の外部にあり、担い手もまた既成の制度が付与する役割を担うという意味での制度内存在ではない。しかし、そのように制度外部に存在しているからといって、既存の制度配置と無関係ではない。制度化のあり方が、制度の外部と内部の境界を規定するからである。したがって新社会運動が、制度編成の拘束から自由であるとは考えられない。むしろ、既存の制度配置との関係においてはじめて、その「新しさ」も理解しうる。ここに制度編成としてのコーポラティズムと新社会運動との関係を追求する意義があると思われる。

とくに新社会運動については、オールタナティヴとかニュー・ポリティックスという名の下で、イデオロギーやアイデアの問題としてしばしば議論されてきた。いうまでもなく、ここでは、運動を現実に担っているアクターの側ではなく、運動を観察する側の認識を問題にしている。本書では、運動の担い手が掲げるアイデアやイデオロギーをそれだけで自存・自立しているものとして分析・評価するのではなく、むしろ、そうした理念そのものの「意味」についてはひとまず括弧に入れて、それが、誰によってどのような場合にどのように展開されてきたのかといった理念の存在のあり方を見定めることのほうに重点を置いている。ここでE・ラクラウとC・ムフの議論を引き合いに出すならば、「言説」というものは、意味内容や他の言辞との関係だけにとどまらず、誰がいつどのようにして誰に向けてメッセージを伝達しようとし、それを誰がどのように受け止めるのか、それによって既存の力関係がどのように変わるのか、という送り手と受け手の関係等を含んだコンテクストに主眼があるからである(13)。その意味においても、まず何よりも必要なのは、様々なスローガン等を標榜して運動を担っているアクターが存立している(あるいは存在しえない)根拠にたいする配慮や了解であるように思われる。

第三節　主要な論点

このような基本的な視角に従って、本書では、国家—社会関係論の再検討のなかからコーポラティズム概念を「改釈」し、それを踏まえたうえで、ネオ・コーポラティズム体制と新旧社会運動との関係を再把握する。そのなかで本書は、いくつかの問題提起をおこなっているが、あらかじめ、ここでは本書の主要な四つの論点を提示しておきたい。

①国家—政治社会—市民社会——コーポラティズムと国家—社会関係

本書は、従来、国家対社会という二項対立図式で把握されがちであった国家—社会関係を、「社会の二重性」の観点から国家—政治社会—市民社会という三項図式で捉え返す。そして、その構図のなかでコーポラティズムの制度化が、政治社会と市民社会の両次元の自律性と区別という点に関わる問題であることを主張する(14)。従来のネオ・コーポラティズム論でも、この国家と社会の媒介領域、あるいは公—私の中間領域という第三の領域が自律的に存在することは示唆されていたが、しかし、それが十分に展開されていたとは言い難かった。

そこで本書では、次のようなかたちで議論を進めた。**図表序—2**にみられるように、「市民社会」のレヴェルに根拠を置きながらも、労働—資本関係は、その組織間関係の「集権化」が高まると、国家—社会関係でいえば「政治社会」のレヴェルでの「公的立場」へと転位するようになる。とくに、労資の領域を代表する職能団体の頂上部エリートは、国家—社会関係を媒介する「公的地位」を占め、所得政策等の公共政策の定式化への参加だけでなく政策の実施にも関与し、傘下への政策の浸透をも担うようになる。こうして典型的には、政労使の三者協議を中心にした、いわば「私的利益政府(Private Interest Government)」(P・シュミッター)が形成される。

その典型例が想定しているのは、労資双方、とくに労働内部における下

図表序-2　国家−社会関係におけるコーポラティズムの諸相

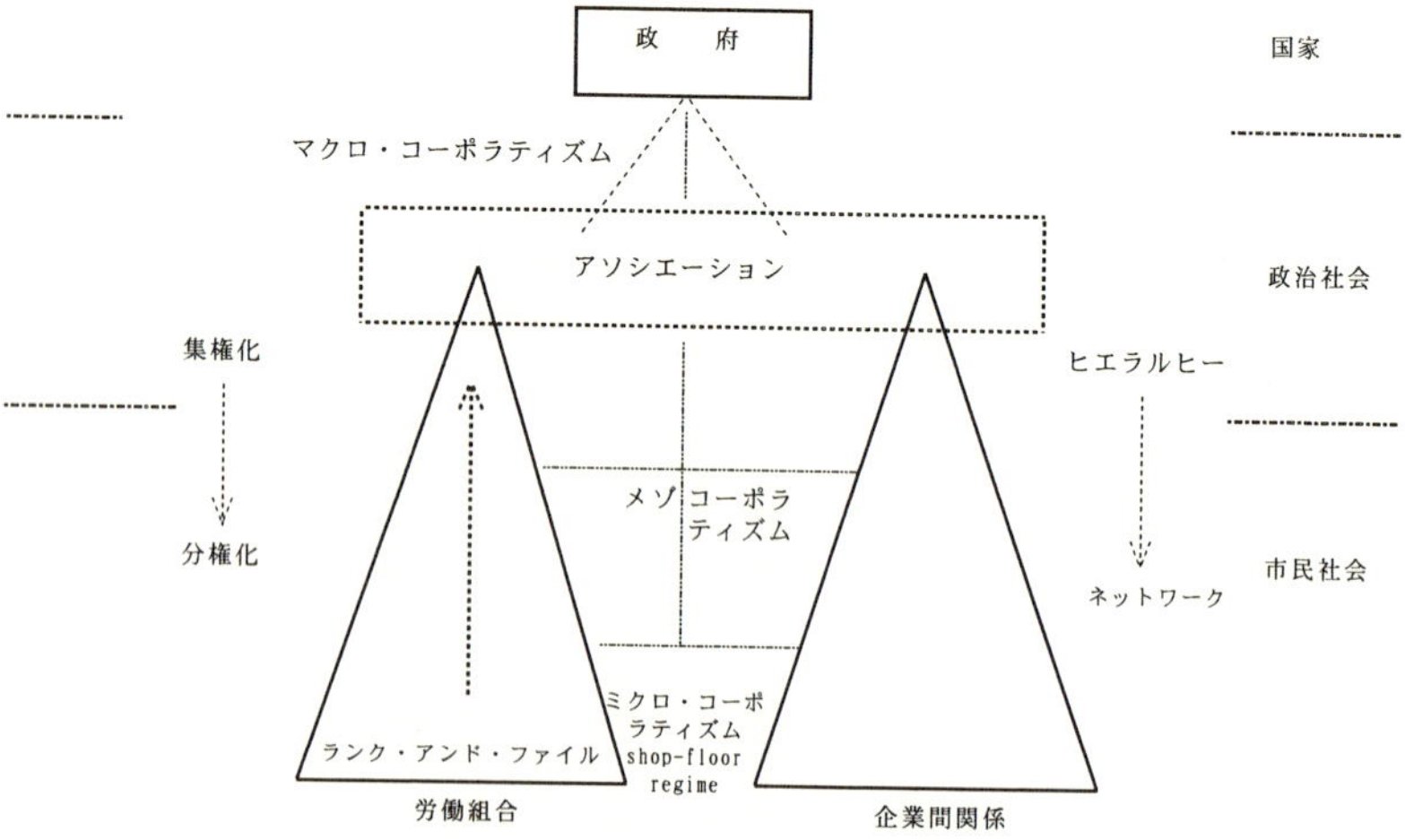

からの要求と上からのコントロールとの循環が円滑にいっている場合である。しかし、それは、労資領域における職能団体の組織間ネットワークが、労資双方を代表しているものになっているかどうかに依存している。こうして、結社と結社とが織りなす組織間関係の配置という、集団間の「関係性」を重視する「結社(アソシエーション)」の論理が俎上にのせられる。とくに労働におけるそうした組織間関係の編成をめぐる制度的論理がどのようになっているのかが焦点になるのである。

そして、労使関係の集権化、とりわけ労働領域における組織間関係の集権化が、国家―社会関係を機軸として進展すると、労働内部に亀裂と乖離が生じる可能性もまた生じてくる。これは、たんに労組エリート対ランク・アンド・ファイルの対立といったアクター間の次元のコンフリクトだけに還元されるものではない。むしろ、それは、より制度的な組織間関係の配置のなかに埋め込まれた葛藤なのである。言い換えれば、各アクターが存立しその行為を展開する「アリーナ」の乖離、つまり政治社会と市民社会というレヴェルの違いの問題でもある。ここから、コーポラティズム体制の鍵概念である「集権化」の程度の違いを、国家―社会関係の制度配置の位相のなかで再検討することが要請される。

しかし、従来のネオ・コーポラティズム論は、「集権化の程度」を考える場合に、政治社会と市民社会の両アリーナの「レヴェル」の区別と連関について、それほど詳しく議論を展開したわけではなかった。第二章でより詳しく跡づけることになるが、従来の比較コーポラティズム論では、労働者の「組織化」の問題を、「労組組織率」に代表されるような「集中化」として概念化したり、あるいは集団の「数」を重視して、ナショナルセンターの数を「独占度」として把握するにとどまっていた。また、「集権化」についても、労組指導部がそのメンバーをどの程度コントロールしているのか、という統制の問題に力点を置く傾向があり、そこには、未組織労働者も含めた労働者全体が視野に入ってこなかったといえる。

本書では、「集権化」といっても、組織間関係をみる視点を設定する「場所」の違いを重視している。**図表序-3**にみられるように、「市民社会」のレヴェルにまで包摂したかたちでの労働領域の組織間関係の配置の集権化の程度と、「政治社会」レヴェルにおける集権化の程度とでは、その「集権化」の意味が異なることに着目する。つまり、労働領域においてアウトサイダーも含めた労働者全体から捉えた場合と、組織化されたインサイダーの労働者からみた場合とでは、その実態もまた「二重性」を帯びるのである。しばしば指摘される「インサイダーとアウトサイダーとの分裂」という「デュアリズム」の問題も、ここでは、そうした政治社会と市民社会の両レヴェルの区別という観点から、再び照射されることになる。

また、この観点は、中央のマクロ・レヴェルとローカルなミクロ・レヴェルとの媒介や連携の問題(「マクロ＝ミクロ・リンケージ」)にも重なり合う面をもっている。そこでは、労働の各中央組織の頂点部と一般労組員のローカルな支部等とのあいだの組織間関係のネットワークの「(相対)集権化」だけが取りあげられるのではない。それに加えて、中央と地方あるいはマクロとミクロとをつなぐ組織間間関係の「環」が、より底辺から(「(絶対)集権化」として)把握されることによって、「マクロ＝ミクロ・リンケージ」が再把

図表序-3　相対・絶対集権化とインサイダー対アウトサイダー

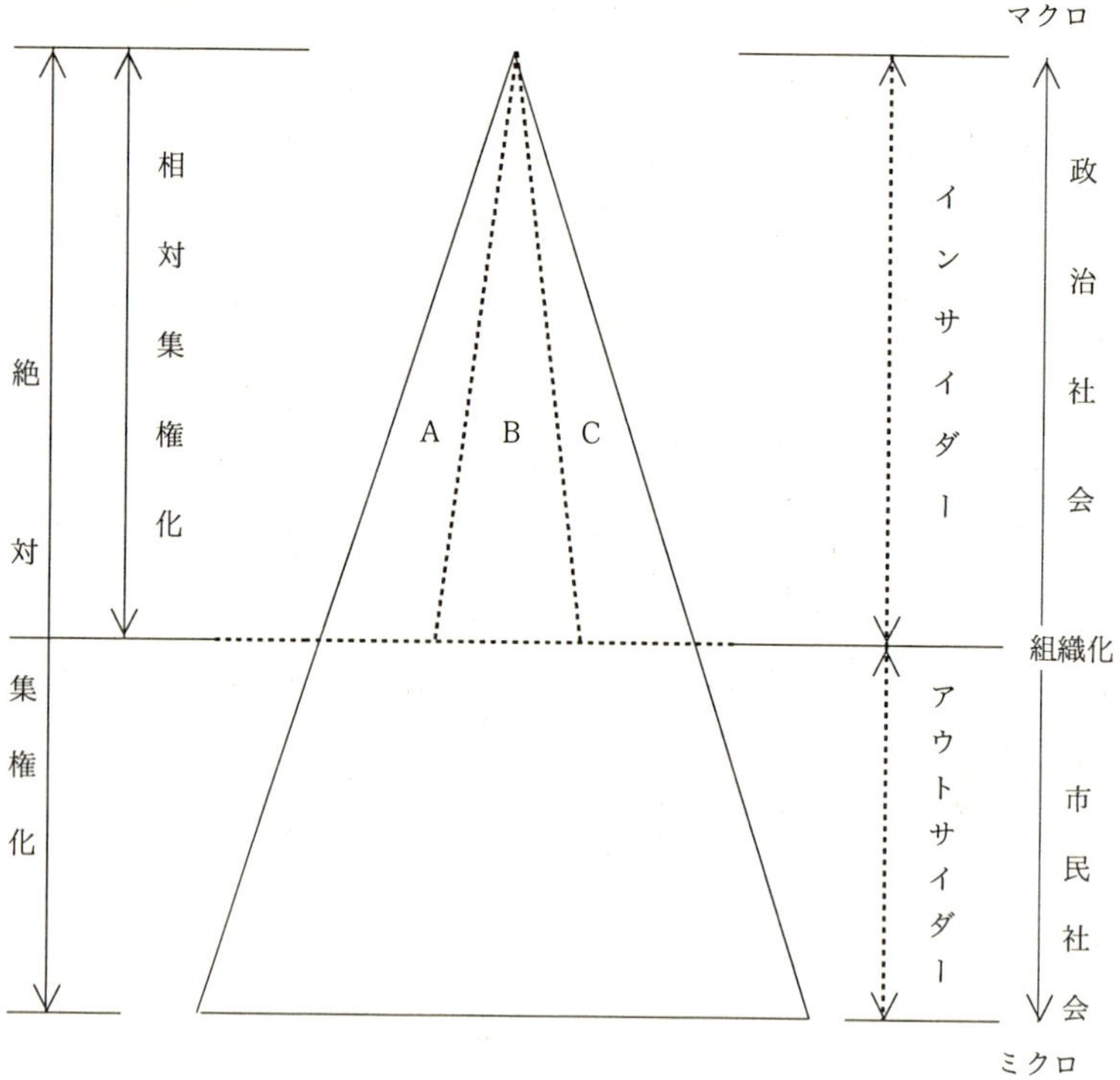

握されることになる。

こうして本書では、コーポラティズムの概念は、集団の数と大きさではなく、集団間の関係の布置構造を示す「集権化」に着目することで再解釈される。しかも、それは、国家―社会関係のなかで政治社会と市民社会という両アリーナのレヴェルの違いに則して認識されている。ここから、「集権化」もまた、政治社会のレヴェルに根ざした「相対的」な集権化と、市民社会レヴェルの「絶対的」な集権化とを識別することが必要となる。

②相対集権化と絶対集権化

本書では、前述のような国家―社会関係の三項図式における「政治社会―市民社会」の「社会の二重性」の観点から、ネオ・コーポラティズム体制の中核をなす要素で、また論争の的にもなった「集権化」の概念について、政治社会レヴェルの「相対集権化」と市民社会レヴェルの「絶対集権化」という新たな修正指標を提示する。この集権化指標は、第二章で詳しく論じることになるが、政党システム論における有効政党数や破片化の指標として使われていたものを活用した。つまり、その指標を労働の組織間関係の配置に援用したのである。基本的には、政党システムにおける「有効政党数」が、ナショナルセンターの「有効数(N)」になり、ここでいう「集権化」とは、その「有効数の逆数(1/N)」として算出される。

「相対集権化」とは、各ナショナルセンターの労組員の割合を基準にして算定したものを「相対組織率」もしくは「相対占有率」とし、それを労組員というインサイダー内部で各ナショナルセンターの占める位置や比重を示すものとしたうえで、そこからナショナルセンターの有効数を導いて算出したものである。そしてこの「相対集権化」を、「政治社会」のレヴェルの組織間関係の制度編成の集権化の度合を示す指標とした。第二章で詳しく述べるが、ここで簡単にこの指標を示しておくと以下のようなものである。すなわち、

・相対集権化＝Σ(各ナショナルセンター労組員/全労組員)^2

「絶対集権化」とは、未組織労働者も含めた労働者全体から各ナショナルセンターの労組員の割合を算定したものを「絶対組織率」もしくは「絶対占有率」とし、それを各ナショナルセンターが労働者全体に占める位置や比重を示すものとしたうえで、そこからナショナルセンターの有効数を導いて「絶対集権化」を算出したものである。絶対集権化は、未組織労働者というアウトサイダーを含めた労働者全体の視点からみた、組織間関係の制度編成の集権化の度合を示す指標であり、これを本書では「市民社会」のレヴェルでの集権化としたのである。したがって、この絶対集権化は、労組の組織率をも組み込んだ指標でもある（この指標も詳しくは第二章で述べるが、ここで簡単に示すと以下のようなものである）。すなわち、

・絶対集権化＝$\sum$（各ナショナルセンター労組員／労働者全体）^{2}

図表序-4　主要先進国における相対集権化と絶対集権化の関係（1945-85年平均）

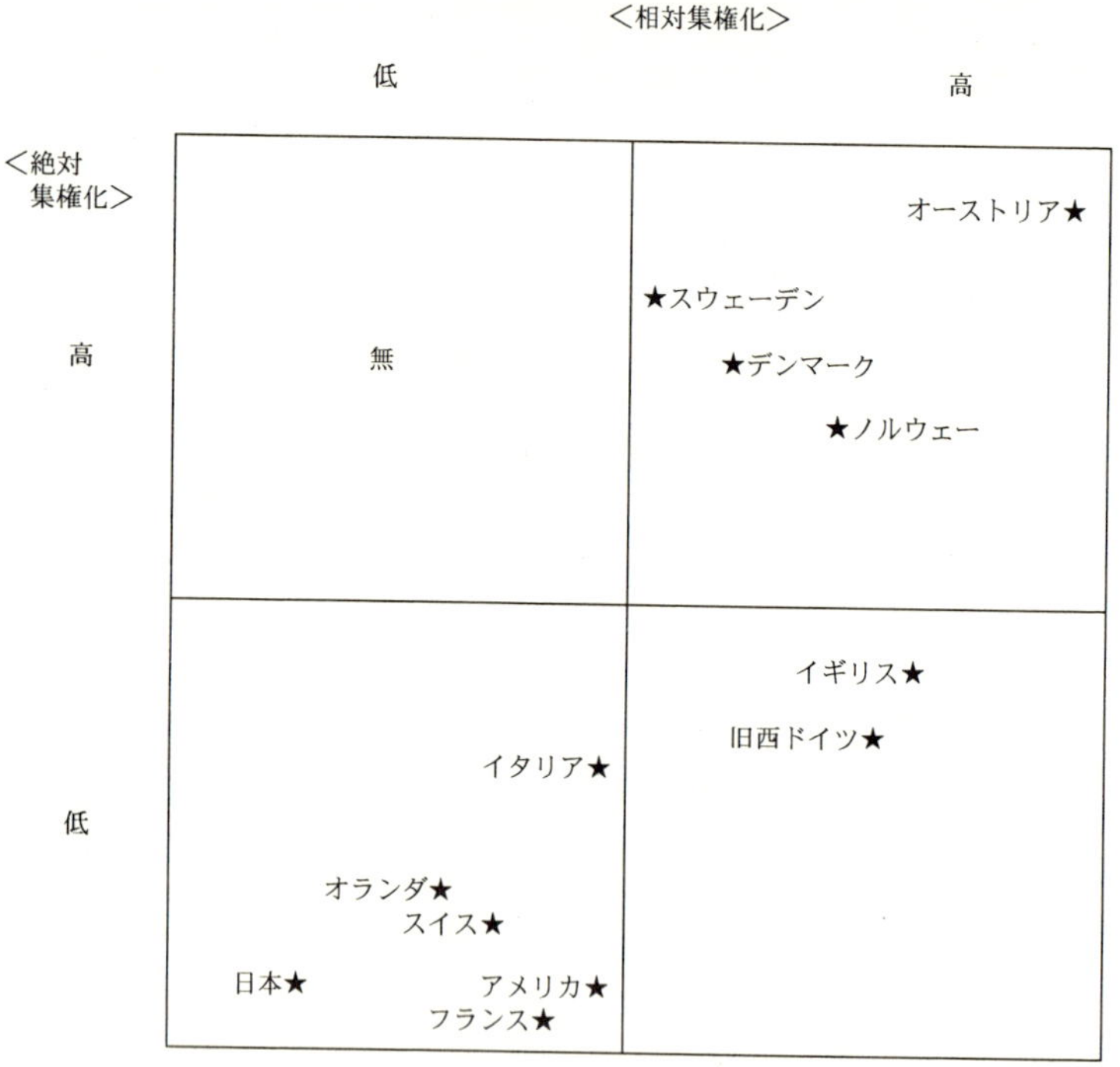

出典）Jelle Visser, "Unionization Trends Revisited," CESAR research paper, 1996; *idem., European Trade Union Figures* (Boston: Kluwer, 1988); and Courtney D. Gifford (ed.), *Directory of U.S. Labor Organization* (Washington, D.C.; The Bureau of National Affairs, 1994); 労働省『労働組合基本調査報告』各年版、より筆者が算出。

＝Σ（各ナショナルセンター労組員／労組員＋未組織労働者）2
＝（相対集権化）×（労組組織率＝労組員／労働者全体）2

そして、この新たな二つの指標から、ＯＥＣＤ十二ヶ国の戦後から七〇年代の石油危機を経て八〇年代中葉にいたるネオ・コーポラティズムの制度化の度合を比較した。通時的にみた場合の各国の動向は、**付録図表２－１**に一括してまとめてある。これは、各国の集権化の年次ごとの推移であり、各国の制度配置のいわば「歴史的経路」を示している。これからも明らかなように、とくに「絶対集権化」と「相対集権化」の両者の趨勢は、各国内部でも様相を異にして変化している。また各国の軌道をみても、同一の傾向に「収斂」するわけではない。さらに、各国間の相対・絶対集権化の共時的・横断的側面に着目してみても、**図表序－４**からわかるように、各国間の関係に明確な傾向性をただちに看取するのは難しく、むしろ各国間の相違が浮き彫りになるのである。したがって、しばしば指摘されるような先進資本主義諸国における制度編成の「分権化」への「収斂」やコーポラティズムの終焉等は、ここでの観察からは、積極的に主張するのは困難である。それよりもむしろ、「類似」した諸国における「差異」と「多様性」が示唆されているように思われる。

③相対脱制度化・変易率と絶対脱制度化・変易率――制度変動

ネオ・コーポラティズム論の登場の際にも体制の不安定性の問題はしばしば論議された。また近年の新制度論の展開のなかでも「制度変動」の問題は、重要なトピックのひとつでもある。本書では、制度変動を、制度配置の流動性として捉え、それを「脱制度化」ないし「制度変易性（以下、変易率）」として指標化する。この脱制度化と変易率の指標もまた、政党システム論における同指標を拡張して適用したものである。つまり、各政党の「得票率の増減」を、各ナショナルセンターの「労組員の増減」へと読み替えたのである

そして、ここでも、前述の国家―社会関係の視点から、政治社会レヴェルでの制度変動を示す「相対脱制度化」ないし「相対

変易率」と、市民社会レヴェルでの「相対脱制度化」ないし「絶対変易率」として指標化を試みる。政党得票率においても、投票者のレヴェルでの「相対得票率」と、棄権者等を含めた有権者レヴェルでの「絶対得票率」との区別があるのと同様に、ここでも相対性と絶対性の識別は、各ナショナルセンターの組織率の増減を、労組員のインサイダーのレヴェルでの「相対組織率（占有率）」の増減と、アウトサイダーを含む労働者全体からみた「絶対組織率（占有率）」の増減との区別に従って算出した。ここでも「絶対脱制度化」ないし「絶対変易率」には、労組組織率の変動が加味されていることは明らかである。詳しくは二章に譲るとして、簡単にそれらの指標をここで示しておくと次のようになる。

・相対・絶対脱制度化：D (t) = 1/2

図表序-5　主要先進国における相対脱制度化と絶対脱制度化の関係（1974-90 年平均）

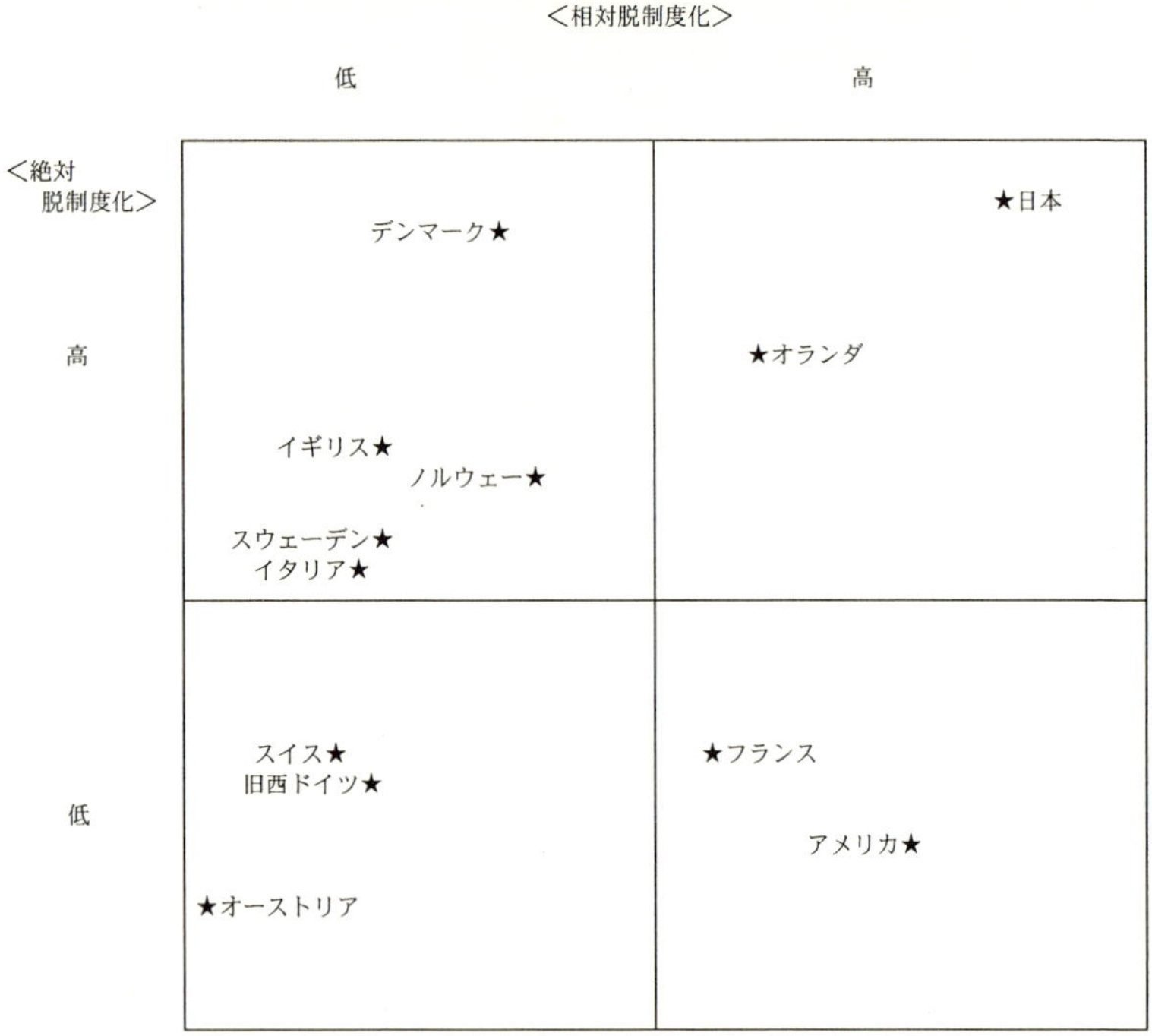

出典）Jelle Visser, "Unionization Trends Revisited," CESAR research paper, 1996; *idem.*, *European Trade Union Figures* (Boston: Kluwer, 1988); Bernard Ebinghaus and Jelle Visser, *Trade Unions in Western Europe since 1945* (London: Macmillan, 2000); Courtney D. Gifford (ed.), *Directory of U.S. Labor Organization* (Washington, D.C.; The Bureau of National Affairs, 1994); 労働省『労働組合基本調査報告』各年版、より筆者が算出。

$\Sigma^{k}_{i=1}|Pi(t+1) - Pi(t)|$

・相対・絶対変易率：$V(t) = 1/2\ \Sigma^{k}_{i=1}|Pi(t) - Pi(t-1)|$

（注　Pi (t)：ナショナルセンターiのt期における各相対・絶対組織率）

そして、これらの指標から、OECD十二ヶ国の七〇年代の石油危機後から八〇年代末にいたる制度編成の流動性を比較して観察してみる。各国の制度変動の様相は、通時的に比較してみても、一国内部での相対レヴェルと絶対レヴェルの制度変動の軌道には相違がある。また各国間で制度変動が大きくなる時期も異なっており、そこに同一の傾向を見いだすのはやはり困難である（**付録図表2－2**参照）。

また、**図表序－5**と**図表序－6**からわかるように、共時的に制度変動の平均的な大きさをみても、各国間の制度配置の不安定性や流動性の程度には、各国間で相

図表序-6　主要先進国における相対変易率と絶対変易率の関係（1974-90年平均）

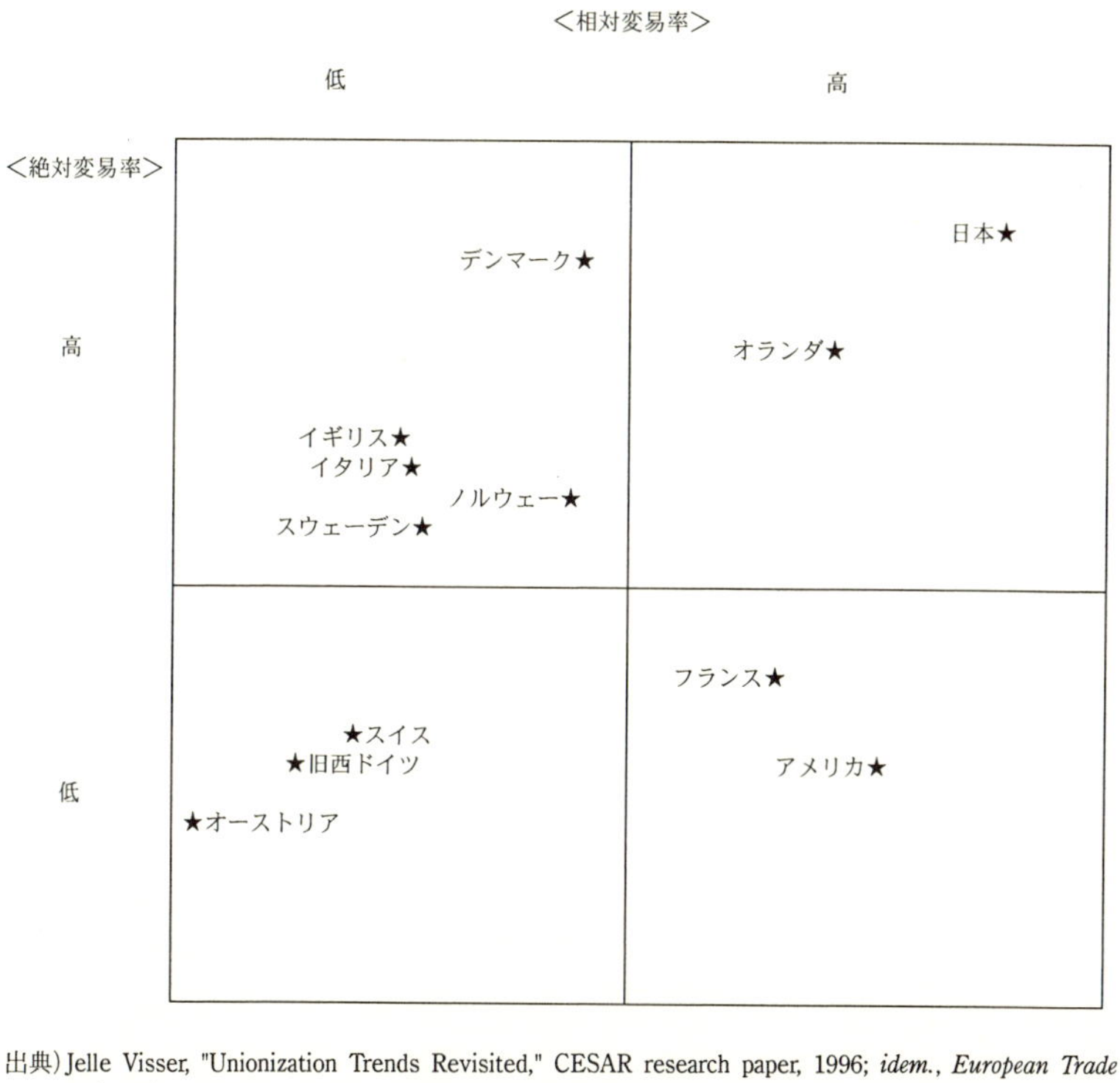

出典）Jelle Visser, "Unionization Trends Revisited," CESAR research paper, 1996; *idem.*, *European Trade Union Figures* (Boston: Kluwer, 1988); Bernard Ebinghaus and Jelle Visser, *Trade Unions in Western Europe since 1945* (London: Macmillan, 2000); Courtney D. Gifford (ed.), *Directory of U.S. Labor Organization* (Washington, D.C.; The Bureau of National Affairs, 1994); 労働省『労働組合基本調査報告』各年版、より筆者が算出。

違がみられる。また政治社会の相対レヴェルと市民社会の絶対レヴェルとでも違いがみられる。そして、ここでも、先進資本主義国という「類似」した諸国における制度変動の「差異」と「多様性」を見いだすことができるのである。このことは、制度配置の場合と同様に、制度変動の度合もそこに一定の傾向を看取し難いことを示している。したがって、構造の次元での趨勢（たとえば、産業化や脱産業化、あるいはフォード主義からポスト・フォーディズム化など）から、ただちに制度の不安定化の拡大や制度変動の「収斂化」傾向を主張する議論は早計であるといえよう。

④促進・抑制・U字型・ハンプ型（逆U字型）——制度配置・制度変動と社会運動

第四に、前述のようなかたちで再解釈されたコーポラティズム概念を念頭に置いて、制度配置および制度変動の様相と新旧社会運動の形状との関連について比較分析を試み、これまであまり指摘されてこなかった「U字型説」を提起し、その可能性を経験的に示唆したことである。本書の第二部第三章ではストライキ行動との関係で、また第三部第六章では新社会運動との関連で、どのような政治―制度変数がこれまで取りあげられてきたのかについては議論を整理する。そして本書では、**図表序－7**に示したように、「集権化」を中心とした制度編成ならびに「脱制度化」や「変易率」の制度変動を示す指標と、新旧社会運動との関係をめぐる所説を、ほぼ四つの型にまとめた。

「促進説」と「抑制説」は、それらの政治―制度変数と社会運動とのあいだには、それぞれプラスないしマイナスの直線的な比例関係があることを主張する説である。「促進説」は、集権化の程度ないし制度変動の度合が高くなればなるほど、ストライキ行動にせよ新社会運動にせよ、社会運動が活発化するとみなす。逆に、「抑制説」は、集権化の程度ないし制度変動の度合が高くなればなるほど、社会運動は抑制されると指摘する。つまり、制度編成についていえば、制度化の進展は、コンフリクトを体制内化して集合行動を抑制するのか、それとも逆に、制度化への抵抗・反発を招くのか、また制度変動にかんしていえば、既存の制度編成の流動性が新旧社会運動と連動していくのか、それとも制度変動の流動性が高まると、その揺らぎのなかに運動が吸収されていくのか、という問題なのである。

　これに対し、「U字型」説と「逆U字型(以下ハンプ型)」説は、政治―制度変数と社会運動との関係が、直線的な比例関係ではなく、より複雑な関係にあることを想定している。「U字型」の主張では、集権化の度合の高低両極で社会運動が活発化し、その中位ではそれが抑制されることになる。それとは反対に、「ハンプ型」では、集権化の度合の高低両極で社会運動が抑制され、その中位では逆に社会運動が活発化することが強調される。

　「U字型」の場合、集権化の度合が極めて高いと、利益表出・媒介の回路の制度化が進み、労働の垂直的な統合化もはかられる。その結果、体制内部においては、上からの統制と下からの要求の抑制につながるため、集合行動が、下からの反

図表序-7　制度配置・制度変動と社会運動との関係

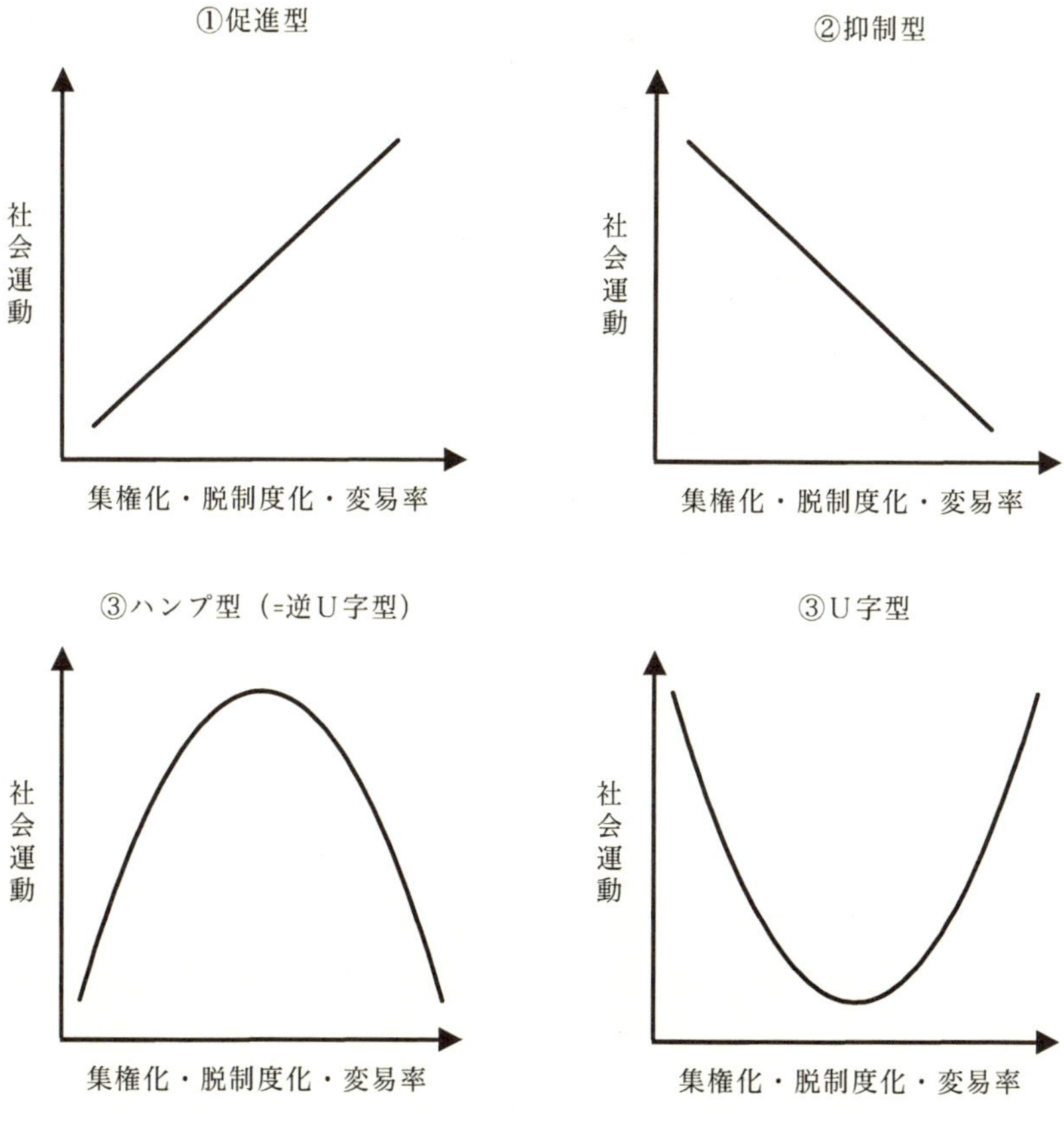

発や遠心的方向をとって顕在化するか、または、体制への包摂化と統合化の高さから対抗勢力として運動が活発化する(とくにストライキ行動の場合には)と解釈できる。

また集権度の低い場合には、利益表出・媒介の回路の制度化の程度が低いか、もしくはその回路が分散しているため、体制の統合化は緩やかでより水平的になる。その結果、多種多様な利益表出・媒介の回路を体制内部に求めて運動が求心的なかたちで展開されるか、あるいはそれらの回路が多様化しているために、利益が遠心的なかたちで、そのまま表出されやすくなり、集合行動は活発化すると考えられる。

「ハンプ型」についていえば、集権化の度合の高い場合には、利益表出・媒介の回路の制度化が進み、体制の垂直的な統合化もはかられるので、体制内部に各種の利害対立を吸収する回路が発達し、そのためにコンフリクトが運動のかたちをとって顕在化しにくくなると考えられる。逆に、集権度の低いことは、組織間関係のネットワークの統合度が低いか、緩やかで水平的であるために、利益表出・媒介の回路が形成される程度が低いか、あるいはその回路が分散しているので、各種の要求が運動として顕在化しにくいと解釈しうるのである。

もちろん、これらは、一般的な解釈にすぎない。実際には、本書の第四・七章でみるように、ストライキ行動と新社会運動の両者の類型の相違、また、そのそれぞれの下位類型のあいだの違い、そして何よりも政治社会と市民社会の両レヴェルを区別したことによる集権化・脱制度化・変易率の相対性と絶対性の相違によって、分析結果は異なってくる。これらの差異に応じた結果の相違をどのように解釈するのかも、また本書の重大な課題でもある。これらの差異のもつ含意は、第二部と第三部における個別の議論に委ねられる。ただし、いずれにせよ、本書では、集権化を中心にして新たなに捉え直されたコーポラティズム体制の制度化の高さやその制度変動の大きさが、新旧社会運動を促進するのか、抑制するのか、あるいは、またより複雑なU字型ないしハンプ型になるのかという課題をめぐって議論が展開される。

本書では、分析モデルとしては、抑制説対促進説にかんしては一次式モデルを、そしてU字型とハンプ型には二次式モデルをつくり、さらに、この一次式モデルにたいする二次式モデルの有意性を検討していく。その結果として、これまで理論的にも経験的にほとんど論じられてこなかった「U字型説」が、「ストライキ行動の頻度」（第四章参照）や「新社会運動への相対参加度」（第七章参照）など、いくつかの新旧社会運動の類型には該当することを示唆する。

以上のように本書では、ネオ・コーポラティズム論をめぐって提示されてきた「集権化」概念を、国家―政治社会―市民社会という国家―社会関係の視座から再規定したうえで尺度化し、さらにそれを踏まえて、制度変動の修正指標として「脱制度化」や「変易率」の概念を援用する。そして、それらの新たな指標を主たる説明変数にして、先進諸国のストライキ行動と新社会運動について比較分析をおこない、両者の関係について「U字型」という新たな説の可能性を提起するつもりである。

第四節　本書の構成

本書の構成は、制度の問題を中心に据えてネオ・コーポラティズム体制について考察する第一部と、そうした制度配置とその流動性に関連づけて新旧社会運動を検討する第二部・第三部とに大別できる。あらかじめ、各章でどのようなかたちで、そうした課題とその答えについて議論しているのか、簡単に触れておきたい。

①第一部　ネオ・コーポラティズムと国家―社会関係

第一章では、まず国家対社会という二項対立図式で把握されてきた国家―社会関係論にたいして、社会の二重性という観点から国家―政治社会―市民社会という三項図式で捉え返すべきことを主張する。ネオ・コーポラティズム論が、政治社会と市民社会との分離に関連している点を指摘し、同論が、たんに資本―労働を中核とした職能団体関係だけでなく、国家―社会関係と交錯していることを強調するつもりである。さらに、そのようなネオ・コーポラティズム体制が制度化すると、アソシエーティヴ・デモクラシーの展開に代表されるような緊張関係を内包し、またそれにともなうコンフリクトが制度の内外から顕在化する可能性について議論する。それを踏まえたうえで、同体制の制度編成と集合行為とはどのようなかたちで関連するのか、また、その制度変動と新旧の社会運動とはどのような関係にあるのか、という本書が解くべき基本的パズルを提示する。

第二章は、そうした国家―社会関係の視角から、従来のネオ・コーポラティズム論の展開を最近の動向も含めて再検討し問題点を整理したうえで、代替的な修正指標を提示することを目的としている。まず、ネオ・コーポラティズムの比較分析の尺度にとって極めて重要であった集権化と集中化をめぐる九〇年代中葉以降の論争をとくに批判的に検討する。この集権化概念は、M・ゴールデンの問題提起以来、コーポラティズム論における重大な論争点となったものである。その後政党システム論における有効政党数とのアナロジーから集権化を再規定したアイヴェルセン指標や、ゴールデンやP・ラングなどの指標が提示されたが、これらの指標はいずれも、本書での国家―社会関係論でいえば、政治社会のレヴェルに定位した集権化や集中化にのみ留意しているにすぎない点を指摘するつもりである。そして本書の社会の二重性の観点から、政治社会に定位した「相対的集権化」と市民社会に定位した「絶対的集権化」という新たな尺度を提起する。さらにその尺度を用いて、戦後の先進主要十二ヶ国のコーポラティズム度の比較分析に適用し、その「多様性」を確認する。このように国家―社会関係論の新たな視点を導入することによって、コーポラティズム概念もまた豊富化される点が示唆される。

さらに、ネオ・コーポラティズム体制の制度的安定性を問題にし、その制度変動をあらわす指標を新たに次のようなかたちで経験的に特定するつもりである。つまり、政党システムの制度変動や不安定性についての経験的指標である「脱制度化」と「変易率」を援用し、今度はその指標を拡張してオオ・コーポラティズム体制における組織間関係の制度的布置の流動性を示す新たな指標として活用する。そして、この新指標によって、戦後の先進主要十二ヶ国のコーポラティズム体制の制度変動の比較分析へと類比的に敷衍することを試みる。しかも、この際も、前述の国家―社会関係の観点を踏襲した「社会の二重性」という見地から、政治社会レヴェルの「相対的脱制度化」および「相対的変易率」、そして市民社会レヴェルでの「絶対脱制度化」および「絶対変易率」とに分けて各国の体制変動の軌道の「多様性」を示すつもりである。

②第二部　ネオ・コーポラティズムとストライキ行動

第二部以降は、コーポラティズム体制およびその制度変動の諸相と、体制内部ないし体制外部からの挑戦としての新旧社会運動との関係という本書の主題を扱う。第三章では、ストライキ行動をめぐる議論を整理し、本書の集権化を座標軸とした説明モデルとの関係を明確にする。まず大きな議論の流れとして、行動論的アプローチから制度論的アプローチへの転換を概観し、それに関連して、アクター中心的なアプローチから制度を中心に据えた議論への展開を述べる。そして、制度論的アプローチについて、そのなかには「資源動員論」や「権力資源論」のようなアクターの利用可能な資源としての組織能力を重視する議論から、組織間関係の制度的配置を重視する議論まで、多様性があることを確認するとともに、それらを相互に対照させながら批判的に検討する。そのうえで、これらのアプローチと関連づけながら、本書の国家―社会関係における組織間関係の制度編成の「集権化」に力点を置いた説明モデルの意義を論じる。

第四章では、制度内部での主として分配闘争にかかわるストライキ行動を取りあげる。まず第一に、再解釈されたコーポラティズム体制の制度的配置の程度がストライキ行動に及ぼす影響について、戦後の先進主要十二ヶ国を対象にして比較分析をおこなう。ここでは、ストライキ行動は、スト頻度、スト参加、スト期間、スト規模、スト量（損出日数）の五類型を分析の対象とする。また、そのコーポラティズム度の指標として、前述の国家―社会関係の位相の差異に基づく「相対集権化」と「絶対集権化」の両指標を用いて、それらのストライキ行動との関係を比較の観点から経験的に探索する。その結果として、従来の諸説のように、両者の関係は、単線的な比例関係にあるのではなく、むしろU字型もしくはハンプ型（＝逆U字型）の関係にあるという新たな説の可能性が示唆されるはずである。これまでも、両者の関係については、ハンプ型は示唆されていたとはいえ、それも十分に検討されているとは言い難かった。その点も踏まえて、さらに、ここではもうひとつのU字型もありうることを命題として提起することになるであろう。

第二に、制度変動がストライキ行動にどのように連動するのかという点について、前述の制度変動の指標である「脱制度化」と「変易率」を、これもまた政治社会と市民社会レヴェルの両アリーナのレヴェルに対応した「相対脱制度化」および「相対変易率」と、「絶対脱制度化」および「絶対変易率」として指標化する。そしてこれらの制度変動の指標と前述のストライキ行動の五類型との関係について、やはり戦後の先進主要十二ヶ国を対象にして比較分析をおこなう。その結果として、集権化のケースとは大きく異なり、ハンプ型のモデルだけが単線的な比例関係を表わすモデルと比べて有意であること、U字型は有意でなかったことが示される。そして全体としてみると、制度変動のモデルでは、その有意性を積極的に主張することができるモデルが極めて少ないことが確められるはずである。

③第三部　ネオ・コーポラティズムと新社会運動

第三部では、ネオ・コーポラティズム型制度的配置およびその制度変動と、体制外部からの「新社会運動」との関係について検討する。第五章では、既存の新社会運動をめぐる議論を整理しながら、その「新しさ」を規定する際には、既存の制度配置との関係においてはじめてそれが明確になることを指摘するつもりである。そして、いわゆる「政治的機会構造」の概念もまた、政治制度一般の変動の観点だけではなく、個別の既存の政治体制の制度的編成の観点から再規定されること、とくに前述の国家―社会関係の制度的配置の視点から規定し直されるべきことが主張されるはずである。

第六章では、そうした議論の整理を踏まえて、それらの修正された機会構造の諸要素を確定し、それと「新社会運動」との関係について経験的な比較分析をおこなうための準備作業をする。そこでは、コーポラティズム度との関連で修正された機会構造のモデルの必要性が提起される。コーポラティズム型の機会構造と新社会運動との関係をめぐる従来の所説を検討したうえで、促進・抑制・ハンプ型の所説に加えて第四の説としてU字型説を新たな経験的な仮説として提示するつもりである。

第七章では、具体的に新社会運動を説明する代替モデルを提起し、それに基づいて比較分析をおこなう。つまり中範囲の制度編成ないし制度変動に即したかたちで機会構造の概念を改釈して、政治社会と市民社会の両レヴェルに対応した集権化の指標である「相対的集権化」および「絶対的集権化」などを機会構造の重要な要素に含める。また機会構造の変化、つまり制度変動の指標については「相対脱制度化」および「相対変易率」、「絶対脱制度化」および「絶対変易率」を援用する。

この新社会運動については、概念規定の曖昧さやデータの制約もあるが、いくつかの先行研究の調査のなかから諸要素を指標化する。そして前述の四つの説を念頭に置いて旧西ドイツ、フランス、オランダ、スイスの四ヶ国の事例を総合して経験的な比較分析を試みる。その結果から、大きくみて以下の二つの新たな命題が暫定的に提示されるであろう。第一に、集権化を中心にしたコーポラティズム的制度編成の機会構造と新社会運動の台頭との関係については、従来の所説でいえば「抑制説」が有力視されること、また第二に、制度変動にかんしては、政治社会レヴェルに限ってのことであるが、制度変動と新社会運動への参加度との関係においては、代替説であるU字型説が示唆される、という二点である。

そして最後に、終章では、本書の総括的なまとめをおこなう。本書の議論が各種の先行研究とどのような関係にあるのかという点を整理し、さらに今後の課題と展望について述べるつもりである。

注

(1) この点については、第三章と第五・六章で、学説史的な展開も踏まえて、ストライキ行動と新社会運動をめぐる議論のなかでより詳しく述べることになるが、この行動論から新制度論への転換の問題については、桐谷仁「新制度論をめぐる一考察——行動論ならびに機能主義との関連を中心にして」『法政研究』(静岡大学法経学会)第三巻三・四号、一九九九年、一—三四頁、参照。

(2) ここで問題にしているのは、運動の担い手ではなく、運動を観察する側の視点であるのはいうまでもない。

(3) この組織論的アプローチについては、以下を参照。桐谷仁「国家中心的アプローチをめぐって——アクターから制度へ」『法経論集』(静岡大学法経短期大学部)第七五・七六号、一九九六年、三七—七八頁、同「新制度論をめぐる一考察——行動論ならびに機能主義との関連を中心にして」前掲、一—三四頁。James G. March and Joan P. Olsen, "The New Institutionalism: Organizational Fators in Political Life," *American Political Science Review,* Vol.78. 1984, pp.734-49; *idem., Rediscovering Institutions: The Organizational Basis of Politics* (New York: Free Press, 1989); Peter Hall, *Governing the Economy: The Politics of State Intervention in Britain and France* (New York: Oxford University Press, 1986), pp.17-20; *idem.,* "Patterns of Economic Policy: An Organizational Approach," in Stephan Bornstein, David Held, and Joel Krieger (eds.), *The State in Capitalist Europe* (Winchester: George Allen & Unwin, 1984), pp.21-43; Clyde W. Barrow, *Cirtical Theories of the State* (Madison: The Universiry of Wisconsin Press, 1993), pp.125-145. また、政治体制の問題については、山口定『政治体制』(東京大学出版会、一九八九年)、序論、参照。

(4) Robert Bates, "Contra Contractarianism: Some Reflections on the New Institutionalism," *Politics and Society,* Vol.16, 1988, p.399. また以下も参照。桐谷仁「国家中心的アプローチをめぐって——アクターから制度へ」前掲、三七—七八頁、同「新制度論をめぐる一考察——行動論ならびに機能主義との関連を中心にして」前掲、一—三四頁。また盛山和夫『制度論の構図』(創文社、一九九五年)、第九章、参照。

(5) 制度内存在あるいは存在論的差異という点については以下を参照。桐谷仁「国家中心的アプローチをめぐって——アクターから制度へ」前掲、三七—七八頁。Christoph Knill and Andrea Lenschow, "'Seek and Ye Shall Find!' Linking Different Perspectives on Institutional Change," *Comparative Political Studies,* Vol.34, 2001, pp.187-215; Philip G. Cerny, *The Changing Architecture of Politics: Structure, Agency, and the Future of The state* (London and California: SAGE Publications, 1990).

(6) 新制度論における構築主義対合理主義という方法論の次元と、構造対エージェント、あるいはマクロ対ミクロといった存在論的次元を区別する点の重要性については以下を参照。Christoph Knill and Andrea Lenschow, "'Seek and Ye Shall Find!' Linking Different Perspectives on Institutional Change," pp.187-215. また、構造—制度—アクターという存在論的次元の区別については、すでに別稿で議論しているので、ここでは詳しくは触れられないが、とりあえず以下を参照。桐谷仁「ネオ・コーポラティズムと政治経済パフォーマンス(一)」『法政研究』六巻三・四号、二〇〇二年、四〇一—四六一頁。また、真渕勝『大蔵省統制の政治経済学』(中央公論社、一九九四年)、第一章も参照。

(7) ここでいう構造や要素や契機という用語、要素対構造にたいする契機といった観点は、ラクラウとムフの議論から示唆を受けたが、ここでは、かれらの議論とは位相を異にしている。これらの概念に関連するラクラウとムフの議論についての考察は、桐谷仁「ラディカルな民主主義としての社会主義」大藪龍介、加藤哲郎、松富弘志、村岡到編『社会主義像の展相』(世界書院、一九九三年)、一九九—二二二頁、参照。また、向山恭一「ポスト・マルクス主義と『根源的民主主義』の可能性」『法学研究』(慶應義塾大学法学会)第六七巻五号、一九九四年、九四—九七頁、等も併せて参照。

(8) ソシキース、カムフォース=ドリフィールらも含めたコーポラティズム度のランクについては、すでに別稿で言及しているので、以下を参照。桐谷仁「市民社会論の復権と『社会資本』の概念——国家—社会関係をめぐる一考察(四)」『法政研究』第四巻一号、一九九九年、六五—九七頁、桐谷仁「ネオ・コーポラティズムと政治経済パフォーマンス(一)」前掲、四〇一—四六一頁。Cf., Lars Calmfors and John. Driffill, "Centralization of Wage Bargaining," *Economic Policy*, No.4, 1988, pp.13-61; Bob Lawson, "Corporatism and Labour Market Performance," in Jukka Pekkarinen, Matti Pojhola and Bob Rowthorn (eds.), *Social Corporatism: A Superior Economic System?* (New York: Oxford University Press, 1992), pp.82-131; Lars Calmforth, "Centralization of Wage Bargaining and Macroeconomic Performance: A Survey," *Economic Department Working Papers* (Paris: OECD), No.131, 1993, pp.6-12; *idem.*, "Wage Formations and Macroeconomic Performancein the Nordic Countries: A Summary," in *idem.* (ed.), *Wage Formations and Macroeconomic Performancein the Nordic Countries* (Stockholm, Sweden: SNS Forlag, 1990), pp.13-15; David Soskice, "Wage Determination: The Changing Role of Institutions in Advanced Industrial Countries," *Oxford Review of Economic Policy*, Vol. 6, 1990, pp.36-61; *idem.*, "Reinterpreting Corporatism and Explaining Unemployment: Co-ordinated and Non-coordinated Market Economy," in Renato Brunetta and Carlo Dell'Aringa (eds.), *Labor Relations and Economic Performance* (New York: New York University Press, 1990), pp.170-213; *idem.*, "Strike Waves and Wage Explosions, 1968-70: An Economic Interpretation," in Colin Crouch and Alessandro Pizzorno (eds.), *The Resurgence of Class Conflict in Western Europe since 1968, Vol.2: Comparative Analysis* (London: The Macmillan Press, 1978), pp. 221-246, esp., pp. 245-

246; *idem.*, "Divergent Production Regimes: Coordinated and Uncoordinated Market Economies in the 1980s and 1990s," in Herbert Kitchelt, Peter Lange, Gary Marks, and John D. Stephens (eds.), *Continuity and Change in Contemporary Capitalism* (Cambridge: Cambridge University Press, 1999), pp.101-134. またコーポラティズム指標について議論を整理した最近のものとして以下も参照。Alan Siaroff, "Corporatism in 24 Industrial Democracies: Meaning and Mesasurement," *European Journal of Political Research*, Vol.36, 1999, pp.175-205. またカムフォースらの議論については、以下も併せて参照。井戸正伸「コーポラティズムとマクロ経済実績――諸理論の批判的考察と一試論」『行動科学研究』三一号、一九九〇年、三七―五七頁、同『経済危機の比較政治学――日本とイタリアの制度と戦略』(新評論、一九九八年)、第一・二章。

(9) Erik Olin Wright, "Working-Class Power, Capitalist-Class Interests, and Class Compromise," *American Journal of Sociology*, Vol.105, 2000, p.962; Jonas Pontusson, "From Comparative Public Policy to Political Economy," *Comparative Political Studies*, Vol.28, 1995, pp.117-147; Erik Olin Wright, *Interrogating Inequality: Essays on Class Analysis, Socialism, and Marxism* (London and New York: Verso, 1994), pp.93-100. また、桐谷仁「国家中心的アプローチをめぐって――アクターから制度へ」前掲、三七―七八頁、同「新制度論をめぐる一考察――行動論ならびに機能主義との関連を中心にして」前掲、一―三四頁、も参照。

(10) Walter Korpi, "Political and Economic Explanations for Unemployment: A Cross-National and Long-Term Analysis," *British Journal of Political Science*, Vol.21, 1991, pp.342-343.

(11) 機能主義の論理への批判としては、とりあえず以下を参照。Peter Hall, *Governing the Economy: The Politics of State Intervention in Britain and France*, pp.17-20; *idem.*, "Patterns of Economic Policy: An Organizational Approach," pp.21-43. また桐谷仁「国家中心的アプローチをめぐって――アクターから制度へ」前掲、三七―七八頁、同「新制度論をめぐる一考察――行動論ならびに機能主義との関連を中心にして」前掲、一―三四頁、も参照。

(12) Peter A. Hall, "The Role of Interests, Institutions, and Ideas in the Comparative Political Economy of the Industrialized Nations," in Mark Irving Lichbach and Alan S. Zuckerman (eds.), *Comparative Politics: Rationality, Culture, and Structure* (New York: Cambridge University Press, 1997), pp.180-183. また以下も参照。桐谷仁「新制度論における文化的要因についての一考察――市民文化的アプ

ローチからアイデア志向型ないしノーム指向型政治認識へ（一）」『法政研究』第四巻四号、二〇〇〇年、一一七—一六一頁。

（13） ラクラウとムフによる「言説」の理論の意義については、桐谷仁「ラディカルな民主主義としての社会主義」前掲、一九九—二二二頁、参照。

（14） Cf., Alfred C. Stepan, *Arguing Comparative Politics* (Oxford: Oxford University Press, 2001), pp.39-72, 100-107.

第一部　ネオ・コーポラティズムと国家——社会関係

第一章　国家―社会関係とネオ・コーポラティズム

はじめに

本章では、まず第一に、国家―社会関係論とネオ・コーポラティズム論との交錯について議論を整理して、問題の所在を明らかにする。そこでは国家と社会の関係を二項対立図式で捉えるのではなく、国家と社会の中間領域に第三の領域として「政治社会」ともいうべき自律した領域が存在し、ネオ・コーポラティズム論はその存在を提示していたことに着目する。言い換えれば、政治社会と市民社会という社会の二重性の観点から、国家―社会関係を国家―政治社会―市民社会という三項図式として把握し、そのなかでネオ・コーポラティズム論の提起した問題を捉え直す。そして、併せて、そのことが近年の「市民社会」の復権の議論にも関連することを述べる。

第二に、そうした国家―社会関係の文脈のなかで、ネオ・コーポラティズム体制の制度的論理が開示する政治の型として、結社（アソシエーション）の論理を中心に据えたアソシエーティヴ・デモクラシー論を取りあげる。それが、政治社会と市民社会の両レヴェルの自律性と両レヴェルのあいだに乖離をもたらすことを指摘する。そして、そのことが、体制内部での緊張関係や対立関係をたえず孕んだものである点を示唆する。

第三に、そのようなネオ・コーポラティズム体制に内在する緊張関係のもとでのコンフリクトのあり方に注目する。つまり、ネオ・コーポラティズムの制度化にともなって、コンフリクトは、どのようなかたちで表出するのか、という問題に焦点をあてる。そこでは、制度内部のコンフリクトとしてのストライキ行動や制度外部からの新しい社会運動の噴出など、新旧社会運動の台頭について、前述の議論を踏まえて、その構図を呈示し、それが本書全体における問題の所在である点を明確にするつもりである。

第一節　国家対社会の二元論を超えて

①国家―社会関係をめぐる論争

近年の国家―社会関係をめぐる論争のなかで、T・ミッチェルは、国家と社会という区別のあり方や国家の境界線をめぐって諸々の問題を提起した(1)。なかでも彼が批判したのは、「国家の復権」の議論において国家概念が、官僚等のアクターや国益などの理念等、論者によって力点の置き方に違いはあっても、独立変数として当然のごとく扱われていること、しかも国家と社会との境界線を固定的で所与のものとしている点であった(2)。ミッチェルは、そうした国家と社会の区別のあり方がどのように生産・再生産されるのか、という点に着目する。そしてミクロな関係論的な権力概念に依拠しながら、いくつかの個別の事象をイッシューとして取りあげる。それらは、国家権力の社会への介入の方法の相違やそれに起因する国家と社会の境界線それ自体の移動のあり方に焦点をあてたケース・スタディであった(3)。その結論として、彼は、国家―社会関係の状況依存性、恣意性、可変性、多元性などを指摘する。それを踏まえて、国家中心的アプローチにおいて国家を自明視する議論や、国家―社会関係を外在的なものとみなす見解を批判したのである(4)。

さらに、このミッチェルの議論を念頭に置いてJ・ミグダールは、国家中心的かあるいは社会中心的かという二者択一的な把握の仕方そのものを俎上にのせる。そして、両者の関係をゼロ―サム的なものとみなし、強い国家対弱い国家という図式を力説しがちな「国家中心的アプローチ」を問題視した。彼は、国家権力の社会への浸透という点でも、国家中心的アプローチの強調する「国家の(相対的)自律性」が確保される点でも、相対的な自律性を伴う「強い社会」の存在が必要な点を主張する。彼によれば、社会の自律性と国家の能力とは相即的なのである。したがって、一部のステイティストが述べるような「強い国家」と「弱い社会」とを等置する見方に疑問を提示している。重要なのは、「社会における国家」という視点であるとされる(5)。

これらの議論を踏まえるならば、問題設定は、国家と社会のいずれを独立変数として扱うかという点から、国家と社会とはどのように関連するのかという国家―社会関係へと移行する。重要なのは、国家―社会関係の編成のあり方とその各々の次元のあり方をどのように認識するのかということになる(6)。だが、従来の議論は、往々にして国家―社会関係を分析的には依然として二項対立図式で把握していた。そして、この国家―社会関係の文脈でいえば、ネオ・コーポラティズム論はすでに、そうした国家対社会という二元論そのものへの疑義を呈示していたのである。

②ネオ・コーポラティズム論の問題提起

まず第一に、ネオ・コーポラティズム論では、準国家機関の発達や公私のいずれとも言い難い領域の存在に焦点があてられていた。たとえばP・カッツェンスタインは「準―国家的諸機関は公的官僚制と私的官僚制とを融合させる」と述べ(7)、国家と社会の媒介領域の自律性を示唆している。そして旧西ドイツにおいては、この媒介的レヴェルで種々の強力な諸団体が自主規制をおこなっていたために、直接的な国家介入がなくても済んだことを指摘していた(8)。

また第二に、コーポラティズム概念は、多元主義の概念とは異なり、国家それ自体を対象にしていたことに加えて、国家と社会の境界線の問題をも提起していたのである。P・C・シュミッターは「国家は、種々の境界線の不確かな諸機関のアモルフな複合体であり、区別が明確とはいえない多種多様な機能を遂行している」と述べている(9)。

ここに国家―社会関係論とネオ・コーポラティズム論とが交錯する。そこで本章では、ネオ・コーポラティズム論を国家―社会関係との関連で検討する一環として、近年の市民社会論の復権の議論も考慮に入れつつ、「国家」の相対的自律性という問題から「社会」の「相対的自律性」とその「二重性」の問題という流れに沿って、国家―社会関係を検討するが、その際、国家―政治社会―市民社会という三つのレヴェルを識別することの重要性を強調するつもりである。とくに社会の二重性という観点から「政治社会」と「市民社会」とを区別したのは、近年、R・パットナムによって注目があてられた、市民社会の基層にある「社会資本（social capital）」の概念等もまた念頭に置いてのことでもある(10)。

③社会の二重性――政治社会と市民社会

ここで論点を補足していえば、近年の復権した「市民社会」概念は、「国家に対抗する社会」という二元論ではなく、社会の二重性に着目し、それを政治社会と市民社会に分け、後者の基底性と自己組織性に制度的な側面を発見する。それらの社会諸制度は、アクターならびにアクター間の関係に影響を与える一種の組織間ネットワークとして存在する。個々のアクターは、そうしたネットワークにいわば「埋め込まれた」ものとして把握される。このネットワークの規模や特性、たとえば「強い紐帯と弱い紐帯」（G・グラノベーター）こそ、アクター間の連合のパタンやルールや規範、さらには動員可能な資源を創り出すとみなされている(11)。

したがって、このネットワークは、アクター間のフェイス・トゥ・フェイスな接触の関係、つまり人間関係だけに還元できるものではない。アクターは、個人主義的に捉えられたものではなく、国家、市場、コミュニティなど、アクターの行動する「アリーナ」の特性によって規定される。このアリーナの特性に注目することは、そこでの統治（governance）や調整（coordination）を問題にすることにつながる。それは、また社会に埋め込まれた「制度」を再発見するという側面をもっているのであり、そこでの「制度的秩序」（シュミッター）に着目することでもあった。換言すれば、国家中心的アプローチが「社会から撤退し」、そして「残余」としてしか取りあげなかった「社会」の諸制度が吟味されるのである(12)。

このように「社会」の復権とは、アクターをそれ自体として存在するものとして扱うのではなく、アクターが存立しているアリーナの制度的編成に焦点をあてることでもある。そして、そこでの制度は、国家に収斂されるのでもなければ、国家に還元できるものでもない。それは、歴史的ないし構造的に、社会に埋め込まれたものであること、しかも、それが自律したアリーナとして「政治社会」と「市民社会」という二重性を帯びているのである。J・コーエンとA・アラトーは、市民社会と政治社会との「構造分化(differenciation)」に着目した。彼らが重視するのは、水平的な結社型ネットワークに向かうものとしての「市民社会」と、フォーマルな制度へと向かう「政治社会」とが乖離している点である。市民社会とは、いわば「生活世界」の諸制度として存在し、そこで展開される集合行為は、ノームやアイデンティティ、欲求の解釈に応じて、いわば生活世界の諸制度を自衛する(あるいはハバーマス風に言えば「生活世界の植民地化」を制御する)「防衛的側面「(defensive aspect)」をもつ。これに対して、政治社会で展開される集合行為は、政治的諸制度をターゲットにした「攻勢的側面「(offensive aspect)」が強いと同時に、また、新しい政治アクター等を承認することを通じて自らの代表性を拡大し、利益を得ようとする「包摂の政治(politics of inclusion)」を展開する(13)。

したがって、八〇年代末の東欧の民主化過程の政治変動分析などにおいて再び「市民社会」概念が、今度は「分析概念」として、あるいは「方法としての市民社会」として、復権してきたが、そこで提示された市民社会概念は、従来の国家対社会という二元論ではない。そこでは明らかに、政治社会と市民社会という「社会の二重性」の問題が提起されていたのである。とりわけ、後者の市民社会のレヴェルにおけるデモクラシーの問題は、制度に拘束されない「自立」した個人や人的資本を想定して、それらの個人主義的な意味でのアクター間の関係について議論するものではない。むしろ、それは、社会に埋め込まれた組織間関係の布置にかかわる、ある種のコミュニティ基盤のコミュニタリアン的なものに関連している。このような文脈において、初めて、前述のR・パットナムの社会資本の概念等も重要な意味をもっていると思われる(14)。

第二節　国家―社会関係とネオ・コーポラティズム

こうして問題は、国家対社会という二項対立的な図式ではなく、第三のプロジェクトとして「社会の自律性」の内実を問うことになる。ここに今日おける「市民社会の復権」が提起する問題がある。つまり、公と私、国家と市場、ゲマインシャフトとゲゼルシャフトなどの二元論を超えて、社会の自己組織化と自己編制化を提示するプロジェクトの意味を明らかにすることが要請されるのである(15)。そしてここでは、まず、そうした、「社会の二重性」の問題に関連して、コーポラティズム論等の政治体制論のなかから国家―政治社会―市民社会という三項図式を指摘したA・ステパンの議論を検討することから始めてみたい。

①国家―政治社会―市民社会：A・ステパンの図式

A・ステパンもやはり、アクターの行動そのものよりも、そうした行動が展開される「アリーナ」を問題にする。つまり、個々のアクターが、政治における集合的生活のなかでどのようなかたちで組織化されているのか、という点に注目して、その組織化の場所として三つのアリーナ――市民社会、政治社会、国家――を識別することの重要性を主張する(16)。

第一に、市民社会が意味するのは、たとえば隣人組織や婦人団体、あるいは知識人の諸団体などによる多様な社会運動が展開されたり、あるいは、法律家、ジャーナリスト、労働組合、企業家等のような各種の職能団体が、自らの存在や利益の表出をしたりするために、諸々の組織間関係のなかで自らの組織化をはかっていくアリーナである。この市民社会のアリーナのあり方が、種々の利益の表出をどのように促進ないし制約するのかを条件付けると同時に、それらの利益の集約をおこなう基底レヴェルにあたる。

また第二に「政治社会」とは、そうした各種の利益集団が、公権力と国家装置にたいする統制を掌握すべく政治的な異議申し立てのために自己を再編していくアリーナのことを指し示す。この政治社会の核をなすアクターは、有力な利益集団の政治的指導部、政党または政党間の連合、政治家などである。その主たるゲームのルールは、選挙制度や、政府への圧力や政府との交渉のあり方にかかわるものである。ステパンによれば、この政治社会のゲームのルール如何によって、市民社会内部の諸勢力間に対立がもたらされることもあれば、またこの政治社会を通じて、市民社会のアリーナが政治的に自己形成し、政権の選択や監視が可能になることもある。つまり、市民社会内部の有力な集団である労働組合や経営者団体や教会などは、市民社会と政治社会との仲介や交渉を通じて、半ば政治社会の準構成メンバーになる場合もあれば、政党等を媒介にして市民社会でのプレゼンスを維持・拡大をめざす場合もある。そして、そのようななかで、それらのアクターが、市民社会アリーナの諸集団と対立して、市民社会内部の諸組織を分裂・再編させることにつながることもある。

このように市民社会と政治社会の両アリーナは、相対的に自律した領域なのであり、両者は範疇的に区別されるものなのである。利益集団もまた、前者に立脚したものと後者に基礎を置くものとは異なる。ちなみに「全体主義体制」とは、この政治社会と市民社会との区別それ自体の存在を容認しえない体制である。また「権威主義体制」とは、国家が、市民社会と政治社会の区別を前提にしている。そのうえで、市民社会に訴える一方で政治社会の自律性を容認しないで排斥する「ポピュリズム」型をとる場合もあれば、政治社会を包摂し、市民社会の自律性を容認しない体制をとる場合もあるとされる。

第三に、ステパンによれば、「国家」という用語には、政府以上の意味をもたせているが、これは、持続性を有する行政的・法律的・軍事的な官僚機構の体系である。それは、国家装置を管理運営するだけではなく、市民権力と公権力との間を関係づけ、市民社会および政治社会内部の重要な諸関係を関係づけるシステムなのである。

②政治経済体制ないし社会経済レジーム

さらに、その市民社会の領域に関連していえば、それ自体、市場と国家とも関わりがある。つまり、市民社会の領域は、家族、諸組織、各種の諸結社の生活を維持する市場の過程でもあると同時に、法・規則といった形態を通じて国家にも関連しているのである(17)。市場というものをひとつの理念型として捉えるならば、その理想的な市場は、完全な情報を与えられた匿名の数多くの売り手と買い手とが価格メカニズムを媒介にして行動し、そこに資源配分の効率性を求める。だが、A・ハーシュマンが指摘するように、このような市場観には、交渉・取引や相互適応(mutual adjustment)の余地はなく、互いに契約を結ぶオペレーターたちが反復ないし継続的な諸関係に入る必要はなくなるのである(18)。

しかし、A・ウルフによれば、市場も国家も、市民社会における道徳的・社会的紐帯がなければ、期待どおりに作動しない。市場は、信頼や連帯といった諸々の非経済的な紐帯によって規定される一種の道徳的秩序と並行しているのである(19)。さらに、広い意味での経済的諸制度についても、M・グラノベーターがいうように、それらは、経済的必要に応じて自動的に発生するわけでもなければ、そうした必要に応じて機能するものでもない。むしろ、そうした経済的諸制度は、諸々の社会的な組織間ネットワークのなかに「埋め込まれて」いるのである。それは、社会的に構築されたものであって、諸個人の利用可能なリソースを規定し、彼らの行為を促進ないし制約する(20)。

こうした点から、社会―経済システムをも射程にいれた「調整(coordination)」や「統治システム(governance system)」の問題が浮上する。W・シュトリークとP・シュミッターらが取りあげたのは、まさにその点であった。彼らによれば、この調整行為は、経済の統治システムを形成している一連の諸制度のセットを通じて遂行される。言い換えると、ある種の制度配置のなかで、はじめて調整行為は展開される。この「統治システム」は、「ある経済システムにおける諸々の境界線の内部の取引とその境界線を横断した取引とを規制する――ルールおよびルール形成のエージェントを含んだ――諸制度の総体である」と規定される。経済行為はそのような制度的編成によって調整ないし統治されるのである。この調整行為は、価格の設定、生産の質や量の決定、製品の規格、採用すべき労働の量とタイプの決定、消費者の予想、などをめぐって生じ、そして、統治システムを構成する一連の諸制度を通じておこなわれる。そして、この統治システムは「産業秩序（industrial order）」ないし「社会経済レジーム」とも呼びうるものであるという(21)。

だが、そのように経済活動を調整し、その社会経済レジームを整序する単一の理想的な制度的編成をあらかじめ先験的に措定することはできないとみなされている。むしろ、諸々の制度が存在し、それらは、相互に補完しあう多種多様な目的や手段を有しているが、個々別々に作動しているのではないとされる(22)。とすれば、問題は、そうした社会の組織化・秩序化をもたらす諸々の制度の論理とはなにか、また、なぜそのような諸制度が発生し存続するのかを探ることに移る。

③アソシエーション（結社）の論理

前述のシュトリークとシュミッターは、まず社会の秩序化の三つの制度的基盤を区別することから始める。すなわち、自発的な連帯を指導的原理とする「コミュニティ」、分散的競争のそれとしての「市場」、位階制的統制としての「国家」である。しかし、この三つの秩序化の制度的原理の関係をめぐっては、相反する主張が展開されている。つまり、一方では、その対立と非和解性が強調され、また他方では、それらの多面的な相互作用や相互補完性が力説される。そこで彼らは、第四番目の制度的基盤として「アソシエーション（association）」すなわち「結社」もしくは「団体」というものを、コミュニティ、市場、国家の諸関係のなかに位置づけた（**図表1－1**参照）。

本書における社会の二重性という観点からすると、問題となるのは「コミュニティ」と「アソシエーション（結社）」の区別である。前者は、インフォーマルなネットワークによる調整メカニズムであり、J・ホリングスワースとL・リンドバーグらの図式に従えば、「コミュニティ」もしくは「クラン」とも呼びうるものである。それに対し、後者のアソシエーションは社会における組織間の調整を基軸としたものである(23)。前者における「インフォーマル・ネットワーク」は、理念型としては、諸個人や諸集団が緩やかに協同する諸集合のことである。そこでは、相互の信頼や確信といったものが、安定的・選別的・個別的で相互に義務づけられてはいるが、法的には何の強制力をもたない諸々の互酬的な相互関係によって支えられている。そして、そのような信頼に基づいて、種々の取引が行われる。前述のウルフに従えば、市場とコミュニティとは代替的でもあり、また競合する秩序の型であるとさえいえるのである[24]。

こうしたコミュニティ、市場、国家の三者の関連とその均衡について、とりあえずここでは、㈠そうした三者の関連は、本質的には多種多様な諸制度の組み合わせのなかにあること、また、㈡それらの制度的秩序は、多種多様な調整様式(mode of co-ordination)の相互作用のなかに見いだせることを確認しておきたい。

むしろ、ここで強調したいのは、第一に、先進諸国においては社会秩序をめぐって第四のある明確な制度的基盤が存在すること、しかも第二に、それは、一種の過渡的なものや、他の三つのものが便宜的に融合したものにとど

図表 1-1　国家、市場、コミュニティ、結社：国家－社会関係

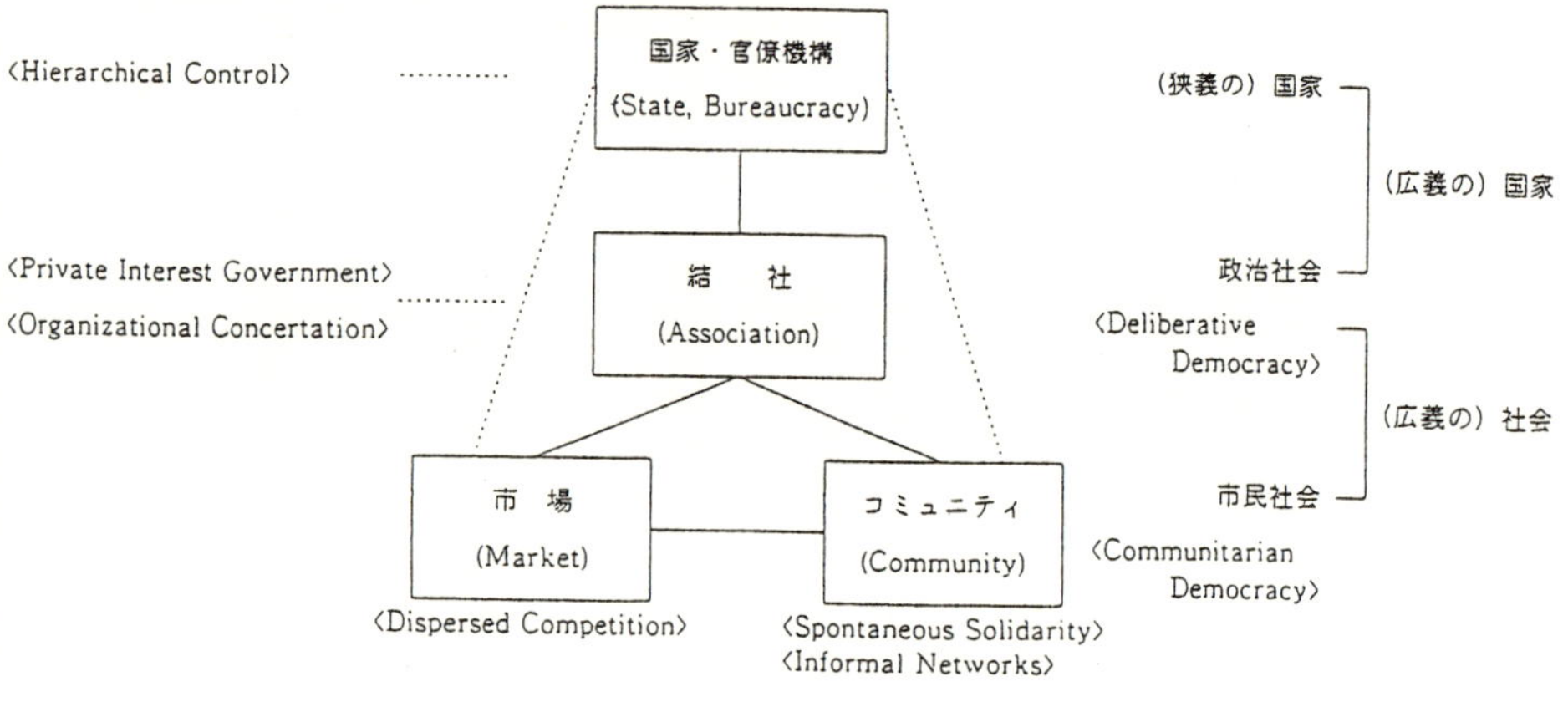

出典) Wolfgang Streeck and Philippe Schmitter, "Community, Market, State-and Associations?: The Prospective Contribution of Interest Governance to Social Order," in Streek and Scmitter (eds.), *Private Interest Government: Beyond Market and State* (Beverly Hills: Sage, 1985), pp.22-23; J. Rogers Hollingworth, Philippe C. Schimitter, and Wolfgang Streeck, "Capitalism, Sectors, Institutions, and Performance," in J. Rogers Hollingworth, Philippe C. Schmitter, and Wolfgang Streeck (eds.), *Governing Capitalist Economy: Performance and Control of Economic Sectors* (New York: Oxford University Press, 1994), pp.3-16. に基づいて主に作成。また、Alfred Stepan, *Rethinking Military Politics: Brazil and Southern Cone* (Princeton: Princeton University Press, 1988), pp.3-12; Jane Mansbridge, "A Deliberative Perspective on Neocorporatism," *Politics & Society,* Vol.20, 1992, pp.493-505 の議論も適宜組み入れた。

まらないこと、したがって第三に、それは、諸々の社会的アクターの行動を相互に適応可能にし、さらに予測可能なものにするのに寄与しうる、ひとつの持続的で自律的な制度的秩序とみなされていることである。

こうして、その第四の制度的秩序が、その具体的な制度にちなんで命名されて、「アソシエーション（association）」ないし「結社」と呼ばれているのである。このアソシエーションの指導的な原理は、コミュニティ＝自発的連帯、市場＝分散的競争、国家＝位階制的コントロールと対比して、「組織的協調（organizational concertation）」とされている(25)。

このような議論の背景には、六〇年代と七〇年代の西欧社会で、交渉型の利益適応（accomodation）と政策協調を特徴とする制度編成（いわゆる「ネオ・コーポラティズム」）の登場があることは疑いえないであろう。この政治経済体制を作動させる論理は、コミュニティ、市場、国家のそれぞれ従っている論理のいずれかひとつに還元できるものではないし、またその三つの論理をアドホックに融合したものでもない。この第四の「結社」の次元を加えることで、そうした政治経済体制は、よりよく理解できるとみなされる(26)。

そして、この結社の次元を主導するのが、ネオ・コーポラティズム体制において「公的地位」を獲得した集権的な利益諸集団である。この「結社」の論理の追求は、結社が、どのような意味で他の三つのものと異なるのかを提示するだけでなく、結社の潜在的・現実的な役割をより体系的に検討することでもあった。それは、公共政策をはじめ種々の問題、とくにデモクラシーの問題にたいしてどのような意義をもっているのかを吟味することにもつながる(27)。

さらに、このことは、本書の社会の二重性の議論からすれば、「政治社会」のアリーナの特性を考えることに関係する。市民社会において限定された数の有力で位階制的秩序を形成している集権的な団体が、傘下の諸集団にたいして規制や統制をしながら、他方で、頂点部では、それらの団体間の調整・協調を、国家を視野に入れて行なっているとすれば、それは、市民社会から発生しそれに基盤を置きつつも、そこからは相対的に自律した独自な論理を展開するいわば「公的」ともいえる領域（つまり、政治社会というアリーナ）を形成していることに他ならないと考えられるからである。このことが、とりわけ

図表 1-2　国家—社会関係と各種の社会集団

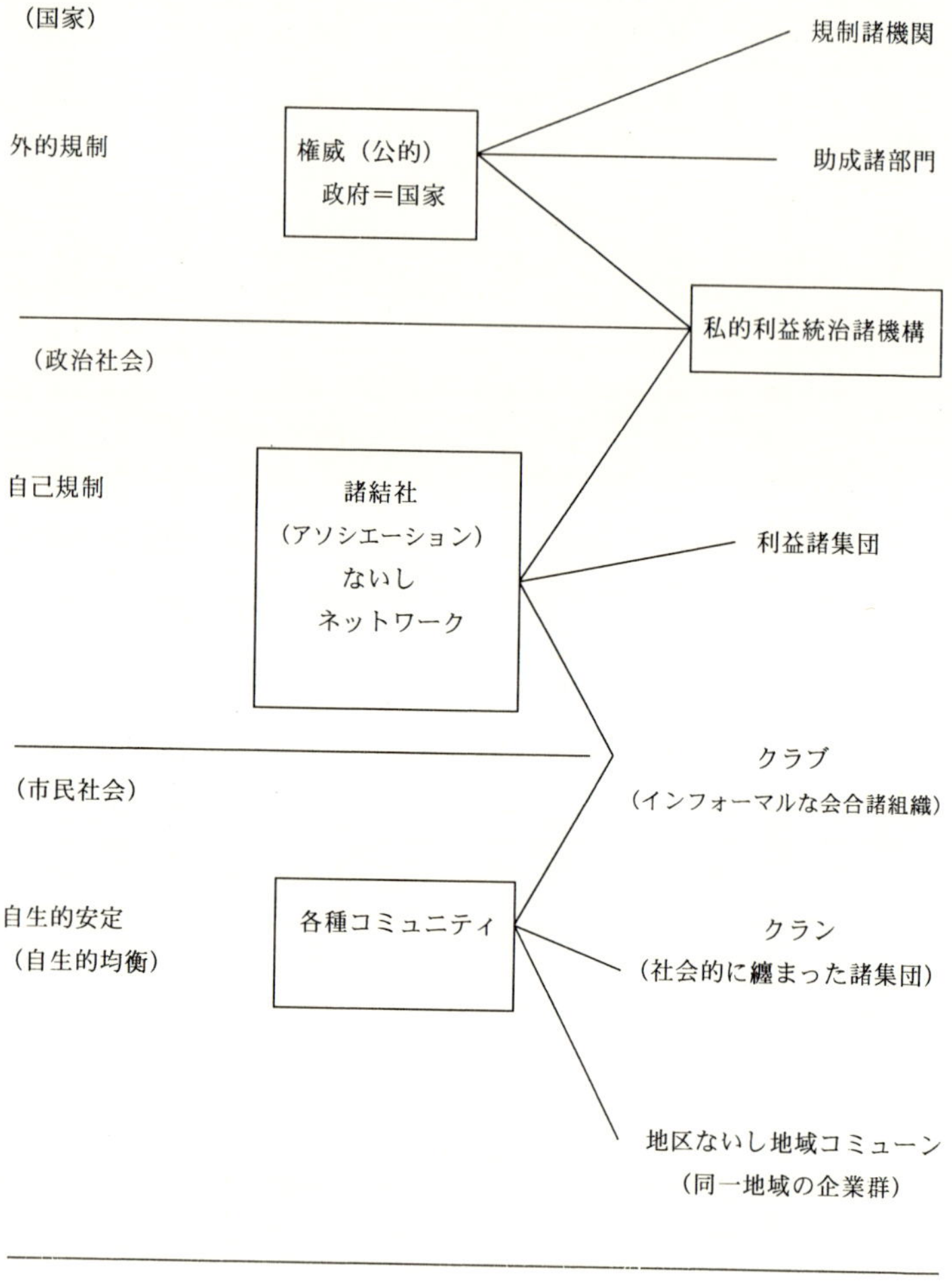

出所）Philippe C. Schmitter, "Sectors in Modern Capitalism: Modes of Governance and Variations in Performance, in Renato Brunetta and Carlo Dell'Aringa (eds.), *Labour Relations and Economic Performance* (New York; New York University Press, 1990), p.17, を基にして、本書の視点から大幅に修正を加えて新たに作成。

コーポラティズムを考察するうえで政治社会と市民社会の両レヴェルを区別することが重要となるひとつの理由でもある。以上の諸点を念頭において、国家―政治社会―市民社会の三つのアリーナに基づいて、種々の利益集団も含めた制度配置は**図表1－2**に示してある。

第三節　組織間関係の配置としてのネオ・コーポラティズム

①影響力の論理

こうして問題となるのは、前述のような結社としての利益集団がどのような論理によって形成されるのか、という点である。多元主義論では、利益集団は、個々人の自明な利害に発する自発的結社として捉えられ、しかもそれらの利害の一種の「伝動ベルト」とみなされていた。また、それら集団の代表と構成員との関係は、いわば「プリンシパル＝エージェント」の関係でもあった(28)。

しかし、前述のシュトリークによれば、ネオ・コーポラティズム論が提起したのは、そのような媒介的・中間的組織は、その支持基盤やクライエントが唱える「選好」の単なる受動的な受け手ではないという点である。そうした集団の利益は、あらかじめ与えられたものではなく、社会構造と組織間ネットワークとのあいだの多面的な相互作用の結果として発生する。したがって、ある集団の利益の内実を考える場合でも、その集団がどのような組織間関係のなかに組み込まれているのかという点を抜きにしては語れないとされる(29)。極論すれば、ある集団の利益とは、そのメンバーの主観的選好の集合というよりも、むしろ当該集団を取り巻く組織間ネットワークの関数なのである。

したがって、シュトリークが述べるように、コーポラティズム型の利益集団は、M・オルソン流のメンバーの合理的利益の計算に基づいて集団が形成されるとみなす「ボトム・アップ」の観点（「メンバーシップの論理」）から把握されるべきではない。むしろ、集団間の関係ならびに集団と国家との関係に根ざした「影響力の論理」に基づく「トップ・ダウン」の観点を重視せざるをえないのである。オルソン的な論理は、利益集団がメンバーのどのような利益を代表しているのか、そしてメンバーの利害がどのように集約されるのか、またメンバーは、どのような動員の能力を有しているのか、などに着目する。そして、オルソン流の利益集団論では、個人が集団を結成しそこに参加する合理的根拠に着目した「集合行動の可能性」が探求される。これに対しコーポラティズム論では、当該集団がどの程度コントロールされているのか、またそのメンバーの行動をどの程度調整することができるのかということに力点が置かれる。その意味では、集団の結成や集団への参加という側面よりも、集団の「統治可能性」が問題となるのである(30)。

また、「メンバー・シップの論理」は、各メンバーの有している利益や価値が、当該集団のなかにどの程度反映されているのかを追求することでもある。合理的な戦略の観点からみるにせよ、自己の集合的アイデンティティの観点からみるにせよ、メンバーが自己の利益や価値と、自らが参加・所属している集団の規模やその集団内部の編成などとを、どのように関係づけているのかが焦点になる。これに対して「影響力の論理」は、当該集団が組み込まれている組織間関係のネットワークから、どのような制約や機会が与えられているのかということを強調する。つまり、そうした制度的環境から、どのような影響を被っているのかが重要なのである。そして当該集団のメンバーは、そうした影響力を、戦略上の必要条件、政治的に配慮すべき諸ルール、諸々の互酬的な政治的交換のノーム等々として受け止め、そしてそれを遵守したり内面化したりするとみなされる(31)。

この二つの論理の相違からみると、成員の利益の共通性や成員の自発性や重複加入に力点を置く伝統的なトルーマン流の多元主義論者の利益集団論も、個々の成員の合理的計算に基づくフリー・ライダー問題から集団を捉えるオルソン流の集合行動論も、ともに「メンバーシップの論理」に重点を置いており、「影響力の論理」を等閑視していることになる。たしかに、オルソン流の集合行動論は、トルーマン流の多元主義論者に異議を唱えている。トルーマン流の多元主義論者が、成員の自発性と主観的利益を強調するのに対して、オルソン流の集合行動論は、成員の利益の計算可能な客観性を主張している。しかし、この両者とも、個別の集団の成員に焦点をあて、当該集団がどのような制度的文脈のなかに位置づけられているのか、という視点が稀薄であるという点では共通しているといえるのである(32)。

②組織間ネットワークへの埋め込み

この「影響力の論理」は、当該アクターとしての利益集団がどのような組織間関係の配置のなかに組み込まれているのか、という制度的文脈の問題にかかわっている。この点に関連していえば、たとえば、P・ディマジオとW・パウエルに代表されるような社会学的な制度論的アプローチは、制度化された組織間関係に個々の集団や組織が「埋め込まれて」いる点を強調する。この制度化された組織間関係があるために、個別の集団は、他の集団との交渉や競合等の行動をとるなかで、ルールの共通化などの「模倣」を通じて形態的に「同型性」をもつことになるのである(33)。また、アクターとしての集団が存立するアリーナである「組織場」を重視する議論では、組織間ネットワークという関係論的視座から個別の組織形態や組織行動が把握される。そこでは諸個人が、様々な結社や組織(教会、労働組合、レジャークラブ、など)や近隣集団等に「メンバーシップ」をもっているにしても、そのこと自体、ネットワーク性にかかわる問題として把握される(34)。

したがって、集合行動の問題も、個別組織からみると、動員可能な諸資源は他の諸組織との関係に依存することになる。各種の組織にとっては、不確実性と流動性をともなう他の諸組織との関係のなかで活動し、他の諸組織によってコントロールされている資源をどのように調達・動員するのかが課題となる(35)。たとえば、C・ティリーのように、ネットワーク性とカテゴリーの組み合わせとして「組織」を捉える「カットネット(catnet)」の観点が、前述の「メンバーシップの論理」に代わる「影響力の論理」の一環として重要になる。このカットネットとしての組織のあり方によって、集合的に提供される資源の量と資源提供の可能性が規定され、さらには、資源の動員も拘束を受ける。ここから動員は、資源のたんなる増大だけではなく、資源にたいする集合的コントロールの獲得をも含意する。その意味で集団の拡大は、人的資源の増大を意味するけれども、動員の拡大をただちに意味するわけではない。たとえば、集団が規模を拡大させるとき、人的資源も増大する。しかし、このような集団内の資源の増加は、そのまま動員の絶対量や割合の増大を意味するのではない。むしろ組織間の関係のあり方が、動員可能な資源の統制のあり方に影響を及ぼすのである(36)。

そして何よりも重要なのは、コーポラティズム型の利益集団の場合、その組織間関係において国家との特殊な関係を発展させるようになり、いわば国家―社会関係のなかで「公的地位」を獲得している点である(37)。この「公的地位」とは、当該集団が、国家以外の他の環境では決して与えられない特殊な資源を、直接的にせよ間接的にせよ、獲得していること、換言すれば、当該集団が正統な強制力に依拠できる能力のことを指し示している(38)。ここに再び、国家と社会集団との関係が浮上するのである。

③公的地位の問題と「アソシエーション」の論理

公的立場という点にかんして、C・オッフェは、どの程度の「公的地位」が組織的な利益集団に与えられているのかということに着目する。コーポラティズムは、組織的な利益集団が影響を受けている以下の四つの点に依存しているとみなされる。コーポラティズム化の進展とは、その各々の水準が相対的に高まることを意味している。すなわち、㈠資源上の地位について。国家によって利益集団の資源（リソース）はどの程度供給されているのか（たとえば、直接的な援助、税制上の措置、強制加入の問題など）。㈡代表上の地位について。どの程度の参加の範囲が政治的決定を通じて規定されているのか（たとえば、ある利益集団が活動できる実質的領域が公的に規定されているのか、それとも加盟方法等だけが公的に規定されているにすぎないのか、あるいはその両者がどの程度、規制されているのか）。㈢組織上の地位について。当該利益集団の一般構成員間の内部関係がどの程度まで調整されているのか。㈣手続き上の地位について。当該利益集団が他の特定の当事者をともなって、立法、司法システム、政策の立案と執行において、ある一定の役割を帯びることが、どの程度まで認可、承認、導入されているのか、それともさらに進んで自主管理の権利さえも認められているのか、といった点である(39)。この四つの点からもわかるように、コーポラティズムには、資本―労働関係に代表される職能集団間の関係だけではない、もうひとつの軸として国家―社会関係があることが示されている。

さらに公的地位の問題を政策形成の観点から捉えると、コーポラティズムとは、諸々の結社が創出し具体化する社会秩序の型に公共的目的を付与するために、そうした代表的な利益集団にたいして、国家と市民社会(市場とコミュニティ)とのあいだで一つの明確な「アソシエーション」の役割を割り当てる試みであるとされる(40)。

ここでいう「アソシエーション」は、公的官僚機構と市民社会の個別の諸集団とのあいだの相互作用の制度化をもたらすことによって両者を媒介し、そして双方の問題の解決に多大に貢献しうる立場にたつとみなされている。その意味で、このアソシエーションは、制度化された一種の「私的利益政府(private interest government)」とも呼ばれる。それは、民間レヴェルあるいは私的領域における統治のあり方をも示唆している。このアソシエーションが、㈠そのメンバーの間の協調行動を組織化ないし統制したり、㈡他の結社とのあいだに集団的な契約を結んだり、㈢公共政策にむけてメンバー等を動員したりあるいは影響を及ぼしたりすることで、そのメンバーの要求や独自の利益の実現をはかっていくのである(41)。

また政策の執行についても、そうしたアソシエーションのほうが、政策のターゲットになる諸集団がそのメンバーであることが多いので、国家の官僚機構と比べて、当該諸集団に接近しやすいとしばしばみなされる。政策執行の能力は、国家のエージェントが、当該政策の対象となる集団すなわち「政策の受け手」によって正統的なものと認められているかどうかによって左右されるとすれば、この「政策の受け手」が、組織化された利害集団で、しかもその「参加」が執行の成功のためには必要である場合には、正統性を獲得するひとつの方法として、そのような集団に「公的な地位」を与えることのほうがよいとされる。なぜならば、その利点として、組織化された利益集団のほうが、国家官僚と比べて、ターゲットになる集団とは、(そのメンバーであるために)、密接な関係にあり、当該の状況と関心事について精通しているからである。こうして、その利益集団が準政府ないし公的地位を帯びるようになれば、ルールをよりインフォーマルなかたちで適用したり、個々の事例の特殊な条件を考慮に入れたりするようになる。そして、政策のターゲットになった傘下の集団も調整を受け入れる可能性が高くなるというわけである(42)。

④調整型自主規制

しかし、このようにしてコーポラティズム型の政策形成システムが登場すると、行政運営上の政策執行と法の支配としての執行とのあいだに緊張がしばしば生じる。D・ブランドは、シュミッター流の社会における組織化された利益集団に着目する「社会コーポラティズム」に対比させて、もうひとつのコーポラティズム概念を提示する。すなわち国家の側面に着目し、そのような組織的な利益集団が、独占的に利益を代表し、政策の形成と執行においてフォーマルないしインフォーマルに重要な役割を果たす、制度化された行政パタンを「行政コーポラティズム」と規定し、両者を区別することの必要性を主張している(43)。シュミッター流のコーポラティズム概念が、入力(インプット)の側面に重点を置いたものであるのに対して、ブランドは、政策の執行・実施の出力(アウトプット)の側面に力点を置いており、しかも両側面のあいだには緊張関係があることを指摘する(44)。さらにB・ロスタインによれば、この緊張関係が生じるのは、前者のシュミッター流の政策執行が、標的となった集団とその上位団体の個別的欲求に向けられるのに対して、後者の行政コーポラティズムは、法の支配としての執行を前提とし、普遍的でかつ不偏的なものを想定しているからであるという(45)。ここにおいて、後者は、次節で論じるアソシエーティヴ・デモクラシー論にもかかわるが、いわば「依法的民主主義」(T・ローウィ)や政府の能力の問題に関連している(46)。

このように政策の定式化と執行とのあいだ、とくに政策執行における政府と利益集団とのあいだには、つねに緊張関係や対立関係が内包されているとする見解にたいして、シュトリークとシュミッターが打ち出す論理が、前述のアソシエーションによる「調整型自主規制(regurated self-reguration)」というものである。この調整様式は、公式の政府と各種の利益集団との緊張関係を、アソシエーションによる調整を通じて解決することをめざしている。ここに、ネオ・コーポラティズム型の利益媒介の諸制度が、「私的利害統治」もしくは「私的政府」として強調される所以があると思われる。

さらに、そのような媒介的・中間的組織の潜在的役割は、政策執行にとって重要であるという点にとどまらない。G・レームブルッフによれば、それらの組織は、集合的利益の生産者ともなりうるという点でも重要視されるべきものである(47)。つまり、第二次大戦以降の現代の先進諸国のデモクラシーにおいては、特定の有力な利益集団がそうした「公的地位」を獲得すると、諸々の個人ないし企業と、フォーマルな選挙制度を含めた国家諸制度とを媒介する組織という意味での「第二次結社」が広範囲に活動する。それらの集団は、政治的アジェンダの設定に寄与し、政策の執行において重要な役割を果たすだけではない。より包摂的な政治的アリーナに諸個人を導く信条・選好・慣習等の形成にも影響を及ぼす潜在的可能性をもつようになってきたとされる(48)。

だが、こうしたアソシエーションの論理は、まず何よりも、利益集団内部の組織間関係に埋め込まれている代表関係についての、その一面しかみていないように思われる。そのような公的地位にある団体と傘下の各種利益集団との関係が孕んでいる制度的論理はより複雑である。後のアソシエーティヴ・デモクラシー論で述べるように、そこには安定化の正の循環だけでなく、同時に不安定化の負の循環も組み込まれているのである。また、そのような「公的地位」にある、いわば「特権的な」利益集団が国家に接近することは、利益集団の国家への依存度を高め、「利益集団リベラリズム」という一種の多元主義のパラドックスをもたらす可能性を否定できないであろうし(49)、そこからJ・マディソンの警告した「派閥の弊害」の問題もまた提起されうるのである(50)。

これらの問題を念頭に置いて、ネオ・コーポラティズムを前提としたデモクラシーのあり方、つまりアソシエーティヴ・デモクラシーもしくは審議型民主主義(deliberative democracy)の特徴について検討を加えてみる(51)。

第四節　ネオ・コーポラティズム体制下の緊張関係
――アソシエーティヴ・デモクラシー論の諸問題

アソシエーティヴ・デモクラシーは、前述のような「公的地位」を獲得したコーポラティズム型利益集団が社会的に責任をもった自治を展開すること、あるいはそのような自治能力があることを想定している(52)。このことは、図表1－1にあるような「アソシエーション」が、市場ないし公的なヒエラルヒーに代わって、社会統治にひとつの明確な形態を与えて、構成員たる市民間の協調関係を促進することを意味する。その理由は、そうした「アソシエーション」の存在は、市民社会レヴェルでの潜在的には競合しあう諸集団の利益間に合意や協定を確保するうえでの「取引コスト」を低下させるからであり、またそのことによって諸集団間の協調を促す「信頼」の確立が助長されるからであるとされる(53)。

こうして、アソシエーションは、ローカルなレヴェルでの情報を収集し、またそこでの私的アクターの行動へのモニタリングをおこない、そのなかで私的アクター間の協調関係を促進させやすいという点で、政府による公的な規制や調整を補完するだけでなく、それに代替する可能性をもつとみなされる(54)。さらに、そうしたアソシーエションの展開により、経済運営の過程は、非ゼロ＝サム的なものに転換してコーポラティズムのもつ可能性をさらに高めるとしている(55)。

また、その統治様式においても、アソシエーションは、たんに構成員を代表して公的な政策決定者にたいして圧力をかけるだけにとどまらず、それ以上に問題解決の担い手として期待される。公共政策の定式化と執行を助け、また国家のより直接的な規制を補完する準公的機能を担うとみなされている(56)。そこでは、集団間の協調を通じて政策の有効性が高まることが想定されているのである(57)。

この「アソシエーション」がそのように明示的にも公的な役割を担うようになると、その状況を所与のものとして、アソシエーティヴ・デモクラシーの理念の内実を精緻化することが要請される。この理念は、一般的にいえば、一方ではナショナルな諸制度を通じて包括的な規制を実施・強化していく点では従来の社会民主主義の特性を保持しながらも、他方では、それをネオ・リベラルや市民的共和主義が強調するような、ローカル・レヴェルの管轄権やそうした利益集団を通じてのより分権型の調整や管理と結びつけようとするものである(58)。

このような認識の現実的な背景としては、まず戦後のネオ・コーポラティズム=社会民主主義の進展がある。それが、様々な不安定性や問題をかかえているにせよ、あるいはそうであるがゆえに、それを所与の現実としてコーポラティズムの民主化(「民主的コーポラティズム」)の条件を探ることが重要だとみなしているのである。その一方で、とくに八〇年代に台頭してきた反・コーポラティズムの急先鋒ともいえる、市場志向のネオ・リベラル・デモクラシーの政治体制では、十分な利益代表に基づいた「第二次結社」の協力を通じての有効な統治システムを展開できないのではないか、という状況認識もある。むしろ、既存の第二次結社は、政府に十分に参加しているとは決していえず、また社会における各種の利益集団の代表は、その利益を政治的意思決定構造と有効に結びつけていないとみなされている(59)。

①各種の民主主義形態との関係

J・コーエンとJ・ロジャースの議論によれば、アソシエーティヴ・デモクラシーは、少数の集団による政府の占領を廃することを主たる目的のひとつとしている。もちろん、それは、国家介入の余地を出来うる限り制約していく「ネオ・リベラリズム」とは異なるけれども、国家=政府による介入からアソシエーションへの権限の委譲・委任を通じて社会の自治を志向する点では、ネオ・リベラルとはある種の親和性をもっているとされる。また「市民的共和主義(civic republicanism)」とは、共通善というものにたえず依拠させながら「公共性」の意味を確定しつつ、政策形成への参加者間の合意を形成していく「審議型政治」を重視する点では、ある種の共有する部分をもつ。しかし、そうした集団間の公私の区別を絶えず明確化することを求めるような「依法的民主主義論」にたいしては、より柔軟なアソシエーションのもつ統治能力のほうを高く評価する。さらには集団の公私の区分よりも、集団の政府へのアクセス・ポイントの拡大とその機会均等化をめざす「平等的多元主義（egalitarian pluralism）」にたいしては、「市民的共和主義」と歩調を合わせて、それが政府機構の無秩序な膨大化につながる点を強調する。とはいえ、アソシエーティヴ・デモクラシーは、集団の利益表出を顕在化させ、集団間交渉における手続きを明確化し、交渉の枠組を保証するために結社の自由ならびに政治参加を重視する点において、またその際、個々の利益集団が同等の代表性をもちうるという点では、「平等的多元主義」とは見解の一致をみる。こうして、それら三つのデモクラシーの代案の各々の長短を見極めたうえで、それらを乗り越えるものとして「アソシエーティヴ・デモクラシー」論が展開されている(60)。

このアソシエーティヴ・デモクラシー論の背後にある集団観としてコーエンとロジャースが力説するのは、集団が歴史的に構築されてきたという意味での「人為性（artifactuality）」である。利益集団の形成は、社会における各種の利益から直接的に派生してくるのではない。また利益それ自体が、所与のものでもなければ、本質的なものの流出とみなされるわけでもない。したがって、利益という本質が、集団の形態をとって表出ないし顕在化されていると措定しているのでなければ、集団をそうした利益に還元できると想定しているわけではない。そして利益代表の構成も、社会生活の基礎的条件を無媒介に反映しているのではない(61)。むしろ集団の形成、集団間の関係、集団の所持しているリソースといったものは、それ自体、政治的諸制度によって誘導される「機会」ないし「インセンティヴ」の産物なのである。こうして結社（「アソシエーション」）もまた、その基底にある社会生活からただちに導出されるようなたんなる「代理人」ではない。それは政治—制度的に構築されるのである(62)。

こうしてアソシエーティヴ・デモクラシーが円滑に作動するための要諦は、集団内の諸関係と集団間の諸関係の双方にたいする「配慮ないし審議（deliberation）」の問題となる(63)。アソシエーティヴ・デモクラシーでは、諸々の集団は、集合的に活動していくうえでのバランス感覚をもっていることを要請されており、また集合的な権利と同時に義務をも有している。つまり、集団内ではメンバーの利益を包摂し代表するだけでなく、傘下の各集団にたいして予測可能な協調行動をとることを確保し、それによってメンバーにたいしては対話を通じて期待を安定的に保証していかなければならないのである。公的なものをメンバー集団に周知徹底させ、内部の集団間関係においては、そのアソシエーションが「私的利益政府」として調停や仲裁をはかり、協調関係を維持するようにつとめる。この意味で、アソシエーションは、一種の「第三者強制」の機関でもあり、また準国家機構ともみなされる(64)。

コーエンとロジャースは、アソシエーショナル・デモクラシーのいくつかの指標ないし留意点を提示する(65)。すなわち、

(一) 集団指導部のメンバーにたいする権限とその説明責任が明確であること、

(二) 集団の意思決定において権威が集権化されていること、

(三) 当該領域における集団の組織化ならびに包摂化の度合が高いこと、

(四) 諸々のアソシエーションに割り当てられた責任ないしそれらが担う責任の範囲が明確であること、

(五) 政府との関係において公的権限を与えられた各種のアソシーエションが、政策の定式化と執行の両者を含む政策過程のなかで遂行されること、換言すれば、集団やアソシエーションを通じて、国家の介入は、政策の認可やライセンスの賦与、補助金や助成金と引換に、政府の要求とのあいだに一種の「政治的交換」があること、

(六) 集団間の相互行為の様式としては、互いのメンバーの尊重、情報の共有、リソースのプールなどにおいて高度の「結社性」があること、

(七) そうした集団間の権力の分配における平等性があること、言い換えると、背後にある集団間の物質的リソースの不平等が集団間の権限の分配における不平等へと転化させないようにすること、である。

②拒否権ポイント――否定的論理

これらの指標にたいして、E・イマールガットは、集団間交渉や政策結果にたいする「拒否権行使の場（veto point）」が制度的にどのレヴェルにどのようなかたちで埋め込まれているのかという観点から、おおよそ次のことを指摘する。すなわち、このアソシエーティヴ・デモクラシーの要諦のひとつが集団間の協調による政策の実効性の向上にあるとするならば、そうした協調関係の成否は、それらの集団が政策の「結果」にたいして一方的に拒否権を発動しないという点にかかっている。そして、この観点からすると、このアソシエーティヴ・デモクラシーが奏功する条件としては、㈠政策提案にたいして拒否権を行使できるような代替的なアリーナを組み込んではいけないことになる。また、㈡そもそも、そうした集団間にバランスを保たせるためには、ある程度の数の集団の参画を必要とするが、意思決定の協調性を確保するためには、その数は極めて制限されるはずである。さらに、㈢そうした集団間交渉ならびに政府―集団間交渉は継続的で反復的なものでなければならなくなる(66)。

したがって、イマールガットによれば、アソシエーティヴ・デモクラシーないし民主的コーポラティズムは、アソシーエーションが当該領域を独占することに必ずしも問題があるのではない。むしろ、それは、そういった独占性がそもそも困難であるばかりか、一部の利益集団の利害を排除するうえに成立せざるをえないのである。そこでは、政治的アジェンダや政策領域も、対処しやすい数の争点に限定したものになり、しかも、必ず代表されない利益が存在することになる。彼女は、その例として、民主的コーポラティズムや社会民主主義の典型とされるスウェーデンを取りあげる。その政策過程においてはＬＯ（労働組合全国組織）、ＴＣＯ（ホワイトカラー中央組織）、ＳＡＦ（経営者連盟）の三大生産者組織は、いわばアソシーエションとして重視される利益代表になっているが、中小のビジネス、クラフト・ユニオン、専門的職業団体、あるいは消費者団体は、過少代表となっていると指摘する(67)。

こうして本書の観点からすれば、拒否権ポイントは、アソシエーション=政治社会レヴェルでの制度化にとどまっているということになる。このようなスウェーデンの事例に対して、一見類似した「エリート協調」にあるとみなされる「多極共存型」のスイスの場合は相異なる様相を示しているといえる。というのも、スイスでは、直接民主主義型の国民投票制度があるために、拒否権ポイントが、いわば市民社会のレヴェルに埋め込まれているといってよいからである(68)。このことは、また後述するように、多種多様な利益集団間の連携のあり方を、ナショナルな政治社会のレヴェルとローカルな市民社会のレヴェルの両方に関連づけて位置づける必要があることを意味する(69)。

もちろん、前述のシュミッターやシュトリークも、アソシエーションによるコーポラティズム型の制度的秩序が、ただちに普遍的な秩序になると主張しているわけではない。また多くの政治的争点がそうしたアソシエーションを通じての調整型自主規制に委ねられているのではないという点も認めてはいる。しかし彼らが力説するのは、そうしたアソシエーションを通じての自主規制のほうが、市場や政府による調整、そしてコミュニティの自助努力型の調整よりも、はるかに良好な成果をあげる政策領域が多々存在する、という点なのである(70)。

しかしながら、彼らの主張にもかかわらず、㈠そうした政策領域が主として生産領域に限られていることや不確実であること、㈡第三者強制やサンクションのもつインフォーマルな性格とそこから派生する曖昧さがあること、そして、㈢少なくともアソシエーションに対しては国家の介入が直接に及ぶこと、さらにそれに関連して、㈣政策過程において公私エリートからなる固定的で閉鎖的な「政策コミュニティ」が形成される傾向にあること、など従来の民主的コーポラティズム論をめぐって指摘されてきた問題点は依然として残されたままである(71)。

以上のようにアソシエーティヴ・デモクラシーは、私的政府としてのアソシエーションによる調整型自主規制の論理を打ち出した。これは、言い換えれば、国家に依拠しない、アソシーエションによる「第三者強制」の問題を提起する。このことは、アソシエーションがメンバーを十分に代表しうるのか、また、傘下の集団間関係を調整しうるのか、さらに、アソシエーションの頂点部と政府との一種のエリート・カルテルではないのか、といった問題に逢着せざるをえない。それらは、また、制度化の進展に対応して各種のコンフリクトが、制度内外に蓄積されることにかかわるのである。

第五節　ネオ・コーポラティズムと新旧社会運動――制度編成とコンフリクトとの関係

①利益媒介の制度的論理

コーポラティズムの制度化がマクロ・レヴェルで進展するにつれて、とくに生産領域を代表する労使間の協調・闘争にかかわる主要な争点領域は、しばしば指摘されるように、生産の領域から再分配や消費のそれへと移動する。たとえば、資本から労働への所得の再分配の問題が、福祉や税制のそれとも連携して重要な争点になる(72)。比較コーポラティズム研究が示唆するように、相対的にコーポラティズム度の高い国では、租税政策などについては、労働への所得移転が企業利潤とは負の効果をもたらすために、全般的にみて経営側の反発をかうことになる。そしてスウェーデンにみられたように、集権的な団体交渉からの経営主導の離反が生じ、そこからセクター・レヴェルでの労使間協調を基軸とした「メゾ・コーポラティズム化」や、企業レヴェルでの労使協議制などの「ミクロ・コーポラティズム化」などが問題になる。また政府も社会賃金の負担、財政問題、インフレ圧力、などの政策課題を抱える(73)。さらに労働内部でも、コーポラティズム型の制度編成は、労資の各々を代表するエリートを政府と連結させて一種の「政治的交換」を促すことから、そうした頂上交渉での労使間妥協に反対する、いわゆる「ランク・アンド・ファイルの反乱」や「草の根の反乱」が生じるのである(74)。

さらにA・セイヤーらが指摘するように、とくに生産体制の変容とともに消費の差異化や多様化が生じてサービス部門や生活関連領域の比重が高まってくると(75)、そうした消費の差異化と多様化は、生活領域を中心にしてその商品化の拡大やシャドウワークなどについて問題をたえず投げかける。そして、そこに新しい争点や価値観と新しい組織形態をもった社会運動が発生し、既存の政治スタイルとのあいだにやはり緊張関係をもたらすのである(76)。政治的な争点は、生産性と賃金の上昇等をめぐる生産者集団間ないし政府—集団間の「物質的利益の分配」から、情報、環境、ライフ・スタイルといった非物質的領域をめぐるものへと広がりをみせる。これらの争点をめぐって「新しい」社会運動が族生するわけだが、第五章で詳しく論じるように、それらが「新しい」といわれる所以は、ひとつはそうした「争点領域」の新しさであり、もうひとつは「代表形態」つまり運動を組織の形態やレパートリーの新しさにある(77)。

一般的にみて、コーポラティズム体制内部に貫流する好循環もしくは正の循環の論理を述べるならば、それは、前述のアソシエーティヴ・デモクラシー論のもつオプティミスティックな見解に示唆されるように、次のようなものになるであろう。すなわち、利益集団の包括化と集団間関係の位階制化を通じて、集権的で公的地位を獲得する団体が出現し、そうした包括的団体が審議や配慮によって底辺の市民社会レヴェルでの利益表出を媒介・集約していくと同時に、また逆にそうした諸団体が頂点部での合意を底辺部での政策執行へと結合させていくことでその実効性を確保していくという往復運動の論理である。また、そうした循環運動を通じてフィードバック・メカニズムも円滑に作動し、さらに、このことが、コーポラティズム体制の社会レヴェルへの埋め込み＝制度化を促進し、適応と安定とをダイナミックに定着させていくのである。

しかし、それと拮抗するかたちでコーポラティズム体制には悪循環もしくは負の循環の論理もまた一種の反措定として内包されている。まず第一に、既存のコーポラティズム体制に代表されない、もしくは支持されない種々の利益や集団そして亀裂はますます周辺化していく。さらに第二には、そもそもコーポラティズム体制が想定していないような新たな形態の非制度的な政治紛争が発生する。前者からは、利益の包摂化・統合化を通じて既存の回路に参入しようとする「求心的な運動」が登場し、後者からは、既存の集団および集団間関係のコントロールへの抵抗や離脱を含む「遠心的ドライブ」をもった運動が台頭する。前者の運動は、周辺化された集団の異議申し立てと新規参入という点で新しい側面もあるが、全体としては「古いパラダイム」であるのに対して、後者の運動は、争点の新しさに加えて、集団の統合化や包摂化とは逆方向にあり、既存の制度的枠組の外部を指向する点で「新しいパラダイム」にあるといえる(78)。

②コンフリクトの形態――シュミッターの図式

ここでは、そうした負の循環を大きく二つに分け、㈠制度内の不安定性の発現としての労働争議など、労働内部のランク・アンド・ファイルの反乱と、㈡とくに脱生産性ないし反生産性志向の代表的なものとして八〇年代に台頭する環境運動などの新しい社会運動と関連づける。これは、それぞれマクロ・コーポラティズム体制の制度的配置とその変容という視点から、制度化への「拮抗力の源泉」に焦点をあて、そのなかで社会運動について考察することでもある(79)。

したがって、ここでの社会運動は、従属変数として取り扱われる。第五章と第七章で詳しく論じることになるが、「政治的機会構造」に注目する論者は、社会運動とりわけ抵抗への動員を埋め込んでいるような政治的コンテクストを重要視する。運動の契機と機会は、そのアクター自身が所有しているのではなくて、そうした政治的環境の所産とみなす。つまり、社会運動について、運動の担い手に起因する「状況的」説明ではなく、「構造的・制度的」説明をおこなっている(80)。ただし、このように制度的コンテクストを重視するとはいえ、機会構造論者のいう同概念は、選択される変数が論者によってまちまちであり統一性に欠けるという指摘もある。しかし、そのことよりも重要な批判は、それらの変数が、より包括的な体制の原理等と有機的に結びついていない傾向にあるというものである(81)。

ここでは、これらの指摘を念頭に置いて、ネオ・コーポラティズムというより包括的な制度編成のなかで社会運動がどのように発生しているのか、言い換えれば、抵抗と運動の契機がどのような制度的コンテクストに埋め込まれているのか、ということに焦点をあててみたい。

このようにマクロな制度編成を説明変数とすることから、ここでの政治的機会構造は、比較的安定的で中・長期的なものを対象としている。したがって、政治的機会構造に関連する諸々の要素として、しばしば取りあげられる抵抗運動のサイクルや政体へのアクセス、政治的同盟の有無、エリート間の対立・葛藤等(82)、あるいは政党ならびに政党システムとの関連を指向する観点もここでは直接的に言及することはしない(83)。

ここで手がかりとするのは、P・シュミッター以来、コーポラティズム型の制度編成が提供する政治的機会構造によって発生する種々の脱/反制度的運動のうちの二つの形態である。すなわち、ひとつは、前述のように、その意味内容において労使間の紛争という側面から、ランク・アンド・ファイルの反乱の側面までを含んでいる「ストライキ」であり、もうひとつは、労使間の生産性同盟に対峙するという意味合いをもった「新しい社会運動」である。

シュミッターは、**図表1-3**にみられるように、ネオ・コーポラティズム型の制度編成において、(一)紛争が発生する場所と、(二)その争点の内容という二つの軸から、四つの大まかな類型を示した(84)。

(I)の「ランク・アンド・ファイルの反乱」は、労使双方のリーダーと国家官僚との共生関係である「エリート・カルテル」にたいして、下部の一般構成員たちが反乱を起こすことである。労働側でいえば、それは山猫ストや組織的な脱退などいった現象に端的に示されるであろう。また、それは、経営者サイドが、前述のように業界(セクター)単位で団体交渉から離脱して、コーポラティズムの「メゾ化」ないし「ミクロ化」に向かうこともあれば、中小規模の企業の反乱というかたちをとることもあ

図表 1-3 ネオ・コーポラティズムの制度編成における紛争の諸形態
(Ph・シュミッターの図式)

争点の実質的な内容

対立の制度上の起点	既存の争点	新しい争点
既存の利益諸集団内部もしくは諸集団間	I. ランク・アンド・ファイルの反乱	III. 新たに資格を付与される諸組織
新たな利益媒介諸様式	II. 階級動員	IV. 単一争点運動

出所) Philippe Schmitter, "Reflections on Where the Theory of Neo-CorporatismHas Gone and Where the Praxis of Neo-Corporatism May Be Going," in Gerhard Lehmbruch and Philippe Schmitter (eds.), *Patterns of Corporatist Policy-Making* (London: Sage Publications, 1982), p.267.〔邦訳、288頁〕を一部修正。

ろう。いずれにしても、これらは、ネオ・コーポラティズムの制度編成の内部からの叛乱である。

(II)の「階級動員」について。そもそもネオ・コーポラティズムが、すでに述べたように、構造次元での労資の階級的亀裂を制度次元での労使双方の組織代表へと置換させる以上、労使双方とも選挙動員、政党への組織化、抵抗運動などに加えて、別の政治的回路を通じて、階級動員を展開する可能性を常に孕んでいる。ネオ・コーポラティズムでは、利益の配分だけではなく、労働側には賃金抑制など、また経営側には福祉手当の負担など、コストの配分をめぐっても交渉がなされるので、双方またはいずれか一方によって、そのゲームのルールそれ自体の変更を含む階級闘争は起こりうる。

(III)の「新たな資格を得た組織」にかんしていえば、これは、以前は副次的であったか、あるいはまったく新たに重要性を帯びた争点をめぐって、既存の組織がその新たな争点を取り込むか、もしくは新たな組織が既存の利益媒介のルートに制度的に編入されることを意味する。前者の場合、たとえば外国人労働者問題など人種、地域、宗教などにも関連する争点等に既存の組織が対応し、未組織の労働者を組織化したりすることなどが、それに該当するであろう。また後者の場合、労組がたとえば年金、税金、さらには消費生活の問題について、個別の年金受給者団体や納税者団体などの要望を政労使ないし労使交渉での新たな議題にのせたり、それらの団体代表をそうした交渉に包摂したりすることなどが考えられよう。いずれにしても、そうした新たな争点ないし外部勢力を既存の制度編成のなかに内部化することを指し示している。

(IV)の「単一争点運動」は、新しい争点を既存のコーポラティズム型の制度編成の外部で展開することを指す。ネオ・コーポラティズムは、これまで指摘しているように、基本的には生産性向上と物質的な分配を想定しているので、消費や環境などは、いわば潜在的な「非決定」の争点領域であり、あらかじめ議題設定の枠外にあったといっても差し支えないであろう。しかも、この(IV)の場合、そのように争点が新しいだけではなく、その組織もコーポラティズム型の職能組織を横断したり、あるいはその外部で活動するので、既存組織にとっては戦略・戦術の面でも操作の対象とはなりにくい。

③国家―社会関係と新旧社会運動――本書の構図

このようなシュミッターの図式から示唆を受けて、それを本書の観点から修正し、新たに図式化したのが**図表1-4**である。これは、国家―社会関係の制度配置のなかに、旧来の労使間関係を基軸としたコーポラティズム体制を接合したものである。この労使間関係にかんしていえば、労使双方が生産の領域で経済成長を優先させて連携する「生産性同盟」の程度、あるいは、同様に、雇用や賃金をめぐって下位レヴェルで階級横断的に連携する「交叉階級連合」などの議論もまた念頭に置かれている。

ここでは、シュミッターの図式では曖昧であった争点領域を、より具体的に「生産」から「消費・環境」その他の軸で把握した。そして何よりも、利益媒介の制度編成の軸を、これまでの議論に沿って「政治社会」と「市民社会」の二つのアリーナの乖離の問題として捉え返したのである。また本書では詳しく論じられないが、こうした図式化は、さらにクライエンテリズムとの関連やコーポラティズムのミクロ化等の位置づけがより明確になるように思われる(85)。

このようにコーポラティズム型の制度的配置は、大きく分けて内部と外部にそれぞれ緊張関係を孕んでいるのであるが、その二つの緊張関係は、旧来のマクロ・コーポラティズム型制度編成の「強度」に左右され、各国によって時間的にも空間的にも違ってくることが予想される。しかし、ここでひとつのパズルとして提起されるのは、はたして各国のコーポラティズム度の差異とどのように関係したかたちで、そうした社会運動の差異は生じるのか、とりわけ、シュミッターが第四のシナリオとして強調したような、ネオ・コーポラティズムの制度化の度合と新社会運動の台頭とは正の関係にあるのかどうか、という点である。シュミッターは、前述のように両者の関係を正の直線的な比例関係にあると想定した。これをコーポラティズムが新社会運動を促す「促進説」と呼ぶとすれば、この促進説はしばしば有力な主張として展開されてきた。つまり、コーポラティズムの進展とともに労使エリート間の生産性向上連合が確立し、さらに争点が物質的な分配の問題に収斂していけばいくほど、その拮抗力としての新社会運動が活発化するというシナリオである。

図表 1-4　国家－社会関係と社会運動の台頭の構図

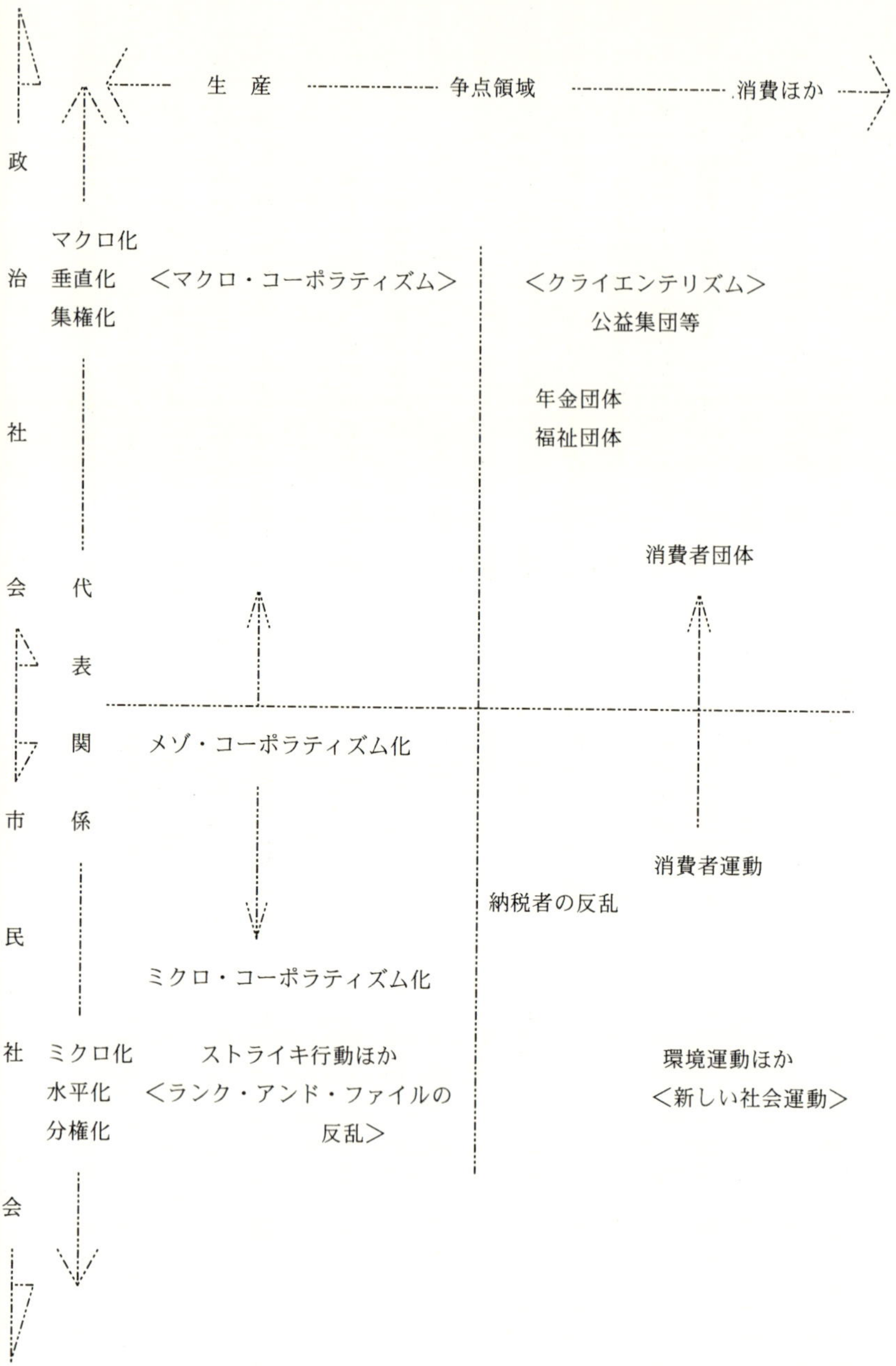

この促進説のシナリオの背景にある制度的論理は、これまでの議論から明らかなように、次のようなものになる。つまりコーポラティズム化が進行すると、第一に、それと随伴してエリート協調の制度化も進展し、労働側の指導部が、労働を「代表」することから、労働を「統率」さらには「統制」することへと転化するような制度的配置を内包するからであり、また第二には、前述のような労使間の「生産性同盟」により、生産性向上や物質的利害の再分配およびそれに関連する問題以外の新たな争点を掲げた集団の利益の表出・集約機能は、制度的配置の枠外に置かれることになるからである。こうして、㈠エリート協調にたいするランク・アンド・ファイルの反乱を含めたストライキ等の制度内紛争の活発化、㈡外からの新社会運動の台頭という二つのコンフリクトが顕在化するという見解が、明示的にせよ暗示的にせよ導き出される。そこでは、コーポラティズムの制度化の進展と新旧の社会運動等の集合行動のあいだには正の直線的関係があるとみなされている。

本書で問題にしたいのは、はたして、そうしたシュミッター以来の、コーポラティズムの制度化への対抗や拮抗としての新旧社会運動の台頭という図式がはたして妥当するのか、言い換えれば、コーポラティズムの制度化は新旧社会運動を惹起させるという「促進説」は、理論的にも経験的にも適切なのかという点である。これが、本書の出発点となる基本的なパズルであり、本書の第二部と第三部で主題的に検討されることになる。このようなコーポラティズム度と新旧社会運動の発展とを正の直線的な比例関係とみなす促進説については、否定的な見解も存在するし、その他様々な異議や見解も存在する。それらは後に詳しく触れるとして、問題が、そうした制度編成と集合行動との関係にあることをここでは確認しておきたい。

おわりに

以上のように本章では、まず第一に、国家―社会関係を二元論に代わって、社会の二重性という観点から国家―政治社会―市民社会という三項図式で捉えることの重要性を指摘した。そして、そもそもネオ・コーポラティズム論はそうした国家対社会の二項図式では捉えきれない第三の領域の自律性を示唆していた点に着目し、そこに国家論とネオ・コーポラティズム論の交錯するリサーチ・アジェンダがあることを主張した。この第三の政治社会の領域は、市民社会の最高次の組織表現としての職業団体（ヘーゲル）が国家に向かうための基盤のひとつであり、したがって国家と市民社会とを媒介する領域としての「政治社会」ともいうべきアリーナを形成しているのである。

第二に、そのような国家―社会関係の視座にたって、「政治社会」のアリーナを敷衍して述べるならば、それは、国家でも市場でもなく、またコミュニティでもない第四の制度的秩序の領域となること、そして、その領域を統御する論理は「組織的協調」とも呼ぶべき「結社＝アソシエーション」という制度的論理であること、さらに、この制度的論理が、ネオ・コーポラティズム体制の中軸にあること、である。このように組織間関係の布置・配置や編成のあり方が、政治行為の型を規定していくという制度論的視点の重要性を強調したのである。

第三に、そうした制度的論理が展開されると、アソシエーショナル・デモクラシー論にみられるように、その組織間関係の布置構造そのものが、内部に緊張関係や対立関係をたえず再生産していくことになる点を見逃してはならないことを示唆した。こうして第四に、ネオ・コーポラティズム型の制度配置は、その体制の内部と外部からコンフリクトが顕在化する可能性を孕む点に着目したのである。

しかし問題は、そして本書の解くべき課題はその先にある。つまり、そうした制度編成の論理と集合行動との関係は、たんに制度化とそれへの拮抗や抵抗や反発という単純な正の関係なのであろうか、制度と集合行動の関係はより複雑なのではなかろうか、といった制度と行為の関係をめぐる考察が本書の基本的なパズルであることを提示したのである。

こうした課題から出発して、次章では、この制度と行為の関係を探索するに先だって、その制度の問題について、近年のコーポラティズム概念をめぐる論争等を踏まえて、制度的配置としてのコーポラティズム概念の再規定をおこなうことになる。とくに、国家—社会関係の観点からみた組織間関係の制度配置の問題に着目し、「集権化」の概念を中心にして代替的なコーポラティズム概念を提起するつもりである。

注

(1) Timothy Mitchell, "The Limits of the State: Beyond Statist Approaches and Their Critics," *American Political Science Review*, vol.85, 1991, p.90.

(2) これらの点については、桐谷仁「国家中心的アプローチをめぐって——アクターから制度へ」『法経論集』(静岡大学法経短期大学部)第七五・七六号、一九九六年、三七—七八頁、参照。

(3) Timothy Mitchell, *Colonizing Egypt* (Berkeley: University of California Press, 1988).

(4) *Idem.*, "The Philosophy of the Things," in his *Colonizing Egypt* (Berkeley: University of California Press, 1988), pp.161-179; *idem.*, "The Limits of the State: Beyond Statist Approaches and Their Critics," pp.77-96.

(5) Joel S. Migdal, "The State in Society: An Approach to Struggle for Domination," in Joel S. Migdal, Atul Kohli, and Vivienne Shue (eds.), *State Power and Social Forces* (New York: Cambridge University Press, 1994), pp.7-36; *idem., State in Society: Studying How States and Societies Transform and Constitute One Another* (Cambridge: Cambridge University Press, 2001), pp.231-264.

(6) Jeffrey A.Hart, *Rival Capitalist: International Competiveness in the United States, Japan, and Western Europe* (Ithaca; Cornell University Press, 1992), pp.280-292.

(7) Peter Katzenstein, *Policy and Politics in West Germany: The Growth of a Semisovereign State* (Philadelphia: Temple University Press,

1987), p.291.

(8) *Idem.* (ed.), *Industry and Politics in West Germany: The Toward the Third Republic* (Ithaca: Cornell University Press, 1989).

(9) Philippe Schmitter, "Neo Corporatism and the State," in Wyn Grant (ed.), *The Political Economy of Corporatism* (New York: St. Martin, 1985), p.33.

(10) Robert D. Putnam, *Making Democracy Work: Civic Tradition in Modern Italy* (Princeton: Princeton University Press, 1993).［ロバート・D・パットナム（河田潤一訳）『哲学する民主主義——伝統と革新の市民的構造』（ＮＴＴ出版、二〇〇一年）］; *idem.*, "Turning In, Turnig Out: The Strange Disappearance of Social Capital in America," *PS:Political Science & Politics,* Vol. 28, No.4, 1995, pp.664-683; *idem.*, "The Prosperous Community: Social Capital and Public Life," *The American Prospect,* No.13, 1993, p.36.

(11) Mark S. Granovetter, "The Strength of Weak Ties," *American Journal of Sociology,* Vol.78, 1973, pp.1360-1379; *idem.*, "Economic Action and Social Structure: The Problem of Embeddeness," *American Journal of Sociology,* Vol.91, 1985, pp.481-510.

(12) Roger Friedland and Robert R. Alford, "Bringing Society Back In: Symbols, Practices, and Institutional Contradictions," in Walter W. Powell and Paul J. DiMaggio (eds.), *The New Institutionalism in Organizational Analysis* (Chicago: The University of Chicago Press, 1991), pp.232-263; Larry Diamond, "Rethinking Civil Society: Toward Democratic Consolidation," *Journal of Democracy,* Vol.5, No.3, 1994, pp.4-17.

(13) Jean L.Cohen and Andrew Arato, *Civil Society and Political Theory* (Cambridge: The MIT Press, 1992), p.526.

(14) Bob Edwards and Michael W. Foley, "Social Capital, Civil Socity, and Contemporary Democracy," *American Behavioral Scientist,* Vol.40, pp.550-561; Theda Skocpol, "Unravelling From Above," *The American Prospect,* No.25, 1996, pp.20-25. また、東欧にかんしては以下の文献を参照。Andrew Arato, "Empire and Civil Society: Poland 1981-82," *Telos,* No.14, 1981-1982, pp.19-48. また、このアラトー論文とほぼ時期を同じくしている邦語文献としては、前野良『自主管理の政治学』（緑風出版、一九八三年）などがある。さらに近年の文献としては以下も参照。Jean L. Cohen and Andrew Arato, *Civil Society and Political Theory*; Krishan Kumar, "Civil Society: An Inquiry into the Usefulness of an Historical Term," *British Journal of Sociology,* Vol.44, 1993, pp.375-395; Christopher G. A. Brant, "Social Self-

Organization, Civility and Sociology: A Comment on Kumar's 'Civil Society'," *British Journal of Sociology,* Vol.44, 1993, pp.397-401; Larry Diamond, "Rethinking Civil Society: Toward Democratic Consolidation," pp.4-17; Ira Katznelson, *Liberalism's Crooked Circle: Letters to Adam Michnik* (Princeton: Princeton university Press, 1996), pp.10-19.

(15) Jean L.Cohen and Andrew Arato, *Civil Society and Political Theory,* pp.40-42.

(16) 以下のステパンの議論の叙述は、主として次の諸論考によっている。Alfred Stepan, *The State and Society: Peru in Comparative Perspective* (Princeton: Princeton University Press, 1978), pp.xi-xviii, 3-12; *idem., Rethinking Military Politics: Brazil and Southern Cone* (Princeton: Princeton University Press, 1988), pp.3-12; *idem.*, *Arguing Comparative Politics* (Oxford: Oxford University Press, 2001), pp.39-72, 100-107.

(17) William M.Sullivan, "Institutions as the Infrastructure of Democracy," p.173.

(18) Albert O. Hirschman, *Rival Views of Market Society* (Cambridge: Harvard University Press, 1986), pp.105-141.

(19) Alan Wolfe, *Whose Keeper: Social Sciences and Moral Obligation* (Berkeley: University of California Press, 1989), p.19.

(20) Mark Granovetter, "Economic Institutions as Social Constructions: A Framework for Analysis," *Acta Sociologica,* Vol.35, 1992, pp.3-11.

(21) J. Rogers Hollingworth, Philippe C. Schmitter, and Wolfgang Streeck, "Capitalism, Sectors, Institutions, and Performance," in J. Rogers Hollingworth, Philippe C. Schmitter, and Wolfgang Streeck (eds.), *Governing Capitalist Economy: Performance and Control of Economic Sectors* (New York: Oxford University Press, 1994), pp.3-16.

(22) J.Rogers Hollingworth and Robert Boyer (eds.), *Contemporary Capitalism: The Embeddness of Institutions* (New York: Cambridge University Press, 1997), pp.1-47.

(23) J.Rogers Hollingworth and Leon N.Lindberg, "The Governance of American Economy: The Role of Markets, Clans, Hierarchies, and Associative Behaviour," in Wolfgang Streeck and Philippe C. Schmitter (eds.), *Private Interest Government: Beyond Market and State* (Beverly Hills: Sage, 1985), pp.221-254; Wolfgang Streeck and Philippe C. Schmitter, "Community, Market, State-and Associations?: The Prospective Contribution of Interest Governance to Social Order," in Streeck and Schmitter (eds.), *Private Interest Government: Beyond*

Market and State (Beverly Hills: Sage, 1985), pp.1-18; Philippe C. Schmitter, "Sectors in Modern Capitalism: Modes of Governance and Variations in Performance, in Renato Brunetta and Carlo Dell'Aringa (eds.), *Labour Relations and Economic Performance* (New York; New York University Press, 1990), pp.3-39.

(24) Alan Wolfe, *Whose Keeper: Social Sciennces and Moral Obligation*, p.61.

(25) Wolfgang Streeck and Philippe C. Schmitter, "Community, Market, State-and Associations?: The Prospective Contribution of Interest Governance to Social Order," pp.1-18.

(26) Suzanne Berger and Michael Piore, *Dualism and Discontinuity in Industial Societies* (Cambridge: Cambridge University Press, 1980); and Suzanne Berger (ed.), *Organized Interests in Western Europe* (Cambridge: Cambridge University Press, 1981).

(27) Wolfgang Streeck and Philippe C. Schmitter, " Community, Market, State and Associations?: The Prospective Contribution of Interest Governance to Social Order," pp.1-30.

(28) Jane Mansbridge, "A Deliberative Perspective on Neocorporatism," *Politics & Society,* Vol.20, 1992, pp.493-505.

(29) Wolfgang Streeck and Philippe C. Schmitter, "Community, Market, State-and Associations?: The Prospective Contribution of Interest Governance to Social Order," pp.1-18.

(30) Wolfgang Streeck, "The Logic of Associative Action and the Territorial Organization of Interest: the Case of German \`Handwerk\`," in *idem., Social Institutions and Economic Performance: Industrial Relations in Advanced Capitalist Economies* (London: SAGE Publications, 1992), pp.105-108; Frans Van Waarden, "Emergence and Development of Business Interest Associations," *Organizational Studies,* Vol.13., 1992, pp.521-562.

(31) Wolfgang Streeck, "The Logic of Associative Action and the Territorial Organization of Interest: the Case of German \`Handwerk\`," pp.105-108. 以下の叙述は同論文に多くを負っている。

(32) *Ibid.*.

(33) Paul J. DiMaggio and Walter W. Powell, "The Iron Cage Revisited: Institutional Isomorphism and Collective Rationality in

Organizational Fields" in Walter W. Powell and Paul J. DiMaggio (eds.), *The New Institutionalism in Organizational Analysis* (Chicago: The University of Chicago Press, 1991), pp.15-22.

(34) Bert Klandermans, "The Social Construction of Protest and Multiorganizational Fields," in Aldon D.Morris and Carol McClurg Mueller (eds.), *Frontiers in Social Movement Theory* (New Haven: Yale University Press, 1992), pp.77-103; Russell L. Curtis and Louis A. Zurcher, "Stable Resource of Protest Movement: The Multi-Organizational Fields," *Social Forces,* Vol.52, 1973, pp.53-61.

(35) Marks S. Mizruchi and Joseph Galaskiewicz, "Networks of Interorganizational Relations," *Sociological Methods & Research,* Vol.22, 1993, pp.46-70.

(36) Charles Tilly, *From Mobilization to Revolution* (Reading: Addison-Wesley, 1978), pp.62-90.〔堀江湛監訳、小林良彰・佐治孝夫・桜内篤子訳『政治変動論』(芦書房、一九八四年)、七一―一一五頁〕参照。

(37) Wolfgang Streeck and Philippe C. Schmitter, "Introduction," in Streeck and Schmitter (eds.), *Private Interest Government: Beyond Market and State* (Beverly Hills: Sage, 1985), pp. 16-19; Philippe C. Schmitter, "Sectors in Modern Capitalism: Modes of Governance and Variations in Performance," pp. 3-39. なお、このようなネオ・コーポラティズムがセクターのレヴェルでの調整、すなわちメゾ・コーポラティズムの問題に関連している点については、とりあえず、J. Rogers Hollingworth, Philippe C. Schmitter, and Wolfgang Streeck, "Capitalism, Sectors, Institutions, and Performance," pp.3-16, を参照。またメゾ・コーポラティズムの展開にかんしては、篠田徹「いまたコーポラティズムの時代なのか」稲上毅、H・ウィッタカー、逢見直人、篠田徹、辻中豊『ネオ・コーポラティズムの国際比較――新しい政治経済モデルの模索』(日本労働研究機構、一九九四年)、三四〇―三七五頁、も併せて参照。

(38) Wolfgang Streeck and Philippe C. Schmitter, "Introduction," in Streek and Schmitter (eds.), *Private Interest Government: Beyond Market and State,* pp.16-21; Jane Mansbridge, "A Deliberative Perspective on Neocorporatism," pp.493-505.

(39) Claus Offe, "The Attribution of Public Status to Interst Groups: Observation on The West German Case," in Suzanne Berger (ed.), *Organized Interests in Western Europe* (Cambridge: Cambridge University Press, 1981), pp.123-158. また。オッフェのこの議論については以下も参照。Roger King, *The State in Modern Society* (London: Macmillan, 1986), p.132.

(40) Wolfgang Streeck and Philippe C. Schmitter, "Community, Market, State-and Associations?: The Prospective Contribution of Interest Governance to Social Order," p.16.

(41) J. Rogers Hollingworth, Philippe C. Schmitter, and Wolfgang Streeck, "Capitalism, Sectors, Institutions, and Performance," p.7.

(42) Wolfgang Streeck and Philippe C. Schmitter, "Community, Market, State-and Associations?: The Prospective Contribution of Interest Governance to Social Order," pp.22-23.

(43) Donald R. Brand, *Corporatism and the Rule of Law: A Study of the National Recovery Administration* (Ithaca: Cornell University Press, 1988), pp.18-22.

(44) *Ibid.*. また桐谷仁「ネオ・コーポラティズム――自由民主主義体制の視座」堀江湛編著『現代の政治学III――比較政治学と国際関係』(北樹出版、一九九八年)所収、五一―五八頁、も参照。

(45) Bo Rothstein, *The Social Domocratic State: The Swedish Model and the Bureaucratic Problem of Social Reforms* (Pittsburgh: University of Pittsburgh Press, 1996), pp.36-39.

(46) Theodore J. Lowi, *The End of Liberalism: The Second Republic of The United State* (New York: Norton, 1979).〔村松岐夫監訳『自由主義の終焉』(木鐸社、一九八一年)〕。

(47) Wolfgang Streeck and Philippe C. Schmitter, "Community, Market, State-and Associations?: The Prospective Contribution of Interest Governance to Social Order," pp.22-23.

(48) Iris Marion Young, "Social Groups in Associative Democracy," *Politics and Society*, Vol. 20, 1992, pp. 529-534; and Philippe C. Schmitter, "The Irony of Modern Democracy and Efforts to Improve Its Practice," *Politics and Society*, Vol.20, 1992, pp.507-513.

(49) Theodore Lowi, *The End of Liberalism: The Second Republic of The United States*; Charles E. Lindbrom, *Politics and Market: The World's Political-Economic System* (New York: Basic Books, 1977).

(50) この点については、James S. Fishkin, *Democracy and deliberation: New Directions for Democratic Reform* (New Haven; Yale University Press, 1991), p.42, で展開されている図式を参照。

(51) Joshua Cohen and Joel Rogers, "Secondary Associations and Democratic Governance," *Politics and Society*, Vol.20, pp.393-472; John Mathews, *Age of Democracy: The Politics of Post-Fordism* (Oxford: Oxford University Press, 1989); James S. Fishkin, *Democracy and deliberation: New Directions for Democratic Reform*, pp.42-53.

(52) Wolfgang Streeck, "Inclusion and Secession: Questions on the Boundaries of Associative Democracy," *Politics and Society*, Vol.20, 1992, p.517.

(53) Joshua Cohen and Joel Rogers,"Secondary Associations and Democratic Governance," *Politics and Society*, Vol.20, 1992, p.425.

(54) *Ibid.*, p.426.

(55) *Ibid.*. また、このようなコーポラティズムのもつ非ゼロ＝サム性の論理については、Wyn Grant (ed.), *The Political Economy of Corporatism* (London: Macmillan, 1985), p.25, 参照。

(56) Joshua Cohen and Joel Rogers,"Secondary Associations and Democratic Governance," p.425.

(57) Ellen M. Immergut, "An Institutional Critique of Associative Democracy: Commentary on Secondary Associations and Democratic Governance," *Politics and Society*, Vol.20, 1992, p.483.

(58) Joshua Cohen and Joel Rogers,"Secondary Associations and Democratic Governance," p.397.

(59) Paul Q. Hirst, "Comments on Secondary Associations and Democratic Governance," *Politics and Society*, Vol.20, 1992, pp.473-480.

(60) Joshua Cohen and Joel Rogers, "Secondary Associations and Democratic Governance," pp.393-472. なお、こうした多元主義や共和主義、ならびに審議型もしくは配慮型デモクラシー (deliberative democracy) との関連については、James S. Fishkin, *Democracy and Deliberation: New Directions for Democratic Reform*, pp.42-53, も併せて参照。

(61) Joshua Cohen and Joel Rogers,"Secondary Associations and Democratic Governance," pp.393-472. なお、ここでの決定論と本質主義、還元主義という諸点については、Charles Sable, *Work and Politics: The Division of Labor in Industry* (New York: Cambridge University Press, 1982), pp.4-10, も併せて参照。

(62) Joshua Cohen and Joel Rogers,"Secondary Associations and Democratic Governance," pp.393-472; John Mathews, *Age of Democracy:*

The Politics of Post-Fordism (Oxford: Oxford University Press, 1989).

(63) Wolfgang Streeck, "Inclusion and Secession," pp.513-520.

(64) *Ibid.*.

(65) Joshua Cohen and Joel Rogers, "Secondary Associations and Democratic Governance," pp.428-430.

(66) Ellen M. Immergut, "An Institutional Critique of Associative Democracy," pp.483-484.

(67) *Ibid.*.

(68) この点については、Ellen M. Immergut, *Health Politics: Intersts and Institutions in Western Europe* (New York: Cambridge University Press, 1992), を参照。

(69) Iris Marion Young, "Social Groups in Associative Democracy," *Politics and Society,* Vol.20, 1992, p.530.

(70) Wolfgang Streeck and Philippe C. Schmitter (eds.), *Private Interest Government: Beyond Market and State* (Beverly Hills: Sage, 1985), p.28; Wolfgang Streeck, "Inclusion and Secession," pp.513-520.

(71) Peter J. Williams, *Corporatism in Perspective* (London: Sage, 1989), pp.106-112. また、この「政策コミュニティ」ならびに「イシュー・ネットワーク」については、桐谷仁「ネオ・コーポラティズム——自由民主主義体制の視座」前掲、五一—五八頁、も参照。

(72) Avery Gordon, Andrew Herman, and Paul G. Schervish, "Corporatist Structure and Workplace Politics," *Research in Social Problems and Public Policy,* Vol.4, 1987, pp.73-97, esp., p.83.

(73) *Ibid.*.

(74) Alessandro Pizzorno, "Political Exchange and Collective Identity in Industrial Conflict," in Colin Crouch and Alessandro Pizzorno (eds.), *The Resurgence of Class Conflict in Western Europe since 1968, Vol.2: Comparative Analysis* (London: The Macmillan Press, 1978), pp.277-298. このピッツオルノの「政治的交換」論については、真柄秀子『西欧デモクラシーの挑戦』（早稲田大学出版部、一九九二年）、参照。また、ランク・アンド・ファイルの反乱については、たとえば以下を参照。Leo Panitch, *Working Class Politics in Crisis: Essays on Labor and the State* (London: Verso, 1986), Ch.5, 6, 7.

(75) Andrew Sayer and Richard Walker, *The New Social Economy: Reworking the Division of Labor* (Cambridge: Blackwell, 1992), pp.85-93.

(76) Claus Offe, "New Social Movements: Challenging the Boundaries of Institutional Politics," *Social Research,* Vol.52, 1985, pp.817-868.

(77) Frank L. Wilson, "Neo-corporatism and the Rise of New Social Movements," in Russell J. Dalton and Manfred Kuecheler (eds.), *Challenging the Political Order: New Social and Political Movements in Western Democracies* (New York: Oxford University Press, 1990), pp.67-83.

(78) Claus Offe, *Modernity and the State* (Cambridge, U.K: Polity Press, 1996), pp.153-161; *idem.,* "The Attribution of Political Status to Interest Groups: Observations on the West German Case," in Suzanne Berger (ed.), *Organized Interests in Western Europe: Pluralism, Corporatism, and the Transformation of Politics* (New York: Cambridge University Press, 1985), pp.123-158; *idem.*, "New Social Movements: Challenging the Boundaries of Institutional Politics," pp.817-868; *idem.*, "Reflections on the Institutional Self-transformation of Movement Politics: A Tentative Stage Model," in Russell J. Dalton and Manfred Kuecheler (eds.), *Challenging the Political Order: New Social and Political Movements in Western Democracies* (New York: Oxford University Press, 1990), pp.232-250.

(79) Andrew S McFarland, "Interest Groups and Theories of Power in America," *British Journal of Political Science,* Vol.17, 1987, pp.145-147.

(80) Donatella Della Porta, *Social Movements, Political Violence, and the State; A Comparative Analysis of Italy and Germany* (New York: Cambridge University Press, 1995), pp.5-9.

(81) Dieter Rucht, "The Impact of National Contexts on Social Movement Structures: A Cross-Movement and Cross-national Comparison," in Doug McAdam, John D. McCarthy, and Mayer N. Zald (eds.), *Comparative Perspectives on Social Movements: Political Opportunities, Mobilizing Structures, and Cultural Framings* (New York: Cambridge University Press, 1996), pp.188-189.

(82) Sidney Tarrow, *Power in Movement: Social Movements and Contentious Politics 2ed.* (New York: Cambridge University Press, 1998), pp.71-90; Doug McAdam, "Conceptual Origins, Current Problems, Future Directions," in Doug McAdam, John D. MacCarthy, and Mayer N.Zald (eds.), *Comparative Perspectives on Social Movements: Political Opportunities, Mobilizing Structures, and Cultural Framings* (New York: Cambridge University Press, 1996), pp.23-40.

（83）　新しい社会運動と政党および政党システムとの関連については、とりあえず以下を参照。Ferdinand Müller-Rommel (ed.), *New Politics in Western Europe: The Rise and Success of Green Parties and Alternative Lists* (Boulder: Westview, 1989); Herbert Kitchelt, "New Social Movements and the Decline of Party Organization," in Russell J. Dalton and Manfred Kuecheler (eds.) *Challenging the Political Order: New Social and Political Movements in Western Democracies* (New York: Oxford University Press, 1990), pp.179-208.

（84）　Philippe C. Schmitter, "Reflections on Where the Theory of Neo-Corporatism Has Gone and Where the Praxis of Neo-Corporatism May Be Going," in Gerhard Lehmbruch and Philippe Schmitter (eds.), *Patterns of Corporatist Policy-Making* (London: Sage Publications, 1982), p.267.〔フィリップ・C・シュミッター（藪野祐三訳）「ネオ・コーポラティズム理論の経緯と実践のゆくえに関する考察」P・C・シュミッター／G・レームブルッフ編（山口定監訳・高橋進・辻中豊・藪野祐三・阪野智一・河越弘明訳）『現代コーポラティズム（Ⅱ）――先進諸国の比較分析』（木鐸社、一九八六年）、二八七―二九七頁〕。また、篠原一「団体の新しい政治機能」『講座　基本法学第二巻　団体』（岩波書店、一九八三年）、三一一―三四五頁、参照。

（85）　このクライエンテリズムやミクロ・コーポラティズム化については、桐谷仁「市民社会論の復権と『社会資本』の概念――国家―社会関係をめぐる一考察（二）・（三）」『法政研究』（静岡大学法経学会）第三巻一号・二号、一九九八年、一七一―一七五頁・四五-九八頁。

第二章　ネオ・コーポラティズム論の展開と比較コーポラティズム分析の新たな指標——相対・絶対集権化ならびに脱制度化・変易性——

はじめに

本章では、前章で提示した国家—社会関係の制度編成の視角から、従来のネオ・コーポラティズム論の展開を最近の動向も含めて再検討し、そして新たな修正指標を提示する。従来の議論のどこに問題があったのか、そして、それを踏まえると、どのようなコーポラティズム指標の再規定が考えられるのか、これらが本章の主たる課題となる。

まず第一節では、最近のコーポラティズム概念をめぐる議論を本書の観点から概観したうえで、どこが問題になっているのか、という点を指摘する。まず、政権形態なども含めた政策形成の制度配置という「国家」を中心とした側面と、利益集団間の関係に焦点をあてた利益媒介の諸制度という「社会」に力点を置いた観点とに分けて問題を整理する。そして本書の国家—社会関係の視座に照らした場合に、後者の側面が係争点になっていることを指摘する。そしてこの後者の側面における問題点にかんして、第二節でさらに詳しく検討する。

その第二節では、コーポラティズム体制の中核をなす「集権化」をめぐる論争を整理し、そのなかから新たに指標化された諸々の集権化概念について検討し、この新たな指標の意義とその限界を指摘する。これらの集権化概念は、本書の国家—政治社会—市民社会という構図における「社会の二重性」という点からみると、その集権化指標は、いずれも政治社会レヴェルの「相対的」な意味での集権化しか扱っておらず、市民社会レヴェルでの「絶対的」な意味での集権化が看過されることになる。こうした従来の見方では、とくに利益媒介の組織間関係の制度配置の内部と外部の亀裂を示す「デュアリズム」あるいは「インサイダー対アウトサイダー」の問題などが不問に付されてしまう点を俎上にのせるつもりである。

第三節では、そうした集権化論争を踏まえて、本書の国家—政治社会—市民社会の観点から、集権化概念を「政治社会」における「相対集権化」と、「市民社会」における「絶対集権化」とに分けて指標を定式化する。そして集権化の相対性と絶対性の区別の意味が、理論的には、前述の「デュアリズム」や「インサイダーとアウトサイダー」、あるいは「マクロ＝ミクロ・リンケージ問題」とどのように関連しているのかについて、その含意を述べる。さらに、その二つの集権化を戦後から一九八〇年代後半までの先進十二ヶ国について指標化し、それによって各国の動向を比較する。この各国の両集権化の通時的変遷と共時的対比によって、各国の集権化の歴史的経路の「多様性」や両集権化のズレを明らかにする。

第四節では、コーポラティズムの制度的安定性の問題に関連して、ここでも新たな「制度変動」の指標として「脱制度化」と「変易性」の概念を提示し、その意義について述べる。この「制度変動」についても、本書の国家—政治社会—市民社会の観点から新たな指標をたてる。まず制度変動を組織間関係の制度編成そのものの「揺らぎ」や「流動性」として捉え直す。そして制度変動の問題をストライキ行動等の「行為」の次元へと還元することを批判する。つまり、制度の次元と行為の次元とは区別されるべきことを主張する。それを踏まえたうえで、制度変動を「脱制度化」と「変易率」の概念によって指標化する。やはり、ここでも「政治社会」における「相対脱制度化」および「相対変易率」と、「市民社会」における「絶対脱制度化」および「相対変易率」とに分ける。さらに、それらの指標を用いて、戦後から一九八〇年代末までの先進十二ヶ国の制度変動の動向を比較する。この各国の制度変動の諸相についての通時的な変遷と共時的な対比によって、各国のコーポラティズム体制の制度変動が、歴史的にみても軌道の「多様性」がみられ、また政治社会と市民社会の両レヴェルでは、その様相を異にしていることが示唆される。そして以上のことから、コーポラティズムの終焉や分権化などへの収斂化をただちに主張するのは困難であり、より複雑な様態を示していることを指摘するつもりである。

第一節　ネオ・コーポラティズム指標をめぐる論争

ネオ・コーポラティズム体制の制度編成をめぐるアプローチについて、本書の観点から議論を整理すると、ネオ・コーポラティズム度の比較研究は、社会中心＝利益集団＝利益代表＝入力過程重視のアプローチと、国家中心＝政府＝政策形成＝出力過程重視のアプローチの二つの側面に分けることができる。七〇年代の問題提起を経て、八〇年代のステイティストの台頭とともに、前章で触れたことだが、シュミッターやカッツェンスタインのコーポラティズム論のように、国家―社会関係を軸とした新たな問題が提示される。

また八〇年代後半から九〇年代になると、D・キャメロンなどのように経験的な比較コーポラティズム分析に向けた各種のコーポラティズム体制の諸要素の指標化――集中化や集権化、労使協調度、社会民主主義政党や左翼政党など――がおこなわれ、経験的な比較研究が企図された。それと同時に、とくに九〇年代になると、それらの尺度に基づいて、集権化指標などを中心としたコーポラティズム体制と、政治経済パフォーマンスなどの「政治的アウトカム」との関連について、各国の経験的な比較研究が本格化する。そのなかでも、たとえばカムフォース＝ドリフィールが提起したように、ネオ・コーポラティズム体制の重要なメルクマールである集権化と政治経済パフォーマンスとは、直線的な比例関係にあるのではなく、ハンプ型関係にあるとする説などが着目されることになる(1)。

こうして比較の方法としての、あるいはその分析枠組みとしてのネオ・コーポラティズム概念は、交差国家研究の準拠枠組として精緻化されるなかで、その内包を拡張することから、次第にその内包の構成要素の妥当性をめぐって、議論が展開されるようになった。この精緻化は、経験的な比較研究からのフィードバックを通じて、種々の内包が取捨選択されることにつながる。これは、ある一面では、同概念の内包の拡張を通じて発見された数々の「索出的命題」を、さらに追求することが次第に少なくなってきたといっても過言ではないであろう。というのも、「コーポラティズム概念を枠組みとすることによって、試験的に新しい分野に踏み込むことができるのであり、このコーポラティズム概念はある結論を導き出すための精巧な地図ではなく、研究者が新しい分野の特徴を探る際に指針を得ることができる略図なのである」(2)という観点からすれば、同概念は、そもそも厳密性を求めたものではなく、むしろ「索出のための手だて」を期待されていたからである。

しかし、また他面では、そのような交差国家研究を通じて、とりわけ政治経済的アウトカムの比較経験研究によって、ネオ・コーポラティズム論において自明視されていた諸々の命題の適用性が、経験的に確証されることになり、同概念のもつ曖昧さが俎上にのせられることにつながったともいえる。前述のような経済パフォーマンスとの関係についての命題、たとえば、コーポラティズムの度合が高いならば、失業や賃金抑制などの経済パフォーマンスも優れているという仮言命題は、その前件と後件との含意関係にかんして、先述のカムフォース＝ドリフィールのハンプ型理論以降、重大な疑問符が付けられることになる。その結果として、前件に関連してコーポラティズム度とはなにか、またそれはどのように測定すべきかという点に問題が遡及していくことは、ある意味では当然のことであったともいえよう。これに象徴されるように、どのような命題がコーポラティズム概念の核になるのかが、論者の定義のなかから、あるいは各国への適用の成否から問われることになる(3)。そして、その動向と相前後するかたちで、「比較の方法」ならびに「比較の可能性」がひとつの独自の領域として重要になり、再び比較の方法をめぐる議論が活発化した(4)。

ここでは、そうしたネオ・コーポラティズム論の理論的展開を念頭に置きつつ、まずはじめに、前述のネオ・コーポラティズム概念の二つの側面——すなわち、㈠政策形成の制度編成（主として「国家」の側面）と、㈡利益集団の制度配置（主として「社会」の側面）の二つ——に沿ったかたちで議論を整理し、そして、このなかで利益集団の組織間関係における集権化と集中化をめぐる論争に着目する。

第一項　政策形成への参加の制度化の度合

ネオ・コーポラティズム論において力点がインプットの局面からアウトプットやアウトカムへと移行していくなかで、とくにアウトカムとの関連から、所得政策その他の政策過程への労組の参加・包摂・編入が重要なメルクマールになることは周知の通りである(5)。このことは、前章で提示した視点との関係でいえば、ある特定の職能領域を代表する利益集団が、市民社会での組織間関係の集中化・集権化にともない、一種の「公的地位」を政治社会レヴェルで獲得し、さらに国家の政策過程の制度編成に組み込まれるという構図になる。この国家の政策過程への参画は、主として、㈠政権参加を通じて、そして㈡政策過程への参入という二つの形態をとる。いうまでもなく、この政策形成への参画の度合は、その提起者であるレームブルッフによるランク付けで、ある程度明らかであるが、その後の展開も踏まえて若干補足しておきたい(6)。

①社会民主主義政権の問題

まずは政権構成にかかわる指標、とりわけ左翼政権の問題についてである。周知のように「社会民主主義はコーポラティズムの最良の外皮」(B・ジェソップ)と当初からいわれていたが、さらにこの点について、D・キャメロンは、政治経済パフォーマンスとの関連で、集権化や集中化や労使協議制の存在等の指標に加えて、社会民主主義政党をはじめとする労働者に基盤をおいた政党という意味での「左翼政党による政権支配度」を提示し、より包括的な指標を展開した(7)。

さらにP・ラングとG・ギャレットらは、そうしたキャメロン指標を踏まえて、内閣に左翼政党が参画している割合を「左翼政権の度合」として捉え、さらに労働運動における組織率と集権度を中心にしたスコアに基づいたものを「労働組織の包摂性の程度」として規定した。そして、それぞれを「左翼政権度の高さ」と「労働者権力の強さ」とすると、七四年から八〇年までの石油危機以後の時期においては、この両者の程度の強さが結びついた場合、もしくは、その両者とも弱い場合に限って、経済成長のパフォーマンスが良好であり、そのいずれか一方が強い場合には、むしろ経済成長という経済パフォーマンスの達成にはマイナスに働くとする主張を展開した(8)。

これに対してR・ジャックマンは、ラングらの結論は、たとえばノルウェーを外してみると、その統計的な有意性が崩れるし、またノルウェーを含めた場合でも、石油危機以前の六〇年―七三年の経済成長をラグ変数として組み込むと左翼および労働の組織力という指標は大幅に変化し有意性を失うと指摘する。また労働者権力と左翼政権にかんしても、六五年―八〇年の時期において、前者が比較的安定しているのと対照的に、後者は不安定である。そして左翼政権による経済成長への影響は、危機以前の経済成長を要因として取り込まない限り見せかけの相関に終わるとしている(9)。

さらにジャックマンは、こうしたラングらの考え方の背景には、政府の政策選択が経済パフォーマンスに影響を及ぼすという想定があると指摘する。さらに、労働と政府の関係にかんしても、労働が政府をコントロールできるという意味での道具主義に陥っており、しかも選挙競争が民主的階級闘争の表現であるとする古典的なリプセット流の見解にもとらわれているとみなしている(10)。また、政権構成についても、多数決型のウェストミンスター型モデルを前提にしていると批判する。連合政権の場合などは、労働者政党の政権への参加度が、そのままその政権支配度の大きさに比例するわけではなく、むしろ政党間妥協等に左右される場合もしばしばあるので、政権形態(A・レイプハルト)の型を考慮すべきであると主張する(11)。換言すれば、ラングらの考えの根底には、労働の組織権力―労働者政党―左翼政権―良好なパフォーマンスという一連の連鎖からなる「権力資源モデル」が先験的に想定されているのである(12)。そしてジャックマンは、もしラングらが、そのような階級闘争を重視する視点にたっているならば、経済成長というパフォーマンスよりも、再分配政策その他を経済パフォーマンスに含めるはずなのに、彼らは、それについては言及していないとして問題視している(13)。

②政権構成の問題

このような経済成長をはじめとして賃金格差、失業といった政策課題に関連して、社会民主主義政権にとどまらず、より広く政権構成総体へと拡張した議論もまた近年展開されている。T・アイヴェルセンらによれば、過去約三〇年間において多くのOECD諸国では、製造部門の雇用創出力が低下するとともに、民間のサービス・セクターの雇用が拡大してきたが、このサービス部門の拡大と両部門間の賃金格差とのあいだにはトレード・オフの関係が存在し、それによって各国政府は、所得の平等、雇用の拡大、財政の引き締めという三つの政策目標間のトリレンマを抱えてきたとする(14)。このトリレンマは、そのうちの二つしか同時に組み合わせることができない。そこから、その政策選択に応じて、大まかにキリスト教民主主義政権、社会民主主義政権、ネオ・リベラル政権という三つの政権類型が分類される。すなわち、キリスト教民主主義政権は、財政引き締めと所得の平等を重視し、雇用の拡大を副次的なものとしている。ネオ・リベラル政権は、財政引き締めと雇用の拡大を重視し、所得の平等性を犠牲にしている。そして社会民主主義政権は、所得の平等と高水準の雇用を主眼としており、財政問題を重視してこなかった。

なかでも、社会民主主義政権の場合、その平等と雇用のあいだに新たなジレンマが生じ、それが政治的緊張を促している。つまり、従来のような公共部門労働者の拡大による社会民主主義型の問題解決策が、一方では公共部門の労働者と民間部門の労働者とのあいだ(労働における国家—社会関係)に対立・分裂をもたらし、また他方では、納税者の反乱のような社会運動を引き起こすことになった。そしてさらに、連帯主義的な賃金政策そのものが、生産性の高い部門の労働者と低い部門の労働者とのあいだに分配闘争を惹起させるという緊張をもたらすのである(15)。

このようなトリレンマは、社会民主主義政党との紐帯をもつ労働側にとっても同様であった。P・スウェンソンが強調したように、国家—社会関係における政労使関係の制度的配置に組み込まれた労組リーダーは、対政府、対経営者、対一般労組員(ランク・アンド・ファイル)との関係において、賃金の平等化(内的水平化)、賃金の上昇(外的水平化)、雇用の維持(完全雇用)という対立を内包する三つの課題を抱えていた。とくに労組エリートは、対経営者と対一般労組員との狭間に立つ。そして価値や伝統によって形成された公正や平等といった規範に基づく「モラル・エコノミー」と、市場の展開に左右されつつ政労使間の協調をはかる「ポリティカル・エコノミー」との相剋にたえず苛まれることになる。このように政権における連合形成の場合と同様に、その三つの課題のあいだの二つしか同時に満たせないことから、労組エリートは、妥協と協調を通じて「交叉階級連合」を形成していかざるをえない(16)。

しかし、そうした交叉階級連合は、同時に、前章でも触れたような、ランク・アンド・ファイルの反乱を惹起させる契機にもなる。では、労組がそのような政策過程に組み込まれることは、どのような意味をもつのであろうか。その点をより詳しくみてみよう。

③所得政策への労組の参加度

ネオ・コーポラティズムの制度化は、F・シャリフが指摘したように、典型的には、社会民主主義政権が、諸々の政策（とりわけ拡張的な財政・金融政策）と自発的な賃金抑制とを結びつけることによって、政権維持と経済パフォーマンスという政治的意図と経済効果の双方を織り込んだ試みとみなされることが多い。そして、そのために各種委員会など、労組との間に長期的な協調関係を制度化することが必要とされたのである(17)。こうしてオーストリアをはじめとしてヨーロッパの社会民主主義政府の多くは、七〇年代後半以降、労組との長期的な協力関係のために労組代表を政府諸機関に参加させてきた。その最大の眼目のひとつが賃金抑制のための所得政策であった(18)。

したがって、政権構成の問題に加えて、「政策形成の制度化されたパタン」（レームブルッフ）としてのコーポラティズム概念をより具体化したものについても言及しておかなければならないであろう。コーポラティズム概念の登場のひとつの契機として労組の所得政策への参加があり、そこからさらに、そうした所得政策過程の存立を可能にするような制度的配置にかんして研究が展開されてきたのは確かだからである。

たとえば、代表的な論者の一人であるG・マークスは、所得政策を賃金規制への体系的な国家介入様式として大まかに規定したうえで、それをネオ・コーポラティズムにとって決定的な側面のひとつとみなした。そして、その所得政策の国ごとの相違を交差国家的に研究するのには、「政策の定式化」、「政策の射程」、「政策の執行」の三つの側面を明確に区分したうえで、その各々を比較して総合的に判断することが重要であると指摘している(19)。

「政策の定式化」の側面では、労使間の賃金交渉過程のなかに政府が介入する場合から、労使双方もしくはそのいずれかにたいして政府介入が一方向的になされる場合まで、その程度は異なる。「政策の射程」の側面では、当該所得政策が、雇用や賃金格差といった範囲にまで及ぶような広範なプログラムに基づいているのか、それともっと狭く限定されたかたちで、集権型の賃金抑制の形態にとどまっているのか、といった点によって、政府介入のあり方に違いが生じるのである(20)。「政策の執行」の次元では、政策執行が、労使双方ないしいずれかの団体(アソシエーション)にまで拡張され、それらの団体が一種の準公的な責任機関とみなされるようなかたちでおこなわれるのか、それとも政府によって独占的におこなわれるのか、に応じて政府介入の仕方は異なる(21)。

そして、この政策過程の三つの側面の区別とともに、合意志向のコーポラティズム型所得政策の条件として次の四点が提示される。第一に、政策の定式化および政策執行にたいして関連する労使の利益集団の参加度の高さがあげられる。次にそれに関係して、政策の定式化に参加するそれらの集団の包摂性の高さの問題がある。これは、所得政策に関連する各領域の交渉団体(エージェント)をどの程度包摂すれば定式化が首尾よくいくのか、逆にいえば、政府は、どの領域までの組織的な利益集団と交渉するのか、またどの程度まで、それらの交渉相手の集団が統一性や同一性をもっているのかという点である。第三に、政策の定式化における集権性の高さがあげられる。これは、それらの当該集団が、法的な根拠等がなくても、ナショナルなレヴェルでの交渉を有効におこなえるのか、換言すれば、「準私的政府」として活動できるのかという点にかかわる。そして第四に、それらの当該集団がメンバーの不満を結果として惹起させるといったリスクを抱えながらも、所得政策のパフォーマンスへの責任を分担することに同意する、という意味での責任の度合の高さがあげられる(22)。

こうして所得政策形成のへの労組参加の制度化という観点から、マークスは、**図表2-1**のように、欧米先進諸国の所得政策のネオ・コーポラティズム度をランク付けした。そして彼は、まず、この所得政策のネオ・コーポラティズム度と、W・コルピーとM・シャリフから援用した社会民主主義政党などの親労働者／社会主義政党の政権参加度とのあいだには正の直線的な関係があること、そして同様の手法で、前述のシュミッターからは労働組合の集権度の指標を借用して、所得政策と労組集権度とのあいだにも、正の直線的な関係があることを指摘した(23)。

④広範な経済政策過程への労働の参加度

図表 2-1　公共政策への労組参加度指標

	キャメロン	マークス	クレパース	コンプストン
オーストリア	1	1	1.600	
ベルギー	6	4	0.258	5.3
デンマーク	4	9	0.518	6.7
フィンランド	5	6	0.427	7.1
フランス	13	11	-0.725	3.1
旧西ドイツ	8	7	0.480	4.3
アイルランド			0.528	6.1
イタリア			-0.851	6.7
日本	13		0.053	
オランダ	7	6	1.006	5.9
ノルウェー	3	2	1.531	6.9
スウェーデン	2	4	1.396	8.1
スイス	9	11	0.505	8
イギリス	10	8	-0.851	3.7
アメリカ	12	11	-1.341	

出所）David Cameron, "Social Democracy, Corporatism and Labor Quiescence: The Representation of Economic Interests in Advanced Capitalist Societies," in John H.Goldthorpe (ed.) *Order and Conflict in Contemporary Capitalism: Studies in the Political Economy of Western Europian Nations* (NewYork: Oxford Univercity Press. 1984), pp.143-178.〔D・R・キャメロン「社会民主主義・コーポラティズム・穏健な労働運動」J・H・ゴールドソープ編（稲上毅・下平好博・武川正吾・平岡公一訳）『収斂の終焉：現代西欧社会のコーポラティズムとデュアリズム』有信堂、1987 年、148-197 頁。〕; Gary Marks, "Neocorporatism and Incomes Policy in Western Europe and North America, 1950-1980," *Comparative Politics,* Vol.18, 1986, pp.253-277; Markus M. L. Crepaz, "Corporatism in Decline? An Empirical Analysis of Impact of Corporatism on Macroeconomic Performance and Indutrial Disputes in 18 Industrial Democracies," *Comparative Political Studies,* Vol.25, 1992, pp.139-168; Hugh Compston, "Union Power, Policy Markinig, and Unemployment in Western Europe, 1972-1933," *Comparative Political Studies,* Vol.30, 1997, pp.732-751.

M・クレパースも、またコーポラティズムの二つの側面——すなわち、利益集団の組織間関係において、各種の職能的な団体が位階制的なかたちで全国レヴェルでの頂上団体へと組織化されているような利益集団システムの側面と、政策の定式と執行の諸過程にそうした頂上団体が組み込まれているような、制度化された協議型の政策形成という側面——を峻別する必要性を主張したうえで、後者の政策形成の型としてのコーポラティズム概念を採択している(24)。

彼は、そのようなコーポラティズム概念をさらに社会民主主義政権の強さと結びつけて、コーポラティズムの「有効性」という用語によってまとめあげている。そして、このコーポラティズム尺度と、失業、インフレ、経済成長という経済パフォーマンスとの関連を、図表2-1のような十八ヶ国について、六〇—七三年の石油危機以前、七四—七七年(主として七〇年代後期)、そして七八—八八年(主として八〇年代)の三つの時期に区分して比較分析を試みる。とくに八〇年代のコーポラティズムの凋落といわれる現象に留意しながら、その「有効性」を検討した(25)。

その推定結果によれば、コーポラティズム度は六〇年代、七〇年代、八〇年代の三つの時期を通じて一貫してインフレ抑制に効果を及ぼしている。七〇年代のコーポラティズム度がインフレ抑制に及ぼした影響は、六〇年代に比べてとくに大きく、また八〇年代においてもその影響力は、六〇年代と同様に有意なものであった。とくにコーポラティズム度の高い国々では、八〇年代のほうが七〇年代よりも低インフレ率であることが確認された。失業率についても同様に、コーポラティズムの影響力は、一貫して有意であり、時期別にみると、八〇年代のほうが七〇年代よりも若干ながら大きいことがわかった(ただし、経済成長については、このクレパース指標によるコーポラティズム度は、六〇、七〇、八〇年代の三つの時期を通じて影響を与えてはいない点が明らかになった)。こうした点からクレパースは、八〇年代におけるコーポラティズム衰退説に疑問を投げかけたのである(26)。

さらに近年、この政策形成への参加度に関連してH・コンプストンは、より広範なマクロ経済政策への労組の参加度を指標化した(27)。このコンプストン指標は、コーポラティズム度を、ナショナルなレヴェルにおいて政府と労組代表とのあいだで雇用・物価・成長に関連する諸政策をめぐってどの程度協議や協定がなされているのかという観点から規定する。狭い範囲での協議から広範な協定に及ぶその度合いに応じて、それは点数化される。その政策の範囲は、金融政策、通貨政策、投資、産業構造全体の計画、貿易政策、雇用創出・職業訓練などに及んでいる。

この指標に特徴的なことは、賃金問題や所得政策を、政府の経済政策への労組の参加というよりも、むしろ、労組の戦略への政府の関与とみなすべきものと判断している点である。それらは、経済政策の一環としての政府の関与である場合を除いて、労組の政策参加の対象とはされていない。さらにもうひとつの特徴は、労組の参加度を、政策過程のうちの、政策の定式化の側面に限定しており、執行過程の側面はそれに含めていないことである(28)。

さらにこの指標を用いて彼は、図表２－１のような十三ヶ国の七〇－九三年までのデータをもとに、労組参加度と失業との関連を推定し、そして経済政策への労組参加は失業率に影響を与え、低失業率と結びついていることを確認した。また左翼政権の度合も、労組の参加度ほどではないにせよ、低失業率と結びついていることも明らかにされ、しかも、労組参加度と左翼政権度は、それぞれが独立してかたちで失業率の低下に影響を与えていることが立証されたのである。これは、前述のラングらの主張とは異なり、両独立変数が結びついて影響を及ぼしているのではないことを指摘したといえる。こうして、あらためて労組による政治経済的アウトカムへの影響力は、団体交渉だけでなくそうした政策過程への参加を通じても行使されることが主張されたのである(29)。

以上のような政策形成過程の制度的配置の問題は、さらに次の論点として、そうした制度編成に組み込まれ、いわば「公的地位」を付与された利益集団もしくはその組織間関係のあり方はどのようなものであるのか、というもうひとつの問題を提起する。つまり、そうした公的な地位にどの程度就いているかどうかも含めて、その可能性のある利益集団とその下位レヴェルとの関係についての考察が必要になる。こうして、それまで自明視されてきた、労働者権力を示す指標としての労組の集権化と集中化という両要素が俎上にのせられることになった。そこで、まずは労使間ないしその内部の組織間関係の配置にかかわる問題についての議論の展開を整理する。そして、それを踏まえて新たな修正指標を提起し、その意義について論じることにしたい。

第二項　集権化と集中化をめぐる議論

①集権化と集中化の概念をめぐる問題提起

従来、コーポラティズム概念の内包としての集権化と集中化の両要素は、労組の強さを測る際の尺度として、その内実については論者によって多少の相違はあっても、一体のものとして扱われていた。また両要素の関係は、暗示的にせよ正の関係が想定されていたといってもよかった。したがって両者の区別について深く探求されることはあまりなかったともいえる。この両者の関係について重大な疑問を投げかけたのがM・ゴールデンである(30)。

まずは、そのM・ゴールデンによる問題提起について述べてみよう。なによりも彼女が、経済パフォーマンスとの関連から疑義を呈したのは、コーポラティズム概念の核となる集中化と集権化という二つの要素間の関係であり、その問題関心は、両者をどのように把握するのかという点にあった。換言すれば、コーポラティズム概念は、労働組織が統一化されたアクターであるかどうかに主眼を置いているけれども、はたしてナショナルセンターの集権度とその数の限定性(独占度)との区別を曖昧にしたままで両者を一体的なものとして捉えているのは妥当なのかという疑問から出発したのである。彼女によれば、集権度とは、労組の各中央組織ナショナルセンターが、下部組織にたいしてどの程度内部的権威を行使するのか、というその程度のことを指し示す。また集中度とは、労組の組織化の度合として、またナショナルセンターの数に着目した独占度としても規定される。

そして、この意味での集権化と集中度(ないし独占度)とを使って彼女は、インフレ率や失業率など経済パフォーマンスとの関連を検討する。その結果、代表的なシュミッターとキャメロンの指標においても、独立変数としての集中化と集権度とではその説明能力は一致しないこと、とくに集権度の説明力が低いことが見いだされた(31)。

また彼女は、スウェーデンとドイツの比較事例研究を引き合いに出して以下の点を指摘している。すなわち独占度と集権化との関係において、スウェーデンの場合、独占の崩壊が集権化の崩壊の原因になったといえるのに対して、ドイツの場合には、集権化の程度が相対的にみて低くても、独占度が高い水準にあったからこそ、賃金の調整が奏功したとみなすことができるという点である(32)。このことは、集中化や集権化の指標を再点検すべきことを示唆している。言い換えると、コーポラティズム概念には、労働運動内部の集権化の度合と、労働組織の集中化の程度もしくは独占度とが融合されてしまっている。こうして旧来のコーポラティズム概念における労働側の集権性と独占度とを区別することのほうが、両者を合算した指標よりも、コーポラティズムを考えるうえで適切ではないかという問題が提起される(33)。

そして彼女は、比較の観点からみると、集中度ないし独占度の指標のほうが、有効に活用できると主張する。なぜならば、集中度のほうが集権度に比べて、量的なデータが入手可能であり交差国家的に測定するのが容易であり、また集権度の測定は、コーディングそのものが論者によって異なり、その信頼性がたえず問題視されるからである。いずれにしても、コーポラティズム概念の意味内容に根拠づけられたかたちで比較可能な指標をどのように操作化するのかが重要な課題として強調されている(34)。

②論争点

このように集中度と集権度とを区別して分離すること、とりわけ論者による相違の少ない独占度ないし集中度の指標を活用すべきであるという主張は、指標の比較可能性や統一性という点では明快で妥当性をもつ。たしかに、集権度についていえば、その各ナショナルセンターの内的な統制度は、それこそ各ナショナルセンター内においてもセクターや地域によってしばしば質的に異なっている。その意味でゴールデンいうところの集権化を指標化するのは、極めて漠然としたものになるだけでなく恣意的にもなりがちである。このことが、いろいろな批判を受けながらも、産業別・職種別等の多様な労組がなんらかのかたちでその傘下になっている「ナショナルセンター」の存在とその数、そしてそのナショナルセンターに包摂されている労働者数の割合(組織率)などが、一応の妥当性をもった目安として用いられる所以でもあろう。

しかしながら、集中化と集権化の区別の必要性や前者の優位という点は、ゴールデンが力説するような意味で決定的なものであろうか。ゴールデンの場合、九三年のこの論文の時点では、集中度と独占度が互換的に用いられたり、また集中度は、しばしば各主要労組への加入率すなわち組織化の度合いと同様の意味で使われたり、あるいはそれと類似した意味あいで用いられたりしている。また独占度も、主要なコーポラティズム論者と同じく、ナショナルセンターの数の問題を重視しており、曖昧なところがあるように思われる(35)。

そして、それ以上に問題なのは、集権度の把握の仕方である。彼女は、集権度を、主として各ナショナルセンターが傘下労組に対する権限ないし権威の問題とみなしているが、その際に彼女は、その権威の根拠を、傘下の労組による自発的な同意に求めている(36)。これは、言い換えると、頂上団体としてのナショナルセンターは、傘下の労組が下した判断を単に反映したもの、あるいはその決定の現象形態にすぎないという捉え方につながる。この集団観は、結局のところ、集団は個々人の決定や行動の集合体ないしその所産であるという見方である。この見地にたてば、労組もまた、組織として把握されるよりも、むしろメンバーの意志や行動の集合体ということになってしまう(37)。この見解は、前章ですでに言及したシュトリークの用語を使えば「メンバーシップの論理」である。この論理は、個人にせよ集団にせよ、諸々のアクターが、意識すると否とにかかわらず、組織間関係の影響下でしか行動しえないとする「影響力の論理」とは異なる(38)。メンバーシップの論理では、労組内の個々のメンバーや支部などが、現実には、垂直的ないし水平的な組織間関係に組み込まれ制約されていることから生ずる諸問題が看過されてしまうのである。

しかも集中化の測定にあたっては、交渉の権限の集権化がなされる組織的単位のレヴェルの問題は、不問に付されるか、あるいは、マクロなレヴェルでのナショナルセンター数とその組織率を代替的な指標として想定しているのである。この点こそ、後にみるアイヴェルセンが、ゴールデンの集中化指標を、交渉単位のレヴェルの問題を抜きにして単純化していると批判した所以でもある(39)。

たしかに、ナショナルセンターの数は極めて重要ではある。しかし、たんにナショナルセンターの数とそれぞれのナショナルセンターの組織率だけからコーポラティズムの度合を論じても、それは、労働側の組織間関係の配置を十分に説明したことには決してならない。問われるべきは、各ナショナルセンターの組織率やナショナルセンターの数だけではない。そのような組織化の程度の異なるナショナルセンター間の関係がどのようになっているのか、さらにいえば、それらの諸組織間の相互関係がどのような布置構造になっているのかを体系的に把握することである。要するに、各ナショナルセンターの数やそれぞれの占有度ではなく、それらの組織間関係の配置のあり方に着目すべきなのである。そこで再び、シュミッター流のコーポラティズム論の定義で核心をなす「位階制的秩序」をより具体化することが必要となると思われる。こうして垂直的な「レヴェル」の導入と、ナショナルセンターの「組織率」との双方を考慮した指標が要請されるのである。

③アイヴェルセン指標

集中度と集権度とを切り離すのではなく、両者の関連を明確したような規定が再度重要味を帯びると、そこから交渉単位の問題に絡んで、政党システム論における政党の有効数の概念とのアナロジーから、利益集団間関係の集権化を考察するという観点が浮上する。つまり、政党システム論をデュヴェルジェ流の政党の「数」の問題から政党間の「関係」のあり方の問題へと視点を転換させたG・サルトーリやD・レイのような研究戦略が、利益集団の集権化を検討する場合にも示唆的になる。T・アイヴェルセンは、そうした有効政党数とそれによる政党システムの破片化を比較研究したD・レイによる指標の導出方法からヒントを得て、それを利益集団間の関係の測定に応用する。さらに、それによって団体交渉制度の集権度を導出することを提起した[40]。周知のように、D・レイは、各国の政党の有効数を、各政党の得票率の二乗を総計したもの（すなわち、EN（有効政党数）＝$\sum_{i=1}^{n}(Pi)^2$; Pi……i番目の政党の得票率，i＝1, 2,……，n.）の逆数として算出し、その統一した尺度から政党システムの交差国家的比較研究をおこなった[41]。そしてアイヴェルセンは、この有効政党数の逆数（つまり、Cen（集権化）＝$\sum_{i=1}^{n}(Li)^2$; Li……i番目のナショナルセンターの労組員／全労組員，i＝1, 2, ……, n.）を集権化という要素の核としたのである。

しかし、彼はそれだけにはとどまらなかった。それに加えてアイヴェルセンは、すでに本章で言及した交叉階級連合の議論などを取り入れて、そうした労使間の交叉階級連合が成立する「レヴェル」の問題を導入する。そして各国の団体交渉とくに賃金交渉が、全国（＝マクロ）―産別（＝メゾ）―企業（＝ミクロ）のどのレヴェルにどの程度の比重が置かれているのかをコーディングし、さらに、それを前述の集権化指標にウェイトづけして、**図表2-2**

図表 2-2　集権化・集中化指標

国名	アイヴェルセン	GLW		修正指標	
	集権化	レベル	集中化	相対集権化	絶対集権化
オーストリア	0.437	1.09	0.099	1.000	0.370
ベルギー	0.338	1.33	0.100		
カナダ	0.071	0.21	0.034		
デンマーク	0.467	2.58	0.130	0.637	0.260
フィンランド	0.445	2.02	0.075		
フランス	0.114	1.02		0.382	0.017
旧西ドイツ	0.353	1.00	0.144	0.700	0.100
イタリア	0.185	2.16	0.080	0.491	0.087
日本	0.299	0.67	0.095	0.233	0.025
オランダ	0.392	2.30	0.136	0.295	0.045
ノルウェー	0.569	2.70	0.069	0.706	0.233
スウェーデン	0.485	2.53	0.093	0.562	0.312
スイス	0.265	1.00	0.169	0.350	0.041
イギリス	0.182	0.67	0.049	0.760	0.170
アメリカ	0.071	0.14	0.022	0.538	0.025

出所）Torben Iversen, *Contested Economic Institutions: The Politics of Macroeconomics and Wage Bargaining in Advancesd Demicracies* (New York: Cambridge University Press, 1999), p.56; Michael Wallerstein, "Wage Setting Institutions and Inequality in Advanced Industrial Societies," *American Journal of Political Science,* Vol.43, 1999, p.677. また修正指標については、Jelle Visser, "Unionization Trends Revisited," CESAR resarch paper, 1996; *idem., European Trade Unions in Figures* (Boston: Kluwer, 1998); Courtney D. Gifford (ed.), *Directory of U.S. Labor Organization* (Wasington, D.C.: The Bureau of National Affairs, 1994); 労働省『労働組合基本調査報告』各年版、より筆者が算出。

のように各国の独自の指標を年次ごとに算出した(42)。

アイヴェルセンは、それをレイの有効政党数に対して、「有効交渉単位数」と呼んでいるが、それは、Cen（集権化）＝$\Sigma_{ij} W_j L^2_{ij}$ として定式化される（ここで、j＝レヴェル数（具体的には、前述のように、1, 2, 3 の三つのレヴェル、そして $\Sigma W_j=1$）、そしてここでの L^2_{ij} は、その各レヴェルにおける有効交渉単位数を示している）(43)。この指標は、前述のゴールデンの議論を踏まえ、集権化概念の操作化をおこない、交差国家研究を企図したものでもあった。それは、まず第一に、その操作化の手がかりとして政党システムとのアナロジーで利益集団間関係を捉えている。そして第二に、そうした交渉単位数をたんに数の問題に還元するのではなく、マクロ＝メゾ＝ミクロといったレヴェルを導入する。しかも第三に、その各レヴェルでの有効単位数とその各レヴェルでのウェイトも加味している。第四に、このことは、そうした交渉単位の成立するレヴェルの相違を導入する点で、前述の交叉階級連合の度合にまでその射程に入れようとするものである。このようにアイヴェルセン指標は、有効政党数という考え方からのアナロジーとレヴェルの導入という点において、従来の指標とは大きく一線を画すものであったといえよう(44)。

小　括

しかし、このようなアイヴェルセンの集権化指標もまた問題点を抱えていると思われる。まず第一に、集権化に関連してアイヴェルセンが述べている、交叉階級連合が生じる交渉単位のレヴェルの導入にかんしてである。これは理論的な側面と実際の測定の側面との両面をもっているが、この両者のあいだに齟齬をきたしている。つまり、指標の意図と内実とが合致していない。まずアイヴェルセンは、主として交叉階級連合とその単位導入の契機をもたらす構造的制約を二つの軸に沿って設定している。ひとつは対外依存度と、もうひとつは当該政府による保護である。この二つの軸に従って、前者からは、国際的な状況が労働ないし労使間に及ぼす影響力の大きさ（vulnerability）を引き出し、後者からは、労働ないし労使間のセクターが政府等からの保護を受けやすいかどうかという点を導く。この前者の軸は、P・カッツェンスタイン以来のコーポラティズム論でも様々に言及されてきた。それは、対外的経済依存度などに代表される国際的影響力の大きさに対応した国内面での諸制度として把握される(45)。そして後者の軸は、労働内における公的セクターと私的セクターとの分岐などの指標とも重複している面も少なくないと思われる(46)。

また両軸の関係についていえば、たとえば、国際関係への依存度やそこからの被害度が高いセクターであるからこそ、政府が手厚く保護するという点は、コーポラティズムに関連してひとつのテーゼとして指摘されてきたことでもある(47)。その意味で、この二つの基軸の関係は、独立した関係であるよりも、むしろ相互に関連しあうところが多々ある。したがって、この二つの軸を独立したものとみなして、そこから各国の主に交渉単位のレヴェルを勘案してウェイトづけを導入する際の手がかりとすることは問題を含むことになろう。

そして何よりも、この二つの軸は、あくまでも構造の次元での拘束性の問題である。それが、制度の次元の組織間関係における交叉階級連合やましてや交渉単位という指標の導入に、直接的に反映されるわけではない。国によって産業間や企業間の関係は複雑であり、したがって、その二つの軸で分類することには困難がともなうのである。この二つの軸を主たる基準にして交叉階級連合が確立する交渉単位の度合をマクロ、メゾ、ミクロの各レヴェルで導き出すためには、少なくとも媒介的な制度の存在を必要とする。

第二に、アイヴェルセンは、このような主張にもかかわらず、実際のところは、その交渉単位の算定の経験的根拠を、労働の側の組織間関係に置いている。しかも、マクロ・レヴェルでの各ナショナルセンター傘下の労組員数を1としたうえで、メゾ・レヴェルの交渉単位は、傘下の産別労組の数とその各単産組合員数の割合にその基礎を求めている。そして、その各傘下労組員の割合の二乗を総計して、そのうえで各レヴェルのウェイトをかけたものをメゾ・レヴェルでの集権度としている。彼は、オーストリアを例にあげて、そのことを説明している。だが、このようなかたちでの数への着目は、結局のところメゾ・レヴェルでは、ナショナルセンター間の関係ではなく、むしろ、それぞれのナショナルセンター内部の問題になってしまう。それは、メゾ・レヴェルにおけるナショナルセンター相互の組織間関係ではない。したがって、これでは、各ナショナルセンター内部の集権化にとどまっており、メゾ・レヴェル総体を独自のアリーナとして捉えたとは必ずしもいえないと思われる(48)。

そして第三に、そのウェイトづけにも問題を孕んでいる。これは、前述のゴールデンによる批判のように、そのウェイトづけへの信頼性やデータの比較可能性の問題を再び惹起させることにつながる。たしかに、交渉単位レヴェルによるウェイトづけの導入のもつ利点はある。たとえば、オーストリアやイギリスの場合には、単純にナショナルセンターの数で換算すると、オーストリアは常に1と算定されしまうし、またイギリスの場合にも、TUC（労働組合会議）の傘下労組への統制度は低く緩やかな連合の側面があるにもかかわらず、レヴェル導入のウェイトづけをされないと、数値は1に近い値として算定されがちである。その意味では、交叉階級連合論を踏まえて交渉レヴェルを導入し、それによってウェイトづけして有効交渉単位数を算定することは、オーストリアやイギリスのような国々では有意義であるかもしれない。

しかし、この指標では、ナショナルセンターが、複数の場合、とりわけ四以上のときには、交渉単位の水準までもさらに指標に導入するようになると、その複雑さが増す。すなわち、有効交渉単位数の算定で、そのような細かな産別労組の数を取り入れることとは、各単位の数値が極めて低くなり、少数派がほとんどカウントされないケースも多々生じる。そして全体としても集権化指標の数値の算定が難しくなってしまう傾向になる。

そもそも前述のゴールデンが危惧したように、そうした方法では、レヴェル測定における恣意性は避けられない。かつてアイヴェルセンが、ゴールデンの集中化指標を、レヴェルの問題を抜きにして単純化しすぎると批判したのとは全く対照的に、アイヴェルセン指標は逆に複雑すぎて、ゴールデンのいう意味での比較可能性について疑義が生じるのである。つまり、アイヴェルセン指標では、各ナショナルセンターへの集中度＝組織率をそれぞれ算定したうえで、さらに各傘下の労組の数とその各組織率をまず産別レヴェルというメゾ・レヴェルで確定し、そこでの集中度ないし独占度を測定したうえに、さらにメゾ・レヴェルでのウエイトづけをする。そしてそれに加えて、今度は各産別下の個々のミクロの企業レヴェルでの交渉単位を同様に決定して、それにウェイトづけをしていくという作業になる。このようにマクロ＝メゾ＝ミクロの各レヴェルでの有効単位数を確定する過程で繰り返し算定がおこなわれ、それが数値の算出を複雑なものにしている。

さらに、実際のアイヴェルセンよる各レヴェルのウェイトづけを各国でみると、たとえば日本の場合、〔0.4, 0, 0.6〕という各交渉レヴェルのウェイトになっており、メゾ・レヴェルのウェイトは、つねにゼロとして算定されている(49)。これは、日本の春闘が、マクロな春闘会議によるパタン・セッティングとともに、それが明らかに産別統一闘争ということを標榜し、同一産別内の意見交換と調整という側面をメゾ・レヴェルでもっていたことなどを勘案すれば、そのメゾ・レヴェルのウェイトをつねにゼロにすることは経験的にみて妥当性を欠くことにつながる。この例からみてもわかるように、ウェイトづけというレヴェルの相違を考慮して経験的な充実をはかろうとする企図が、その逆の結果をもたらしているように思われる。各国の実情を取り入れる余地を組み込んだはずの算定方式が、実際には、逆に経験から乖離し、しかも前述のような段階にわけた算定方式では、その乖離度が大きくなってしまうこともある。

そして極めて重要なのだが、第四に、なによりも、この算定方式は、労組員だけの問題であって、非組合員、つまり交渉の範囲の及ばない労働者の部分は、その分母のなかに具体的に算定されていない。労働者全体のレヴェルの組織間関係と労組員レヴェルでのそれとの二重性やズレということを、「デュアリズム」とするならば、このデュアリズムの問題は、検討の対象にはまったくなっていないのである(50)。したがって、その指標は、労組員という相対性のレヴェルにとどまっており、労働者全体における集権性のもつ意味が考慮されていない。それは、本書の観点からいえば、相対的な集権化は算定しているが、絶対的な集権化は算定していないことになる。

④M・ゴールデン、M・ワレンシュタイン、P・ラングのGWL指標：ハーフィンダール指標（Herfindahl Index）の援用

アイヴェルセンによる批判と代案への応答として、またアイヴェルセンによる政党システム論の批判的継承の試みと相前後して、前述のゴールデンらは、集中化と集権化の両概念の峻別という観点を踏襲しながら、新たな指標を提示する（以下、GWL指標）。そこでは、集中化指標が、さらに、ナショナルセンター相互の組織間関係の配置と、各ナショナルセンター内部の組織間関係とに区別されている。彼らが援用するのは、市場における企業集中度を測る「ハーフィンダール指標（Herfindahl Index）」である。彼らは、まず労働側の組織間関係の集中化度を、各ナショナルセンターの労組員が全労組員に占める割合を二乗したものの総計として算定し、それを、ナショナルセンター間の組織間関係を示す指標とする。これは、たんにナショナルセンターの数だけに着目するものではない。労組員のうちどの程度が各ナショナルセンターに属しているのかを検討し、それを通じてナショナルセンター間の組織配置や力関係の型が示されるとしている(51)。

そのうえで彼らは、類似した指標である「ハーシュマン＝ハーフィンダール指標（Hirschman-Herfindahl Index）」を援用して、各ナショナルセンターの内部の組織間関係を示す指標を導出する。これは、各ナショナルセンターにかんして、傘下にある労組員数の上位三つの労組が、当該ナショナルセンター内部で占める割合を二乗したものの総計を使っている(52)。これに基づいた各国の指標の値は、前掲の図表２-２（九三頁）の通りである。

その一方で彼らは、集権化についても賃金設定に限定しているとはいえ、それを指標化している。この集権化は、ナショナルセンター、国家介入、そして交渉レヴェルという三つの切り口から問題にされている。こうしてナショナルセンターと政府の賃金設定への介入について、そのレヴェルの問題も含めて、メルクマールとなる質的項目を提示し、その程度をコーディングする(53)。

まずナショナルセンターの内的統制については、㈠いかなるかたちをとるにせよ、継続的な仕方で賃金設定に関与しているのかどうか、という段階からはじまって、㈡傘下の一部労組の賃金要求にたいして相談に応じたり、その定式化に参加しているのか、それとも傘下のすべての労組にたいしてそうしているのか、㈢フリンジ・ベネフィット、さらには生活費調整の類の交渉にも参加したりしているのか、㈣中央レヴェルでの裁定をめぐる調停や仲裁に際して、傘下の労組を代表しているのか、㈤産別レヴェルでの交渉に際して傘下の労組のために交渉するのか、そして、㈥全国レヴェルでの賃金協定には労使間平和の義務をともなっているのかどうか、さらに、㈦そのような全国レヴェルでの協定が、その他の補足的な交渉を拘束するのかどうか、といった点があげられている。

次に政府の関与にかんしていえば、㈠政府が賃金設定にまったく関与しないかどうか、という段階からはじまって、㈡政府による最低賃金の制定、団体協約の拡張、経済予測の情報の提供といった諸点の有無、そして、㈢政府が賃金ガイドライン等を提唱しているのかどうか、さらには、㈣そうした賃金ガイドライン等をめぐって政府と労働側が交渉しているのか、といった諸点が問題になる。そして、㈤政府が、特定の産業にたいする賃金の統制や調整をおこなっているのか、さらには、㈥全国レヴェルでの賃金交渉をめぐる政労使のフォーマルな三者間合意には義務をともなうのかどうか、そして、㈦そのような賃金交渉をめぐる政府の仲裁は、労組に制裁を課しているのかどうか、また、㈧政府は、そうした賃金交渉そのものに制裁を課しているのかどうか、そして、㈨前述の政労使のフォーマルな三者間協定には、それを補足するようなローカルなレヴェルでの交渉の禁止をともなっているのかどうか、さらには、㈩政府自体が、そのような補足的な交渉を凍結ないし禁止しているのかどうか、といった諸点が注視されている。

さらに、集権化に関連して、やはりアイヴェルセンと同様に「レヴェル」の導入をはかっている。それは、賃金設定にかんしての質的項目を点数化したものであり、その内実は、賃金設定の比重が、ローカルなレヴェルにあるのか、産別にあるのか、全国レヴェルにあるのか、またその場合の制裁の有無、といった点に応じてウェイトづけがなされている。その各国別の賃金設定のレヴェルについての数値は、すでに前掲の図表2-2に示してある。

そして、ワレンシュタインは、こうした賃金設定の制度的指標と賃金格差の指標(十分位法)との関連について、その他の操作変数を織り込みながら、図表2-2にあるようなOECD諸国十六ヶ国の一九八〇年から九二年までを対象にして比較分析をおこなっている。その推定結果によれば、集権化のうちナショナルセンターの介入、政府介入、そして賃金設定レヴェルのいずれも、賃金格差を是正するほうに作用しているが、とくに賃金設定のレヴェルは、他の独立変数を加えた場合でも有意であることが確認された。また集中化についていえば、ナショナルセンター内部の集中化度が高いほど、そして傘下の労組がより少数でより大きな巨大である場合には、賃金の平等化に寄与することが示されたが、しかし、ナショナルセンター間の集中化の指標は有意ではなかった点が指摘されている(54)。

このゴールデンやワレンシュタインのコーポラティズムにかんする点数化にともなう問題点はまた後に触れることになるが、これらの項目は、加入方法、スト指令権、組合費徴収の方法、指導部の選出方法、などこれまでいろいろと指標化されていたものとは異なり、賃金設定をめぐる制度編成に限定したものである(55)。このGWL指標は、集中化指標を、ナショナルセンター間の組織間関係にかかわる「外的」集中化ともいうべきものと、各ナショナルセンターの指導部の傘下の各労組にたいする統制の程度を中心とした「内的」集中化とを意識的に区別している。さらにアイヴェルセンからの影響と思われるのだが、集権化指標に関連づけて、賃金交渉におけるマクロ＝メゾ＝ミクロといった「レヴェル」の問題を導入することで、集中化と集権化にかんする議論にひとつの解答を示そうとしていることがわかる。

⑤問題点

このように二つの代表的な新たなコーポラティズム指標を検討したが、しかし、この二つのいずれの指標とも、集中度や集権度の指標を組合員のレヴェルからしか把捉しておらず、広く労働者全体におけるナショナルセンターのプレゼンスの問題は枠外に置かれている。たとえば、ゴールデンにしても、労組員がそれぞれどのナショナルセンターに所属し、そして各ナショナルセンターが労組員をどの程度包摂しているのかを重要視しているのであって、その積算のなかには未組織労働者の存在は入っていない。つまり、その有効ナショナルセンター数とその組織関係の算定は、基本的には、各ナショナルセンターの労組員のものであって、それ以外の労働者はそこに含まれていないのである。

またアイヴェルセン指標は、レヴェルの問題を明示的に取り込んだ点は画期的である。しかし、前述のような、各レヴェル間のウェイトづけにおける恣意性と煩雑さの問題に加えて、なによりも、そのレヴェルの算定は、やはり組合員レヴェルでおこなわれている。しかも、それは、メゾ・レヴェルの産別の数とその各産別の労組員割合に依拠している。むしろ重要なのは、そのようなレヴェル間の集権化指標の対比であると思われる。だが、アイヴェルセンの場合には、レヴェルの総計が1になるようにするために、各レヴェルにおけるナショナルセンター間の集権化指標の核にあたるもの（ゴールデンらによれば、外的な集中化指標にあたるもの）を算出してはいない。また、ミクロ・レヴェルではほとんどデータを取ることができず、あらかじめ各レヴェルの比重をアプリオリなかたちで措定せざるをえなくなっている。

このように、両者の指標はいずれも、労働人口全体からみた集中性や集権性の問題が、その視野の外に置かれている。それは、労組員内部における組織間関係の配置を指標化したものにすぎない。このことは、本書の観点からすれば、いわば政治社会レヴェルでの集権性や集中性を俎上にのせているだけであり、「公的地位」にある結社（アソシエーション）のあいだの組織間関係の布置構造を示すことにとどまっている。したがって、未組織労働者を含めた労働者総体に占める結社の存在のあり方、すなわち市民社会レヴェルに低位した労組の組織間関係の配置が、充分に指標化されているとは決していえないのである。このことは、シュトリークの言葉を借用すれば、「影響力の論理」が市民社会のレヴェルでは追求されていないことを意味している(56)。

第三節　修正指標——相対的集権化と絶対的集権化：政治社会と市民社会との乖離

①相対集権化と絶対集権化

ここでは、これまでに述べた問題点を踏まえて、アイヴェルセンの指標とゴールデンらの指標とを、市民社会のレヴェル、すなわち労働者総体からみた指標へと「拡張」して新たな二つの修正指標をつくることにしたい。それは、D・レイの有効政党数のアナロジーとしての有効交渉単位数の逆数を、労組員のレヴェルと労働者総体のレヴェルの双方で算出し、前者に「相対」を後者には「絶対」という冠を付すことによって区別したものである（図表2-2を参照）。この二つの集権化指標は、それぞれ以下のように定式化される。

・相対集権化＝Σ（各ナショナルセンター労組員／全労組員）²

＝$\sum_{i=1}^{n}(Li)^2$：Li……i番目のナショナルセンターの労組員／全労組員

・絶対集権化＝Σ（各ナショナルセンター労組員／労働者全体）²

＝Σ（各ナショナルセンター労組員／労組員＋未組織労働者）²

＝（相対集権化）×（労組組織率＝労組員／労働者全体）²

＝$\sum_{i=1}^{n}(Wi)^2$：Wi……i番目のナショナルセンター労組員／労働者全体

この修正指標は、アイヴェルセンとゴールデンらの双方の観点を総合したものである。つまり、アイヴェルセンからは、彼が、集権化のレヴェルの問題を労組員のレヴェルだけで三段階に分けている点を、非労組員も含めたかたちで、しかも煩雑で恣意的になるのを避けた比較可能な統一指標によって、政治社会対市民社会（すなわち、労組員対労働者全体）という二元的なレヴェルに簡略化して取り込んでいる。その意味で、この修正指標は、D・レイらの政党システム論とのアナロジーと交渉レヴェルの導入とをミックスさせたアイヴェルセンの試みを批判的に摂取している。またゴールデンらの「ハーフィンダール指標」を援用した集中化指標は、労組員レヴェルのものを「相対集権化」として、さらに、それを労働者全体のレヴェルにまで拡張したものを「絶対集権化」として規定し直されることになる。

こうした意図のもとに修正化された集権化指標は、政治社会レヴェルでの組織間関係と市民社会レヴェルでのそれとの両アリーナの差異がつねに念頭に置かれている。これによってアイヴェルセンの交渉単位の問題は、国家―社会関係のなかに継承される。また従来の労組員レヴェルでの集中化ないし集権化は、ゴールデンらの指標を踏襲したかたちで「相対集権化」の指標として、ここでは読み替えられている。そして、それを労働者総体にまで拡張して適用したものが「絶対集権化」として規定される。したがって、この両者は、それぞれ政治社会レヴェルでの組織間関係の配置と市民社会レヴェルでのそれを表現したものとして、ここでも両者を対比させるかたちで再定式化されている。このように政治・市民社会の両レヴェル間の相違を重視しているので、本書では、以後「集権化」という用語に統一することにする。

②意　義

こうした集権化の相対性と絶対性の区別は、結局のところ、労働の組織間ネットワークを労組員のレヴェルで把握するのか、それとも勤労者総体のレヴェルから捉えるのかの違いである。だが、同時に、それは、労働の準フォーマルな集団間関係が織りなす「組織場」の内外に労働者がどのようなかたちで組み込まれているのかということを含意している。そしてこのことは、最終的には、政治社会と市民社会の二つのレヴェルのいずれに定位して労働の集権性を考察するかの相違につながる。つまり相対集権化と絶対集権化の相違は、政治社会のアリーナに立脚するのか、それとも市民社会のそれに立脚するのかの差異でもある。したがって、この二つの集権化のギャップは、政治社会と市民社会両レヴェルでの組織間配置のズレを示唆する指標ともなっている。

またそれに関連して、主要ナショナルセンターの組織率も、相対的なものと絶対的なものを区別して考察することができる(57)。もちろん、こうした指標の拡張的適用には、問題を孕んでいるかもしれないが(58)、しかし、そうした問題点以上に、相対集権化と絶対集権化とを分けて議論することは、比較政治学的にみて、次のような、さらなる展望をもつと考えられる。

まず第一に、この両者の区別は、政党システムを論じる際にしばしば指摘される、各政党の絶対得票率と相対得票率の差異から類推して把握し直して拡張されたものである。それは、各政党の得票分布ないし政党間配置を、投票者の水準からみるか、あるいは棄権者も含めた有権者総体の水準でみるかの相違とのアナロジーでもある。このことは、その両者のギャップを検討してきた比較政党研究から示唆される点も多いことを意味している。また、そうした政党研究の適用の可能性を探ることにもつながる。

もっとも、集権化指標の場合には固有の問題点もある。とりわけ絶対集権化指標は、労働者全体から算定するため、オーストリアに顕著であるが、ナショナルセンターが一貫して一つしかない場合、それが組織率と比例的に推移することになり、両者のあいだにいわゆる多重共線性が生じる。また、イギリスやアメリカなどのように、主要ナショナルセンターがひとつであっても、それに参加していない労組員や独立労組その他の少数派労組員が相当数いると推測される場合には、ワレンシュタインも述べているように、労組員のうちでも独立労組などナショナルセンターに所属していないものについては、その測定がしばしば困難となり、算定が事実上できないこともある(59)。

第二に、そうした各政党の絶対得票率と相対得票率の対比という観点を踏まえると、主要なナショナルセンターについても、労組員のレヴェルでの相対占有率（組織率）と労働者全体のレヴェルでの絶対的占有率（組織率）を対比することへの展望が開かれる。

第三に、そして最も重要と思われるのは、序章で触れたように「デュアリズム」にかかわる問題である。デュアリズム論が想定するような組織労働者対未組織労働者という二項対立は、この集権化においては、相対集権化と絶対集権化の差異として再びかたちをかえて提起される。アイヴェルセンもゴールデンもともに、組織労働者レヴェルにおける組織間関係に主として焦点をあてていた。しかし勤労者全体のなかでのナショナルセンター間の集権性ないし集中性の問題については、少なくとも重視はしてはいない。したがって、それらの絶対性と相対性とを対比させることで、両者のギャップを浮き彫りにし、そして政治社会と市民社会の両アリーナの位相のズレの問題を際だたせることができると考えられるのである。

③各国の「多様性」

すでに序章で、絶対集権化と相対集権化の両集権化の程度の高低から、戦後から一九八五年までの先進十二ヶ国を位置づけて、その各国の位置については言及してある。したがってここでは、両集権化の違いを主として通時的にみていくことにする（**付録図表2－1**を参照）。

たとえば、日、米、スウェーデン、旧西ドイツ、オランダ、イタリアをみていくと、日米はともに、一般にコーポラティズム尺度では低位に位置づけられている国々である。ただし、日本は、組織率も低いうえにナショナルセンターは少なくとも連合結成以前は分裂しているなど、ソシキース指標等を例外として、ほとんどの論者が低位にランクしている。これに対してアメリカは、組織率が極めて低い点で日本と同じであるが、ＡＦＬ―ＣＩＯ（労働総同盟・産業別組合会議）という有力なナショナルセンターをもっている。スウェーデンは、周知のようにコーポラティズムの典型国とみなされている。西ドイツは組織率そのものは高くないが、有力なＤＧＢ（労働総同盟）がある。また「ドイツ・モデル」あるいは「二層モデル」といわれるようにコーポラティズムを下位レヴェルで展開するにあたっての代表的な事例のひとつでもある(60)。オランダは、多極共存型デモクラシーの典型国のひとつで、少なくとも七〇年代末までは、社会的亀裂によるいくつかの安定的な区画があり、労組もそうした区画に依拠して形成されているとみなされていた(61)。イタリアも、やはり複数のナショナルセンターが競合している点で独占度は低いうえに、それらの組織間対立が高い国とされている。

こうした諸点を念頭に置いて各国をみると、アメリカと日本では、全体としてこの絶対集権化と相対集権化のギャップが大きいのに対して、スウェーデンや旧西ドイツやオランダでは、オランダが八〇年代にそのギャップが拡大する傾向をみせているものの、戦後を通じてそのギャップは全体としては小さい。イタリアでは六〇年代にはそのギャップは大きかったが、七〇年代になると急速に縮小している。このことは、また労働の組織化の程度に応じているのだが、アメリカや日本では、ナショナルセンターの組織間関係の集権度が、政治社会レヴェルと市民社会レヴェルとでは様相を異にしており、政治社会と市民社会の両アリーナのズレが相対的に大きい。これに対して、スウェーデンや旧西ドイツや少なくとも七〇年代末までのオランダでは、それが比較的小さいことを示唆しているといえる。また、このギャップを時系列に沿ってみてみると、アメリカでは八〇年代から急速に拡大し、日本でも七〇年代後半から増大している。こうした傾向とは逆に、スウェーデンでは、そのギャップは全体として縮小基調にある。イタリアも六〇年代後半から急テンポで縮小するが、七〇年代後半以降は比較的安定的に推移している。逆にオランダは、八〇年代に入るまでは、そのギャップも小さく安定して推移していたが、八〇年代になるとそのギャップが増加する傾向をみせている。そして全体としてギャップが比較的一定しているのは旧西ドイツであるといえよう。

④デュアリズム――理論的含意(その一)

こうした集権化における相対性と絶対性の区別は、また、労働におけるインサイダーとアウトサイダーの亀裂を中心とした「デュアリズム」の問題を、組織間関係の制度配置という観点から照射していると思われる。デュアリズム論の多くは、労働における組織間関係に統合・包摂される労組員の部分(インサイダー)と、そうでない未組織労働者の部分(アウトサイダー)との区別と亀裂を重視しているからである(62)。

そして、これに関連するが、権力資源論者が重視し、また労組権力という用語によって「強い労働対弱い労働」を指示する場合に準拠する「組織率」の問題も、すでに指摘したように(63)、この絶対集権化の概念のなかに包含されることになる。ただし、いうまでもなく、組織率は、労働の権力資源ではなく、労働の組織間ネットワークへの労働者の包摂度という意味でここでは用いている(64)。

このデュアリズム論が強調するような、労働の制度配置の二重化の程度ないし分断度を通時的に比較してみると(付録図

表2-1参照)、アメリカが非常に高く、しかもそれは拡大しており、また日本も、アメリカほどではないが同じような基調にある。これに対して、スウェーデンは非常に低く、西ドイツも比較的小さく一定である。イタリアの場合は、著しい低下を経て比較的安定してきたといえるが、逆にオランダは、イタリアとは対照的に八〇年代に入ると両社会の分断度が進んできたとみなすことができる。アメリカではナショナルセンターの組織間関係の集権度は、政治社会レヴェルでは高く、そのプレゼンスが大きいが、市民社会レヴェルでの集権度は極めて小さくなる。これに対して、スウェーデンや西ドイツでは、そのギャップやズレが比較的小さいことを示唆している。

さらに絶対集権化と相対集権化のそれぞれ程度を各国ごとで時系列的にみてみると、国ごとでいくつかのパタンがあることに気づく。日本と西ドイツは両者がほぼ並行して推移していくのにたいして、アメリカの場合、一方では絶対集権度が著しく低下しているが、他方で、相対集権度は増加傾向にある。これは、前述のAFL―CIOが、労組の組織率の低下を合併運動等によって対処しようとしていた事実を裏付けているといえる(65)。アメリカでは、ナショナルセンターの組織間関係の集権度は、政治社会レヴェルでは増加傾向にあるが、市民社会レヴェルでは著しい低落化を示している。

対照的にスウェーデンの場合、政治社会レヴェルでの相対集権化は低下基調にあり、この点は、ホワイトカラー労組の結成による組織間関係の破片化の進行を物語っているが、しかし市民社会レヴェルでの絶対集権化の度合は、逆に増大化傾向にあり、アメリカとは反対の基調にある。そしてイタリアでは、政治社会レヴェルの相対集権化の程度は、戦後漸減し、六〇年代後半のいわゆる「暑い秋」前後に急速に低下した後は極めて安定的に推移している。しかし市民社会レヴェルの絶対集権化のほうは、戦後から六〇年代初頭までは低落化傾向にあったが、六〇年代は比較的安定して推移していたものの、七〇年代になると今度は増加傾向に転じ、そして七〇年代後半以降は小幅の変動を繰り返しているといえる。オランダはイタリアとはまったく逆に、七〇年代までは極めて両レヴェルが安定し相即的に推移していたのに対して、八〇年代以降は、絶対集権化の著しい低下がみられる。

図表 2-3　日本の総評・同盟とスウェーデンの LO の相対・絶対占有率の変化

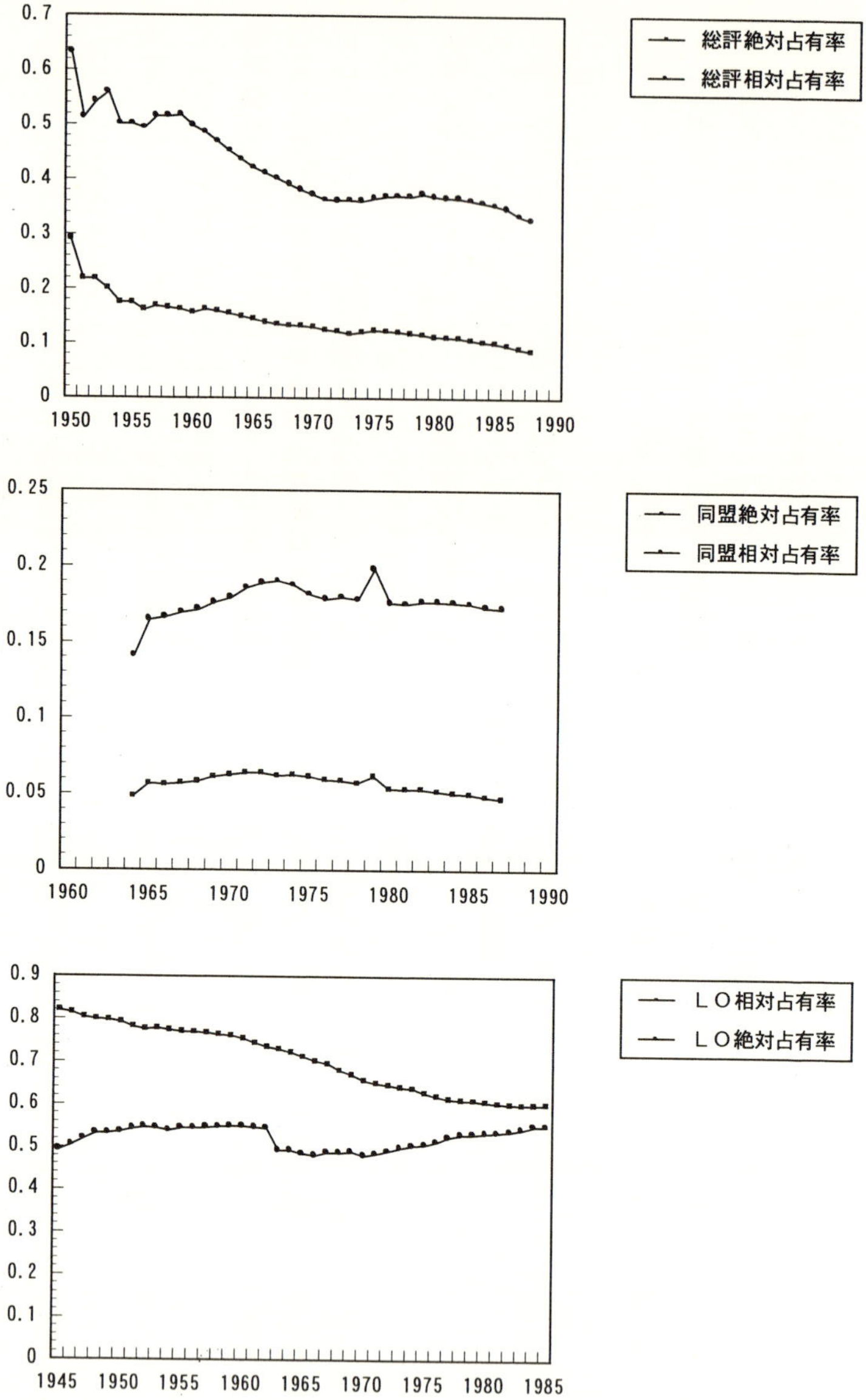

出所）Jelle Visser, "Unionization Trends Revisited," CESAR resarch paper, 1996; *idem., European Trade Unions in Figures* (Boston: Kluwer, 1988); 労働省『労働組合基本調査報告』各年版、より筆者が算出。

だが、これらに関連して、個別の主要ナショナルセンターの政治社会と市民社会での両レヴェルでのプレゼンスの変化をみてみると、少し事情が異なる。ここでは、前述の相対占有率（組織率）と絶対占有率（組織率）とを援用して、戦後日本の代表的なナショナルセンターであった総評と同盟、そしてスウェーデンの最大のナショナルセンターLO（全国中央労働組織）を例に取りあげてみる。**図表2-3**に示されるように、総評と同盟は、両占有率はほぼ安定的に推移していることが看て取れる。このことは、日本の場合、組織率の増減と両ナショナルセンターのプレゼンスとが比例的に発展していたことを表わしているる。言い換えると、市民社会のアリーナでの両ナショナルセンターの比重と政治社会のそれとが同じような軌道で変動していることを示唆している。これに対してスウェーデンのLOの場合、組合員レヴェルでの相対占有率は漸減傾向にあるのに対して、労働者全体での比重を示す絶対占有率は漸増傾向にあることがわかる。このことは政治社会と市民社会の両レヴェルでの労働の組織間関係の配置がズレをともなっていわば不均等的に発展したことを示唆している。

⑤インサイダー対アウトサイダー——理論的含意（その二）

相対集権化は、労働の組織間関係の制度配置について、労組員といういわばインサイダーのレヴェルで把握したものであり、また絶対集権化は、労働者全体のいわばアウトサイダーも含めた労働者全体のレヴェルから指標化したものである。すでに序章の図表序-4でみたように、この相対集権化と絶対集権化の戦後から八五年までのその平均値をとって主要先進国十二ヶ国をプロットしたものをみる限り、また、付録図表2-1で両集権化の同期間の各国ごとの時系列データをみても、この両集権化は必ずしも明確に比例的・直線的な関係にあるとは言い難い。たとえば、スウェーデンなど絶対集権化の度合は高いが、相対集権化の水準はそれほど高いとはいえないのである。

またすでに指摘したように、従来の多くの議論は、集権化にかんして主として労組員のレヴェルでのナショナルセンターの組織配置に注目している。そこでは、なんらかの労働組合に属している組織労働内部のインサイダー間の組織間関係の布置だけを対象にしており、その意味では、その集権性は相対的である。未組織の労働者というアウトサイダーの存在は、その相対集権化の指標の視野には入っていない。他方、絶対集権化は、未組織労働者のアウトサイダーも含めた労働者総体からみて、組織間関係の配置はどのようになっているのかという観点から指標化されたものである。

したがって、制度次元としての集権化をめぐる従来の議論では、インサイダーだけの組織間関係の布置構造としての集権化、ここでいう相対集権化を論じているにすぎず、アウトサイダーの視点が欠けている。とくに労組の組織率が低い場合には、アウトサイダーの存在が大きくなり、それが、労働の組織間関係の布置を考えるにあたって重要となる。そのインサイダーとアウトサイダーを対比して理解するうえでも、集権化の相対性と絶対性の区別は必要となろう。

⑥マクロ＝ミクロ・リンケージ――理論的含意（その三）

このようなナショナルセンターを中心にした組織間関係の配置における「集権化」の問題は、さらにマクロ＝ミクロ・リンケージの問題にも敷衍される。頂上部での決定が下部へ浸透する際、あるいは政策の執行の際に、その意思決定の内容等がどのような組織間ネットワークを通じてローカルなレヴェルに浸透するのであろうか。あるいは逆に支部等のローカルなレヴェルからの「下からの圧力」が、どのような組織間ネットワークを通じて上部団体や中央組織に上向していくのであろうか。労働内部の組織間関係の配置のあり方が、そうした合意の調達や政策の実施において大きな意味をもってくるのではなかろうか。相対集権化と絶対集権化の両概念は、労組員ならびに労働者総体が中央組織とどのようにかかわっているのかという点についても関連していると考えられる。

もっとも、個別のケースをとれば、労働者の政治行動が、そうした組織間関係の制度編成とはかかわりなく展開される場合もあるかもしれない。しかし、労働者は、たとえ、それを意識的に道具や資源として活用しなかったにしても、その組織間関係の制度的配置に、排除ということも含めて組み込まれている存在なのである。このように労働の領域には、そうした組織間関係の布置構造が埋め込まれているのであって、主観的にはともかくとして、そのこと自体を否定することはできない。むしろ問題は、そのような制度的配置にもかかわらず、あるいはそれゆえに、どのような行為が展開されたのか、あるいはされなかったか、という制度と行為の関係を問うことであろう。行動の分析は、同時にアクターの制度的コンテクストを問題にせざるをないからである。

　この絶対集権化や相対集権化の指標それ自体は、

図表 2-4　主要先進国における相対集権化とミクロ・コーポラティズム度との関係

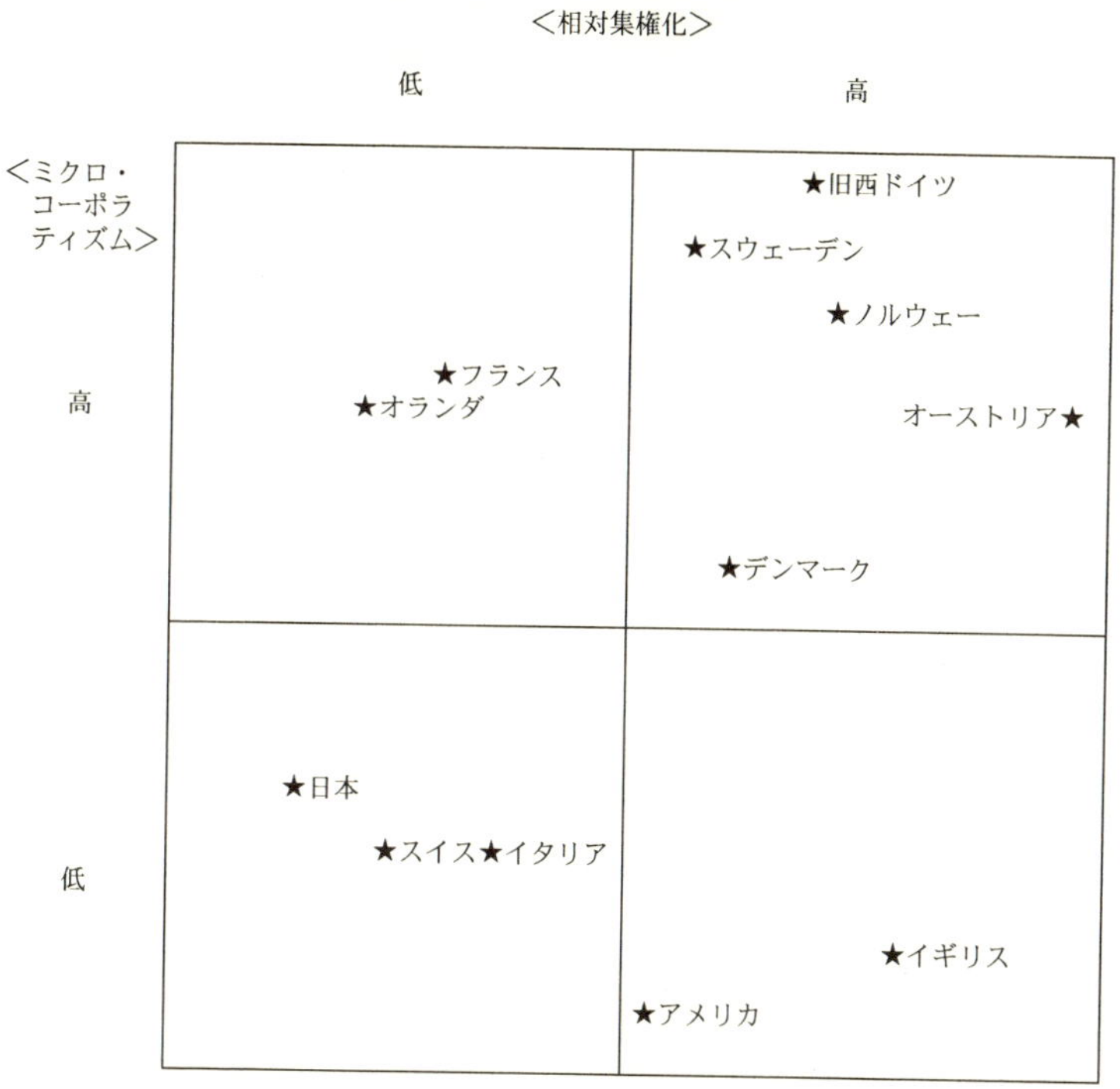

出典）Joel Rogers and Wolfgang Streeck, "The Study of Work Councils: Concepts and Problems," in Joel Rogers and Wolfgang Streeck (eds.), *Work Councils: Consultation, Representation, and Cooperation in Indutrial Relations* (Chicago: The University of Chicago Press, 1995), pp.5-23; Wolfgang Streeck, "Works Councils in Western Europe: From Consultation to Participation," in *Work Councils: Consultation, Representation, and Cooperation in Industrial Relations,* pp. 313-348; Kirsten S. Wever, *Negoctiating Competitiveness: Employment Relations and Organizational Innovation in Germany and the United States* (Boston: Harvard Business School Press, 1995), pp.40-41; Jelle Visser, "Unionization Trends Revisited," CESAR research paper, 1996; *idem., European Trade Union Figures* (Boston: Kluwer, 1988); and Courtney D. Gifford (ed.), *Directory of U.S. Labor Organization* (Washington, D.C.; The Bureau of National Affairs, 1994); 労働省『労働組合基本調査報告』各年版、より筆者が算出。

ミクロ・レヴェル固有の協調関係の制度的配置を含意しているわけではない。つまり、マクロ＝ミクロ・リンケージといっても、企業等のミクロ・レヴェルにおけるマクロ・コーポラティズムとの関連を示唆しているにすぎない。しかし、マクロ＝ミクロ・リンケージをめぐる従来の見解は、たとえばＰ・ティーグのそれにせよ、Ａ・ヒックスのそれにせよ、ミクロとマクロの両レヴェルをまったく切り離してしまったうえで論じるか、あるいは両者を一体のものとして比例的関係にあるとみなす傾向がみられ

図表 2-5　主要先進国における絶対集権化とミクロ・コーポラティズム度との関係

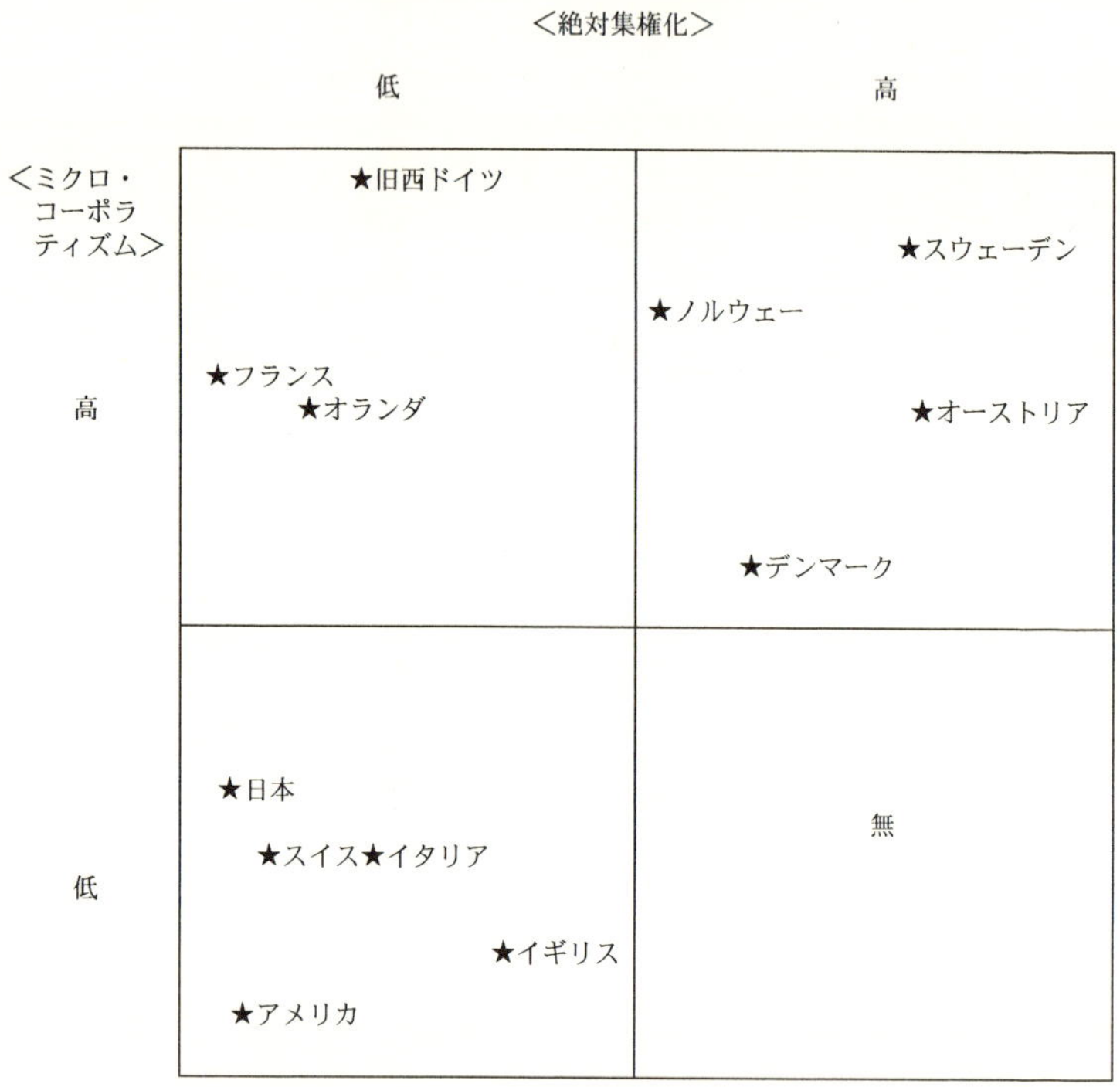

出典）Joel Rogers and Wolfgang Streeck, "The Study of Work Councils: Concepts and Problems," in Joel Rogers and Wolfgang Streeck (eds.), *Work Councils: Consultation, Representation, and Cooperation in Indutrial Relations* (Chicago: The University of Chicago Press, 1995), pp.5-23; Wolfgang Streeck, "Works Councils in Western Europe: From Consultation to Participation," in *Work Councils: Consultation, Representation, and Cooperation in Industrial Relations,* pp.313-348; Kirsten S. Wever, *Negoctiating Competitiveness: Employment Relations and Organizational Innovation in Germany and the United States* (Boston: Harvard Business School Press, 1995), pp.40-41; Jelle Visser, "Unionization Trends Revisited," CESAR research paper, 1996; *idem., European Trade Union Figures* (Boston: Kluwer, 1988); and Courtney D. Gifford (ed.), *Directory of U.S. Labor Organization* (Washington, D.C.; The Bureau of National Affairs, 1994); 労働省『労働組合基本調査報告』各年版、より筆者が算出。

た。それに加えてヒックスらのミクロ・レヴェルの各種のコーポラティズム指標は、構造と制度の次元の区別が非常に曖昧であった。したがって、制度の次元に定位したミクロ・コーポラティズムの指標が必要となる(66)。

そこで、ここでは、J・ロジャーズやその他の論者の議論も取り入れて修正を施したミクロ・コーポラティズムの新たな指標をつくって、絶対・相対両集権化とミクロ・コーポラティズムとの関係について比較の観点から探索してみた(67)。**図表2－4**と**図表2－5**をみればわかるように、ミクロ・レヴェルとマクロ・レヴェルとの関係は直線的・比例的な関係にあるとは言い難い。このように絶対・相対両集権化の度合とミクロ・コーポラティズムの程度との関係は、単純ではなく複雑な様相を呈しているといえよう。

以上、コーポラティズム概念をめぐる議論を整理し、そして、とくに組織間関係の制度配置に力点を置いた代替的な指標として絶対集権化と相対集権化を提示し、そのインプリケーションについて述べてきた。つぎに問題にしたいのは、そうした制度配置の不安定性や流動性といった意味での制度変動をどのように捉えるのか、という点である。

第四節　ネオ・コーポラティズム体制の制度変動：変易性と脱制度化の概念を中心に

①制度変動――制度配置の揺らぎ

ネオ・コーポラティズムの議論の多くは、その初発から「コーポラティズムの原因ではなく、むしろ、その瓦解を問題にしている」(68)といわれるように、その制度配置の安定性や流動性に関心を寄せていたことは確かであろう。レームブルッフは、七〇年代中葉には、コーポラティズム型制度編成は、政策の争点が、その範囲を所得政策からさらに労働市場政策や雇用政策などに拡大するにつれ、とくに政党間の合意や妥協を促し、それが政治システム全体の安定度を増すとみなしていた(69)。もっとも、彼は、八〇年代中葉においては、「コーポラティズムの世紀」というテーゼや、A・ショーンフィールドが六〇年代中葉に主張したような、戦後において労使が委員会や準政府機関に参加し経済政策のガイドラインを引き出すことで、経済政策過程とその政策内容に類似性や収斂化をもたらしているという議論(70)、などを自明視できない点を強調している。しかし、それでもレームブルッフは、コーポラティズム型の利益代表の組織間ネットワークが集合行為を安定化させ、そうした組織間ネットワークが政策戦略の選択において重要であることを指摘する。そして社会民主主義政党とキリスト教民主党などとのコンソシエーショナル型の連合政権が、コーポラティズム体制を支える安定した力関係の均衡をもたらし、それが、組織労働者の戦闘的な戦略への転換を阻止する可能性を主張していた(71)。そこでは、コーポラティズム体制が労働側のランク・アンド・ファイルの反乱を沈静化して、その穏健化をはかることが注視されている。

他方、コーポラティズムの不安定性を強調する議論としては、たとえばW・グラントのものがある。彼は、労組員の増大や、コーポラティズム型の政策過程への労働の参画が拡大して、賃金抑制をめぐる政労使の協調から、さらには所有問題を含めた経済民主主義的な問題にまでアジェンダが拡張されるようになるにつれ、資本の側にとってその代価は高くなる点を指摘している(72)。そしてC・クローチは、その三者協議体制からの資本の離脱可能性を強調する(73)。

またすでにみたように、不安定性の原因の一端を、資本ではなく労働の内部からのランク・アンド・ファイルの反乱に求める議論は多々あり(74)、とくに労働内部における垂直的分裂は、トリレンマ問題の一環としてP・スウェンソンによって体系的に分析されている(75)。さらにコーポラティズムの提唱者であるシュミッター自身が、ランク・アンド・ファイルの問題に加えて、すでに当初から、体制外部からの新たな争点を掲げた新たな集団の台頭による脅威も指摘していたのは前章で述べた通りである(76)。

しかし、こうしたコーポラティズムの制度の流動性ないし不安定性といった制度変動をめぐる議論に関連していえば、これらの議論の多くは、制度そのものの不安定性や流動性という「制度」の次元について固有に論じていたのではない。むしろ、ランク・アンド・ファイルの叛乱やストライキ行動などを、制度の不安定化の兆候とみなして、そうした「行為」の次元によって、制度の次元を語っていたのである。これは、制度の次元と行為の次元とを混同している。つまり、「制度」の「安定性」の問題を「不安定」な「行動」によって説明したり、あるいは、制度の変動を行動の次元に還元したりしているのである。制度それ自体の流動性や不安定性について議論することが必要となる所以である。

ここから二つの関連する問題が提起される。ひとつは、どのようにして制度編成の不安定性を把握するかという点である。もうひとつは、本書第二部にも関連するが、ストライキ行動などの集合行動と制度変動との関係についてである。まずは、その前者の問題について述べてみる。

②脱制度化と変易率

すでに本章では、政党システムにおける有効政党数や企業の市場独占度を示す指標を拡張して利益集団の組織間関係の配置を示す「集権化」の概念を精緻化した議論を検討してきた。そしてそれを踏まえて、本書の基本的な視座である政治社会と市民社会のレヴェルの相違に着目し、集権化の相対性と絶対性という観点から「相対集権化」と「絶対集権化」というふたつの代替的な集権化概念を提示した。ここでは、さらに制度配置の流動性を示す制度変動についても、政党システムの変動をめぐる議論を援用する。ひとつは、A・プチェヴォルスキィが提起した「脱制度化(De-Institutinalization)」の概念であり、もうひとつは、しばしば政党システムの「再編成(Re-alignment)」や「脱編成(De-alignment)」をめぐる論争等に際して活用される「変易性(Volatility)」の指標である。そして、この二つの指標を拡張して、組織間関係の制度的配置の変動にたいしても類比的に適用する(77)。

周知のように、政党システムをめぐる議論では、各政党の得票移動を基に算出される「脱制度化」あるいは「変易性」の両指標は、政党システムの定着度・安定度あるいはその再編成と脱編成の議論に関連して用いられ、政党システムの制度変動の様相を分析・記述していくうえでの重要な指標であった(78)。ここでは、それを各国労組の主要ナショナルセンターの動向にも拡張して適用する。つまり、この脱制度化と変易性の概念は、利益集団間の関係の体系――具体的には労働の組織間関係の布置状況――を考察する手がかりとして活用される。さらに、その際には、政治社会と市民社会という両アリーナのレヴェルの相違に配慮して、各ナショナルセンターの組織率は、労働人口全体から捉えられた「絶対占有率（組織率）」と、労組員のなかで各労組の占める割合を示す「相対占有率（組織率）」とに区別される。こうして各労組の絶対・相対占有率の増減を総合したものが、「絶対脱制度化」ないし「絶対変易率」、および「相対脱制度化」ないし「相対変易率」として指標化される。それらは以下のように定式化される。

・相対・絶対脱制度化：$D(t) = 1/2\sum_{i=1}^{k} | Pi(t+1) - Pi(t) |$

・相対・絶対変易率　：$V(t) = 1/2\sum_{i=1}^{k} | Pi(t) - Pi(t\text{-}1) |$

注　Pi (t)：ナショナルセンターｉのｔ期における各相対・絶対組織率

③軌道の「多様性」

図表2-6は、そうした制度変動の大きさを示す各指標について、主要先進国各国の戦後から九〇年までの平均を七三年前後の石油危機を画期として二分割して表わしたものである。また各国の時系列変化については、**付録図表2-2**として各国ごとにまとめてグラフに示してある。

これらの図表からわかるように、主要先進国は、時系列的にみると、大まかにいって戦後の五〇年前後や六〇年代の高度成長期、また七〇年前後から石油危機以後の時期などに大きな制度変動を経験しているが、各国ごとの相違が著しいといえる。たとえば、戦後日本の労働政治においては七〇年代ではなく、むしろと八〇年代後半にかけて大きな制度的再編があったことがあらためて確認できる。また同じ北欧諸国でも、スウェーデン、デンマーク、ノルウェーでは、その変動パタンに大きな違いがある。六〇年代前半に大きな変動があり、七〇年代以降は周期的に変化しているスウェーデン、戦後直後に大き

図表 2-6　各国脱制度化・変易率(平均)

国名	相対脱制度化			絶対脱制度化			相対変易率			絶対変易率		
	45-73	74-90	全体	45-73	74-90	全体	45-73	74-90	全体	45-73	74-90	全体
オーストリア	0.000	0.000	0.000	0.005	0.003	0.004	0.000	0.000	0.000	0.006	0.002	0.004
デンマーク	0.011	0.010	0.011	0.007	0.012	0.009	0.011	0.010	0.011	0.007	0.012	0.009
フランス	0.031	0.015	0.025	0.013	0.004	0.009	0.031	0.015	0.025	0.013	0.004	0.010
ドイツ	0.005	0.004	0.005	0.004	0.004	0.004	0.006	0.003	0.004	0.004	0.003	0.003
イタリア	0.022	0.006	0.015	0.012	0.006	0.010	0.022	0.006	0.015	0.012	0.007	0.010
日本	0.048	0.045	0.047	0.021	0.013	0.018	0.050	0.044	0.048	0.022	0.013	0.018
オランダ	0.009	0.018	0.013	0.006	0.009	0.007	0.009	0.020	0.013	0.006	0.010	0.007
ノルウェー	0.005	0.010	0.008	0.004	0.007	0.005	0.006	0.010	0.008	0.004	0.007	0.005
スェーデン	0.007	0.005	0.007	0.007	0.006	0.007	0.007	0.006	0.007	0.007	0.007	0.007
スイス	0.005	0.004	0.004	0.003	0.004	0.003	0.005	0.004	0.004	0.003	0.003	0.003
イギリス	0.005	0.006	0.005	0.004	0.008	0.006	0.005	0.006	0.005	0.004	0.008	0.006
アメリカ	0.042	0.020	0.033	0.011	0.003	0.008	0.044	0.020	0.034	0.012	0.003	0.008

出所) Jelle Visser, "Unionization Trends Revisited," CESAR resarch paper, 1996; *idem., European Trade Unions in Figures* (Boston: Kluwer, 1998); Courtney D. Gifford (ed.), *Directory of U.S. Labor Organization* (Wasington, D.C.: The Bureau of National Affairs, 1994); Bernhard Ebbinghaus and Jelle Visser, *Trade Unions in Western Europe since 1945* (London: Macmillan, 2000); 労働省『労働組合基本調査報告』より筆者が算出。

な制度変動を経験するが、その後は八〇年代中葉まで比較的安定しているデンマーク、七〇年代中葉と八〇年代後半の二度大きな制度変動を経験しているノルウェー、という具合に異なっている。このことは、また、社会民主主義的コーポラティズムとして一括されることの多い一見類似した国々における差異という比較の問題を喚起させる(79)。

また、本書では一貫して、政治社会と市民社会の両者の制度的位相を弁別している以上、制度変動が政治社会と市民社会のいずれのレヴェルでの流動性なのかという、相対性と絶対性とを区別した各国の制度変動の様相の違いもまた考慮に入れることになる。これは、前述の議論との関連でいえば、インサイダーのレヴェルでの組織間関係の制度編成の流動化は、「相対脱制度化」と「相対変易率」として示されるし、またアウトサイダーも含めたその流動化については、「絶対脱制度化」と「絶対変易率」として表わされることになる。そして、この点についても、各種の図表からも明らかなように、制度変動における相対性と絶対性とのあいだには明確な関連性をただちに主張することは困難である。インサイダーのレヴェルと、アウトサイダーを含めた労働者全体のレヴェルにおける制度変動の様相は異なっている。したがって、両者が必ずしも単純に比例的な直線的関係にあるとはいえず、この両者は、より複雑な関係にあることがわかる。

④ストライキ行動と制度の不安定性

このように制度の不安定性や流動性を示す指標として脱制度化と変易率を提示しうるとすれば、制度の不安定性や流動性と、当該制度のもとでおこるストライキ行動等の様々な集合行動とは次元を異にするものとして区別しなければならないであろう。ストライキ行動を制度の安定性を測る代理変数とみるのは、それこそ「制度」の次元と「行為」の次元とを混同している議論である。制度変動はストライキ行動とは峻別すべきであり、ストライキ行動が、そのまま制度配置の不安定性・流動性・変易性を示す証拠には論理的にはなりえないはずである。また経験的にも、第四章で比較分析を試みるが、単純な比例的・直線的関係にもない場合が多々ある。たとえば、制度が固定的であるがゆえに、その制度設定のもとでストライキ行動が発生することは論理的にも経験的にもありうることなのである。したがって、制度の安定度の高さが制度内コンフリクトとしてのストライキ行動を誘発する可能性は、理論的にも経験的にも排除しえない命題である。

またストライキ行動についていえば、第三章と第四章で論じるように、その行動類型を見極める必要性がある。とくに非合法ストや山猫ストなどランク・アンド・ファイルの反乱と、分配闘争としてのストライキ行動の二つの側面の違いと融合性に敏感でなければならないであろう。したがって、ストライキ行動の活発化が、そのまま制度の不安定化に直結するという判断は留保すべきであり、制度編成それ自体の変易性や脱制度化を探索することが先決である。制度そのものの変動と集合行為とは次元を異にするのであって、両者の違いをあらかじめ意識しておくことが重要であろう。

おわりに

本章では、まずコーポラティズムをめぐる従来の議論を、国家と社会の二つの観点に則して整理した。つまり、ひとつは、政権形態なども含めた政策形成の制度配置という「国家」を中心に据えた側面であり、もうひとつは、利益集団間の関係に焦点をあてた利益媒介という「社会」に力点を置いた側面である。そのうえで、本書の国家—社会関係の視座に照らして、政治社会と市民社会の乖離を問題とした。とくに着目したのは、コーポラティズム体制の中核をなす「集権化」をめぐる論争である。そして第一に、各論者の集権化指標は、いずれも政治社会レヴェルの「相対的」な意味での集権化しか扱っておらず、市民社会レヴェルでの「絶対的」な意味での集権化は等閑視されている点を指摘した。

第二に、それを踏まえたうえで、本書の国家—政治社会—市民社会の視点から、集権化概念を「政治社会」における「相対集権化」と、「市民社会」における「絶対集権化」という新たな修正指標として定式化したのである。この集権化の区別は、広くは政治社会と市民社会というアリーナの区別に由来する。だが、さらなる理論的含意としては、「デュアリズム」や「インサイダーとアウトサイダー」あるいは「マクロ＝ミクロ・リンケージ問題」もまた射程に入ることを示唆した。第三に、その二つの集権化を戦後から一九八五年までの先進十二ヶ国について指標化し、両集権化の通時的変遷と共時的対比によって、各国の集権化の歴史的経路には「多様性」があり、また両集権化のあいだにはズレや不均等性がみられることを確認した。

第四に、コーポラティズム体制の制度的安定性の問題に関連して、まずなによりも従来の議論の多くが、制度変動の問題をストライキ行動等の「行為」の次元へと還元していた点を批判した。つまり、制度の次元と行為の次元とは区別されるべきことを強調したのである。そして第五に、その「制度変動」を組織間関係の制度編成そのものの「揺らぎ」や「流動性」として捉え直し、さらに本書の国家—政治社会—市民社会の観点から新たな指標をたてた。政党システム論の議論から「脱制度化」と「変易率」を、制度変動を示すとして援用して、ここでも「政治社会」における「相対脱制度化」および「相対変易率」と、「市民社会」における「絶対脱制度化」および「相対変易率」とに分けて指標化を試みたのである。第六に、そうした制度変動の指標によって戦後から一九八〇年代末までの先進十二ヶ国の各国の動向を比較してみた。その通時的な変遷と共時的な対比を通じて、各国の制度変動の諸相は、歴史的にみても軌道の「多様性」がみられ、また政治社会と市民社会の両レヴェルでは、その様相も異なることが看取されるのである。

したがって、以上のことから、集権化や制度変動については、分権化や不安定化への「収斂化」を積極的に主張する証拠は見いだせなかったといえる。それは、各国の制度編成や制度変動の「多様性」や「複雑さ」を示唆している。

そして最後に、次章以下の議論とも関連するが、当該制度におけるストライキ行動等の各種の集合行動が、ただちに制度編成の変化や制度の不安定性を示すものではなく、その意味では、制度編成ならびに制度変動と、各種の集合行動との関連を探ることが、あらためて重要であることを提起したのである。

注

(1) このカムフォース＝ドリフィールらも含めたコーポラティズム度のランクについては、すでに別稿で言及しているので、以下を参照。桐谷仁「市民社会論の復権と『社会資本』の概念――国家―社会関係をめぐる一考察（四）」『法政研究』（静岡大学法経学会）第四巻一号、一九九九年、六五―九七頁。Lars Calmfors and John Driffill, "Centralization of Wage Bargaining," *Economic Policy*, No.4, 1988, pp.13-61; Bob Lawson, "Corporatism and Labour Market Performance," in Jukka Pekkarinen, Matti Pojhola and Bob Rowthorn (eds.), *Social Corporatism: A Superior Economic System?* (New York: Oxford University Press, 1992), pp.82-131.

(2) Douglas A. Chalmers, "Corporatism and Comparative Politics," in Howard J. Wiarda (ed.), *New Directions in Comparative Politics* (Boulder: Westview Press, 1985), p.57.〔D・A・チャルマース「コーポラティズムと比較政治学」H・J・ウィーアルダ編（大木啓介・佐治孝夫・大石裕・桐谷仁訳）『比較政治学の新動向』（東信堂、一九八八年）、一一五頁。〕

(3) この点については、以下を参照。桐谷仁「市民社会論の復権と『社会資本』の概念――国家―社会関係をめぐる一考察（四）」前掲、六五―九七頁、同「ネオ・コーポラティズムと政治経済パフォーマンス（一）」『法政研究』六巻三・四号、二〇〇二年、四〇一―四六一頁。

(4) たとえば、すでにスコチポルらが援用したようなJ・ミルの「一致法と差異法」の論理などをはじめ種々の問題をめぐって、比較の方法論の研究が再燃したのである。とりあえず、ここでは本書の議論との関連から、そのほんの一例として、以下のものを参照。Charles C. Ragin, "Introduction to Qualitative Comparative Analysis," in Thomas Janoski and Alexander M. Hicks (eds.), *The Comparative Political Economy of the Welfare State* (New York: Cambridge University Press, 1994), pp.299-319; Thomas Janoski and Alexander M. Hicks, "Methodological Innovations in Comparative Political Economy: An Introduction," in *idem.* (eds.), *The Comparative Political Economy of the Welfare State*, pp.1-27.

(5) Peter Lange and Hudson Meadwell, "Typologies of Democratic Systems: From Political Inputs to Political Economy," in Howard J. Wiarda (ed.), *New Directions in Comparative Politics* (Boulder: Westview Press, 1985), pp.80-112.〔P・ラング／H・ミードウェル「民主主義システムの類型論：政治入力から政治経済へ」H・J・ウィーアルダ編（大木啓介・佐治孝夫・大石裕・桐谷仁訳）『比較政治学の新動向』前掲、一五三―二〇五頁。〕

(6) この各論者のコーポラティズムのランク付けについては、桐谷仁「市民社会論の復権と『社会資本』の概念——国家—社会関係をめぐる一考察(四)」前掲、六五—九七頁、参照。また最近の議論として以下も参照。Alan Siaroff, "Corporatism in 24 Industrial Democracies: Meaning and Mesasurement," *European Journal of Political Research,* Vol.36, 1999, pp.175-205. さらに、同論文も含めた最近の議論の整理として以下も参照。桐谷仁「「ネオ・コーポラティズムと政治経済パフォーマンス(一)」前掲、四〇一—四六一頁。

(7) David Cameron, "Social Democracy, Corporatism and Labor Quiescence: The Representation of Economic Interests in Advanced Capitalist Societies," in John H. Goldthorpe (ed.), *Order and Conflict in Contemporary Capitalism: Studies in the Political Economy of Western European Nations* (New York: Oxford University Press, 1984), pp.143-178. 〔D・R・キャメロン「社会民主主義・コーポラティズム・穏健な労働運動」J・H・ゴールドソープ編(稲上毅・下平好博・武川正吾・平岡公一訳)『収斂の終焉——現代西欧社会のコーポラティズムとデュアリズム』(有信堂、一九八七年)、一四八—一九七頁。〕

(8) Peter Lange and Geffrey Garret, "The Politics of Growth: Strategic Interaction and Economic Performance in Advanced Industrialized Democracies, 1974-1980," *Journal of Politics,* Vol.47, 1985, pp.792-827.

(9) Robert W. Jackman, "The Politics of Economic Growth in the Industrial Democracies, 1974-80: Leftist Strength or North Sea Oil?" *Journal of Politics,* Vol.49, 1987, pp.242-274.

(10) *Ibid.,* pp.272-273; cf., Seimour Martin Lipset, *Political Man: The Social Bases of Politics* (New York: Anchor Books, 1963).

(11) *Ibid.* cf., Arend Lijphart, *Democracies: Patterns of Majoritarian and Consensus Government in Twenty-One Countries* (New Haven: Yale University Press, 1984); *idem., Patterns of Democracy: Government Forms and Performances in Thirty-Six Countries* (New Haven: Yale University Press, 1999), pp.9-47, 171-184; R. Kent Weaver and Bert A. Rockman (eds.), *Do Institutions Matter: Government Capabilities in the United States and Abroad* (Washington, D.C.: The Brookings Institute, 1993); 桐谷仁「国家中心的アプローチをめぐって——アクターから制度へ」『法経論集』(静岡大学法経短期大学部)第七五・七六号、一九九六年、三七—七八頁。

(12) Walter Korpi, *The Democratic Class Struggle* (London: Routeledge & Kegan Paul, 1983); Gösta Esping-Andersen, *Politics Agaist Market: The Social Democratic Road to Power* (Princeton: Princeton University Press, 1985); *idem., The Three Worlds of Welfare Capitalism*

(Princeton: Princeton University Press, 1990), pp.16-18. この「権力資源論」への批判については、桐谷仁「新制度論をめぐる一考察——行動論ならびに機能主義との関連を中心にして」『法政研究』第三巻三・四号、一九九九年、一六一—二一〇頁、もあわせて参照。

(13) Robert W. Jackman, "The Politics of Economic Growth in the Industrial Democracies, 1974-80: Leftist Strength or North Sea Oil?" in pp.242-274; *Idem.*, "The Social Democratic Corporatist Model of Economic Performance in the Short - and Medium-Run Perspective," in Thomas Janoski and Alexander M. Hicks (eds.), *The Comparative Political Economy of the Welfare State* (New York: Cambridge University Press, 1994), pp.189-217; *idem., Social Democracy and Welfare Capitalism: A Century of Income Security Politics* (Ithaca: Cornell University Press, 1991), pp.76-110.

(14) Torben Iversen and Anne Wren, "Equality, Employment, and Budgetary Restraint: The Trilemma of the Service Econonomy," *World Politics*, Vol.50, 1998, pp.507-546.

(15) *Ibid.*; *idem.*, "The Choices for Scandinavian Social Democracy in Comparative Perspective," *Oxford Review of Economic Policy*, Vol. 14, 1998, pp.59-75.

(16) Peter Swenson, *Fair Shares: Unions, Pay, and Politics in Sweden and Germany* (Ithaca: Cornell University Press, 1989), pp.2-7, 31-34, 111-128; *idem.*,"Bringing Capital Back In or Social Democracy Reconsidered: Employer Power, Cross - Class Alliances, and Centralization of Industrial Relations in Denmark and Sweden," *World Politics*, Vol.43, 1991, pp.513-545.

(17) Fritz W. Sharpf, *Crisis and Choice in European Social Democracy* (Ithaca: Cornell University Press, 1991), pp.169-201.

(18) Bernd Marin, "Austria: The Paradigm Case of Liberal Corporatism?," in Wyn Grant (ed.), *The Political Economy of Corporatism* (London: Macmillan, 1985), pp.89-125, esp., p.117.

(19) Gary Marks, "Neocorporatism and Incomes Policy in Western Europe and North America, 1950-1980," *Comparative Politics*, Vol.18, 1986, pp.253-277. また、コーポラティズム度に関連させて、このような政策の包括性の程度を示す指標として、政策リンケージの概念があるが、これについては以下を参照。Harold Wilensky and Lowell Turner, *Democratic Corporatism and Policy linkages* (Berkeley: Institute of International Studies, 1987).

(20) Manfred Schmidt, "The Politics of Full Employment in Western Democracies," *ANNALS: American Academy of Political and Social Science,* Vol.492, 1987, pp.171-181.

(21) Gary Marks, "Neocorporatism and Incomes Policy in Western Europe and North America, 1950-1980," pp.261 and 266; Alexander Hicks, "National Collective Action and Economic Performance: A Review Article," *International Studies Quarterly,* Vol.32, 1988, pp.131-153; 桐谷仁「ネオ・コーポラティズム論と比較政治分析」『法政論叢』（日本法政学会）第二五号、一九八九年、八六―九六頁。

(22) Gary Marks, "Neocorporatism and Incomes Policy in Western Europe and North America, 1950-1980," p.256.

(23) *Ibid.,* pp.257-269.

(24) Markus M. L. Crepaz, "Corporatism in Decline? An Empirical Analysis of the Impact of Corporatism on Macroeconomic Performance and Industrial Disputes in 18 Industrial Democracies," *Comparative Political Studies,* Vol.25, 1992, pp.139-168.

(25) *Ibid..* その際、かれは時系列の側面と横断面との両者に注意しつつ、両者を結合させたかたちで定式化をおこなっている。すなわち、三つの時期のダミー変数ならびに、それとコーポラティズム度とを結合させたものを独立変数に加え、さらに分散不均一性にたいしては、通常の最小二乗法の残差を用いてそのパラメータの分散の一致推定量を導くという不均一分散一致標準誤差（ホワイトのＳＥ）が活用されている。

(26) *Ibid..*

(27) Hugh Compston, "Union Participation in Economic Policy Making in Scandinavia, 1970-1993," *West European Politics,* Vol.18, 1995, pp.98-115; *idem.,* "Union Power, Policy Making, and Unemployment in Western Europe, 1972-1993," *Comparative Political Studies,* Vol.30, 1997, pp.732-751, esp., pp.736-739.

(28) *Ibid..*

(29) Hugh Compston, "Union Power, Policy Making, and Unemployment in Western Europe, 1972-1993," pp.732-751. ちなみにフランスを除くと、さらに両者の結びつきはより妥当なものになるとされる。かれは、ジャックナイフ法を使ってパラメータを推定している。

(30) Miriam Golden, "The Dynamics of Trade Unionism and National Economic Performance," *American Political Science Review,* Vol.87,

1993, pp.439-454.

（31） *Ibid.*, pp.445-448. ここでは、彼女はブーストラップ法を用いてパラメータの推定をしている。

（32） このスウェーデンとドイツの分権化の相違については、以下を参照。Kathleen A. Thelen, *Union of Parts: Labor Politics in Postwar Germany* (Ithaca: Cornell University Press, 1991); 桐谷仁『日、米、スウェーデンの労働市場政策の比較政治学的考察――新制度論の観点から』文部省科学研究費成果報告書、第五・六章。

（33） Miriam Golden, "The Dynamics of Trade Unionism and National Economic Performance," pp.449-451.

（34） *Ibid.*, pp.441-443.

（35） *Ibid.*.

（36） *Ibid.*, p.440.

（37） この点については、Torben Iversen, *Contested Economic Institutions: The Politics of Macroeconomics and Wage Bargaining in Advancesd Democracies* (New York: Cambridge University Press, 1999), pp.50-51.

（38） この点については、Wolfgang Streeck, "The Logic of Associative Action and the Territorial Organization of Interest: the Case of German 〝Handwerk〟," in *idem.* (ed.), *Social Institutions and Economic Performance: Industrial Relations in Advanced Capitalist Economies* (London: SAGE Publications, 1992), pp.105-108.

（39） Torben Iversen, *Contested Economic Institutions: The Politics of Macroeconomics and Wage Bargaining in Advancesd Democracies*, pp.50-51.

（40） *Idem.* "Power, Flexibility, and the Breakdown of Centralized Wage Bargaining: Denmark and Sweden in Comparative Perspective," *Comparative Politics*, Vol. 28, 1996, pp. 399-436; *idem.*, "The Choices for Scandinavian Social Democracy in Comparative Perspective," *Oxford Review of Economic Policy*, Vol.14, 1998, pp.59-75.

（41） Douglas W. Rae, *The Political Consequences of Electral laws, 2ed.* (New Haven: Yale University Press, 1971); Markku Laakso and Rein Taagepera, "Effective Numbers of Parties: A Measure with Application to West Europe," *Comparative Political Studies*, Vol. 12, 1979, pp.

2-27; Rein Taagepera and Matthew S. Shugart, *Seats and Votes: The Effects and Determinants of Electoral Systems* (New Haven: Yale University Press, 1989). なお、このレイによる政党システムの破片化指標やそれに関連した議論については、三宅一郎『投票行動』(東京大学出版会、一九八九年)、二〇―二一頁、川人貞史『日本の政党政治一八九〇―一九三七年――議会分析と選挙の数量分析』(東京大学出版会、一九九二年)、五四―五五、二八九頁、などを参照。

(42) Torben Iversen, "Power, Flexibility, and the Breakdown of Centralized Wage Bargaining: Denmark and Sweden in Comparative Perspective," pp.399-436; *idem.*, "The Choices for Scandinavian Social Democracy in Comparative Perspective," pp.59-75.

(43) *Idem. Contested Economic Institutions: The Politics of Macroeconomics and Wage Bargaining in Advancesd Democracies*, pp.48-57. なお、以下も参照。Jonas Pontusson, "Wage Distribution and Labor Market Institutions in Sweden, Austria and Other OECD Countries," Working Paper, No.96. 4, Institute for European Studies, Cornell University, 1996. このアイヴェルセン指標の各国の時系列データの入手にあたっては、J・ポントゥソン(Jonas Pontusson)氏(コーネル大学教授)にはご尽力をいただいた。記して謝意を表したい。

(44) アイヴェルセンは、集権化と失業やインフレなどの経済パフォーマンスとの関係にかんして、従来のハンプ型のように集権度の両極にある国々のパフォーマンスが高いパタンだけでなく、逆に両極のパフォーマンスが低いU字型もありうることを指摘している。そしてアイヴェルセンは、そうしたハンプ型とU字型の違いには、もうひとつの要因として「中央銀行の独立性」に代表される「マネタリー・レジーム」が介在しているとみなし、そのマネタリー・レジームが、適合的である場合にはハンプ型になり、それが非適合的である場合にはU字型になるという見解を提示している。そのうえで、その主張を説明すべくアイヴェルセンは、集権化指標とともに、P・ホール以来の「中央銀行の独立性」を独立変数に組み込んで、失業とインフレ、さらには賃金分散という経済パフォーマンスを従属変数として、両者の関連を統計的に検証する。さらにミクロ・ファウンデーションについても議論している。本書では、この「中央銀行の独立性」の問題は、国家の制度的配置にかかわる指標と併せて検討すべきであると考えているので、別の機会に譲り、ここでは問題の所在だけを指摘するにとどめておきたい。とりあえず以下のものを参照。Torben Iversen, "Wage Bargaining, Hard Money and Economic Performance: Theory and Evidence for Organized Market Economies," *British Journal of Political Science*, Vol.28, 1998, pp.31-61; *idem.*, "Wage Bargaining, Central Bank Independence, and the Real Effects of Money," *Internatinal Organization*, Vol.52,

1998, pp.469-504; *idem.*, *Contested Economic Institutions: The Politics of Macroeconomics and Wage Bargaining in Advancesd Democracies*, pp.93-118; Peter A. Hall, "Central Bank Independence and Coordinated Wage Bargaining: Their Interaction in Germany and Europe," *German Politics and Society*, Issue 31, 1994, pp.1-23; Peter A. Hall and Robert J. Franzese, Jr., "Mixed Signals: Central bank Independence, Coordinated Wage Bargaining, and European Monetary Union," *Internatinal Organization*, Vol.52, 1998, pp.505-535.

（45） Peter Katzenstein, *Small States in the World* (Ithaca: Cornell Univeristy Press, 1985); *idem.*, *Corporatism and Change* (Ithaca: Cornell Univeristy Press, 1985).

（46） この公共部門の労組の問題とコーポラティズム度との関係について論及したものとして、たとえば以下を参照。Geoffrey Garrett and Christopher Way, "Public Sector Unions, Corporatism, and Macroeconomic Performance," *Comparative Political Studies*, Vol.32, 1999, pp.411-434, esp., pp.419-424.

（47） Peter Katzenstein, *Small States in the World*.

（48） このセクター・レヴェルのメゾ・コーポラティズム問題については、ここで詳しく論じられないが、とりあえず代表的なものとして、以下を参照。J. Rogers Hollingworth, Philippe C. Schmitter, and Wolfgang Streeck, "Capitalism, Sectors, Institutions, and Performance," in J. Rogers Hollingworth, Philippe C. Schimitter, and Wolfgang Streeck (eds.), *Governing Capitalist Economy: Performance and Control of Economic Sectors* (New York: Oxford University Press, 1994), pp.3-16; Philippe C. Schmitter, "Sectors in Modern Capitalism: Modes of Governance and Variations in Performance, in Renato Bruneta and Carlo Dell'Aringa (eds.), *Labour Relations and Economic Performance* (New York; New York University Press, 1990), pp.3-39; Alan Cawson, *Corporatism and Political Theory* (London: SAGE Publications, 1986), pp.25-38.

（49） Torben Iversen, *Contested Economic Institutions: The Politics of Macroeconomics and Wage Bargaining in Advancesd Democracies*, pp.48-57.

（50） この「デュアリズム」の概念をめぐる議論については、とりあえず、以下を参照。Suzanne Berger and Michael Piore, *Dualism and Discontinuity in Industrial Societies* (New York: Cambridge University Press, 1980); John H. Goldthorpe, "The End of Convergence:

"Corporatist and Dualist Tendencies," in John H. Goldthorpe (ed.), *Order and Conflict in Contemporary Capitalism: Studies in the Political Economy of Western European Nations* (New York: Oxford University Press, 1984), pp.315-343.〔J・H・ゴールドソープ「収斂の終焉——現代西欧社会のコーポラティズムとデュアリズム」J・H・ゴールドソープ編（稲上毅・下平好博・武川正吾・平岡公一訳）『収斂の終焉——現代西欧社会のコーポラティズムとデュアリズム』前掲、三—四五頁、新川敏光『日本型福祉の政治経済学』（三一書房、一九九三年）、第七章、石田徹『自由民主主義体制分析』（法律文化社、一九九二年）、終章。

（51）すなわち、$Hb=\sum_{i=1}^{n}(Sj)^2$ という式になる。Michael Wallerstein, Miriam Golden, and Peter Lange, "Unions, Employers' Associations, and Wage-Setting Institutions in Northern and Central Europe, 1950-1992," *Industrial and Labor Relations Review*, Vol.50, 1997, pp.379-401; Michael Wallerstein and Miriam Golden, "The Fragmentation of the Bargaining Society: Wage Setting in the Nordic Countries, 1950 to 1992," *Comparative Political Studies*, Vol.30, 1997, pp.699-731; Michael Wallerstein, Miriam Golden, and Peter Lange, "Postwar Trade Union Organization and Industrial Relations in Twelve Countries," in Hebert Kitschelt, Peter Lange, Gary Marks, and John D. Stephens (eds.), *Continuity and Change in Contemporary Capitalism* (New York: Cambridge University Press, 1999), pp.194-230.

（52）その式は次のようなものである。$Hw=\sum_{j=1}^{3}(Sj)^2+[1-\sum_{j=1}^{3}(Sj)^2]\frac{1}{n-3}$：Sj＝当該ナショナルセンターのなかでj番目に大きな労組の労組員数が当該ナショナルセンター傘下の労組員数に占める割合、n＝当該ナショナルセンター傘下の労組数。ウォラステインによれば、この式は、第四番目以降n番目までの労組が同サイズであることを暗に想定し、通常のハーフィンダール指標よりもその数値が小さく評価されるが、この点については、実際のところ問題はそれほど大きなものではないとされている。以下を参照。Michael Wallerstein, "Wage Setting Institutions and Pay Inequality in Advanced Industrial Societies," pp.657-659; Michael Wallerstein and Miriam Golden, "The Fragmentation of the Bargaining Society: Wage Setting in the Nordic Countries, 1950 to 1992," pp.699-731. なお、この Herfindahl Index ならびに Hirschman-Herfindahl Index については、次のものを参照した。Dennis W. Carlton and Jeffrey M. Perloff, *Modern Industrial Organization, 2nd ed.* (New York: Harper Collins, 1994), pp.344, 805, 816-822; Jean Tirole, *The Theory of Industrial Organization* (Cambridge: MIT Press, 1997), pp.221-224.

（53）Michael Wallerstein, "Wage Setting Institutions and Pay Inequality in Advanced Industrial Societies," p.677.

(54) *Ibid.*, pp.664-666.

(55) Cf., Harold Wilensky and Lowell Turner, *Democratic Corporatism and Policy linkages,* (Berkeley: Institute of International Studies, 1987).

(56) Wolfgang Streeck, "The Logic of Associative Action and the Territorial Organization of Interest: the Case of German 'Handwerk'," pp.105-108.

(57) Arend Lijphart, *Electoral Systems and Party Sytems: A Study of Twenty-Seven Democracies, 1945-1990* (New York: Oxford University Press, 1994), pp.25-56, 57-77; Edward R. Tufte, *Data Analysis for Politics and Policy* (Englewood Cliffs: Prentice-Hall, 1974), pp.67-68, 93-99, などを参照。

(58) とりわけ労働者総体まで以下の式のQを拡張することには問題があるかもしれない。すなわち、$\alpha i = \beta i/Q$ は、ナショナルセンターiの労組員全体のなかで占めるシェアーであるが、この場合、i ＝ 1,……, n：nはナショナルセンター数、そして$\sum_{i=1}^{n} L\alpha i = 1$、ということが前提とされており、労働者全体にまでQを拡張すると、この$\sum_{i=1}^{n} L\alpha i = 1$ということが難しくなる。しかし、いわゆる市場占有の産業組織論の市場構造の集中度をはかるのに使われる、その他の指標にしても、企業数nをすべて具体的に数えて$\sum_{i=1}^{n} L\alpha i = 1$としているわけではないし、それは不可能であろう。また、よく引証されるハーシュマン＝ハーフィンダール指標（Hirshman ＝ Herfindahl Index）にしても、上位三者の各社のシェアーの二乗を累計したもので算出しているように、このハーフィンダール指標（Herfindahl Index）や、さらにレイ指標も、この$\sum_{i=1}^{n} L\alpha i = 1$という条件を具体的な調査のなかで満たすことは難しい。したがって、この問題は、労組員レヴェルでも同様に生じるのである。この点については、Michael Wallerstein, "Wage Setting Institutions and Pay Inequality in Advanced Industrial Societies," p.658, 参照。

(59) *Ibid.*, p.658.

(60) このドイツの二層性については、とりあえず以下を参照。Kathleen A. Thelen, *Union of Parts: Labor Politics in Postwar Germany,* pp.2-5; Lowell Turner, *Democracy at Work: Changing World Markets and the Future of Labor Unions,* (Ithaca: Cornell University Press, 1993), pp.12-13. また、桐谷仁「市民社会論の復権と『社会資本』の概念――国家―社会関係をめぐる一考察（三）」『法政研究』第三巻二

号、一九九八年、四五―九八頁、もあわせて参照。

(61) いわゆる多極共存主義とコーポラティズムとの関連については、Ilja Scolten, "Introduction: Corporatist and Consociational Arrangements," in *idem.* (ed.), *Political Stability and Neo-Corporatism: Corporatist Integration and Societal Cleavages in Western Europe* (London: SAGE Publications, 1987), pp.1-38; Arend Lijphart and Markus M. L. Crepaz, "Corporatism and Consensus Democracy in Eighteen Countries: Conceptual and Empirical Linkages," *British Journal of Political Science*, Vol.21, 1991, pp.235-246. また、両者が異なる制度的論理に依拠している点については、桐谷仁「ネオ・コーポラティズムと政治経済パフォーマンス（一）」前掲、四〇一―四六一頁、を参照。

(62) John H. Goldthorpe, "The End of Convergence: Corporatist and Dualist Tendencies in Modern Western Societies," in John H. Goldthorpe (ed.), *Order and Conflict in Contemporary Capitalism: Studies in the Political Economy of Western European Nations* (Oxford: Oxford University Press, 1984), pp.315-344.［J・H・ゴールドソープ（稲上毅訳）「収斂の終焉」J・H・ゴールドソープ編（稲上毅・下平好博・武川正吾・平岡公一訳）『収斂の終焉』前掲、三―四五頁。］

(63) 桐谷仁「市民社会論の復権と『社会資本』の概念――国家―社会関係をめぐる一考察（五）」『法政研究』第四巻二・三号、二〇〇〇年、三五―九三頁、同「市民社会論の復権と『社会資本』の概念――国家―社会関係をめぐる一考察（六）」『法政研究』第五巻一号、二〇〇〇年、二八七―三八四頁、参照。

(64) 絶対集権化と組織率との関係は、以下を参照。桐谷仁「市民社会論の復権と『社会資本』の概念――国家―社会関係をめぐる一考察（五）」前掲、三五―九三頁。

(65) この労組の合併問題については、とりあえず、Gary N. Chaison, *Union Mergers in Hard Times: the View from Five Countries* (Ithaca: ILR Press of Cornell University, 1996), pp.2-16, 18-50, 79-110; George Strauss, "Issues in Union Structure," *Research in the Sociology of Organizations*, Vol.12, 1993, pp.36-42, などを参照。

(66) 以上の点については、桐谷仁「市民社会論の復権と『社会資本』の概念――国家―社会関係をめぐる一考察（三）」前掲、四五―九八頁、同「ネオ・コーポラティズムと政治経済パフォーマンス（一）」前掲、四〇一―四六一頁、を参照。Paul Teague and John Grahl,

"Institutions and Labour Market Performance in Western Europe," *Political Studies*, Vol.46, 1998, pp.1-18; Alexander Hicks and Lane Kenworthy, "Cooperation and Political Economic Performance in Affluent Democratic Capitalism," *American Journal of Sociology*, Vol.103, 1998, pp.1631-1672.

（67）Joel Rogers and Wolfgang Streeck, "The Study of Work Councils: Concepts and Problems," in Joel Rogers and Wolfgang Streeck (eds.), *Work Councils: Consultation, Representation, and Cooperation in Indutrial Relations* (Chicago: The University of Chicago Press, 1995), pp.5-23; Wolfgang Streeck, "Works Councils in Western Europe: From Consultation to Participation," in *Work Councils: Consultation, Representation, and Cooperation in Industrial Relations*, pp.313-348; Kirsten S. Wever, *Negotiating Competitiveness: Employment Relations and Organizational Innovation in Germany and the United States* (Boston: Harvard Business School Press, 1995), pp.40-41. コーポラティズムのミクロ化などについては以下を参照。桐谷仁「市民社会論の復権と『社会資本』の概念――国家―社会関係をめぐる一考察（三）」前掲、四五―九八頁。また、労働内部のミクロとマクロの関係については、以下も参照。Charles Sable, "The Internal Politics of Trade Unions," in Suzanne Berger (ed.), *Organized Interests in Western Europe: Pluralism, Corporatism, and the Transformation of Politics* (New York: Cambridge University Press, 1985), pp.209-244; Christopher S. Allen, "Trade Unions, Worker Participation, and Flexibility: Linking the Micro to the Macro," pp.253-272.

（68）Fredric L. Pryor, "Corporatism as an Economoc System: A Review Essay," *Journal of Comparative Economics*, Vol.12, 1988, p.333.

（69）Gerhard Lehmbruch, "Liberal Corporatism and Party Government," *Comparative Political Studies*, Vol.10, 1977, pp.120-122. [ゲルハルト・レームブルッフ（高橋進訳）「リベラル・コーポラティズムと政党政治」P・C・シュミッター／G・レームブルッフ編（山口定監訳・高橋進・辻中豊・坪郷実訳）『現代コーポラティズム（Ⅰ）――団体統合主義の政治とその理論』（木鐸社、一九八四年）、一四六―一四八頁。]

（70）Andrew Shonefield, *Modern Capitalism: The Changing Balance of Public and Private Power* (London: Oxford University Press, 1965), pp.230-233.

（71）Gerhard Lehmbruch, "Concertation and the Strucure of Corporatist Networks," in John H. Goldthorpe (ed.), *Order and Conflict in*

Contemporary Capitalism: Studies in the Political Economy of Western European Nations (Oxford: Oxford University Press, 1984), pp.60-80. なお、同書の邦訳（J・H・ゴールドソープ編『収斂の終焉』）のなかには、このレームブルック論文は所収されていない。

(72) Wyn Grant, "Introduction," in *idem.* (ed.), *The Political Economy of Corporatism* (London: Macmillan, 1985), pp.23-26.

(73) Colin Crouch, "Conditions for Trade Union Wage Restraint," in Charles S. Maier and Leon N. Lindberg (eds.), *The Politics of Inflation and Economic Stagnation: Theoretical Approaches and International Case Studies* (Washington, D.C.: The Brookings Institution, 1985), pp.105-139; *idem.*, "Trade Unions in the Exposed Sector: Their Influence on Neo-Corporatist Behaviour," in Renato Brunetta and Carlo Dell'Aringa (eds.), *Labor Relations and Economic Performance* (New York: New York University Press, 1990), pp.68-91.

(74) たとえば、以下を参照。Leo Panitch, *Working Class Politics in Crisis: Essays on Labor and the State* (London: Verso, 1986), Ch. 5, 6, and 7; Brian Towers, *The Representation Gap: Change and Reform in the British and American Workplace* (New York: Oxford University Press, 1997), pp.38-39, 62-93.

(75) Peter Swenson, *Fair Shares: Unions, Pay, and Politics in Sweden and Germany.*

(76) Philippe C. Schmitter, "Reflections on Where the Theory of Neo-Corporatism Has Gone and Where the Praxis of Neo-Corporatism May Be Going," in Gerhard Lehmbruch and Philippe Schmitter (eds.) *Patterns of Corporatist Policy-Making* (London: Sage Publications, 1982), p.267.［フィリップ・C・シュミッター（藪野祐三訳）「ネオ・コーポラティズム理論の経緯と実践のゆくえに関する考察」P・C・シュミッター／G・レームブルッフ編（山口定監訳・高橋進・辻中豊・藪野祐三・阪野智一・河越弘明訳）『現代コーポラティズム（Ⅱ）——先進諸国の比較分析』（木鐸社、一九八六年）、二八八頁］。この点については、桐谷仁「市民社会論の復権と『社会資本』の概念——国家—社会関係をめぐる一考察（四）」前掲、六五—九七頁、参照。

(77) 桐谷仁「市民社会論の復権と『社会資本』の概念——国家—社会関係をめぐる一考察（五）」前掲、六八—七七頁；Adam Przeworski, "Institutionalization of Voting Patterns, or is Mobilization the Source of Decay?" *American Political Science Review*, Vol.69, 1975, pp.49-67, esp., pp.52-58. なお、この脱制度化概念についてプチェヴォルスキー自身、S・ハンチントンの制度化論に関連づけて議論している。

ここでは、詳しく論じられないが、ハンチントンは、制度化と政治参加との関係を議論するなかで、構造分化にともなう政党の社会勢力からの自律性や政党システムの安定による参加への適応性等を「広義の」制度化の問題として論じている。Samuel P. Huntington, *Political Order in Changing Societies* (New Haven: Yale University Press, 1968), pp.17-22, 397-404, 420-432.〔S・P・ハンチントン（内山秀夫訳）『変革期社会の政治秩序〈上・下〉』（サイマル出版会、一九七二年）〕。この論争を呼んだハンチントンの制度化論をめぐる議論とその意義については以下も参照。大木啓介「ハンチントン政治的制度化論」大木啓介、佐治孝夫、高杉忠明、伊藤述史、桐谷仁『国家と近代化』（芦書房、一九九八年）、九―六八頁。

(78) 脱制度化の議論については、Adam Przeworski, "Institutionalization of Voting Patterns, or is Mobilization the Source of Decay?" pp.52-58, を参照。その脱制度化指標は、$D(t) = 1/2 \sum_{i=1}^{k} |Pi(t+1) - Pi(t)|$: $Pi(t)$; 政党ｉのｔ期における得票率である。変易性については、Mogens N. Pedersen, "The Dynamics of European Party Systems: Changing Patterns of Electoral Volatility," *European Journal of Political Research*, Vol.7, 1979, pp.1-26, esp., pp.4-6, を参照。この変易性指標は、$V(t) = 1/2 \sum_{i=1}^{k} |Pi(t) - Pi(t-1)|$: $Pi(t)$; 政党ｉのｔ期における得票率、である。またこの変易率指標をめぐっては以下も参照。Cf., Russell J. Dalton, Paul Allen Beck, and Scott C. Franagan, "Electoral Change in Advanced Industrial Democracies," in Russell J. Dalton, Paul Allen Beck, and Scott C. Franagan, *Electoral Change in Advanced Industrial Democracies: Realignment or Dealignment* (New Jersey: Princeton University Press, 1984), pp.9-11.

(79) この差異と類似性の論理については、とりあえず以下を参照。Adam Przeworski and Henry Teune, *The Logic of Comparative Social Inquiry* (New York: Wiley Interscience, 1970), p.32; Adam Przeworski, *Capitalism and Social Democracy* (Cambridge: Cambridge University Press,1985), p.81

第二部　ネオ・コーポラティズムとストライキ行動

第三章　制度問題とストライキ行動——行動論から新制度論へ——

はじめに——問題の所在

ストライキ行動は、第二章でも指摘したように、制度変動ないし制度の流動性そのものの代理変数でもなければ、制度の不安定化を示す兆候でもない。また、それは、階級闘争のたんなる反映でもない。ストライキ行動は、ある特定の制度配置のなかで生じるひとつの集合行為の型であり、また制度内コンフリクトの顕在化の一形態でもある。では、このようなストライキ行動は、これまでどのように説明されてきたのであろうか。つまりストライキ行動の発生や展開、そしてスト行動への参加などの根拠をどこに求めたきたのであろうか。

本章では、具体的にストライキ行動に限定して、既存の説明について検討を加え、問題点を指摘する。ここでは、第一部で展開した国家—社会関係における労働の組織間関係の制度配置という視点が、各種のアプローチを評価する際の規準となる。ただし、その検討を踏まえたうえでの代替モデルによる比較分析は、第四章でおこなわれる。本章で議論の中心となる観点は三つある。ひとつは、論者がどのような政治変数をどのようなかたちで独立変数—説明変数として取りあげてきたのかである。ここでは、とくにどのような制度論的視点から、政治的な説明変数をどのようなかたちで選択しているのか、という点に関心がある。なかでも前章で提示した新たな「集権化」の観点からみて、それらは、どのような関連があるのかが議論の中心をなす。第二に、そのような独立変数としての政治―制度変数によって、従属変数としてのどのような種類のストライキ行動(たとえば、スト頻度・参加・損出日数など)が、どのように説明されてきたのかである。そして第三に、そうした政治―制度的変数とスト行動とのあいだにどのような関係を見いだし、それをどのように解釈していたのかである。つまり、促進説、抑制説、U字型説、ハンプ型説のいずれを採択しているのかという点である。

本章が対象とする議論は、大きくは、アクターの政治心理・意識に重点を置く初期「行動論」から、アクターとしての集団間の相互作用という意味での「政治過程」を注視する「多元主義論」を経て、アクターよりもアクターを取り巻くコンテクストを重視する各種の制度論的アプローチである。その流れのなかで、各種のアプローチの長短を批判的に検討するが、とくに力点を置くのは、各種の制度論的アプローチである。これらの制度論的アプローチは、次章の代替的な修正モデルによる比較分析にとっての先行研究でもあるので、それらを検討することは、分析の前提をなす予備的考察の意味合いをもっている。したがって、本章では、議論は、制度論的アプローチを中心に進められることになり、それ以外のアプローチはごく大まかにしか取り扱っていない。ストライキ行動をどのように説明するかをめぐっては、これまでも様々なかたちで論じられてきたが(1)、本章では、政治学を中心にして、行動論以後の動向を踏まえ、とくにコーポラティズム論や新制度論の台頭などを念頭に置いたうえで議論を整理し、問題の所在を明らかにしたい。

まず第一節では、広義の行動論として、アクターの動機や期待や意識に重点を置く政治意識・心理中心的アプローチと、アクター間の相互作用の過程に力点を置く多元主義論ないし集団論的アプローチを取りあげる。第二節では、政治過程の制度拘束性を重視する制度論的アプローチの諸潮流、たとえば、資源動員論、権力資源論、社会民主主義論、修正組織論的モデルなどについて検討し、各々の問題点を指摘したうえで、修正モデルを示唆する(ただし、修正モデルによる各種のストライキ行動の比較分析は第四章でおこなう)。そして最後の第三節では、ネオ・コーポラティズム体制とストライキ行動との関係をめぐってどのような諸説が提示され、そのどこに問題点があったのかを明確にするつもりである。

第一節　行動論的視座

第一項　政治意識・心理中心的アプローチ

このアプローチには、たとえば「相対的価値剥奪論」や「Jカーブ・モデル」などがある。それらは、極言すれば、各アクターの期待達成のあり方に着目して、アクターの期待、動機、目標と、その現実の結果ないし認識とのギャップに焦点を据える(2)。このようなアクターの心理的要因を重視するアプローチでは、どちらかといえば政治的反乱の過程や結果よりも、むしろ反乱が生じる原因やその可能性などに力点が置かれる(3)。そして反乱の原因は、アクターの「欲求不満―反抗性」のメカニズムに基づいた諸要素に求められる(4)。たとえば、相対的価値剥奪論では、アクターが正当だと信じる種々の価値やその実現への期待感と、そのアクターを取り巻く環境がそれらの価値を実現しうる能力や条件とのあいだの不一致にたいして、アクター自身がどのような意識・心理状態を抱くのかに重点が置かれる。期待感とその達成度とのギャップ、あるいは価値期待と実現能力とのあいだの懸隔にたいするアクター自身の価値剥奪感が重視されることになる(5)。

また、J・カーブモデルでも、アクターが欲求していることと、アクターが実際に得たものとのギャップに焦点があてられる。時系列的にみて、そうしたニーズの充足への期待感と現実のニーズの充足とが相即的に上昇し、そのギャップが寛大な範囲内にとどまっているあいだは暴動・反乱・革命等は生じないが、しかしそのニーズ充足の期待と現実とのギャップに寛大になれない段階に達したとき、そうした革命等が起きるとみなされる(6)。したがって、このような意識や心理を重視するアプローチの場合、単純に図式化すれば、スト行動は、労働者の目標や期待やニーズ――→そうした目標等を阻害する状況・契機――→否定的・戦闘的な態度形成――→スト行動という循環において捉えられる(7)。

①制度的コンテクストとの関係

もちろん、そのようなアプローチも、アクターを取り巻く構造的・制度的環境を考慮にいれていないわけではない。しかし、そこではアクターを取り巻く環境やアクターの抱く価値の問題が配慮されてはいても、環境それ自体の特性やその価値の内実の妥当性が直接問われているのではない。主たる問題関心は、それらの環境や価値の種類が、社会的・経済的・政治的のいずれであれ、それらが、アクターにとっての欲求不満や差別意識等をどのくらい惹起させるのか、その程度をどのような基準で測定するのか、また、その程度と反乱の震度とはどのような関係にあるのかという点なのである(8)。たとえばJ・ケリーとN・ニコルソンは、制度モデル、社会学的モデル、心理モデルの概要を述べ、それらを統合するモデルとして、アクターを取り巻く環境・状況に焦点をあてる「社会心理的モデル」を提示している。そこでは、アクターの準拠枠組や集団間関係などを含む環境にたいする「認知」によって「争点」が形成され、それが契機となってスト要求の決定がなされるとみなされている。こうして一連の交渉過程としてストライキ行動の過程が捉えられる。つまり、争点(issue)──→引き金(trigger)──→要求の定式化──→交渉過程としてのストライキ過程──→移行期──→帰結──→フィードバックという一連のループで、ストライキ行動が把握される(9)。

また、こうしたアプローチが、アクターの意識や心理などに力点を置くことで、マクロな構造・制度的アプローチとは相互補完性にあることを強調する見解もある。たとえばS・ケントなどは、後に触れる資源動員論の登場に際して相対的価値剥奪論が、アクターの行為における動機や目標等を重視した点で、ミクロ・ファンデーションとしての意義をもっていると評価している(10)。しかし、いずれにしても、重要視されるのは、アクターがどのように環境を認知・意識するのかという観点である。より正確に言えば、ミクロなレヴェルでのアクターの認知の変化や価値意識の転換である。たとえば、比較的最近のD・ワディントンなどの研究も、イギリスでのストライキのケース・スタディをもとに、従業員の行動の基底にある信条、価値意識などに基づいた認知的アプローチをとっている。そこでもアクター自身が、過去の出来事の解釈や経験や教訓などを咀嚼して固有の認知図式を新たに形成する点が強調されている(11)。

②イベント偏向――方法の問題

これらのアプローチは、主として個別のケースを取りあげ、そのなかでアクターの意識や心理や認識に照準をあてる「事例中心主義」あるいは「イベントへの偏向」という問題に陥りやすい(12)。たとえば、個別の事例研究と一般的で包摂的な理論との架橋の一環として、ケース・スタディによって構造に由来する機能の担い手の役割とその意識との関連、そして工場内部の労働者と経営者とのあいだの集団間の脅威(threat)を孕んだ緊張関係等を分析したA・グールドナーの批判的な研究でさえ(13)、企業を相対的に「閉じた体系」とみなしたうえで、ストライキ行動を、企業内部の構造的・日常的活動から生じる労使関係の緊張から把握するにとどまっている(14)。たしかに、方法論としてみれば、このグールドナーの事例研究は、構造と機能とを直結するような構造―機能主義を問題視している。そして、構造的なもの(たとえば技術力や経済的諸力)が、労使紛争にどのように影響を及ぼすのかは、労働者と経営者が状況をどのように規定するのか、という両アクターによる状況認識の構築過程によって媒介されることを指摘する。その限りにおいて、構造と意識とを媒介するプロセスに着目すべきことをすでに主張していた(15)。そして、このような事例研究は、その後も継承されている。たとえば、R・ダビンの研究は、労働者が、賃金や労働時間だけではなく、住宅、福利厚生、レクリエーションなど、当該企業におけるより日常的な労働条件への関与(かれはコミットメントではなくアタッチメントと呼んでいる)の度合いが高いと、労働組合の戦闘性は低下するという点をケース・スタディから帰納的に導き出している(16)。

しかし、こうしたアプローチも、まず第一に、ミクロなアクターの意識等にたいする解釈学的方法が偏重され、それに加えて、第二に、そのケース選択の根拠づけが恣意的になりやすい。したがって第三に、個別のケース・スタディから典型的なストライキ行動の一般性を引き出そうとしても、その確固とした基礎づけにともなう困難をつねに抱え込むことになる(17)。

さらに、これらの点を敷衍するならば、そのような事例研究がなぜ決定的なケースなのかについての根拠づけが、その特殊性の域をでないかどうかが、慎重に問われなければならないはずである。つまり、それが、一事例を越えた普遍性をもつかどうか、競合する諸理論との関係はどのようなものか、あるいは逸脱事例として従来のパラダイムに修正をせまるかどうか、などについて明確にする必要がある(18)。これらの点に留意しなければ、ある特定のイベントやイッシューに傾斜するケース・スタディ中心主義は、往々にして、観察を支える諸理論の選択をめぐる文脈の問題を看過しがちになる。とくに、そのケースの選別が、恣意的で偏向したものになり、そこに大きな陥穽のひとつがあるといえる(19)。

この事例研究にともなう諸問題に加えて、政治意識・心理中心的アプローチは、すでに指摘したように、アクターを取り巻く資源の動員や組織の能力といった点よりも、アクターの期待や動機を重視するので、アクターの動員可能な資源としての組織の問題、そしてアクターの利用な可能な資源の配置という制度論的視点がしばしば軽視される(20)。しかも、そうした「資源の管理」をめぐる集団間紛争などのアクター間の「権力闘争」の面もまた閑却される傾向にある(21)。そして、以上の点から、次に述べるような、アクター間の相互作用の過程としてストライキ行動を把握する「政治過程論」が要請されることになる。

第二項　多元主義論——集団論あるいは圧力団体的アプローチ

ここでは政治過程を重視するアプローチとして、集団論的あるいは圧力団体的アプローチを取りあげる。政治過程論という言葉は、様々な場面で多様に使われる。それは、スト行動を一種のイベントとして事例研究の対象とみなしている点では、前述の政治意識論的な心理主義的アプローチと視座を共有している面がある。しかし、ここでは以下の点で、そうした心理・意識中心的アプローチとは異なるものとみなしている。すなわち、ストライキ行動を、㈠アクター間の相互作用とその力学を中心に据えて把握していること、㈡スト行動を比較的短期的ではあるが、原因や契機だけでなく、その結果をも含めた広義の過程として捉えていること、しかも㈢個別のアクターの動機や期待よりも、むしろ集団間の相互作用に重点を置いて説明しようとしていること、そして㈣そのような観察可能な事例に則した経験研究のなかから、影響力のあるアクターの有無をいわば帰納的に析出するアプローチをとっていることである。

こうした諸点から、ここでは、主として労資関係を、労使双方の集団間の関係というアクター間の相互作用として捉える「集団論」的アプローチのひとつの代表として「多元主義論」を取りあげる。この多元主義的な集団論では、各種の集団は、個人が主として自発性に基づいて多数結社することが想定されている。また、これらの集団は、個々人の重複加入によって組織間の境界線が多重化し、その結果、交差圧力が作動して、最終的には集団間の競合における均衡点が見いだされることが期待される(22)。そして、集団間の力関係における従属性や不均等性は、存在しないか、あるいは少なくともケースにより異なり、流動的で非累積的であると考えられる。したがって資源配分の分布状態も拡散しており、特定のアクターや領域に固定的に偏在することはないという主張がしばしばなされる(23)。

この多元主義論の背後にある体制認識の前提として、先進社会においては、多種多様な社会集団間で「権力資源」が広く拡散し大枠では平等に配分されるような「多元主義的産業社会」になり、したがって労使間の闘争も減少するという想定がある(24)。あるいは、R・ダールが指摘していたように、労組の強さが増大することにより、労働者の「玄人」化が生じるだけではなく、労使間の相互の威嚇や適応などに基づく「協力関係」もまた強化されるはずであるという展望があった(25)。

このような多元主義論には、産業化にともなう構造分化によって、社会構造の多元化やセクショナリズムが進展し、それにつれて競合する諸集団が相次いで登場し、これらの諸集団による譲歩と妥協の絶えざる過程が展開されるという意味での「多元主義的」なメカニズムが働くとする見通しがある。「諸々の集団は、そうした譲歩そのものから利益を得るという点ばかりでなく、自らの利益を担保する様々な過程に関与するという点でも、……(中略)……当該社会に利害関係をもつことになる。したがって、多元的社会では、有力な集団のいずれも、当該社会に関わらざるをえない。新たな諸集団が新たな要求を打ち出して社会の関心を引くことに成功するにつれて、有力集団もまた、種々の譲歩というかたちでそのことに巻き込まれるのであり、その際、往々にして既存の諸集団は既得利害を犠牲にせざるをえない。この点が、おそらく、多元主義が高度先進国で最も良好に作動するとされる所以でもあろう。また、そうした先進国だけに、新たな集団への譲歩が既存の支配的集団の反乱をともなうことなしに行われるような各種の資源が存在しているのである。」(26)。

こうした体制認識に支えられて、多元主義論は、労使間や労使内部のアクターと、それらが織りなす相互作用に焦点を絞るアプローチを採択したのである。方法としての多元主義論は、研究対象を観察可能な現象の平面で捉えることに限定する「認識の節制」をおこなう。しかも、それらのケースの複数性やケース相互の独立性を前提として、アクター間の相互行為のパタンを記述し、その相互作用の帰結として、スト行動についての帰納的な結論を導き出すことになる(27)。

①多元主義論への批判

このような多元主義的アプローチは、まず第一に、労資関係の制度的配置の問題を、結局のところ、集団間の相互作用の過程という平面で把握する「集団論」へと還元してしまっている。つまり、それらの集団のあり方が所与ないし前提とされ、アクターを当該アクターたらしめる存在根拠やその相互作用が展開される場所の問題は軽視され、たとえば生産領域等の制度的・構造的な次元との関連は不問に付される傾向にある。そして、もっぱら可視的で観察可能な行動の次元におけるアクター間の相互作用の「過程」が注視される(28)。逆にいえば、そうした集団間の相互作用を成立させるコンテクストの問題は閑却されがちになるのである(29)。

第二に、そのことに関連するが、ストライキ行動について、その各ケースを相互に独立した等価なものとして扱い、しかも比較的短期の事例を過程として観察する傾向にある。そのために、イッシューやケースごとで有力なアクターが異なるという意味での「多元性」がしばしば強調されることになる。だが、そこでは、イッシューの差異と主要アクターの交替可能性、そして対象としてのケースの多様性とその個々のケースの結果の多様性とが往々にしてセットになっている。

そして第三に、第一の点にもかかわるが、かつてネオ・コーポラティズム論の展開における多元主義対コーポラティズムという構図のなかで、たびたび指摘されたように、多元主義論は、国家を受動的な存在としてしか取り扱っていないか(30)、あるいは極論すれば、国家論を欠落させていたのである(31)。

このように多元主義論では、利益集団そのものの把握の仕方も、組織間関係のなかでどのような位置にあるのか、という制度的な布置への考察が稀薄なのである。とくに国家—社会関係の制度的配置におけるレヴェルの問題、つまり、政治社会と市民社会という両アリーナのレヴェルの区別がもっている意味が看過されがちになる。この問題こそ、本書ですでに繰り返し強調してきたように、国家—社会関係における組織間関係の集権度の相対性と絶対性との区別と差異の問題につながるのである。

第二節　各種の制度論的アプローチ

①制度概念の諸相

この制度論的アプローチは、アクターとその相互作用を規定する広義の制度編成に着目する。もちろん、政治過程にも注目するが、どちらかといえば、それは、政治過程そのものよりも、むしろ、そうした政治過程が成立するコンテクストの拘束性に力点を置いている。たとえば、ある個別のストライキの事例における労使双方の交渉過程の観察から両アクター間のいずれかの優位性を経験的・帰納的に確定するよりも、そうした交渉過程を取り巻く制度的環境が重視されるのである。したがって、ストライキ行動は、アクターの相互作用とその過程の帰結ではなく、むしろアクターないしアクター間の関係を取り巻く諸要素の結果とみなされ、そうした諸要素のアクターにたいする制約性が問題にされる。具体的にそれらの要素をあげると、一方のマクロ・レヴェルでは、㈠資源の動員力やあるいはその権力資源の大きさとしての組織能力、あるいは、それに関連して、㈡動員資源を拡張して、親労働者政党、とくに社会民主主義政党の存在があり、また㈢それらの労働者政党間の関係を中心にした政党システムや政権構成などを含む制度環境がある。さらに、㈣組織能力との問題とも関連するが、本書のような、組織間関係の体系としての制度的配置もある(32)。また他方の、ミクロ・レヴェルでは、㈤個々のアクターにとっての「ゲームのルール」や㈥規範や文化などが重要視される。

この後者のミクロ的な基礎づけをめぐる諸点については、限定合理性に基づく「合理的選択派」の制度論や、また歴史的に形成された客体的側面を重視するか、あるいはアクターによる主観的「構成」の側面を重視するかは別にして、ノームや文化等に基礎を置くという意味での「構築主義派」の議論は、別の機会に取りあげることにしたい。本節では、マクロな制度的設定の問題に力点を置くアプローチを主として検討する。ここでは、Ⓐ資源動員論にみられるように動員資源の大きさや利用可能性を重視するアプローチと、Ⓑ組織間関係の配置を重視するものとの二つに分けて議論を整理する。前者が、W・コルピーやC・ティリーなどの議論であり、彼らは、アクターの行動における資源とその資源のアクターにとっての動員力を問題にする。とくにコルピーの議論は、アクターにとっての資源そのものの道具性を自明視しており、この点で多元主義論的な過程論的アプローチとの親和性や連続性をもっている(33)。

後者のⒷについては、不十分とはいえ、構造次元における力関係から労働の「位置権力」を問題にしたペローネ=ライトのモデルや、イタリアの二大ナショナルセンターを問題にしたフランゾッシの組織論モデルを検討する。また本書の立場も、これまでの議論からも明らかなように、このⒷの議論の系譜の延長上にあるといえる。もちろん、このようにアクターを取り巻く外部要因を重視することは、構造的要因を自明の前提として、そこから機能を演繹的に導出し、ケースに機械的に適用することを意味するのではない。そうした構造—機能主義では、しばしば構造とアクターとが無媒介に結びつけられ、アクターを取り巻く組織間関係への配慮が稀薄になりがちである。

したがって、このような制度論的アプローチは、構造―機能主義的な説明の限界から出発している点もまた確認しておかなければならない。つまり、労働者と経営者の双方をそうした構造やシステムに由来する機能の担い手に還元しつつ、労使紛争を説明するような構造―機能主義にたいする批判を含んでいる(34)。この制度論的アプローチでは、構造と行動とを媒介する制度的配置が問題となる。この制度的編成こそ、構造的要因をアクターへと媒介し、アクターにとっての行動の舞台を設定し、そしてゲームのルールを課す、という認識にたつのである(35)。

第一項　権力資源の動員――組織化・社会民主主義政権・選挙動員の問題

①資源動員・組織能力モデル――ティリー＝ショーター・モデルとブリット＝ゲール・モデル

ストライキ行動についてC・ティリーとE・ショーターは、それが、政治領域と産業とのあいだの連携や媒介を理解するうえで決定的に重要である点を指摘していた(36)。ショーター＝ティリーによれば、いわゆる近代化＝工業化によって、企業規模が拡大し、それにともなって大企業への労働人口の集中化やテクノロジーの発展と洗練化が進むにつれて、ストライキの形状は、変貌を遂げる(37)。そして、そのような産業化の論理によって、近代的セクター（鉄鋼・金属・石油など）と非近代的セクター（製紙・印刷、建設、食料など）では、スト形状の違いがみられる。つまり、企業規模が拡大すると、㈠スト期間の短縮、㈡スト頻度の沈静化・穏健化、㈢スト規模の拡大がみられ、それは中小企業よりも大企業において顕著である。さらに時期的にみても、戦後高成長期になると、スト頻度の場合にはあまり明確ではないが、スト規模は次第に拡大していくことになり、しかし同時に、スト期間は短くなっていくと示唆していた(38)。

この背後には、組織化と企業規模の双方が、ストの頻度、期間、規模のいずれにも同様の効果をもたらすという暗黙の前提がある。とくに「企業規模」の拡大は、同時に、労働者の集中化と組織化を促進するという認識があった。こうして彼らは、企業規模と労働者の組織化の程度が、相対的に高くなればなるほど、ストライキ行動は、㈠スト頻度は増加、㈡スト期間は短縮、㈢スト規模が拡大していくという見通しをたてた。つまり、動員資源の拡大にともなって組織能力が上昇し、それによってストライキ戦略の影響力は拡大する。労働側にとっては、スト期間の短縮は、長期化する場合よりも合理的で実現可能性も高く望ましい事態となる。そこから組織化の程度は、スト期間とは負の関係にあることが期待されるのである(39)。

さらに、このショーター＝ティリー・モデルを補完してD・ブリットとO・ゲールは、動員資源の増大にともなう組織能力の上昇は、労働側の動員能力の向上だけではなく、ストライキ戦略の有効性と柔軟性もまた増大させるとみなす。そしてティリーらが強調する企業規模よりも、むしろ、労組の「平均組合員数」のほうが指標として適切であるとする修正モデルを提示した(40)。こうして、ブリット＝ゲール・モデルでは、「労組平均規模」と、労組の組織化の程度としての「労組組織率」という二つの変数によって、ティリーモデルが部分的に修正される。そして、㈠この両者が、スト頻度にはプラスの効果をもつが、しかし、㈡スト規模については、労組組織率は正の関係にあるが、労組平均規模は負の関係にあり、そして、㈢スト期間については、労組組織率は正の関係にあるが、労組平均規模は負の関係にあると予測した(41)。

その推定結果によれば、㈠スト頻度では、予想どおり労組組織率も労組平均規模も正の関係にあり(促進説)、㈡スト規模については、労組組織率も労組平均規模もともに正の関係にあるが、それは明白な影響とはいえないこと、そして、㈢スト期間については、労組組織率は予想通りプラスの効果をもつが、しかし、労組平均規模は、影響力をもっていることを確認できなかった。こうして労組の組織率は、労組規模とかかわりなくスト期間に影響に効果を及ぼしており、労組組織率が重要であることが示されたのである。

以上の諸点を踏まえて、ブリットらは、労組規模を独立変数にすることへの疑義を呈示する。彼らは、労組規模が非常に大きいと個々の労働者にとってのストライキ行動へのインセンティヴが小さくなるというオルソン命題に言及しつつ、労組規模にたいして疑問を投げかけた(42)。そして、そこから、労働者の動員能力として把握される組織化の能力(労働の組織力)

は、必ずしも規模の大きな単一の労組に集中化することを意味するわけではなく、その限りでは、労組員の量的規模とは独立しているという見解を示唆する(43)。

この最後の示唆は重要である。なぜならば、動員資源の量的な大きさではなく、むしろその凝集性を提起している点で、その見解は、第二章で提起したような労働内部の組織間関係の配置への考慮につながるからである。こうして労働を取り巻くより広範な制度設定へと視野が拡大される。

② 制度設定の問題──組織能力と政党の問題：D・スナイダー・モデル

D・スナイダーは、労使紛争について、㈠アクターとしての労働者と使用者との当事者間の交渉過程という観点から捉える見解と、㈡前述のショーター＝ティリー流の資源動員の観点から、一種の集合行為として把握する見方の両者を総合することをめざすべきであると主張する(44)。前者は、直接的には各種の交渉理論の観点であるが、スナイダーは、それと同時に、間接的・長期的には賃金決定をめぐる労組─経営者間の組織間関係の配置という観点の重要性を指摘する。つまり、ストライキ行動は、たしかに、そうした当事者間の交渉の成否の結果ではあるが、しかし、それは、限定された制度的設定の枠内でしか意味をもたず、そのような制度編成そのものの枠組が軽視されているというのである(45)。

そしてショーターとティリーと同様に(46)、彼もまた、集合行為の一形態としてのストライキ行動は、それに向けての組織的能力がどの程度あるのかに応じて、その様相を異にしたかたちで発生・展開するという見解を継承する。さらにスナイダーは、A・エッチオーニを援用しながら、各種の資源にたいする集合的コントロールの増減として動員を捉える。そして、ある集団の集合行為は、その集団がどのような形態で、どの程度そうした動員をおこなえるのかという点に依存しているとみなす(47)。それは、言い換えれば、稀少なあるいは競合する各種の資源への獲得の権限によって左右されるということでもある。その意味において、労使紛争は、組織的・政治的現象として把握されるべきだと考えられている(48)。

このようにしてスナイダーは、労使関係の制度的コンテクストを重視し、労使紛争は、㈠労組の組織化の程度とその安定性、㈡団体交渉の制度化の度合、そして㈢労働の政治的位置としての親労働者政党の存在によって左右される点を強調し、それらをストライキ行動をめぐる制度的設定とみなした(49)。そして実際の指標として、スナイダーは、労働側の要求を押し出せる能力を労組の組織率に代表させ、また、親労働者政党(アメリカでは民主党)の選挙での得票率や議席率に代表されるような政治状況の労使関係への影響力を、労働の政治的位置として注視した(50)。だが、その団体交渉の制度化という点についていえば、組織率が重視され、その限りではティリー流の組織能力や資源動員への着目はあるものの、労使間ないし労働内部の組織間関係の配置への考察はほとんどなされていない。むしろ労働者の利益を代表・媒介する政党や、その労働者政党の政党システムにおける位置、さらには政権構成の問題など、どちらかといえば、労働者の政党への統合の視点に立った制度的設定に焦点があてられていたといえる。

こうしてスナイダーは、フランス、イタリア、アメリカのそれぞれの戦前と戦後の自然対数化したストライキ件数(スト頻度と呼ばれる)とストライキ参加者(スト規模と呼ばれる)を被説明変数とする。また説明変数には、失業率や実質賃金の平均変化率などの経済変数も加味される。そして、その政治的変数としては、労組の組織率、親労働者政党の得票率ないし議席率、そしてそれに関連しての政権構成の変化が取り入れられる。こうしてアメリカの場合には大統領の党派性、イタリアとフランスの場合には政権構成の変化に加えて、選挙年のダミー変数も取り込んで、重回帰分析がおこなわれた(51)。

その推計結果からスナイダーは、三ヶ国のいずれにおいても、それら制度的設定の指標は、ストライキ行動に一定の影響を及ぼしているといえるが、それも国や時期ごとの違いが大きい点を指摘する。戦前にかんしていえば、各国とも、労組の組織率が、集合行動にむけての労働者の組織的能力を測定する尺度のひとつとして、ストライキの頻度と規模の両者に正の効果を与えていることが(ほぼ一%水準で)有意であることを確認している。しかし同指標は、戦後の時期(四五—七〇年まで)においては、イタリアが依然有意であったのに対して、フランスとアメリカでは有意にはならなかった。

また親労働者政党の得票率ないし議席率についていえば、アメリカでは戦前（一九〇〇―四〇年代）には、議会での民主党議席率、そしてとくに大統領が民主党の場合には、それらが、ストライキの頻度と規模の両者に正の効果を与えていることが（ほぼ一パーセント水準で）有意であることが析出されたが、しかし、戦後は有意ではなくなっている点が確認されている。またフランスの場合には、親労働者政党への得票率ないし議席率が、戦前期に（五パーセント水準で）正の効果をもたらしているが、戦後は逆に負の効果（スト規模のみ）を与えている点を見いだしている。イタリアの場合には、戦前には、それらの二つの政治変数はストライキの頻度と規模に影響を及ぼしておらず、戦後には親労働者政党への得票率ないし議席率が、ストライキ規模に正の効果を（五パーセント水準で）与えている点が確認されるにとどまっている。そしてフランスとイタリアではまったく有意ではなかったが、アメリカのしかも戦後に限っていえば、経済変数のうち、失業率が一％の有意水準で、実質賃金の平均変化率が五パーセント有意水準で、いずれもスト頻度にたいして負の効果を与えていることが析出された。

こうしてスナイダーは、戦前と戦後では差異があることを強調する。戦後においては、全般的にみて、労組の規模の拡大、団体交渉の制度化の進展、政党等への労働者の政治統合の進展など、制度的設定が変化した。それにつれて、ストライキ行動を規定する要因も、たとえばアメリカのケースが典型的であるが(52)、次第に労働市場の状態など経済的なものへと移行するようになるという展望を述べた(53)。

しかし、このスナイダーの命題――つまり、スト行動の説明要因は、政治―組織論的な意味での制度化の進展・成熟により経済的な要因に移行するという命題――については、P・K・エドワーズが疑問を提示している。彼は、アメリカ一国のスト頻度だけを対象にし、検討時期も戦後一九四九―七二年と若干異なるけれども、議会での民主党の議席率が、スト頻度に負の効果をもっていることを確認し、それを踏まえて政治的要因の内実を精緻にする必要性を強調している(54)。そして、この親労働者政党の存在がストライキ行動を抑制するという命題は、後にW・コルピーやM・シャリフによって、戦後の先進国のスト行動への比較研究へと拡張され、社会民主主義政党・政権の存在にかかわる問題として展開し直されることになる。

③権力資源モデル：選挙動員と社会民主主義政党の存在――コルピー&シャリフ・モデル

W・コルピーとM・シャリフは、労働者階級の「権力資源」の各国間の差異が、労使紛争と政治闘争の形態と程度における各国間の違いを説明する決定的要因とみなしている(55)。労働者にとっては、その集合行為のための主たる諸組織である政党と労組が、利用可能な権力資源である。労働者はそれを一種の道具として用いて動員の可能性を開く。コルピーらによれば、この権力資源モデルは、J・C・デイヴィスやT・ガーなどに代表されるような、アクターの期待の達成のあり方に力点を置くアプローチと、C・ティリーなどを念頭に置いた「政治過程論」的アプローチという、集合行為や抗議における二つのアプローチの中心的特徴を結びつけたものとみなされている(56)。

だが、彼らは、政治過程を重視するとはいえ、その際、構造とアクターとを媒介する諸制度に着目し、反多元主義論としての媒介モデルであることを強調している。すなわち、構造の次元における労資間の権力資源の相違がもたらす政治的・経済的結果を媒介する変数として、労使関係の諸制度の重要性が力説される。この諸制度は、それらが労使両アクターにとっては、過去の闘争の産物や残滓であるにせよ、あるいは交換関係の慣習化された規範的なものであるにせよ、また権力資源の節約という合理的なものであるにせよ、そのこと自体が問題なのではない。そのいずれにしても、そうした諸制度の存在が、当事者間の利害紛争の解決にとってのアリーナとして受容され、その限りで、プラグマティックな意味合いをもってきたことが重視されるべきことなのである。そして、その諸制度の受容を部分的にせよ促進してきたものこそ、強力な社会民主主義政党であるとみなされる(57)。

こうしてコルピーとシャリフが注視したのは、普通選挙権の確立が、新たな資源の動員や利用可能性にとっての回路を開いたことであり、また、そこにおける選挙動員のあり方である。その背景には、労働―資本間の権力資源の格差は、労使関係の経済領域よりも政治領域においてのほうが小さいという彼らの認識があった。こうして立法府や政権構成における労働者階級の政党である社会民主主義政党が着目されたのである。

このような労働側の組織権力、選挙動員、社会民主主義政党の存在などへの観察から、コルピーとシャリフは次のような仮説を導く。すなわち、労働者階級が、集合行為のための諸組織を通じて政府・執行部にたいしてどの程度強力で安定した統制を達成できるかに応じて、労資間の利害闘争は、次第に政治領域で遂行されるようになり、労使紛争は減少するようになる(58)。したがってストライキ行動と、労働者階級政党の強度とりわけ社会民主主義政党の政権支配度とは負の関係にあるという仮説がそれである(59)。これは、かつてA・ロスとP・ハートマンが述べた、労働者政党が政権につくと、労組指導者は、概して同党へ多大の投資をしてきたので、ストライキ行動の活用をできうる限り最小限に抑制しようとするという説を継承したものでもある(60)。

こうしてコルピーらは、対数化した相対的ストライキ参加度を従属変数にする。そして失業率や実質賃金の変化といった経済変数に加えて、政治的変数として労組組織率と左翼政権度を独立変数にして重回帰分析を試みた。その左翼政権支配度とは、内閣における左翼政党の占める割合を立法府における左翼の議席率によってウエイトづけしたものである。その結果として、㈠左翼政権の支配度だけが有意で、しかも相対的なスト参加度にたいして負の効果、つまりスト抑制効果をもつことを確認した。このことは、強力で安定した左翼政権の存在が労使紛争の長期的な低下に資することを意味する。それに対して、㈡労組の組織率は、スト参加にたいして正の符号を示しているが、統計的には有意ではなかったことを析出した。つまり、権力資源のひとつである労組の組織化の程度が、ストライキ行動――少なくともストへの参加度――にたいして影響を及ぼすことを積極的に示す証拠は得られなかったのである。また、その他の変数も、かれらのモデルでは有意ではなかったことが確認されている。そして、これらの点から、左翼政権がスト抑制効果をもつことが強調された(61)。

④問題点

しかし、以上のような組織率や親労働者政党としての社会民主主義政党・政権に力点を置くコルピー流の権力資源論にしても、あるいはスナイダーの制度的設定の議論にしても、それらの組織論や資源動員論はいくつかの問題点を孕んでいる。第一に、その組織観にかんしていえば、たとえば労組を、労働者の外的対象として、また組織を一枚岩の実体として捉える「実体論的視点」に陥っている。労働者自身あるいは労組それ自体が、その内外の組織間関係の配置のなかにどのようなかたちで「埋め込まれている」のかという存在論的差異の問題が軽視され、その意味において「関係論的な視点」が欠落している。したがって権力資源論は、組織率を、関係論的視座のように、労働者が組織間関係に包摂されている度合、あるいは組織間関係の織りなすアリーナに関与している程度として捉えるよりも、むしろ労働者にとっての動員・利用可能な資源の大きさを表わすものとして認識する。こうして権力資源論では、労組の組織化の進展としての集中化は、アクターとしての労働者にとっての動員・利用可能な資源の増大であり、その限りにおいて組織率の増加はアクターにとっての手段や道具の拡大とみなされる。そしてまた政党も同様の観点から把握される。そこには、主体(アクター)としての労働者と客体・対象としての組織・政党という外在的な主客二元論がつねに根強くある。

したがって第二に、そうした関係論的な視点の欠落から、権力資源論は、集権化と集中化との区別を明確にせずに、両者を一体化して捉えている。第二章でみたように、組織化という意味での集中化と、組織間関係の集権化とは、必ずしも並行して進展するとは限らない。また、その場合でも、そのことが、凝集性を高めて対経営者や対政府への交渉力を高めるという面もあるが、それと同時に、あるいはそれ以上に、そうした垂直的統合にたいする反動が、労働内部の分配闘争を逆に惹起させたり、分離・独立への要求を高めて水平的拡散への圧力を生じさせたりする可能性もある。したがって、権力資源論の実体論的な組織観からは、ストライキのもつ労働エリートへの労働内部からの叛乱という側面についても、権力資源の維持・拡大への阻害や動員資源の分散化など、リソースの縮減という観点だけが積極的に強調されることになる。第二章で言及したように、M・ゴールデンは、主として比較可能性あるいは独立変数としての有意性という点から、集中化と集権化の区別の必要性を唱えた(62)。だが、権力資源論の場合には、両者の区別の曖昧さは、原理的には、そうした実体論的な観点に由来しているのである。

そして第三に、権力資源論には、組織的資源の面でいえば、集中化の進展＝集権化の進展＝凝集性の拡大＝労働の権力資源の増大→対総資本における労働権力の非対称性の是正という構図が伏在し(63)、また、もうひとつの権力資源である政党レヴェルにおける親労働者政党の存在についていえば、そうした組織資源の利用可能性の拡大→選挙動員→親労働者政党・政権の占有の拡大→親労働者政策の進展→労働者の利益の実現ないし労働―資本の権力の非対称性の転換というオプティミスティックなシナリオが往々にして想定されている(64)。ここには、それぞれ一枚岩であるはずの労資双方が、総労働対総資本というかたちで最終的には対立ないし妥協するという素朴な階級闘争論が抜きがたくある。そこではストライキ行動もまた、動員資源を拡大させた労働が資本と対峙する「階級闘争」の現象的な顕在化という点に還元されがちである(65)。また、そこには、「階級」とはなにかという定義の問題は別にしても、構造の次元から制度の次元への流出論的・反映論的思考の残滓がある。ここからは、制度の次元や行動の次元での「交叉階級連合」や階級「内部」の「分配闘争」は、労働側にとっての動員資源の増減やその「投資」の方法の問題として処理されるにすぎない(66)。

また第四に、関係論的視点の欠落にも関連するが、レヴェル・シンキングの欠如がある。たとえば、集権化が、どのような分化と接合を同時に孕んだ分節化(articulation)をともなうのか、それは、本書の観点からいえば、政治社会と市民社会のどのレヴェルで、どのようにおこなわれるのか、またその程度や範囲はどのようなものかといったことへの問題認識が稀薄なのである。政治社会レヴェルないし国家レヴェルにある社会民主主義政党や同政権にしても、同政党は政治社会における政党システムという相対的に自律した空間での固有の力学なかで活動せざるをえないし、また同政権の執行部にしても、国家諸装置の布置に由来する組織間関係によって制約を受けざるをえない。そして政策選択の範囲も、たとえば、官僚機構と内閣との制度的関係、あるいは中央銀行の政府からの独立性などの国家機構の制度的配置、あるいはそうした中央銀行の独立性と政権の党派性との関係などによって拘束される(67)。要するに、国家内部あるいは国家—社会関係における種々のアリーナの分節化のあり方が問題となるのである。そして、そのような分節化によって、アクターにとっての政治行動の機会や回路が開かれたり閉ざされたりする。

こうして第五に、権力資源論は、結局のところ、アクターにとってのそうした政治的機会構造のあり方よりも、利益集団や政党、そして政権や国家機構も含め、それらを利用・動員可能な資源としてしか捉えていない。それは、資源をアクターの存在のあり方とは切り離された外的な手段として扱う「道具主義」に陥っている(68)。しかし、いうまでもなく、動員資源の大きさが実際の動員量と連動することをアプリオリに前提とすることはできない。むしろ問題なのは、そうした動員の機会に向けた窓がどのような状態にあるのかである。閉塞していれば、窓を破壊するか別の窓を開けるか探すかせざるをえないように、ストライキ行動もまた、労働者にとって、窓が開放されている状態だから突出したのか、それとも閉められた状態を打破する試みなのか、といった点について認識する重要な契機でもあるといえる。

以上の諸点からも明らかなように、ここでの権力資源論への批判は、A・プチェヴォルスキィのように、システム・構造的権力の次元から労資の非対称性を指摘し、そこからさらに、それを解消することが困難ないし不可能な点を「合理的」に論証する、原理的な社会民主主義批判や選挙社会主義論批判とは異なる(69)。また、権力資源論は、もっぱら労働に力点を置いているだけで、現実の労使間の「交叉階級連合」や「統治連合」の問題等について十分に考察していないという、その「労働中心的アプローチ」への批判でもない(70)。本書の問題設定は、コーポラティズム論に関連して、労資ないし労働内部、あるいは政府も含む国家—社会関係における組織間関係の分節化の進展とその各領域の相対的自律性をどのように把握するのかというところにある(71)。

第二項　ランク・アンド・ファイルの反乱と社会民主主義政党・エリートのジレンマ

①ランク・アンド・ファイルと反社会民主主義政党の問題――D・ヒッブス・モデル

D・ヒッブスは、前述のような社会民主主義政党への選挙動員や同政権の支配度に力点を置くことを、ストライキ行動の問題に絡めて疑問視している。そして労働者と政党との関係、あるいは労働内部の利益の不一致やエリート対マスの関係などのもつ重要性を示唆する。そして社会民主主義政党とは対立する親労働者政党の存在を、ランク・アンド・ファイルの戦闘性の問題としてモデルに取り入れる。

ヒッブスは、まず彼独自の政治経済モデルを検討するが、そこで彼が重視していたのは、経済的要因と政治的要因の両者である。経済要因としては、㈠実質賃金の動向、㈡失業に代表される労働需要、㈢利潤率の変化、国民所得における労働―資本の相対的配分の変化であった。この㈠にかんして、ヒッブスは、過去五年間の変化率の総計が「記憶」として負の効果をもつことを確認しているが、前年度や前々年度の変化率は有意でもなければ、その符号も正負のいずれともいえないという点を導き出している。㈡の失業率は、一貫して仮説通り、ストライキ量にたいして負の効果を与えていた。そして彼は、ストライキ行動は、労働者の自発的な抵抗という側面よりも、むしろ戦略的利用、あるいは経営側に対する闘争の際の戦術的武器といった側面があること、とりわけ労働側の動員資源の大きさに左右されるという解釈を引き出した。㈢の利潤率の変化はあらゆる回帰式において有意でなかったので、後に取り除かれた(72)。

こうしてヒッブスは、政治的・組織論的な要因として団体交渉の集権化に着目して、その分権度―集権度に応じてダミー変数をつくり、そして、それらを前述のモデルに取り入れた修正モデルを提示する。すなわち、その政治的ダミー変数と、賃金上昇、失業率、利潤率といった経済的要因とを組み合わせた交互作用の変数項が新たに加えられ、それらを説明変数として取り入れたモデルが提示された(73)。しかし、その場合でも、新たに加えた変数も有意性をもちえず、全体としての結果も、前述のモデルと同様に、失業率がストライキ量にたいして負の効果を与えていたことを確認しただけであった(74)。

②政治的要因の重要性

そしてヒッブスは、さらに政治的要因として以下の諸点を主題的に検討する。それは大きくいって二つである。第一の主たる仮説は、労働者志向の社会主義政党の強さがストライキ活動を抑える方向に働く、という仮説である。これは、前述のコルピーの場合と同じく、かつてA・ロスとP・ハートマンが述べたように、労働者政党が政権につくと、労組指導者は、概して同党へ多大の投資をしてきたので、ストライキの活用をできうる限り最小限に抑制しようとする傾向にあるという説を批判的に継承したものである(75)。

この仮説にかんしてヒッブスは、社会主義政党の一期前の選挙での得票率とその際の最大得票率を獲得した政党の得票率との差を「ライバル政党との距離」として規定し、さらにそこから、社会主義政党のインセンティヴの指標を導き出した。この指標は、両政党間の距離の逆数とみなされ、距離が1以下の場合には1とされる。このことは、両者の距離が大きくなれば同指標のインセンティヴは低くなることを意味する。したがって、同指標は、ストライキ活動(ストライキ量)との関係においては、負の効果を期待されることになる。また、社会主義政党が政権にあるときは、そうでない場合に比べ、労組指導者も、ストライキ行動を抑制しがちであると考え、社会主義政権かどうかをダミー変数として追加し、それがストライキ行動とは負の関係にあることを予想している(76)。さらに政権獲得にむけての選挙動員も重視する。「選挙での勝利」は、得票最大化政党になるのを目標とすることであり、またその目標は直近の選挙結果から捉えられるとして、選挙年ダミーも加えたモデルも展開している(77)。

しかし、その社会主義政党のインセンティヴも政権支配のいずれも、ヒッブスのモデルでは統計的に有意な結果は得られなかった。こうして彼は、前述のロス＝ハートマンの親労働者の社会主義政党の拡大によるストライキ抑制という命題の妥当性にたいして経験的に疑義を呈したのである。これは、また、コルピーらの議論への反証でもあった。

③ランク・アンド・ファイルの叛乱と反社会民主主義政党の存在

こうしてヒッブスが提起する新たな重要な論点は、政党指導部がストライキ抑制に成功しないのは、労組指導部の応答性や責任の問題よりも、むしろランク・アンド・ファイルのラディカリズムと戦闘性に由来するのではないかという点である(78)。ヒッブスは、第二の主たる政治的要因として、ランク・アンド・ファイルの労働者の潜在的な不平や不満を動員する重要なエージェントとしての「共産党」の存在に着目する。そして同党の相対的規模（ここでは労働人口千人あたりの党員数）をランク・アンド・ファイルの叛乱の指標として取り入れた(79)。

この指標についていえば、たとえばイタリア共産党の軌跡に典型的だが、ヨーロッパの共産党の多くは、戦後とりわけ七〇年代以降、周知のように、政党システム上の位置においても「反体制野党」（G・サルトーリ）ではなくなっている(80)。むしろ同党は、ストライキを手段として、労働セクターの一部の孤立化を回避させながら（体制内化）、同党の支持基盤（既得権益）の維持・強化をはかってきたのである。その意味では、同党の存在は、㈠ランク・アンド・ファイルの一部の不満や労働―資本の亀裂を顕在化させ回路づけるひとつの転轍機として、また、㈡社会民主主義政権や同政党への批判や反対を糾合する一勢力として捉えられる。したがって、この指標は、ストライキ行動にたいしては、前述の社会主義政権・政党の動向とは逆に、正の関係が予期され、結果としても、そのことは確認されたのである(81)。

このようにヒッブスは、政治的モデルとして、社会民主主義政党と共産党という変数を取り入れ、前者の社会民主党をめぐっては、通説のスト抑制効果に疑問を投げかけ、そして後者の共産党については、スト促進効果を主張したのである。とくに共産党の問題は、本書との関連でいえば、ストライキ行動を労使間の問題だけではなく、労働内部の草の根の叛乱の顕在化としてどのように把握するのかという点を提起している。そのことは、たとえば非公認ストへの支持の問題など、ランク・アンド・ファイルと指導部の関係をも射程に入れてスト行動を論ずべきことを示唆している。だが、それ以上に、労働内の組織間関係の制度的配置の問題にあらためて焦点をあてる理由の一端を示していると思われる。

この後者の点についていえば、親労働者政権の誕生は、労働側からすれば、政治的機会が政党や政権に対して開かれることにもつながる可能性がある。それは、労働者にとっては、直接的なストライキや政治活動から、選挙動員を通じての政党間競合のアリーナへと、その活動の拠点を移動する機会にもなりうるからである。言い換えれば、利益の表出や媒介の根拠地が、市民社会レヴェルから政治社会レヴェルに移行することにもなる。したがって、ある面では、労働側の利益表出・媒介の回路は、直接的行動から選挙動員に一部代替される。その限りで親労働者政権の誕生、とりわけ社会民主主義政党の強さは、労働側の直接行動とは負の関係にあると考えられる。しかし他方で、選挙動員と直接行動とが相乗効果をもつ可能性もまた否定できない。スト行動を選挙動員の手段として活用すること、そして選挙動員がスト行動の契機になることは十分ありうることだからである。

④問題点——反・社会民主主義型の労働者政党

いずれにしても、D・ヒッブスが、反・社会民主主義の潮流あるいはランク・アンド・ファイルの戦闘性を暗示させる指標として、共産党の存在をそのモデルに組み込んだことは、彼の重要な指摘であるといえる。しかし、そのランク・アンド・ファイルの戦闘性の指標を、共産党のみに限定し、しかもそれを党員数の人口比として指標化している点は大いに問題が残る。もしランク・アンド・ファイルに留意するならば、既成政党としての共産党への反発としての親労働勢力の諸政党の動向にも配慮せざるをえないはずである。また、それらの政党も含めた反・社会民主主義政党・政権に向けた「選挙動員」の面を広く取り入れなければ意味をもたない。したがって、得票率ならばともかくとして、ヒッブスが共産党員の人口比を問題にしたこと自体、かれの意図に反している。スターリン批判やユーロ・コミュニズム問題をここであらためて持ち出すまでもなく、「民主集中性」に代表される党内組織、あるいは「伝導ベルト論」に象徴されるような党と各種利益集団との特異な関係をみれば明らかなように、共産党員の比率をランク・アンド・ファイルのラディカリズムや戦闘性の代理変数にすることは、論理的にも経験的にも妥当しない誤謬である。

さらにいえば、そのように労働者政党間の選挙動員の競合が労働内部の組織間の関係に及ぼす影響という観点を重視するのであれば(82)、ヒッブスが労働内部の組織間関係の集権性・集中性をたんなる集権―分権スコアでしか示していないこともまた、組織論的観点への洞察が不十分である証左と言わざるをえないであろう。この労組指導部・社民政党対ランク・アンド・ファイルの関係、さらに、そうした労働エリートの抱える政策・制度上のジレンマは、さらに深く追求すべき課題なのである。

⑤労組＝社会民主主義政党のトリレンマからランク・アンド・ファイルの反乱へ

社会民主主義政権のトリレンマ

権力資源論からすれば、強大な労働者政党の存在、とりわけ社会民主主義政権は、動員資源の拡大、とくにフォーマルな制度的資源へのアクセスとその利用可能性を増大させることにつながるはずであり、その限りで、親労働的政策の諸手段も増大する(83)。しかし、動員資源の拡大とその潜在的な利用可能性が高まったからといって、それらの資源が現実に動員されるとは限らない。動員資源の増加と資源動員の増大とは区別されなければならない。むしろ、第五章で詳しく述べる「政治的機会構造（ＰＯＳ）」のモデルからすれば、それは、アンビヴァレントになる。社会民主主義政党の政権支配度が高まれば、たしかに親労働諸政策を展開する機会（あるいは政策過程へのアクセスの機会の拡大など）も拡大する。しかし、それと同時に、親労働者政党は、その政党システムにおける位置によっては、政権維持や支持基盤拡大のために他政党と連合を形成せざるをえないこともあり、その「統治連合」の形態によっては、むしろ労働者の政治機会を減少もしくは閉ざす方向に向かうことも十分考えられるからである(84)。したがって、社会民主主義政権の存在は、ストライキ行動を抑制する面と同時に、労働側の反発を激化させる可能性をも内包しているのである。

とりわけ、前章で触れたように、T・アイヴェルセンが指摘した、社会民主主義政権の抱える政策のトリレンマは、政治的緊張を増大させるのである。アイヴェルセンは、過去三〇年間においてOECD諸国の多くの政府は、所得の平等、雇用の拡大、財政の引き締めという三つの政策目標間のトリレンマをつねに抱えてきたとみなしている(85)。このトリレンマにたいして社会民主主義政権は、財政問題よりもむしろ、所得の平等と高水準の雇用に主眼を置いてきた。だが、その平等と雇用のあいだに新たなジレンマが生じ、それが政治的緊張を促している。つまり、公共部門労働者の拡大等の財政出動による積極的労働市場政策が、一方では公共部門の労働者と民間部門の労働者とのあいだ(労働における国家—社会関係)に対立・分裂を生じさせ、また他方では、財政問題に絡んで納税者の反乱のような社会運動を引き起こすことになった。それに加えて平等主義的な連帯主義型賃金政策そのものが、生産性の高い部門の労働者と低い部門の労働者とのあいだに分配闘争を惹起させるという緊張をもたらす(86)。しかも、各労組指導部は、自己の労組のメンバーを獲得・維持すること、あるいは対抗する労組から自己の労組メンバーを切り離すことを狙って、メンバーの賃金の最大化を試みようとする強力なインセンティヴをもっており、このことが、そうした分配闘争にいっそうの拍車をかけることになる(87)。

労組エリートのトリレンマ

このようなトリレンマは、社会民主主義政党との紐帯をもつ労組指導部にとっても同様であった。すなわち、労働の組織間関係の配置における集権化が高まると、つまりコーポラティズムの制度化が進展すると、一方で、所得政策に代表されるように労組の政策過程への参加を組み込んだ制度編成が強化され、他方で、有力なナショナルセンターにおいて集権化が進み、その指導部が「公的地位」を高めるようになる。こうして国家—社会関係における政労使関係の制度的配置に組み込まれた労組リーダーは、対政府、対経営者、対一般労組員(ランク・アンド・ファイル)との関係において、お互いにトレードオフの関係にある三つの課題を迫られ、トリレンマに陥ることになる。すなわち、雇用の維持・拡大(完全雇用)、労働内部の賃金の平等化(内的水平化)、そして労使間での分配、とくに企業利潤を犠牲にしての賃金上昇(外的水平化)の三つである(88)。

労組エリートは、市場の動向に左右されながら政労使間協調をはかる「ポリティカル・エコノミー」の論理に従いつつ、この三つの課題のあいだの二つしか同時に満たせないことから、製造―サービス、公共―民間、国際―国内といったセクター間の亀裂などに応じて、またそれに生産性の高低などによる企業間格差も加えた状況に応じて、各セクター単位もしくは企業単位で、労使間の妥協を通じての「交叉階級連合」を形成していく。だが、それは、同時に、価値や伝統によって形成された公正や平等といった規範に基づく「モラル・エコノミー」の観点からすると、労使間あるいは政労使間のエリート同盟となり、今度は、労働内部のコンフリクトを顕在化させることにつながる。ここに、モラル・エコノミーのジレンマとして、ストライキ問題がランク・アンド・ファイルの叛乱と連動する根拠がある(89)。

このようにスウェンソン＝アイヴェルセンによるトリレンマ・テーゼは、そうしたランク・アンド・ファイルの反乱という労働内部の政治的緊張の問題をつねに包含していた。それは、本書での視点からすれば、政治社会レヴェルにおける「交叉階級連合」と市民社会レヴェルにおけるランク・アンド・ファイルの反乱ということになる。したがって、スウェンソンのいうポリティカル・エコノミーとモラル・エコノミーの相剋は、ここでは国家―社会関係の制度的配置における労働の組織間関係の布置状況を示す集権化指標の相違とも関連する。このことは、次章でみるように、スト行動を相対集権化と絶対集権化の違いに留意して把握することの必要性を示唆している。

したがって、ストライキ行動は、労働対資本の階級闘争には単純に還元できない。それは労働内部におけるエリート対マス、労働対労働の分配闘争も内包している。こうしてスト行動は、労使間のみならず、労組間ないし労組内部の組織間関係の配置にも依存することになる(90)。言い換えれば、ストライキ行動とは、主として「政治社会」レヴェルでの労働対資本の「階級闘争」ないし「交叉階級連合」の再編成・脱編成過程と、「市民社会」レヴェルでの労働「内部」の「分配闘争」との両面から生じるのである。

第三項　構造論的―組織論的視座

①構造から制度へ――ハンプ型モデルの提示：L・ペローネ＝E・O・ライト・モデル

位置権力――構造的権力の問題

労働の組織間関係の布置を考察するにあたって、それを各労働セクター間の構造上の位置関係に由来する構造的権力から導出し、そこからストライキ行動との関係について論究したのが、故ペローネの未完の論文である(91)。彼は、イタリアを例にとって、まず労働者が属する各セクターを問題にする。この各労働セクターの産業上の位置が、各セクターの労働者権力にたいして構造的な力を与えるとみなす。彼は、セクター間の投入―産出の産業連関をもとにして、経済上の取引関係における各セクターの位置を画定し、そして他産業への影響力という観点から、各セクターの「権力の浸透」を指標化する。こうして構造の次元での政治権力関係の布置状況は、そうしたセクター間の影響力に照応して形成されることになる。その布置構造のなかで各セクターは、その位置を与えられる。

こうした権力の浸透性は、そうした構造上の位置に応じて、その程度は異なるとされる。そして、その構造的な位置の相違に由来する権力の浸透度が「位置権力」と呼ばれる。これは、また「潜在的破壊力」あるいは「体系的な破壊可能性」の大きさを表わすものとみなされる。このようにして指標化した各労働セクターの「位置権力」を独立変数にして、ペローネは、ストライキ行動（スト損失日数）との関係を推定したが、その結果、両者のあいだには関連がないことを析出した(92)。

ハンプ型の提示

さらにE・O・ライトは、この未完に終わったペローネの論旨を補足するなかで次のような命題を提示している。すなわち、㈠「位置権力」の両極では、ストライキ活動の水準が低くなる、いわば「ハンプ型（逆U字型）」になるのではないかという仮説である。その根拠として、彼は、交渉力の有効性を問題にする。この交渉をめぐる労使間の権力バランスが著しく一方に傾く場合、つまり、労働側ないし経営側のいずれか一方が強力な場合に限って、ストライキ活動は低くなり、両者の相対的な交渉力が拮抗している中間レヴェルではストライキ行動が活発化するという主張である。これは、後に検討するように、ストライキと労働者権力との関係がなんらかの直線的な比例関係にあることを否定して、両者の関係がハンプ型になることを指摘しているのである。

さらにライトは、㈡「組織権力」という、もうひとつの媒介変数が重要なことを強調する。つまり、構造権力もしくはシステム権力（構造）―制度権力ないし組織権力（制度）―状況権力（行動）という三項図式である(93)。これは、構造次元のシステム権力としての「位置権力」が、制度レヴェルにそのまま反映されるのではないこと、さらに制度次元での組織権力が重要であることを示唆している(94)。その証拠にライトは、位置権力が高い場合でも、組織権力が弱い場合には、労働側の交渉力の有効度は低い水準にとどまることを予想している(95)。

小　括

このペローネ=ライト・モデルは、ストライキ行動と労働権力との関係がハンプ型になることを提起している点で画期的であるが、残念ながら未完であり、詳しく議論や分析が展開されていない。また、ペローネの問題提起を拡張したライトの議論も、㈠ストライキ行動を労使間の交渉力の力関係においてしか捉えておらず、それを労働内部のランク・アンド・ファイルとの関係において把握していない。しかも、㈡労使間の交渉力を一種のゼロ=サム的な力関係としてしか認識していない。また、㈢組織権力の存在を示唆してはいるけれども、それが、主として「位置権力」との関係での媒介変数であることを指摘するにとどまっており、この位置権力と組織権力との関係については具体的には言及していない。このライトの議論を敷衍すれば、重要な説明変数は、位置権力ではなく、むしろ組織権力になるはずである。しかし、そのことにかんして彼は、詳しく議論を展開していない。

そして、㈣なによりも問題なのは、そもそも、制度次元の組織権力をどのように認識するのか、という点について明確でないことである。組織率等の権力資源を示唆しているが、はたしてそのような権力資源だけで組織権力そのものを把握できるのであろうか。

さらに、そのうえで指摘しておきたいのは、㈤このライトのハンプ型仮説は、そうした「組織権力」を、本書で提示した「相対集権化」と「絶対集権化」という二つの指標から考察した場合には、その両者の違いによって、必ずしも、それがストライキ行動との関係においてハンプ型だけではなく、「U字型」になる可能性もあることが考慮されていない点である。すなわち、労働の集権度の高低両極のところでスト行動が活発化する可能性が想定されていない。こうして、組織権力をどのように捉えるのかという問題があらためて浮上する。

②組織間関係の配置への着目――フランゾッシ・モデル

組織論的アプローチ

R・フランゾッシは、まず資源動員モデルについて、従来とは異なる解釈を施して修正を加える。つまり、失業や実質賃金といったビジネス・サイクルの指標を、労組員数や労組組織率といった組織能力や組織力の強度にかかわる従来の指標と結びつけて理解すべきことを主張し、その点を踏まえて、自らの新たな「組織論モデル」を展開する。そうした経済的指標について彼は、失業率の大きさは、おそらくはスト損出日数を除いて、他のストライキ行動に対して負の効果をもたらすとみなしている。これは、不況期にはストが長期化するが、しかし雇用問題など労働市場の悪化は、スト行動を抑制するのではないかという予想からきている。また前期の実質賃金の上昇率が高いことは、労働者がすでに要求を勝ち取っているとも考えられるので、ストライキ行動にたいしては負の効果をもたらすと想定している(96)。

こうしてフランゾッシは、ストライキ件数、ストライキ参加者数、労働損出日数の三つを被説明変数とし、説明変数として、失業率、一期前のブルーカラー労働者の実質賃金変化率といった経済的変数に加えて、「労組指標」を組み入れた「組織論的モデル」を提示し、これによって戦後イタリアの一九五五―七八年のストライキ行動を分析した。ここでいう労組指標は、イタリアの二つの主要ナショナルセンターである労働総同盟（ＣＧＩＬ）と労働（ＣＩＳＬ）のそれぞれの組織率の合計のことである。そして彼は、この労組指標は、動員資源の大きさを示すとみなし、ストライキ行動の三つの類型すべてにおいて正の効果をもたらすことを期待していた(97)。その分析結果として、彼は、同モデルにおいては、それらのほぼすべての独立変数が有意であること、とくにスト参加者にたいしてはモデル全体の適合性が高いことを確認した。また、ストライキ損出日数にかんしてはモデル全体の当てはまりが良くないことを析出している。そして労組指標は、ストライキ件数にたいしては有意性が低いこと、その意味では、労組の組織能力の拡大は、スト頻度の増大よりも、むしろ、スト参加者の増加に結びつくとしている(98)。

政治モデル

さらにフランゾッシは、この組織論モデルに修正を施して、長期と短期の政治モデルを提示する。長期モデルは、労組指標に加えて、協定に関わる指標と福祉指標を導入する。彼は、前述のビジネス・サイクルとの関係で、労使間の協定の時期を重要視し、それを説明変数として取り入れている。この変数は、労使間の再協定交渉に関係する労働者の割合で示され、ストライキ行動にたいしては次のような影響を及ぼすとみなされた。すなわち、スト件数には負の効果をもたらすが、しかしスト参加者数や損出日数には正の効果をもたらすことが期待されたのである。このことは、労使間交渉の「ゲームのルール」が制度化され、それに関係する労働者の割合が高くなればなるほど、紛争や闘争ではなく、むしろ交渉による合意の可能性が高まると考えられるため、ストの頻度は低下するが、しかし、たとえば交渉が決裂した場合のスト参加者や損失日数といったストライキの規模や量は大きくなることを想定しているのである(99)。

そして、それに加えて、フランゾッシは、政府の社会保障費の対国内総生産（ＧＤＰ）に占める割合を福祉指標として取り入れてもいる。この指標は、ストライキ行動にとっては負の効果をもたらすと予想されている。政府の社会保障費の増加は、労働者にとってみれば、各種の資源へのアクセスを増大させることを意味し、それは、闘争の必要性を低下させることにつながるとみなされるからである(100)。

この長期的政治モデルの推定結果は、ストライキ件数の場合には、予想通りに、労組指標が正の効果、協定への関与率が負の効果、そして福祉指標が負の効果をもたらすことが確認された。しかしスト参加の場合は、そのいずれの説明変数も有意にならないこと、またスト損出日数の場合には、協定関与率が期待通り正の効果がある点は確認されたものの、その他の説明変数は有意にはならなかったことが析出されたのである(101)。

短期的政治モデルでは、福祉指標に代わって、政治的安定ないし危機の指標が変数として取り入れられる。この危機指標は、組織労働の代表を含めて、各アクターが全国的な制度配置における相対的地位の再規定に向かうにあたって、その窓がどのように開かれているのかという点に関連しているといえる。つまり、選挙にせよ、統治連合の崩壊にせよ、政治的不安定の契機は、労働者を含めた政治的アクターにとっては、自己の相対的な位置の移動の機会を孕んでいるということでもある。ここでは具体的な変数として、㈠選挙年ダミー、さらに、㈡政府の危機として、各年あたりの政権交代の数など内閣の危機の数、そして、㈢政権空白日数など、各年あたりの政府危機の日数、の三つが、それぞれ危機指標として用いられている(102)。

そして、これらの指標は、危機が、労働者に種々の政治的機会を与え、労働者は、それらの機会を利用して動員をはかろうとするので、ストライキ行動にたいしては正の効果をもたらすことが期待された。しかし、この短期モデルの推定結果では、三つの危機指標のいずれとも、ストライキ件数、参加者数、損出日数の三つすべてにおいて有意とはならないことが確認された。ここからフランゾッシは、長期的な再分配型モデルのほうが、短期的な危機モデルよりも、ストライキ行動にたいして説明力があると主張している(103)。

小括

このようなフランゾッシの分析結果は、本書の視点でいえば、ストライキ行動については、短期のしかも個別のケースやイベントに力点を置く「狭義」の「政治過程論」的アプローチよりも、労働を取り巻く中・長期的な権力資源の利用可能性や組織間関係といった「制度論」的視点が重要であることを示唆しているように思われる。しかし、このフランゾッシ・モデルもまた、問題点をかかえている。まず第一に、なんといっても、その組織論モデルにせよ政治モデルにせよ、組織の捉え方について、主に動員資源や権力資源の側面に焦点をあてるだけで、その組織間関係の制度的配置を十分に考慮に入れていない。たしかに二大ナショナルセンターの組織率とそのプレゼンスについては射程に収めている。しかし、その組織間関係の布置そのものについての考察は十分とはいえない。

第二に、フランゾッシは、労使協定への労働者の参加率を取り上げているけれども、この協定関与率の指標は、本書における「絶対集権性」にも若干関連をもっている。絶対集権化の程度は、労働者全体からみた組織間関係の統合度でもあり、またそれへの労働者の参加度を示している。だが、それだけではなく、そのような労使指導部における協定が、市民社会レヴェルにどの程度浸透しているのかをも暗示している。フランゾッシの場合、そうした協定への参加度と、協定の及ぶ範囲との連関について明確ではないように思われる(104)。

また第三に、危機と資源動員にかんしていえば、選挙動員をダミー変数として取り入れているが、そこには政党の問題を入れていない。社会民主主義政党にせよ、あるいは反社民としての親労働者政党にせよ、前述のコルピーやヒッブスのように、具体的にどのようなかたちで政党への選挙動員がなされるのかが考慮されていないのである。たしかに、資源動員が、直接行動として表出する場合と、選挙動員というかたちで間接的に政党に向けて動員される場合とは区別されてはいる。しかし、それだけでは、労働者の市民社会レヴェルでの利益表出と政治社会に向けての利益媒介や利益集約との関係が曖昧なこと、また後者の側面が要因として具体化されていないことになるのである(105)。

第三節　ネオ・コーポラティズム論による解釈

①促進説から抑制説へ

ここでは、前節での検討作業を踏まえて、とくにシュミッター以降の組織間関係を重視したネオ・コーポラティズム論議のなかで、どのようにネオ・コーポラティズム体制がスト行動に影響を及ぼしているのか、という点について論評しておきたい。ネオ・コーポラティズム概念を主題的に取りあげてストライキ行動との関係を探った先行研究としては、たとえばC・ハンフリーズの議論がある。彼は、ナショナルセンターの数（独占度）と組織の集権性とを合体させたシュミッター流のコーポラティズム度の各国別順位を援用して、それを労働運動の統一性という指標にまとめた。そして、その労働運動の組織的統一性とストライキ量（スト損出日数）とは負の関係があること、つまり組織的統一性が高い国ほど、ストライキ量が低いことを指摘している。

こうして、利益媒介システムとしてのコーポラティズムの度合が高いと、協調度も高いというストライキ行動の「抑制説」が提示される(106)。この見解は、シュミッターが、コーポラティズムの内部からの不安定性を示す現象として、ランク・アンド・ファイルの反乱を含めたストライキ行動の活発化を想定していた「促進説」とは対立する。その意味では、このハンフリーズの抑制説は、代案を提起したといえる(107)。

また、H・パレイモは、ネオ・コーポラティズムと分配闘争としてのストライキ行動（労働者千人あたりの労働損出日数）との関係に焦点をあてた。彼は、コーポラティズム概念を各論者の議論を取り入れて指標化している。それは、集権化の高低、組織率の高低、交渉レヴェルの水準（マクロ―ミクロ）と組合間の競争の程度の四つを中心にして総合化されたものである。よりコーポラティズム的といえるのは、集権度や組織率が高く交渉レヴェルがマクロの中央レヴェルで行われ、そしてナショナルセンターの数も少なくそれらの間の競争性が低い場合である(108)。

そして彼は、これらの指標とスト行動との関係を分析した。その結果によれば、集権化と組織率の高さ、そして交渉レヴェルの水準という三者は、スト行動にたいして負の関係にあり、スト抑制効果をもたらしているが、最後の労組間の競争度はスト行動にたいして正の関係にありスト行動を促進していることが観察された(109)。

この観察結果から彼は、全体としてみれば、多元主義型の利益媒介様式のほうが、分配闘争としてのストライキ行動が相対的に高い水準にあるのに反して、コーポラティズム型の利益媒介様式では、ストライキ行動が相対的に低水準にあるという結論を導き出した(110)。この見解もまた、コーポラティズム体制は、相対的にスト行動を抑制するという「抑制説」の一種といえる。しかし、パレイモの議論は、第一に、ストライキ行動の類型のうちスト損出日数だけを扱い、時期も一九七〇—七九年に限定されている。第二に、労組間の競争度にかんしては、スト損出日数にたいしては「促進説」をとっているが、この問題について詳しく言及していない。第三に、なによりも、その独立変数として取り入れた政治—制度変数にかんする検討が不十分である。彼が用いた指標は、組織率を除いていずれも質的データであり、しかも各論者による観点の違いをそのまま踏襲している。したがって、利益媒介の諸制度に着目しながらも、組織間関係の制度編成について十分に考察しているとは言い難いのである。

②問題点

こうしたハンフリーズとパレイモの両者の観点は、第一に、利益集団間の関係の配置を重視する利益代表・媒介制度としてコーポラティズム体制を認識している点で、本書と同様の組織間関係の制度的配置に焦点をあてる議論の系譜に属している。第二に、コーポラティズムがスト行動を相対的に抑制するという「抑制説」であり、これは、シュミッター以来のスト促進説とは対立する議論を展開している。第三に、両者とも、組織間関係の制度的配置としてのコーポラティズムとスト行動との関係については直線的な比例関係を想定している。

しかし、この両者の見解は、コーポラティズム概念を国家―社会関係のなかでの制度的配置の問題として捉えているわけではない。たとえばハンフリーズにしてもシュミッターによるランクづけをほぼ踏襲しているし、またパレイモも各論者による質的尺度に従ってそれを指標化し、その意味でのコーポラティズム度とスト行動との関係を探究しているにすぎない。そこで本書ですでに述べたような、政治社会と市民社会の両アリーナのレヴェルの相違に留意して、集権化の相対性と絶対性という観点からみた場合、はたして彼らの議論は妥当するのであろうか。

図表3-1からも示唆されるように、「相対集権化」と「絶対集権化」の両指標とも、ストライキ行動との関係において「ハンプ型」説を予想させるものになっている。これは、政治社会と市民社会の両レヴェルにおいても、労働の組織間関係の集権度が高い場合と低い場合の両極では、スト行動は抑制されているが、その中位では逆に活発になっていることを示唆している。したがって、ハンフリーズらが主張するような「コーポラティズムの度合いが高ければ高いほど、スト活動は抑制される」という、コーポラティズム度とスト行動との関係を負の線形関係とみなす抑制説には疑義が生じるのである(11)。

図表 3-1　相対・絶対集権化とストライキ量

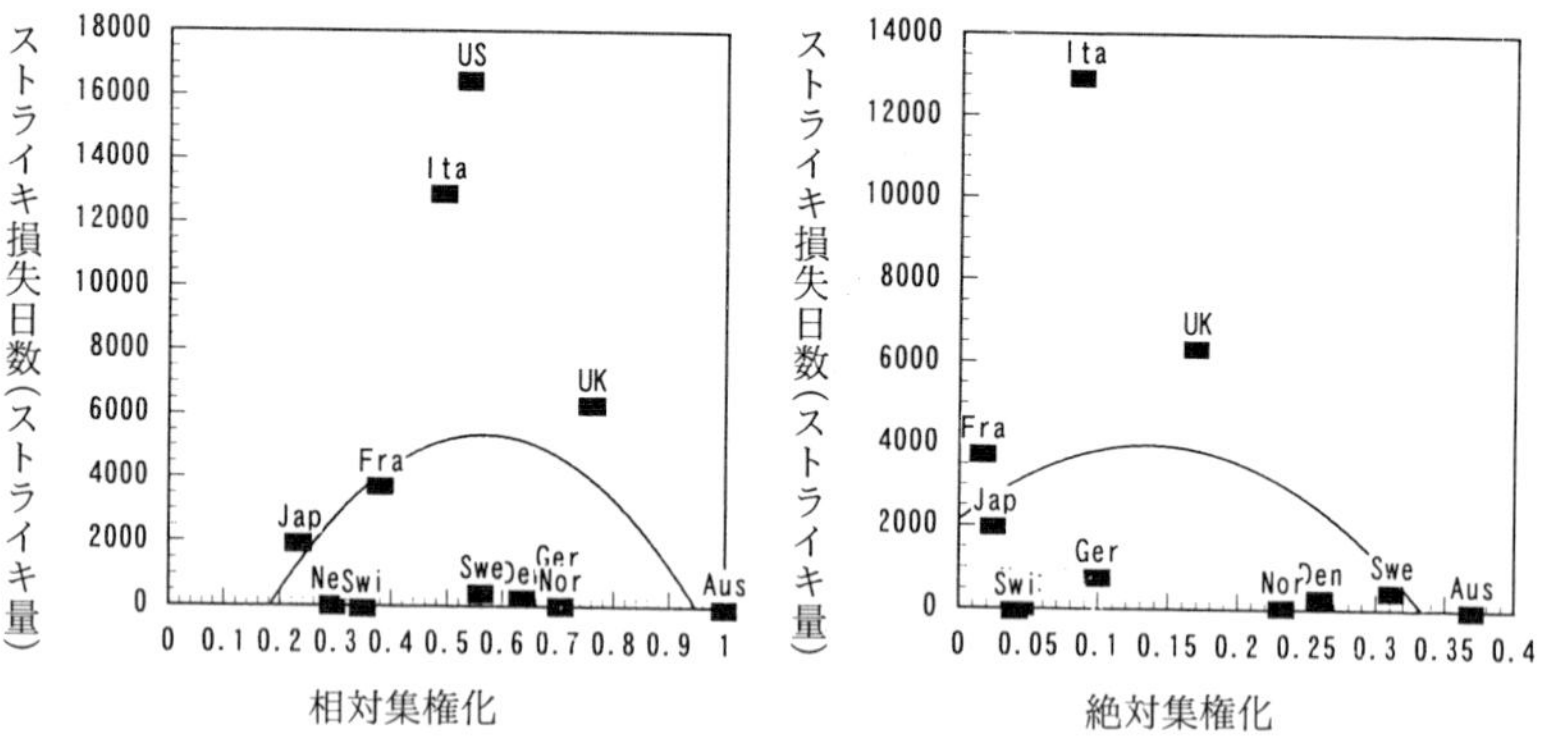

出所）Jelle Visser, "Unionization Trends Revisited," CESAR resarch paper, 1996; *idem., European Trade Unions in Figures* (Boston: Kluwer, 1998); Courtney D. Gifford (ed.), *Directory of U.S. Labor Organization* (Wasington, D.C.: The Bureau of National Affairs, 1994); 労働省『労働組合基本調査報告』各年版；International Labor Organization, *Yearbook of Labor Statistics* (Geneve: ILO).［国際労働事務局編『国際労働経済統計年鑑』日本ILO協会、各年版］、より筆者が算出。

料金受取人払

本郷局承認

897

差出有効期間
平成15年11月
14日まで

郵便はがき

1 1 3 - 8 7 9 0

2 4 0

(受取人)

東京都文京区向丘1-20-6

株式会社 **東信堂** 読者カード係行

お名前《ふりがな》 (歳) 男・女

(〒) (TEL - -)

市区郡

ご住所

ご職業 1. 学生(高 大 院) 2. 教員(小 中 高 大)
3. 会社員(現業 事務 管理職) 4. 公務員(現業 事務 管理職)
5. 団体(職員 役員) 6. 自由業( ) 7. 研究者( )
8. 商工・サービス業(自営 従事) 9. 農・林・漁業(自営 従事)
10. 主 婦 11. 図書館(小 中 高 大 公立大 私立)

お勤め先
・学校名

ご買上
書店名

市郡 区町 書店生協

東信堂愛読者カード

ご愛読ありがとうございます。本書のご感想や小社に関するご意見をお寄せください。今後の出版企画や読者の皆様との通信に役立たせますので、お名前、ご住所をご記入のうえ、ご返送ください。

ご購入図書名

■ご購入の動機

1. 店頭　　　　　　　　2. 新聞広告（　　　　　）
3. 雑誌広告（　　　　）　4. 学会誌広告（　　　　）
5. ダイレクトメール　　　6. 新刊チラシ
7. 人にすすめられて　　　8. 書評（　　　　）

■本書のご感想・小社へのご意見・ご希望をお知らせください。

■最近お読みになった本

■どんな分野の本に関心がありますか。

哲学　経済　歴史　政治　思想　社会学　法律　心理　芸術・美術　文化　文学　教育　労働　自然科学（　　　　）　伝記　ルポ　日記

そして、こうした点からみても、いくつかの解くべきパズルが浮かんでくる。たとえば、そもそもコーポラティズム度とスト行動とのあいだには、「促進説」対「抑制説」といった一次の線形関係が成立するのであろうか、それとも前述のような「ハンプ型」が成立するのであろうか、またさらに、本書の序章で提起したような「U字型」説は経験的には妥当しないのであろうか、また、これらの所説は、他のストライキ形態との関係ではどのようなものになるのであろうか、などである。それらの疑問を踏まえて、次章では、すでに述べた修正集権化指標を独立変数に用いて、そうした代替的なコーポラティズム度と各種のストライキ行動との関係について説明モデルをたてて、両者の関係について比較研究を進めていくことになる。

おわりに

本章では、ストライキ行動の説明について、全体としては、行動論から制度論への流れのなかで議論を整理してきた。アクターの意識や心理に重点を置くアプローチや、また同様に個別のケースに焦点をあてて、当事者たる集団間の相互作用の帰結としてストライキ行動を把握する多元主義論が抱える問題点などを指摘した。要するに、これらの説明では、個別のイベントが偏重され、アクターがまさに行為主体として存立する制度的コンテクストの問題が看過されがちになるのである。

しかし、また制度論的アプローチも内部に様々な潮流があり、その主要な説明変数としての政治―制度変数もいろいろと問題を孕んでいる。とくに本章で権力資源論や資源動員論の組織観に対峙して主張したのは、アクターにとっての潜在的に動員可能ないし利用可能な資源が、ただちにアクターが実際に道具や投資の手段として活用できるわけでもなければ、また現実に動員された資源の大きさに比例するのでもなく、ましてや、それがストライキ行動と直結するとは限らないという点であった。権力資源論や資源動員論では、資源がアクターにとっての道具主義的な地平でしばしば把握されている。そこでは、資源の布置構造がアクターの存在のあり方そのものにかかわることが閑却されがちである。また、アクターが組み込まれている組織間関係のあり方を問題にする「関係論的」視座が欠落している。したがって、本章では、労組の組織率は、アクターにとっての投資の大きさを示すものではなく、むしろアクターの存在が組織間関係の配置のなかにどの程度包摂されているのかを表わすものとして捉え返される。

こうして、本書が序章と第二章で提示したような、組織間関係の制度配置を重視し、そこに国家―社会関係を加味した「相対集権化」と「絶対集権化」の概念が、あらためて問題になる。労働の領域にかんしては、一方では、内部の組織間関係の配置に着目しつつ、また他方では、選挙動員を中心とした労働者政党の存在に焦点をあてることが要請される。このことは、アウトサイダーの未組織労働者も含めた「市民社会」レヴェルの問題から、さらに、ナショナルセンターなどの「公的地位」を得たコーポラティズム型利益集団や労働者政党が活動する「政治社会」レヴェルの問題までをも視野に収めることを意味する。しかも、その際には、政治社会と市民社会の両アリーナにおける制度配置の相違を意識的に識別することもまた必要とされるのである。

以上の問題を踏まえると、集権化を中心に据えて修正された制度編成とストライキ行動とは、どのような関係にあるのか。これまで促進説対抑制説の対立があり、またペローネ＝ライトのようにハンプ型を示唆する議論もあった。しかし、本書で新たに代案として提起したU字型は、論理的には可能であるが、はたして経験的には成立するのであろうか。その際、「相対集権化」と「絶対集権化」を説明変数にした場合とでは、結果が異なるのであろうか。次章では、そうした集権化概念を中心にした新たな修正モデルを提示し、各種のストライキ行動との関連について比較分析をおこなうことになる。

注

（一）　ストライキ行動のレヴュー論文として以下の一連のB・カウフマンの諸論考を参照。ストライキ行動についてのヒックス以来の経済学を中心にした隣接諸科学の議論の動向についての文献が手際よく整理されている。Bruce E. Kaufman, "Expanding the Behavioral Foundations of Labor Economics," *Industrial and Labor Relations Review*, Vol.52, 1999, pp.361-392; *idem.*, "Research on Strike Models and Outcomes in 1980s: Accomplishments and Shortcomings," in David Lewin, Olivia S. Mitchell, and Peter D. Sherer (eds.), *Research Frontiers in Industrial Relations and Human Resources* (Madison: Industrial Relations Research Association, 1992), pp.77-129; *idem.*, "Bargaining Theory, Inflation, and Cyclical Strike Activity in Manufacturing," *Industrial and Labor Relations Review*, Vol.34, 1981, pp.333-355.

（2） Ted Robert Gurr, *Why Men Rebel* (Princeton: Princeton University Press, 1970), pp.22-58; *idem.*, "Psychological Factors in Civil Strife," *World Politics*, Vol.20, 1968, pp.245-278; *idem.*, "A Causal Model of Civil Strife: A Comparative Analysis Using New Indices," *American Political Science Review*, Vol.62, 1968, pp.1104-1124; James C. Davis, "The J-Curve of Rising and Declining Satisfactions as a Cause of Some Great Revolutions and a Contained Rebellion," in Hugh Davis Graham and Ted Robert Gurr (eds.), *Violence in America: Historical and Comparative Perspectives: A Report to the National Commission on the Causes and Preventiosn of Violence, Vol.1 and 2* (Washington, D.C.: National Commission on the Causes and Preventiosn of Violence, 1969), pp.547-576; *idem.*, "Toward a Theory of Revolution," *American Sociological Review*, Vol.27, 1962, pp.5-19. なお、その他も含め六〇年代の革命・暴動・反乱・騒擾などをめぐる議論については以下も参照。Lawrence Stone, "Theories of Revolution," *World Politics*, Vol.18, 1966, pp.159-176.

（3） この点に関連して、暴動や革命などを原因—過程—帰結というよりトータルに把握すべきことを主張したものとして、たとえば、Theda Skocpol, *State and Social Revolutions: A Comparative Analysis of France, Russia, and China* (Cambridge: Cambridge University Press,1979), pp.3-5, などを参照。

（4） Ted Robert Gurr, "Psychological Factors in Civil Strife," p.277; *idem.*, "A Causal Model of Civil Strife: A Comparative Analysis Using New Indices," pp.1104-1124.

（5） *Idem.*, "Psychological Factors in Civil Strife," pp.252-253.

（6） James C. Davis, "Toward a Theory of Revolution," p.6.

（7） John E. Kelly and Nigel Nicholson, "The Causation of Strikes: A Review of Theoretical Approaches and the Potential Contribution of

Social Psychology," *Human Relations,* Vol.33, 1980, pp.864-868.

(8) Ted Robert Gurr, "A Causal Model of Civil Strife: A Comparative Analysis Using New Indices," pp.1109-1112.

(9) John E. Kelly and Nigel Nicholson, "The Causation of Strikes: A Review of Theoretical Approaches and the Potential Contribution of Social Psychology," pp.853-883.

(10) Stephen A. Kent, "Relative Deprivation and Resource Mobilization: A Study of Early Quakerism," *The British Journal of Sociology,* Vol.33, 1982, pp.529-544. また、資源動員論の系譜と展望について俯瞰したものとして、たとえば、J. Craig Jenkins, "Resource Mobilization Theory and the Study of Social Movements," *Annual Review of Sociology,* Vol.9, 1983, pp.527-553.

(11) David P. Waddington, "The Ansells Brewery Dispute: A Social-Cognitive Approaches to the Study of Strikes," *Journal of Occupational Psychology,* Vol.59, 1986, pp.231-246.

(12) David Snyder, "Institutional Setting and Industrial Conflict: Comparative Analysis of France, Italy and the United States," *American Sociological Review,* Vol.40, 1975, p.275.

(13) Alvin W. Gouldner, *Wildcat Strike: A Study in Worker-Management Relationships* (Yellow Spring: Antioch Press, 1954; reprinted, New York: Harper & Row, 1965), pp.124-150.

(14) Edward Shorter and Charles Tilly, "The Shape of Strikes in France, 1830-1960," p.61. このことは、周知のCPS (Community Power Structure) 論争で、R・ダールら当時の多元主義者たちが、都市をあまりにもコンテクストから切り離して「閉じた空間」とみなしていたという批判にも通じる。この点については、G. William Domhoff, *Who Really Rules?: New Haven and Community Power Reexamined* (New Brunswick: Transactions Books, 1978), p.152, 参照。

(15) Richard Hyman, *Strikes (4ed.)* (London: Macmillan, 1989), pp.74-75, and 97.

(16) Robert Dubin, "Attachment to Work and Union Militancy," *Industrial Relations,* Vol.12, 1973, pp.51-64.

(17) Edward Shorter and Charles Tilly, "The Shape of Strikes in France, 1830-1960," p.61.

(18) Harry Eckstein, "Case Study and Theory in Political Science," in Fred I. Greenstein and Nelson W. Polsby (eds.), *Strategies of Inquiry:*

Handbook of Political Science, Vol.7 (Reading: Addison-Wesley, 1975), pp.79-137; Arend Lijphart, "Comparative Politics and Comparative Method," *American Political Science Review*, Vol.65, 1971, pp.682-698.

(19) これは、R・ダールのニュー・ヘヴンの調査をめぐるW・ドムホフの批判に通ずるところである。G. William Domhoff, *Who Really Rules?: New Haven and Community Power Reexamined.* 同書のなかでドムホフは、前述のCPS論争におけるR・ダールの権力概念等を批判するなかで、その方法の問題についても言及している。ダールが、主として一九四九―五四年のニューヘヴン市の再編過程の問題を一九五七―八年にかけてのインタビューに依拠し、政治家、プランナー、法律家、ビジネスマンなどの野心や計画を、彼らの過去の記憶によって理解するような「社会心理学的」理由づけにとらわれている点を批判する（*ibid.*, pp. 40-41）。また同市の戦前から戦後にかけての市長選などの政治的脈絡のクロノロジカルな展開、あるいは市当局の内部文書などへの関心が稀薄であるといった問題点も指摘する。そのうえで、ダールの極めて重大な理論的・方法論的な欠点を、同市の意思決定の問題を全国あるいは州レヴェルのなかでの同市の位置といったコンテクストの問題から全く切り離して考察している点に求めている（*ibid.*, pp.45-112.）。そしてドムホフは、中央（連邦）―地方（都市）関係等を調査して、都市における政策立案ネットワークや支配階級の存在、その支配層が各種利益集団の構成においても重複性（「社会・経済的名望家の重複」）をもっていたこと、しかも、そうした支配階級の複数のネットワークが存在することなどを析出した（*ibid.*, pp.152-175.）。こうしたドムホフの議論も含めて、CPS論争をめぐる方法論的・理論的問題について論じたものとして以下も参照。Richard W. Miller, *Analyzing Marx: Morality, Power and History* (Princetony: Princeton University Press, 1984), pp.146-166; *idem., Fact and Method: Explanation, Confirmation and Reality in the Natural and the Social Sciences* (Princeton: Princeton University Press, 1987), pp.212-213.

(20) Charles Tilly, "Collective Violence in European Perspective," in Hugh Davis Graham and Ted Robert Gurr, *Violence in America: Historical and Comparative Perspectives: A Report to the National Commission on the Causes and Preventiosn of Violence, Vol.1 and 2* (Washington, D.C.: National Commission on the Causes and Preventiosn of Violence, 1969), pp.5-34.

(21) Anthony Oberschall, *Social Conflict and Social Movements* (Englewood-Cliffs: Prentice-Hall, 1973), pp.27-29; Geoffrey K. Ingham, *Strikes and Industrial Conflict: Britain and Scandinavia* (London: Macmillan, 1974).

(22) こうした多元主義論をめぐる議論については、桐谷仁「ネオ・コーポラティズム――自由民主主義体制の視座」堀江湛編著『現代の政治学Ⅲ――比較政治学と国際関係』（北樹出版、一九九八年）、五一―五八頁、参照。Cf., David B. Truman, *The Governmental Process* (New York: Knopf, 1951), pp.503-516; David Held and Joel Krieger, "Theories of the State: Some Competing Claims," in in Stephen Bornstein, David Held, and Joel Krieger (eds.), *The State in Capitalist Europe* (London: George Allen & Unwin, 1984), pp.8-14.

(23) David Held and Joel Krieger, "Theories of the State: Some Competing Claims," pp.8-14.

(24) *Ibid.*, p.164.

(25) Robert Dahl, *Dilemmas of Pluralist Democracy* (New Haven: Yale University Press, 1982), Ch.4.

(26) Hugh Armstrong Clegg, "Pluralism in Industrial Relations," *British Journal of Industrial Relations*, Vol.13, 1975, p.309.

(27) *Ibid.*, pp.309-316.

(28) Paul K. Edwards, "The Political Economy of Industrial Conflict: Britain and the United States," *Economic and Industrial Democracy*, Vol.4, 1983, pp.465-470. また、本章での議論との関連で、このような集団論の起源と系譜や、「多元主義論の多元性」について、イギリスとアメリカの潮流を対照させせつつ議論したものとして、とりあえず以下の二論文を参照。G. David Garson, "On the Origins of Interest-Group Theory: A Critique of a Process," *American Political Science Review*, Vol.68, 1974, pp.1505-1519; Ricahrd Hyman, "Pluralism, Procedual Consensus and Collective Bargaining," *British Journal of Industrial Relations*, Vol.16, 1978, pp.16-40.

(29) G. William Domhoff, *Who Really Rules?: New Haven and Community Power Reexamined*, pp.152-175.

(30) この点については、たとえば、Ross M. Martin, "Pluralism and the New Corporatism," *Political Studies*, Vol.31, 1983, pp.86-102; 桐谷仁「ネオ・コーポラティズム――自由民主主義体制の視座」前掲、五一―五八頁、参照。

(31) Paul K. Edwards, "The Political Economy of Industrial Conflict: Britain and the United States," p.468.

(32) Peter Hall, "Patterns of Economic Policy: An Organizational Approach," in Stephen Bornstein, David Held, and Joel Krieger (eds.), *The State in Capitalist Europe* (London: George Allen & Unwin, 1984), pp.22-25.

(33) Paul K. Edwards, "The Political Economy of Industrial Conflict: Britain and the United States," pp.465-470.

(34) Richard Hyman, *Strikes (4ed.)*, pp.74-75.

(35) 構造・システム権力と制度権力との関係については、Erik Olin Wright, *Interrogating Inequality: Essays on Class Analysis, Socialism and Marxism* (London: Verso, 1994), pp.93-101; Richard Hyman, *Strikes (4ed.)*, pp.74-75; Peter Hall, "Patterns of Economic Policy: An Organizational Approach," pp.22-25. また、桐谷仁「国家中心的アプローチをめぐって」『法経論集』(静岡大学法経短期大学部)第七五・七六号、一九九六年、三七―七八頁、同「国家の自律性」大木啓介・佐治孝夫ほか『国家と近代化』(芦書房、一九九八年)、一二八―一七三頁、同「新制度論をめぐる一考察――行動論ならびに機能主義との関連を中心にして」『法政研究』(静岡大学法経学会)第三巻三・四号、七―二二頁、を参照。

(36) Edward Shorter and Charles Tilly, "The Shape of Strikes in France, 1830-1960," *Comparative Studies in Society and History*, pp.60-86; *idem.*, *Strikes in France, 1830-1968*, pp.46-103.

(37) *Ibid.*.

(38) *Ibid.*.

(39) *Idem.*, "The Shape of Strikes in France, 1830-1960," pp.60-86; *idem.*, *Strikes in France, 1830-1968*, pp.46-103.

(40) David Britt and Omer R. Galle, "Industrial Conflict and Unonization," pp.46-57; *idem.*, "Structural Antecedents of the Shape of Strikes: A Comparative Analysis," pp.642-651.

(41) *Ibid.*.

(42) *Idem.*, "Structural Antecedents of the Shape of Strikes: A Comparative Analysis," *American Sociological Review*, Vol.39, 1974, pp.642-651.

(43) *Ibid.*, p.650.

(44) David Snyder, "Institutional Setting and Industrial Conflict: Comparative Analysis of France, Italy and the United States," pp.259-260; David Snyder and William R. Kelly, "Industrial Violence in Italy, 1878-1903," *American Journal of Sociology*, Vol.82, 1977, pp.135-136; David Snyder, "Early North American Strikes: A Reinterpretation," *Industrial and Labor Relations Review*, Vol.30, 1977, pp.325-341. cf., Michael

R. Smith, "Institutional Setting and Industrial Conflict in Quebec," *American Journal of Sociology*, Vol.85, 1979, pp.109-134.

(45) *Idem.*, "Institutional Setting and Industrial Conflict: Comparative Analysis of France, Italy and the United States," p.264.

(46) Edward Shorter and Charles Tilly, "The Shape of Strikes in France, 1830-1960," pp.60-86; *idem., Strikes in France, 1830-1968*, pp.46-103.

(47) Amitai Etzioni, *Active Society* (New York: Free Press, 1968).

(48) David Snyder, "Institutional Setting and Industrial Conflict: Comparative Analysis of France, Italy and the United States," p.263.

(49) *Ibid.*, pp.264-266.

(50) *Idem.*, "Early North American Strikes: A Reinterpretation," pp.329-330.

(51) *Idem.*, "Institutional Setting and Industrial Conflict: Comparative Analyses of France, Italy and the United States," pp.269-276.

(52) *Idem.*, "Early North American Strikes: A Reinterpretation," p.340.

(53) *Ibid.*; *Idem.*, "Institutional Setting and Industrial Conflict: Comparative Analyses of France, Italy and the United States," pp.269-276.

(54) Paul K. Edwards, "Time Series Regression Models of Strike Activity: A Reconsideration with American Data," *British Journal of Industrial Relations*, Vol.16, 1978, pp.320-334, esp., pp.328-330; cf., *idem.*, "The Strike-Proneness of British Manufacturing Establishments," *British Journal of Industrial Relations*, Vol.19, 1981, pp.135-148.

(55) Walter Korpi and Michael Shalev, "Strikes, Power, and Politics in the Western Nations, 1900-1976," *Political Power and Social Theory*, Vol.1, 1980, pp.301-334; Michael Shalev, "Strikers and the State: A Comment," *British Journal of Political Science*, Vol.8, 1978, pp.479-492; *idem.*, "Trade Unionism and Economic Analysis: The Case of Industrial Conflict," *Journal of Labor Research*, Vol.1, 1980, pp.133-174; *idem.*, "Strikes and the Crisis: Industrial Conflict and Unemployment in the Western Nations," *Economic and Industrial Democracy*, Vol.4, 1983, pp.417-460; Walter Korpi and Michael Shalev, "Strikes, Industrial Relations and Class Conflict," *British Journal of Sociology*, Vol.30, 1979, pp.164-187; Walter Korpi, "Conflict, Power and Relative Deprivation," *American Political Science Review*, Vol.68, 1974, pp.1569-1578.

(56) この点については、以下を参照。Walter Korpi, "Conflict, Power and Relative Deprivation," pp.1569-1578.

(57) Walter Korpi and Michael Shalev, "Strikes, Power, and Politics in the Western Nations, 1900-1976," pp.308-309; *idem*., "Strikes, Industrial Relations and Class Conflict," pp.164-187.

(58) Michael Shalev, "Strikers and the State: A Comment," pp.479-492.

(59) Walter Korpi and Michael Shalev, "Strikes, Power, and Politics in the Western Nations, 1900-1976," pp.308-309.

(60) Arthur M. Ross and Paul T. Hartman, *Changing Patterns of Industrial Conflicts* (New York: John Willey & Sons, 1960), p.69.

(61) コルピー&シャリフ・モデルは次のようなものである（Walter Korpi and Michael Shalev, "Strikes, Power, and Politics in the Western Nations, 1900-1976," *Political Power and Social Theory*, Vol.1, 1980, p.321.）。ただし、時期・国を示す添字t, iは省略。

$S = \beta_0 + \beta_1 U + \beta_2 \Delta W + \beta_3 M + \beta_4 C + \varepsilon$

S＝スト相対的参加率（データを対数変換したもの）

U＝失業率

ΔW＝実質賃金の変化（データを対数変換したもの）

M＝労組組織率（同右）

C＝内閣における左翼政党の占める割合（立法府における左翼の議席率によってウエイトづけされたもの）

(62) Miriam Golden, "The Dynamics of Trade Unionism and National Economic Performance," *American Political Science Review*, Vol.87, 1993, p.441.

(63) Walter Kolpi, *The Democratic Class Struggle* (London: Routeledge & Kegan Paul, 1983), pp.15-26.

(64) *Ibid*., pp.39-40.

(65) Cf., Michael Goldfield, "Worker Insurgency, Radical Organization, and New Deal Labor Legislation," *America Political Science Review*, Vol.83, 1989, pp.1257-1282.

(66) Rene Bugge Bertramsen, Jens Peter Thomsen, and Jacob Torfing, *State, Economy, and Society* (London: Unwin Hyman, 1991), p.162; Peter Swenson,"Labor and Limits of Welfare State: The Politics of Intraclass Conflict and Cross-Class Alliances in Sweden and Germany,"

Comparative Politics, Vol.23, 1991, pp.379-399.

(67) Christopher Way, "Central Banks, Partisan Politics, and Macroeconomic Outcomes," *Comparative Political Studies*, Vol.33, 2000, pp.209-221.

(68) Jill Quadagno,"Theories of the Welfare State," *Annual Review of Sociology*, Vol.13, 1987, pp.117-119.

(69) Adam Przeworski, *Capitalism and Social Democracy* (Cambridge: Cambridge University Press,1985), pp.66 and 139; Adam Przeworski and John Sprague, *Paper Stone:A History of Electoral Socialism* (Chicago: University of Chicago Press, 1986), p.76; cf., Leo Pnitch and Colin Leys, *The End of Parliamentary Socialism: From New Left to New Labor* (London: Verso, 1997), pp.1-38; Perry Anderson, "Introduction," in Perry Anderson and Patrick (eds.), *Mapping the West European Left* (London: Verso, 1994), pp.1-22; Jonas Pontusson, "Sweden: After the Golden Age," in Perry Anderson and Patrick (eds.), *Mapping the West European Left*, pp.23-54.

(70) Cf., Jonas Pontusson, *The Limits of Social Democracy: Investment Politics in Sweden* (Ithaca: Cornell University Press, 1992), pp.10-34; Peter Swenson, "Labor and Limits of Welfare State: The Politics of Intraclass Conflict and Cross-Class Alliances in Sweden and Germany," pp.379-399.

(71) 桐谷仁「国家中心的アプローチをめぐって」前掲、六一―六二頁。Cf., Timothy Mitchell, "The Limits of the State: Beyond Statist Approaches and Their Critics," *American Political Science Review*, Vol.85, 1991, p.90.

(72) Douglas A. Hibbs, Jr., *The Political Economy of Industrial Democracies* (Cambridge: Haravard University Press, 1987), pp.33-34. なお、本書でのヒッブス論文の引用は同書によるが、このオリジナルの論文はそれぞれ以下のものである。Douglas A. Hibbs, Jr., "Industrial Conflict in Advanced Industrial Societies," *American Political Science Review*, Vol.70, 1976, pp.1033-1058; *idem.*, "On the Political Economy of Long-Run Trends in Strike Activity," *British Journal of Political Science*, Vol.8, 1978, pp.153-175. また、インフレ、失業、利潤率の各々に関連して、政府の諸政策とともに、七〇年代における分配闘争としてのストライキ行動を、独立変数として言及した文献として、以下も参照。Heikki Paloheimo, "Distributive Struggle and Economic Development in the 1970s in Developed Capitalist Countries," *European Journal of Political Research*, Vol.12, 1984, pp.171-190.

(73) Douglas A. Hibbs, Jr., *The Political Economy of Industrial Democracies*, pp.36-38.

(74) *Ibid.*, p.38.

(75) Arthur M. Ross and Paul T. Hartman, *Changing Patterns of Industrial Conflicts*, p.69.

(76) Douglas A. Hibbs, Jr., *The Political Economy of Industrial Democracies*, pp.41-44.

(77) *Ibid.*, pp.43-44.

(78) *Ibid.*, pp.48-49.

(79) *Ibid.*, pp.18-19, 44-47.

(80) とくに六〇年代末から七〇年代のイタリア共産党が、すでにサルトーリのいう「反体制野党」ではなく、したがってサルトーリのいう「分極多党制」モデルは、彼自身が当該モデルを抽出してきたイタリアそのものにもはや妥当しないことを指摘し、そして遠心的ドライブではなく、むしろ求心的ドライブが働き、穏健多党制化している点を主張した論考として、以下のものを参照。Ivo H. Daalder, "The Italian Party System in Transition: The End of Polarised Pluralism?" *West European Politics*, Vol.6, 1983, pp.216-236.

(81) ただし、この共産党についての変数は、操作化されて指数関数として修正されてモデルに取り入れられている。この点にかんしては、詳しくは以下を参照。Douglas A. Hibbs, Jr., *The Political Economy of Industrial Democracies*, pp.44-49.

(82) このような政党および政党システムと労組内部の分派との関係をめぐる古典的研究としては、Seimour Martin Lipset, Martin Trow and James Coleman, *Union Democracy: What Makes Democracy Work in Labor Unions and Other Organization?* (New York: Anchor Books, 1956), pp.3-4, 238-257, 参照。また、Mary Dickenson, "The Effect of Parties and Factions on Trade Union Election," *British Journal of Industrial Relations*, Vol.19, 1981, pp.190-200, も参照。

(83) John. D. McCarthy and Mayer N. Zald, "Resource Mobilization and Social Movements," *Americal Journal of Sociology*, Vol.82, 1977, pp.1212-1241; Charles Tilly, *From Mobilization to Revolution* (Reading, MA: Addison-Wesley, 1978), p.69.〔邦訳、九一頁〕。

(84) Cf., J. Craig Jenkins, "Resource Mobilization Theory and the Study of Social Movements," *Annual Review of Sociology*, Vol.9, 1983, pp.547-549.

(85) Torben Iversen and Anne Wren, "Equality, Employment, and Budgetary Restraint: The Trilemma of the Service Economony," *World Politics*, Vol.50, 1998, pp.507-546.; *idem.*, "The Choices for Scandinavian Social Democracy in Comparative Perspective," *Oxford Review of Economic Policy*, Vol.14, 1998, pp.59-75.

(86) *Ibid.*.

(87) Miriam Golden, "The Dynamics of Trade Unionism and National Economic Performance," p.441.

(88) Peter Swenson, *Fair Shares: Unions, Pay, and Politics in Sweden and Germany* (Ithaca: Cornell University Press, 1989), pp.2-7, 31-34, 111-128.

(89) *Ibid.*, pp.2-7, 31-34, 111-128. また、スウェーデンにおける山猫ストなどのランク・アンド・ファイルの反乱については以下も参照。Walter Korpi, "Workplace Bargaining, the Law and Unofficial Strikes: the Case of Sweden," *British Journal of Industrial Relations*, Vol.16, 1978, pp.355-367; *idem.*, "Unoffcial Strikes in Sweden," *British Journal of Industrial Relations*, Vol.36, 1981, pp.66-86.

(90) Miriam Golden, "The Dynamics of Trade Unionism and National Economic Performance," p.441; *idem.*, , "Conclusion: Current Trends in Trade Union Politics," in Miriam Golden and Jonas Pontusson (eds.), *Bargaining for Change: Union Politics in North America and Europe* (Ithaca: Cornell University Press, 1992), p.308.

(91) Luca Perrone, "Positional Power and Propensity to Strike," *Politics and Society*, Vol.12, 1983, pp.231-261; *idem.*, "Positional Power, Strikes and Wages," *American Sociological Review*, Vol.49, 1984, pp.412-421.

(92) *Idem.*, "Positional Power, Strikes and Wages," pp.418-420. ちなみに、各セクターの平均賃金の場合には有効であるという結果が析出されている。

(93) このE・ライトの議論については、以下を参照。Erik Olin Wright, *Interrogating Inequality: Essays on Class Analysis, Socialism and Marxism* (London: Verso, 1994), pp.93-101.

(94) このような構造―制度―行動という権力の三層論について、新制度論の展開のなかで議論したものとして、桐谷仁「国家中心的アプローチをめぐって」前掲、三七―七八頁、同「国家の自律性」前掲、一二八―一七三頁、同「新制度論をめぐる一考察――行動論ならびに機能主義との関連を中心にして」前掲、七―二一頁、を参照。

(95) Erik Olin Wright, "Postscript: Luca Perrone, Positional Power, Strikes and Wages," *American Sociological Review*, Vol.49, 1984, pp.421-425.

(96) Robert Franzosi, *The Puzzle of Strikes: Class and State Strategies in Postwar Italy* (New York: Cambridge University Press, 1995), pp.106, 192, 194.

(97) また、こうした一国単位の時系列データでは誤差項のあいだに系列相関があることが多いので、フランゾッシは、その影響をとりのぞくためにコクラン・オーカット法を用いた重回帰（ＧＬＳ）をおこなっている。Robert Franzosi, *The Puzzle of Strikes: Class and State Strategies in Postwar Italy*, pp.106-109.

(98) *Ibid.*, pp.106-107.

(99) *Ibid.*.

(100) *Ibid.*. pp.191-196.

(101) *Ibid.*.

(102) *Ibid.*, p.194. また、これら政権の成立時や各政権の存続日数や安定度等にかんしては以下も参照。Jaap Woldendorp, Hans Keman, and Ian Budge, "The Stability of Parliament Democracies: Duration, Type and Termination of Governments," *European Journal of Political Research*, Vol.24, 1993, pp.107-119.

(103) Robert Franzosi, *The Puzzle of Strikes: Class and State Strategies in Postwar Italy*, pp.194-195.

(104) Cf., Franz Traxler, "Collective Bargaining: Levels and Coverage," in *OECD Employment Outlook, July 1994* (Paris: OECD, 1994), pp.167-194.

(105) フランゾッシの各モデルは次のようなものである（Robert Franzosi, *The Puzzle of Strikes: Class and State Strategies in Postwar Italy* (New York: Cambridge University Press, 1995), pp.106-109, 191-196.）。添字ｔは時期を示す。

(1) 組織論モデル

$$Yt = \beta_0 + \beta_1 UNt + \beta_2 UNIONt + \beta_3 \Delta W_{(t-1)} + \varepsilon t$$

(2) 政治的モデル

・その1：長期モデル

$$Yt = \beta_0 + \beta_1 UNt + \beta_2 UNIONt + \beta_3 CONTRACTt + \beta_4 WELFAREt + \varepsilon t$$

・その2：短期モデル

$$Yt = \beta_0 + \beta_1 UNt + \beta_2 UNIONt + \beta_3 CONTRACTt + \beta_4 CRISISt + \varepsilon t$$

(UN＝失業率：UNION＝二大ナショナルセンターの組織率：$\Delta W_{(t-1)}$＝前期の賃上げ率：CONTRACT＝協定締結への労働者関与率：CRISIS＝政治的危機指標：WELFARE＝政府社会保障支出の対GDP比)

(106) Craig Humphries, "Explaining Cross-National Variation in Levels of Strike Activity," *Comparative Politics,* Vol.22, 1990, pp.167-184.

(107) 桐谷仁「市民社会論の復権と『社会資本』の概念――国家―社会関係をめぐる一考察(四)」『法政研究』(静岡大学法経学会)第四巻一号、六五―七五頁、参照。

(108) Heikki Paloheimo, "Pluralism, Corporatism and the Distributive Conflict in Developed Capitalist Countries," *Scandinavian Political Studies,* Vol.7, 1984, pp.11-38.

(109) *Ibid.*.

(110) *Ibid.*.

(111) このパレイモらの「抑制説」についての疑義にかんしては以下も参照。Franz Lehner, "The Political Economy of Distributive Conflict," in Francis G. Castles, Franz Lehner, and Manfred G. Schmidt (eds.), *Managing Mixed Economy* (Berlin: Walter de Gruyter, 1987), pp.73-80.

第四章　ネオ・コーポラティズムとストライキ行動
――修正モデルによる比較分析――

はじめに

前章での議論を踏まえて、本章で解くべき第一の大きなパズルは、どのような制度配置のもとで各種のストライキ行動がどのようにして発生するのか、その際、ストライキ行動の種類により、どのような違いがあるのかなど、ストライキ行動と制度配置のあいだにはどのような関係があるのか、である。そして第二の大きなパズルは、制度の流動性や不安定性とストライキ行動とを峻別したうえで、前者と後者とはどのような関係にあるのか、である。たとえば、制度の流動性が高い場合には、それがストライキ行動に連動していくのか、いかないのか、といった問題などについて、やはり、経験的な比較分析をおこなう。

そこで、まずはじめに、ストライキ行動といっても、その行動の内実は複雑である。ここでは、スト行動の五つの下位類型について簡単に述べる。そして前章で批判的に検討したストライキ行動をめぐる種々の制度論的アプローチを踏まえて、代替的な修正モデルによって先進十二ヶ国のストライキ行動に比較分析をおこなう。

この新たな分析モデルは、本書での国家―社会関係の視座を踏まえて、ひとつは、集権化度の相対性と絶対性の問題を中心に据えた制度配置と各種のストライキ行動との関係、もうひとつは、制度の流動性に関わってすでに提起した「脱制度化」

や「変易率」という指標を制度の流動性を示す指標として活用して、制度変動と各種のストライキ行動との関係を、それぞれ比較の観点から分析する。また、その際には、前章でみたような、ストライキ行動を説明するにあたって重視された独立変数、組織率や社会民主主義政党や反社民労働者政党など様々な政治―制度的変数も考慮する。そして相対・絶対集権化を中心に据えたコーポラティズム型制度配置についての新たな説明モデルをつくる。また相対脱制度化・変易率や絶対脱制度化・変易率を主軸とした制度変動についても修正モデルをたてる。

こうして五つのストライキ行動の類型にたいしてそれらの分析モデルによる比較研究をおこなうが、前述の促進説、抑制説、ハンプ型、U字型の四つの各命題の妥当性がつねに念頭にあることはいうまでもない。とくにU字型説は、これまでそれほど着目されてこなかったので、注視されるべきものとなる。そして最後に、比較分析の結果を踏まえて、この四つの命題の適否を中心にいくつかの新たな解釈や命題を試論として提示するつもりである。

第一節　ストライキ行動の諸類型

ストライキ行動の比較研究は、五〇年代からロス＝ハートマンなどによって、とりわけ、スト参加者数対労働組合員数などの比較や労働者政党とスト行動、とくにスト頻度との関係等について研究がなされてきたが(1)、通常、一国内のストライキ行動の時間的推移を診断するにせよ、また各国のストライキ行動を比較するにせよ、その尺度となるデータとしては、しばしば、㈠ストライキ件数(あるいは賃金労働者千人あたりのそれ)、㈡ストライキ参加者数(あるいは賃金労働者千人あたりのそれ)、㈢ストライキ損出日数(あるいは賃金労働者千人あたりのそれ)の三つがあげられ、このデータをもとにストライキ行動についての指標化が試みられてきた(2)。

ここではE・ショーターとC・ティリーらの議論にならって、スト指標を、㈠ストライキ頻度、㈡ストライキ期間(長さ)、

㈢ストライキ規模（大きさ）といった三つの次元に沿った指標を用いる。この三つは、それぞれ、ストライキ頻度＝労働者千人あたりのスト件数、ストライキ持続期間（長さ）＝スト参加者一人当たりの労働損失日数＝損失日数／スト参加者数、ストライキ規模（大きさ）＝ストライキ一件当たりのスト参加者数＝スト参加者数／ストライキ件数というかたちで求められる(3)。とくに重要なのは、この三つの次元をたてることで、ストライキ行動の「形状（shape）」をめぐる特徴が浮き彫りになる点である（**付録図表4-1**参照）。たとえば、ストライキの頻度は少ないが、しかしその期間は平均して長く、規模も大きい国と、ストの頻度が高く、規模も大きいが、その期間は極めて短い国とを、その形状において比較したり、あるいは、一国単位でも、時期によるストの形態の変化を直感的に認識できるのである(4)。

さらに、このストの頻度、期間、規模の三つを総合し、この三辺からなる体積を、ストライキ量と定義すると、これは、ちょうど千人当たりの労働損失日数となる。そして、このストライキ量を含めた、これらの指標間の諸関係は以下のようになる(5)。

ストライキ量＝賃金労働者千人あたりの労働損失日数
＝スト頻度 × スト期間 × スト規模
＝（スト件数／千人当たり労働者）×（労働損出日数／スト参加者）×（スト参加者／スト件数）

ここでは、これら併せて五つのストライキ指標について、国によってデータの時期や種類は異なるが、ＩＬＯのデータから戦後の一二ヶ国について算定してみた(6)。**図表4-1**は、そうして得られたストライキ行動の各指標の平均を、主として戦後全体のスト指標（四五―八五年）と、石油危機の前後で分割して示したものである。また、付録図表4-1は、各国のストライキ行動の形状を表わしている。前述のショーター＝ティリーは、一九世紀から二〇世紀中葉の高度成長期までの長期的な歴史的な発展として、労組や企業の規模の拡大など、動員資源の増大は、スト頻度を増加させ、スト規模も拡大させるが、スト期間を短縮させるという傾向にあるという展望を述べていた(7)。しかし、石油危機以後の展開は、これらの図表をみても

図表 4-1　主要各国のストライキ行動の形状(平均)

	ストライキ件数(頻度)			ストライキ参加数			ストライキ損失日数(ストライキ量)			ストライキ期間			ストライキ規模		
	(45-73)	(74-85)	全体	(45-73)	(74-85)	全体	(45-73)	(74-85)	全体	(45-73)	(74-85)	全体	(45-73)	(74-85)	全体
オーストリア		5.750	5.750	42.957	7.329	30.091	85.870	5.576	56.875	2.138	2.263	2.183		1.881	1.881
デンマーク	37.552	238.231	99.667	30.566	110.693	55.367	342.621	353.331	345.936	6.981	3.240	5.823	0.593	0.434	0.544
フランス	2136.296	2516.077	2259.725	2116.259	802.138	1689.170	4478.889	2417.454	3808.923	2.115	12.136	5.372	1.091	0.259	0.820
旧西ドイツ	567.040	545.500	565.444	128.920	175.161	143.917	738.280	1028.015	832.248	7.284	3.315	5.997	0.462	0.230	0.445
イタリア	2766.920	2434.462	2653.184	3043.040	9833.154	5365.974	11596.400	15694.985	12998.547	3.795	1.571	3.035	1.224	4.312	2.280
日本	2717.857	2316.000	2604.513	4709.643	1541.591	3816.090	2009.857	2123.163	2041.815	0.458	2.115	0.925	2.581	0.450	1.980
オランダ	77.138	24.417	61.707	24.690	22.816	24.141	137.621	93.815	124.800	5.029	3.305	4.524	0.644	1.241	0.818
ノルウェー	21.207	17.692	20.119	6.421	23.701	11.769	96.862	167.997	118.880	16.047	7.745	13.477	0.320	1.429	0.663
スウェーデン	39.655	111.077	61.762	14.134	90.998	37.926	507.876	503.512	506.525	22.857	4.647	17.220	0.277	0.633	0.388
スイス	9.333	5.615	8.125	1.863	0.861	1.511	26.583	3.749	18.560	15.086	5.414	11.688	0.160	0.137	0.152
イギリス	2293.897	1785.000	2136.381	995.207	1377.900	1113.660	4651.172	10293.923	6397.738	4.901	7.777	5.791	0.421	0.818	0.544
アメリカ		159.333	159.333		1603.725	1603.725		16556.592	16556.592		18.316	18.316		9.499	9.499

出所）International Labor Organization, Yearbook of Labor Statistics (Geneve: ILO).〔国際労働事務局編『国際労働経済統計年鑑』日本ILO協会、各年版〕より筆者が算出。

わかるように、国ごとでも、また時期によって、そのストライキの形状は異なっており、必ずしもショーター＝ティリーの展望は、石油危機以後の八〇年代にはそのまま該当するわけではないといえる(8)。

第二節　相対・絶対集権化とストライキ行動——修正モデル(一)

これまでの議論の整理からも明らかなように、ここで解くべきパズルは次のようなものにまとめることができる。第一に、はたして、コーポラティズムの度合いの高さは、スト行動を抑制するのかどうか、また両者の関係を直線的な比例関係にあるとみなす見解ははたして妥当するのであろうか。これは、これまでにみてきたように単純な直線的比例関係にはならないと思われることがしばしばであるが、この点ははたしてどうであろうか。第二に、それでは、これまで代替案として示唆されたペローネ＝ライト流の「ハンプ型」仮説は妥当するのかどうか。この点もまた、逆の「U字型」のパタンも考えられるので、この点もまた検討の余地があるように思われる。そして第三に、以上二つのことは、スト行動の形態によって、違いはないのであろうか、という諸点である。

ここでは、修正指標である絶対・相対集権化指標と、スト行動との関係を追求する修正型制度論モデルを提示し、それらの問いについて検討したい。そこでは、スト行動は、そうした修正された集権化指標との関係では、線形関係を想定した一次式のモデルよりも、ハンプ型あるいはU字型の二次式のモデルのほうが妥当するのではないかという問題に焦点をあてるつもりである。その限りでいえば、故ペローネとライトが若干示唆したにとどまった問題提起を継承している。しかし、ここでの修正モデルは、前章でみたライトのように、「組織能力」を、結局のところ権力資源としての組織率に還元するのではない。それは、国家—社会関係における組織間の制度的配置を示す新たな指標である「相対・絶対集権化」として捉え直される。また、集権度の高低両極でスト行動が低調になるというハンプ型だけではなく、その逆の「U字型」もありうると想定している。これらの点で、ここでの修正モデルは、かれらの議論とは決定的に異なっている。

したがって、ここでの修正モデルの特徴をまとめると、第一に、資源動員論や権力資源論との関係でいえば、アクターの組織能力の一環としての動員資源や権力資源の大きさよりも、むしろ組織間関係の制度的配置に力点を置く。その相対・絶対の両集権化指標は、ストライキ行動が、労働を取り巻く組織間関係の制約からくる「影響力の論理」（シュトリーク）のなかでどのように展開されるのかを見極めるために用いられる。その際、絶対集権化の指標は、市民社会レヴェルでの労働者の組織間関係への埋め込みの度合という意味に「改釈」された「組織率」を含み込んだ指標でもあるので、とくに重要になる。従来、ストライキ行動との関連では、この組織間の制度的配置の指標は、前章でみたようにフランゾッシやヒッブスによっても言及されてはいる。だが、それらは、主要二大ナショナルセンターの比重を両組織率の合計で示したり、またいろいろと議論のわかれる曖昧な交渉の集権―分権スコアやランキングであったりした。そこで本章では、修正した集権化指標をつくって、それとスト行動との関係を明確化したいと考えている。

第二に、それに関連するが、そうした組織間関係の布置構造について、集権化の絶対性と相対性とを区別することで、政治社会と市民社会との両レヴェルの相違を導入し、それによって、国家―社会関係の制度的配置にも関連づけることにした。そしてスト行動を説明するにあたって、両集権化のあいだにどのような相違があるのかについて探求し、それを通じて政治社会と市民社会のレヴェルの相違のもつ意味についても考察を加えたい。

第三に、前述のようなかたちで捉え直される集権化度とスト行動との関係は、従来のように直線的な比例関係ではなく、むしろハンプ型やU字型のような関係にあるという仮説を検討するため、それを二次式のかたちで示すことにする。このハンプ型説（あるいはU字型説）では、集権度の高低の両極においてスト行動が顕著に低い（あるいは高い）かたちをとり、集権度の中位におけるスト行動が、その両極に位置する場合のスト行動とは逆に、顕著に高い（あるいは低い）パタンを示す。このパタンは、集権度の両極に位置する場合には、二面性があることから解釈できる。つまり、一方では、組織間ネットワークの統合度が高く、それを媒介にして政治的回路が開かれるために、スト行動が抑制される面がある。しかし他方では、そうした制度化の度合の高さに由来して、労組指導部は前章で述べたトリレンマに陥り、また一般労組員もその統制下に入ることになるので、逆に、体制内化されたことで内部への利益媒介回路が規制されて、それへの不満や反発が生じやすくなるために、スト行動が促進されやすくなる可能性もある。この後者の側面は、すでに第一部で触れたP・C・シュミッターなどが強調しているところである。

また、集権化の程度が低い場合には、スト行動の低調な理由は、動員対象となる権力資源が小さいからという資源動員の観点からも説明できるが、しかし、組織間関係のネットワークが緩やかで分散しているために、コンフリクトがスト行動として結集しにくいという点からも説明可能である。逆に、そうした「弱い紐帯」だからこそ、制度的拘束が少ないために利益表出の機会も開かれることになるので、より自発的な行動が展開される余地も大きくなり、その意味で、スト行動が活発化するという側面もある。

①モデルの概要

そうした問題関心から、ここでは、ストライキモデルとして前述のストライキ行動の五類型を従属変数にして、とくに修正集権化など、主要な政治的―制度的変数を総合的に取り入れた説明モデルをつくり、一九六〇年から八五年までの時期の十二ヶ国の各種のストライキ行動についての比較分析をおこなう。この時期は、高成長期と七三年の石油危機以後の政治・経済危機の時代にわかれるが、その時期的な違いについても考慮するつもりである。

また独立変数としては、前述の集権化などの主要なものの他に、しばしばストライキ行動の政治学的モデルにおいて制御変数として扱われる失業率と実質賃金の上昇率などの経済変数のほか(9)、いくつかの政治―制度的変数も取り入れる。いうまでもなくここで重要なのは、絶対集権化と相対集権化という二つの指標である。このレヴェルの問題を加えた集権化指標の違いが、どの程度スト行動の相違と類似性を説明するのかがここでの主要な課題である。

そして政治的変数としては、それに加えて従来のように動員資源として重視される「組織率」も取り入れている。ただし前述のように、それは、動員資源や権力資源の相対的な大きさを表わすというよりも、むしろ労働者が組織間関係にどの程度、包摂されているのかあるいは参加しているのかを示す指標とみなしている。したがって、市民社会レヴェルでの非労組員も含めた労働人口全体から集権化を導出している絶対集権化モデルでは、多重共線性の問題もあるので、後にみるように組織率の指標は、独立変数には入れていない。

さらに、スナイダーやコルピー以来の権力資源モデルで重視される親労働者政党としての社会民主主義政党の存在であるが、ここでは選挙動員の側面を重視して、「社会民主主義政党の得票率」を説明変数として加えた。

そして選挙動員との関連で、ランク・アンド・ファイルの反乱や戦闘性を示す指標として、あるいは社会民主主義政党・政権への反発を示す指標として、もうひとつの親労働者政党の得票率を取りあげた。これは、「共産党」をはじめ社民政党以外の左翼諸政党の得票率を採用した。この指標は、第三章で検討したヒッブスのような労働人口に占める共産党員数比では、すでに指摘したように、ランク・アンド・ファイルの戦闘性というヒッブス自身の議論からみても、適切さを欠いていると考えたからである。ここでは、選挙動員を重視して、ランク・アンド・ファイルの不満や戦闘性を表わす反・社会民主主義政党・政権の指標として、共産党だけではなく、その他の親労働者政党として左翼諸政党の得票率を変数として取り入れた(10)。

そして第五に、以上の変数のうち、相対・絶対集権化の両指標については、変数を二乗したものを加えた二次式のモデルをつくる。この一次式モデルと二次式モデルの関係は入れ子型になるが、この両モデルの説明能力の有意性の違いもまた、ここでの重要な課題である。

こうして推定するモデルは、「相対集権化モデル（以下、相対モデル）」、それに組織率を説明変数に加えた「修正相対集権化モデル（以下、修正相対モデル）」、そして、集権化を市民社会レヴェルから捉えた、換言すれば、組織率の問題も加味した、「絶対集権化モデル（絶対モデル）」の三つと、その各々の二次式モデルの計六つになる。

また推定方法にかんしていえば、本書のように、一国ではなく十二ヶ国の時系列データを扱う際には、横断面と時系列とが組み合わさったパネル・データでもあり、また二次式モデルもあつかうので、推計上はいろいろと問題を抱えていることは確かである[11]。しかし、ここでは、それらの問題に深く立ち入ることは避けて、とりあえず推定方法は、第二章で言及したカムフォース＝ドリフィールらの集権度のモデルについて検討したH・パレイモやT・アイヴェルセンらがすでにおこなっている方法を踏襲する。こうして最小二乗法を基本としてパネル・データの特性を考慮して、一期前のラグ変数を入れ、さらに個別効果を統御するためにダミー変数を入れた方法を活用する。ここでは石油危機を前後とした時期ダミーを取り入れた[12]。そして、変数を一つ加えた二次式のモデルが、そうでない一次式モデルに比べて有意性をもつかどうかの判断についてはF検定をおこなうことで、それを検討するつもりである[13]。また、この二次式モデルでは、ハンプ型の場合には、集権化の一次の項の符号がプラスで二次の項がマイナス、そしてU字型の場合には、その逆になることが期待される。

したがって、ここでは、スト頻度、スト参加、スト期間、スト規模、スト量の五つの従属変数の各々に対して、次のようなⒶ相対集権化モデルⒷ修正相対集権化モデルⒸ絶対集権化モデルのそれぞれ一次式モデルと二次式モデルの計六つのモデルが検討されることになる（ただし、ここでは時期と国を示す添え字 t、i は略してある）。

Ⓐ相対集権化モデル

＊一次式モデル

$Y = \beta_1 + \beta_2(\text{相対集権化}) + \beta_3(\text{社民}) + \beta_4(\text{共産}) + \beta_5(\text{失業率}) + \beta_6(\text{賃上げ率}) + \beta_7(\text{時期ダミー}) + \beta_8(\text{ラグ変数}) + \varepsilon$

＊二次式モデル

$Y = \beta_1 + \beta_2(\text{相対集権化}) + \beta_3(\text{相対集権化})^2 + \beta_4(\text{社民}) + \beta_5(\text{共産}) + \beta_6(\text{失業率}) + \beta_7(\text{賃上げ率}) + \beta_8(\text{時期$

ダミー）$+\beta_9$（ラグ変数）$+\varepsilon$

Ⓑ**修正相対集権化モデル**

＊一次式モデル

$Y=\beta_1+\beta_2$（相対集権化）$+\beta_3$（組織率）$+\beta_4$（社民）$+\beta_5$（共産）$+\beta_6$（失業率）$+\beta_7$（賃上げ率）$+\beta_8$（時期ダミー）$+\beta_9$（ラグ変数）$+\varepsilon$

＊二次式モデル

$Y=\beta_1+\beta_2$（相対集権化）$+\beta_3$（相対集権化）$^2+\beta_4$（組織率）$+\beta_5$（社民）$+\beta_6$（共産）$+\beta_7$（失業率）$+\beta_8$（賃上げ率）$+\beta_9$（時期ダミー）$+\beta_{10}$（ラグ変数）$+\varepsilon$

Ⓒ**絶対集権化モデル**

＊一次式モデル

$Y=\beta_1+\beta_2$（絶対集権化）$+\beta_3$（社民）$+\beta_4$（共産）$+\beta_5$（失業率）$+\beta_6$（賃上げ率）$+\beta_7$（時期ダミー）$+\beta_8$（ラグ変数）$+\varepsilon$

＊二次式モデル

$Y=\beta_1+\beta_2$（絶対集権化）$+\beta_3$（絶対集権化）$^2+\beta_4$（社民）$+\beta_5$（共産）$+\beta_6$（失業率）$+\beta_7$（賃上げ率）$+\beta_8$（時期ダミー）$+\beta_9$（ラグ変数）$+\varepsilon$

②推定結果

各モデルのすべての推定結果は、一連の**付録図表4－2**に示した通りである。ここでは主要な結果とその含意を述べてみたい。第一に、「スト頻度」については、F検定によると、相対モデル、修正相対モデルとも、二次式のモデルのほうが明確に有意であるが、しかし、絶対集権化モデルでは、明確な有意性を示す証拠は得られなかった。しかも、その相対・修正相対モデルの二つとも、U字型を表わしている。

このことは、政治社会レヴェルでの集権度の高低両極でのスト頻度が高く、逆に集権度の中位でスト頻度が低いことを示している。言い換えると、労働者のなかでの労組員というインサイダーにおける組織間関係の配置がより集権化されている場合と、逆にその集権化が低い場合には、ストライキ行動が発生しやすく、そしてその中位ではストライキ行動が起こりにくいことを含意している。つまり、政治社会レヴェルでのコーポラティズムの制度化がより進んでいる場合と、制度化が進んでいない場合には、ストライキ行動が発生する頻度が高いのである。

このことは、集権化に関連していえば、インサイダーにおける組織間関係の紐帯の濃―密や垂直的統合度の観点から解釈するのが理解しやすいように思われる。すなわち、組織間関係の集権化が低いと、その紐帯が緩やかで統合度も低い制度配置になっているので、自発的な行動が表出しやすく、そのためコンフリクトもまた顕在化しやすくなる。逆に、組織間関係の集権化が高い場合には、その紐帯が強く統合度も高い制度配置になっているので、労働者が、そうした組織間ネットワークを活用して、制度内闘争の一環としてのストライキ行動に訴える契機が大きくなると考えられるのである。

このように考えると、利用可能な資源の相対的な大きさはスト頻度に比例するという前章でみた資源動員論では、その組織能力の定義の問題を別にしても、集権度の高い場合については説明可能であるが、しかし集権度が低い場合にスト頻度が高いことは説明できないことが示唆されるのである。

第二に、「スト参加」では、絶対集権化モデルを除いて、F検定による一次式モデルに対する二次式モデルの有意性は確認できなかったし、また相対モデルのいずれも集権化の係数は有意ではなかった。そして絶対集権化モデルは、明確なハンプ型で、スト参加度は集権化の両極で低くなっている。これは市民社会レヴェルでの組織間関係の紐帯が強く集権度の高い場合と、逆に弱い紐帯で分権的な場合には、ストへの相対的参加度は低くなっている。こうして絶対集権化の度合が高いと、垂直的統合化にともなう政治的交換により、スト参加が抑制されるといえる。これは、中央のナショナルセンターの組織間ネットワークが草の根のミクロ・レヴェルにまで浸透し、そのなかに労働者の多くを包摂して、頂上部の意思決定の伝達を徹底化させている、と同時に、そうしたミクロ・レヴェルでの労働者の意見や要求を上部団体に吸収する回路もまた埋め込まれていることを示唆している。逆に絶対集権度が低い場合には、市民社会レヴェルでの組織間関係のプレゼンスそのものが低く、しかもそれが分散的であるために、ストライキ行動に参加する機会も少なくなり、スト参加への指向性が低下すると考えられるのである。

このようにスト参加では、政治社会レヴェルでの相対集権化については、その有意性を確認できなかったのに対して、市民社会レヴェルでの絶対集権化では、その有意性を確認できた。こうして集権化の相対性と絶対性を区別したことにより、その分析結果に違いが見られることは、社会の二重性の観点から政治社会と市民社会の両レヴェルを峻別したことを通じて、はじめて得られたものである。第二章でもみたように、従来の議論では、独立変数としての「組織率」や「集権化」については様々な見解があった。ここでは、組織率を勘案してある「絶対集権化」と、そうでない「相対集権化」の二つを区別し、両者の結果が異なる点が析出されたのである。

第三に、スト行動の契機だけでなく、ストの過程（参加度・期間・規模）や結果も含めたトータルな指標であるストライキ量（損失日数）についても、絶対集権化モデルにおいてのみ、一次式モデルに対する二次式モデルの有意性を見いだすことができた。しかも、この絶対モデルでは、集権化とスト量との関係はハンプ型になっていることが確認できる。この点で、前章で取りあげたペローネ＝ライトのストライキ量についてのハンプ型仮説は、ここでは絶対集権化にのみ該当することが示唆された。つまり、市民社会レヴェルからみると、集権度の極めて高い場合と低い場合、つまり組織間配置がより統合的で垂直的な場合と、より分散的で水平的な場合には、総合的な意味でのストライキ量は相対的に少なくなるのである。これは、アウトサイダーも含む労働全体を取り巻く組織間関係の紐帯が弱く統合度が低い場合と、そして逆に紐帯が強くて垂直的統合度が高い場合には、コンフリクトが労働内部では表出・顕在化しにくいことを示している。言い換えれば、市民社会レヴェルでは、組織化の程度を含んだ絶対的意味での集権度が低いと、組織間関係のプレゼンスも低く、そのため行動に向けた政治的機会を発見・維持する契機も相対的に少なくなるということから、スト量の少なさは説明しうる。また逆に、その集権化の度合が高い場合には、組織間関係のプレゼンスが大きいだけでなく、その統一化も進んでいるがゆえに、政治的機会が制度内における上位への回路に吸収されやすい布置構造になっているという点から、スト量の少なさは解釈できると思われる。

第四に、ストライキ期間(長さ)については、いずれのモデルも全体としての説明力が非常に低い(調整済R^2が〇・二未満)うえに、修正相対モデルの場合の相対集権化の二次の項を除いて、相対集権化と絶対集権化の一次と二次の項のいずれも有意ではなかった。また、その修正相対モデルの場合でも、一次式モデルと比べた二次式モデルの有意性がF検定で認められるが、しかしt値をみると、相対集権化の二次の項だけがで有意であるだけで、その一次の項は有意ではない。その意味では、同モデルから積極的な主張を引き出すことは無理である。さらに、前章で触れたティリー＝ショーターあるいはブリット＝ゲールなどが主張するような、組織能力の拡大はスト期間を短縮させるという資源動員仮説も、必ずしも経験的には妥当するわけではないことが示唆される。

第五に、スト規模では、いずれのモデルでも、二次式モデルの一次式モデルにたいする有意性はみられず、また、t値をみても、集権化のいずれの指標も有意ではない。このことから、制度配置としての集権化の度合とストライキ行動の規模の大きさとの関係について、促進・抑制・U字型・ハンプ型のいずれの説をも積極的に主張する証拠は見いだせなかったといえる。したがって、このことは、また、動員資源の大きさや組織能力の高さが、スト規模を大きくさせるという前述の資源動員仮説による見解にも疑義を呈する結果が生じているといえよう。

さらに、その他の政治―制度的変数についていえば、組織率は、スト参加とスト量ではプラスの関係を示唆しているが、それ以外のスト行動の諸類型ではt値をみると有意性をもっておらず、また符号をみるとスト頻度やスト期間ではマイナスの関係にあり、符号が一定していない。

また社会民主主義政党の得票率は、t値をみると、スト規模の絶対集権化モデルを除いて、いずれのモデルでも有意性を確認することができなかった。そして係数の符号をみても、それは一定していない。ストライキ活動にたいしては、前章でみたように、社会民主主義政党の強さはスト抑制効果をもつことが、しばしば指摘されてきたが、ここでは、それを裏づける積極的な証拠は得られなかった。それどころか、有意性が見られたスト規模の場合には、符号をみるとプラスの関係にある。これは、社会民主主義政党への選挙動員は、ストライキ行動にプラスの効果をもたらしていることを表わしている。つまり、社民政党によるスト抑制という主張とは反対の事態が示唆されている。

そして共産党をはじめ共産主義諸政党への選挙動員は、t値をみると、スト頻度とスト期間の場合には、有意な関係を見いだせなかったが、スト参加とスト量とスト規模にたいしては、有意性をもち、そのいずれの場合にもスト行動にたいして、予想通りプラスの関係にある。この指標は、前章でみたように反社民政党・政権への選挙動員とランク・アンド・ファイルの不満や戦闘性という二つの特徴をもっている。その二つの特徴は、ここでの分析結果からみると、相反することなく、スト参加とスト量とスト規模の三つのスト行動類型においては、スト行動を高める効果を示しているといえる。しかし、スト頻度の場合には、符号こそプラスの関係にあるが、有意性がみられない。また、スト規模の場合には、そのモデル全体の適合性など検討すべき課題もあるが、符号をみると逆にマイナスの関係にある。その意味では、この指標は、一定しておらず、ただちにスト行動の全体にたいしてプラスの関係にあるとは言い難い面もあるといえる。

このように本節では、政治社会と市民社会のレヴェルの差異を集権化の相対性と絶対性の相違という観点から指標化した、修正集権化指標を用いて各種のストライキ行動の形態との関係を探り、暫定的なかたちで結論を提示してきた。次の課題は、ではいったい脱制度化や変易性などの組織間関係の配置の変化が、どのようにスト行動に影響を及ぼすのか、という制度変動とスト行動との関連を探索することになる。

第三節　制度変動とストライキ行動――修正モデル(二)

制度的配置の流動性がストライキ行動にどのように影響を及ぼしているのか、という点について、ここでは、集権化指標に代わって、すでに言及した制度変動の指標である「脱制度化」と「変易率」の指標それぞれを取り入れたモデルを展開することになる。そして修正集権化の場合と同様に、ここでも脱制度化と変易率の両独立変数については、一次の項と二次の項も含めた一次式モデルと二次式モデルの両モデルをつくり、二次式モデルの有意性についても検討する。

このことは、制度変動と各種のスト行動との関係について「抑制説」か「促進説」かという正負いずれの直線的な関係だけを想定しているのではなく、「U字型説」と「ハンプ型説」が成立しうるかどうかも視野に入れていることを意味している。つまり、制度的配置が極めて安定している場合と逆に極めて流動的な場合には、その中間にある場合に比べて、スト行動が相対的に活発化するか(U字型)、あるいは停滞するのか(ハンプ型)という点についても分析の俎上にのせることになる。ここでは、制度変動の振幅の度合いの高低両極では、スト行動の程度もまた相対的に高低いずれかになるかどうかを経験的に明らかにするつもりである。

こうして制度変動とスト行動との関係がU字型かハンプ型のいずれになるかは別にして、もし二次式モデルの有意性が確かめられたならば、それは、制度的安定性とスト行動とは単純な直線的関係にはないことを意味し、両者の関係に比例性の仮定を置くこと自体に重大な疑問を投げかけるとともに、ひとつの代替モデルを提示したことになる。

ハンプ型になった場合には、制度配置の流動性が極めて大きい場合と小さい場合の両極でスト行動は相対的にみて抑制的になり、逆に中間に位置する場合には促進的になる。制度配置の流動性や不安定度が低い場合、つまり制度的配置が比較的安定しているときには、労使および労働内部の組織間関係の統合度も相対的に一定し、利益媒介の回路にも大きな変化がないために、ストライキ行動という戦略に訴える機会が、労使双方および労働内部には少ないと解釈される。また逆に、制度の流動性が大きい場合、それは、制度的配置そのものの再編成ないし脱編成の可能性が高まることを含意し、労使および労働内部の組織間関係も流動化する。そのため、選挙動員などスト以外の利益表出・媒介回路が活用されたり、また新たな回路が構築されたりすることになり、ストライキ以外の参加や動員の回路に向かう可能性が高まると解釈しうる。

また逆に、U字型の場合には、制度配置の流動性が極めて大きい場合と小さい場合の両極でスト行動は促進され、中間にある場合にはスト行動は抑制的になる。制度変動が小さい場合には、労使および労働内部の組織関係の布置の固定性にたいして、たとえばランク・アンド・ファイルの不満等が高くなったり、あるいは労組指導部が対経営者団体にたいして膠着状態等の打開に向けて強硬姿勢をとったりすることなどが考えられる。また、制度の流動性が大きいことは、組織間関係の統合度が緩やかになることを含意し、これが、ランク・アンド・ファイルの戦闘性を惹起させたり、あるいは労使エリート間協調の頓挫などに連動して、スト行動を促進すると解釈できるのである。

このような解釈は、アクターの利用可能なリソースの大きさを重視する権力資源論や資源動員論の観点からの説明ではなく、アクターそのものを取り巻く磁場としての組織間関係の配置の不安定性や流動性に力点を置くものである。それは、アクターにとっての動員資源の潜在的・顕在的な増減よりも、アクターが組み込まれている「関係の網の目」の形態の変化の相違に焦点をあてていることに他ならない。

以上の問題関心に基づき、ここでもやはりストライキ行動の五類型を従属変数にして、そして制度的不安定性や変動を示す指標である「脱制度化」と「変易率」の二つを主たる独立変数にする。そして修正集権化モデルの場合と同様に、その制度変動の指標をそれぞれ政治社会と市民社会の両レヴェルで区別し、前者の政治社会レヴェルの制度変動を「相対脱制度化」と「相対変易率」とし、後者の市民社会レヴェルのそれを「絶対脱制度化」と「絶対変易率」とした。そしてこの四つの指標とスト行動との関係について検討を加えるが、さらに、制御変数として、集権化モデルの場合と同様に、失業率や賃上げ率などの経済的変数、そして組織率、社会民主主義政党への選挙動員と共産党を中心とする反社会民主主義諸政党への選挙動員などの政治的変数を取り入れた。そして、そのうえで、脱制度化と変易率の両変数については、それぞれ一次と二次の項を入れた一次式モデルと二次式モデルをつくり、両モデルのいずれが採択されるかをF検定によって検証する。また、その二次式モデルでは、ハンプ型の場合には、脱制度化・変易率の一次の項の符号がプラスで二次の項がマイナス、そしてU字型の場合には、その逆になることが期待される。これらの諸点に留意すると、ストライキ行動の各類型についてそれぞれ以下のような回帰モデルがたてられることになる（ただし、ここでは時期と国を示す添え字 t、i は略してある）。

①脱制度化・変易率とスト行動との関係

Ⓐ相対脱制度化・変易率モデル

＊一次式モデル

Y＝β_1＋β_2（相対脱制度化・変易率）＋β_3（社民）＋β_4（共産）＋β_5（失業率）＋β_6（賃上げ率）＋β_7（時期ダミー）＋β_8（ラグ変数）＋ε

＊二次式モデル

Y＝β_1＋β_2（相対脱制度化・変易率）＋β_3（相対脱制度化・変易率）^{2}＋β_4（社民）＋β_5（共産）＋β_6（失業率）＋β_7（賃上げ率）＋β_8（時期ダミー）＋β_9（ラグ変数）＋ε

Ⓑ修正相対脱制度化・変易率モデル

＊一次式モデル

Y＝β_1＋β_2（相対脱制度化・変易率）＋β_3（組織率）＋β_4（社民）＋β_5（共産）＋β_6（失業率）＋β_7（賃上げ率）＋β_8

$(時期ダミー) + \beta_9 (ラグ変数) + \varepsilon$

＊二次式モデル

$Y = \beta_1 + \beta_2 (相対脱制度化・変易率) + \beta_3 (相対脱制度化・変易率)^2 + \beta_4 (組織率) + \beta_5 (社民) + \beta_6 (共産) + \beta_7 (失業率) + \beta_8 (賃上げ率) + \beta_9 (時期ダミー) + \beta_0 (ラグ変数) + \varepsilon$

Ⓒ絶対脱制度化・変易率モデル

＊一次式モデル

$Y = \beta_1 + \beta_2 (絶対脱制度化・変易率) + \beta_3 (社民) + \beta_4 (共産) + \beta_5 (失業率) + \beta_6 (賃上げ率) + \beta_7 (時期ダミー) + \beta_8 (ラグ変数) + \varepsilon$

＊二次式モデル

$Y = \beta_1 + \beta_2 (絶対脱制度化・変易率) + \beta_3 (絶対脱制度化・変易率)^2 + \beta_4 (社民) + \beta_5 (共産) + \beta_6 (失業率) + \beta_7 (賃上げ率) + \beta_8 (時期ダミー) + \beta_9 (ラグ変数) + \varepsilon$

②推定結果

まず**付録図表４－３**と**付録図表４－４**の一連の結果から全体としていえることは、第一に、F検定にしたがうと、脱制度化と変易性のⒶ相対モデル、Ⓑ修正相対モデル、Ⓒ絶対モデルの三つの各々にかんして、一次式モデルと二次式モデルとの関係において二次式モデルの有意性が確認できるのは、スト参加の「絶対脱制度化」モデルだけであった。

第二に、このケースは、「ハンプ型」であり、それ以外に有意となるU字型モデルは確認できなかった。このことは、「市民社会」レヴェルでの制度変動の大きさの両極でスト行動への参加度が比較的低く、制度変動の中位でそれが比較的高いことを示している。これは、制度変動の小さいところと大きなところでは、制度変動・不安定性がスト行動への参加を抑制しているのに対して、制度変動の中位は、逆に、そうした制度の流動性がストの参加者の拡大に結びつきやすいことを意味している。このスト行動への参加については、前章でみたように、コルピーらは、権力資源のひとつとしての労組の組織率が、スト参加にプラスに働くが統計的には有意でなかった点を指摘していた。ここでは、その組織間関係の配置の流動性という点で異なるにせよ、制度変動とスト参加との関係は、より複雑な様相を呈していることが析出されたといえる。

さらに、このケースについて解釈するならば、制度配置が極めて流動化・不安定化している場合には、組織間ネットワークの揺らぎが大きいので、ストライキ行動を展開するアリーナが流動的になり、また、そのことが、アクター自身が組み込まれている存在基盤を不安定にするために、スト行動への参加そのものが困難なものになると考えられる。また、もう一方の制度変動の小さい場合には、組織間関係の配置が安定していることから、既存の利益表出・媒介の回路も固定しているので、問題解決を安定した既存の回路の内部で処理しようとする求心的なドライヴが働いて、それがストライキ行動への参加を抑制する方向に傾くと考えられる。

第三に、ハンプ型説が該当するのは、ストライキ行動の類型でいえば、このスト参加だけであり、さらに、それも市民社会レヴェルでの制度変動に限られていることである。それ以外の他のスト行動の諸類型についての各々のモデルの相対脱制度化・変易率と絶対脱制度化・変易率のいずれの指標も、t値をみると、有意ではない。したがって、政治社会レヴェルの組織間関係の配置の流動性がスト行動と連動することを示す積極的な証拠は発見できなかった。このことは、政治社会と市民社会の両レヴェルでの制度変動を区別した結果として析出されたものである。

そして、その他の政治―制度的変数についても言及しておくと、組織率は、修正相対変易率・相対脱制度化のいずれのモデルにおいても、スト参加の場合にのみ有意で、プラスの関係がみられるが、それ以外では有意ではなく、またその符号も一定していない。また社会民主主義政党への選挙動員は、スト規模との関係においてのみ有意で、その符号はプラスであるが、それ以外のいずれのモデルでもその有意性を確認できなかったし、また符号も一定しない。そして共産党への選挙動員を中心にした反社会民主主義への選挙動員の指標は、スト参加、スト量、スト規模の各モデルにおいて、t値をみると有意で、またプラスの関係にあることがわかる。しかし、有意では無かったが、ストの長さ・持続性を示すスト期間にたいしては、マイナスの関係にあることが見いだされた。

以上のことから、脱制度化モデルにせよ変易性モデルにせよ、制度変動モデルは、全体としてみると、修正集権化モデルと比べて、有意性に乏しいように思われる。これは、制度的な変動や不安定性がストライキ行動に及ぼす影響については、その両者の関係がどのようなものであれ、明確な連動性を積極的に主張することが極めて難しいことを示唆している。

おわりに

本章では、政治社会と市民社会両レヴェルに分けて、そこでの労働の組織間関係の配置（相対・絶対集権化）およびその変動・不安定性（脱制度化・変易率）とスト行動との関係について検討を加えてきた。これは、既存の制度編成ならびにその変動・不安定度にたいする体制内部でのコンフリクトの動向を観察したものである。言い換えれば、そうした制度的布置の内部の政治回路の状態および動態という意味での「機会構造」にたいして、ストライキ行動を例にとって、どのようなプロテストがどのようなかたちで体制内部で発生・展開するのか、について分析したのである。

最後に、その比較分析から得られた結果をもとに、いくつかの重要な暫定的な結論や命題やその解釈等をまとめておきたい。第一に、修正集権化の指標を中心に据えた制度配置としてのコーポラティズム度とストライキ行動の諸類型との関係でいえば、とくにスト頻度、スト参加、スト量（損出日数）という主要なストライキ行動の各指標にたいして次のような諸点が示された。第一に、スト頻度で「U字型」という代替的な説が示唆されたことである。これは、政治社会レヴェルでの組織間関係の配置を示す相対・修正相対の両モデルでその有意性がみられた。だが、市民社会レヴェルでの絶対集権化のモデルではその有意性を見いだすことはできなかった。このストの発生頻度については、前章での先行研究の検討でも明らかなように、主として促進説か抑制説かという地平で議論されてきたので、これは、新たに「U字型説」の存在もありうることを示しているものといえる。

第二に、これとは、逆に、スト参加とスト量では、絶対集権化のモデルが有意で、しかも「ハンプ型」であることが索出されたことである。これは、前章で検討したペローネ=ライト流のスト量についてのハンプ型説が、市民社会レヴェルの絶対集権化との関係で見いだされたことを意味する。したがって、組織間関係の集権化に焦点をあてたコーポラティズム体制の制度化とストライキ行動との関係についていえば、両者の関係が、たんに促進対抑制という直線的・比例的関係の地平で捉えられるのではなく、U字型対ハンプ型というより複雑な関係にあることが示唆されているのである。

さら付言すれば、スト参加にせよスト量にせよ、ハンプ型は、市民社会レヴェルでの「絶対集権化」との関係にかんしてであり、政治社会レヴェルの「相対集権化」との関係では、その有意性は確認できなかった。したがって、前述のペローネ=ライトが提示したハンプ型の命題は、市民社会レヴェルのアウトサイダーを含めた労働総体における「絶対集権化」の場合にのみ妥当することが示唆される。政治社会レヴェルの労組員のインサイダーにおける「相対集権化」では、それを積極的に主張しうる証拠はみられなかった。このことは、「社会の二重性」に基づき集権化の相対性と絶対性とを識別して分析したことで、はじめて索出されたのである。

第三に、それに関連して言えば、U字型にせよハンプ型にせよ、その有意性が、政治社会レヴェルの相対集権化と市民社会レヴェルでの絶対集権化とでは異なっていたことである。つまり、スト頻度では相対集権化モデルが、そしてスト参加とスト量では、絶対集権化モデルがそれぞれ有意性をもっていた。だが、それは、相対・絶対モデルの双方において有意になっているわけでもないし、また、その形状も、U字型とハンプ型という具合にそれぞれ異なっている。さらに敷衍していえば、そうした集権化の相対・絶対性によるスト形状の違いこそ、政治社会と市民社会の両レヴェルでの組織関係の制度配置の相違から生じる「デュアリズム」の存在を示唆しているとも考えられる。この点もまた、政治社会と市民社会の二重性という国家―社会関係の観点から、集権化の相対性と絶対性を区別したことで、はじめて得られたのである。

また、他方の「脱制度化」と「変易率」の指標を中心に据えたコーポラティズム体制の制度変動とストライキ行動の諸類型との関係についてみると、まず第一に、スト参加の絶対脱制度化のモデルだけが、一次式モデルに対する二次式モデルの有意性を示している。このことは、全体としてみると、U字型であれハンプ型であれ、二次式モデルの妥当性は、集権化モデルの場合と比べて極めて低いことを示唆しているように思われる。

第二に、このスト参加のモデルは「ハンプ型」であり、U字型を有意に示すモデルはみられなかった。このことは、制度の流動性や不安定度が極めて大きい場合と小さい場合に、相対的にストへの参加が抑制されることを含意している。このハンプ型の解釈は、すでに述べた通りである。

第三に、全体としてみると、脱制度化と変易率の各指標が有意な値を示すモデルそのものが、そのスト参加モデル以外に見あたらなかった。したがって、ここでの比較分析から推察する限り、集権化モデルの場合に比べて、制度の流動性や不安定性とスト行動とのあいだに積極的な関係を見いだすことは難しいように思われる。

以上の諸点を踏まえて、次に重要になる課題は、既存の制度編成とその変動に対する外部への／外部からの政治回路や、そしてさらには新しい争点に向けた動員は、どのようになっているかということである。つまり、従来の回路とは異なった経路で運動を展開することを志向する「新しい」社会運動にたいして、そうした既存の制度的配置としてのコーポラティズムは、どのような影響を及ぼしているのか、いないのか、両者の関係は、正のあるいは負の直線的な比例関係なのか、それとも違ったかたちの関係になるのか。第三部では、それらの課題について探求することになる。

注

（1）ストライキ行動についての古典的な国際比較として、Arthur M. Ross and Paul T. Hartman, *Changing Patterns of Industrial Conflicts* (New York: John Willey & Sons, 1960), pp.15-33, 参照。また、その後の議論の整理としては、たとえば、Michael P. Jackson, *Strikes: Industrial Conflict in Britain, U.S.A. and Australia* (Sussex, U.K.: Wheatsheaf Books, 1987), pp.8-29, も併せて参照。

（2）この尺度からのストライキ行動の特性についての議論にかんしては、たとえば、次の文献を参照。David Britt and Omer R. Galle, "Industrial Conflict and Unonization," *American Sociological Review*, Vol.37, 1972, pp.46-57; *idem.*, "Structural Antecedents of the Shape of Strikes: A Comparative Analysis," *American Sociological Review*, Vol.39, 1974, pp.642-651. このブリット＝ゲール論文では、従来の議論を整理するなかで、本書で用いられるストライキ行動の三つの次元、頻度・期間（長さ）・規模（大きさ）、そして、それらを総合した損出日数は、それぞれ傾向性・拡張性・強度、そしてスト量というかたちで対数化して概念化され、これらのうち、スト頻度とスト量との相関が高い点が指摘されている。

（3）Edward Shorter and Charles Tilly, "The Shape of Strikes in France, 1830-1960," *Comparative Studies in Society and History*, Vol.13, 1971, pp.64-66; Edward Shorter and Charles Tilly, *Strikes in France*, 1830-1968 (Cambridge: Cambridge University Press, 1974), pp.46-103; Charles Tilly, *From Mobilization to Revolution* (Reading, MA: Addison-Wesley, 1978), p.96.〔C・ティリー（堀江堪監訳、佐治孝夫、小林良彰ほか訳）『政治変動論』（芦書房、一九八五年）、一二三頁〕; Michael Shalev, "Strikes and the Crisis: Industrial Conflict and Unemployment in the Western Nations," *Economic and Industrial Democracy*, Vol.4, 1983, pp.417-460.

（4）Edward Shorter and Charles Tilly, "The Shape of Strikes in France, 1830-1960," pp.65-67.

（5）Douglas A. Hibbs, Jr., *The Political Economy of Industrial Democracies* (Cambridge: Haravard University Press, 1987), pp.33-34. なお、この三者が、各々ストライキ量に対して及ぼす直接・間接の影響について、アメリカの一九五八年から六二年の主要産業セクターのデータをもとに議論したものとして、以下を参照。David Britt and Omer R. Galle, "Industrial Conflict and Unonization," pp.46-57; *idem.*, "Structural Antecedents of the Shape of Strikes: A Comparative Analysis," pp.642-651.

（6）International Labor Organization, *Yearbook of Labor Statistics* (Geneve: ILO).〔国際労働事務局編『国際労働経済統計年鑑』日本ＩＬＯ

協会、各年版）

（7） Edward Shorter and Charles Tilly, "The Shape of Strikes in France, 1830-1960," pp.60-86; *idem., Strikes in France, 1830-1968*, pp.46-103.

（8） この点については以下も参照。Michael Shalev, "Strikes and the Crisis: Industrial Conflict and Unemployment in the Western Nations," *Economic and Industrial Democracy*, Vol.4, 1983, pp.417-460; Paul K. Edwards, "The Political Economy of Industrial Conflict: Britain and the United States," *Economic and Industrial Democracy*, Vol.4, 1983, pp.465-470.

（9） 賃金上昇率は製造業の実質賃金の上昇率を採択した。この賃上げ率、失業率のいずれも、データは以下のものを利用した。*OECD Historical Statistics* (Paris: OECD, various years).

（10） ただし、そうした少数諸政党の得票率は国によってその他として一括されてしまうこともあるが、フランスの場合、第五共和制以前のフランス、戦後から九三年以前のイタリア、さらにはスウェーデンやデンマーク、オーストリアといった、比例代表制もしくはそれに準ずる制度のもとで、多数の少数派左翼諸政党が存在する場合には、それらのイデオロギー距離の左右軸上の位置も勘案したうえで、少数政党の得票率をできうる限り取り込んだ。ただし、第五共和制以後のフランスの場合、第二回目投票の連合形態の得票率をカウントしている。とはいえ、それらの諸政党が極めて少数派で諸派として一括され具体的な数字が入手困難で極めて低い得票率と思われる選挙の場合には、共産党の得票率プラスαの部分が極めて微少と考えて、次善の策として共産党の得票率をそのまま採用した場合もある。また、年次ごとの各政党の得票率は、選挙間の各政党の得票率の増減をもとに漸増・漸減するものとして算定した。データは主に、Chris Cook and John Paxton, *European Political Facts, 1918-90* (London: Macmillan Press, 1994), pp.121-210, に依拠しているが、とくに共産主義諸政党の得票率については、Richard S. Katz and Peter Mair (eds.), *Party Organizations: A Data Handbook on Party Organizations in Western Democracies, 1960-90* (London: SAGE Publications, 1992), さらにデンマーク、オーストリア、スイス、オランダについては、Hans Daalder (ed.), *Party Systems in Denmark, Austria, Switzerland, the Netherlands, and Belgium* (London: Frances Pinter, 1987), 日本にかんしては石川真澄『戦後日本政治史』（岩波書店、一九九五年）の二一七頁以下の表等で補足した。また、各政党、とりわけ親労働者政党の左翼諸政党の政党システムにおける左右軸上の位置については以下の文献を参考にした。Francis

G. Castles and Peter Mair, "Left-Right Political Scales: Some 'Expert' Judgments," *European Journal of Political Research*, Vol.12, 1984, pp.73-88.

(11) Nathaniel Beck and Jonathan Katz, "What to do (and not to do) with Time-Series Cross Section Date," *American Political Science Review*, Vol.89, 1995, pp.634-647; *idem.*, "Nuisance vs. Substance: Specifying and Estimating Time-Series-Cross-Section Models," *Political Analysis*, Vol.8, 1996, pp.1-36. とりわけ時系列面での分析にともなう系列相関の問題、そして二次式のモデルでは、多重共線性の問題などであるが、このベック=カッツ論文では、ラグ変数を入れた最小二乗法のもつ分析上の利点等が述べられており、ここでも参考にした。

(12) Heikki Paloheimo, "Micro Foundations and Macro Practice of Centralized Industrial Relations," *European Journal of Political Research*, Vol.18, 1990, pp.389-406; Torben Iversen, *Contested Economic Institutions: The Politics of Macroeconomics and Wage Bargaining in Advancesd Democracies* (New York: Cambridge University Press, 1999), pp.63-74, and 86-90.

(13) なお、このF検定や尤度比検定の問題について、最近の比較政治学において論じているものとして、たとえば以下を参照。Christopher Way, "Central Banks, Partisan Politics, and Macroeconomic Outcomes," *Comparative Political Studies*, Vol.33, 2000, pp.209-221. また、それらの検定問題にかんしては、森棟公夫『計量経済学』(東洋経済新報社、一九九九年)、二二七—二三一頁、蓑谷千凰彦『計量経済学』(多賀出版、一九九七年)、一一五—一二〇頁、同『計量経済学の理論と応用』(日本評論社、一九九六年)、二六〇—二六八、三四五—三四七頁、も参照。

第三部　ネオ・コーポラティズムと新社会運動

第五章　政治的機会構造論と新社会運動論

はじめに

第二部では、既存の制度的配置のあり方として主に集権化に焦点をあて、そうした制度的配置およびその制度的変動と、制度内部のコンフリクトの顕在化としてのストライキ行動との関係について、先進十二ヶ国を比較分析した。したがって、「政治的機会構造」の概念そのものについてはむしろ大まかなかたちで扱い、詳しく論じることはなかった。しかし、この機会構造の概念は、第一章でも若干言及したように、制度的編成の内部の闘争との関係においてだけでなく、外部からの社会運動との関係においても重要である。とりわけ既存の制度編成の外部から、しかも旧来とは異なる争点と政治スタイルを標榜する「新しい」社会運動との関係を探る場合には、その機会構造の概念をめぐる議論を、それに関連する問題も含めて検討する作業が要請される。既存の制度的配置やそれがもたらす機会構造との関係のなかで、初めて、新社会運動の「新しさ」の側面もまた理解可能になるからである。

そこで本章では、まずはじめに、アクターの側ではなく、構造・制度の側から社会運動を捉えるという視座の転換を試みた「政治的機会構造」の議論について、その概念の展開と意義について論じる。制度的布置が開示する政治的機会は、これまで、どのような視点からどのように把握されてきたのか、また、そうした機会構造と各種の社会運動との関係はどのように認識されていたのであろうか。

ここでは二つの観点から議論を整理する。ひとつは、これまで本書の基本的な視座として再三述べてきたように、国家―社会関係における組織間関係の制度配置の観点と関連させて、従来の議論は、どのように機会構造の概念を捉えていたのかである。もうひとつは、本書の序章や第二部で触れたように、促進説や抑制説、あるいはハンプ型説やU字型説に関連して、機会構造と、プロテスト運動を中心にした新社会運動とのあいだにはどのような関係があるのか、という点である。

第一節では、政治的機会構造の議論が、多元主義体制のインプット過程の制度配置にかかわる問題から、さらにアウトプットの側面も射程に収め、政府の能力など国家―社会関係へと焦点を移行させていったことを確認する。そのなかで、機会構造は、統治連合の危機等から同盟関係を再編する「機会」が生まれるというような「連合論」の地平で捉えるべきではなく、アクターの存在のあり方――つまり、アクターがどのような組織間関係の制度編成のなかにどのように組み込まれているのかという観点――から把握されるべきことを主張する。すなわち、国家―社会関係の制度配置の体系としての「政治体制」に関連づけて、はじめて「政治的機会構造」の諸相は理解できることが強調される。また、このことは、機会構造と新社会運動との関係についても該当する。ここではハンプ型説や「サイクル」論などの諸説を取りあげるが、そのなかでも、政治体制との関係に配慮せざるをえないことを指摘する。

第二節では、新社会運動といわれるものの「新しさ」とは何か、について既存の議論が検討される。やはり、ここでも、既存の政治体制との関連において、その「新しさ」の含意が明らかになることを主張するつもりである。まずはじめに、構造次元の変動から無媒介にアクターの政治意識の変容へと直結させるような「構造主義的」説明や、新社会運動を運動の担い手のアクター次元に還元する「階級政治論」の視点では、各国間の新社会運動の多様性を比較分析するうえで限界があることを指摘する。そして構造とアクターを媒介する制度編成の多様性に着目する「制度的論理」が必要である点を述べる。そのうえで、七〇年代中葉からとくに八〇年代に台頭する新社会運動について、コーポラティズム体制や福祉国家や国家―社会関係の変化などと関連づけて説明する所説を俎上にのせる。それらの議論と対峙しながら、国家―社会関係における組織間関係の制度編成の「集権化」を中心に据えた本書のコーポラティズムの体制規定が、「新しい」社会運動との関係を考察するうえでもっている意義について論じるつもりである。

第一節　政治的機会構造論の展開

第一項　多元主義的アプローチへの批判

①多元主義とインプットの問題

各種の異議申し立てなどのプロテスト運動をどのように把握するのか、ということにかかわって「政治的機会構造」に着目した議論は、七〇年代にまで遡るといえる。まず、ここで注目したいのは、この議論そのものが、㈠政治体制に関わる問題と、㈡方法・アプローチをめぐる問題の両面において、当時の「多元主義論」への「挑戦者」という色彩を強く帯びていたことである。それは、政治体制論についていえば、多元主義体制の開放性と包摂性という点への異議申し立てであり、また接近方法の点でいえば、行動論的アプローチとしての多元主義論にたいする対抗理論としての性格をもっていたのである。

最初の提唱者のひとりであるとされるP・アイジンガーは、アクターを取り巻く環境上の諸変数が、相互に関連しあいながら、政治が発生するひとつの「コンテクスト」を形成している点を重視すべきことを強調する。彼によれば、そのコンテクストを構成している種々の要素を確認し、それが、ある特定の「政治的機会構造」の諸々の構成要素となっているかどうかを確定しなければ、政治行動の諸々のパタンについても有意な分析をすることは困難になる。アクターを取り巻くコンテクストの諸要素によって、政治活動は制約を受け、また行動に向けての政治的回路の開放性も拘束されるからである(1)。

したがって、政治システムにおける諸々の個人や集団の行動のパタンは、当該の個人や集団がどのように各種の資源を指揮・管理し、それらの資源がどのように機能しているのかという問題だけで判断することはできない。それに加えて重要なのは、政治システムそれ自体が、どの程度アクターに対して開かれているのか、どこに脆弱な点や障壁をかかえているのか、またどのような資源をアクターに提供しているのか、といった諸点である。こうして政治システムのあり方そのものが、アクターを取り巻く環境的要因である政治的機会構造という観点から理解される。この政治機会構造と政治行動とのあいだには相互作用があることが、そこでは想定されている(2)。

このようにアクターにとっての環境的要因として政治的機会構造を特定することで、はじめて、政治システムの各種の「偏向」が浮き彫りになる。ここから、個人にせよ集団にせよ、各種の社会的アクターが集合行為を通じて、自らの要求を政治システムから獲得できうる可能性が判断される。たとえば、政府の統治制度が、社会の各種の区画に対してフォーマルな代表を出す機会を提供するなど、有権者への応答性が潜在的に高い場合、あるいは、政府が市民の要求に応答することを明言している場合には、政治的機会構造は相対的に開かれているといえる。そして、そのような場合には、多種多様な集団にとっては、代議機関への代表を通じて影響力を行使したり、また政府の活動を促すために影響力を及ぼしたりする各種の機会が存在することになる。逆に、フォーマルないしインフォーマルにせよ、権力が集中化したり、あるいは政府が応答的でない場合には、社会的アクターが政治行動を通じて要求を獲得できる機会は限定され、機会構造は相対的にみて閉じられているといえるのである(3)。

②ハンプ型説の提起

さらにアイジンガーは、政府の統治制度や政策など、政治システムに関わる特定のターゲットに向けられた反対運動としての「プロテスト」と、そういうターゲットが明確ではない「暴動」や「政治暴力」とを区別したうえで、前者のプロテストとそうした政治的機会構造との関係について検討する。そして彼は、アメリカ合衆国の一九六八年における四三の都市の一二〇の事例の分析から極めて重要な命題を導き出した。すなわち、政治的機会構造の開放度とプロテストの頻度との関係は負の直線的な比例関係にあるのではなく、両者の関係は、いわば「ハンプ型」になるという命題である。これは、政治的機会構造が開かれていればいるほどプロテストは起こりにくいという命題を否定している。それに代わって、プロテストは、政治的機会構造が極めて開かれている場合と極めて閉じられている場合の両極において、その頻度が低くなり、そして機会構造の開放型と閉鎖型の中間にある「混合型」では、プロテストの頻度は高くなるという「ハンプ型」説が提起されたのである(4)。

このことから、ひとつの解釈として、政党、議会、行政府・執行部、裁判所などに向けての政治的機会構造のアクセスの可能性と、社会運動の動員との関係について次のような自説が提示される。すなわち、機会構造へのアクセスが開かれている政治システムであれば、各種の運動は圧力団体へと転化し、極めて閉じている政治システムでは運動は粉砕されるようになり、その中間にある政治システムの場合には、そうしたプロテスト運動を包摂もできなければ、また強制的手段を通じて抑制することもできないという解釈である(5)。

③挑戦者の問題

W・ギャムソンは、機会構造の問題に関連させて、種々の異議申し立ての運動を「挑戦者集団」として捉え直す。そして、アメリカ政治における機会構造の開放性という点を疑問視し、さらに多元主義論そのものを批判している。ギャムソンが力説するのは、機会構造の点からみて、インサイダーとアウトサイダーの区別、構成員と挑戦者の区別、そして選挙競合などの通常の利益表出・媒介・集約の回路と、ストライキ行動から政治的暴力までをもを含めた例外的な回路との区別などの諸点について、多元主義論の主張はそもそも明確にしていないという点であった。すなわち、多元主義論の図式においては、インサイダーやメンバーにたいしてのみ開かれた利益の表出と、選挙や政党での競争を通じて選出されたエリートによる利益の実現という特定の政治アリーナが設定されているにすぎない。したがって、アウトサイダーや挑戦者による異議申し立てや抵抗などの契機については、そうしたメンバーやインサイダーによる通常の回路の枠内でしか捉えようとしていない。そこには、官僚機構のあり方を含む統治制度、そして権威や権力の集権性などの制度的コンテクストに着目する視点が欠落しているとされる(6)。

ギャムソンによれば、多元主義理論は、ある特定の政治アリーナの内部を描く一種の「ポートレート」である。そのアリーナにおける交渉や妥協や連合形成や競争、あるいはロビー活動やログ＝ローリングなどが展開されている過程を叙述することにとどまっている。したがって、その政治過程において、当該アクターが、その相互作用のシステムにどのように組み込まれ、またそれにどのように関与し参画しているのかを示す「コンテクスト」の問題は、ほとんど中心的な論点として扱われていない。要するに、多元主義論には、アクターがそうしたアリーナの内部と外部、あるいは既存の組織の内部にいる構成員なのか外部からの「挑戦者」なのか、といった区別にたいする「感受性」がほとんどないとみなされる(7)。

こうした多元主義論の方法認識にたいして、制度的コンテクストを重視する機会構造論が意図していたのは、そうした挑戦者集団等にたいして「機会構造」が柔軟であるかどうか、またそうした挑戦者による攻撃を受けやすい体制であるかどうかといった諸点を示す兆候のひとつとしてプロテストの運動を把握し直すことでもあった(8)。言い換えると、そうした挑戦者集団にたいして、政治的空間がどのように開かれているのかという点が重要視されていたのである(9)。機会構造が開かれるにつれ、そのことが、それまで未組織で弱体であった挑戦者に有利にシフトし、挑戦者とエリートとのあいだの対立は減少して、挑戦者の政治的影響力は高まり、かれらの利益が結果として拡大する可能性も高くなるのではないのか(10)。また、機会構造が閉じられると、有力な挑戦者が弱体化し、運動における行動形態や戦略も変更を余儀なくされるのではないのか。このようにして機会構造の諸要素は、社会運動の担い手が各種の資源を活用して社会運動を展開するのを促進ないし阻害する兆候として捉えられていたのである(11)。

そして機会構造のより具体的な諸要素として、統治機構などのフォーマルな国家諸制度だけでなく、さらに制度概念を拡張して、そうした運動を取り巻く環境も射程に入れられるようになる。さらに運動の外部から資源を提供したり制約を課すアクター間の敵対ないし同盟・提携関係も重視される。こうして、政治過程へのアクセスの開放度というフォーマル・インフォーマルな制度的側面、選挙における得票配置の不安定度やそれにともなう政党連合の変化、さらに統治連合の解体・再編などのエリート間ないしエリート内部の分裂と再結集、そして運動に対する有力な同盟者の存否、それに加えて、そうした体制内部のエリート間対立と体制外部からの運動との関連などが注視されるに至る(12)。

④小　括

これらの議論をまとめると、機会構造の要素として着目される側面は、第一には、プロテストや参加を媒介・包摂する回路としての選挙制度にせよ、また政府の異議申し立てにたいする応答性を示す統治機構にせよ、そうした政治過程の開放度を示すフォーマルな制度的側面である。これは、どちらかといえば、「入力過程」を重視、さらには偏重する傾向になる。そして第二に、そうした選挙の結果を踏まえた政党連合やさらには政権連合のあり方にせよ、また政治家と官僚テクノクラートの関係にせよ、エリート間のいわば「統治連合」のあり方に焦点があてられている。そして、その統治連合の変化から、体制内部および体制外部の諸アクターと社会運動との同盟論が展望される。だが、こうした「連合論」は、連合を構成するアクターの組み合わせに注目する点で、アクター中心的アプローチに傾きやすい(13)。

そして、このような入力偏重あるいは連合論に傾斜しやすいアプローチは、㈠広く国家の制度的配置から国家―社会関係に至る組織間関係の制度的配置の問題や、㈡国家の歴史的な制度形成等に由来する国家の自律性の問題、㈢さらに具体的にいえば政府の能力、とりわけ政府の執行能力の問題やその出力にかかわる局面、また、㈣運動が関与する政府の政策アリーナの問題などに十分関心が払われない傾向をもつといえる。したがって、それらの国家の強さや出力の側面などを機会構造の問題に取り入れた議論が展開されるのもまた当然の成り行きでもあった。

第二項　政府能力の問題

①入力から出力へ

このように初期の機会構造論が、どちらかといえば入力（インプット）の局面に重点を置いていたことや、あるいは、その入力と出力とが入り組んだ議論になっていたことにたいして、出力（アウトプット）の局面にも着目し、機会構造論をそうした入力と出力の両面から整理し精緻化する議論が、たとえば、H・キッチェルトによって展開された。彼がまず注目するのは、一連の政策過程における政策アリーナの形成とそこでの運動アクターの展開のあり方である(14)。その際、彼は政策形成についての三つのアプローチを総合しようとする。ひとつは、広い意味での「構造―機能主義」アプローチである。これは、社会システムにおける政治の「機能」という抽象的・一般的観点に還元して、個別の政策アリーナに接近する。このアプローチには、政治システム論などの構造―機能主義論だけでなく、政策を社会構成体の経済の位置につねに関連づけて論じる「マルクス主義」などの「階級政治論」なども該当する。また他方においては、政策形成の問題を個々の政策決定者間の相互作用の過程に還元する「多元主義」アプローチなどのように、アクターの動機や指向性に焦点をあてて政策過程の叙述に力点を置くアプローチがある。前者は、政治過程におけるアクター間の相互作用の具体的・経験的な展開への着目が稀薄になり、また後者は、構造的・制度的側面を閑却する傾向にある。

そして第三のアプローチは、国家の制度的配置に着目して、官僚および官僚機構、さらにその組織形態に具体化されている構造的な権力関係、さらにその組織能力、時間や資金、正当性など政策形成における国家独自のリソースなどに焦点をあてる。その場合、しばしば国家が固有の利益をもっているとされる。政策形成は、そうした官僚および官僚機構とそれらの自己維持・拡大への利害とのあいだの一種の権力ゲームとして、また両者の力関係の結果として往々にして理解される。これは、キッチェルト自身は、はっきりと命名しているわけではないが、制度論的アプローチとも呼べるものである(15)。

こうした三つのアプローチは相互補完的であり、この三つの観点の組み合わせることにより、執行過程も含めた政策過程にかんして、一見類似した諸国間の差異、あるいは一見差異をもった諸国間の類似性が説明されることになる。まず、構造的観点から、政治を取り巻く外部の経済的条件等に由来する一般的な「構造的圧力」が、どのように政策形成をめぐるアリーナを分節化し、そのアリーナの変遷を規定するのかが導き出される。この場合のアリーナは、いわば「政治アリーナ」であって、「政策アリーナ」ではない。だが、このように分節化された政治アリーナが、政策アリーナの分節化・区画化を大枠のところで確定するとみなされる(16)。

②政策アリーナの問題

この政策アリーナの形成にかんしては、制度的観点から主として国家の側面に焦点があてられる。つまり、行政機構の断片度、調整様式や調整の度合、階層化の程度、拠点の量的・質的な程度、そして官僚および官僚機構の政治システム全体における自律性の度合などが着目される。この国家の組織間関係の布置によって、意思決定のスタイルの大枠が設定され、さらに政策形成過程に関与する主要なアクターが確定されるのである。また、それは、同時に、主要な利益以外の潜在的利益等はアジェンダにのらないかたちで、政策アリーナの区画化がなされることを意味する。この分節化により権力関係も制度化され、それによって一連の政策過程が構築されるのである。そして、この現実の政策過程は、各種の行為の担い手の行為を記述するアプローチによって分析される(17)。

このようにして政策アリーナの形成とそこでの政策過程における「入力の局面」が分析されるが、問題になるのは、政策執行の段階である。そこでは、区画化された政策アリーナをめぐって各種の調整機関(関連するアクターとして、官僚、省庁、利益集団など)が参加することで、政策アリーナ内部でのコンフリクトの度が高まる。そこに、さらに環境運動など外部からの政治勢力による挑戦が加わる。そして政策アリーナ内外でのコンフリクトの度が再び高まり政治化する。これは、一般的にいえば、政策から再び政治へとそのアリーナが拡大し多元化することを意味する。それが、また政府の統治能力を低下させることにもつながることがある(18)。

キッチェルトによれば、先進諸国においては、構造的観点からみて非常に相互依存的で長期的には不可逆の政策過程にかかわるような争点については、その全範囲を政治が組織化するのは不可能である。しかし、だからこそ、政府の能力が問われるとされる。したがって、そうした政府の組織化能力の如何は、当該のセクター内外の政治コンフリクトや危機によって顕在化し開示されるとみなされる。それは、多元主義的アプローチのように利益間の抑制と均衡で説明されるものではなく、政策アリーナの分節化・区画化に着目することによってより良く理解される。政策アリーナの形成には特定の利害・関心の選別がともなうので、利害間の対立が顕在化するのは、危機的状況、あるいは各種の反対派の挑戦を受けてコンフリクトが明確になってからであるとされる(19)。

そして問題なのは、運動の展開ならびに政府の対応という点においては、類似した状況に置かれた各国間に差異があることである。ここから、反対運動にたいして政府はどのような能力を有しているのか、また、その政府の能力に応じて反対運動はどのような展開をみせるのか、そして、その運動と政府の関係にかんする各国間の軌道の相違はどのように説明されるのか、という諸点が問われることになる。

こうしてキッチェルトは、政治的機会構造のもうひとつの側面として、政府の側の政策執行の能力という「出力」の問題を議論のなかに積極的に取り入れる。そして政策執行の能力が高く強力である場合には、政策形成の諸制度は、外部からの挑戦者にたいして妥協や譲歩を拒否する頑強性を高める方向に働くであろうし、その執行能力が低い場合には、そうした諸制度は、種々の社会運動によって脱編成される可能性が高まると指摘する(20)。また、挑戦者としての運動の側も、政府の対応とその能力に応じて、敵対的戦略をとったり、また同化・適応型の戦略をとったりするとされる(21)。

③入力と出力との関連――H・キッチェルトの図式

まずキッチェルトは、機会構造の概念を整理し精緻化することに着手する。すなわち、各種のアクターの参加・アクセスの開放―閉鎖性という「入力」の軸と、政策執行能力の高低ないし強弱という「出力」の軸とを組み合わせて、四つの政治機会構造の類型を提示する(22)。前者の政治過程の入力局面における開放性の軸にかんしては、次の四つの点が、新しい要求にたいして政治体制がどの程度開かれているかどうかを決める要素としてあげられている(23)。

まず第一に、多種多様な要求を選挙政治において表出しうる実効性をもった利益集団や政党の数はどのくらいあるのかが、政治体制の開放度に影響を及ぼすとされる。その数が多くなればなるほど、その体制は「遠心的」ドライブが働き、そのことによって、選挙における利益表出が、既得権益を代表する官僚制化した既成政党の利益の「カルテル化」になるのを困難にする、とみなされる。

第二の要素は、議会が、行政府とは独立して各種政策の定式化をコントロールできる能力をどの程度有しているのかにかかわる。この能力が高まると開放度もまた上昇するとみなされる。このことが当てはまるのは、立法府が、その定義からして、選挙によって選出された議員からなる説明責任の主体であり、したがって執行部に比べて国民からの各種の要求にたいして格段に「敏感」であるはずであるのに対して、行政府は、その上位にいる官僚層だけがもっぱら、そうした国民からの圧力に晒されるはずだ、という理由によるとされる。

第三に、種々の利益集団と行政府(各省庁)とのあいだの利益媒介の型がどのようなものであるかによって、政治体制の開放度が規定されるとみなされる。この型が多元的で流動的であれば、新しい利益や要求が政治的意思決定の中枢に向かうアクセスの過程が拡大されるというわけである。

そして第四の要素は、新しい利益や要求を集約し政策過程へと導く回路や政策連合の形成にかかわる。結局のところ、政治体制が開放的であるためには、新たな利益や要求が表出される機会だけでなく、新しい利益や要求を政策合意の形成過程のなかに導く回路もまた必要である。それには、新しい利益や要求を集約するメカニズムがなければならず、その意味でも、有効な政策連合の形成が要請され、またそうした連合が実現しうるような諸々の手続きも必要とされる。そうした手続きが欠落している場合には、政治体制の開放性も制約されたものになるとみなされる。

こうした入力の局面にたいして、出力の局面では、政治体制が諸々の政策を執行する能力が問われることになる。そして、このような政府の能力を規定する要素としては次の三点があげられる。

まず第一に、国家装置が集権化されている場合のほうが、政策の執行はより効果的になるとされる。このことは、言い換えると、多種多様な準―政府機関と国家機構の各機関とのあいだの管轄範囲が複雑に分割されている場合には、政策の執行がより難しくなることを意味する。

第二に、政府が市場をどの程度統制しているのかという点もまた、多くの政策領域において政府の諸政策が有効であるかどうかを決めるうえでの重要な変数となる。たとえば金融セクターにたいする政府の統制力の度合、国民総生産に占める政府部門の比重、労働人口における公共部門被用者の割合、などに加えて、政府が、政策形成過程において諸々の経済的利益集団をどの程度、統御・調整・選別しうるのか、といった点が、政策の実効性に影響を及ぼすとされる。このことは、政治的諸制度を通じて各種の経済的資源がコントロールされる度合が高くなればなるほど、政府の経済政策に対抗・挑戦するのに利用できる資源はよりいっそう制限されることをも含意している。

そして第三に、政策の実効性は、司法機関が政治的紛争の解決にあたってどの程度の相対的自律性や権威をもっているのかによっても左右される。たとえば、裁判所が、行政府のコントロールから完全に独立した政治的調停の場であるとすれば、政策執行にとっての障害や困難はより大きなものになるとみなされる。

キッチェルトは、このようなかたちで機会構造を入力と出力の両局面に分けて、その各々の規準を提示し、機会構造の諸要素を整理した。そのうえで、スウェーデン、旧西ドイツ、フランス、アメリカの反核運動を事例として、その機会構造の類型と社会運動の戦略との関係について比較分析をおこなう。彼によれば、社会運動が、ロビー活動、政府機関への請願・陳情、そして政党間の選挙競合の過程への関与や国民投票のキャンペーン等だけでなく、政策執行過程における許認可等への参画なども含めて、体制への「同化・適応型」戦略を指向するのか、あるいは、デモ行動や座り込みなどの市民的不服従を含めた「敵対的」戦略に傾斜するのかは、当該状況に依存してランダムに変更されるのではなく、政治的機会構造の型に応じて変化するのである(24)。

④小　括

すでに第二部で述べたように、制度配置と社会運動との関係について、本書は、たんに促進説対抑制説の地平だけでなく、むしろハンプ型やU字型の存在を重視している。そうした観点からすると、はたしてキッチェルトは、アイジンガーが提起した命題——すなわち、機会構造の開放度と運動の動員化とのあいだは単線的な比例関係にあるのではなく、むしろ機会構造の開放度の両極で運動の動員が小さく、その中位において動員量が大きくなるハンプ型曲線を示す——をどのように解釈するのであろうか、という点に関心がある。ここではそうした問題関心にしたがってキッチェルトの議論について検討を加えてみることにしたい。

図表5-1からわかることだが、まず第一に、スウェーデンのように、機会構造の入力局面で開放的であり、また出力の局面でも政府の執行能力が高い場合には、運動は、穏健な同化戦略をとり、運動目標の実現に向けて体制内化して、政策革新をめざす。他方、体制側も、そうした新たな要求をたんに政策の立案に反映させるだけでなく、政策の執行の面でもそれを実効する能力をもっている。このために、運動が体制そのものの構造的変革に連動することは少なく、その限りでは、運動の体制に与える震度は小さい。逆にいえば、体制自体に運動を吸収する容量があるということである。この体制側の開放性・柔軟

性や執行能力の高さが、運動の穏健化や改良指向に照応している。

第二に、機会構造の入力局面が閉鎖的であるフランスと旧西ドイツでは、運動が敵対型戦略をとる。だが、政治的出力が強力である場合（フランス）とそれが弱い場合（旧西ドイツ）の両極においては、その様相が異なる。フランスの場合、政府エリートが、運動によって提起された新たな要求や争点を「先取りした対応」（P・カッツェンスタイン）をとり、いわば「上からの改革」をおこなう。それによって、政策過程の入力局面にたいする運動のインパクトを最小限に食い止めるかたちで運動に対応したり、また、ミッテラン社会党のように既成政党が、新しい争点を取り込むことで、入力過程を温存したまま、運動を吸収するかたちになる。したがって運動は、主として出力の局面に影響を及ぼすことが予想されるのである。

これに対し、旧西ドイツの場合、入力・出力の両面で機会構造が閉鎖的・弱体である。ここから、運動が向かう矛先ないし「運動の敵手」（A・トゥレーヌ）もまた、二面性を帯びることになる。運動は、一方では、入力過程へのアクセスの拡大をめざし、「緑の党」のように、その一部が政党化して体制内化の道を

図表 5-1　政治的機会構造と社会運動との関係

＜出力局面＞	＜入力局面＞ 開	＜入力局面＞ 閉
強	(例)スウェーデン ・同化・適応戦略 ・政策過程への影響―大きい ・政策革新―大きい ・政治体制への構造的インパクト―弱い	(例)フランス ・敵対的戦略 ・政策過程への影響―小さい ・政策革新―小さい、あるいは中程度 エリート主導の限定的改革 ・政治体制への構造的インパクト―強い
弱	(例)アメリカ合衆国 ・同化・適応戦略 ・政策過程への影響―大きい ・政策革新―小さい、あるいは中程度 停滞化傾向 ・政治体制への構造的インパクト―弱い	(例)旧西ドイツ ・敵対的／同化・適応型戦略 ・政策過程への影響―小さい ・政策革新―非常に小さい 停滞化傾向 ・政治体制への構造的インパクト―強い

出典）Herbert Kitschelt, "Political Opportunity Structures and Political Protets: Anti-Nuclear Movements in Four Democracies," *British Journal of Political Science*, Vol.16, 1986, p.68, に、同論文で展開されている他の議論を取り入れて筆者が修正したもの。

歩む同化・穏健化戦略をとる方向がある[25]。また他方では、政策革新やさらには構造改革をめざして、体制と先鋭的に対立する敵対的戦略をとる方向もある。さらに両方の混合戦略をとることもまた選択肢としてありうる。このことから前述の「緑の党」にみられるように路線選択をめぐって運動が分裂することもまた説明できるように思われる。ただし、出力面での政府の執行能力が弱いために、運動の体制に与える震度は入力の局面のほうが大きいことが予想され、この点でもフランスとは異なるといいえる。

第三に、このようにドイツの運動が同化・穏健化戦略にシフトし、プロテスト運動の先鋭度を弱めることになると、ここからスウェーデンと西ドイツの事例を対比させる議論の延長線上に「ハンプ型」のモデルが想定できる。つまり、入力・出力両局面で構造的機会の開放度が大きいケースとそれが小さいケースの両極でプロテスト運動の動員量が少なくなるという命題である。また逆に旧西ドイツの運動戦略が敵対型に傾くと、政治的機会構造の出力局面の強弱の両極で運動が先鋭化する「U字型」のモデルも想定可能になる。

また第四に、アメリカの場合、後に言及する多元主義批判とも関連するが、機会構造の入力局面の開放性と出力局面の脆弱性という両局面のギャップから、運動がとくに政策革新に影響を及ぼし得ないという点では、スウェーデンとは異なっている。そしてスウェーデンとアメリカの運動が適応・同化型戦略をとるのは、入力の構造が開放的である点で、両国は共通しているからである。だが、出力構造の面に着目すれば、両国は、その強弱の両極に位置しているケースにもかかわらず、プロテスト運動の動員量がともに少ないことになる。

このようにキッチェルトは、機会構造を入力・出力両面で把握することにより、機会構造と運動との関係について四類型を提示し、さらに、それを四ヶ国の事例を比較することで、その諸相を具体的に検討しようとした。本書の第七章では、このキッチェルトの機会構造の二面性をコーポラティズム体制の二つの側面——利益集団の組織間関係の配置と政策形成の制度化の両側面——と照応させて、その両側面と新社会運動との関係を探るつもりである。本書の観点は、すでにストライキ行動の分析で明らかにしたように、キッチェルトのいう意味での利益媒介の型を修正・精緻化して国家―社会関係の制度的配置から捉え直すことに主眼がある。具体的には、既存の利益集団の組織間関係の配置を、「政治社会」と「市民社会」の両レヴェルに定位した「相対集権化」と「絶対集権化」の観点から再把握し、そして、それを踏まえて、その各々のレヴェルの制度変動を示す「相対脱制度化・変易率」と「絶対脱制度化・変易率」といった規準によって再考することである。プロテストの運動は、そうした国家―社会関係のどのレヴェルでの既存の組織間関係の制度的配置とその不安定性とに関連するのかという問題を抜きにしては考察が不十分と思われるからである(26)。したがって、その意味でも、後述するように、市民社会レヴェルのみならず、政治社会レヴェルでの既存の利益集団間の組織間関係の布置構造にたいする従属変数として、プロテスト運動は省察されるべきものとなる。

第三項　プロテスト・サイクルと統治連合の問題

①プロテスト・サイクルの問題

これまで言及してきたアイジンガーにせよ、またキッチェルトにせよ、その機会構造論は、機会構造の閉鎖性―開放性と異議申し立てとのあいだの横断的・共時的・静態的な比較分析にとどまっているとして、S・タローは批判する。彼は、一国（主としてイタリア）における「異議申し立てのサイクル」と改革のサイクルとの照応関係に注目する。そのうえで、機会構造と異議申し立ての両者の周期性の関係に焦点をあてた時系列的・通時的・動態的な比較分析を試みる(27)。タローによれば、社会運動の交差国家的な比較は、各国内部における「運動の周期」のダイナミックスについての枠組のなかで初めて妥当な比較をもたらしうるからである。そして一国内部の社会運動に着目してみれば、運動への動員は、不可避的に生じるのでもなければ、単線的に上昇していくのでもなく、むしろ、周期をともなって変化しているという事実が浮かび上がる(28)。

こうしてタローは、その「プロテストのサイクル」に影響を与えるものこそ、「機会構造」であり、そうした機会構造の変化から運動への流れを注視すべきことを強調した。つまり、「構造から動員へ」である。この機会構造の変化が、運動への動員の成否や、アクターのプロテストへの参加の可否の判断に影響を与えるとみている(29)。

このような機会構造とその諸要素について、タローは、その変遷も含めて次のように述べる(30)。まず第一の要素は、新しいアクターにたいして参加の回路が開かれることに関わる。それは、プロテスト運動にとっては、自らの要求とその実現の契機を獲得する機会である。そこでは、選挙を通じてのアクセスの拡大が、たとえば新政党の形成などにつながり、新たな要求を政治過程に導入する機会として捉えられている。その意味で選挙は、その枠内に新たな挑戦者を招き入れるという点で、運動にとっては「一種の傘」のようなものであるとされる。

第二には、そうした選挙での得票率の不安定性に代表される「政治的同盟」の動揺がある。とくに選挙連合の再編は、運動にとっての機会構造の開放化を導き、プロテストを促進させることにつながる。第三は、エリート間およびエリート内部の分裂である。これは、新たに登場する運動がそのインセンティヴとリソースを与えられる契機となる。そして、そうしたエリート内の分裂とともに、第四には、今度は運動の側において、有力な影響力のある同盟が結成されることである。こうした同盟の結成は、運動をさらに拡大させる機会をつくる。

そして第五は、運動にたいする抑圧の問題である。ここでいう抑圧とは、政府による対応だけではなく、既存の利益集団も含めた他の集団によるものを指し示している。たしかに、そうした広い意味での抑圧は、運動内外の同盟にもかかわる点で、運動にとって重大な契機をなす。だが、それ以上に、運動にたいする政府の抑圧ないし寛容という問題は重要である。なぜならば、その問題は、さらに次の「政府の能力」に関連するからであり、運動をより広いコンテクストでより安定的なかたちで制約するものだからである。

こうしてタローは、H・クリーシ等の議論を援用しながら、「国家の強さ」と政府の「運動にたいする戦略」との関係を探る(31)。そこでは「強い国家」と「弱い国家」という「国家の強さ」の軸と、政府の運動への対応戦略という軸を組み合わせることによって、機会構造を捉え直している(32)。そこでは、まず国家構造の集権度と政府の能力の強弱から、国家の強さが規定される。またプロテスト運動に対する政府側の支配的戦略が「包摂型」か「排除・選別型」という点から、戦略の区別がなされる。そして、この二つの軸に応じて四つの類型が導き出されるのである。だが、タロー自身が指摘していることだが、このような単純化が彼の本意ではなく、そうした国家構造のあり方が、運動にとっての機会構造を拘束する中・長期的な要因であることを示すことにある(33)。むしろ、それは、「統治連合」の動揺に関わる伏線ともいえる機会を形成するものとして捉えられている。

②統治連合の問題

こうした諸点を踏まえて、タローは、運動にとって新たな画期となる「機会」がどのようなかたちで浸透していくのかという「波及効果」について論じる。すなわち、運動を取り巻く機会構造が拡大すると、それは、当の運動への潜在的支持者にとっての機会の拡張に連動する波及効果をもたらす。これによって運動の同盟関係の拡大・再編が生じる。つまり、同様の目標をもった他の運動への機会の形成と拡張は、潜在的同盟者や競合集団への機会の提供だけではない。それは、別の目的を持った既存の集団にまで及ぶようになるのである。これが、対抗運動を惹起させると同時に(34)、潜在的・顕在的な敵対集団をも吸収し、さらに広範な同盟へと転化する契機になる(35)。

しかし、このことは、プロテスト運動にとって一種の「両刃の剣」となる。たしかに、機会構造の波及は、他の新旧の諸集団との連携を強め、運動の進展を促すことにつながる。しかし、その反面、機会構造の波及は、エリート層にとっても政治的機会を再び創出することをも導くからである。統治エリートにとって、この機会の再創出は、同盟によって拡大した運動内部の諸分派を選別し、前述の「排除」と「包摂」の戦略を行使する機会をもたらすことになる。そして、このことが、挑戦者を分断・吸収する契機となり、体制の再安定化に向けての政策革新や体制の改革過程の開始へとつながる。この政策革新と体制改革にかんしてタローは次のように指摘している。「挑戦者が、エリートの政策の優先順位に影響を及ぼす力を独自にもっていることはめったにない。……改革が生じる可能性が最も高いのは、体制外部からの諸々の挑戦が、体制内部のエリートにたいして、彼ら自身の政策の推進や経歴上の昇進につながる政治的インセンティヴを与える場合である。」(36)

こうして部分的な政策革新、あるいは政治体制における部分的な改革過程が開始されると、それは、同時に、挑戦者の包摂と排斥を伴う新たな「統治連合」の形成につながる。その意味で、この統治連合は、脱編成ではなくむしろ再編成である。そして、この統治連合の再編過程の進行につれ、機会構造は縮小し、運動は衰退の局面を迎えることになる(37)。

以上のように、タローは「プロテストのサイクル」について、制度から運動へという側面と運動の制度化という両面を、機会構造の周期と運動の周期との照応関係から論じている。つまり、機会構造の変動が、社会運動を発生・促進し(運動の上昇期)、そして、その運動の活発化が、機会構造の変化や体制の改革を加速すると同時に、その改革過程への運動の参入・包摂に向かう(運動のピーク期)。そして機会構造が、改革を通じて変動から制度化へと向かうなかで、運動自体も一部体制内化されるようになると、こんどは機会構造も強固化され、また運動も衰退化する。こうした一連の機会構造と運動のサイクルの図式をまとめたのが**図表5－2**である。

図表 5−2　プロテスト・サイクルと政治体制との関係

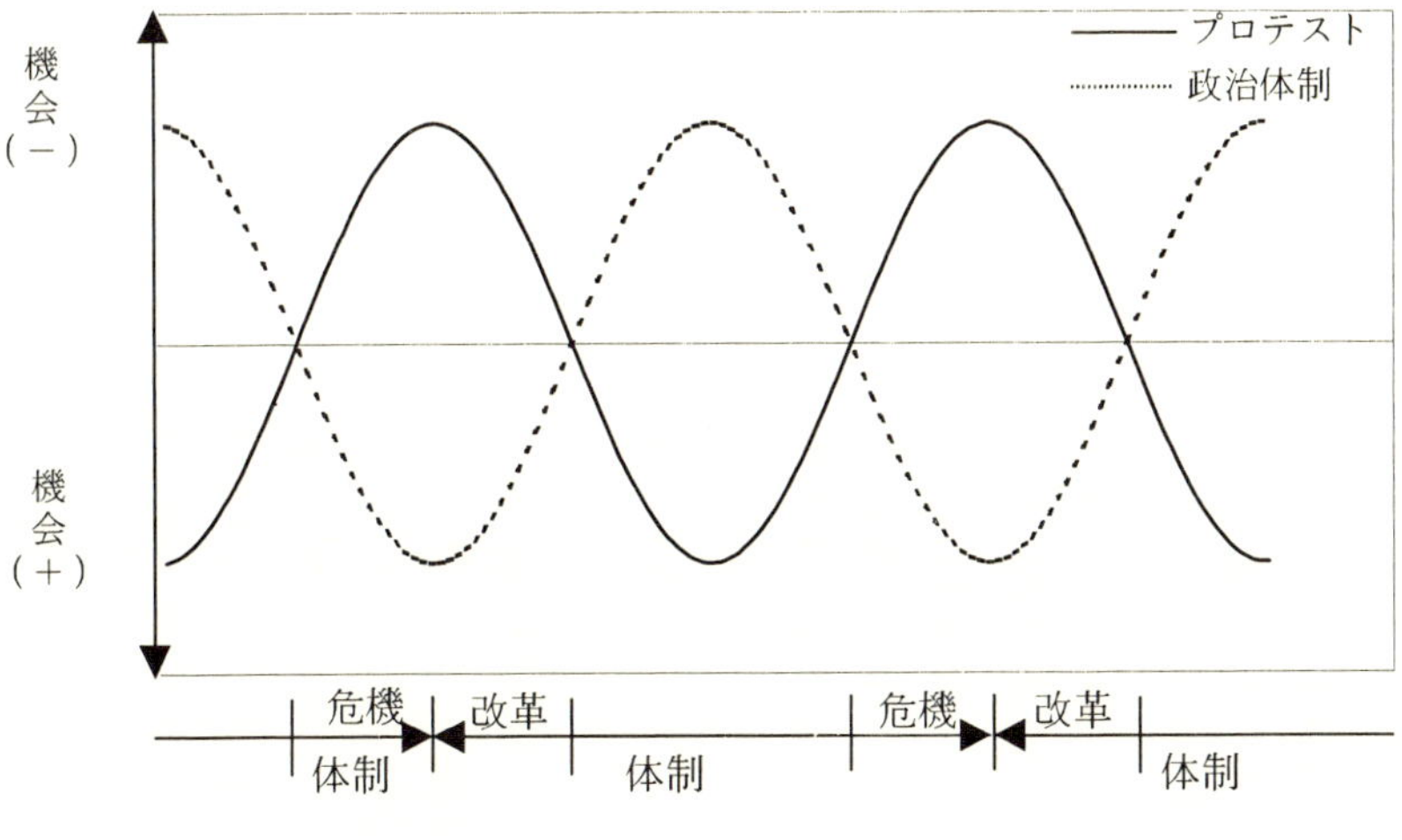

③政治体制との関係

このような説明図式は、また、いくつかの問題を孕んでいるように思われる。第一に、タローは、アイジンガー以来のハンプ型仮説を時系列的な機会構造の周期性に置き換えているともいえる。あるいは、機会構造における共時的な開閉度の問題を通時的な展開のなかで解決しようとしたといってもよい。しかし、そのような機会構造の通時的変化の一般性のなかに、同時代的（共時的）な各国間の機会構造の差異についての説明は解消され得ない(38)。タローは、アイジンガーのように一国においても、またキッチェルトのように交差国家的にみても、機会構造の開閉度と社会運動との関係がほぼ共時的にハンプ型になるのかどうか、という点についてはそれほど重要視していない。むしろ、タローの場合には、共時的にみれば、機会構造の開放性と社会運動の盛衰との関係について単線的な比例性をいわば暗黙裡に前提としているとさえいえる。いずれにせよ、アイジンガー＝キッチェルトが解こうとしたハンプ型ないしU字型の問題にたいして言及こそしてはいるものの、それについて主題的には論じているとは言い難い。

また第二の問題は、その「周期性」にかかわることである。つまり、ある周期と別の周期では、その波動のかたちに違いがある場合もあるが、その振幅と長さにおける相違については詳しく論じられていない。その意味で、周期性と時期区分との関係が明確とはいえない。どちらかといえば、タローは、その問題を、機会構造の変化と社会運動の盛衰との両者の周期性における照応関係という一般的な問題に解消している。しかし、機会構造論の主旨からすれば、運動のサイクルの差異をもたらすのは体制変動のサイクルであり、したがって運動が直面する旧体制の質的差異こそ、より明瞭なかたちで考察されるべき課題になるはずである。

第三に、そのような旧体制の機会構造のあり方の差異が重要であるとすれば、その各時期の中心的な「政治体制」を規定することは、ますます重要になる。たしかに、タローは、民主主義国あるいは多元主義体制と、旧社会主義国ないし権威主義体制との対比をしばしばおこなっている。しかし、それは、一国内の体制の歴史的差異の比較にとくに重点を置いているわけでもなければ、そうした体制間の質的差異に由来する機会構造の相違を主題的に論じているのでもない。また、リベラル・デモクラシーという一見類似した諸国間における政治体制の下位類型間の差異と、それに由来する機会構造の質的差異との関連についても、明確には議論してはいない。要するに、時期区分を異にする政治体制の具体的な規定や、ほぼ同時期における一見類似した体制間の差異の問題が、体制一般あるいは体制変動一般という次元に解消されてしまっているように思われる。

そして第四として、政治体制とそれに対するプロテストの問題が、統治連合や同盟といったアクター間の連携を重視する「連合論」に傾斜して把握されていることである。そこでは、利益媒介の制度編成の型の相違とプロテスト運動の差異との関係、あるいは組織間関係の制度的配置およびその変動とプロテスト運動とのあいだの関係は、どちらかといえば重要視されていない。そしてこれらの点こそ、次章以降で本稿が主題的に取り組む課題なのである。

④機会構造論と資源動員論の関係

機会構造の開放化が異議申し立ての潜在的可能性を高めるからといって、それがただちに、社会運動へと発展・転化するわけではない(39)。そこには、社会運動の発生・展開・帰結の一連の政治過程における運動組織を連結するネットワークなどの媒介者の存在、同種の目標を掲げた運動との競争性、既存の利益集団との対抗・提携、そして政府との関係など、同種の争点アリーナにおける組織間関係の布置が問題になる(40)。こうして同一の争点領域における「社会運動組織(SMO)」のあり方や、その競合・協調関係を含めた当該アリーナにおける社会運動組織のあり方をトータルに捉えた「社会運動産業(SMI)」などの概念が再浮上してくる(41)。これらは、八〇年代に再考された機会構造論の展開のなかでも注視されることになった。この議論の背景には、「資源動員論(RM)」が、すでに七〇年代に提起していた「社会運動組織」の問題に加えて、それをさらにアクターを取り巻く外部環境へと拡張した「社会運動セクター（ＳＭＳ）」や「社会運動産業」などの議論を展開していたことがあったといえる(42)。

資源動員論は、運動のリーダーや担い手の戦略・戦術の選択の問題にかんして、しばしば批判を受けてきた。たとえば、アクターの側の資源の利用可能性にもっぱら焦点をあててきたこと、しかもその資源の概念が曖昧であることなどについてである。そうした批判を踏まえて、Ｊ・マッカッシーなどは、社会運動にたいする社会的支持と制約という両面を重視することを確認したうえで、さらに次のような諸点を注視している。すなわち、動員される資源の多様度、社会運動と他の利益集団との関係性、運動にたいする外部の支持への依存度、種々の既存の権威（政府等）が運動を統制ないし包摂するのに用いる戦術、などである(43)。

また、運動における知識や経験、各種のルール、そして利用可能な物質的・組織的資源など広義の「手段の体系」を指し示し、集合行動の類型や形態の相違を見極めるうえで重要とされる「運動のレパートリー」の概念についても、その概念の提唱者とされるＣ・ティリー自身が、同概念を各種のアクターが所有し戦略的に配備・活用しうるという認識にたっていたとして、その道具主義をいわば自己批判する。そして同概念は、比喩的にいえば言語や慣習のように、同盟・競合・敵対等の関係にあるアクター間の相互作用を通じて共有されたり、あるいは各種の制度との関連において規定されるべきものであるとする認識の転換を主張したのである(44)。

こうして資源動員の視点を継承・発展させる見地から、さらにＭ・ザルドらは、諸々の運動の組織が、それらを取り巻く環境のなかで存立しているのはもちろんのこと、より広い社会的文脈のなかで歴史的に形成されている点を指摘する。しかも、そうした各種の組織と国民国家との関連性に着目することをも示唆している(45)。これらの議論は、たしかに資源動員論からすれば、利用可能なリソースの範囲を拡張してより広義に規定しているにすぎないともいえる。しかし、このように資源動員論が、社会運動をめぐって、当該アクターに関連した資源の問題から、さらに動員資源を提供する制度的コンテクストも含めて考察するようになると、政治的機会構造論と接近し補完的になるとさえいえるかもしれない(46)。ただし、ここでは、そうした資源動員論の転回と機会構造論との関係といったアプローチ間の収斂や優位をめぐる問題について立ち入って探求することよりも、以上のような議論が、いずれも、どのような社会運動であれ、それがつねに、既存の制度的配置やそこに由来するアクターの機会構造のあり方に運動の発生・展開の根拠を求めている点をとりあえず確認しておくにとどめておきたい。そして、新しい社会運動は、それらが直面している制度的コンテクストとは切り離しえないという認識を再確認できるとすれば、次に問題となるのは、それでは八〇年代のプロテスト運動の新しさとはなにかということになる。それらの運動は、どのような既存の体制とそこにおける機会構造の諸相との関連において、どこが新しいといえるのか、また、その新しさは何に由来するのか、あるいは旧来の社会運動、たとえば労働運動との関係において、どこが新しいのか、といった諸問題があらためて浮上する。

第二節　新しい社会運動の「新しさ」

第一項　「新しさ」の根拠

「新しい社会運動」とか、あるいは「ニュー・ポリティックス」などというかたちで、しばしば喧伝される社会運動がある。だが、その場合、その「新しさ」とはなにか、あるいは、何に対して「新しい」といえるのか、またその際、対峙する「古さ」や「守旧的（伝統的）」なものは何なのか、といった諸点を明確にする必要があろう。いうまでもなく運動の担い手が自己規定するレトリックや運動の掲げるスローガンと、現実の運動の展開についての認識や叙述とは区別されなければならない。また、その区別について自覚的にならなければいけないのは当然のことでもある(47)。前述のキッチェルトが指摘していることだが、通常、新社会運動は、フェミニズムや環境運動といった運動自身による自己規定や政治的ラベル付けによって識別される。しかし実際のところ、それらの運動を経験的に観察すれば、その実践の方法や形態において多様性をもっているので、そうした自己規定をそのまま踏襲するのは分析的にみて不都合な点が多々ある。つまり、そうした運動の自己規定と経験的事実とは合致しないことが往々にしてあるので、新社会運動をさらに理論的に明確に規定し、それが「新しい」所以を明示する必要があるというわけである(48)。こうしたことが、新しい社会運動の議論が登場した際に、その「新しさ」について懐疑的見解が提示され、いろいろと論議を巻き起こした理由のひとつでもあった(49)。

①政治意識対構造変動——主観主義と客観主義の二元論

アクターの抱く価値の変動によって新社会運動の台頭を説明する議論はしばしばなされる。その一例としての「脱物質主義」の議論は、脱工業化社会の進展にともなう「静かなる革命」（R・イングルハルト）の進行を重視する。しかし、この説明は、最終的には、新社会運動の登場の根拠を、アクターの意識や心理の変容に求めている点で「政治意識論的・心理主義的」アプローチの一種である。それは、結局のところ、社会運動の「新しさ」の根拠を、アクターの不満や挫折感に代えて、種々の「生活の質」等を標榜するスローガンとそれへの期待感等に置き換えた「主観主義的」アプローチである。またアクターの価値意識の変容を重視する点では「文化主義的」アプローチの亜種でもある(50)。

また他方、客観的な社会的条件の変化から、ただちに新たな運動の発生を予定する議論もある。たとえば、脱工業化という社会構造の変動と新社会運動の展開とを無媒介に対応させる主張がある。それは、そうした社会変動が必然的に疎外感等の心理的状況をともなった社会運動を導くという構造変動と運動の直接的な照応関係を力説する。また、構造的制約や政治システムの緊張が、「必然的」に意識や認知の「ギャップ」を生じさせ新社会運動を招来するという議論などもそうである(51)。これらの議論は、運動の客観的条件を説明できても、それは往々にして必要条件を提示しているにとどまっている。そこでは、アクターを運動へと媒介する制度的要因が軽視される傾向にある(52)。つまり、アクターを運動へ駆り立てる機会や、運動を運動として展開させるような、アクターを取り巻く環境要因への配慮が閑却されがちなのである(53)。

こうして極度の主観主義と客観主義との二項対立が胚胎する。しかし、いずれの見解も、新社会運動の「新しい」所以を十分把握できていない。主観主義者の議論は、運動の新しさを、価値観や意識の変容という主観的契機として認識する。だが、それでは、運動の発生・展開における資源動員や組織能力、あるいは運動を取り巻く環境要因や運動それ自体の組織形態における「新しさ」は説明できない。そもそも個々のアクターの価値意識やその集約性としての世論等は、等質的なものではない。D・ラクトによれば、八〇年代の旧西ドイツにおける環境運動と反核運動をめぐっては、それへの反対の態度もまた相対的にみて高い水準にあった。たとえば、環境の質が高い価値をもつと認識された場合には、強力な環境運動は、完全雇用問題など既存の優先度の高いとみなされた争点への脅威のひとつとして認知され、世論動向としては、環境運動の諸々の要求にたいする反対の傾向も同時に強まったという(54)。このことは、意識や価値意識の変化は、既存の優先度の高い争点との関係において把握されなければならないということだけにとどまらない。それは、既存の争点をめぐる中心的な担い手、たとえば先の例でいえば、完全雇用を優先して標榜する労組や政党との関連においても運動を捉え直すことを要請しているのである。

他方、客観主義的な議論は、運動がシステムや構造に依存しているという認識に基づいているので、環境的な要因による運動の説明をある程度可能にする。しかし、この議論は、しばしば新社会運動を、構造的機能の担い手に還元したり、あるいは、それを逸脱行為や非日常的な出来事として把握したりすることになる。そこでは、新社会運動は、通常の圧力団体政治の一環として、またはシステムや構造の逆機能や脆弱性の顕在化を示す一事例として捉えられるにすぎない。したがって、当該運動の争点領域や政策分野における「新しさ」の説明は副次的になってしまうのである(55)。

また、それに関連して、脱産業化の進展という社会学的論理も援用しつつ、新社会運動を「中間階級」を主たる担い手とする運動とみなす新たな「階級政治」の論理に還元するような見解もまた問題を孕んでいる。むしろ、階級政治なるのものは政治―制度的編成を通じて構築されるものである。脱産業化社会にともなう「新中間層」の登場が、ただちに新社会運動の登場に連動するわけではない。この脱産業化と新中間層をセットにした議論では、欧米先進国間の「差異」は説明できない。もし、そうした脱産業化の論理が貫徹されれば、最終的には、新社会運動の展開は収斂する方向にいくであろう。脱産業化―→新中間層の形成―→脱物質主義―→新社会運動という論理は、たとえ先進国に類似の構造的論理であるにせよ、それは新社会運動にとっての必要条件ではあっても十分条件とはなりえないのである。このような構造変動と階級政治とを直結する論理では、前述のような敵対型と改良型の混合型戦略をとる旧西ドイツや敵対型のフランス、そして改良型のスウェーデン、スイスなど、新社会運動の展開における各国間の差異は、せいぜいのところ同一傾向における程度の問題に解消されてしまう。あえていえば、そこでは、差異そのものは説明の対象にはならないのである(56)。

②制度的論理の必要性

したがって、そうした各国間の差異を説明するためにも、そのような構造的転換を媒介する制度的論理を追求することが要請される。かりに新社会運動を中間階級による運動として把握するにせよ、それが、どのような組織間関係の布置から発生・展開していくのかが問われることになる。さらに、その制度的配置に関連して、いくつかの問題が浮上する。たとえば、新社会運動は、従来の社会運動のひとつである労働運動――より具体的には、コーポラティズム型の制度化された労働運動――との関係では、その連携・同盟は、原理的な不可能性等も含めて、どのようなものなのか。それは、旧来型の労働運動が制度化されたことに、どの程度関連があるのか。あるいは、労使間の交叉階級同盟と、原理的にないし実際的にどのように対立するのか、しないのか、等々の問題である。

そこで本章では、これまでの議論から明らかなように、国家―社会関係における組織間関係の制度的配置という視点を重視し、社会運動と他の利益集団との関係、とりわけ労働の組織間関係の配置との関連に着目する。その意味では、アクターを取り巻く客体的契機を重視している。だが、これは、いうまでもなく、社会構成体における経済領域の位置や、社会システムの機能といった構造の次元に還元することではない。むしろ、それは、新社会運動が、既存の政治体制としてのコーポラティズム、とくにその利益媒介制度としての組織間関係の配置との関係において、どのような特徴をもっているのかに焦点をあてることである。ここでは、新社会運動論の議論の全体的な整理は、本章の範囲を超えているので別の機会に譲るとして、そうした本書の制度論的観点にかかわる限りにおいて、新社会運動をめぐる先行研究を整理しておきたい。

第二項　国家―社会関係の変容と争点の変化

①福祉国家―コーポラティズムの危機――H・キッチェルトの議論

前述のキッチェルトは、まず新社会運動の定義をめぐっては、しばしば次のような七つの規準の一部ないしそのすべてが包含されているとみなしている。㈠新社会運動は目的指向的な集合行動であり、㈡それらの行動においては、ある程度の内部の組織化と指導部が存在しているが、しかし㈢そうした組織化やリーダーシップが生じるのは、通常の社会的な意思決定における既存の回路の外部である。㈣それらの運動は、一部の社会的財を獲得することを指向しているとはいえ、㈤社会諸制度による集団の動員を否定し、また、そうした集団の動員が無いか部分的であっても、社会諸制度によって支えられる動員を拒否する。そして㈥その場合の社会諸制度とは、所与の権力・資源の分配構造の内部にあり、そこで㈦諸々の機能を遂行しているという意味である(57)。

しかし、キッチェルトによれば、こうした規定では、新社会運動を、各種の抵抗運動など他の運動と区別する特徴が明確ではない。問題は、新社会運動が、そうした定義上の諸要素をどのようなかたちで共有し、また新社会運動がどのような社会的影響を具体的に受けて登場してきたのかである。それは、社会的事実の総体のなかから何をどのように選別していくのかということでもあった。そこで彼は、新社会運動は、身分や地位の承認や確立を指向する運動でもなければ階級的運動でもないとしたうえで、それが、フォーマルな諸組織と官僚制を中心にした国家機構の拡大や政府による社会への介入が増大したことへの対抗として発生してきた点に着目する(58)。

彼によれば、新社会運動を理解するには、先進資本主義諸国の種々の階級的運動が獲得した成果から、問題を把握するのが最も適切であるという。とくに第二次大戦後、福祉国家とケインズ主義的な経済政策形成という二つの主要な柱に支えられて、資本と労働とのあいだに階級的妥協が成立したことが重要であるとされる(59)。この二つの柱に、L・パニッチらの議論を付け加えるならば、ネオ・コーポラティズム＝社会民主主義＝福祉国家＝ケインズ主義政策という構図になるだろう(60)。そして、この二大階級の分配闘争は、各種の社会保障プログラムが富の穏健な再分配を提供することによって和解されてきた。そのため生産過程への統制は重大な挑戦を受けなかった。しかも国家が、経済循環に対抗する財政的介入をおこなうことで、経済成長と蓄積の維持に努めたのである。こうして資本―労働の妥協は、労使双方が「少なく与えて多くを得る」ような「プラス＝サム・ゲーム」をおこなうことで確立したとみなされる(61)。

しかし、七〇年代中葉以降の先進資本主義国の多くにおいて、経済成長の鈍化、公共部門の拡大化、財政危機などが顕著にみられるようになると、左右両勢力とも、そうした福祉国家型の労使間妥協の存続可能性にたいして疑問の声をあげたのである。新自由主義は、自由主義的な資本主義への回帰を主たる基調としたプログラムを提起し、また国家主義的(国家管理指向型)左派は、資本蓄積を合理的に指令するような包括型の福祉国家をさらに推し進めることを提唱した。こうした両潮流に対して、新社会運動のプログラムは、国家が経済成長を促進すべきであるという考え方に異議を申し立てる。そして財やサービスの再分配に代わって、国家は、たとえ経済成長が鈍化したり社会の「安定性」を損なうことがあっても、質的な「ライフ・チャンス」を擁護すべきことを主張するのである。こうして旧来の労使間の分配をめぐる闘争・亀裂から、新たな「ライフ・チャンス型亀裂」ともいうべきものが胚胎する(62)。

②争点の変容：「ライフ・チャンス」

この「ライフ・チャンス」をめぐる亀裂や闘争は、（ストライキ等に代表される）分配をめぐる亀裂が所得の領有を基軸にして組織化されるのとは対照的に、無形のライフ・チャンスや、個々人の所得の一部とはなりえない集合財をどのように提供するのかをめぐって組織化される(63)。このライフ・チャンスの概念は、第一に、諸個人が自己の利益を追求する諸権利と、共同的（コミュナル）な社会的インフラ・ストラクチャーを構築する社会的「紐帯」とを結びつける。ここでいうコミュニティの追求・探索とは、フォーマルな組織よりも第一次集団の優位性を強調することである。これを、キッチェルトは、新しい社会運動の提起した主たる要求のひとつであったとみなす。そして、その実現のためには、政府による統制よりも、むしろ社会の自律性の圏域の確保のほうが重要視されるのである。

第二に、各種のライフ・チャンスは、それらが実現されるにあたっては、十分な財とサービスの公正な分配に依存するだけではなく、個々人の満足感や提供される社会的満足度の質にも左右される。これは、諸々の商品の消費に対する個々人の満足感が低下してきたことに関連がある。そして第三に、多くのライフ・チャンスは、諸々の集合財から成り立っているが、これらの集合財は、市場メカニズムでは生産や分配が十分にできないので、したがって個々人の権利の行使だけでは享受しえないものとみなされている(64)。

こうしてライフ・チャンス指向型の新社会運動は、種々の無形の集合的ニーズを充足することを要求する。これらのニーズは、第一章との議論とも関連するが、国家と市場のいずれのコントロールからも自律したコミュニティの形成、アイデンティティの構築、さらには自主管理といったような諸々の調整様式のなかに具現化されるとみなされる。そして、これらの質的なライフ・チャンスにたいして福祉国家型の労使間の階級的妥協は、それらライフ・チャンスの実現が経済成長を抑制することもあるので、往々にして敵対するのである(65)。

さらに政府に関連してキッチェルトは、福祉国家化にともなう政府介入による官僚主導型政治は、労使双方の成長指向性に基づく階級妥協を組織化の主たる原則としていたので、この点が、多くの「ライフ・チャンス」型運動にとっても動員の焦点であったと主張する。つまり、経済成長と社会的安定を維持するために、福祉国家は、その介入の範囲を資本―労働間の社会的妥協の基盤となる領域へとますます拡大するようになった。その結果、ハーバーマス流にいえば、生産・再生産関係の諸領域における社会の自律性の圏域は、次第に縮小・衰退してきた。言い換えると、労働・社会諸関係は、たえず商品化されるだけでなく、行政関係にも編入されるようになる。こうして自己組織型の相互扶助システムは衰退し、それが、さらに生活領域への管理型統制をいっそう増大させる結果をもたらしたのである。

このような管理型の福祉国家の制度化こそ、社会の諸アクターが社会的再生産の諸領域を自らの手で自律的に組織化する能力を剥奪する方向に往々にして働くために、そこで反発を招くことになる。とくに消費者は、各種の人的サービスが、官僚主導型および市場主導型になるなかで管理化・商品化されることに不満を抱いている。したがって、生活領域がさらに新たな社会統制のメカニズムに組み込まれることには抵抗を示すとされる[66]。ここに、生産対消費を争点基軸として、コンフリクトがしばしば生じることになり、ライフ・チャンス指向の新社会運動が登場するひとつの重大な構造的な根拠があるとみなされる。

③生産対消費

しかも、この福祉資本主義は、経済成長と組織的安定にとって「中心」をなす活動には特権を付与するが、しかし、その遂行にとって役に立たない領域を埒外の「周辺」に置くとされる[67]。ここから主要な亀裂は、労使の階級間亀裂から、労使の生産性同盟という交叉階級連合へと複合化し、そして生活領域において複雑なかたちで現出することになる。

こうして「ライフ・チャンス」型の亀裂は、キッチェルトによれば、個々の社会的アクターをアンヴィヴァレントな位置に立たせる(68)。個々のアクターにとってみれば、生産領域という「中心部」における役割や利害と、ライフ・チャンスに関連する再生産・消費の領域という「周辺部」における要求や関心とが齟齬をきたすようになる。そのため、個々のアクターの生産領域に占める「位置」は、動員の決定因とはなりにくくなる。その意味で、ライフ・チャンス型新社会運動は、明確な階級的基盤をもったものでもなければ、特定の社会経済的階級の利害を志向・代表するものでもありえない。したがって、それらの運動は、階級闘争の観点から捉えることはできない。むしろそれは「階級複合的」である。ある場合には新中間階級が主たる担い手にもなれば、別の場合には失業者や老齢者の諸集団が中心的なアクターになることもある(69)。

④構造から制度へ

キッチェルトは、このようにライフ・チャンス型運動では、その担い手と社会における構造的位置とが照応しないことを強調する。そして制度の論理が重要なこと、とくに制度の論理が構造的利害の対立を激化させることに着目する。「階級亀裂」と「ライフ・チャンス型亀裂」とは対立しているが、両者の関係はどのようなものであり、またどのようなかたちで非対称性を帯びているのか、そしてとくに労働―資本の階級的妥協を国家がどのようなかたちで強化しているのか、といった問題が重視されるべきことが主張される(70)。この点こそ、国家―社会関係における労使間ならびに労働内部の組織間関係の制度的配置を中心としたネオ・コーポラティズム体制との関連で、新社会運動を捉えることとの意義を示唆している。ただし、キッチェルトは、そのような制度編成の問題については詳しく議論を展開していないが(71)。

以上のようにキッチェルトは、福祉国家の経済成長と再分配の機能とそれに照応した階級妥協と国家介入という戦略に焦点を据えている。そして、福祉資本主義のコーポラティズム体制の制度化・強固化がもたらす新たな亀裂に注目して、そこに新たな運動が生じる根拠を見いだした。とくに労使間の分配亀裂に対峙するかたちで、生産対消費、物質対脱物質、管理統制メカニズム対生活領域圏の自律性といった諸々の対立基軸を内包した「ライフ・チャンス」亀裂が生じる構造的必然性が、戦後の先進諸国に共通の傾向性をもって存在している点が指摘された。そのうえで、さらに制度の論理を追求する必要性が提起されたのである。

しかし、彼の議論は構造主義的な議論にとどまっていたといえる。たしかに、福祉国家における官僚制化と管理統制型政府介入、その成長指向と再分配による階級和解体制の確立とその動揺という構造的次元を踏まえた、制度の論理の重要性は強調されてはいる。だが、それがどのような組織間関係の制度的配置から生じるのか、については具体的に議論が展開されてはいない。たとえば、福祉国家の階級間妥協には言及してはいる。けれども、それは労働―資本間のどのような交叉階級連合なのか、また労働ないし資本の内部の組織間関係の集権度や指導部の統制度などはどのようなものなのか、あるいは体制内化した労働運動と新社会運動との関連はどのようなものであるのか。これらネオ・コーポラティズム論で提起された諸指標と新社会運動との関連については詳しく論じていないのである。

そして何よりもキッチェルトは、福祉資本主義の国家介入の問題を論じつつも、そこにおける国家―社会関係の問題やさらには政治領域の区分という点についても深く探求してはいない。この問題こそ、次にみるC・オッフェが新社会運動に関連して着目したことなのである。

⑤国家―社会関係と政治領域の再編：C・オッフェの議論

まずオッフェは、社会生活における政治領域と非政治領域との区別が曖昧になり、政治領域の制度的境界線が変更・再編されつつあるとみなす。そして、このことが、国家対社会という旧来の二元論にたいして重大な挑戦を促しているとみている[72]。彼によれば、こうした国家―社会の領域の融合やさらに公的―私的領域の区別の曖昧化は、政府と市民とのあいだの政治的紐帯の制度的回路が、数多くの争点や市民によって活用されていることを示す証左でもある。だが、それだけではなく、その制度的回路が大きな挑戦を受けていることを示す証拠でもある[73]。オッフェは、新社会運動と国家―社会関係との関連について次のように語っている。

新社会運動は、代議制＝官僚制という政治的諸制度によって拘束されない諸々のやり方で市民社会を政治化し、それを通じて、国家による統制や介入から独立した市民社会を再構築することをめざしている。こうして市民社会そのものを国家から解放するために、新社会運動の主張は、市民社会の諸制度および市民社会における合理性や進歩の規準そのものを追求している。したがって、実際の運動も、私的に遂行・関与することと制度的な国家—制裁型の政治様式とのあいだの媒介領域において展開することを選択せざるをえない(74)。

オッフェに従うと、旧来の政治パラダイムにおいて比較的明瞭に対峙していた公的・政治的行為の領域と私的行為の領域とは、その境界線が不分明となる。それは、「私的領域」、「非制度的な政治領域」、「制度化された政治領域」の三つの領域に分岐する。こうして国家と市民社会という二項対立図式もまた、妥当しなくなるとされる。新社会運動が、「市民社会内部における政治行為の空間」を要求・主張し、さらにその市民社会の陣地・領域から、私的な営為と制度化された政治的営為の双方に挑戦するようになるからである。その意味でも、新社会運動のパラダイムは、古いパラダイムを正当化していた各種のカテゴリーそのものを捉え直すことを要請しているのである(75)。

こうした議論は、本書の第一章で述べた「社会の二重性」という観点から、国家—社会関係を国家—政治社会—市民社会の三項図式で捉え返すことの重要性を示唆している。しかし、オッフェの説明は、三つのアリーナの分岐を指摘するけれども、その各アリーナの特性を国家—社会関係との関連において明確に識別しているとは言い難い。また、そうした国家—社会関係の制度的配置と新社会運動との関係について議論を明示的に展開しているわけでもない点をとりあえずここでは指摘しておきたい。

そしてオッフェは、そのような認識をもとにして、コンフリクトの内実が変化している点に議論を進める。彼によれば、とくに公共政策の価値基準をめぐるコンフリクトは、西ヨーロッパ政治における政治的なものの固有の領域とその境界線をめぐる今日のコンフリクトを理解する鍵となる。このコンフリクトは、分配政策をめぐる紛争のような一定の明瞭な価値合意や評価基準に基づくコンフリクトとは異なる。それは、価値そのものをめぐる葛藤であるだけに事態をより複雑にさせる。つまり、分配闘争の場合には、分配される諸々の資源とそれにたいする価値や評価は所与であり、争点はそうした資源をどのように分配するのか、ということであった。これに対して、新社会運動が提起したのは、そもそもそれらの資源は分配する価値があるのかどうかという問題だからである(76)。

⑥新旧社会運動の区別

こうしてオッフェは、争点や価値やその他の面での新旧社会運動の区別について、その新旧のパラダイムを対比する。そのパラダイムの公準となる中核的諸要素は、①争点、②価値観、③行動様式、④アクターおよびその社会的基盤である。この各々に沿って両パラダイムを比較すると、まず第一に、旧パラダイムは、経済成長と分配、安全保障と社会保障、社会の統御といった争点に結びついていたのに対し、新しいパラダイムは、環境、人権、平和、疎外された労働形態といった諸争点に関係している。この点に関連してD・プロトゥケは、ヨーロッパの文脈では社会民主主義的な労働運動の分配・平等と、脱物質的価値に関わる社会文化的関心とが対峙しており、この価値の対立こそ、新社会運動が、伝統的な労働運動が達成したものを前提にして展開されることを示唆しているとみている(77)。

第二に、価値意識についていえば、旧パラダイムでは、自由、私的消費の保障、物質的進歩といった点に価値が置かれていたのに対し、新パラダイムでは、「集権的コントロールに対抗する個人の自律性とそのアイデンティティの確立」といった点が重視されることになる。

第三に、旧パラダイムでは、政党などのよりフォーマルな組織や、労働組合や経営者団体等の規模が大きく特化した利害を代表する団体、あるいは制度化の度合の高い包摂的な利益集団に、政治行動の基盤を置いていた。これに対し新パラダイムの場合、その基盤は、インフォーマルで自発的な結社など、垂直的な構造分化・統合の度合の低い組織が中心的である。またそれに関連していえば、旧パラダイムでは、多元主義型ないしコーポラティズム型の利益媒介様式、政党間の競合、多数決原理、妥協や交渉、あるいは交換といった側面が重要であった。しかし新パラダイムでは、異議申し立ての政治行動様式がしばしば採択される。さらに、行動の目標や要求も、既存の政治的・社会的コード（リベラル―保守、左翼―右翼、労働者階級―中間階級、都市―農村）とは質的に異なるものが打ち出される。

第四に、運動の担い手の中心も異なる。旧パラダイムでは、社会経済的集団が主要なアクターであり、それらが自己の集団的な利害のために行動し、そして主として分配闘争にかかわっていた。これに対して新パラダイムでは、政治的対立は、各種の争点に由来する諸々のカテゴリーに分類されることになる。したがって、その主要なアクターも、たとえば、性、人種、年齢、地域等をめぐる局域的で個別具体的な争点から、人類的価値や集合的な帰属意識や美的な価値といったような抽象的な論点に及ぶ様々な争点に応じて、多種多様になる(78)。

⑦階級連合論

このようにオッフェは、政治領域の区画の融解化を指摘したうえで新旧政治の両パラダイムを対峙させている。そして彼は、旧パラダイムの政治との関係で新社会運動の帰趨を見定めようとする。そこで彼が依拠するのは「同盟論」である。ここに論理の飛躍があるといえるが、オッフェは三つの同盟の型を提示する。「同盟①」は、新パラダイムの提唱者と伝統的な右派勢力とが連携したものを指し示す。したがって、それは、新社会運動とそれに関連する諸政党（つまり、新中間層の一部分子、周辺的集団、旧中間層の一部分子）と、右翼（つまり、新旧中間層の一部分子、未組織労働者階級）との同盟関係になる。「同盟②」は、新パラダイムを広く排除するような「大連合型」コーポラティズム同盟とも呼べるものである。それは、主として伝統的な左右両翼の連合であり、左翼（つまり、組織労働者階級、新中間層の一部分子）と右翼との「反―新パラダイム」同盟である。そして第三の「同盟③」は、新パラダイムが伝統的左翼と結びついたものであり、新社会運動と左翼の同盟である。オッフェは、この第三の同盟こそ、旧パラダイムに対する唯一の効果的で成功する可能性のある同盟であるとしている(79)。

こうしてオッフェの議論を整理してきたが、その立論にはいくつかの問題点を含んでいるといえる。まず第一に、オッフェは、制度的境界を問題にしたのに、結局のところ、それを図式的な連合論に解消してしまっている。とくに彼のコーポラティズム大連合の制度的配置と新社会運動との関係についていえば、アクターとしての階級を自明視し、最終的には新旧中間階級や労働者階級との連携という素朴な「階級同盟論」に陥っている。そこには、労働内部の未組織労働者の存在への言及はあっても、その存在が既存の組織間関係の布置構造に位置づけられていない。それは、そもそもオッフェ自身が述べたような政治領域の境界の融解等の議論とは齟齬をきたすような論旨である(80)。とりわけ、その「同盟②」については、新社会運動は、そうしたコーポラティズム型の労使交叉階級連合が依拠する既存の制度的配置から登場したものであり、そうした体制と運動との関連性こそ、明確にすべき課題のはずである。新社会運動の新たる所以は、そのような制度的配置への外部からの挑戦でもあるからである。

それに関連して第二に、そのことは、国家—社会関係における制度的境界の融解・再編という彼の当初の問題設定そのものになんら解答を与えていないことを意味する。あるいは極言すれば、問題の所在とその解決策とが首尾一貫していないだけでなく、かれの解答は、異なった問題への返答であるとさえいえる。かれの返答は、階級同盟論の残滓であるばかりでなく、当初の制度論的な問題設定を連合論の視座へと移し替えてしまっているともいえよう。

しかも第三に、その同盟論についても、同盟形成の根拠が、曖昧な左翼—右翼というイデオロギー軸に依拠するか、社会経済的な意味での中間層を含んだ階級同盟へと還元する傾向にある。そこでは、階級が制度的に構築される点がしばしば閑却されている。それは、彼自身が主張しているような、制度的境界を画定する基軸が融解し、その意味でイデオロギー軸も曖昧になるという点への配慮が不十分である。したがって、その同盟論もまた、アクター間の同盟を組む制度的基盤の問題は軽視されているといっても過言ではない。

第四に、オッフェは、新社会運動に対する心理主義的アプローチと構造的アプローチとを対比させて整理するなかで、両者の単純な対置や両者の安易な直結を批判し、その両者の相互作用や相互補完性を主張している(81)。しかし、彼は結局のところ、アクターと構造とをつなぐ媒介としての制度的領域の問題については議論を暗示しているだけで、それを具体的には展開していない。そして最終的には、イデオロギーや価値意識と構造次元の階級とを直結させる二元論に陥っている(82)。

第五に、オッフェは、新社会運動の主たる政治パラダイムについても、既存のパラダイムと対置させるだけにとどまっている。新パラダイムが、旧パラダイムからどのようなかたちで派生しているのか、両者の関連を明確にしていない。もちろん、オッフェは、旧体制との対比はおこなっている。しかし、新社会運動が、既存の体制の諸側面のどの側面にたいして、どのような新しさがあるのか、つまり、新しい運動の誕生・展開が、旧体制のどのような制度的配置にたいしてどのような関係にあるのか、についてはあまり多くを語ってはいない。要するに、オッフェは、国家―社会における二元論の問題性を指摘し、国家―社会関係における媒介領域の相対的自律性を主張してはいるが、しかし、それを新社会運動に関連させてどのように概念化するのかについて、また新社会運動が既存の制度的編成とどのような関係にあるのかについては、十分に明らかにしているとはいえないのである。

おわりに

このようにキッチェルトとオッフェの所説を批判的に吟味してきたが、そこで力点を置いたのは、新社会運動の新しさの説明根拠としての争点基軸の変化と政治アリーナの変容という、すでに第一章で論じた二つの側面である。本書は、繰り返し述べてきたように、国家―社会関係の制度編成を重視する視座から、ネオ・コーポラティズムを政治体制として捉え、そこから同体制と新しい社会運動との関係を把握し直すことを主眼としている。

そこで本書の視点と、キッチェルトやとオッフェの議論との関連をここでまとめておくと、本書の視点は、キッチェルトの福祉資本主義論と、オッフェのいう公的領域と私的領域との区別の融解あるいは国家—社会の相互浸透の議論の双方に関係している。まずキッチェルトからは、第一に、その生産—消費の争点軸という観点を継承する。第二に、福祉資本主義の展開にともなう生産領域から消費領域への比重の移動とそれによる両者間のコンフリクトの顕在化としてライフ・チャンス型運動を捉えている点を踏襲している。また第三に、キッチェルトが、前述の独自の機会構造論（における入力—出力の軸）や、福祉国家体制との関連性を主張している点は、本書と問題関心を共有している。ただし、本書では、その問題を、国家—社会関係の制度編成を基軸としたネオ・コーポラティズム体制とに関係づけて把握することになる。

またオッフェの議論が、国家—社会関係の変容と国家対市民社会の二元論を批判して、そして両者の融合と三領域への分岐という視点を打ち出したことは、本書にとっても示唆的である。しかし、オッフェ自身は、その領域の区分と相互の自律性という点にかんしては曖昧なままである。本書は、その点について、国家—社会関係における組織間関係の制度的配置とその制度変動を分析的に確定して、新社会運動との連関を探っていくことになる。言い換えると、オッフェとは、国家—社会という二項対立図式への疑義・否定という点においては、問題関心を共有している。だが、本書では、すでに序章と第二章でみたように、それをさらに国家—政治社会—市民社会というトリアーデで捉え直している。具体的には、「相対集権化」と「絶対集権化」の指標、さらには相対・絶対両レヴェルでの制度変動を示す「脱制度化」や「変易率」の指標を用いて、オッフェの議論を批判的に発展させることを企図しているのである。

ここであらためて本書の課題を確認すると、まず第一に、既存の政治体制としてのコーポラティズム型制度編成を問題にし、さらにコーポラティズム概念の二面性——利益媒介・代表システムの側面と政策形成の制度化の側面、それと重なるところもあるが、キッチェルト風にいえば、インプットとアウトプットの機会構造の二つの側面——と、新社会運動との関係を探ることである。第二に、さらに既存の組織間関係の配置の変化という制度変動に関連して、これもコーポラティズム論の一側面としてであるが、国家―社会関係における労働の組織間関係の「揺らぎ」を示す前述の変易率や脱制度化と、新社会運動との関係について考察することにある。そこで、次章では、そうしたネオ・コーポラティズム体制と新社会運動とはどのように関係づけられて議論されていたのか、ということについて、既存の説明を検討することにしたい。

注

（1） Peter K. Eisinger, "The Conditions of Protest Behavior in American Cities," *American Political Science Review*, Vol.67, 1973, pp.11-28, esp., pp.11-12.

（2） *Ibid*..

（3） *Ibid*..

（4） *Ibid*., pp.26-27.

（5） この点については、キッチェルトの以下の議論も参照。Herbert Kitchelt, "New Social Movements in West Germany and the United States," *Political Power and Social Theory*, Vol.5, 1985, pp.299-300.

（6） William A. Gamson, *The Strategy of Social Protest* (Homewood: The Dorsey Press, 1975), pp.5-12, 73-88, and 110-129.

（7） *Ibid*., pp.141-143.

（8） Peter K. Eisinger, "The Conditions of Protest Behavior in American Cities," p.28.

（9） Charles D. Brockett, "A Protest-Cycle Resolution of the Repression/Popular-Protest Paradox," in Mark Traugott (ed.), *Repertoires & Cycles of Collective Action* (Durham: Duke University Press, 1995), pp.130-131.

（10） Doug McAdam, *Political Process and the Development of Black Insurgency, 1930-1970* (Chicago: Univeristy of Chicago Press, 1982), pp.42-43.

（11） Sidney Tarrow, "States and Opportunities: The Political Structuring of Social Movements," in Doug McAdam, John D. McCarthy, and

Mayer N. Zalt (eds.), *Comparative Perspectives on Social Movements: Political Opportunities, Mobilizing Structures, and Cultural Framings* (New York: Cambridge University Press, 1996), pp.52-53.

（12）*Ibid.*, pp.54-56.

（13）この「連合論」については、桐谷仁「新制度論をめぐる一考察——行動論ならびに機能主義との関連を中心にして」『法政研究』（静岡大学法経学会）第三巻三・四号、一九九九年、一―三四頁、参照。

（14）Herbert Kitschelt, "Structures and Sequences of Nuclear Energy Policy Making: Suggestions for a Comparative Perspective," *Political Power and Social Theory*, Vol.3, 1982, pp.271-308.

（15）*Ibid.*, p.298.

（16）キッチェルトは、T・ローウィの政策アリーナの議論等を援用している。Theodore Lowi, "American Business, Public Policy, Case Studies and Political Theory," *World Politics*, Vol.16, 1964, pp.677-715; *idem.*, "Four Systems of Policy, Politics and Choice," *Public Administration Review*, Vol.32, 1972, pp.298-310.

（17）Herbert Kitchelt, "Structures and Sequences of Nuclear Energy Policy Making: Suggestions for a Comparative Perspective," pp.298-299.

（18）*Ibid.*, pp.302-303.

（19）*Ibid.*, p.303.

（20）Herbert Kitschelt, "New Social Movements in West Germany and the United States," pp.299-300.

（21）*Idem.*, "Political Opportunity Structures and Politial Protets: Anti-Nuclear Movements in Four Democracies," *British Journal of Political Science*, Vol.16, 1986, pp.67-72.

（22）*Ibid.*, pp.57-85.

（23）*Ibid.*. 以下の叙述は、主として同論文に依拠している。

（24）*Ibid.*, p.67.

(25) なお、こうした新社会運動の台頭と既成政党の衰退との関係をめぐるキッチェルトの議論については、以下を参照。Herbert Kitschelt, "New Social Movements and the Decline of Party Organization," in Russell J. Dalton and Manfred Kuecheler (eds.), *Challenging the Political Order: New Social and Political Movements in Western Democracies* (New York: Oxford University Press, 1990), pp.179-208.

(26) なお、本書での視点とは異にするが、S・タローは、六〇年代と七〇年代のイタリアの事例研究のなかで、プロテスト運動のターゲットや原因が政府などの公的セクターにあるのか財界などの私的セクターにあるのか、という分類をおこなっている。そして、そのコンフリクトの型が私的アクター間のレヴェルに終始するという意味での市民社会中心型、また公的セクター間のレヴェルに終始するという国家中心型、また、社会から国家へという型、そして国家から社会へという型に分類している。Sidney Tarrow, *Democracy and Disorder: Protest and Politics in Italy, 1965-1975* (Oxford: Oxford University Press, 1989), pp.103-106.

(27) *Ibid.*; *idem., Power in Movement: Social Movements and Contentious Politics, 2ed.* (New York: Cambridge University Press, 1998),

(28) *Idem.,* "States and Opportunities: The Political Structuring of Social Movements," pp.52-53.

(29) *Idem., Democray and Disorder: Protest and Politics in Italy, 1965-1975.*

(30) 以下の叙述は、主として次の文献に依拠している。Sidney Tarrow, *Power in Movement: Social Movements and Contentious Politics, 1ed.* (New York: Cambridge University Press, 1994), pp.85-99; *ibid., 2ed.*, 1998, pp.76-80. ただし、同書の第一版と第二版では記述の展開が異なっているので、ここでは両者を適宜比較対照させながら議論の整理をおこなっている。

(31) Hanspeter Kriesi, Ruud Koopmans, Jan Willem Duyvendak, and Marco G.Giugni, "New Social Movements and Political Opportunity in Western Europe," *European Journal of Political Research,* Vol.22, 1992, pp.219-244; *idem., New Social Movements in Western Europe: Comparative Analysis* (Minneapolis: University of Minnesota Press, 1995), pp.26-52; Hanspeter Kriesi, "The Political Opportunity Structure of New Social Movements: Its Impact on Thier Mobilization," in J. Craig Jenkins and Bert Klandermans (eds.), *The Politics of Social Protest: Comparative Perspectives on States and Social Movements* (Minneapolis: University of Minnesota Press, 1995), pp.167-198.

(32) Sidney Tarrow, *Power in Movement: Social Movements and Contentious Politics, 2ed.*, pp.76-80.

(33) *Ibid.*, p.82; *idem.,* "States and Opportunities: The Political Structuring of Social Movements," pp.43-48.

(34) *Idem., Power in Movement: Social Movements and Contentious Politics, 1ed.*, p.97.

(35) このような同盟論は、A・グラムシの「トランスフォルミズモ」や「受動的革命」の発想に近いように思われる。アントニオ・グラムシ（石堂清倫編訳）『獄中ノート』三一書房、一九七七年、などを参照。

(36) Sidney Tarrow, *Power in Movement: Social Movements and Contentious Politics, 2ed.*, p.88.

(37) *Ibid.*, pp.89-90. さらに運動が改革から抵抗へと再活性化される理路については、以下のC・オッフェの論考を参照。Claus Offe, "Reflections on the Institutional Self-transformation of Movement Politics: A Tentative Stage Model," in Russell J.Dalton and Manfred Kuechler (eds.), *Challenging the Political Order: New Social and Political Movements in Western Democracies* (New York: Oxford University Press, 1990), pp.232-250.

(38) なお、比較の方法における通時比較と共時比較の問題については、大木啓介「共時比較における因果的推論――民主化の経済発展をめぐって」『法政論叢』（日本法政学会）第三二巻二号、一九九九年、参照。また、機会構造の変化と日本の労働政治との関係については、久米郁夫『日本型労使関係の成功』有斐閣、一九九八年、を参照。

(39) Sidney Tarrow, *Power in Movement: Social Movements and Contentious Politics, 2ed.*, pp.89-90.

(40) P. Bert Klandermans, "Linking the 'Old' and the 'New': Movement Networks in the Netherlands," in Russell J. Dalton and Manfred Kuechler (eds.), *Challenging the Political Order: New Social and Political Movements in Western Democracies* (New York: Oxford University Press, 1990), pp.122-136; Sidney Tarrow, "National Politics and Collective Action: Recent Theory and Research in Western Europe and the United States," *Annual Review of Sociology*, Vol.14, 1988, pp.431-433.

(41) Gary T. Marx and Douglas McAdam, *Collective Behavior and Social Movements: Process and Structure* (Englewood Cliffs: Prentice Hall, 1994), pp.97-104.

(42) John D. McCarthy and Mayer N. Zald, "Resource Mobilization and Social Movements: A Partial Theory," *American Journal of Sociology*, Vol.82, 1977, pp.1212-1241; Mayer N. Zald and Michael A. Berger, "Social Movements in Organizations: Coup d'Etat, Insurgency, and Mass Movements," *American Journal of Sociology*, Vol.83, 1978, pp.823-861; Sidney Tarrow, "National Politics and Collective Action:

"Recent Theory and Research in Western Europe and the United States," pp.431-433.

(43) John D. McCarthy and Mayer N. Zald, "Resource Mobilization and Social Movements: A Partial Theory," p.1213; Doug McAdam, *Political Process and the Development of Black Insurgency, 1930-1970* (Chicago: Univeristy of Chicago Press, 1982), pp.32-35.

(44) この「レパートリー」概念とその認識の変化については、とりあえず、Charles Tilly, "Contentious Repertoires in Great Britain, 1758-1834," in in Mark Traugott (ed.), *Repertoires & Cycles of Collective Action* (Durham: Duke University Press, 1995), pp.28-30; *idem.*, "Getting it together in Burgundy, 1675-1975," *Theory and Society*, Vol.4, 1977, pp.479-504; Mark Traugott, "Barricades as Repertoire: Continuities and Discontinuities in the History of French Contention," in *Repertoires & Cycles of Collective Action*, pp.44-56.

(45) Mayer N. Zald and Michael A. Berger, "Social Movements in Organizations: Coup d'Etat, Insurgency, and Mass Movements," pp.825-826.

(46) Cf., Herbert Kitschelt, "New Social Movements in West Germany and the United States," p.301.

(47) Sidney Tarrow, "Struggle, Politics, and Reform: Collective Action, Social Movements, and Cycles of Protest," *Western Societies Program Occasional Paper* (Center for International Studies: Cornell Univerisity), No.21, 1990, p.63.

(48) Herbert Kitschelt, "New Social Movements in West Germany and the United States," p.276. なお、西ヨーロッパ諸国におけるエコロジー運動とその政党化の諸相についてはとりあえず以下を参照。Fernand Müller-Rommel (ed.), *New Politics in Western Europe: The Rise and Success of Green Parties and Alternative Lists* (Boulder: Westveiw Press, 1989); Dick Richardson and Chris Rootes (eds.), *The Green Challenge: The Development of Green Parties in Europe* (London: Routledge, 1995). 坪郷實『新しい社会運動と緑の党』九州大学出版会、一九八九年。

(49) ここではそうした論争を詳しく検討することはしないが、新社会運動論の議論を整理し、その「新しさ」の意味合いについて批判的に論じたものとして、たとえば以下を参照。Nelson A. Pichard, "New Social Movements: A Critical Review," *Annual Review of Sociology*, Vol.23, 1997, pp.411-430. また、七〇年代中葉までの集合行為と通常の政治行動との区別をめぐる議論の整理として以下も参照。Gary T. Marx and James L. Wood, "Strands of Theory and Research in Collective Behavior," *Annual Review of Sociology*, Vol.1, 1975,

pp.363-428. なお、本書では、ネオ・コーポラティズムとの関連においてそれとの対抗という点から新社会運動を主題的に扱うので、そうした運動の種別性をめぐる議論には深入りすることは避けるが、近年においても、社会運動、集合行為、抵抗運動などの概念についての概念規定における曖昧さや不一致がある点についていろいろと議論がされている。とりあえず、以下を参照。Marco G. Giugni, "Introduction: Social Movements and Change: Incorporation, Transformation, and Democratization," in Marco G. Giugni, Doug McAdam, and Charles Tilly (eds.), *From Contention to Democracy* (Lanham: Rowman & Littlefield, 1998), pp.xii-xiv; Sidney Tarrow, "Social Movements in Contentious Politics: A Review Article," *American Political Science Review,* Vol.90, 1996, pp.874-883; Charles Tilly, "Social Movements as Historically Specific Clusters of Political Performance," *Berkeley Journal of Sociology: A Critical Review,* Vol.38, 1993-1994, pp.1-30. また、比較の方法を中心にした社会運動研究の動向については以下を参照。野宮大志郎「社会運動の比較研究――その動向と方法論的諸問題」社会運動研究会編『社会運動研究の新動向』成文堂、一九九九年、一一五―一四〇頁。

(50)　Klaus Eder, "The "New Social Movements": Moral Crusades, Political Pressure Groups, or Social Movements," *Social Research,* Vol.52, 1985, pp.869-890.

(51)　Doug McAdam, *Political Process and the Development of Black Insurgency, 1930-1970,* pp.6-19.

(52)　Cf., Michael Wallace and J. Craig Jenkins, "The New Class, Postindustrialism, and Neocorporatism: Three Images of Social Protest in the Western Democracies," in J. Craig Jenkins and Bert Klandermans (eds.), *The Politics of Social Protest: Comparative Perspectives on States and Social Movements* (Minneapolis: University of Minnesota Press, 1995), pp.96-137.

(53)　Klaus Eder, "The "New Social Movements": Moral Crusades, Political Pressure Groups, or Social Movements," pp.869-890; Doug McAdam, *Political Process and the Development of Black Insurgency, 1930-1970* , pp.32-35.

(54)　Dieter Rucht, "The Impact of Environmental Movements in Western Societies," in Marco Giugni, Doug McAdam, and Charles Tilly (eds.), *How Social Movements Matter* (Minneapolis: Univerisity of Minnesota Press, 1999), pp.205-224.

(55)　この点については、Klaus Eder, "The "New Social Movements": Moral Crusades, Political Pressure Groups, or Social Movements," pp.869-890. そこでは、ハビタスの概念等を援用しながら、「集合的学習過程」という独自の概念によって、新社会運動にまつわる二元

論を克服する試みがなされている。だが、この概念も、どちらかといえば、アクターの主観的契機に傾斜していると思われることだけをここでは指摘するにとどめておきたい。

(56) こうした議論については、桐谷仁「市民社会論の復権と『社会資本』の概念——国家—社会関係をめぐる一考察（七）」『法政研究』（静岡大学法経学会）第五巻二号、二〇〇〇年、参照。

(57) Herbert Kitschelt, "New Social Movements in West Germany and the United States," pp.274-275.

(58) *Ibid.*,

(59) *Ibid.*, p.276.

(60) Leo Panitch, *Working Class Politics in Crisis: Essays on Labor and the State* (London: Verso, 1986), Ch. 5, 6, and 7.

(61) Herbert Kitschelt, "New Social Movements in West Germany and the United States," p.276.

(62) *Ibid.*

(63) *Ibid.*, p.277.

(64) *Ibid.*

(65) *Ibid.*, pp.277-278.

(66) *Ibid.*

(67) *Ibid.*, p.277.

(68) *Ibid.*

(69) *Ibid.*, p.278.

(70) *Ibid.*, p.279.

(71) この点については、桐谷仁「市民社会論の復権と『社会資本』の概念——国家—社会関係をめぐる一考察（七）」前掲、参照。

(72) Claus Offe, "Challenging the Boundaries of Institutional Politics: Social Movements since the 1960s," in Charles S. Mair (ed.), *Changing Boundaries of the Political: Essays on the Evolving Balance between the State and Society, Public and Private in Europe* (Cambridge:

Cambridge University Press, 1987), pp.63-105; *idem.*, "Reflections on the Institutinal Self-transformation of Movement Politics: A Tentative Stage Model," pp.232-250. このオッフェの議論については、フーコー等を対比させつつ論じている以下も参照。David Plotke, "What's So New About New Social Movements?" in Stanford M. Lyman (ed.), *Social Movements: Critiques, Concepts, Case-Studies* (New York: New York University Press, 1995), pp.113-136. また、小野耕二『転換期の政治変容』日本評論社、二〇〇〇年、二九―三一、一八一―一八五頁、も参照。

(73) Claus Offe, "Challenging the Boundaries of Institutional Politics: Social Movements since the 1960s," pp.63-64.

(74) *Ibid.*, p.65.

(75) *Ibid.*, p.72.

(76) *Ibid.*, p.65.

(77) David Plotke, "What's So New About New Social Movements?" p.123.

(78) Claus Offe, "Challenging the Boundaries of Institutional Politics: Social Movements since the 1960s," pp.72-73.

(79) *Ibid.*, p.95-102.

(80) なお、欧米諸国におけるネオ・コーポラティズムと新社会運動との関連におけるこの「新中間層」の問題については、以下も参照。Michael Wallace and J. Craig Jenkins, "The New Class, Postindustrialism, and Neocorporatism: Three Images of Social Protest in the Western Democracies," pp.96-137, esp., pp.100-110.

(81) Claus Offe, "Challenging the Boundaries of Institutional Politics: Social Movements since the 1960s," pp.82-91.

(82) ちなみに、これに関連していえば、七〇年代におけるJ・ハーバーマスやJ・オコンナーらの周知の「正統性の危機論」や「後期資本主義論」もまた同様の陥穽に入り込んでいたといえよう。つまり、これらの議論も、基本的には、後期資本主義段階の先進資本主義＝自由民主主義諸国では「蓄積機能」等の国家の各種の経済機能の増大と、「正統性機能」等の人々の社会的要求への応答とを同時に充足するのは困難であること、また、人々の種々の政治的期待とその国家の期待充足能力とのあいだには不均衡があることといったような、構造的機能と意識とのギャップ、あるいは構造とアクターの両次元の無媒介な照応という二元論に陥っているのである。

なお、この点については以下を参照。Michael Nollert, "Neocorporatism and Political Protest in the Western Democracy," in J. Craig Jenkins and Bert Klandermans (eds.), *The Politics of Social Protest: Comparative Perspectives on States and Social Movements* (Minneapolis: University of Minnesota Press, 1995), pp.138-139.

第六章　ネオ・コーポラティズムと新しい社会運動
――自由民主主義体制と集合行動――

はじめに

前章で述べたように、新しい社会運動における「新しさ」は、既存の政治体制と関連づけられて、はじめてその意義も明らかになる。とすれば、個別の政治体制は、新社会運動にどのように対峙してきたのか、あるいは新社会運動にたいしてどのようなかたちで機会構造の窓を開いてきたのか、あるいは、閉じてきたのであろうか。ここでの課題は、そうした個々の制度配置の型と外部からのプロテスト運動との関係を問うことにある。

まずはじめに、本章では、いわゆる「リベラル・デモクラシー＝自由民主主義体制」という体制に限定して、その下位類型としての「多元主義」と「ネオ・コーポラティズム」の両体制を取りあげる。そして、この両体制の制度的原理が、プロテスト運動を中心とした新社会運動にたいして、どのようなかたちで展開されてきたのか、という問題をめぐる議論を検討する。つまり、両体制それぞれの制度編成の原理は、新社会運動との関係においてどのようなものであるのかについて、その体制原理への諸々の批判点も含めて明らかにする。

つぎに、それらを踏まえて、ネオ・コーポラティズム体制と新社会運動との関係をめぐっては、促進説対抑制説を中心にいくつかの対立する所説があることを確認する。さらに、それらの所説を、経験的な観点を交えて批判的に検討し、本書の第二部でも提示した「U字型説」の可能性を示唆する。そして、ネオ・コーポラティズム体制の制度的論理が開示する「機会構造」の概念について、本書の国家―社会関係の組織間関係の配置という観点から、もう一度再規定し、あらためて新社会運動との関連を探索する必要性があることを提起する。

第一節　リベラル・デモクラシーと新しい社会運動

S・タローは、八〇年代において台頭した環境運動、反核運動、反原発運動、フェミニズムなどの新しい社会運動の波は、六〇年代後半の運動のサイクルにおける動員の下降局面のひとつの産物であり、その「新しさ」は、その発生や起源の点でも、その実体や本質の点でも、部分的なものであるとしている。つまり、新社会運動は、部分的には、旧来の政治的同盟・連携関係や政治紛争から発生・成長し、それによって条件付けられており、そして何よりも、既存の政治的アクターや政治的諸制度と相互に作用しあっている。新社会運動の担い手もまた、そうした既成の政治体制が提供する各種の政治的機会をどのように活用するのかということを学習し、運動の契機を探っている。したがって重要なのは、新しい社会運動と既存の政治的制度配置との関連に焦点を据えることにあるとみなす(1)。

ここでは既存の政治体制としてのネオ・コーポラティズムと新社会運動との関係を検討するに先立って、まずリベラル・デモクラシーの政治体制としての多元主義概念と新社会運動との関連について、簡単に議論を整理しておきたい。その理由は大きく分けて二つある。ひとつは理論的側面からであり、またもうひとつは実際的側面からである。

第一に、政治体制の認識という点についていえば、周知のように、ネオ・コーポラティズム論は、多元主義論へのいわば対抗パラダイムとして展開されてきたのであり、その意味でも、新旧パラダイムの対比をしておくことは重要な作業である。だが、より積極的理由としては、体制の一理念型としての多元主義を支える制度的原理そのものが、明示的にせよ暗示的にせよ、各種のプロテスト運動によって問われたからである。したがって、プロテスト運動との関連において諸々の批判を六〇年代末から七〇年代初頭にかけて受けた多元主義論が、新社会運動と対峙することを通じて、どのような問題を体制として抱えていたのかを明確にしておく必要がある。また、このことは、ネオ・コーポラティズム論においても同様である。第一章で触れたことだが、シュミッターの議論で指摘されていたように、ネオ・コーポラティズム体制の不安定性や脆弱性は、その体制認識のなかにすでに織り込まれていたからである(2)。

第二に、そうした理論的な解釈枠組の転換と軌を一にしていた現実的な背景に着目する。六〇年代のプロテスト運動のサイクルが、当時の支配的な多元主義的パラダイムへの異議申し立てでもあるとすれば、八〇年代のそれは、とくに西欧・北欧・中欧などのヨーロッパ諸国においては、ネオ・コーポラティズム体制への異議申し立てという現実的様相をもっていたとも考えられる。要するに、六〇年代の運動が、当時の既成体制としての多元主義体制に対峙するかたちで登場した対抗運動であるのにたいし、すでに前章で示したように、八〇年代のそれはネオ・コーポラティズム体制への対抗運動としての側面をもっていた。したがって、八〇年代の新社会運動の波が、六〇年代後半の運動のサイクルにおける動員の下降局面のひとつの産物とするならば、その六〇年代の欧米諸国で——たとえ各国間で差異があり国ごとで限定付けをしなければならないにせよ——「多元主義」概念が、体制認識の準拠枠組や判断規準として共有されていた以上、多元主義と社会運動との連関についても、議論を整理しておくことが必要であると思われるからである。

①運動の周期性と政治体制の時期区分

こうした諸点から、ここでは、タロー風にいえば、運動のサイクルをそれぞれ異なるものにしている両体制を対比的に論じるつもりである。七〇年代初頭の機会構造論が、多元主義論への批判理論であったことはすでにみてきた通りであるが、八〇年代のそれは、むしろコーポラティズム論にたいする批判をあわせもっているとすれば、それはどのような特徴をもっているのであろうか。このことは、すでに本書でシュミッターやキッチェルトなどの議論を援用しながら、生産―消費という争点軸と集権度（ないしコーポラティズム度）という二つの軸をたてて新社会運動を位置づけようとしたことの意味を再確認することでもある。

六〇年代の消費者運動などの一部は、政府へのアクセスを確保して体制内化され、とくにアメリカでは「公益集団」の一翼を担うことになる。そして、いわば通常の多元主義体制の回路に吸収されて、旧来のロビー型圧力団体と化す。また西欧諸国では、一部の労働運動も集権化して体制内化することで、労使間の集権型の生産性同盟を形成する。それによって、内部のエリートとランク・アンド・ファイルとのあいだに分配闘争などが惹起したりする。こうした制度化にたいして、七〇年代後半から八〇年代にかけての新たな社会運動は、その組織形態と争点の両面において新たな展望を掲げる。だが、それらの新社会運動も、たしかに組織面では、緩やかな分権的な運動ネットワークや社会運動組織（SMO）をもっている場合も多いが、しかし、争点面においては旧来の公益集団と連続性をもつことも少なくない。したがって、新社会運動が、社会運動産業（SMI）内部で旧来の公益集団と競合関係にある場合もある(3)。

では、タローが新社会運動に関連して指摘したような六〇年代の異議申し立てのサイクルと八〇年代のそれとの相違は、どこにあるのか。ここでは、運動をもたらしたそれぞれの体制規定――多元主義とネオ・コーポラティズム――に関連づけて、その課題に取り組むことになる(4)。とくにネオ・コーポラティズム度と新社会運動との関係を主題的に扱うのは、七〇年代後半から八〇年代における各種の運動が、ネオ・コーポラティズム体制の制度的配置からどのようなかたちで登場するのか、または無関係なのか、そして、そもそも両者の関係はどのようなものなのかという問題関心に根ざしているからである。タローは、プロテストのサイクルの違いを、当該運動がそれぞれ置かれた機会構造の相違やそうした機会構造を提供する政治体制の差異として認識してはいる。しかし、サイクルをもって変動する政治体制の個別の規定については、それほど明確にしているとはいえないことはすでに指摘した通りである(5)。

また、機会構造の諸要素に関連していえば、機会構造論者の多くは、支配的な統治連合、政党システム、国家構造などをしばしば取りあげる。だが、それらも、政治体制一般に歴史的に貫通する諸要素としてではなく、個別の政治体制の相違という点から把握されるべきものである。リベラル・デモクラシーの体制でも、たとえば、多元主義や多極共存主義、そしてネオ・コーポラティズムといった下位類型によって、体制変動の諸相はもちろんのこと、その機会構造のあり方もまた異なっているはずだからである。その意味でも、そうした個別の政治体制の規準からみた機会構造を特定し、その観点から各国間の差異をみることが要請されている。タロー自身も、新社会運動の「新しさ」は、部分的であり、既存の体制との関連において認識すべきことを主張している以上、八〇年代の新社会運動を、既存の体制としてのネオ・コーポラティズムの制度化の程度との関係において捉えることは、タローのいうような運動サイクル一般の問題だけにとどまらず、各サイクルの質的相違を明確にするという点でも重要であるように思われる。

したがって、ネオ・コーポラティズムを既存体制の個別的な一類型として規定し、それと社会運動との関係を探ることは、S・タローのいう静態的で横断的な比較という問題設定に還元するものではない(6)。むしろ、前章で指摘したように、タローは、体制規定の質的差異の問題を重視していないように思われる。体制規定は、静態的なものでは必ずしもなく、それぞれの運動のサイクルの質的差異や時期区分を明確にするものである。時系列的にみて運動のサイクルがあるとすれば、各サイクルを支配しているのは、当該の支配体制のあり方であり、その体制の変動の諸相でもあるからである。

第二節　多元主義体制と新しい社会運動

①多元主義の制度的論理

一九六〇年代と七〇年代において、公益集団の台頭も含め、新しい争点を掲げた諸集団の登場は、多元主義論のパラダイムからすれば、決して「特異な逸脱事例」ではないと考えられていた。多元主義論では、等価な個人が自発性に基づいて結社したり、複数の集団に重複加入したりすることが原理的に期待されている。したがって、㈠環境保護やフェミニズムといった新しい争点に対応して、新しい集団が自発的な結社として形成されること、また、㈡既存の有力な集団が、そのランク・アンド・ファイルとの接点を失ったことに対して異議申し立てを行うことは、納税者の反乱、中小企業主の反乱等と同様に、理論的にみてその準拠枠組の範囲内の出来事のはずであった(7)。多元主義論は、そもそも政治過程が相対的に開放的であることを制度編成の論理としているので、新たに登場した集団も、通常の政治過程の一部に組み込まれ、予定された政治的な循環の一翼を担うことを暗示的にせよ想定していたからである(8)。

こうして多元主義が標榜されるからには、様々なプロテストの運動にたいしては、政治体制としての多元主義は、その制度編成の原理からして、以下のような点で、そうした運動を受容・促進するはずであった。まず第一に、既存の集団が、異論派や不満を抱いた集団と類似あるいは重複する利益を有していれば、そうした不満等の組織化を新たな同盟の対象として促す。第二に、多元主義体制では、システムへのアクセス・ポイントが多重であるはずであるから、影響力行使を可能にするためにできうる限り多くの拠点が利用可能になり、それによって各種の政治参加が促進される。さらに第三に、そうした不満や異論の組織化や参加を促すものとして、競合する既存の集団が、それらの異論派等からのアクセスにたいして開放的であるべきだという規範を強くもっているはずである。そして第四に、競争的な選挙システムによって、政党が、支持基盤の拡大のために不満集団と直接的に接近したり、あるいはそうした不満集団からの信頼や忠誠を得ようとするライバル政党の動きを牽制したりすることが、担保されている(9)。

このような諸点に加えて、多元主義のパラダイムを構成する要素としては、第五に、紛争を解決する種々の手続きやルールが明確化されており、その正統性についても、政治文化として広く受容されていることがあげられる。また第六に、個人間あるいは集団間の亀裂は、その重複性と交差性によって乗り越えられて連帯可能になるという重複加入と交差圧力の論理に由来する連帯の原理がある。第七に、政治的アリーナへのアクセスの回路は開かれているので、不満や異論は、政治的要求に転換され、そこで連合のパートナーを見いだし、それが政治的改良につながる。このようにして当初の不満な状況は救済されるとする予定調和的な政治過程の循環が想定されている。

こうして第八に、権力と対抗権力との相互作用においても、その両者の力関係のバランスが保たれることが期待されていた。つまり、数多くの集団が多元的に存在しているので、ある特定の集団が支配的になることはなく、また、それらの集団間の連合も流動的で部分的で、各争点によってたえず再編される。したがって、そのような争点連合であるために、争点に応じてその連合形態も異なるものになる。ある争点では連合を組んでいない集団も、別の争点では連合の潜在的パートナーになりうるのである(10)。

したがって第九に、非有力集団でも政治的意思決定にたいしては、影響力を行使しうる可能性が開かれている。そして第十に、最終的には、政府が、そうした社会における多元的な利益の対立を調停し和解する役割を担い、それによって、各種の利害間のバランスは保たれるはずだ、ということになる(11)。

このような多元主義の制度的論理からすれば、異論や不満をもったプロテストの運動にたいして同体制は、原理的には寛容で開放的なはずである。しかし、新社会運動の一部は、たとえばイギリス、オランダ、デンマーク、旧西ドイツなどでは、通常の利益表出の経路における政治的アリーナを離れることになる。つまり運動が、政府や政党や利益集団代表などに圧力をかけることよりも、街頭での自己主張を展開するという「ストリート・デモクラシー」の戦術をとり、いわば「反システム的運動」の様相を帯びるようになったのである。それは、多元主義モデルが予期していた通常の集団噴出のパタンでは把捉し難いことを意味した(12)。通常、多元主義論では、それは逸脱事例として処理される傾向にあるからである。このことから、たとえばF・ウィルソンは、多元主義論では、新社会運動の原因や起源は説明することが可能となる場合もあるにせよ、新社会運動がどのような場合に登場しどのようなかたちで戦略や戦術を展開するのかという点については、説明することが困難であるとみている(13)。

②弁護論的多元主義とその批判

しかし、そもそも、多元主義論そのものに、もうひとつの「弁護論的」ないし「護教論的」あるいは「現状維持的」と形容されるような、種々の制度的論理が伏在していたのである(14)。まず第一に、政治システムがそのように原理的には開放的であるから、そうした「規範」にしたがって各種の異論やプロテストの社会運動は、既存の回路を活用できる「はず」であり、また活用「すべき」である。したがって、第二に、各種の社会運動は、手段の利用においても自制的になる「べき」であり、第三に、そのような「自主規制」は、運動の当事者にとって短期的にも長期的にも利益をもたらす「はず」である。なぜならば、重複加入や交差圧力が働く「はず」であるので、妥協と闘争の連鎖によって連合形成の変化や争点の変換等が生じ、それらを通じて、合意の調達や影響力の行使が可能になる「はず」だからである(15)。

このような多元主義の制度的論理は、周知のように、すでに五〇年代後半から六〇年代において、様々な現実的な批判を受けることになる。それは、大まかにいって二つの方向に分けられる。ひとつは、前述のように、多元主義論が既存の体制にたいして「現状維持」や「弁護論的」色彩を帯びる点を強調して、現実の多元主義体制が提示する機会構造の「閉鎖性」に力点を置く議論である。たとえば、アメリカ政治を例にとってE・シャットシュナイダーは、「多元主義という天国が空虚であるのは、その天国で唱われるコーラスの調べが、一部の上層階級に強いアクセントが置かれているためである。そもそも国民の約九〇パーセントが、圧力［団体の］システムのなかに入り込むことができないでいるというのに。」と述べている(16)。こうして多元主義と規定されるアメリカ政治における利益集団のシステムは、「偏向」を潜在させた不均等性を構造的に帯びているとされる。そこには、システムから疎外された多くの諸個人ないし諸集団が存在し、システムへのアクセスは一部にのみ開かれている。そして各種の紛争にたいしては、争点の分離・結合を通じた「偏向の動員」が行われる結果、不満や異論が既存の議題の枠内へ吸収されるか、あるいは争点そのものの意味内容が変容する。そのなかで争点の核心部分が曖昧になっていく構図ができあがるとみなされる(17)。また、そもそも争点それ自体がアジェンダにのらないような構造的な圧力が働く「非決定」や「潜在的権力」の存在も主張される(18)。これらのいずれの議論も、政治的機会構造が、限定的で閉鎖的であるために、異論や不満の表出・媒介が極めて制約される点を力説している。

③多元主義のパラドックス：修正多元主義論

前述の批判は、多元主義体制の政治過程へのアクセスの閉鎖性など、機会構造の閉鎖性という見地からのものであるのに対して、もうひとつの多元主義批判の系譜として、一部の修正多元主義論者による批判がある。それは、むしろ、多元主義体制の制度的論理では、機会構造が原理的な開放性をもち、その結果として「多元主義のパラドックス」が生じるというかたちで問題を捉え返す。つまり、多元主義体制におけるアクセスの開放性や多重性という制度的原理そのものが、アクセス・ポイントの無差別性や恣意性をもたらすことにつながり、それが結果的には、政策形成を機能不全状態に陥らせたり(19)、そして何よりも一部の既得権をもった集団や有力な利益集団の特権性を担保する「利益集団リベラリズム」へと転化させているとみなす(20)。

こうした七〇年代のいわゆる修正多元論者からすると、とりわけ第一章で触れた「市民的共和主義者」にとってみれば(21)、各種の新社会運動は、多元主義のパラドックスである「利益集団リベラリズム」を転換する契機として肯定的に評価される。つまり、六〇年代の公的事象への参加や公益を標榜した集団ですら、その後、政治過程に編入され制度化されることで、当初もっていた目的が変質し、政策の受益者集団と化してきた。そこから、そうした集団は、現状維持とクライエンテリズムへの志向を強めていく(22)。これは、T・ローウィの巧みな表現を借りると「デカダンスの鉄則」ということになる。そしてローウィ自身、新しい社会運動は、そのような「利益集団リベラリズム」の閉鎖的な政府―集団関係を打開する端緒になるとも考えていたのである(23)。

④小　括

この二つの多元主義批判は、その護教論批判が、多元主義の体制原理が新社会運動を含め各種の要求を既存の回路へ封じ込める閉鎖化を促進しているとみているのに対し、修正多元論者によるパラドックス論は、多元主義の制度的原理そのものが無原則に私的利害を助長し、結果として常に有力集団の「特権的立場」を温存することになる点を強調している。だが、いずれも多元主義体制が現状維持を強化する側面に着目している。しかし、前者の弁護論批判は、多元主義の原理そのものをラディカルに徹底化・実質化する方向で新社会運動を捉え、アクセスポイントの増大等の入力の拡大の方向を示唆している。これに対し、後者のパラドックス論は、多元主義の原理に部分的修正を迫るひとつの契機として新社会運動を位置づけ、入力の拡大よりも、むしろ、入力の規準の適正化や、入力と出力の均衡化という方向を打ち出しているといえる。

したがって、前者の護教論批判の文脈からは、出力や政府の能力の問題は等閑視され、そして政府介入の選別性が批判されることになる。これは、本書の国家―社会関係の観点でいえば、社会における多種多様な要求や参加を全面開花させ、最終的には国家と社会のズレを解消し、究極的には、両者の区別そのものを解消・廃棄することを志向することに傾く。だが、それは、その延長線上に往々にして大きな政府へと転化する現実的な可能性があることへの配慮を欠いている。

これに対し、後者の修正多元論者による批判は、そもそも多元主義論は、国家と社会の区別を否定した論理によって成り立っているとみなす。つまり、多元主義は、私的利害の全面開花を前提として、入力の規準も不明確なままに、結果的には、入力の過剰と、その出力との不均衡とが併存した状況を甘受せざるをえない体制なのである。言い換えると、何が私的で何が公的かという確固たる規準がそもそも欠落しているために、多元主義は、私的で巨大な特権的な集団の入力過剰による政府の操作や統制を防御することができないという体制認識である。したがって、政府の担うべきことと、そうでないことの識別や公私の区別を明確にする必要性が主張される。こうして、国家と社会の区別をたえず明確化し、適正な国家―社会関係の維持をはかるという観点が強調されることになる。

極論すれば、多元主義体制における社会運動にたいして、前者の護教論批判は入力に重点を置き、そして国家と社会のギャップを解消する一助として新社会運動を捉える傾向にあるのに対して、後者のパラドックス論は、政府能力や出力の問題を重視し、国家と社会の区別の曖昧さを是正する一環として新社会運動を把握しているともいえる(24)。

以上のようなかたちで、多元主義論および多元主義論批判が、各種の社会運動にたいしてどのような制度的論理を開示してきたのかという点について議論を整理してきた。ここで確認しておきたいのは、いずれの多元主義批判も、多元主義体制が異議申し立ての波を受けるのは、同体制が諸々の社会的利益の期待や要求に適応しえなかったからであり、そのために、各種の利益への期待・要求とその実現とのギャップを拡大させてきたという認識をもっていたことである(25)。それでは、各種のとくに生産領域での利益を代表する有力な集団を媒介として、政府の政策実現をはかることを念頭に置いているネオ・コーポラティズム体制の場合、新たな期待や要求を掲げる新社会運動との関係について、どのような制度的論理をもっているのであろうか。

第三節　ネオ・コーポラティズム体制と新社会運動

これまで、繰り返し指摘してきたように、ネオ・コーポラティズムでは、多元主義が想定していたような、関連する利益諸集団の交替可能性や多元性に代わって、主要な生産領域の各利益セクター(労働者、経営者、農民等)を独占的・寡占的に代表する少数の集団の存在が前提とされる。この集団が当該セクターの正当なエージェントないし媒体とみなされ、したがって各利益セクター内部での集団間競争は極めて少ない。またそれだけでなく、すでに第一章でみたように、そうした代表的集団の少数の指導部と政府とのあいだの協調的で排他的な関係が想定されている(26)。強度のネオ・コーポラティズム体制では、経営者団体と労働組合を主軸とした有力で包括的な生産者諸集団が、その頂上部のエリート間協調を通じて政策形成に影響力を及ぼす制度配置になる。こうして一方における労使の生産性同盟ないし交叉階級連合と、他方における政府への政策形成過程への団体指導部の参画という制度編成がとられる。とりわけ労働運動は、西欧先進諸国の場合、コーポラティズム体制の制度化・強固化過程に従って、国家構造や政策過程のなかに、国ごとで異なるとはいえ、フォーマル・インフォーマルに包摂されてきた。こうして国家―社会関係でいえば、国家と政治社会レヴェルで「交叉階級連合」あるいは「生産性同盟」の制度化がなされることになる。

では、新しい社会運動は、このようなコーポラティズム体制の制度化の程度に応じて、どのような展開をみせるのか、あるいは両者は相互に関連することなく各々独自に進展するのであろうか。こうしたネオ・コーポラティズム体制の制度編成と、それにたいする「外部からの挑戦」としての新社会運動との関係はどのようなものであろうか。また、両者の関係における各国間の差異はどのようなものであろうか。

そして、これらの課題に、これまでどのような解答が寄せられてきたのであろうか。ここでは、若干の経験的な検討を加えつつ、従来の所説を整理する。そして、それを踏まえてネオ・コーポラティズムの体制化の度合と新社会運動の展開との関連についての比較分析に向けての準備作業をおこなう。まずは、既存の考えられうる解答として五つの所説を吟味する。第一は、すでに触れたようにシュミッターに代表され、極めて有力で支配的であった「促進説」である。この促進説に対抗する所説として、第二に「抑制説」を取りあげ、さらにもうひとつの対抗説である「帰無説」を考察する。第四に、コーポラティズム度の高低両極では新社会運動が抑制的になるという、アイジンガー＝キッチェルトらの従来の機会構造論を敷衍した「ハンプ型説」、そして、第五に、逆に、コーポラティズム度の高低両極では新社会運動が活発化するという「U字型説」の可能性について議論の俎上にのせる。

①促進説

この促進説は、コーポラティズム度の高さが新社会運動の高まりを促進する、つまり両者の関係には正の直線な比例関係が存在するというものである。この説は、すでに第一章で言及したように、P・C・シュミッター以来の有力な説であった。それは、ネオ・コーポラティズムの制度化が進展すると、内部ではランク・アンド・ファイルの反乱、そして外部からは、新しい争点をもった社会運動からの挑戦を受けることを予期し、同体制の不安定性を強調する(27)。こうした論調に加えて、M・ジーニらは、政治的機会構造論の観点からも、ネオ・コーポラティズム体制では、利益媒介システムが構造化され閉鎖的で固定的になってはじめて政府が、相対立する利害の調整者の役割を果たすので、政治的機会は、有力な特定のアクターにのみ与えられている点を指摘する。したがってネオ・コーポラティズム体制は、そのような限られた政治勢力だけに機会を付与するために、それに対抗する運動の領域もまた存在するとしている(28)。さらに、そうした機会構造のもとでは、M・ハナガンによれば、新社会運動の側も、社会運動としての自立性という観点から、その体制内化には消極的で、むしろ反対する諸勢力も顕在化するとしている。彼は、この社会運動の側の包摂化と自立化という視点から、平和運動、女性運動、労働運動を取りあげる。そして、それぞれの歴史的経路においては運動の部分的な体制内化と、それに対抗する各種社会運動の自立性とのあいだには違いがみられることを提示している(29)。

これらの見解は、いずれも、ネオ・コーポラティズムに体制における「生産性同盟」という「生産者中心主義」や、その「エリート協調型」利益代表への反発、そして労働運動等の既成社会運動の体制内化、などに着目している。そして、そこからコーポラティズム体制の制度化の度合が高ければ高いほど、抵抗も大きくなるという正の直線的な比例関係を導き出すのである。しかし、これとは対照的に、ネオ・コーポラティズム体制では、各種の社会運動が包摂化されることにより、各種の要求を受容する能力も高まり、異議申し立てが抑制される点を強調する「抑制説」も存在する。

②抑制説

この見解は、要するに、ネオ・コーポラティズムは政治的プロテストの水準を低下させるというものである。その代表的な論者のひとりであるM・ノルラートは、シュミッターの議論を念頭において、その議論とは逆に、ネオ・コーポラティズムは、各種の社会的要求と政府の能力とのギャップを縮小させることにより、プロテストを抑制するという主張を展開する。ネオ・コーポラティズムの概念化には意見の一致をみない点を指摘しつつも、ノルラートは、シュミッター流の利益集団の集権度や独占度など社会における利益代表・媒介性を重視した指標と、レームブルッフ流の政府の政策過程へのそうした利益集団の参加度を重視した指標とを総合化する。そして、その両尺度において低位にある国の体制を「多元主義」とし、両者が高位にある国と、前者が中位で後者が高位にある国を「ネオ・コーポラティズム」として、それ以外を中位の国として位置づける(30)。

こうしてノルラートは、多元主義体制と比べて、むしろネオ・コーポラティズム体制のほうが、まず第一に、労使の包括的な全国組織間の団体交渉の発展により、政労使間のトップ・レヴェルで強力な社会契約を促進し、それによって異議申し立てと暴力の発生・勃発を防いでいるとみなす。さらに第二に、各種の社会運動の側も、新しい争点を体制内で実現することをめざして、運動の集権性や集中性を高めつつ、体制内への包摂化を進める方向をとるとしている。つまり、ネオ・コーポラティズム体制は、新たな社会運動を、直接的な異議申し立てよりも、むしろ、通常の政治過程での選挙動員やロビー活動など、体制内部への参画を促進させ、それによって、政治的異議申し立てそのものを減少させるとみている(31)。

ただし、ノルラートの立論では、シュミッター流のネオ・コーポラティズム型の利益媒介システムが直接的に新社会運動を抑制するとしているのではない。この背景のもうひとつの要因としてノルラートが強調するのは、ネオ・コーポラティズム体制が、とくに所得格差の縮小・是正という意味での経済パフォーマンスを向上させ、そうした所得の平等化が政治的異議申し立てを減少させることにつながる点である。彼は、先進リベラル・デモクラシー諸国のジニー係数と各国のコーポラティズム度とのあいだには正の関係があるという点を論拠にして、そのことを主張している(32)。こうしてネオ・コーポラティズムは、所得の平準化を媒介にして間接的にプロテストの抑制に寄与する点が力説されるのである。

しかし、このノルラートの議論は、政治的異議申し立てにかんして、シュミッターのようにランク・アンド・ファイルの反乱と新社会運動とを区別しているわけではない。その意味では、体制内部と外部からの双方の挑戦を一括してプロテストの問題としているので、そもそもシュミッターの問題提起とは若干異なる観点から議論を展開しているといえる。もっとも、シュミッターの場合、すでに言及したように、その内外の反乱の双方ともコーポラティズムの制度化によって促進されるとしているのであるが(33)。

このように、ネオ・コーポラティズムと新社会運動との関係をめぐっては、㈠ネオ・コーポラティズム体制の制度化・強固化への反動としての新社会運動の台頭を強調する促進説と、㈡運動の体制内化=包摂化による異議申し立ての抑制を主張する立場に分極化する。だが、この両説とも、ネオ・コーポラティズム体制と新社会運動とのあいだには、正ないし負の直線的な比例関係があることを想定している点では共通している。しかし、ネオ・コーポラティズム体制における新社会運動の議論は、それだけにはとどまらない。さらにその他の説として整理できるものがある。そこで次に第三の説として、両者のあいだの関係性を否定する帰無説について検討してみたい。

③帰無説（無関係説）

すでに、本章でも若干言及したウィルソンは、ヨーロッパ諸国の環境運動への潜在的参加率と支持率などを取りあげ、ネオ・コーポラティズムの度合とそうした新社会運動の関係を追求している。そこで彼が主たる論敵としているのは、やはりシュミッターらの促進説である。つまり、ネオ・コーポラティズム体制が進展すれば、それへの対抗として新社会運動が台頭するという説にたいして異議を唱えている。ウィルソンは、H・ウィレンスキィ、シュミッター、レームブルッフ、M・シュミットなど各論者のコーポラティズム尺度による先進諸国のランク付けを総合して、デンマーク、オランダ、ベルギー、旧西ドイツをコーポラティズム度の高い国ないし中程度の国に、そしてアイルランド、フランス、イギリス、イタリアをコーポラティズム度の低位ないし皆無の諸国に分類する。そのうえで『ユーロバロメーター』などの世論調査のデータを用いて、これらの国におけるエコロジー運動、反核運動、平和運動にたいする当該国民の意識や態度と、ネオ・コーポラティズム度との関連を探った。

その探索の結果から、彼は、コーポラティズム度の高い分類に入る国々と低い国々との両者における新社会運動への支持率の「平均」には、いずれの運動でも差異が無いことを見いだす。そこから、ネオ・コーポラティズムの度合の高いほうが新社会運動も活発化するという促進説に疑問を投げかけ、さらにネオ・コーポラティズムと新社会運動あいだの関係性そのものを否定するのである。「利益諸集団と政府とのあいだにどのような相互作用の型があるかによって、新しい社会運動の発生とその衝撃度は影響を被るという予測は、利用可能なデータからすると支持されないようである」(34)。

このようにウィルソンは、コーポラティズム度の高低の両グループの「平均値」を比較して両グループの平均値に顕著な差がみられらない点を論拠として、コーポラティズム度と新社会運動とのあいだには関連がないことを主張する。しかし、ウイルソンが利用したのと同じデータを使って、また彼自身のコーポラティズムの順位付けの平均をコーポラティズム度として活用し、さらに彼が一例としてあげた「環境運動への参加率」を新社会運動の活発化の指標とみなして、その両者の関係についてみてみると、**図表6－1**のように、コーポラティズム度の高位にある国では、新社会運動は極めて高い場合と極めて低い場合の両極に分岐している。したがって、問題は、コーポラティズム度と新社会運動との無関係性を強調することではなく、コーポラティズム度の高い国でこのような分極化が起こっている点について、さらに探索を深めていくことであるように思われる。

こうして、たとえば、ウィルソンが用いたのと同じ「環境運動への参加率」を従属変数にし、そして彼がコーポラティズム度をはかるうえで重視した「利益諸集団と政府とのあいだの相互作用の型」については、すでに第二章で言及した「利益集団の政府の政策形成への参加度」を示すマークス指標とクレパース指標を、それぞれ独立変数にして散布図を描いてみる。**図表6-2**から窺えるように、「ハンプ型」ないし「U字型」が推察され、ウィルソンのいうようにコーポラティズム度と新社会運動との関係とをまったく無関係とみなすのは無理があるようである。さらに、**図表6-3**が示唆するように、本書で展開してきた組織間関係の相対・絶対集権度の指標からみても、同様のことが

図表 6-1　ネオ・コーポラティズム度と新社会運動(1)(ウィルソン指標)

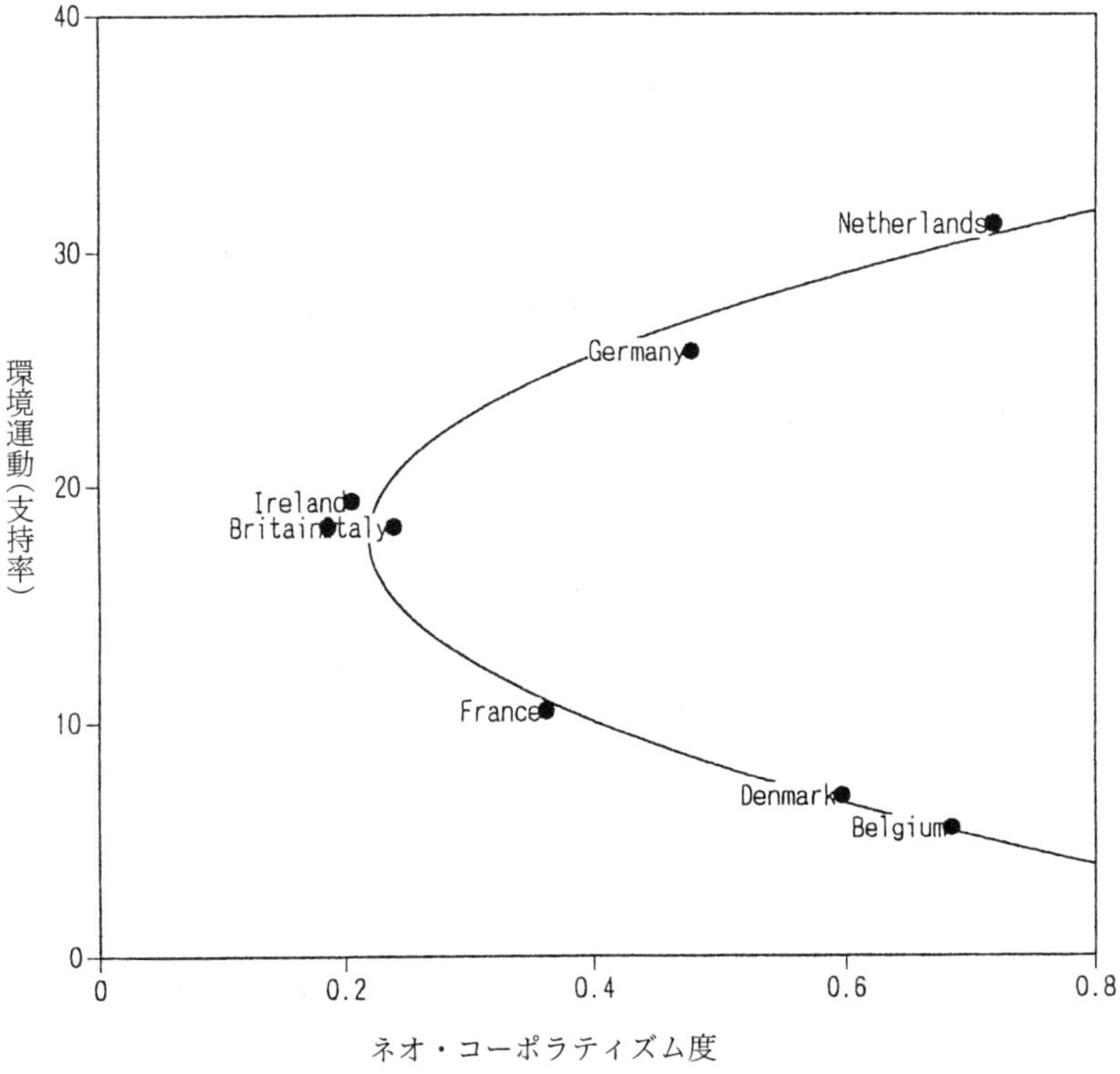

出所) Frank L. Wilson, "Neo-Corporatism and the Rise of New Social Movements," in Russell J. Dalton and Manfred Kuecheler (eds.), *Challenging the Political Order: New Social and Political Movements in Western Democracies* (New York: Oxford University Press, 1990), pp.73-76, より筆者が作成

いえる。ちなみに、「環境運動への支持率」の場合には、相対集権化のケースで、「抑制説」もまた予想される。ここから、「ハンプ型」と「U字型」のふたつの説が、制度内部の抵抗・反乱であるストライキ行動の場合と同様に、再浮上してくるのである。

④ハンプ型

このハンプ型をめぐる議論は、すでに論じたように、七〇年代初頭のP・アイジンガー以来の機会構造の議論のなかでしばしば言及されてきたものである(35)。この説は、要するに、ネオ・コーポラティズム度の水準の高低両極で新社会運動は抑制的になり、その中位では逆に新社会運動が活発化するというものである。これは、学説史的にみれば七〇年代初頭にまで遡るが、しかし経験的にみれば、強度のネオ・コーポラティズム体制が新社会運動を触発・推進するという促進説も、またネオ・コーポラティズム度の高い場合には新社会運動は体制内に包摂されて抑えられるとする抑制説も、ともに妥当性を疑問視されたことから案出され、しかも双方の説明をいわば理論的に総合化したものともい

図表 6-2　ネオ・コーポラティズム度と新社会運動(2)
(マークス指標とクレパース指標)

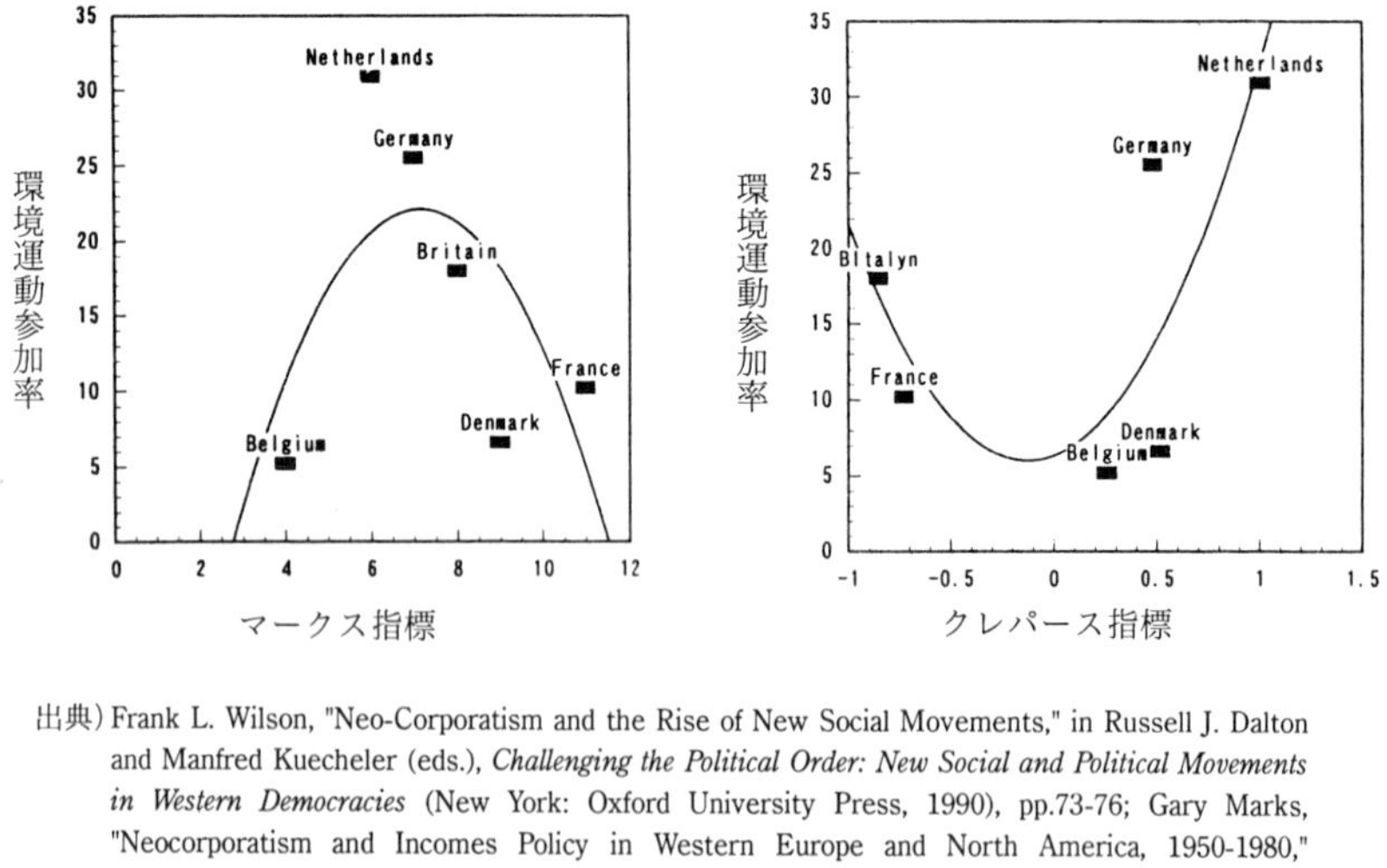

出典) Frank L. Wilson, "Neo-Corporatism and the Rise of New Social Movements," in Russell J. Dalton and Manfred Kuecheler (eds.), *Challenging the Political Order: New Social and Political Movements in Western Democracies* (New York: Oxford University Press, 1990), pp.73-76; Gary Marks, "Neocorporatism and Incomes Policy in Western Europe and North America, 1950-1980," *Comparative Politics,* Vol. 18, 1986, pp.253-277; Markus M. L. Crepaz, "Corporatism in Decline? An Empirical Analysis of Impact of Corporatism on Macroeconomic Performance and Indutrial Disputes in 18 Industrial Democracies, "*Comparative Political Studies,* Vol.25, 1992, pp.139-168, より筆者が算出・作成。

える。

このハンプ型説は、コーポラティズム度の高い場合には、体制側が利益媒介・政策参加の両面で既成の制度的回路の枠内で新たな争点をも包摂・受容する余地があるので、新社会運動はそうした回路を活用し運動は穏健化・沈静化するようになり、またコーポラティズム度の低い場合には、新社会運動は、まずは体制側の通常の入力過程への参加に向かうか、あるいは組織間関係の関係網の密度が低いために運動そのものが顕在化しにくいか、あるいは短期的で散発的になるとい

図表 6-3　相対・絶対集権化と新社会運動

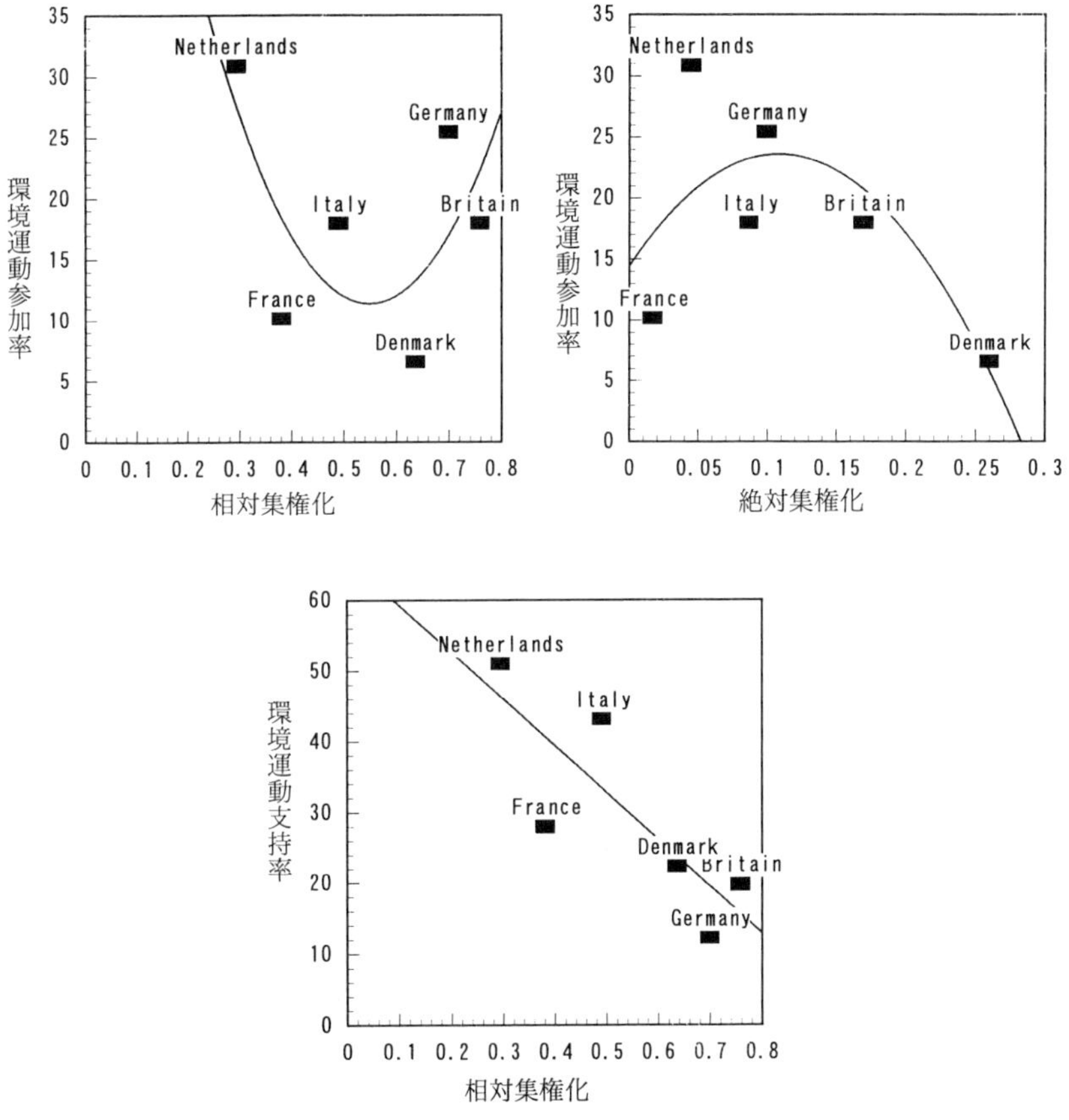

出所）Frank L. Wilson, "Neo-Corporatism and the Rise of New Social Movements," in Russell J. Dalton and Manfred Kuecheler (eds.), *Challenging the Political Order: New Social and Political Movements in Western Democracies* (New York: Oxford University Press, 1990), pp.73-76; Jelle Visser, "Unionization Trends Revisited," CESAR resarch paper, 1996; *idem., European Trade Unions in Figures* (Boston: Kluwer, 1998)、より筆者が算出・作成

うことを示唆している。しかし、図表6·3をみれば分かるように、必ずしも、ハンプ型だけとはいえず、逆の「U字型」もまた存在する可能性は否定できない。

⑤U字型

このU字型の説明図式もまた、ストライキ行動やキッチェルトの議論に関連してすでに言及してあるので詳細は避けるが、要は、ネオ・コーポラティズム度の水準の高低両極で新社会運動は活発になり、その中位では逆に新社会運動が抑制的になるというものである。この議論では、コーポラティズム度の高い場合には、争点領域においても利益媒介・政策参加においても生産性同盟と生産者集団の参加の制度化が強固なために、それへのプロテストとして新社会運動は活性化するとみなされる。また逆にコーポラティズム度の低い場合には、既存の組織間関係の統合度が低く緩やかな制度的配置になっているので、新たな争点を打ち出す機会も生じやすく、そのために新社会運動が顕在化・活発化する程度も高まると考えられているのである。

おわりに

以上、五つの相異なる所説を簡単に概観してきた。こうした見解の違いの背景には、ノルラートもウィルソンも指摘し、また本章でもすでに確認していることだが、まずコーポラティズムの概念化、とりわけその指標化と各国のランク付けにおいて意見の一致が必ずしもみられないことがある。しかし、それに加えて、新社会運動のデータについては、D・ラクトも概嘆しているように「入手しうるデータは、あまりにも多面的で、しかも散漫で漠然としているので、確実な説明というものは提示しえない」[36]こともあり、ネオ・コーポラティズム度と新社会運動との関係についての比較分析には困難がともなうことがあげられる。

しかし、そうとはいえ、ネオ・コーポラティズム体制そのものが、あるいは同体制が提供する機会構造が、新社会運動を促進するのか、抑制するのか、そもそも新社会運動とはどのような関係にあるのか、という諸点は、解答を見いだすべき基本的な課題である。これまでの議論から明らかなように、本書では、国家—社会関係の制度編成の観点を踏まえてコーポラティズム体制を再解釈し、そのなかから、「相対・絶対集権化」の指標や、あるいは制度変動を示す「脱制度化」や「変易率」などの各種の指標を提示してきた。そこで次章では、これらの指標を活用しつつ、ネオ・コーポラティズムにおける政治的機会構造の指標化をはかり、同体制と新社会運動との関連を分析していくつもりである。

注

(1) Sidney Tarrow, "Struggle, Politics, and Reform: Collective Action, Social Movements, and Cycles of Protest," *Western Societies Program Occasional Paper* (Center for International Studies: Cornell University), No.21, 1990, p.63; *idem.*, "National Politics and Collective Action: Recent Theory and Research in Western Europe and the United States," *Annual Review of Sociology*, Vol.14, 1988, pp.421-440; Nelson A. Pichardo, "New Social Movements: A Critical Review," *Annual Review of Sociology*, Vol.23, 1997, pp.411-430.

(2) この点については、桐谷仁「市民社会論の復権と『社会資本』の概念——国家—社会関係をめぐる一考察（四）」『法政研究』（静岡大学法経学会）第四巻一号、一九九九年、六七—七五頁、参照。

(3) このＳＭＯやＳＭＩについては、とりあえず以下を参照。John D. McCarthy and Mayer N. Zald, "Resource Mobilization and Social Movements: A Partial Theory," *American Journal of Sociology*, Vol.82, 1977, pp.1212-1241; Mayer N. Zald and Michael A. Berger, "Social Movements in Organizations: Coup d'Etat, Insurgency, and Mass Movements," *American Journal of Sociology*, Vol.83, 1978, pp.823-861; Sidney Tarrow, "National Politics and Collective Action: Recent Theory and Research in Western Europe and the United States," pp.431-433.

(4) Cf., Sidney Tarrow, "Struggle, Politics, and Reform: Collective Action, Social Movements, and Cycles of Protest," p.63.

(5) 桐谷仁「市民社会論の復権と『社会資本』の概念——国家—社会関係をめぐる一考察(七)」『法政研究』(静岡大学法経学会)第五巻二号、二〇〇〇年、参照。

(6) Sidney Tarrow, "States and Opportunities: The Political Structuring of Social Movements," in Doug McAdam, John D. McCarthy, and Mayer N. Zalt (eds.), *Comparative Perspectives on Social Movements: Political Opportunities, Mobilizing Structures, and Cultural Framings* (New York: Cambridge University Press, 1996), pp.52-53.

(7) Frank L. Wilson, "Neo-Corporatism and the Rise of New Social Movements," in Russell J. Dalton and Manfred Kuecheler (eds.), *Challenging the Political Order: New Social and Political Movements in Western Democracies* (New York: Oxford University Press, 1990), p.68.

(8) Alexandro Pizzorno, "Interests and Parties in Pluralism," in Susane Berger (ed.), *Organized Interests in Western Europe: Pluralism, Corporatism, and the Transformation of Politics* (New York: Cambridge University Press, 1985), pp.278-282.

(9) William A. Gamson, *The Strategy of Social Protest* (Homewood: The Dorsey Press, 1975), pp.8-9.

(10) *Ibid.*, pp.6-8. 以上は、同論文に多くを負っている。

(11) Marco G. Giugni and Florence Passy, "Contentious Politics in Complex Societies: New Social Movements Between Conflict and Cooperation," in Marco G. Giugni, Doug McAdam, and Charles Tilly (eds.), *From Contention to Democracy* (Lanham: Rowman & Littlefield, 1998), p.87.

(12) この点については、Frank L. Wilson, "Neo-Corporatism and the Rise of New Social Movements," p.68.

(13) *Ibid.*.

(14) これらの一連の議論の整理として、とりあえず以下を参照。Ronald H. Chilcote, *Theories of Comparative Politics: The Search for a Paradigm Reconsidered, 2ed.* (Boulder: Westview Press, 1994), pp.121-176.

(15) Cf., William A. Gamson, *The Strategy of Social Protest*, pp.6-8; Robert Dahl, *Pluralist Democracy in the United States: Conflict and*

Consent (Chicago: Rand-McNally, 1967), pp.326-329.

(16) E. E. Schattschneider, *The Semi-Sovereign People: A Realist's View of Democracy in America* (New York: Holt, Rinehart & Winston, 1960), p.35.〔E・E・シャットシュナイダー（内山秀夫訳）『半主権人民』（而立書房、一九七二年）、五一頁、ただし、［ ］のなかは桐谷が補ったものであり、訳文もまた邦訳とは異なっている〕。

(17) *Ibid.*.

(18) こうしたP・バカラッツとM・バラッツの「非決定」の議論以来の一連の権力論の展開を整理したものとして、とりあえず以下を参照。Roger King, *The State in Modern Society: New Directions in Political Society* (London: Macmillan, 1986), pp.141-161.

(19) J. D. Barber, "Some Consequences of Pluralization in Government," in Harvey S. Perloff (ed.), *The Future of the United States Government toward the year 2000: A Report from the Commission on the Year 2000 of the American Academy of Arts and Sciences* (New York: G. Braziller, 1971), pp.242-265.

(20) Theodore J. Lowi, *The End of Liberalism; The Second Republic of The United States* (New York: Norton, 1979), Ch. 3.〔T・ローウィ（村松岐夫監訳）『自由主義の終焉』（木鐸社、一九八一年）、第三章〕。

(21) 桐谷仁「市民社会論の復権と『社会資本』の概念――国家―社会関係をめぐる一考察（二）」『法政研究』（静岡大学法経学会）第三巻一号、一九九八年、一六六―一六八頁、参照。

(22) Michael W. McCann, *Taking Reform Seriously: Perspectives on Public Interest Liberalism* (Ithaca: Cornell University Press, 1986), p.25.

(23) Theodore J. Lowi, *The Politics of Disorder* (New York: W. W. Norton & Company, 1971), pp.3-33, 35-61; *idem., The End of Liberalism; The Second Republic of The United States*, Ch. 3.〔邦訳、第三章〕; Andrew S McFarland, "Interest Groups and Theories of Power in America," *British Journal of Political Science*, Vol.17, 1987, pp.129-147. なお、ローウィにおけるそうした社会運動の肯定的な意義づけに着目し、その点について言及した論考として、石田徹『自由民主主義体制分析』（法律文化社、一九九二年）、一五九―一八七頁、参照。

(24) なお、本書とは視点は異にするが、政治的パフォーマンスとして民主主義を捉え、社会運動と国家―社会関係との関連を論じたものとして、以下を参照。Charles Tilly, "Social Movements as Historically Specific Clusters of Political Performance," *Berkeley Journal of*

Sociology: A Critical Review, Vol.38, 1993-1994, pp.1-30.

(25) Michael Nollert, "Neocorporatism and Political Protest in the Western Democracy," in J.Craig Jenkins and Bert Klandermans (eds.), *The Politics of Social Protest: Comparative Perspectives on States and Social Movements* (Minneapolis: University of Minnesota Press, 1995), pp.138-164, esp., pp.159-160; Volker Bornschier and Michael Nollert, "Political Conflict and Labor Disputes at the Core: An Encompassing Review for the Post-War Era," in Volker Bornschier and Peter Lengyel (eds.), *Conflicts and New Departures in World Society: World Society Studies, Vol.3* (New Brunswick: Transaction Publishers, 1994), pp.377-403.

(26) Frank L. Wilson, "Neo-Corporatism and the Rise of New Social Movements," pp.68-69.

(27) 桐谷仁「市民社会論の復権と『社会資本』の概念――国家―社会関係をめぐる一考察（四）」前掲、六七―七五頁、参照。

(28) Marco G. Giugni and Florence Passy, "Contentious Politics in Complex Societies: New Social Movements Between Conflict and Cooperation," p.87.

(29) Michael Hanagan, "Social Movements: Incorporation, Disengagement, and Opportunities: A Long View," in Marco G. Giugni, Doug McAdam, and Charles Tilly (eds.), *From Contention to Democracy* (Lanham: Rowman & Littlefield, 1998), pp.3-29;

(30) Michael Nollert, "Neocorporatism and Political Protest in the Western Democracy," pp.138-149.

(31) *Ibid.*, pp.138-164, esp., pp.159-160; Volker Bornschier and Michael Nollert, "Political Conflict and Labor Disputes at the Core: An Encompassing Review for the Post-War Era," pp.377-403.

(32) *Idem.*, "Neocorporatism and Political Protest in the Western Democracy," pp.138-164, esp., pp.159-160.

(33) 桐谷仁「市民社会論の復権と『社会資本』の概念――国家―社会関係をめぐる一考察（四）」前掲、六七―七五頁、参照。

(34) Frank L. Wilson, "Neo-Corporatism and the Rise of New Social Movements," p.82. またウィルソンは、非公認ストへの支持等のランク・アンド・ファイルの反乱を示す各種の指標と、ネオ・コーポラティズム度との関係を探求しているが、そこでも同様の判断を下している（*ibid.*, pp.74-78.）。なお、このウィルソン論文については、小野耕二『転換期の政治変容』（日本評論社、二〇〇〇年）、一六二―一六四頁、でも言及されている。同書では、ウィルソンの議論を、ネオ・コーポラティズム度合の高さが新社会運動の台頭を促すという「促進説」の一環として取りあげている。「しかしウィルソンはここからさらに論をすすめ、ネオ・コーポラティズムという集団政治こそが、新しい社会運動を促進したと分析するのである」（同書、一六二頁）。しかし、桐谷仁「市民社会論の復権と『社会資本』の概念——国家—社会関係をめぐる一考察（四）」前掲、七五—七六頁、で確認し、また本章でも、他の所説との対比から再確認したように、ウィルソンがそこからさらに論をすすめて分析した帰結が、そうしたネオ・コーポラティズムの進展が新社会運動の台頭を促すという両者の関係を正の関係にあると展望したシュミッター流の促進説を「批判」し、その促進説にたいする反論として、両者の無関係性を強調した点にあったことはいうまでもない。さらに、ヨーロッパ諸国の新社会運動への参加率の調査結果を援用しながら、ウィルソンは次のように結論づけている。「ここでもまたコーポラティズムの程度と社会運動への参加の関心とのあいだにはまったく関係がないようである。コーポラティズム度の最も高い二ヶ国［この場合はデンマークとベルギー——引用者注］が、諸々の社会運動［この場合はエコロジー運動、反核運動、平和運動——引用者注］への参加の関心が最も低い水準にあり、またコーポラティズム度の低いアイルランドが、社会運動への参加への関心が第二番目に高い水準にあることがそこでは示されている。」「コーポラティズム論者もその批判者もともにコーポラティズムが新社会運動の台頭を促進するようになるという趣旨の議論を展開するが、この議論は西ヨーロッパでは立証されない。」（*ibid.*, pp.74, 82.）

（35）　この機会構造をめぐる議論のより詳しい系譜については、桐谷仁「市民社会論の復権と『社会資本』の概念——国家—社会関係をめぐる一考察（七）」前掲、参照。

（36）　Dieter Rucht, "The Impact of Environmental Movements in Western Societies," in Marco Giugni, Doug McAdam, and Charles Tilly (eds.), *How Social Movements Matter* (Minneapolis: Univerisity of Minnesota Press, 1999), p.211

第七章　ネオ・コーポラティズム体制における政治的機会構造と新社会運動——代替的な修正モデルによる比較分析——

はじめに

前章で検討したように、ネオ・コーポラティズム体制と新社会運動との関係については見解が分かれている。だが、それらのコーポラティズム体制の捉え方は、本書の国家—社会関係の観点からみると、社会における利益媒介の側面に主眼をおいた初期のシュミッター流の解釈か、あるいは国家に着目して政府の政策過程の制度化という初期のレームブルッフ流の解釈のいずれかに依存するか、さもなくば各論者の指標を平均化したものであった。本書は、第二章で、コーポラティズム体制の集権化概念等を再解釈したうえで指標化し、そして第四章では、同体制とストライキ行動との関係について比較分析をおこない、スト頻度で「U字型」説の存在を示唆した。では、その再解釈されたコーポラティズム体制と新社会運動との関係は、どのようなものになるのであろうか。これが本章の主要なパズルである。

その課題をより具体的に述べると次のようになる。その修正されたコーポラティズム体制の「政治的機会構造」はどのように解釈されるのであろうか。とくに新社会運動との関係においては、機会構造の概念が、既存の政治体制と関連づけて把握されるべきものであることは、すでに第五章で論じた通りであるが、それは、どのようなかたちで指標化されるのか。そして、そのように新たに修正を施されたネオ・コーポラティズム体制の機会構造と、新社会運動との関係は、従来の諸説に照らして、どのように解釈できるのであろうか。また、すでに本書で提示した「U字型」説は、新社会運動においてどのようなかたちで妥当するのか、しないのか。さらに、同体制の制度配置の流動性や揺らぎを意味する「制度変動」と新社会運動との関係はどのようなものであろうか。そうした制度の不安定性と体制外部からの新社会運動とは結びつきがあるのか、それとも、体制変動と新社会運動とはまったく連動していないのであろうか、等々である。

本章では、これらの課題を念頭に置いて、まずはじめに、本書における国家―社会関係の制度編成の観点から、ネオ・コーポラティズム体制の「政治的機会構造」の概念を再解釈し、あわせてその指標化を試みる。その際には、すでにストライキ行動の比較分析にあたっても活用した「相対集権化」と「絶対集権化」の指標を取り入れ、その中心に据えるつもりである。また、同体制の制度変動についても、同様に、「相対脱制度化」や「相対変易率」、そして「絶対脱制度化」や「絶対変易率」の各指標を中心的な指標として援用する。これらに加えて、「政府能力」等の政治―制度変数も取り込んで、比較分析の説明モデルをつくる。

こうして石油危機後の約十年の旧西ドイツ、フランス、オランダ、スイスの四ヶ国の新社会運動のパネル・データを加工してつくり、比較分析をおこなう。その結果として、集権化を中心に置いたネオ・コーポラティズム体制の機会構造については「抑制説」の存在が、そして脱制度化や変易率を中心とした体制の制度変動との関係においては「U字型」の存在が、経験的に有力視されることを示唆する。

第一節　比較分析に向けて

①機会構造の再解釈

本書の国家―社会関係の視点から、あらためてネオ・コーポラティズム体制の政治的機会構造を再解釈し指標化するとすれば、それは、どのようなものになるのであろうか。国家─社会関係の問題に絡めて機会構造を捉え返す議論として、たとえば、E・アメンタらは、機会構造の問題を、社会と国家の両側面に区分して議論することを提起している。そのなかで、彼らは、主として社会の側からそれに接近する「ポリティ（政体）中心的アプローチ（「ポリティ・モデル」）」と、主に国家の側から「政府の能力」に力点を置く「国家中心的アプローチ（「ステイティスト・モデル」）」の二つの観点から、機会構造の指標化を試みている(1)。その視座は、すでに検討したH・キッチェルトによる入力─出力の両側面から機会構造に接近する議論と重なり合うところも多々あるといえる(2)。だが、彼らは、キッチェルトでは具体化されなかった機会構造の指標化を、T・スコッチポルらの議論を踏まえて国家対社会という対抗軸に沿っておこない、その指標を、アメリカのタウンゼント運動における四八州の差異を比較分析するにあたって導入している(3)。

彼らは、機会構造の「ポリティ・モデル」の主要な要素を指標化するに際して、政体における内発的な組織化の問題を重視する。そこから、㈠労組組織率が取りあげられ、また、それら労組の諸組織との関連で重要となる政党として、㈡民主党の得票率が取り入れられる。そして、㈢伝統的な既成政党の支配度として、民主党への得票率ではなく、各州で民主党組織が選挙上支配している度合をメイヒュウーらの質的なランク付け等を勘案して指標化したものと、各州政府で民主党政権かどうかのダミー変数を指標として採択している(4)。

これらの指標についていえば、本書では、すでに第四章で、労働をめぐる組織間関係への制度的配置への包摂度として労組の「組織率」を取り入れている。しかも、国家─社会関係の視点を取り入れて、そうした組織間関係の制度編成を「政治社会」と「市民社会」の両レヴェルに分け、それぞれ「相対集権化」と「絶対集権化」として機会構造の指標として援用している。さらに制度変動の問題については、絶対・相対の「脱制度化」・「変易率」を活用した。また政党問題にかんしても、ネオ・コーポラティズム論で提起された労働者政党の問題として、従来の「社会民主主義政党」の得票率だけでなく、それへの対抗的な選挙動員として、共産党をはじめ「反社民勢力」としての労働者政党の得票率も勘案してきた。

また他方で、アメンタらは、「ステイティスト・モデル」の指標化にあたっては、「国家の能力」を問題の中心に据えている。そこで考慮されている諸点は以下のようなものである。まず、㈠どの程度、どのようなかたちで選挙権が与えられていたのか、という選挙権の範囲にかかわる点である。これは、有権者の人口に占める割合を中心にして指標化されている。また、㈡「国家の自律性」にかかわる問題として（かれらの場合は、州政府の自律性であるが）、州政府の財政面と官僚機構の面とを組み合わせた指標をつくっている。これは、州政府の財政規模と、州の労働委員会等の政府機関が各種の労働立法におけるルール形成においてもっていた権威の程度等を組み合わせたかたちで指標化されている(5)。

この国家中心的アプローチによる「ステイティスト・モデル」の機会構造の諸要素についての議論は、機会構造の再解釈にあたって参考になる。しかし、後に詳しくみるように、本章では、国家―社会関係の観点から、ネオ・コーポラティズム体制における政策形成の制度化の側面を重視する。したがって、財政面における政府支出の対ＧＤＰ比という指標だけでなく、第二章で言及したような政策形成への労組の参加度（クレパース指標）をも組み合わせた総合的な「政府能力」の指標をつくることになる。

①政治―制度的変数

そうした議論を踏まえて、ここでは、ネオ・コーポラティズム体制における制度編成や制度変動と新社会運動との関係について、新たな説明モデルをたてることにしたい。まずネオ・コーポラティズム体制の機会構造の指標として重視する独立変数は、何よりも、国家―社会関係の制度配置に照らしてみた二つの集権化の概念、すなわち、政治社会レヴェルに定位した「相対集権化」の指標と、市民社会レヴェルに定位した「絶対集権化」である。これによって、既存の利益集団の組織間関係の制度配置と新社会運動との関係が経験的に探索される。第二に、その両レヴェルにおける制度変動を示す変数として「脱制度化」と「変易率」を用いる。この両変数を通じて、機会構造の変化と新社会運動との関連が分析される。第三に、権力資源を示す「組織率」を相対集権化モデルの「修正版」において変数として取り込む。

さらに、その他の政治―制度的な変数として、政党への動員、とくに労働者政党への動員を同政党の得票率として取りあげる。具体的には、社会民主主義政党の得票率、そして同党への対抗動員として、共産党をはじめとする反社民の労働者諸政党の得票率を変数として取り入れる。

これらの独立変数は、キッチェルトの議論との関係でいえば、主として「入力」の局面の諸要素と重なり(6)、またアメンタらの「ポリティ中心的アプローチ」に関連していえば、同アプローチにおける機会構造の諸要素の一部を包括している(7)。しかし、ここでは国家―政治社会―市民社会という国家―社会関係の視点に照らして、政治社会レヴェルでの「相対集権化」と市民社会レヴェルでの「絶対集権化」という区別を明示的に表わしている。また政党への選挙動員を取り入れたのは、政治社会へのアリーナの移動の問題も射程に入れているからである。

この政治アリーナの問題に関連して、ここでの政治―制度変数による説明と、「複合的な組織場」の概念によって新社会運動を説明する議論との関係についても触れておきたい(8)。この議論は、各種の組織間ネットワークが複数のアリーナで展開されることに力点を置いて、それを「複合的な組織場」の概念によってまとめ上げて、そこから新社会運動の展開を説明する。たしかに、この議論は、利益集団だけでなく政党も含めた意味での諸組織が潜在的・顕在的に織りなす組織間関係の各種の「組織場」のなかで、運動が、どのように展開されるのかという視角を重視している点で、ここでの説明モデルと認識を共有している。しかし、そうした組織場の複合性についての次元をめぐっては、その見解を異にする。本章では、組織間関係の磁場の複合性を、たんにマクロ対ミクロという次元だけで捉えるのではなく、国家―社会関係の制度的配置を重視する観点から、国家―政治社会―市民社会という三つの次元に沿って考察することを主眼としている。

さらにいえば、本章で制度編成に力点を置くことは、マクロな外部的な構造的条件と新社会運動とを直結するのではなく、構造的条件を運動へと媒介する組織間関係の制度配置に焦点をあてる、制度媒介による運動の動員メカニズムを検討することを意味している。したがって、その限りでは「組織場」の議論と同様に、中範囲の「メゾ動員」を想定していることは確かである。しかし、すでに明らかなように、ミクロな個別アクターを意識の位相で運動の担い手へと転化させる「フレーミング」の問題はここでは取り扱ってはいない(9)。また、アクターのミクロ的基礎付けに力点を置く「合理的選択派」の制度論についてもここでは言及することはない(10)。

そしてアメンタらの「ステイティスト・モデル」との関係でいえば、ここでは、国家の側面にかんしては前述のように新たな「政府能力」の指標をつくる。これは、キッチェルトの図式でいえば、「出力」の局面に関わる「国家の能力」にも関連するが、より直接的にはアメンタらの「政府能力」の指標に関係している。後者についていえば、たしかに、ここでも、アメンタらの政府能力の諸指標を念頭に置いて、政府支出費の対ＧＤＰ比を考慮した。しかし、アメンタらのような政府支出比の指標では不十分であるとみなし、政策過程の制度配置の側面にも焦点をあてたのである。そこで、政策過程への利益集団の参画、とくに労組の政策過程への参加度を示す指標であるクレパース指標を取り入れて、政府支出費の対ＧＤＰ比と総合した新たな「政府能力」の指標をつくった(11)。このようにクレパース指標を加えて政府能力指標を総合的にしたのは、アメンタらは、政策への利益集団の参加度や政策過程の制度配置の問題をそれほど重要視していないからである。「国家中心的アプローチ」を標榜するからには、政府の規模によって諸々の社会運動のあり方に違いが生じうるかどうかだけでなく、その政策過程の制度的配置にも配慮せざるをえない(12)。言い換えれば、狭義の国家装置だけでなく、国家と社会の相互作用もまた、広義の国家問題に絡めて議論する必要性があるように思われる。

また、この政府能力の議論を注視したのは、アメンタらが、国家と社会運動との相互関係について、抑圧ないし抱き込みとは異なる帰結を想定していることにもよる(13)。アメンタらによれば、「国家の政治的諸制度は重要である。……諸々の運動は、制度的政治の諸々の境界線の外部で展開されるけれども、そうした諸制度の存在は、それらの運動を挫折させるよりも、むしろ促進する」(14)としている。そこでは明らかに、政府能力が高いほど社会運動が活発化するという両者の正の関係が期待されている。これは、政府能力との関連での促進説を提起しており、注目すべき議論である。

そして、他の社会運動との関係を探るために、体制内における社会運動としてのスト行動も取りあげた。ここでは、ストライキ行動への相対参加度を変数として取り入れてある(15)。

③新社会運動の諸指標

それらの政治―制度的変数にたいして、従属変数としての新社会運動はどのように指標化しうるのであろうか。ここに新社会運動のデータをめぐる問題点が浮上してくる。たしかに、これまでも、新社会運動を含む集合行動については様々な指標化が試みられてきた。たとえば、A・マーシュは、プロテスト運動について、そのレパートリーの点からその強度を指標化している(16)。また、テロや暴動などの集合行動についての世界大の比較可能なデータもある(17)。しかし、これらのデータは、運動の手段の区別や体制支持の不安定性などを念頭に置いており、新旧の社会運動の区別が明確ではない。とくに、新社会運動の「新しい」所以を表わす争点構造については、その内容の相違を示すことには力点が置かれていないのである。したがって、その「新しさ」の意味も曖昧になるので、新社会運動の比較分析におけるデータの確定は、どのような視座からどのような基準を抽出していくのか、という問題をつねに内包している。

第二に、そのようにして構成された諸々の規準を経験的にどのように規定するのか、あるいは、質的なものをどのようにしてデータ化していくのか、という問題がある(18)。とくに、新社会運動の場合には、経験的な指標化の際に、論者による相違が生じやすいし、また、その指標もかなり大まかな、たとえば強中弱というような漠然としたものに往々にしてならざるをえないところがある。

こうして第三に、個々の新社会運動の新しさを示す根拠の一つである運動の組織形態の問題や、運動が入手・活用するリソースの問題などについては、個別のケースでは観察可能なデータが得られることもあるが、しかし、それらを集約したような当該国のマクロな具体的なデータは得にくい。そして第四に、時系列データは、一国単位のものがその大半をしめ、数も多くはない。また、横断的なデータも、年次を具体的に特定しないおおまかな同一時期の十ヶ国程度のデータが多い(19)。

これらの点からも、前章で触れたD・ラクトと同様に、入手しうるデータは、多面的であり、また散漫で漠然としているといえる。だが、それに加えて通時的—共時的な比較が可能となるようなデータを利用することは、

図表 7-1　新社会運動頻度

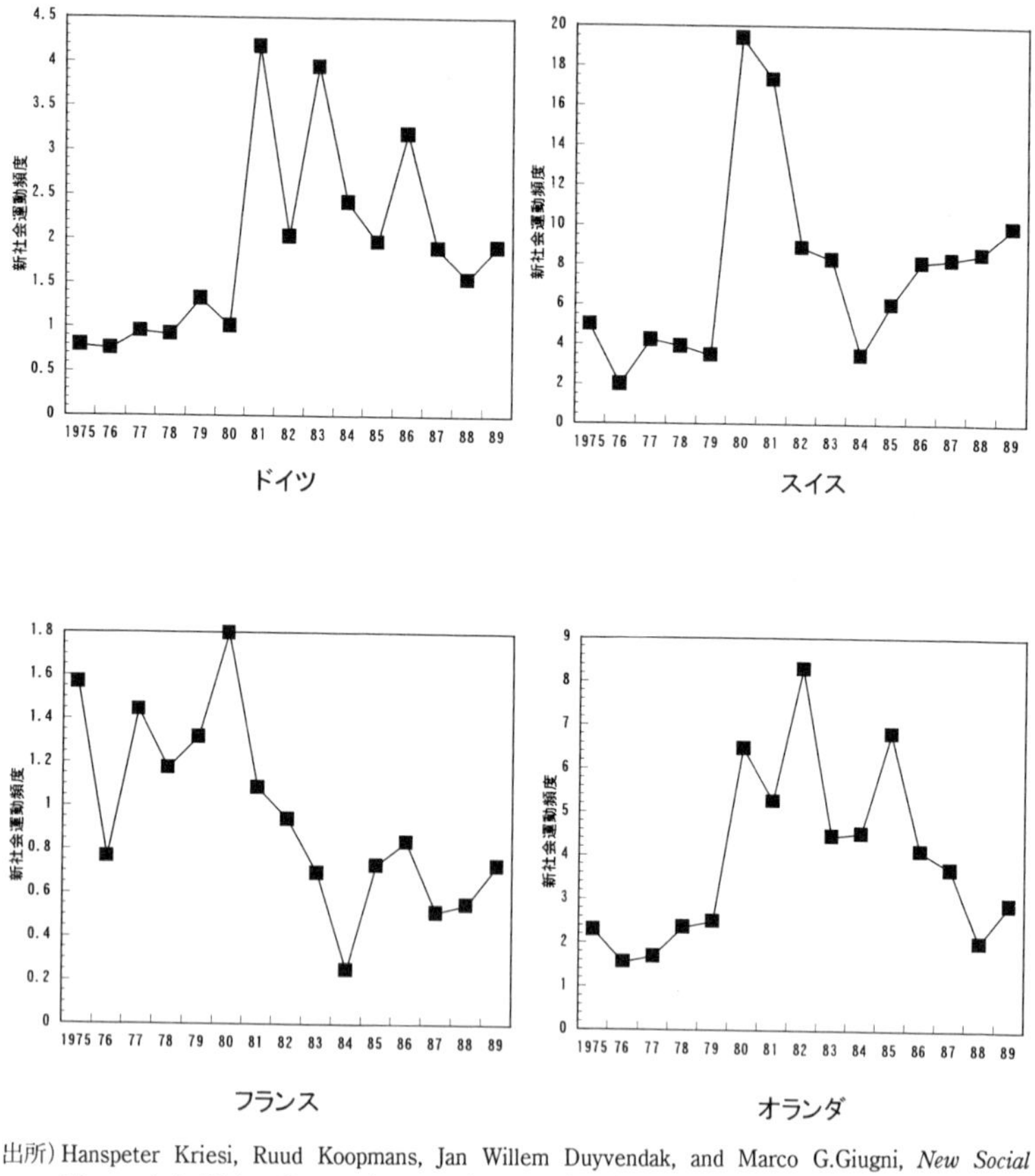

出所) Hanspeter Kriesi, Ruud Koopmans, Jan Willem Duyvendak, and Marco G.Giugni, *New Social Movements in Western Europe: Acomparative Analysis* (Minneapolis: University of Minnesota Press, 1995), pp.73-76, より筆者が作成。

なかなか難かしいようにすら思われる(20)。

しかし、そのような限界はあっても、いくつか利用可能なデータはある。そこで、従属変数としての新社会運動の指標化されたデータとして、ここでは石油危機以後の七五年から八九年までのドイツ、フランス、オランダ、スイスの四ヶ国の新社会運動の時系列データであるクリーシらのものを活用する(21)。彼らは、エコロジー運動や平和運動などの新社会運動がおこなう各種のプロテストのイベントに着目する。この出来事には、通常の約束事にはとらわれないという意味での非通常的な出来事に加えて、諸々の直接民主主義的な

図表 7-2　新社会運動相対参加度

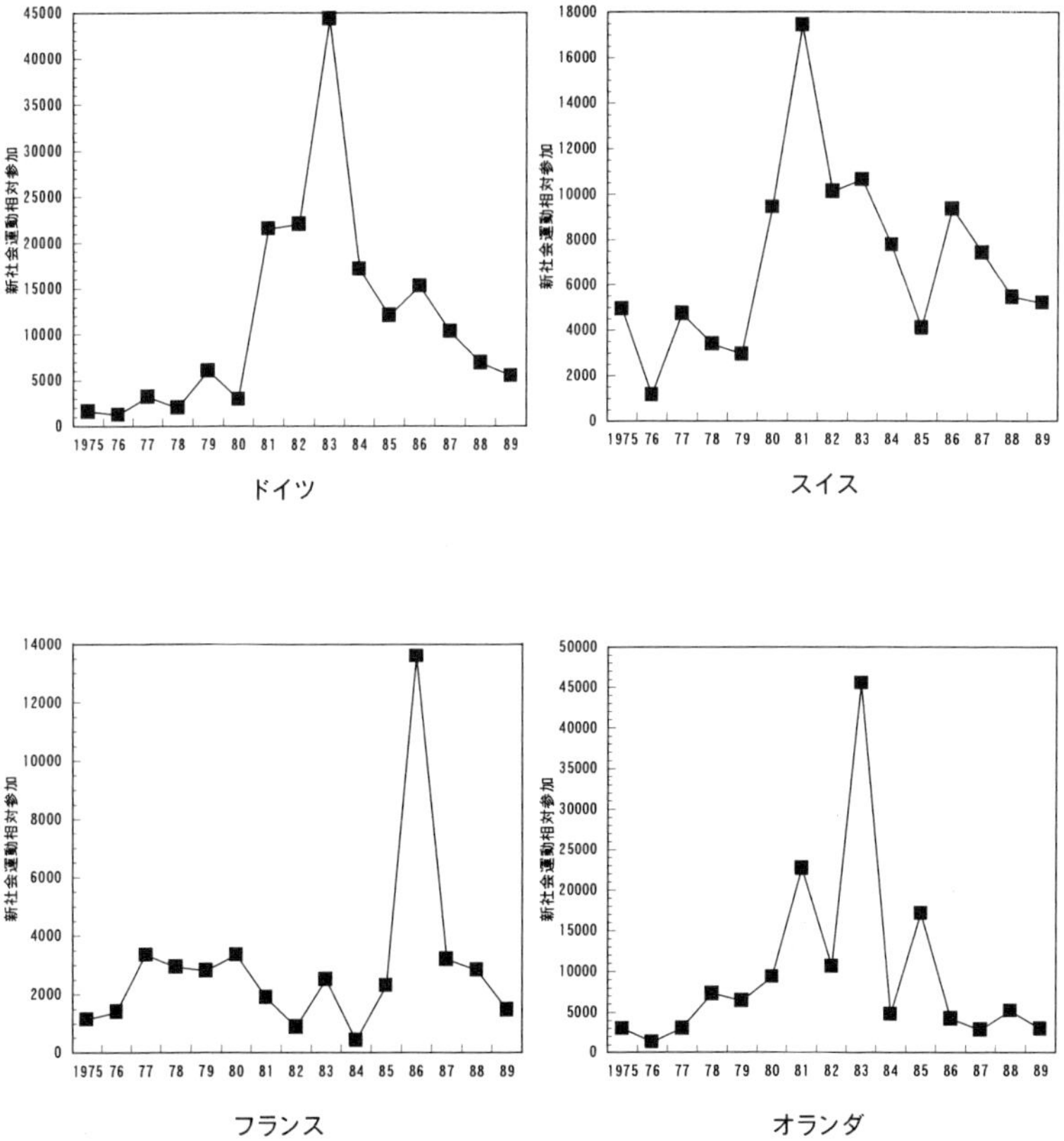

出所）Hanspeter Kriesi, Ruud Koopmans, Jan Willem Duyvendak, and Marco G.Giugni, *New Social Movements in Western Europe: Acomparative Analysis* (Minneapolis: University of Minnesota Press, 1995), pp.73-76, より筆者が作成。

形態の請願行動や催しなども含んでいる(22)。そして彼らは、そうした諸々のプロテストの件数と、それらのプロテストへの人口百万人あたりの参加者数とを調査した。本章では、そのデータを加工して、件数を人口で除したものを新社会運動の「頻度」とした。また人口百万人あたりの参加人数を新社会運動への「相対参加率」の指標として採用する(23)。このデータは、四ヶ国に限定されており、国ごとの固有性を考慮することが必要になると思われるが、時系列データであるという点、それからサンプルの規準が比較的明確であるので、新社会運動を示す従属変数として利用するのに適している(**図表7－1**と**図表7－2**を参照)。

こうして、その新社会運動の「頻度」と「相対参加率」の二つの指標を従属変数にして、その四ヶ国の石油危機以後の約十年のパネル・データを用いて、ネオ・コーポラティズム体制の制度編成や制度変動と新社会運動との関連を、比較の観点から経験的に探索する。そこでも、つねに念頭にあるのは、前述の促進説、抑制説、ハンプ型、U字型などの所説であることはいうまでもない。

第二節　コーポラティズム型制度編成の機会構造と新社会運動

第一項　説明モデルの概要——集権化と新社会運動

ここでは、クリーシらがドイツ、フランス、オランダ、ドイツの四ヶ国の石油危機後の約十余年にわたる新社会運動を調査したデータを使って、前述の修正された機会構造の尺度との関連について比較分析を試みることになる。このように横断面(共時態)と時系列(通時態)とが組み合わさったデータを用いて、しかも四ヶ国という極めて少数の国の事例を扱うことになるので、比較分析にあたっては各国固有の特徴が及ぼす影響力を考慮することが必要であると思われる。そこで第一に、比較政治学においてこの個別的効果の問題を取りあげたＪ・スティムソンやＰ・オコンナーらの議論を参考にして、ここでは分析手法としては、最小二乗法（ＯＬＳ）ではなく、後にみるように各国のダミー変数を取り入れた方法（ＬＳＤＶ）を活用することにする(24)。

第二に、ハンプ型ないしＵ字型の仮説、つまり、集権化の度合の両極で新社会運動は低位ないし高位にあり、その中間レヴェルでは、逆に新社会運動が高位ないし低位になるという所説を検討するために、ここでも、ストライキ行動の場合と同様に、二次式モデルを用いる。その際、二次式モデルも、前述の一次式モデルと同様のダミー変数を入れた手法を用いる。

第三に、この一次式モデルと二次式モデルの両者のいずれが有意性をもつかどうかを検討する。ここでは、ストライキ行動の場合と同様に、両者が入れ子型の関係にあるのでＦ検定をおこなう。また、この二次式モデルでは、ハンプ型の場合には、集権化の一次の項の符号がプラスで二次の項がマイナス、そしてＵ字型の場合には、その逆になることが期待される。

このようにして四ヶ国の新社会運動の頻度と新社会運動への相対参加度の二つの従属変数の各々にたいして、次のような、(A)相対集権化モデル、(B)修正相対集権化モデル、(C)絶対集権化モデルのそれぞれ一次式モデルと二次式モデルの計六つのモデルが検討されることになる（ただし、ここでは時期と国を示す添字のｔ、ｉは略してある）。

(A)相対集権化モデル

＊一次式モデル

$Y = \beta_1 + \beta_2$（相対集権化）$+ \beta_3$（社民）$+ \beta_4$（共産）$+ \beta_5$（政府能力）$+ \beta_6$（スト行動）$+ \beta_7$（各国ダミー）$+ \varepsilon$（誤差項）

＊二次式モデル

$Y = \beta_1 + \beta_2$（相対集権化）$+ \beta_3$（相対集権化）$^2 + \beta_4$（社民）$+ \beta_5$（共産）$+ \beta_6$（政府能力）$+ \beta_7$（スト行動）$+ \beta_8$（各国ダミー）$+ \varepsilon$（誤差項）

(B)修正相対集権化モデル

＊一次式モデル

$Y = \beta_1 + \beta_2$（相対集権化）＋β_3（組織率）＋β_4（社民）＋β_5（共産）＋β_6（政府能力）＋β_7（スト行動）＋β_8（各国ダミー）＋ε（誤差項）

＊二次式モデル

$Y = \beta_1 + \beta_2$（相対集権化）＋β_3（相対集権化）^{2}＋β_4（組織率）＋β_5（社民）＋β_6（共産）＋β_7（政府能力）＋β_8（スト行動）＋β_9（各国ダミー）＋ε（誤差項）

Ⓒ絶対集権化モデル

＊一次式モデル

$Y = \beta_1 + \beta_2$（絶対集権化）＋β_3（社民）＋β_4（共産）＋β_5（政府能力）＋β_6（スト行動）＋β_7（各国ダミー）＋ε（誤差項）

＊二次式モデル

$Y = \beta_1 + \beta_2$（絶対集権化）＋β_3（絶対集権化）^{2}＋β_4（社民）＋β_5（共産）＋β_6（政府能力）＋β_7（スト行動）＋β_8（各国ダミー）＋ε（誤差項）

第二項　推定結果と解釈

①社会運動頻度

各モデルの推定結果は、**図表7－3**に示した通りであるが、ここでは従来の所説を考慮に入れて、経験的な探索の諸結果を踏まえたうえでのいくつかの命題を提示したい。これらは、いずれも反証可能な経験的な命題であり、この命題の適否は、今後の経験的な分析を通じて検証作業の俎上にのせられるはずであり、その意味でそれらの命題は暫定的なものとして析出されたものである。

図表 7-3　集権化と新社会運動(1)

	新社会運動頻度	新社会運動頻度	新社会運動頻度	新社会運動頻度	新社会運動頻度	新社会運動頻度
相対集権化	-26. 521 (59. 806)	-99. 557 (238. 661)	-30. 051 (58. 266)	-47. 403 (218. 308)		
(相対集権化)^2		87. 054 (275. 128)		92. 393 (250. 692)		
絶対集権化					-208. 120** (87. 528)	-425. 551* (236. 17)
(絶対集権化)^2						1815. 766 (1831. 728)
総組織率			-84. 236*** (30. 687)	-84. 326** (31. 125)		
社　民	-11. 730 (33. 932)	-16. 659 (37. 781)	-2. 551 (31. 102)	-7. 772 (34. 58)	2. 502 (31. 785)	1. 996 (31. 798)
共　産	-39. 546 (70. 171)	-23. 804 (88. 841)	18. 394 (67. 338)	35. 163 (82. 065)	-17. 702 (62. 852)	2. 566 (66. 111)
政府能力	7. 324 (25. 07)	7. 426 (25. 432)	3. 626 (22. 885)	3. 731 (23. 213)	10. 099 (22. 864)	6. 612 (23. 139)
スト参加	0. 002 (0. 003)	0. 002 (0. 003)	0. 001 (0. 002)	0. 001 (0. 003)	0. 002 (0. 002)	0. 002 (0. 003)
ダミーフランス	-7. 936 (31. 538)	-7. 521 (32. 018)	-10. 661 (28. 757)	-10. 224 (29. 19)	-20. 113 (14. 325)	-23. 460* (14. 722)
ダミーオランダ	-4. 404 (16. 924)	1. 139 (24. 526)	6. 453 (15. 921)	12. 347 (22. 727)	-9. 377 (5. 722)	-5. 192 (7. 112)
ダミースイス	-4. 662 (22. 537)	-0. 767 (25. 964)	10. 513 (21. 268)	14. 663 (24. 333)	-8. 945 (8. 474)	-5. 703 (9. 086)
定　数	23. 801 (40. 562)	35. 124 (54. 528)	15. 882 (37. 075)	27. 890 (49. 756)	22. 798 (14. 484)	24. 974 (14. 654)
N	41	41	41	41	41	41
R^2(調整済み)	0. 307	0. 286	0. 424	0. 408	0. 407	0. 407
F値		0. 100		0. 136		0. 983

(　)内は標準誤差
p値　***p値＜0. 01　**p値＜0. 05　*p値＜0. 1
F値有意水準　†††＜0. 01　††＜0. 05　†＜0. 1(これは、本稿で言及したF検定の結果である。以下同様)

第一に、一次式モデルと二次式モデルとを比較した場合、F検定によれば、いずれの型のモデルでも、二次式モデルの有意性は認められず、したがって、新社会運動の頻度についていえば、ハンプ型ないしU字型の二つの所説は首肯し難い。

第二に、新社会運動頻度にたいして集権化の指標は、絶対集権化のみ有意で負の関係にあり、これは「抑制説」を示唆するものである。このことは、市民社会レヴェルに定位した集権化の度合が高くなればなるほど、新社会運動が発生する度合が低くなることを含意する。つまり、政治社会レヴェルではなく、市民社会レヴェルにおける既存の労働の組織間関係の包摂性と垂直的統合の程度が高いことが、新たな要求を受容する包括度の高さにつながり、そして外部からの新しい要求を既存の制度的枠内で対処できる可能性を高めることを推察させるものである。換言すれば、市民社会レヴェルでの組織間関係の布置がより包摂的でより垂直的に統合化されていると、新社会運動は、そうした組織間関係の制度配置に組み込まれる度合も高くなるので、問題を制度的枠内で処理する戦略をとる可能性が高まり、そのため争点が運動形態をとったかたちでは顕在化しない傾向にある、とも解釈しうる。

また、政治社会レヴェルに定位した相対集権化モデルの場合、運動の頻度にたいしておおむね負の関係にあるとはいえ、その相対集権化の係数のt値はいずれも有意ではなく、抑制説を明確に支持することはできなかった。このことは、市民社会レヴェルにおける組織間関係の制度配置のほうが、政治社会レヴェルでのそれに比べて、より明確なかたちで運動の頻度に影響を与えていることを示唆しているといえる。このように集権性を絶対性と相対性に分けた場合に、その両者の結果が異なることを析出した点は、政治社会と市民社会という両アリーナのレヴェルの相違を明確に区別したことの意義の一端を確認するものである。

第三に、その他の「機会構造」の諸要素をなす政治―制度的変数についていえば、労組組織率は、いずれの相対集権化モデルにおいても、新社会運動頻度にたいして負の関係にある。もし、この組織率を運動のレパートリーの一環としての利用可能な権力資源とみなす資源動員論の観点から捉えるならば、組織率は新社会運動にたいしてプラスの効果をもたらすはずであるが、ここでは逆にマイナスの関係にある。このことは、資源動員論の見地に従って解釈するならば、新社会運動にとって労組は、利用可能な資源というよりも、むしろ運動の発生を抑制する要因になっていることを含意する。また連合論の観点でいえば、労組と新社会運動とは、同盟関係どころか、逆にゼロ＝サム的な関係にあるということにもなる(25)。しかし、このように労組の組織率を運動にとっての動員資源の大きさとして道具主義的に捉えるよりも、本書の第三章ですでに述べたように、運動を取り巻く既存の組織間関係の網の目に組み込まれている度合として組織率を規定し直すならば、その包摂の度合が高くなればなるほど、運動にとっての外部は相対的に縮減され、運動は内部に向けての求心的な指向性を強め、遠心的なかたちでの新しい運動は展開しにくくなるとも解釈できるのである。

第四に、社民・共産の労働者政党への選挙動員の指標は、t値をみると、符号が一定しておらず、またいずれのモデルでも有意性がみられず、新社会運動の登場にたいして有意な関係を推定することが困難であった。この労働者政党への選挙動員は、運動にとっては、選挙動員を通じて政治社会レヴェルへの機会構造のアリーナが移行する程度を示すものでもある。換言すれば、政治社会に向けての機会構造の開放性のあり方のひとつを表わしている。

第五に、政府能力の指標もまたt値をみると、いずれのモデルにおいても新社会運動の頻度にたいして係数が有意ではないことが確認された。前述のアメンタらは、すでに触れたような立論によって、政府能力が新社会運動にたいして正の関係にあることを主張していた。しかし、分析結果からみる限り、ここでは指標の内容に若干の違いがあるとはいえ、彼らの議論は成立し難いといえるであろう。もっとも、最近のアメンタらの議論に言及しておくならば、彼らは、自らの以前の政府能力をめぐる課題とは異なってはいるが、選挙制度や国家機構の集権化―分権化、官僚の自律性などの制度的指標と、そうした国家への挑戦者型の運動との関係についての所説を検討している。そのなかでは、経験的に促進説か抑制説のいずれかを確定することに慎重である。時系列的な交差国家的な体系的データを踏まえることも含め、それは今後の課題であるとしている。彼らは、新たな価値や目標を掲げその実現をめざす従来のアイデンティティ指向型の新社会運動ではなく、むしろ、社会福祉など各種の公共政策を政府に求めて国家に挑戦する国家指向型の社会運動に対象を限定している点で、ここでの新社会運動とは様相を異にしている。しかし、いずれにせよ、そのような公共政策の展開にかかわる諸制度と、その国家指向型の社会運動との関連については、明確な断定を保留しているのである(26)。

その他の変数として、ここではストライキ行動との関係を探索するために、スト行動の諸類型のうち、ストライキへの相対参加度を取りあげた。この新社会運動の頻度にたいするストライキ行動は、t値をみると、いずれのモデルでも係数は有意ではなく、明確なかたちでの関連を認めることはできなかった。

②新社会運動への相対参加度

図表7－4からわかるように、第一に、新社会運動の相対参加度についても、一次式モデルと二次式モデルとを比較した場合、F検定によれば、いずれの型のモデルでも、二次式モデルの有意性は認められなかった。したがって、ハンプ型ないしU字型の二つの所説を積極的に主張することはできない。

第二に、集権化指標についていえば、新社会運動への相対参加度にたいしては、絶対集権化も相対集権化もともにマイナスの関係にあり、t値をみると両変数とも有意である。このことは、前述の所説との関連でいえば、「抑制説」を支持する裏付けとなる証拠を示しているといえよう。これは、政治社会と市民社会の両レヴェルで、集権化の度合が高くなればなるほど、新社会運動への参加度が低くなることを含意している。つまり、両レヴェルにおける既存の労働の組織間関係の包摂性と垂直的統合の程度が高いことは、新たな争点を既存の制度的枠内への参加によって解決する可能性を高めることを推察させるものである。すなわち、組織間関係の布置がより包摂的でより垂直的に統合化されると、運動の担い手たちは、そうした組織間関係の制度配置に組み込まれる度合も高くなるので、外部への遠心的なドライブを働かせる戦略よりも、内部への求心的な参加戦略をとる可能性が高まると解釈しうる。そのため外部の運動への参加という形態をとるインセンティブが低下

図表 7-4　集権化と新社会運動(2)

	新社会運動相対参加	新社会運動相対参加	新社会運動相対参加	新社会運動相対参加	新社会運動相対参加	新社会運動相対参加
相対集権化	-505620*** (145327)	-759036 (578965)	-374621** (143158)	-638207 (535258)		
(相対集権化)^2		302059 (667428)		314426 (614658)		
絶対集権化					-917599*** (215882)	-1008900* (591391)
(絶対集権化)^2						763155 (4586808)
総組織率			-195057** (75397)	-195363** (76313)		
社　民	126125 (82454)	109022 (91652)	147380* (76416)	129610 (84785)	155620* (78396)	155408* (79626)
共　産	112248 (170514)	166868 (210668)	246414 (165448)	303480 (201211)	61123 (155020)	69642 (165547)
政府能力	-123596* (60920)	-123241* (61696)	-132159** (56229)	-131803** (56915)	-14879** (56392)	-143345** (57943)
スト参加	10. 000 (7. 800)	10. 000 (7. 900)	9. 000 (7. 200)	9. 000 (7. 300)	4. 000 (7. 000)	4. 000 (7. 000)
ダミーフランス	-247647*** (76637)	-246209*** (77672)	-253957*** (70655)	-252470*** (71571)	-107661*** (35331)	-109068*** (36864)
ダミーオランダ	-135310*** (41125)	-116079* (59498)	-110171*** (39119)	-90113 (55723)	-48504*** (14114)	-46745** (17810)
ダミースイス	-168941*** (54764)	-155426** (62986)	-133800** (52255)	-119677* (59661)	-47905** (20900)	-46542** (22751)
定　数	314690*** (98565)	353977** (132278)	296353*** (91093)	337220*** (121995)	62600* (35724)	63515* (36694)
N	41	41	41	41	41	41
R^2(調整済み)	0. 375	0. 359	0. 469	0. 456	0. 449	0. 432
F値		0. 205		0. 262		0. 028

(　)内は標準誤差
p値　***p値＜0. 01　**p値＜0. 05　*p値＜0. 1
F値有意水準　†††＜0. 01　††＜0. 05　†＜0. 1

すると考えられるのである。

第三に、その他の「機会構造」の諸要素をなす政治―制度的変数についていえば、まず労組組織率は、新社会運動頻度の場合と同様に、いずれの相対集権化モデルにおいても、新社会運動の参加度にたいして負の関係にある。

第四に、労働者政党への選挙動員については、社民・共産いずれも、新社会運動への相対参加度とのあいだには正の関係がある。だが、t値をみると、その有意性が乏しいモデルのほうが多く、したがって、新社会運動との連動性を主張するのは難しいといえる。

第五に、政府能力の変数は、新社会運動の頻度の場合と異なり、新社会運動への相対参加度にたいしては、いずれのモデルでもマイナスの関係にあり、またt値をみると有意である。これは、抑制効果を裏付ける証拠でもある。前述のアメンタらは、すでに触れたように政府能力が新社会運動にたいしてプラスの関係にある促進効果を主張していた。だが、少なくともここでは、すでに述べたようなかたちで修正を施しているとはいえ、政府能力は、アメンタらの予想とは逆に、新社会運動への参加を抑制する効果を及ぼすことを推察させる(27)。より一般的にいえば、このことは、政策過程に労組等の各種の利益集団を包摂する制度化の度合が高くなると、運動の側にとっても、そうした政策過程の制度的枠組の内部の回路への参加という戦略を選択する機会が拡大するからであり、さらに、そのように戦略の選択肢の幅が広がることは、運動にたいしては、外部への遠心的ドライブよりも、既存の体制内部への求心的ドライブをもたらすからであると考えられる。

こうして、たとえ新たな争点であれ、政府能力が相対的に高いことは、その利益の表出を体制外部で顕在化するのを縮減させる可能性を高めることにつながると解釈できる。つまり、政策過程への参加経路の拡張とその制度化による政府能力の拡大は、運動アクターの機会構造の増大をもたらす可能性を高めるが、それは、運動の戦略選択の幅を拡大させるとともに、体制内への吸収 (absorption) や抱き込み (co-optation) の契機をも増大させ、運動の抑制を導くと考えられるのである。したがって、新社会運動への相対参加度の例では、従来の所説との関連でいえば、相対絶対の両集権化や政府能力の諸変数からみて、

「抑制説」が妥当するといえよう。

また第六に、ストライキ参加度は、新社会運動の参加度にたいしては、t値をみると、いずれのモデルでも係数は有意ではない。したがってスト行動は、新社会運動の参加度に影響を及ぼしているとは考えにくい。

第三節　制度変動の度合と新社会運動――コーポラティズム型制度編成の機会構造の変化

すでにみてきたように、制度配置に力点を置いた機会構造と社会運動との関係についての分析や考察はこれまでもいろいろとおこなわれてきた。また、政治的機会構造の諸要素については、選挙制度など相対的に安定した部分と、公共政策等にかかわる問題など比較的可変的・流動的な部分との両面があるということも指摘されてきた(28)。しかし、それらの議論は、制度配置そのもののもつ流動性について、さらにそうした機会構造の変化などの制度変動と新しい社会運動との関連については、少なくとも経験的に明確なかたちでは比較分析の俎上にはのせてこなかったといえる。

したがって、ここでの焦点は、集権化の程度などの制度配置の効果を探ることから、そうした制度配置の流動性が新社会運動に及ぼす影響についての経験的な探索へと移ることになる(29)。制度的配置の変動が新社会運動をどのようなかたちで触発しているのか。つまり、制度編成の流動性と新社会運動との共振性(vibrancy)を探求することが課題となる。具体的には、そうした制度変動が、新社会運動の発生(頻度)やその大きさ(参加度)にどのような効果を与えているのか、両者はいかなる関係にあるのかという点を比較の観点から経験的に分析することが要請される。そこで集権化指標に代わって、すでに言及した制度変動の指標である「脱制度化」と「変易率」の指標それぞれを取り入れたモデルを用いて、制度変動と新社会運動との関係についての定式化を試みる。そして集権化の場合と同様に、脱制度化と変易率の両変数については一次の項と二次の項も含めた一次式と二次式の両モデルをつくり、両者の説明力の相違についても検討する。

このように制度的安定性の度合を示す脱制度化や変易率と、新社会運動の頻度や参加度との関連性を経験的に探索するなかで、とくに二つの点を明確にするつもりである。第一に、制度変動と新社会運動との関係において、二次式モデルのほうが一次式モデルよりも優れているかどうかを確定する。もし二次式の有意性が確かめられたならば、それは、制度的安定性と新社会運動とは、正負いずれにせよ、単純な直線的関係にはないことを含意し、両者の関係に比例性の仮定を置くことには問題がある点が示唆される。つまり、制度変動の大きさがそのまま新社会運動の発生や展開に直線的に連動するわけではなく、むしろ、制度変動の度合の高低両極では新社会運動の程度もまた相対的に高低いずれかになるという命題が提起されることになる。このことは、また政治的機会の流動性が新社会運動の発生や動員にたいして比例的に影響を及ぼすのではなく、より複雑なかたちで関係することを意味する。

こうして第二に、ここでは従来の説を踏まえて、さらに二つの所説を検討することになる。つまり、制度的配置が極めて安定的な場合と逆に極めて流動的な場合には、その中間にある場合に比べて、新社会運動が相対的に抑制されるのか（ハンプ字型）、あるいは活発化するのか（U字型）という二つの説である。前者のハンプ型説は、前述のようにすでに指摘されたものであるが、後者のU字型説はここで仮説として提起し、分析の俎上にのせられるものである。その両者の命題は、経験的にも理論的にも等価であり、各々については以下のようなかたちで解釈を導き出すことが可能なはずである。

まず、ハンプ型の場合、制度変動が極めて大きい場合と小さい場合の両極で新社会運動は相対的にみて抑制的になり、逆に中間に位置する場合には促進的になる。制度変動が小さい場合、つまり制度的配置が比較的安定しているときには、既存の労使および労働内部の組織間関係の制度配置も相対的に一定し、所与の利益媒介の回路にも大きな変化がないために、新社会運動にとっては、その機会構造も固定的であるので、あらたな運動の契機を見いだせずに、運動を展開し難いということになる。また逆に、制度変動が大きい場合、それは、制度的配置そのものの再編成ないし脱編成の可能性が高まることを含意し、新社会運動は、そのような制度変動のなかに吸収される可能性が高まるため、運動として顕在化しにくいと解釈しようるのである。

そしてU字型説の場合には、制度変動の極めて大きい場合と小さい場合の両極で新社会運動は促進され、中間にある場合には新社会運動は抑制的になる。制度変動が小さい場合には、既存の労使および労働内部の組織関係の制度的布置が固定的であるために、その内部に運動の機会や契機を新たに展望することが困難となるので、新たな要求や利益は疎外され、それらは、既存の制度配置の外部で表出する方向に傾くことが予期される。ここから新社会運動が展開される可能性が高まると考えられる。また、逆に、制度変動が大きいことは、組織間関係の統合度が緩やかになることを含意し、これが、新社会運動にとっては、新たな機会や契機の創出の拡大につながり、その活動の余地を増大する方向に働いて、新社会運動を促進させると解釈できるのである。

このような解釈は、アクターの利用可能なリソースの大きさを重視する権力資源論や資源動員論の観点からの説明とは異なる。ここでの説明は、アクターそのものを取り巻く磁場としての組織間関係の配置がもつ不安定性や変動に着目しており、その意味で、アクターにとっての機会構造が開放されるかどうかに主眼を置いている。言い換えると、アクターにとっての利用可能な動員資源の潜在的・顕在的な増減よりも、アクターが組み込まれている「関係の網の目」の形態変化から生じる制約性の相違に焦点があてられている。

第一項　説明モデルの概要——制度変動：脱制度化と変易率と新社会運動

前述のような問題関心に基づき、ここでは、新社会運動の二類型を従属変数にして、そして制度的不安定性や変動を示す指標である脱制度化と変易率の二つを主たる説明変数にする。また修正集権化モデルの場合と同様に、その制度変動の指標をそれぞれ政治社会と市民社会の両レヴェルで区別して、前者の政治社会レヴェルの制度変動を「相対脱制度化」と「相対変易率」とし、後者の市民社会レヴェルの制度変数を「絶対脱制度化」と「絶対変易率」とした。そしてこの四つの指標と新社会運動との関係について検討を加える。

さらに、集権化モデルの場合と同様に、政治―制度変数として、組織率、社会民主主義政党への選挙動員、共産党を中心とする反社会民主主義諸政党への選挙動員、そして政府能力を取り入れた。そのうえで、脱制度化と変易率の両変数については、一次と二次の項を入れた一次式モデルと二次式モデルをつくり、両モデルのいずれが採択されるかをF検定によって検証する。また、その二次式モデルでは、ハンプ型の場合には、脱制度化・変易率の一次の項の符号がプラスで二次の項がマイナス、そしてU字型の場合には、その逆になることが期待される。これらの諸点に留意すると、新社会運動の二つの類型についてそれぞれ以下のような回帰モデルがたてられることになる（ただし、ここでは時期と国を示す添字 t、i は略してある）。

・脱制度化および変易率と新社会運動との関係

(A)相対脱制度化・変易率モデル

＊一次式モデル

$Y=\beta_1+\beta_2$（相対脱制度化ないし相対変易率）$+\beta_3$（社民）$+\beta_4$（共産）$+\beta_5$（政府能力）$+\beta_6$（スト行動）$+\beta_7$（各国ダミー）$+\varepsilon$（誤差項）

＊二次式モデル

$Y=\beta_1+\beta_2$（相対脱制度化ないし相対変易率）$+\beta_3$（相対脱制度化ないし相対変易率）$^2+\beta_4$（社民）$+\beta_5$（共産）β_6（政府能力）$+\beta_7$（スト行動）$+\beta_8$（各国ダミー）$+\varepsilon$（誤差項）

(B)修正相対脱制度化・変易率モデル

＊一次式モデル

$Y=\beta_1+\beta_2$（相対脱制度化ないし相対変易率）$+\beta_3$（組織率）$+\beta_4$（社民）$+\beta_5$（共産）$+\beta_6$（政府能力）$+\beta_7$（スト行動）$+\beta_8$（各国ダミー）$+\varepsilon$（誤差項）

＊二次式モデル

$Y = \beta_1 + \beta_2$（相対脱制度化ないし相対変易率）$+ \beta_3$（相対脱制度化ないし相対変易率）$^2 + \beta_4$（組織率）$+ \beta_5$（社民）$+ \beta_6$（共産）$+ \beta_7$（政府能力）$+ \beta_8$（スト行動）$+ \beta_9$（各国ダミー）$+ \varepsilon$（誤差項）

Ⓒ絶対脱制度化・変易率モデル

＊一次式モデル

$Y = \beta_1 + \beta_2$（絶対脱制度化ないし絶対変易率）$+ \beta_3$（社民）$+ \beta_4$（共産）$+ \beta_5$（政府能力）$+ \beta_6$（スト行動）$+ \beta_7$（各国ダミー）$+ \varepsilon$（誤差項）

＊二次式モデル

$Y = \beta_1 + \beta_2$（絶対脱制度化ないし絶対変易率）$+ \beta_3$（相対脱制度化ないし絶対変易率）$^2 + \beta_4$（社民）$+ \beta_5$（共産）$+ \beta_6$（政府能力）$+ \beta_7$（スト行動）$+ \beta_8$（各国ダミー）$+ \varepsilon$（誤差項）

第二項　推定結果と解釈

①新社会運動の頻度

一連の図表7－5と図表7－6をみてもわかるように、第一に、全体としていえるのは、制度変動を示す脱制度化と変易率の両モデルとも、それぞれ一次式モデルと二次式モデルを比べた場合、いずれも二次式モデルの有意性は認められない。したがって、政治的機会の制度変動と新社会運動の発生の頻度とのあいだには、ハンプ型ないしU字型の関係を想定することは困難であるといえる。

第二に、すべてのモデルにおいて、その制度変動にかかわる指標（相対脱制度化と絶対脱制度化、相対変易率と絶対変易率）は、t値をみるといずれも有意ではない。このことは、新社会運動の発生頻度にかんしていえば、既存の制度配置の安定度との

図表 7-5　脱制度化と新社会運動(1)

	新社会運動頻度	新社会運動頻度	新社会運動頻度	新社会運動頻度	新社会運動頻度	新社会運動頻度
相対脱制度化	150.626 (108.317)	10.479 (287.022)	67.462 (106.356)	281.210 (287)		
(相対脱制度化)^2		-4957.091 (9381.545)		-8181.060 (10191.97)		
絶対脱制度化					261.240 (328.851)	408.900 (881.52)
(絶対脱制度化)^2						-12697.800 (70147.47)
総組織率			-97.742** (40.953)	-118.360** (48.57)		
社　民	0.950 (37.799)	1.892 (38.32)	11.936 (35.367)	12.700 (35.61)	-14.479 (36.123)	-12.900 (37.83)
共　産	-71.867 (80.742)	-63.555 (83.265)	22.813 (84.761)	29.070 (85.66)	-84.762 (84.948)	-89.400 (90.14)
政府能力	1.215 (25.423)	1.182 (25.745)	-0.218 (23.592)	-0.470 (23.75)	6.438 (25.645)	5.800 (26.31)
スト参加	0.002 (0.003)	0.002 (0.003)	0.003 (0.003)	0.000 (0.000)	0.002 (0.003)	0.000 (0.000)
ダミーフランス	8.883 (12.474)	8.125 (12.714)	-27.656 (19.191)	-34.110 (20.92)	11.287 (13.329)	12.200 (14.45)
ダミーオランダ	1.519 (3.024)	1.442 (3.066)	-2.573 (3.287)	-3.310 (3.43)	1.985 (3.155)	2.100 (3.34)
ダミースイス	7.781 (7.298)	7.951 (7.398)	0.894 (7.359)	-0.840 (7.72)	5.332 (7.122)	5.700 (7.46)
定　数	0.330 (15.735)	0.357 (15.936)	35.793* (20.828)	43.230* (22.917)	6.162 (15.184)	5.269 (16.214)
N	38	38	38	38	38	38
R^2(調整済み)	0.330	0.313	0.423	0.416	0.300	0.276
F値		0.279		0.644		0.033

(　)内は標準誤差
p値　***p値＜0.01 **p値＜0.05　*p値＜0.1
F値有意水準　†††＜0.01　††＜0.05　†＜0.1

図表 7-6　変易率と新社会運動(1)

	新社会運動頻度	新社会運動頻度	新社会運動頻度	新社会運動頻度	新社会運動頻度	新社会運動頻度
相対変易率	15. 182 (66. 425)	31. 761 (165. 242)	12. 198 (60. 938)	204. 670 (153. 483)		
(相対変易率)^2		-324. 266 (2949. 119)		-4388. 370 (2862. 72)		
絶対変易率					-87. 103 (176. 229)	571. 200 (608. 83)
(絶対変易率)^2						-55558. 300 (49206. 03)
総組織率			-107. 556** (39. 483)	-137. 050*** (43. 098)		
社　民	-18. 535 (36. 215)	-19. 085 (37. 186)	4. 055 (33. 802)	2. 820 (33. 026)	-23. 096 (36. 437)	-11. 400 (37. 72)
共　産	-67. 994 (83. 316)	-68. 998 (85. 263)	33. 168 (84. 037)	47. 320 (82. 6)	-58. 034 (85. 692)	-53. 700 (85. 37)
政府能力	7. 417 (25. 998)	6. 990 (26. 737)	1. 434 (23. 627)	-5. 990 (23. 58)	7. 209 (25. 817)	5. 000 (25. 77)
スト参加	0. 002 (0. 003)	0. 001 (0. 003)	0. 002 (0. 002)	0. 000 (0. 003)	0. 001 (0. 003)	0. 000 (0. 000)
ダミーフランス	7. 928 (12. 9)	7. 910 (13. 127)	-31. 424 (18. 572)	-42. 460** (19. 516)	6. 252 (13. 386)	6. 600 (13. 33)
ダミーオランダ	2. 771 (3. 062)	2. 723 (3. 146)	-2. 246 (3. 327)	-4. 270 (3. 507)	2. 677 (2. 979)	2. 800 (2. 97)
ダミースイス	4. 418 (7. 096)	4. 323 (7. 273)	-1. 30 (6. 756)	-4. 170 (6. 858)	3. 383 (7. 259)	6. 000 (7. 58)
定　数	8. 487 (15. 1)	8. 696 (15. 481)	43. 255** (18. 697)	55. 614*** (19. 962)	10. 756 (15. 219)	5. 447 (15. 861)
N	38	38	38	38	38	38
R^2(調整済み)	0. 287	0. 261	0. 416	0. 443	0. 291	0. 298
F値		0. 012		2. 350		1. 275

(　)内は標準誤差
p値　***p値＜0. 01　**p値＜0. 05　*p値＜0. 1
F値有意水準　†††＜0. 01　††＜0. 05　†＜0. 1

関連性が明確にはみられないことを含意する。言い換えると、既存の組織間配置が流動化して、運動を取り巻いていた所与の機会構造が変化した場合、それが、新社会運動をただちに誘発する契機となることを、ここでは立証することはできなかったといえる。

第三に、その他の政治—制度変数についていえば、いずれのモデルでも、労組の組織率が、新社会運動が発生する頻度とはマイナスの関係にあることがわかる。このことは、既存の組織間関係の配置がどのようなものであれ、労働の領域の包摂性が高いほど、新社会運動の発生頻度が低くなっていることを意味している。言い換えると、既存の制度配置の外部領域が相対的に狭い場合には、新社会運動が展開し難いということでもある。これは、争点が新しくても、既存の経路が活用される可能性が高いか、あるいは、既存の回路に吸収されやすいことを含意している。この後者のような「抱き込み」も、すでにみたように各種の事例研究において指摘されているところである。また、それ以外の各種の政治—制度的変数は、政府能力や政党動員、スト行動など、いずれも、符号が不安定であり、しかも有意性を欠いている。

②新社会運動への相対参加度

図表7‐7と図表7‐8に示されているように、まず全体としてみると、一次式モデルと二次式モデルとを比較した場合、政治社会レヴェルでの制度変動を示す「相対脱制度化」と「相対変易率」の三つのモデルで、二次式モデルの有意性を確認でき、しかも、その制度変動と新社会運動への相対参加度との関係はU字型になることが示唆されたことである。それに対して、F検定からは、市民社会レヴェルに定位した制度変動の指標である「絶対脱制度化」と「絶対変易性」の両モデルにおいては、二次式モデルの有意性は認められなかった。とくに「相対変易率」の二次式モデルの場合には、制度的変易性を示す一次の項と二次の項の両者ともその符号は有意であり、より明確にU字型であることが確認できる。

このケースでは、政治社会レヴェルでの制度変動の大きさが、極めて大きい場合と小さい場合に、新社会運動への相対参

図表 7-7　脱制度化と新社会運動(2)

	新社会運動 相対参加	新社会運動 相対参加	新社会運動 相対参加	新社会運動 相対参加	新社会運動 相対参加	新社会運動 相対参加
相対脱制度化	413278 (312203)	-1042000 (776309)	41710 (259144)	-67081 (707224)		
(相対脱制度化)^2		51472500* (25374300)		4163831 (25115100)		
絶対脱制度化					791906 (943905)	2345409 (2511758)
(絶対脱制度化)^2						-133610000 (199874000)
総組織率			-436698*** (99786)	-426203*** (119677)		
社　民	133324 (108950)	143111 (103644)	182409** (86176)	182021** (87744)	92482 (103686)	109613 (107780)
共　産	-143842 (232724)	-57531 (225206)	279178 (206527)	275994 (211085)	-183882 (243828)	-232820 (256841)
政府能力	-181219** (73277)	-181558** (69633)	-187620*** (57485)	-187494*** (58515)	-167018** (73611)	-173559** (74965)
スト参加	5. 000 (9. 000)	3. 000 (9. 000)	7. 000 (7. 000)	6. 000 (7. 000)	4. 000 (9. 000)	6. 000 (10. 000)
ダミーフランス	14940 (35955)	7074 (34387)	-148311*** (46761)	-145024*** (51559)	22435 (38260)	31935 (41162)
ダミーオランダ	3381 (8716)	2579 (8292)	-14901* (8011)	-14526* (8461)	4375 (9057)	6107 (9505)
ダミースイス	23090 (21035)	24860 (20008)	-7680 (17932)	-6798 (19013)	16680 (20444)	20072 (21257)
定　数	-29093 (45344)	-28810 (43096)	129354** (50750)	125569** (56476)	-13927 (43588)	-23330 (46198)
N	38	38	38	38	38	38
R^2(調整済み)	0. 153	0. 235	0. 479	0. 460	0. 123	0. 106
F値		4. 115 †		0. 027		0. 447

(　)内は標準誤差
p値　***p値＜0. 01　**p値＜0. 05　*p値＜0. 1
F値有意水準　†††＜0. 01　††＜0. 05　†＜0. 1

図表 7-8　変易率と新社会運動(2)

	新社会運動 相対参加	新社会運動 相対参加	新社会運動 相対参加	新社会運動 相対参加	新社会運動 相対参加	新社会運動 相対参加
相対変易率	414563** (174873)	−672618* (372329)	310502** (135433)	−253697 (335568)		
(相対変易率)^2		21263200*** (6645069)		11416700* (6258908)		
絶対変易率					−693850 (491991)	−1139600 (1735745)
(絶対変易率)^2						37618300 (140284000)
総組織率			−408778*** (87749)	−332046*** (94227)		
社　民	107322 (95341)	143344* (83788)	193180** (75123)	196405** (72206)	49369 (101725)	41442 (107536)
共　産	−119414 (219339)	−53551 (192119)	265063 (186770)	228255 (180592)	−50940 (239232)	−53859 (243399)
政府能力	−151098** (68445)	−123080* (60246)	−173837*** (52510)	−154525*** (51554)	−163076** (72075)	−161561** (73475)
スト参加	5.000 (8.600)	4.000 (7.000)	8.000 (6.600)	7.000 (6.000)	−2.000 (9.300)	−2.000 (10.000)
ダミーフランス	6651 (33962)	7817 (29578)	−142908*** (41276)	−114208** (42668)	−2236 (37372)	−2454 (37994)
ダミーオランダ	1750 (8063)	4875 (7089)	−17317** (7395)	−12060 (7668)	4994 (8318)	4909 (8461)
ダミースイス	17763 (18683)	24010 (16387)	−3997 (15016)	3442 (14994)	6442 (20267)	4680 (21623)
定　数	−21073 (39752)	−34762 (34883)	111065** (41553)	78911* (43645)	8307 (42490)	11902 (45218)
N	38	38	38	38	38	38
R^2(調整済み)	0.247	0.429	0.561	0.595	0.159	0.131
F値		10.239†††		3.327 †		0.072

(　)内は標準誤差
p値　***p値＜0.01　**p値＜0.05　*p値＜0.1
F値有意水準　†††＜0.01　††＜0.05　†＜0.1

加度が高まり、中位にある場合には、新社会運動への参加度が低くなる傾向にあることが示されている。このことは、まず第一に、既存の労働内部の組織間関係を示す政治社会レヴェルにおける制度的配置の流動性が、外部の市民社会レヴェルで発生する新社会運動への参加度と関係していることを示唆する。言い換えると、未組織労働者も含めた労働全体に埋め込まれた組織間関係の地平である市民社会レヴェルでの制度配置との関連よりも、むしろ既成体制内部の制度編成を示す政治社会レヴェルでのインサイダーの動揺のほうに、新社会運動への参加は関連していることを含意している。しかも第二に、それは、単線的なかたちではなく、より複雑なかたちで関係している。つまり、既成体制内部の制度配置の安定性や固定度が高い場合には、外部指向の遠心的ドライブが働き、体制外部での運動が活発化し、また他方、制度編成の不安定度や変易度が高い場合には、新社会運動への参加の契機が体制内部にも開かれ、求心的なドライブが働いて運動が活性化することを意味している。この政治社会と市民社会のアリーナの差異による結果の相違、そしてU字型関係という二点は、ここで新たに析出されたものである。

さらに、その他の政治―制度的な制御変数についても若干言及しておくと、組織率もまた、新社会運動への参加度にたいして、運動の発生の頻度の場合と同様に、いずれのモデルでもマイナスの関係にあり、t値をみると有意である。そして政府能力変数もまた、新社会運動への参加度と、いずれのモデルでもマイナスの関係にあり、t値をみると有意である。つまり、政策過程への労組等の参加の制度化の程度と政府そのものの政治経済における比重の高さは、新社会運動への相対的参加度を抑制していることを表わしている。それ以外の選挙動員やストライキ行動の諸指標は、符号が不安定であり、また有意性をしばしば欠いている。

おわりに

以上の比較分析の結果から、従来の所説に関連して、まず組織間関係の制度的配置としての集権化概念を中心とした修正機会構造の諸指標と、新社会運動の二つの形態（頻度と相対参加度）とのあいだの関係について、次のような経験的命題を暫定的な結論として提示しておきたい。すなわち、集権化をはじめとするコーポラティズム型の機会構造と新社会運動との関係は、そのコーポラティズム体制における機会構造を示す諸指標からみると、ハンプ型やU字型ではなく、むしろ「抑制説」が該当すると考えるのがより適切であり、したがって、コーポラティズムの制度化は新社会運動の台頭を抑制する効果をもつと思われる。とくに集権化指標と新社会運動との関係については、コーポラティズム型制度編成の集権化の度合が相対的に高いと、新社会運動は運動として顕在化しにくくなることが推察される。

さらに付言すれば、新社会運動が発生する頻度にかんしては、「市民社会」レヴェルにおける組織間関係の制度配置は、政治社会レヴェルでのそれが有意ではなかったのに比べて、より明確なかたちで影響を及ぼしていることが析出された。このように両者の結果が異なることは、また、政治社会と市民社会という両レヴェルの相違に従って集権性を絶対性と相対性とに区別したことの意義を確認する一例であるといえる。

そして次に、政治的機会構造の変化つまり制度変動と新社会運動との関係について、少々異なる観点も加味して特徴をまとめてみる。第一に、「頻度」と「相対参加度」という二つの運動形態による結果の違いがある。制度変動は、そのいずれの指標も、新社会運動が起こる頻度については、積極的な関係を見いだせなかったのに対して、新社会運動への「相対参加度」にかんしては統計的に有意な関係が存在することが確認された。

第二に、何よりも重要なのは、「政治社会」レヴェルと「市民社会」レヴェルというアリーナの違いが新社会運動との関係に影響を及ぼしていると思われることである。このことは、新社会運動への相対参加度において端的にみられた。つまり、市民社会レヴェルでの制度変動を示す絶対脱制度化も絶対変易率もともにt値をみると有意ではなかったのに対して、政治社会レヴェルのとくに相対変易率は、新社会運動への「相対参加度」とは「U字型」の関係にあり、有意であることがデータより導出された。このことは、制度変動一般として扱うのではなく、制度変動が展開されるアリーナのレヴェルを区別することの重要性をここでも示唆しているように思われる。

第三は、制度変動と新社会運動との関係の型にかかわる。両者の関係については、一次式で示されるような促進型ないし抑制型という単線的な関係の型もあるが、ここでは二次式で表わされるようなU字型ないしハンプ型(逆U字型説)も想定して、両方の型について比較検討してみた。その結果、符号条件および各種の検定より、「政治社会」レヴェルにおける制度変動を示す「相対変易率」と新社会運動への「相対参加度」とのあいだには「U字型」の関係にあることが確認できた。従来は、両者の関係については促進説か抑制説かという議論に傾斜しがちであり、またすでに第五・六章で検討したように、ハンプ型についてては言及されていたものの、そのU字型については十分に議論されてこなかったといえる。したがって、ここでU字型の存在を指摘したことは、少なくとも制度変動と新社会運動との関係についての議論を、理論的にも経験的にもさらに深化させる必要性を提起していると考えられる。

こうして制度変動の様態の差異は、新社会運動のあり方の相違に影響している。その意味でも制度変動の様相をアリーナに即して識別することが要請されているといえる。たしかに、制度変動一般の因果性をめぐる議論も重要であろう(30)。しかし、中範囲レヴェルに即して具体的にまず制度変動とはその場合何を指示するのか、その特性は何かなどを明らかにしてから制度変動と集合行動との関連性を探求することもまた、比較分析には必要な研究戦略であり、本章ではこの戦略をとり、変易率や脱制度化などの指標を援用した(31)。そして、これらの代替的指標による比較分析を通じての経験的な探索から、制度変動と社会運動との関係を推定し、さらに従来の所説の整理を踏まえたうえで、代案としての「U字型説」の可能性を示唆したのである。また、その他若干の経験命題も提起した。したがって、そうしたかたちで検証・反証可能な代替的な経験命題を提起した以上、反論もまた、推定方法をめぐる問題や経験的反証にとどまらず、代替的な理論的説明や解釈、ならびに、それを踏まえた代替的な経験命題として提示されることが期待されるのである。

注

（1）　Edwin Amenta and Yvonne Zylan, "It Happened Here: Political Opportunitiy, the Institutionalism, and the Townsend Movement," in Stanford M. Lyman (ed.), *Social Movements: Critiques, Concepts, Case-Studies* (New York: New York University Press, 1995), pp.199-233.

（2）　Herbert Kitschelt, "Political Opportunity Structures and Politial Protets: Anti-Nuclear Movements in Four Democracies," *British Journal of Political Science*, Vol.16, 1986, pp.67-72.

（3）　この「ポリティ（政体）」中心的アプローチについてのスコッチポルの周知の議論については、Theda Skocpol, *Protecting Soldiers and Mothers: The Political Origins of Social Policy in the United States* (Cambridge: The Belknap Press of Harvard University Press, 1992), pp.41-57, を参照。また、この政体中心的アプローチや国家中心的アプローチについては以下も参照。桐谷仁「国家中心的アプローチをめぐって――アクターから制度へ」『法経論集』（静岡大学法経短期大学部）第七五・七六号、一九九六年、三七―七八頁。

（4）　Edwin Amenta and Yvonne Zylan, "It Happened Here: Political Opportunitiy, the Institutionalism, and the Townsend Movement," pp.218-221.

（5）　そして、さらに社会政策の開始時期の指標として、各州の老齢年金の立法の採択時期を独自にスコア化したものをあげている。*Ibid.*, pp.220-222.

（6）　Herbert Kitschelt, "Political Opportunity Structures and Politial Protets: Anti-Nuclear Movements in Four Democracies," pp.67-72.

（7）　Edwin Amenta and Yvonne Zylan, "It Happened Here: Political Opportunitiy, the Institutionalism, and the Townsend Movement," pp.199-233. この政体中心的アプローチと社会運動との関連については以下も参照。Jill Quadagno, "Social Movements and State Transformation: Labor Union and Racial Conflict in the War on Poverty," *American Sociological Review*, Vol.57, 1992, pp.616-619.

（8）　この「組織場」の議論については、Bert Klandermans "The Social Construction of Protest and Multiorganizational Fields," in Aldon D.

Morris and Carol McClurg Mueller (eds.), *Frontiers in Social Movement Theory* (New Haven: Yale University Press, 1992), pp.94-100, 参照。

(9) この組織場の概念についてその次元の区別の必要性を述べ、さらにその問題とフレーミングの議論をまとめてメゾ動員として整理した文献として、以下を参照。Jurgen Gerhards and Dieter Rucht, "Mesomobilizaition: Organizing and Framing in Two Protest Campaigns in West Germany," *American Journal of Sociology*, Vol.98, 1992, pp.555-595.

(10) 広義の集合行動について、マクロ的な構造論からの説明だけでなく、アクターの個人レヴェルでの合理性に依拠するミクロ的な基礎付けを重視する説明もまた、問題を多々含んでいる点を主として後者に即して指摘した論考として、たとえば、以下を参照。Jack A. Goldstone, "Is Revolution Individually Rational? Groups and Individuals in Revolutionary Collective Action," *Rationality and Society*, Vol.6, 1994, pp.139-166.

(11) Markus M. L. Crepaz, "Corporatism in Decline? An Empirical Analysis of the Impact of Corporatism on Macroeconomic Performance and Indutrial Disputes in 18 Industrial Democracies," *Comparative Political Studies*, Vol.25, 1992, pp.139-168; Edwin Amenta and Yvonne Zylan, "It Happened Here: Political Opportunitiy, the Institutionalism, and the Townsend Movement," pp.199-233.

(12) 「国家中心的アプローチ」や「政体中心的アプローチ」の問題、さらには「政策フィードバック」等については以下を参照。桐谷仁「国家中心的アプローチをめぐって――アクターから制度へ」前掲、三七―七八頁。Margaret Weir, Ann Shola Orloff, and Theda Skocpol, "Introduction: Understanding American Social Politics," in Margaret Weir, Ann Shola Orloff, and Theda Skocpol (eds.), *The Politics of Social Policy in the United States* (Princeton: Princeton University Press, 1988), pp.16-26. また政策の立案や結果に関連して、社会における知識を産出する集団とそれを促進ないし阻害する制度的配置との関係に着目し、そして、知識やアイデア一般で語るのではなく、そのような知識の社会的・政治的位置づけを踏まえた社会知識ないしアイデアの重要性について議論したものとして以下を参照。Dietrich Rueschemeyer and Theda Skocpol, "Introduction," in Dietrich Rueschemeyer and Theda Skocpol (eds.), *States, Social Knowledge, and the Origins of Modern Social Policies* (Princeton: Princeton University Press, 1996), pp.3-7. さらに、そのことを発展させた「知の社会権力」という考え方については、以下も参照。Ira Katznelson, "Knowledge about What? Policy Intellectuals and New Liberalism," in Dietrich Rueschemeyer and Theda Skocpol (eds.), *States, Social Knowledge, and the Origins of Modern Social Policies*, pp.35-38.

(13) Jill Quadagno, "Social Movements and State Transformation: Labor Union and Racial Conflict in the War on Poverty," pp.616-619.

(14) Edwin Amenta and Yvonne Zylan, "It Happened Here: Political Opportunitiy, the Institutionalism, and the Townsend Movement," pp.199-233.

(15) Cf., Claus Offe, "Challenging the Boundaries of Institutional Politics: Social Movements since the 1960s," in Charles S. Mair (ed.), *Changing Boundaries of the Political: Essays on the Evolving Balance between the State and Society, Public and Private in Europe* (Cambridge: Cambridge University Press, 1987), pp.63-105; *idem.,* "Reflections on the Institutinal Self-transformation of Movement Politics: A Tentative Stage Model," in Russell J. Dalton and Manfred Kuecheler (eds.), *Challenging the Political Order: New Social and Political Movements in Western Democracies* (New York: Oxford University Press, 1990), pp.232-250.

(16) Alan Marsh, *Political Action in Europe and the U.S.A.* (London: Macmillan, 1990), pp.15-32, esp., pp.23 and 32.

(17) たとえば、Charles Lewis Taylor and David A. Jodice (eds.), *World Handbook of Political and Social Indicators, Vol.2: Political Protest and Government Change* (New Haven: Yale Univerisity Press, 1983), pp.47-51, など。

(18) たとえば、以下を参照。Charles C. Ragin, "Introduction to Qualitative Comparative Analysis," in Thomas Janoski and Alexander M. Hicks (eds.), *The Comparative Political Economy of the Welfare State* (New York: Cambridge University Press, 1994), pp.299-319.

(19) コーポラティズム論に関連して、この small N 比較について言及したものとして以下を参照。Arend Lijphart and Markus M. L. Crepaz, "Corporatism and Consensus Democracy in Eighteen Countries: Conceptual and Empirical Linkages," *British Journal of Political Science,* Vol.21, 1991, pp.235-246. また、以下も参照。Stanley Lierberson, "Small N's and Big Conclusions: An Examination of the Reasoning in Comparative Studies on a Small Number of Cases," in Charles C. Ragin and Howards S. Becker (eds.), *What is a Case?: Exploringa the Foundations of Social Inquiry* (New York: Cambridge University Press, 1992), pp.105-118.

(20) Cf., Dieter Rucht, "The Impact of Environmental Movements in Western Societies," in Marco Giugni, Doug McAdam, and Charles Tilly (eds.), *How Social Movements Matter* (Minneapolis: Univerisity of Minnesota Press, 1999), p.211.

(21) Hanspeter Kriesi, Ruud Koopmans, Jan Willem Duyvendak, and Marco G. Giugni, *New Social Movements in Western Europe: A*

Comparative Analysis (Minneapolis: University of Minnesota Press, 1995), pp.74-76.

(22) *Ibid.*, p.73.

(23) *Ibid.*, pp.75-76.

(24) 比較政治分析におけるダミー変数の有効性の問題やLSDVなどの技法については、ここでは以下の論考を参照した。J. A. Stimson, "Regression in Space and Time," *American Journal of Political Science*, Vol.29, 1985, pp.914-945, esp., p.945; Philip J. O'Connell, "National Variation in the Fortunes of Labor: A Pooled and Cross-sectional Analysis of the Impact of Economic Crisis in the Advanced Capitalist Nations," in Thomas Janoski and Alexander M. Hicks (eds.), *The Comparative Political Economy of the Welfare State* (New York: Cambridge University Press, 1994), pp.218-242; Sayrs, *Pooled-Time Series Analysis* (London: Sage, 1991); Charles W. Ostrom, Jr., *Time Series Analysis: Regression Techniques* (London: Sage, 1990). また時系列データと横断的なものを組み合わせたデータを基にした比較政治分析にかんして、このLSDVの意義やその他の手法について論じたものとして以下の論考も併せて参照。Thomas Janoski and Alexander M. Hicks, "Methodological Innovations in Comparative Political Economy: An Introduction," in *idem.* (eds.), *The Comparative Political Economy of the Welfare State*, pp.1-27. なお、政治学においてパネルデータを用いた比較分析におけるラグ付きの最小二乗法の有効性を指摘した議論については、以下を参照。Nathaniel Beck and Jonathan Katz, "What to do (and not to do) with Time-Series Cross Section Date," *American Political Science Review*, Vol.89, 1995, pp.634-647; *idem.*, "Nuisance vs. Substance: Specifying and Estimating Time-Series-Cross-Section Models," *Political Analysis*, Vol.8, 1996, pp.1-36.

(25) Claus Offe, "Challenging the Boundaries of Institutional Politics: Social Movements since the 1960s," pp.63-105; *idem.*, "Reflections on the Institutional Self-transformation of Movement Politics: A Tentative Stage Model," pp.232-250.

(26) Edwin Amenta and Michael P. Young, "Democratic Stetes and Social Movements: Theoretical Arguments and Hypotheses," *Social Problems*, Vol.46, 1999, pp.153-168. また、この公共政策過程の制度配置にかんしていえば、「政策領域」という概念を援用し、そして個別の争点に応じて政策領域が異なり、それに従って政治的機会構造の窓の開放性と閉鎖性もまた部分的に異なることを強調し、機会構造の開放—閉鎖の二者択一で議論することそのものを批判的に述べている論考として、以下を参照。Traci M. Sawyers and

David S. Meyer, "Missed Opportunities: Social Movement Abeyance and Public Policy," *Social Problems*, Vol.46, 1999, pp.187-206.

(27) 前述のように、最近のアメンタらの慎重な議論については、以下を参照。Edwin Amenta and Michael P. Young, "Democratic Stetes and Social Movements: Theoretical Arguments and Hypotheses," pp.153-168.

(28) たとえば、William A. Gamson and David S. Meyer, "Framing Political Opportunity," in Doug McAdam, John McCarthy, and Mayer Zald (eds), *Comparative Perspectives on Social Movements: Opportunities, Mobilizing Structures, and Cultural Framings* (Cambridge: Cambridge University Press, 1996), pp.274-290.

(29) この制度変動について、新制度論の諸潮流（合理的選択派、歴史派、社会学派）における把握の仕方の違いを整理したものとして、たとえば以下を参照。Andrew P. Cortell and Susan Peterson, "Limiting the Unintended Consequences of Institutional Change," *Comparatave Political Studies*, Vol.34, 2001, pp.768-799.

(30) *Ibid.*.

(31) Cf., Dexter Bonniface and J.C. Sharman, "Review Article: An Analytical Revolution in Comparative Politics," *Comparative Politics*, Vol.33, 2001, pp.475-493.

終　章

はじめに

本書では、ネオ・コーポラティズムの議論に国家―社会関係における「レヴェル」の視点を導入し、とくに「政治社会」と「市民社会」の両アリーナを明確に区別する必要があることを提起した。そして、その視角に基づいて、「相対集権化」や「絶対集権化」、「脱制度化」や「変易率」など、コーポラティズム体制のメルクマールとなるいくつかの修正指標をつくり、先進諸国のコーポラティズム体制の制度的配置と制度変動の諸相について比較し、検討を加えた。そのうえで、それらの制度的変数と新旧社会運動との関係という本書の課題にかんして比較分析を試みたのである。終章では、こうした考察によって得られた発見や意義をまとめ、さらに本書では部分的にしか言及してこなかった他のアプローチと関連づけながら、本書のアプローチの位置づけをおこなう。そして最後に、本書で主題的に取りあげられなかった「比較」の問題について、所見を簡単に述べて、本書の締めくくりとしたい。

第一節　議論の総括

まず、本書の議論の流れに沿って、そこで得られた知見等をまとめてみると以下のようになる。第一に、国家―社会関係について国家対社会の二元論ではなく、国家―政治社会―市民社会という三項図式を提示し、その観点からネオ・コーポラティズム体制を位置づけた。これは、政治社会と市民社会という「社会の二重性」を指摘し、両アリーナの区別と差異ということから、従来のネオ・コーポラティズム論と国家―社会関係の観点とを接合しようとした試みでもある。その意味において比較政治学におけるネオ・コーポラティズム論、国家論（ステイティスト）や新制度論の理論的展開との関連にかかわる諸問題を明らかにした（第一章）。

第二に、そうした政治社会と市民社会の両アリーナの区別に応じて、ネオ・コーポラティズムの重要なメルクマールである「集権化」の概念を、政治社会のレヴェルに定位した「相対集権化」と、市民社会レヴェルに定位した「絶対集権化」とに区分し、「集権化の二面性」を提示した。この集権化概念は、九〇年代中葉以降、コーポラティズムをめぐる議論における重大な争点であったが、本書では、これらの議論が、政治社会レヴェルの問題だけを扱っている点を批判し、さらに、その新たな修正指標に基づいて、戦後の先進十二ヶ国のコーポラティズム度を比較検討した。そこでは、たとえばスウェーデンのように相対レヴェルでの集権化の低下と絶対レヴェルでの集権化の拡大等が析出された。こうして、従来の分権化論で主張されていたことよりも複雑な様相を呈していることが見いだされたのである（第二章）。

第三に、ネオ・コーポラティズム体制の制度変動の比較分析するための指標として、政党システム論から「脱制度化」と「変易率」の概念を援用し、それを組織間関係の制度的配置の流動性の諸相に適用した。つまり、それを戦後の先進十二ヶ国のコーポラティズム体制の制度変動の比較分析のための新たな尺度としたのである。さらに、その新指標を用いて、実際に各国の制度的流動性を比較し、その「多様性」を確認した。このことは、制度の不安定性や変易性としての制度変動が、単純な収斂化の傾向にはないことを示唆している（第二章）。

第四に、第三の点をさらに敷衍することになるが、コーポラティズム以後（ポスト・コーポラティズム）をめぐる議論にかんしても、それが終焉論をとるにせよ、変容論をとるにせよ、政治社会レヴェルでの組織間関係の制度配置の流動性を示す「相対脱制度化」や「相対変易率」と、市民社会レヴェルでのそれを示す「絶対脱制度化」や「絶対変易率」とを区別して、両アリーナのレヴェルに即した議論を展開する必要性を指摘した（第二章と第三章）。

第五に、それらの「集権化」、「脱制度化」、「変易率」等の指標を用いて、ネオ・コーポラティズム体制の制度的配置やその制度変動の程度と、新旧社会運動の頻度・参加度などとの関連を比較の観点から経験的に分析した。体制内部からのプロテストとしてのストライキ行動と、体制外部からの新たな要求を掲げる新社会運動を取りあげたが、集権度とストライキ行動との関係については、戦後の先進十二ヶ国のデータをもとに比較分析をおこなった。その結果、両者の関係は必ずしも単線的な比例関係にあるのではなく、集権度の高低両極でストライキ行動が抑制されるハンプ型、あるいはその両極で活発化するU字型もまた存在するという命題を提起したのである。とくに、後者のU字型については、従来、理論的にも経験的にも明確なかたちで提示されることはあまりなかったといえる（第四章）。

第六に、新社会運動論にかんしては、機会構造の概念をめぐる議論を再検討した。それを踏まえて、本書の集権化指標などの制度配置を示す諸指標に関連させるかたちで、同概念を修正して、ネオ・コーポラティズム体制における機会構造を示す指標に適用した（第五章・第六章）。

第七に、そうしたコーポラティズム体制との関連で修正された機会構造の指標と、新社会運動の頻度・参加度との関係を比較分析するにあたっても、従来の促進・抑制・ハンプ型の所説に加えて第四の説としてU字型の仮説を提示した。そして、その分析結果から、集権化を中心にしたコーポラティズム的制度編成の機会構造と新社会運動の台頭との関係については、「抑制説」が有力視されること、しかし、制度変動では、政治社会レヴェルの制度変動と新社会運動への相対参加度とのあいだには「U字型」の関係があることを経験的に示唆した。とくに後者は、制度「変動」と新社会「運動」との関係についての議論に新たな側面を付加するものである（第七章）。

さらに、以上の点を踏まえて、本書の主題である制度と社会運動との関係について、新旧社会運動の対比を中心にして見解をまとめておきたい。制度配置ないし制度変動との関係において、制度内部に存在根拠を置くストライキ行動と、制度外部への／外部からの新社会運動とでは、どのような違いがみられたのであろうか。この点にかんして、本書で得られた分析結果をもとに、①制度編成と新旧社会運動、②制度変動と新旧社会運動、そして③政治社会と市民社会の差異と新旧社会運動との関係の三つの側面に沿って、ここでは議論を整理するつもりである。もちろん、ストライキ行動と新社会運動をめぐる本書の比較分析では、すでにみてきたように、両運動におけるデータの範囲や分析モデル、そして分析手法の点で違いがある。したがって、両運動についての結果を直接的に対比することには、より慎重でなければならないことは確かであろう。だが、体制の内部と外部の政治行動を対照させることは、本書の主題にかかわっているので、そういう問題点もあることを前提にして試論を提示するつもりである。また、より詳しい解釈については、これまで本書の随所で述べた通りであるので、再論は避ける（とくに、第四章と第七章を参照）。検証や解釈も含めて、この問題についての研究のさらなる発展等は今後の課題としたい。ここでは、新旧社会運動の各類型のうち、両運動に共通するⒶ運動の頻度とⒷ運動への相対参加度の二つの類型について比較検討する。

①制度配置と新旧社会運動——集権化との関係を中心に

運動の頻度という点でいえば、ストライキ行動は、政治社会レヴェルの「相対集権化」モデルで「U字型」になっていたのに対して、新社会運動は、市民社会レヴェルの「絶対集権化」モデルで「抑制型」になっていた。このことは、体制内部における／からのコンフリクトは、制度化の高低両極でその頻度が高く、その中位では抑制的になるが、体制外部における／への運動は、制度化の度合が高いと抑制的になることを示唆している。

また、運動の参加度については、ストライキ行動は、市民社会レヴェルの「絶対集権化」モデルで「ハンプ型」になっていたのに対して、新社会運動は、政治・市民社会両レヴェルの「相対・絶対集権化」のモデルで「抑制型」になっていた。体制内部における／からの闘争への参加は、制度化の水準が高い場合と低い場合には、抑制的になり、その中位の場合には、促進される傾向にあり、また、体制外部における／へのプロテスト運動への参加は、制度化の度合が高いと抑制的になることが示されたといえる。

②制度変動と新旧社会運動——脱制度化・変易率を中心に

この点については、すでに指摘したように、運動の頻度では有意なモデルが見いだせなかったので、運動への参加度における新旧社会運動を対比してみる。ストライキ行動は、市民社会レヴェルでの制度変動を示す「絶対脱制度化」モデルで「ハンプ型」になっているのに反して、新社会運動は、政治社会レヴェルの「相対変易率」のモデルでは「U字型」になることが示唆された。これは、体制内部における／からの闘争への参加は、既存の組織関係の配置の流動性が高い場合と低い場合には抑制的になり、またその中間にある場合には、促進される傾向にあるが、逆に、体制外部における／へのプロテスト運動への参加は、既存の制度の安定度が高い場合と低い場合には促進され、その中間にある場合には、抑制的になることを含意している。ここから、アリーナのレヴェルの違いはあれ、制度変動に対して、制度内アクターと制度外部のアクターの関与の仕方が対照的になっていることが注目される。ただし、ストライキ行動の場合には、アウトサイダーも含めた市民社会レヴェルからみた制度変動であるので、制度内アクターとして一括することは無理があり、両運動の型だけを対比して論ずることは留保しなければならない。そして、このことからも、次にみるように、政治社会と市民社会という両アリーナのレヴェルの違いが問題になるといえる。

③政治社会と市民社会の両アリーナの差異――制度の相対性と絶対性

「政治社会」のアリーナの制度配置および制度変動との有意な関連が示唆されたのは、前述のようにストライキ行動では、相対集権化とスト頻度とのU字型関係、また、新社会運動では、相対集権化と参加度との抑制型関係、相対変易率と参加度とのU字型関係であった。また、「市民社会」のアリーナでは、ストライキ行動においては、絶対集権化とスト参加（およびスト量）とのハンプ型関係、さらに絶対脱制度化とスト参加とのハンプ型関係、そして新社会運動では、絶対集権化と頻度および参加度とのあいだの抑制型関係があげられる。

このように政治社会と市民社会の両アリーナでは、運動の種類と類型、ならびに制度と運動の関係の型において違いがみられる。こうした差異は、本書で、国家―社会関係に照らして、どのレヴェルで組織間関係の編成を捉えるのか、という視点を置く場所の違いを考慮したことの帰結として析出されたものである。そして、その観点からみると、制度および制度変動と運動との関係は、従来主張されてきたよりも複雑で多様であるように思われる。今後のさらなる探求のためにも、既存のアプローチを踏まえて、制度や制度変動の概念をいっそう明確化することが要請される所以でもある。

第二節　既存のアプローチとの関連

個別の議論や命題等については、主として第一部、第二部の第三章と第三部の第五・六章において、その問題点も含めて批判的に吟味してきたので、ここでは、それより包摂的な接近方法や解釈枠組との関連において、本書のアプローチの特徴を述べておくことにしたい。

本書は、すでに触れたように、まず第一に、コーポラティズム概念を、「構造」や「行為」の次元ではなく、両次元を媒介する、あるいは両次元の中間にある「制度」の次元で把握している。その場合、制度は、組織間関係の配置・編成・布置構造として規定される。このことは、コーポラティズムの問題を、労使の組織関係間の配置・編成・布置構造を中心に据えて議論する「制度論的アプローチ」の観点から再解釈することを意味する。

第二に、そうした制度論的アプローチそのものが、労使間関係を集団間の競合とみなす見解とは対立する。つまり、アクター間の相互作用として労使関係を捉える「過程論的アプローチ」をとる「多元主義」に対峙するものである。しかし同時に、その制度論的アプローチは、「構造—機能主義」への批判をも内包している。後者にかんしていえば、本書の視点は、制度次元が相対的自律性をもつことを閑却する議論への疑問から出発している。したがって、国家構造にせよ階級構造にせよ、構造から機能を導き、そして官僚であれ労組エリートであれ、アクターをそうした機能の担い手へと還元する議論は斥けられる。

第三に、社会構造における労働対資本の亀裂と対立を機軸とした「階級政治」論に関連していえば、本書のコーポラティズム概念が、構造の次元での労働—資本関係をたんに反映したものではないことは明らかである。しかし、だからといって、本書のアプローチが、労働—資本関係という階級関係についての各種の議論——たとえば階級闘争論や階級同盟論や交叉階級連合論など——とは関係がないといっているわけではない。それどころか、後にみるように、それらと深くかかわっているのである。

第四に、「国家論」に関連するが、本書で再解釈されるコーポラティズム概念は、「労働—資本関係」と「国家—社会関係」という二つの制度配置の座標軸で把握されている。より正確にいえば、労働—資本関係を——とくに労働の組織間関係の制度配置を——国家—社会関係のなかに位置づけた。これは、言い換えれば、国家—社会関係の視点から、労資関係を中心にしたコーポラティズム概念を捉え直す試みでもある。本書は、国家—社会関係を、政治社会と市民社会という「社会の二重性」の見地から捉え、さらに両アリーナを識別し、そのなかに労働—資本関係を——とりわけ労働の組織間関係の「集権化」というもうひとつの制度配置を——埋め込んだのである。

以上のように、ここでのアプローチは、国家—社会関係の視座と再接合して、ネオ・コーポラティズム概念を制度論として再解釈する企図をもつものでもある。このコーポラティズムの再規定は、国家—社会関係の再考を促し、国家論をはじめ種々のアプローチとは批判と摂取の関係にある。では、このような再解釈されたコーポラティズム論は、旧来のコーポラティズムとどのような関係にあるのか、まずはこの点について簡単に触れておきたい。

第一項　旧来のコーポラティズム論との関係

旧来のネオ・コーポラティズム論もまた、当初から二元論的な国家—社会関係の再考を促す契機を孕んでいた。周知のように、ネオ・コーポラティズムの概念は七〇年代中葉に登場してきた。この概念は、論者により力点の置き方に違いはあるけれども、本書における国家—社会関係という基軸に沿ってその特徴を整理すると次のようになる。

すなわち、同概念は、一方においては、「社会」における利益代表・媒介の制度編成——とくに労働を中心とした各種利益集団の組織間関係の制度的配置——に着目することによって、多元主義論におけるアクター中心的な集団論と対峙している。また他方において、それは、政策形成の制度化の側面に焦点をあてることにより、多元主義論では関心が稀薄ないし欠落していた「国家の相対的自律性」にかかわる諸問題——とくに官僚エリートの独立性から「政府の能力」等にまで及ぶ「国家」の諸問題——を換起したのである(1)。

したがってネオ・コーポラティズム論は、六〇年代末から七〇年代初頭において当時の支配的な理論枠組であった多元主義にたいする批判を展開した「修正多元論」と、ネオ・マルクス主義およびその内部の論争過程のなかで再提起された「階級闘争論」や「国家論」(2)という二つの大きな解釈枠組の両者から、総合的にあるいは折衷的に議論を取捨選択したともいえる(3)。

このことは、さらに、八〇年代中葉以降のステイティスト（国家中心的アプローチ）の議論、さらに九〇年代になってとくに活性化した新制度論の議論等にも関わってくることを意味している。本書のコーポラティズム概念は、制度の問題に関連していえば、政労使間の協調行動や経済全体への調整行為など、アクター間の相互作用という「行為」の次元で捉えるコーポラティズム論とは一線を画している(4)。むしろ、「制度」の次元の概念としてあらためてコーポラティズムを捉え返したのである。またステイティストとの関係でいえば、本書で再解釈されたコーポラティズム概念は、国家―政治社会―市民社会という国家―社会関係の三項図式のなかに、労働―資本関係を中心とする階級政治の組織間関係を「接合」する試みでもあった。したがって、こうした再解釈の枠組は、従来のコーポラティズム論だけでなく、その他の各種のアプローチとも関係してくるのである。

第二項　各種のアプローチとの関係

まず、ここでは、いくつかの先行研究の解釈枠組との関連を見定めるために、構造―アクターの軸と国家―社会の軸という二つの座標軸をたてて議論を整理する。本書と各種のアプローチとのあいだには、対抗と共有も含めた複雑な位置関係があることは確かである。しかし、その二つの座標軸によってあえて図式化すれば、**図表終－1**のようにまとめることができると思われる。この二つの軸は、序章で言及した

図表終－1　各アプローチとの関係

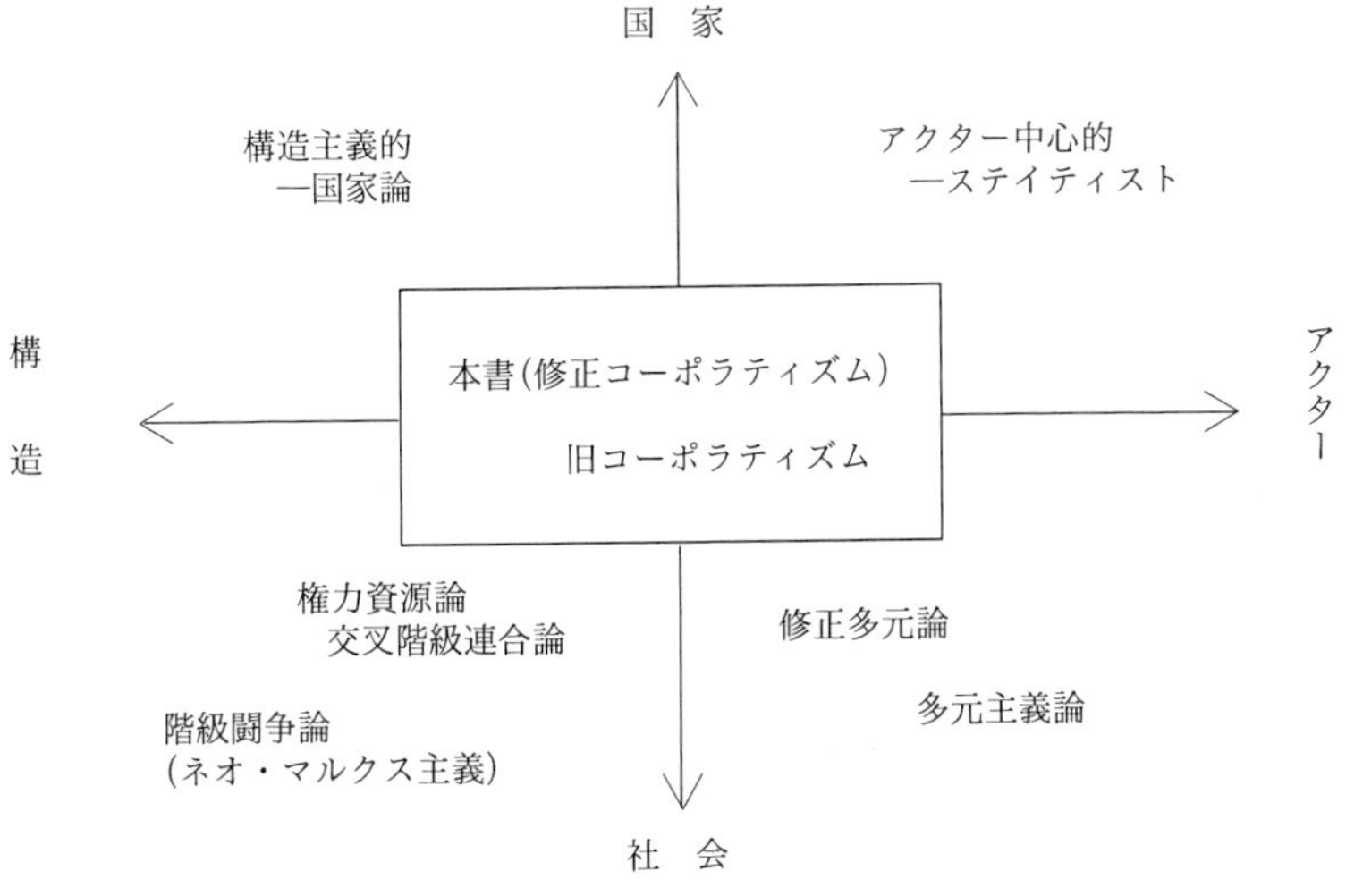

ように、政治行動におけるアクターの存在論的次元にかかわっている。前者の構造―アクターの軸は、(A)ゲームの「プレイヤー」が何によってプレイヤーとして存立しているのか、というその存在根拠にかかわっている。後者の国家―社会の軸は、(B)プレイヤーがどこでプレイするのか、というフィールドの問題、すなわちプレイヤーがゲームをおこなっている場所の問題にかかわる。その意味で「政治アリーナ」の軸ともいえる。

前者の(A)の座標軸にかんしていえば、序章で述べたように、本書では、アクターの行動の前提や準則である「ゲームのルール」という側面よりも、むしろ、ゲームのプレイヤーが、プレイヤーとして存立する、その存在のあり方に関わるものとして制度概念を提示した。したがって、この座標軸は、プレイヤーの存在の根拠をプレイヤー自身というアクターに置くのか、それとも、プレイヤーとして存立しうる環境条件を重視するのか、がその中心をなす。こうして、この座標軸の両極には、ミクロのアクターそのものに力点を置く場合と、マクロな構造の拘束性を重視する場合が想定されている。

また、後者の(B)の座標軸にかんしていえば、これは、プレイヤーがどこでプレイするのか、というプレイヤーの問題だけでなく、どのようなフィールドでゲームが展開されるのか、という観点も含んでいる。つまり、プレイヤーとそのプレイが展開される場所の問題なのである。本書は、国家―社会関係の制度編成の観点からコーポラティズム概念の再解釈を試みている。したがって、ここでは国家―社会関係の軸に沿って「政治アリーナ」が設定されている。

①アクター対構造

こうした制度論的視点は、アクターの意識や心理に説明の根拠を求める初期行動論的な政治心理主義的アプローチにたいする批判と代案であることはいうまでもない。また、この制度論的アプローチは、アクターの主観的利益に根ざして形成された諸集団が織りなす「政治過程」を重視する、多元主義的な集団論とも対峙している。だが、新制度論にかんしても、それが合理的選択派であれ構築主義派であれ、個別のミクロなアクターの次元に力点を置いて、そこに限定合理性であれ、解釈学的なフレーミングであれ、ミクロ的な基礎付けをする議論は、本書では、考察の対象とはしていない。

他方で、本書のアプローチは、よりマクロ的な制度的条件に重点を置くといっても、構造の次元から無媒介に制度を導出し、さらにそこから、アクター の政治意識や、アクター間の相互作用としての政治過程を決定していくような機能主義的なアプローチとは一線を画している。つまり、階級構造や生産システムといったものであれ、また産業化や脱産業化、サービス産業化であれ、外部の社会構造から制度編成やアクターの意識をただちに引き出す議論にたいしても、本書は批判的である。こうした議論は、制度やアクターを、構造から導出された機能へとたえず還元していく「還元主義」であり、また制度やアクターの行動をそうした本質的な機能の顕在化としてしか捉えない「本質顕現主義(essentialism)」ないし「流出論的発想」にしばしば陥りやすいと考えられるからである。本書では、前述のように、構造とアクターの中間の次元に制度を設定し、そして、そういう制度が実際にアクターの行為にどのように影響を及ぼしているかを、「経験的」に「探索」する方法をとっている(5)。

また、この機能主義の論理は、「国家の自律性」を主張する構造主義的な「国家中心的アプローチ」にも往々にしてみられる。そこでは、自律した国家構造に由来する「機能」や「効果」が先験的に措定されている。この構造主義的な国家中心的アプローチの多くもまた、社会における階級構造等に絶えず還元していく社会中心的な機能主義的アプローチと同様に、制度編成やさらにはアクターを、そうした機能や効果を具体化したものとして把握するか、またそれらの機能等の受動的な担い手に還元してしまう傾向にある。

②国家対社会：政治アリーナの問題

政治体制認識として、まず本書は、一方で、多元主義的な集団論的アプローチのように、各種の集団への加入の重複性や集団の多元性や独立性を想定して、それらの集団間の競争が均衡につながることを政治体制の理念型とすることへの批判から出発してきた。そうした多元主義論の多くは、国家の政策をそうした集団間の競争の結果とみなし、国家のあり方をそれらの競争の反映としている。だが、それは、「国家の自律性」を基本的には念頭に置いていない典型的な「社会中心的アプローチ」であり、その点でも、本書のアプローチとは大きく異なっている。

他方、多元主義批判という点では一致するものの、しかし、いくつかの点では、一部の国家中心的アプローチと階級論的アプローチとも対立する。前者は、国家を独立変数とみなしているが、国家—社会関係の媒介性には着目していないことが多々ある。また後者の階級論的アプローチの多くは、制度次元をしばしば閑却して、階級関係という構造次元からアクターないしその意識を無媒介に導出している。たとえ、その媒介性を主張しているアプローチでも、国家—社会関係との連携が曖昧であり、最終的には、国家を階級関係の反映とみなす社会中心的アプローチに陥りがちである。

以上の点を踏まえて、ここでは㈠「社会」中心的アプローチにかかわる側面、そして、㈡国家中心的アプローチにかかわる側面に分けて各種のアプローチとの異同について議論するつもりである。さらに、㈢コーポラティズム体制の終焉・変容等の制度変動の問題や、㈣社会運動論にかんしても従来の議論との関係を述べておきたい。もちろん、この分類には、相互に重なり合うところもあることはいうまでもないが、とりあえず便宜的な構図として提示し議論を先に進める(6)。

第三項　「社会」中心的アプローチ

①修正多元論

修正多元論が、一方で、経営者団体の「特権的地位」(C・リンドブロム)や有力団体の「利益集団リベラリズム」(T・ローウィ)を指摘し、他方で、政治の領域の識別する必要性を強調して「政策アリーナ」を主題的に取りあげ、「政策が政治を規定する」(ローウィ)ことなどを力説した点に、ネオ・コーポラティズム論との親和性があったといえる。しかし、修正多元論の場合には、基本的には集団論の解釈枠組に拘束されており、そのため、より構造的な側面——構造の次元での階級や国家の相対的位置についての認識、そしてとりわけ、構造的側面と各種集団との連関——についての関心が稀薄になりがちであった(7)。そして一部のネオ・コーポラティズム論もまた、集団論の延長線上にあり、その亜種としての側面を色濃くもっていたので、その点は、周知のように、しばしば批判されてもきた(8)。

こうした点を踏まえて、本書では、国家—社会関係と労働—資本関係の構造の次元と、各種の利益集団というアクターの次元とを媒介する中範囲レヴェルに制度の次元を設定した。そして組織間関係の制度編成としてコーポラティズム概念を再規定したのである。そのうえで、その組織間関係の配置のあり方を「絶対集権化」と「相対集権化」として指標化しながら、個別集団の影響力の優劣ではなく、集団間の「関係」の「布置構造」に焦点をあてた。

したがって、誰が特権的なのか、どのアクターが有力か、という問題が設定されているのではない。むしろ、組織間ネットワークの形態のどのような相違によって、特定のアクターの優位や影響力は説明されるのか、という点を重視しているのである。そして第一章ですでに論じたように、「特権的集団」等の問題も、国家—社会関係における政治社会レヴェルのアリーナでの「公的地位」にかかわる問題として把握し直している。

②階級闘争論

たびたび言及してきたように、本書で再解釈されたコーポラティズム概念は、労働—資本関係を重視している。「階級闘争論」からは、階級間の利害対立が「パイの配分」をめぐる分配闘争に転化されるといったような「階級闘争の制度化」の視点は摂取しているといえる。しかし、そうした階級闘争論が、往々にして構造からアクターを無媒介に導出する議論に陥る点には批判的である。本書は、労資間の階級闘争や階級的妥協を媒介・定着させる諸制度の相対的な自律性を強調している。つまり、そうした階級の利益代表の組織間関係の制度編成として「コーポラティズム概念」を再把握したともいうことができる(9)。言い換えれば、本書で「集権化」を鍵概念として、制度としてのコーポラティズム論を展開したことは、構造の次元の議論とアクターのそれとを直結する階級還元主義を否定し、代わりに労働の組織間関係の布置としての利益媒介制度に着目したことでもある。

このように本書は、階級間の対立や闘争だけでなく、労働内部のコンフリクトという階級内部の闘争にも目を向けている。第三章で詳しく論じたが、たとえば、ストライキ行動にしても、それを階級間闘争だけでなく、労働内部のエリートとランク・アンド・ファイルとの緊張関係を含んだ組織間関係の制度編成にかかわるものとして捉えたのである。

③権力資源論

また、資本対労働の階級闘争の問題から「権力資源」の非対称性に注目し、さらに経済資源の市場における不平等的配分と政治資源の平等性という面から、主として労働の内部に着目した議論として「権力資源論」がある。この権力資源論は、集合行為を組織化する能力や、選挙を通じて影響力を行使する能力などを指し示す「政治的資源」に焦点をあてる。そして一般の労働者がこの政治的資源を活用することによって、市場における分配闘争の過程をめぐる条件を設定したり、市場での分配闘争の結果を修正したりする点を重要視する(10)。そこでは、労働者ならびに一般国民にとっての「政治資源」の指標として、労働組合の組織率、社会民主主義政党などの労働者政党への投票動員や、社民政権など親労働者政権の存在などが、具体的・経験的に示されている。

この権力資源論の要諦が、もし政治過程における主体がアクターではなく、アクターにとっての道具的存在である権力資源およびその資源の布置構造それ自体にあり、また政治過程の導因も、権力資源とその配置・布置構造にあって、アクターそのものにはないという点にあるとするならば、本書のような組織間関係の布置を重視する制度論的アプローチと親和性をもつ。なぜならば、本書の視点からすれば、権力資源の布置構造が、政治主体としての各種アクターのあり方を規定し、その集合行動を制約するのであって、アクターが権力資源を本来的に所有しそれを行使ないし「投資」するわけではないと考えるからである。

しかし、往々にして権力資源論では、権力資源が、アクターによる動員可能ないし利用可能な「手段」とされている。つまり、権力資源は、アクターにとっての道具として把握されているのである(11)。このように権力資源論は、アクターにとっての用具性という観点を強調し、そして権力資源を、アクターに独自の占有・所有物として、あるいはアクターにとっての外的な手段とみなすことが多い。その場合には、権力資源論は、アクター中心的な多元主義的な集団論と親近性がある。それは、本書のような組織間関係の制度的編成にアクターとしての労働者が組み込まれているという視点とは、大きく異なるのである。したがって、権力資源論には、アクター中心的な行動論的な政治過程論の側面と、権力資源の布置という制度論の側面との両者が混在している。しかも、そこでは、前者のアクターの次元の偏重がしばしばみられる(12)。

④交叉階級連合論――階級同盟論との関係

さらに本書は、ネオ・コーポラティズム論に関連して、八〇年代後半から九〇年代にかけて提起された階級同盟論や連合論をめぐる議論へのひとつの回答でもある。周知のように、ネオ・コーポラティズム論は、議論の展開のなかで「労働偏重的アプローチ」として批判され、その接近方法等をめぐって問題提起がなされた。ここで着目したいのは、そのなかでもネオ・コーポラティズムにおける労使間の協調や連合にかかわる「交叉階級同盟」論である。

この「交叉階級同盟」は、本章の観点から改釈するならば、構造次元での労働―資本関係が、ただちにマクロな制度次元でのコーポラティズム型の労使関係の制度編成へと転化するのではないこと、むしろ、セクター等の下位レヴェルでの階級横断的な「連合」形成が、歴史的にも論理的にも先立ちうることを強調したといえる。こうして従来のコーポラティズム論や権力資源論が、労働と資本を一枚岩のものとして捉えていること、しかも資本よりも労働に焦点をあてた「労働中心的アプローチ」に陥っていること(13)、さらに制度の次元における労使それぞれの内部の重層性と階級交差性という観点を等閑視していることなどが、問題点として浮き彫りにされたのである(14)。

本書は、労働の内部の組織間関係の集権化に着目し、そして労働が決して一枚岩ではなく内部に分岐を孕んでいることを主張してきた。この点では、交叉階級連合論と見解が一致する。しかし、結局のところ、その「連合論」は、アクター間の組合せの問題（＝存在的地平）に傾斜しており、アクター間の関係が織りなす磁場の問題（＝存在論的地平）への考慮が十分ではないと考えている(15)。要するに、連合論は、誰が誰かと手を組むのか（組まないのか）という、いわば「握手の論理」に還元される傾向にある。このことは、それらのアクターが、たとえば労働者が、どのような組織間関係の配置のなかに組み込まれているのか、という問題への関心を往々にして稀薄化してしまうと思われる。

そこで本書では、国家—社会関係における三つのアリーナを弁別し、さらに集権化や制度変動における絶対性と相対性とを区別した。それを通じて、下位レヴェルでの階級間同盟ではなく、労働内部のマクロとミクロを媒介する組織間関係の制度的配置に注目して、交叉階級連合論による問題提起に答えようとしている。しかし、本書では、それに関連したセクター・レヴェルでのメゾ・コーポラティズム等の問題には触れていない。また、労働を中心に据えているので、労使間の交叉性の問題については十分答えているとはいえない。これは、今後の課題のひとつになろう。とりあえず本書では、交叉性の問題よりも、前述の相対・絶対集権化の程度をまずは見極めることのほうを優先させたのである。

第四項　国家中心的アプローチ

本書の国家—社会関係の視点は、第一に、国家中心的アプローチにかんしていえば、官僚エリート等に焦点をあてて政府の管制高地を誰がどのように握るのかという点を重視する「アクター中心的」アプローチであれ、国家構造の社会からの自律性を強調する構造主義的アプローチであれ、それらが、いずれも国家の自律性を偏重し、国家を独立変数として扱っている点を問題にした。これらのアプローチに対して本書は、国家—社会関係の分節化に着目し、それを国家—政治社会—市民社会という三つのレヴェルに分けて議論することの重要性を指摘したのである。

第二に、その構造主義的アプローチに関連して本書は、国家の構造的位置から「機能」をあらかじめ措定しておく機能主義の観点を批判した。そして本書は、構造と行為をつなぐ媒介領域として制度の次元を設定し、それを組織間関係の配置とみなした。さらに、その組織間関係を前述の国家—社会関係のなかに、しかも（政治社会と市民社会という）レヴェルを分別して取り込んだのである。

第三に、前述の国家アクターに注目する議論との関係でいえば、本書は、コーポラティズムをたんなる政労使間のパートナーシップというアクター間の協調・調整行為の次元で捉えているのではない。たとえば、所得政策等への労働の編入が、同時に、国家介入の問題でもあることを指摘した。そして、そこから、国家—社会関係における政治社会レヴェルのアリーナでの労働指導部とその下部との関係など、労働内部の組織間関係に焦点を据えたのである。

①国家の相対的自律性の問題

まず六〇年代から七〇年代に展開されたネオ・マルクス主義の「国家論ルネッサンス」における「国家の相対的自律性」をめぐる論争について、本書は、それが、国家の社会における相対的位置やその独自の役割に着目した点を評価している。しかし、それらの議論が、国家エリートの階級的紐帯や国家の構造的側面に傾斜していた点を疑問視している。前者のアクターの出自等に力点を置くアプローチは、もちろんのこと、構造主義的アプローチとも一線を画している(16)。

この構造主義的アプローチは、たとえば、社会全体において国家の構造が相対的に自律した位置を占めることから、国民を個人へと還元していく「機能」としての「孤立化作用」（N・プーランザス）といった構造的作用をただちに導くこともあれば、また、七〇年代におけるJ・ハーバーマスやJ・オコンナーらの周知の「正統性の危機論」や「後期資本主義論」のように、「蓄積機能」や「正統性機能」といった政府の経済機能や社会的要求への応答の機能等を先験的に措定する場合もある。しかし、いずれにしても本書は、これらの「機能主義」の議論には批判的である(17)。本書は、そのように構造から機能を導き出すのではなく、構造とアクターを媒介する制度編成に注目する。そして国家―社会関係の制度配置に焦点をあてて、それを国家―政治社会―市民社会の三項図式で把握したのである。

②国家論（ステイティスト）――国家介入の問題

さらに、本書の視点は、八〇年代における国家の強さや政府の能力を問題にしたステイティストの議論にも関連している。つまり、従来のネオ・コーポラティズム論における所得政策等の政策過程への利益集団の参加の制度化の問題は、政策執行という出力局面も含めた「政府の能力」などの「国家の自律性」というテーマとも結びついている(18)。「国家の復権」ないし「国家―社会関係」の問題が、八〇年代中葉以降や九〇年代初頭になって議論の組上にのるにつれて(19)、従来のネオ・コーポラティズム論は、その不十分な諸点も次第に顕在化するとともに、その明確化されてこなかった企ても再び意識化する必要性に迫られたといえる。本書が、国家と社会とを媒介する制度編成を問題にしたのも、そのような事情が背景にあった。

こうして、国家論や制度論が照射した課題の一端を共有しつつも、ネオ・コーポラティズム論の問題設定をさらに発展させることが必要となる。そもそもネオ・コーポラティズム論が強調したのは、労働組合と政府・経営者団体との三者協議というエリート間の社会的パートナーシップだけではなかった。しかし、従来のネオ・コーポラティズム論では、それらのアクター間の「協調行動」や「調整行為」といった相互行為か、あるいは労使エリート間の調整を政府エリート主導でおこなうという「国家エリートの自律性」の問題に議論が傾きがちであったことは否定できない。それは、コーポラティズムという制度を「行為」の次元に還元することにつながる。そのために、制度編成が重視されず、アクター中心的な「国家論」にしばしば陥った(20)。

そこで本書では、コーポラティズムの再解釈のなかで、労資の構造的な権力関係の非対称性という問題設定を踏まえて、労働者のナショナルセンターが、国家―社会関係における組織間関係の制度化にともなって、労働者を代表するかたちで政府の所得政策等の政策決定過程に直接的ないし間接的に参画し、国家政策を正当化する点に着目した。この点にかんしては、とくに第七章で、労組の政策過程への参加を含めた「政府能力」を問題にし、その指標化もおこなった。

さらに、L・パニッチの主張と同様に、政労使間の頂点部での合意を下部の一般労組員に周知徹底させるために、国家の社会に対する統制・介入メカニズムのなかに労働が統合される点も考慮した(21)。そして、そのなかで国家—社会関係における労働の組織間関係の配置に焦点をあてたといえる。とりわけ労働者のナショナルセンターが、国家—社会関係の三項図式のなかの「政治社会」のレヴェルで「公的地位」を占めるようになる点を注視した。そのうえで、それによって生じる様々な緊張関係やコンフリクトにも着目して、ストライキ行動等の分析を通じて、政府の政策の執行や政策のフィードバックの側面にも配慮している。

第五項　体制変容と制度変動の問題

また、本書は、「脱制度化」や「変易率」を提示することによって、コーポラティズム体制の終焉論やミクロ化の議論等を含めた「コーポラティズムの体制変容」をめぐる議論にも関係している。そこでコーポラティズム論議を中心にして、本書の議論とそれらの先行研究との関係についても簡単に触れておくことにする。

①コーポラティズム変容論との関係——分権化とマクロ=ミクロ・リンケージの問題

周知のように、ネオ・コーポラティズム論は、議論の展開過程のなかで、コーポラティズム体制のそのものの変容や終焉をめぐっても問題提起がなされることになる。本書では、この論争にかんして以下のようなかたちで対応している。

一方のコーポラティズムの「衰退・終焉論」は、コーポラティズム体制それ自体が、生産体制の変容やグローバル化など各種の構造変動によって終焉に向かうとみている。たとえば「一国コーポラティズムから国際多元主義へ」という論調に示されるように(22)、経済社会構造における地殻変動(たとえば、フォーディズムの衰退やグローバル化など)が、コーポラティズム体制を支えた社会的条件を消失させ、それが同体制の制度的基盤そのものを掘り崩すとみなされる(23)。これは、構造転換が、制度変動に直接的に連動し、体制の衰退・終焉へと「収斂」していくという主張でもある。

しかし、この議論では、そうした構造と制度の両次元の相対的自律性と両者のズレという問題が軽視されている。また、体制転換が旧体制の「制度遺産」のうえに成立するという点も閑却される傾向にある。たとえ構造次元の変動が類似しているにせよ、必ずしもそれが、ただちに制度変動の収斂化を促すわけではない。むしろ、そうした構造的圧力を媒介する制度編成がもっている、少なくとも相対的な自律性に着目する必要がある。本書では、この構造主義的ないし機能主義的観点に由来する「収斂論」にたいしては、先進各国の旧来の制度的配置において差異がある以上、その差異が、各国の制度変動の軌道に影響を及ぼすという観点を重要視した。そして、先進各国における制度配置とその変動を比較分析するなかから、その「多様性」を経験的なかたちで確認したのである。

また、他方のコーポラティズムの「変容・拡張」論は、主として、先進諸国のコーポラティズム体制における調整行為の成立する中心的なレヴェルが、中央のナショナルなマクロ・レヴェルから各産業セクターなどのメゾ・レヴェルや、企業や地域などのミクロ・レヴェルへと移動するというコーポラティズムの「メゾ化」ないし「ミクロ化」を主張する議論である(24)。

この議論の背景には、八〇年代中葉に北欧諸国を中心に先進諸国でみられたように、中央での集権型の政労使交渉から産別等への分権型交渉への移行、そしてナショナルセンターの分裂、さらには、ミクロの企業レヴェルでの労使協議制の導入・発展などがある。この議論は、コーポラティズム体制の変容を同体制の「下位レヴェルへの拡張」(K・セーレン)という点から捉え直す。そのうえで、労使交渉のレヴェルや労働の組織間関係の「分権化」やそれにともなう「マクロ＝ミクロ・リンケージ」という課題を浮き彫りにしたのである(25)。

本書では、このコーポラティズムの終焉対拡張という論議にたいしては、どちらかといえば、コーポラティズム体制の終焉論をとらずに、むしろ変容・修正論の視点を重視しているといえる。しかし、本書は、このいずれをとるにせよ、国家―社会関係の制度配置における政治社会と市民社会の両アリーナのレヴェルの区別と両者の関連という側面に注目する。つまり、制度編成のレヴェルの差異と自律性という観点から、比較分析を試みてその問題に答えることに主眼があった。こうして、政治社会レヴェルの「相対集権化」と市民社会レヴェルでの「絶対集権化」という修正集権化指標を用いて、戦後のとくに七〇年代後半から八〇年代後半における先進十二ヶ国の集権化の程度について、その各国の通時的変遷や各国間の共時的差異を比較し、そしてその「多様性」をあらためて確認したのである。

②制度変動の問題

さらに、この分権化という問題は、九〇年代における新制度論の展開においての課題でもある「制度変動」の問題にもかかわっている。ここから制度的配置の様相を静態的ではなく動態的に捉えることが要請される[26]。本書では、制度変動を制度配置の安定度や揺らぎの問題として捉えている。したがって、ここでの制度変動は、制度そのものの流動性を示すのであって、たとえば、ストライキ行動等をコーポラティズムの制度的な不安定性と等置するような議論とは一線を画している。要するに、制度変動と、ストライキ行動や新社会運動等の「集合行動」とは次元を異にするのである。制度の次元と行為の次元とを混同する議論は、すでにみてきたように、本書では疑問視される。

そして、国家―社会関係の制度配置における政治社会と市民社会の両レヴェルの区別だけでなく、その両レヴェルの制度変動を示す指標として「脱制度化」と「変易率」という指標を用いた。それによって、高成長期から七〇年代の石油危機を経て八〇年代末に至る先進十二ヶ国の制度変動の諸相についても比較し、そこでもその各国間の多様性を再確認したのである。さらに、コーポラティズム概念を中心に据えて、制度編成ならびに制度変動と新旧社会運動との関連を比較分析した。そのなかで制度変動がどのように集合行動と連動するのかについても、第四章と第七章のようなかたちで考察を加えたのである。

第六項　社会運動論――政治的機会構造論の再解釈とU字型説

①ミクロ的基礎づけについて

本書は、第三章と第五章で述べたように、アクターの心理や意識に着目する行動論的な心理主義的なアプローチを批判している。またアクターの内面に着目して、社会運動にたいするアクター自身の解釈や認識の枠付としてのフレーミングに依拠するような「解釈学的」ないし「構築主義的」アプローチにも疑問を投げかけている。さらに、新制度論における「合理的選択学派」のように、ゲームのルールによるアクターの行動の制約性を主張して、そのなかでの「限定合理性」によるミクロ的基礎づけの方法もとっていない。要するに、これらのアプローチは、他者との関係性に根ざす集合行動を、運動の個々の担い手というミクロのアクターの次元で処理する傾向にある。むしろ本書は、各アクターの置かれた存在のあり方やアクター間の関係が織りなすアリーナの問題のほうに重点を置いている。

とりわけ集合行動の場合、各アクターにとっては、自らが運動の参加者になるという「メンバーシップの論理」よりも、むしろ、自らが組み込まれている組織間関係の布置構造に淵源する「影響力の論理」(シュトリーク)がもたらす衝迫性のほうが重要だと考えられる。こうして他者との関係性に由来する自らの存在の仕方を注視するようになると、個別のアクターの動機など――たとえば制度によって限定されているけれども合理的であるとする合理的選択派であれ、あるいはアクターの解釈の枠組に沿ったフレーミングがあってはじめてひとは立ち上がるというような解釈学的アプローチにせよ――を、運動の「集合性」や行動の「他者性」を支える根拠とするのには問題があると思われる。動機や了解がなければ集合行動が展開されないというわけではない。動機など行動の後で事後的にいくらでも解釈可能なことすらある。たとえ、それが、合理性をもとうが、また規範的・文化的なものに裏打ちされていようと、アクター自身の認識や知覚の産物であるかどうかすら不確かなこともありうるし、少なくとも、その不確実性を否定することはできないであろう。ここに、アクターの存在の仕方を探る存在論的視点をとることのほうが有意味であると本書が考える理由の一端がある。

②多元主義論および連合論

また、繰り返し触れてきたように、アクター間の相互作用を重視し、そのなかで集団間の優劣を見極めることや、その有力集団が争点や事例に応じて複数存在することを論じる「多元主義」的アプローチにたいしても、本書は批判的である。また、統治連合などのアクター間の組合せの型に焦点をあてる「連合論」をも疑問視している。これらのアプローチは、社会運動を個別アクターのミクロ・レヴェルに還元せずに、アクター間の相互作用が織りなすアリーナに注目してはいる。しかし、そのアリーナを成立させている根拠や、アリーナと他のアリーナとのレヴェルの相違(本書でいえば、政治社会と市民社会のレヴェルの差異)等への関心が稀薄であるように思われる。言い換えれば、アクター間の相互関係の平面(=存在的地平)にとどまっていて、そうしたアクター間の相互関係を規定する磁場の問題(=存在論的地平)への考察が不十分なのである。本書での制度論的視座は、集団間の相互作用が展開されるアリーナを捉える見取り図として、集権化を機軸とする組織間関係の布置に着目する。そして、政治社会と市民社会というアリーナの差異に配慮して、集権化の相対性と絶対性を峻別した。社会運動は、誰と誰とが競っているというアクター間の相互作用だけではなく、どこからどのような運動が発生しどのように展開されるのかという、運動が生起する「場所」もまた考慮しければならないと考えたからである。

したがって、「連合論」もまた、本書の視座とは異なる。連合論は、結局のところ、アクター間の手のつなぎ方の組合せを重視する「握手の論理」によって、社会運動を説明しようとしている。つまり、既存の支配エリートどうしをつないでいた手が離れたから、あるいは反対勢力の誰と誰とが手を結んだから、それに呼応して、従来とは違った新たな連携がアクター間に生じ、それによって運動が発生したり促進されたり、あるいは衰退したり抑制されたりするとみなされる。そこには、それぞれのアクターが、その手をつながざるをえないような、あるいは手を振り解かざるをえないようなかたちでしか存立せざるをえない磁場のなかにいる、ということへの配慮が不足している。要するに、連合論は、アクターの手のつなぎ方の違いで社会運動を認識しようとしているのである。

こうした連合論の論理にたいして、本書は、敵対関係であれ同盟関係であれ、アクター間の連合が既存の組織間関係の制度配置とどのような関係にあるのかという点を強調している。このことは、アクターないしアクター間の相互作用を、それらが発生する場所へといったん連れ戻すことを意味する。言い換えると、アクターが組織間関係のなかにどのように包摂化され統合化されているのかという、アクターの存在論的地平から集合行動をみる視点が重要視される。こうして本書では、アクターが直接・間接に組み込まれている組織間関係の制度編成の「集権度」の違いによって、ストライキ行動や新社会運動の発生や展開の相違を説明することを企図したのである。

③構造主義的アプローチ

構造主義的アプローチは、社会運動を解明するにあたって当該アクターの存在のあり方にその根源を見いだそうとする。その点では、多元主義論や連合論とは異なり、むしろ本書の制度論的アプローチと親和性をもつ面がある。しかし、この構造主義的アプローチは、しばしば、脱工業化やサービス産業化といった産業構造の変動や、また新中間層の台頭といった階層構造の変化から、脱物質主義や脱労働者意識という政治意識をただちに引き出して、新社会運動の登場などを説明する。そこでは、構造変動とアクターの意識とが直結されたり、また、構造次元での位置から運動の担い手が無媒介に抽出されたりする。そして最終的には、たとえば新社会運動を、中間層を主たる担い手とした階級同盟の問題に転化してしまう「階級還元主義」に陥ることもある。このように構造主義的アプローチには、往々にして「媒介性」の論理が欠落し、一種の「機能主義」が胚胎するのである。

そこで本書では、構造とアクターの両次元を媒介する中間の次元「制度」の次元として設定した。そして、この制度を前述のように組織間関係の配置として捉え、その布置のなかにアクターが組み込まれている点を強調する。そのうえで、「利益の媒介性」に着目したコーポラティズム概念を、国家—社会関係の制度編成の観点を取り入れて再解釈して、そこから社会運動との関連を探ったのである。

④資源動員論

資源動員論は、運動の担い手の利用可能な資源がどのようなものであり、またそれらの資源がどの程度の大きさなのか、という点に着目する。そして、その運動のアクターが、それらの資源をどのように動員するかによって社会運動を説明しようとする。この議論は、運動の根拠をアクター自身に求めるのではなく、動員可能な資源の種類や大きさが、アクターを制約し運動に影響を及ぼすことを重視している。このようにアクターにたいする拘束性に着眼している点では、資源動員論は、本書の視点と重なりあうところがある。

しかし、この資源動員論は、前述の権力資源論と同様に、しばしば資源をアクターにとって利用可能な道具とみなしている。あるいは資源は、アクターが固有に所持したり投資したりできるものとして扱われる。そこには、資源がどのような制度的諸関係のなかに埋め込まれ、どのような資源配置になっているのか、といった視点が欠けている場合が多い。また、アクターにとって利用可能な資源の大きさが、そのままアクターが実際に動員する資源の大きさにつながるわけではない。むしろ、資源を動員する当のアクターの存在のあり方が問題になるのである。

そこで本書は、アクターが置かれている組織間関係の編成を問題にした。つまり、運動の担い手はどのような既存の組織間関係の布置のなかに組み込まれ、そこからどのような拘束を受け、それにたいしてどのような行動をとるのかという問題である。この問題設定は、資源動員論が、往々にしてアクターの存立条件を不問に付し、そして資源がアクターの道具としてしか捉えられていないことへのひとつの代案でもある。

⑤政治的機会構造論の再解釈

「政治的機会構造論」は、「構造から運動へ」という視点の転換をもたらした。つまり、アクターの側から社会運動を捉えるのではなく、構造や制度が運動の機会をアクターに提供するからこそ、運動が発生するとみなす。そうした運動の機会が開示されたことが、アクターをして当該運動の担い手たらしめるのである。本書のアプローチは、こうした視座の転換の延長線上にあるといってよいであろう。

だが問題は、では、どのような制度がどのようなかたちで運動に向けた窓を開くのか、そして「機会構造」をどのように把握するのか、ということである。機会構造の概念の内実は、論者によって異なったり曖昧であったりして、そのことがまた批判の対象にもなってきた。本書では、アクターの存在の仕方に注目し、運動の担い手がどのような組織間関係の編成にどのようなかたちで包摂されているのかに焦点をあてている。そして機会構造については、すでに触れた国家—社会関係の観点から「集権化」を中心に据えて、既存の組織間関係の制度編成の体系としての「政治体制」との関連において捉えるべきことを主張した(27)。さらに、第五章で試みたように、新社会運動に関連して政治システムの入力と出力の両過程の連携を取りあげたH・キッチェルトの議論なども踏まえて、それを入力と出力の組合せではなく、国家—社会関係の問題として捉え直した。そして第七章では、そうした国家の問題を、政府の大きさや政策過程への利益集団の包摂度を加味した「政府能力」の指標として分析のなかに取り入れたのである。

このような機会構造の把握の仕方は、一部の政治的機会構造論者のように、「機会構造」を結局のところ、既存の支配的エリート間の同盟関係の変化とそれにともなう「友敵関係」の変化という「連合の論理」で捉える見解とは大きく異なることはいうまでもない。この連合論によれば、たとえば、政権内部の与党間の対立から政権の危機が生じたり、また得票配置の変動によって政党連合が変化したりして、いわゆる「統治連合の危機」が生じ、これが、運動にとっての機会構造の窓を開ける契機となり、プロテスト運動が展開する。しかし、本書は、機会構造を、そのような「統治連合」の危機と再編といったアクター間の「連合」の地平に解消するのではなく、組織間関係の布置という制度論的観点から機会構造の概念を再解釈したのである。

さらに本書では、国家—社会関係の制度的配置の観点から再解釈されたネオ・コーポラティズム体制との関連で、新たな機会構造をめぐる指標化を試みた。そしてそれらの指標を用いて、ストライキ行動のような制度内紛争と制度外の新しい社会運動を取りあげ、ヨーロッパの主要国の比較分析をおこなった。その結果も踏まえて、従来の抑制説対促進説という構図では捉え切れないハンプ型説とU字型説を提起したのである。とくにU字型説は、これまで理論的にも経験的にもあまり明らかにされてこなかった。したがって本書は、U字型説の存在を解釈と実証の両面から示唆したのである。

以上が、本書で提起した分析視角が、諸々の先行研究が提示した問題群とどのような関係にあるのか、言い換えれば、既存の研究が提起した諸々の課題や視角のどこに問題があり、それにたいして本書がどのような観点から対処しようとしたのかを学説史を踏まえて整理したものである。本書では、このようにネオ・コーポラティズム論とその後の展開だけでなく、国家論、新制度論なども含めた、近年の比較政治学における各種のリサーチ・プログラムがつねに念頭に置かれていたのである。

第三節　今後の課題と展望——比較の問題を中心に

本書では、再解釈された集権化概念を中心に据えてコーポラティズムの制度化の程度やその制度配置の流動性を主たる独立変数にし、それらの政治—制度変数と新旧社会運動との関係を経験的に探索するために、一九六〇年から石油危機を挟んで八五年までの限定された時期におけるOECD十二ヶ国ないし四ヶ国のパネルデータを用いて、第四章と第七章では比較分析を試みている。しかし、その際には、「比較」の意味という点については行論の関係もあって明確には述べてこなかった。この比較の問題については、日本におけるその方法認識が稀薄なことにたいして、近年たとえば次のような批判がある。「……比較政治学は往々にして、暗黙の裡には『外国』研究と同義語だと解されている。『外国』政治を対象とした一国研究や、複数の一国研究の寄せ集めや並列が、ただそれだけで比較研究として罷り通っているのである。」(28)。そこで、こうした見解を考慮に入れつつ、本書における比較の方法と意味について、他のアプローチ、とくに構造—機能主義の「機能主義の論理」と対比しながら論じていきたい。

政治システム論に代表される構造—機能主義論では、比較は、政治システム一般に由来する「機能」という抽象的レヴェルの基準から、各国の機能の実態を記述して、その違いから各国を位置づけるということになる。たとえば、利益表出ないし利益集約の機能等の機能の内実をあらかじめ設定しておいて、そこから主として各国の利益集団や政党の活動のあり方を叙述する。つまり、そのような本質的かつ一律の基準を大規模な数の国に適用して、その適用妥当性やその各国の程度の違いを比較するのである。

このような政治システム論の観点からする比較の場合、一国内部の政治の実態を各種の機能の面から記述し、それを集合させて各国との比較を試みて各国の差異を理解する。たとえば、利益表出機能なら利益集団、利益集約機能なら政党といった具合にある程度、機能とその担い手を先験的に措定しておいて、各国における機能の実態をまず調査・記述し(地域研究)、それらのデータを多数の国から広範囲にわたって収集したうえで、そのなかから比較の作業を通じて各国間の差異と類似性を索出していくのである。ある国では、利益表出の機能を担う利益集団の数が少なく、その機能は代わりに政党が担っている、というように。そして、そのような意味での「比較」の結果として、各国間の多様性を類型化したり、あるいは一般化が試みられる。そこにあるのは、各種の機能が各国別にどの程度どのようなかたちで充足されているのか、いないのか、という意味での「比較」である。

このアプローチでは、各国間の差異は、機能の遂行の充足度の違いとして「記述」されるなかから「発見」・「索出」されるパタンとして類型化される。もちろん、こうした共通の観点からする一般的な見取り図によって、各国間の相違は明瞭になる。だが、そこでは、そうした各国間の差異をもたらしているのは何か、なぜ差異は生じるのか、何の差異によってそのような各国間のパフォーマンスの差異が生じるのかという「説明」の観点が稀薄になりがちである。なぜならば、そうした各国間の差異は、あらかじめ機能の充足度とその遂行形態の相違として論点が先取りされているからである。その意味では、「比較」は、一般理論の現実への適用という側面を帯びている。

そして、このような比較についての機能主義的アプローチは、外部の構造やシステムに由来する固定した根拠に還元していく点では、構造主義的マルクス主義の場合でも、その根拠の内容に違いこそあれ(たとえば、利潤率の傾向的低落への反作用とか、社会構成体における経済的審級の優位性など、それこそマルクス主義の諸々の「文献」から引き出した各種の機能を先験的に想定する点では)、まったく同様なのである。

これに対して本書では、比較から説明の論理を引き出そうとする。一九六〇年から一九八五年という同一の時期におけるＯＥＣＤ諸国という比較的類似性をもった各国におけるストライキ運動や新社会運動のパフォーマンスの差異という定型化された事実から出発して、その差異をもたらしているものは何か、何によってその差異は生じるのか、といった問題をたてる。そして、それについて、その差異をもたらしていると思われる独立変数を導き出す。その独立変数は、主としてＯＥＣＤ諸国の新旧社会運動のパフォーマンスの各国間の差異を経験的に説明する根拠＝独立変数として先行研究のなかであげられたものを再吟味し、それを通じて、新たな集権化指標とそれに基づく機会構造の諸要素の指標として抽出される。このように事実における差異とその差異をもたらすと思われる因子を取りあげていってパズルを組み立て、それに基づいて限定的で暫定的なかたちでの、より一般化された命題を提示するのである。

こうして、一般的な機能の観点から事実を分析するのとは逆に、事実の比較から、時間と空間を限定したかたちで、経験的な探索を通じて一般化可能な暫定的な命題が引き出される。したがって、この理論的命題は、限定性を帯びている点では、厳密には一般的ではないともいえる。その意味で本書の視点は、一般理論から現実を比較するのではなく、比較から理論を提示する。より正確にいえば、限定的な中範囲の比較の理論を導き、その中範囲理論から、さらに現実の比較を試みたのである。

したがって、ここでは、比較するということが、説明するという理論的な営為を内包している。そしてこの点こそ、「比較」というものの含意にかんして、新制度論が、構造―機能主義における比較の意味とは決定的に異なるところであると思われる(29)。これは、一般理論の各国への適用とその結果の相違の「比較」ということから、各国の差異と共通性の比較のなかから暫定的な一般化と理論化を指向することへの視点の転換でもある。本書では、「類似」した国々の「差異」や各国の「多様性」を記述しただけではない。さらに、そこから制度と社会運動との関係におけるいくつかの命題を暫定的に提示した。だが、これらの命題は、一定の時期と範囲を限定したものである。その限りでは、あらゆる時期と国に該当するという意味での普遍的な命題ではない(30)。

そして、このような類似した国々の現実の差異は何によって説明されるのか、という点に関連して補足すれば、本書の研究戦略は、類似したものの差異を「ケース・スタディ」の対比から引き出したのではない。たとえば、著しい対照をみせている相反した事例から共通性を探ったり、一見もっとも類似していると思われる事例のなかから差異を導いたりするような事例研究を通じての比較の方法はとらなかった(31)。いうまでもなく、このケース・スタディは、一般的理論の現実における妥当性を裏づける(あるいは、それに反するものを探す)例証として事例をとりあげる方法ではない(たとえば、成功例を寄せ集めるような方法ではない)。むしろ、そこでいうケース・スタディとは、個別のケースのなかから少数の対照的な事例(たとえば成功例と失敗例)を比較検討し、その差異から一般化可能な暫定的な命題を導くことをめざすものである。この方法は、本書の比較研究を補完する意味で、今後の課題のひとつであろう(32)。また、比較研究の方法そのものについても、さらに探求していくことが要請されていると思われる。

おわりに

以上のような既存の解釈枠組や比較の方法との関係を意識しながら、本書では、限られたデータと分析手法からではあるが、とりあえず暫定的なかたちでU字型説をはじめ各種の経験的な命題を提示してきた。今後、データの蓄積やより洗練された分析手法により、たとえば、このU字型説は、経験的に反証されるであろうし、また、ハンプ型説や抑制説などが検証されることも大いにありうるであろう。しかし、また新たなデータやより精緻な手法によってU字型説が再検証される可能性も否定できない。

だが、いずれにしても、経験的な反証だけでは、これらの諸説の解釈枠組そのものまでも原理的に否定することにはただちにならないであろう。本書では、これらの諸説を導き出した解釈枠組そのものの再検討から出発して、それらの命題を提示してきたのである。もちろん、繰り返して述べるが、データの整備と分析方法の精緻化は、今後の課題であることはいうまでもない。本書では、従来の諸説を整理し、そのなかから新たな解釈とそれに基づく試論を、経験的な探索を通じて代案として提起した。したがって反論もまた、分析の技法や方法上の問題にとどまらず、原理的な解釈枠組も含めた代替案を提示することが期待されるのである。

注

（1） Theda Skocpol, "Bringing the State Back In: Strategies of Analysis in Current Research," in Peter B. Evans, Dietrich Rueschemeyer, and Theda Skocpol (eds.), *Bringing the State Back In* (Cambridge: Cambridge University Press, 1985), pp.3-28. この点については、桐谷仁

「国家中心的アプローチをめぐって——アクターから制度へ」『法経論集』（静岡大学法経短期大学部）第七五・七六号、一九九六年、参照。

（2）この多元主義批判とネオ・マルクス主義内部の論争との関連については、いろいろと文献があるが、とくにアメリカにおけるその論点を整理したものとしてとりあえずここでは以下を参照。Mark Kesselman, "State and Class Struggle: Trends in Marxist Political Science," in Bertell Ollman and Edward Vernoff (eds.), *The Left Academy: Marxist Scholarship on American Campuss* (New York: McGraw-Hill, 1982), pp.82-114; *idem.*, "The Conflictual of American Political Science: From Apologetic Pluralism to Trilateralism and Marxism," in J. David Greenstone (ed.), *Public Values and Private Power in American Politics* (Chicago : University of Chicago Press, 1982), pp.34-67; Ira Katznelson and Mark Kesselman, *The Politics of Power: A Critical Introduction to American Government* (New York: Harcourt Brace Jovanovich, 1975), pp.9-32; Issac Balbus, "The Concept of Interests in Pluralist and Marxist Theory," *Politics and Society*, Vol.1, 1970-1971, pp.169-175. また、アメリカにおけるマルクス主義の復権にかんしては、次のM・ブラヴォイとT・スコッチポルの編著も併せて参照。Michael Burawoy and Theda Skocpol (eds.), *Marxist Inquiries: Studies of Labor, Class, and States* (Chicago: The University of Chicago Press, 1982).

（3）Cf.David Held and Joel Krieger, "Theories of the State: Some Competing Claims," in Stephen Bornstein, David Held, and Joel Krieger (eds.), *The State in Capitalist Europe: Casebook Series on European Politics and Society, No.3.* (London: Geroge Allen and Unwin; Center for European Studies, Harvard Univeristy, 1984), pp.12-14; Alan Cawson, "Pluralism, Corporatism and the Role of the State," *Government and Opposition*, Vol.13, 1979, pp.178-198; Andrew Cox, "Corporatism as Reductionism: the Analytic Limits of the Corporatist Thesis," *Government and Opposition*, Vol.16, 1981, pp.78-95; Colin Crouch, "Pluralism and the New Corporatism: A Rejoinder," *Political Studies*, Vol.31, 1983, pp.452-460. なお、多元主義概念の系譜と、八〇年代におけるコーポラティズム論との関連については以下も参照。中野実『現代国家と集団の理論——政治的プルラリズムの諸相〔新装版〕』（早稲田大学出版部、一九九七年）、第七・八章。

（4）Franz Traxler and Bernard Kittel, "The Bargaining System and Performance: A Comparison of 18 OECD Countries," *Comparative Political Studies*, Vol.33, 2000, pp.1156-1160, esp., p.1158; Lars Calmforth, "Centralization of Wage Bargaining and Macroeconomic

Performance: A Survey," *Economic Department Working Papers* (Paris: OECD), No. 131, 1993, pp.6-12; *idem.*, "Wage Formations and Macroeconomic Performancein the Nordic Countries: A Summary," in *idem.* (ed.), *Wage Formations and Macroeconomic Performance in the Nordic Countries* (Stockholm, Sweden: SNS Forlag, 1990), pp.13-15; David Soskice, "Wage Determination: The Changing Role of Institutions in Advanced Industrial Countries," *Oxford Review of Economic Policy*, Vol.6, 1990, pp.36-61; *idem.*, "Reinterpreting Corporatism and Explaining Unemployment: Co-ordinated and Non-coordinated Market Economy," in Renato Brunetta and Carlo Dell'Aringa (eds.), *Labor Relations and Economic Performance* (New York: New York University Press, 1990), pp.170-213.

（5） Cf., Charles Sable, *Work and Politics: The Division of Labor in Industry* (New York: Cambridge University Press, 1982), pp.4-10,

（6） 国家中心的アプローチや国家の自律性の問題については、以下を参照。桐谷仁「国家中心的アプローチをめぐって――アクターから制度へ」前掲、三七―七八頁、同「新制度論をめぐる一考察――行動論ならびに機能主義との関連を中心にして」『法政研究』（静岡大学法経学会）第三巻三・四号、一九九九年、一―三四頁、同「国家の自律性」大木啓介、佐治孝夫、高杉忠明、伊藤述史、桐谷仁『国家と近代化』（芦書房、一九九八年）、一二八―一七三頁。

（7） ダール、リンドブロムらの多元主義から修正多元主義へのシフト、そして、プーランザスらのネオ・マルクス主義の国家論との関係におけるネオ・コーポラティズム論の意味については、Colin Crouch, "The State, Capital and Liberal Democracy," in Colin Crouch (ed.), *State and Economy in Contemporary Capitalism* (London: Croom Helm, 1979), pp.13-54; David Marsh,"Interest Group Activity and Structural Power: Lindblom's *Politics and Markets*," *West European Politics*, Vol.6, 1983, pp.3-13; David Vogel, "Political Science and the Study of Corporate Power," *British Journal of Political Science*, Vol.17, 1987, pp.385-408, などをとりあえず参照。

（8） Youssef Cohen and Franco Pavancello, "Corporatism and Pluralism: A Critique of Scmitter's Typology," *British Journal of Political Science*, Vol.17, 1987, pp.117-122; David Vogel, "Political Science and the Study of Corporate Power," pp.385-408; M Heisler, "Corporate Pluralism Revised: Where is the theory," *Scandinavian Political Studies*, Vol.2, 1979, pp.278-298; Rose Martin, "Pluralism and New Corporatism," *Political Studies*, Vol.31, 1983, pp.86-102; Andrew S McFarland, "Interest Groups and Theories of Power in America," *British Journal of Political Science*, Vol.17, 1987, pp.145-147.

(9) Cf. David Held and Joel Krieger, "Theories of the State: Some Competing Claims," pp.12-14.

(10) Walter Korpi, "Political and Economic Explanations for Unemployment: A Cross-National and Long-Term Analysis," *British Journal of Political Science*, Vol.21, 1991, pp.326, and pp.342-343.

(11) 桐谷仁「新制度論をめぐる一考察——行動論ならびに機能主義との関連を中心にして」『法政研究』(静岡大学法経学会)第三巻三・四号、一九九九年、一—三四頁、参照。

(12) この権力資源モデルは、第三章でストライキ行動を扱った際にも論じたが、以下も併せて参照。Walter Korpi, "Political and Economic Explanations for Unemployment: A Cross-National and Long-Term Analysis," pp.326, and 342-343.

(13) 「労働中心的アプローチ」と「ビジネス中心的アプローチ」の両者の整理については、とりあえず以下を参照。Jonas Pontusson, *The Limits of Social Democracy: Investment Politics in Sweden* (Ithaca: Cornell University Press, 1992), pp.10-34; Peter Swenson, "Labor and Limits of Welfare State: The Politics of Intraclass Conflict and Cross-Class Alliances in Sweden and Germany," *Comparative Politics*, Vol.23, 1991, pp.379-399; *idem.*, "Bringing Capital Back In or Social Democracy Reconsidered: Employer Power, Cross-Class Alliances, and Centralization of Industrial Relations in Denmark and Sweden," *World Politics*, Vol.43, 1991, pp.513-545; David Vogel, "Political Science and the Study of Corporate Power," pp.385-408; *idem.*, "The Power of Business in Capitalist Societies: A Comparative Perspective," in his *Kindred Strangers: The Uneasy Relationship between Politics and Business in America* (Princeton: Princeton University Press, 1996), pp.298-322.

(14) James Fulcher, *Labor Movements, Employers, and the State: Conflict and Co-operation in Britain and Sweden* (Oxford: Clarendon Press, 1991), pp.95, 193; Peter Swenson, *Fair Shares: Unions, Pay, and Politics in Sweden and Germany* (Ithaca: Cornell University Press, 1989), p.34; *idem.*, "Bringing Capital Back In or Social Democracy Reconsidered: Employer Power, Cross-Class Alliances, and Centralization of Industrial Relations in Denmark and Sweden," pp.513-545; Jonas Pontusson and Peter Swenson, "Labor Markets, Production Strategies and Wage-bargaining Institutions," *Comparative Political Studies*, Vol.29, 1996, pp.223-250. なお、この交叉階級連合論については、新川敏光『戦後日本政治と社会民主主義——社会党・総評ブロックの興亡』(法律文化社、一九九九年)、第一・三章も参照。

(15) この点については、桐谷仁「新制度論をめぐる一考察——行動論ならびに機能主義との関連を中心にして」前掲、一—三四頁、参照。

(16) この国家論ルネサンスについては、田口富久治『現代資本主義国家』（御茶の水書房、一九八二年）、加藤哲郎『国家論のルネサンス』（青木書店、一九八六年）、などを参照。

(17) 桐谷仁「新制度論をめぐる一考察——行動論ならびに機能主義との関連を中心にして」前掲、一—三四頁、参照。

(18) 桐谷仁「国家中心的アプローチをめぐって——アクターから制度へ」前掲、三七—七八頁、同「国家の自律性」前掲、一二八—一七三頁。

(19) Timothy Mitchell,"The Limits of the State: Beyond Statist Approaches and Their Critics," *American Political Science Review*, Vol.85, 1991, p.90. これらの論争については、桐谷仁「国家中心的アプローチをめぐって——アクターから制度へ」前掲、三七—七八頁、参照。

(20) 同右。

(21) Leo Panitch, *Working Class Politics in Crisis: Essays on Labor and the State* (London: Verso, 1986), Ch. 5, 6, and 7.

(22) Philippe C. Schmitter, "Corporatism is Dead!Long Live Corporatism!," *Government and Opposition*, Vol.24, 1989, pp.70-71; Wolfgang Streeck and Philippe C. Schmitter, "From National Corporatism to Transnatinal Pluralism: Organized Interests in the Single European Market," *Politics and Society*, Vol.19, 1991, pp.133-164. こうした議論については、桐谷仁「先進諸国におけるコーポラティズムの変容」『情況』第四巻二号、一九九三年、一一二—一二二頁、参照。

(23) この点をめぐる議論については、桐谷仁「フォード主義からポスト・フォード主義へ——コーポラティズムの変容？」『労働運動研究』第二二六号、一九八八年、三五—四一頁。

(24) Harry Katz,"The Decentralization of Collective Bargaining: A Literature Review and Comparative Analysis," *Industrial Labor Relations Review*, Vol.47, 1993, pp.3-22; Kathleen Thelen, "Beyond Corporatism: Toward a New Framework for the Study of Labor in Advanced Capitalism," *Comparative Politics*, Vol.27, 1994, pp.107-124; Lowell Turner, *Democracy at Work: Changing World Markets and the Future of Labor Unions* (Ithaca: Cornell University Press, 1993), pp. 12-13; Mark Kesselman, "Book Review: *Democracy at Work: Changing World Markets and the Future of Labor Unions*," *American Political Science Review*, Vol.87, 1993, pp.536-537; G. Brulin and T. Nilsson, "From

Societal to Managerial Corporatism," *Economic and Industrial Democracy,* Vol.12, 1991, p.327; Wolfgang Streeck, "Works Councils in Western Europe: From Consultation to Participation," in Joel Rogers and Wolfgang Streeck (eds.), *Work Councils: Consultation, Representation, and Cooperation in Industrial Relations* (Chicago: The University of Chicago Press, 1995), pp.313-348; J. Rogers Hollingworth, Philippe C. Schmitter, and Wolfgang Streeck, "Capitalism, Sectors, Institutions, and Performance," in J. Rogers Hollingworth, Philippe C. Schmitter, and Wolfgang Streeck (eds.), *Governing Capitalist Economy: Performance and Control of Economic Sectors* (New York: Oxford University Press, 1994), pp.3-16; Alan Cawson, *Corporatism and Political Theory* (London: SAGE Publications, 1986), p.38.

(25) Kathleen A. Thelen, *Union of Parts: Labor Politics in Postwar Germany* (Ithaca: Cornell University Press, 1991), pp.2-5; and Lowell Turner, *Democracy at Work: Changing World Markets and the Future of Labor Unions,* pp.12-13.

(26) Andrew P. Cortell and Susan Peterson, "Limiting the Unintended Consequences of Institutional Change," *Comparatave Political Studies,* Vol.34, 2001, pp.768-799. Cf., Stephan D. Krasner, "Approaches to the State: Alternative Conceptions and Historical Dynamics," *Comparative Politics,* Vol.16, 1984, pp.240-244; Kathleen Thelen and Sven Steinmo, "Historical Institutionalism in Comparative Politics," in Sven Steinmo, Kathleen Thelen and Frank Longstreth (eds.), *Structuring Politics: Historical Institutionalism in Comparative Analysis* (New York: Cambridge University Press, 1992), pp.13-18; Stephen Skowronek, *Buiding A New American State* (New York: Cambridge University Press, 1982), pp.19-20.

(27) Herbert Kitschelt, "Political Opportunity Structures and Politial Protets: Anti-Nuclear Movements in Four Democracies," *British Journal of Political Science,* Vol.16, 1986, pp.67-72; Sidney Tarrow, "States and Opportunities: The Political Structuring of Social Movements," in Doug McAdam, John D. McCarthy, and Mayer N. Zalt (eds.), *Comparative Perspectives on Social Movements: Political Opportunities, Mobilizing Structures, and Cultural Framings* (New York: Cambridge University Press, 1996), pp.52-53; *idem., Power in Movement: Social Movements and Contentious Politics, 2ed.* (New York: Cambridge University Press, 1998).

(28) 大木啓介「訳者あとがき」ハワード・J・ウィーアルダ『入門比較政治学』(東信堂、二〇〇〇年)、二八三頁。

(29) 桐谷仁「国家中心的アプローチをめぐって—アクターから制度へ」前掲、三七—七八頁、参照。

(30) 「比較の方法」としての small N Cases については以下をとりあえず参照。Charles C. Ragin, "Introduction: The Problem of Balancing Discourse on Cases and Variables in Comparative Social Science," in *idem.* (ed.), *Issues and Alternatives in Comparative Social Research* (Leiden, The Netherlands: E.J. Brill, 1991), pp.1-8; Stanley Lierberson, "Small N's and Big Conclusions: An Examination of the Reasoning in Comparative Studies Based on a Small Number of Cases," in Charles C. Ragin and Howard S. Becker (eds.), *What is a Case: Exploring the Foundations of Social Inquiry* (New York: Cambridge University Press, 1992), pp.105-118.

(31) Cf., Adam Przeworski and Henry Teune, *The Logic of Comparative Social Inquiry* (New York: Wiley Interscience, 1970), p.32; Adam Przeworski, *Capitalism and Social Democracy* (Cambridge: Cambridge University Press,1985) , p.81. また、この比較可能性の問題については、以下も参照。John Gerring, *Social Science Methodology: A Critical Framework* (Cambridge: Cambridge University Press, 2001), pp.157-199.

(32) たとえば、各国の個別事例の「歴史的な経路依存性」についてのケース・スタディと、各国間の共時的な比較分析とを補完させている研究として、以下を参照。Evelyne Huber and John D. Stephen, *Development and Crisis of the Welfare State: Parties and Politics In Global Markets* (Chicago: The University of Chicago Press, 2001), pp.17-38.

あとがき

今年の三月末で、大学院に進学してから二十年、静岡大学に赴任してから十年になった。ようやく初めての単著を上梓する運びになったが、振り返ってみると、これまで、多くの方々に本当にお世話になったとつくづく思う。まず、大学院に進学して戸惑いながら右往左往していた私に、身近にいた先輩としていろいろと親切にアドバイスしてくださった佐治孝夫（椙山女学園大学）、大木啓介（尚美学園大学）、李光一（桜美林大学）の諸先生方には、ここであらためて心から感謝の念を申しあげておきたい。

そして何よりも、そのような私に救いの手をさしのべてくださり、今日まで御指導を賜っている堀江湛先生（慶應義塾大学名誉教授、尚美学園大学学長）には衷心より御礼申し上げたい。拙著は、学恩に報いるには到らないところが多いが、それは、今後の成果を公表するなかで、御返礼させていただきたいと考えている。また、院生時代に私の相談事にご親切な対応をしてくださった山田辰雄先生（慶應義塾大学名誉教授、放送大学教授）にも、この場を借りて御礼を申し述べておきたい。そして、ひとりひとりお名前を挙げるのは失礼させていただくが、堀江ゼミの他の先輩・後輩の諸先生方にもここであらためて謝意を申し上げたい。

私が大学教員として最初に勤務した職場は、現在改組されて閉学した尚美学園短期大学情報コミュニケーション学科であった。短い在職期間であったとはいえ、当時の大田信男学科長その他の諸先生方には、新鮮な刺激を与えてくださったことにたいして御礼を申し述べておきたい。また、私が最初に静岡大学に赴任したのは、これも現在は改組されて閉学した同大学法経短期大学部である。同じ政治学担当の松富弘志先生(現在、福岡国際大学)をはじめ当時の同僚の先生方にあらためて感謝の念を申し上げたい。そして、現在の勤務先である同大学人文学部法学科の同僚の諸先生方にも、御礼申し上げたい。

また、大学院生の右往左往していた時期に、私は大学外のいくつかの研究所や研究会に参加し、いろいろな方々に、労働運動、新社会運動、国家論といった本書のテーマにかんして、大学ではなかなか得られない具体的で興味深い話を伺ったり、資料等をいただいた。ここであらためて感謝の念を申し上げたい。とくに、労働運動研究所の柴山健太郎氏をはじめ同研究所国際部会のメンバーの方々、社会運動研究センター(当時)の方々、そして社会主義政治経済研究所の前野良先生はじめ同研究所グラムシ研究会の参加者の方々には、ここに記して謝意を申し上げておきたい。また、イタリア政治研究の佐藤紘毅氏(川崎市地方自治研修センター)には、本書を出す契機になった東信堂の下田社長をご紹介していただいたことも併せて御礼申し上げたい。

そして本書を具体的に構想し執筆するにあたっては、コーネル大学(Cornell University)のヨナス・ポントゥソン(Jonas Pontusson)教授にはお世話になった。ここに記して感謝の意を申し上げたい。同教授は、本書で問題にした集権化の問題等について、関連する資料をくださっただけでなく、渡米した際には、時間を割いて私の稚拙な質問にも親切に答えていただいた。また、アメリカの事情等について折りに触れて示唆を与えてくださっている加藤浩三(上智大学)、柴田裕通(横浜国立大学)、三橋平(筑波大学)の諸先生にも御礼申し上げたい。

本書でのデータの整理や図表の作成にあたっては、豊島大倫、安部勇輝、今泉文寿(いずれも、当時静岡大学大学院生)の諸氏にはたいへんお世話になった。とくに安部・今泉両氏にはあらためて御礼申し上げたい。また本書の第四章と第七章の統計にかんして、元同僚の寺坂崇宏先生(現在、小樽商科大学)には、私の不躾な質問にも親切にお答えいただいた。ここに記して感謝の念を申し述べておきたい。そして同じ政治学担当の同僚の中本義彦、白鳥浩の両先生には、本書の序章と終章の草稿の一部に目を通していただき貴重な助言を賜ったことに御礼申し上げる。もちろん、本書は、これらの方々の御助力に多くを負っているが、本書における誤り等はすべて私自身にあることはいうまでもない。

本書の刊行にあたっては、H・J・ウィーアルダの翻訳(『比較政治学の新動向』)の時以来、たいへんご無沙汰していたにもかかわらず、快く出版を引き受けて頂いたうえに、いろいろと助言をいただいた下田勝司東信堂社長、そして同社の編集部の方々には心より御礼申し上げたい。

★　★　★

最後に、私事にわたって恐縮であるが、両親と弟には、大学院生時代を含めて、私をずっと暖かく見守ってくれたことに、本当に感謝したい。また妻には、本書が完成するまでのあいだ支え続けてくれたことに、心から有り難うといいたい。

二〇〇二年八月三〇日

著　者

付録図表

付録図表 2-1　主要各国の絶対集権化と相対集権化（時系列変化）　(371)

付録図表 2-2　主要各国の脱制度化・変易率（時系列変化）　(377)

付録図表 4-1　主要各国のストライキ行動の形状の変化　(389)

付録図表 4-2　相対・絶対集権化とストライキ行動（60-85 年）　(395)

付録図表 4-3　相対・絶対脱制度化とストライキ行動（60-85 年）　(400)

付録図表 4-4　相対・絶対変易率とストライキ行動（60-85 年）　(405)

付録図表 2-1　主要各国の絶対集権化と相対集権化(時系列変化)

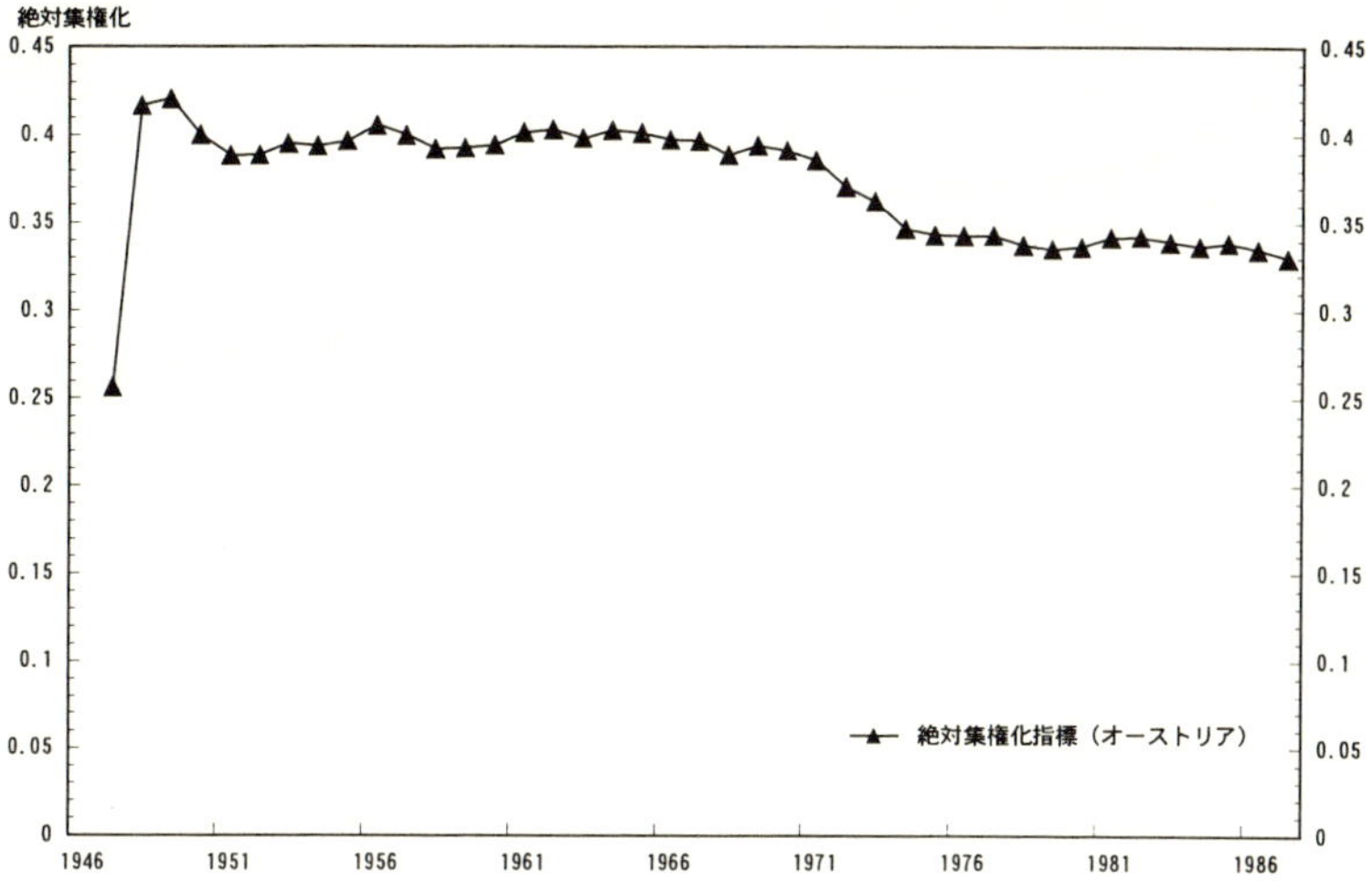

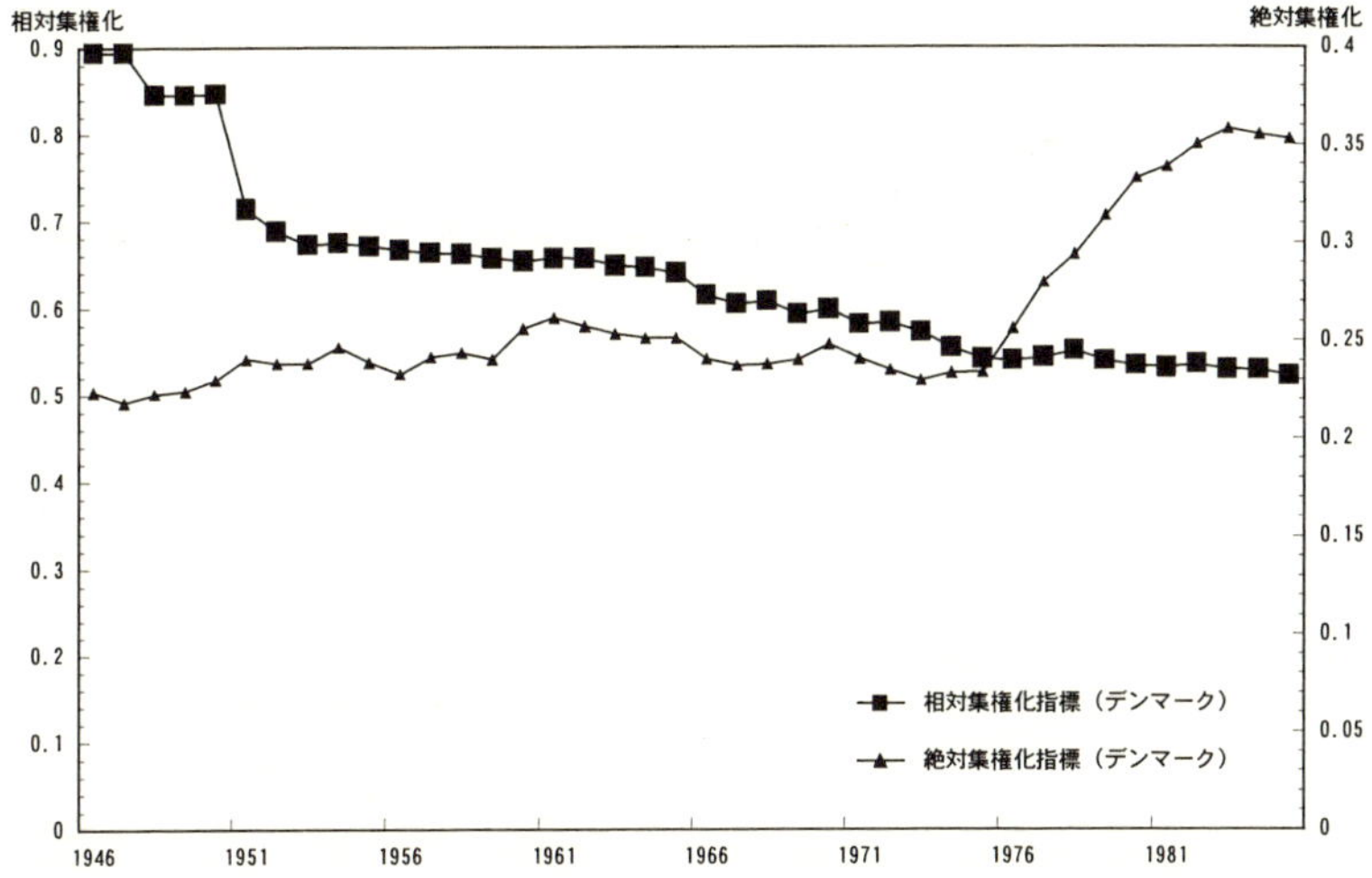

出所）Jelle Visser, "Unionization Trends Revisited," CESAR research paper, 1996; idem., *European Trade Unions in Figures* (Boston: Kluwer, 1988); Bernard Ebinghaus and Jelle Visser, *Trade Unions in Western Europe since 1945* (London: Macmillan, 2000), より筆者が算出。

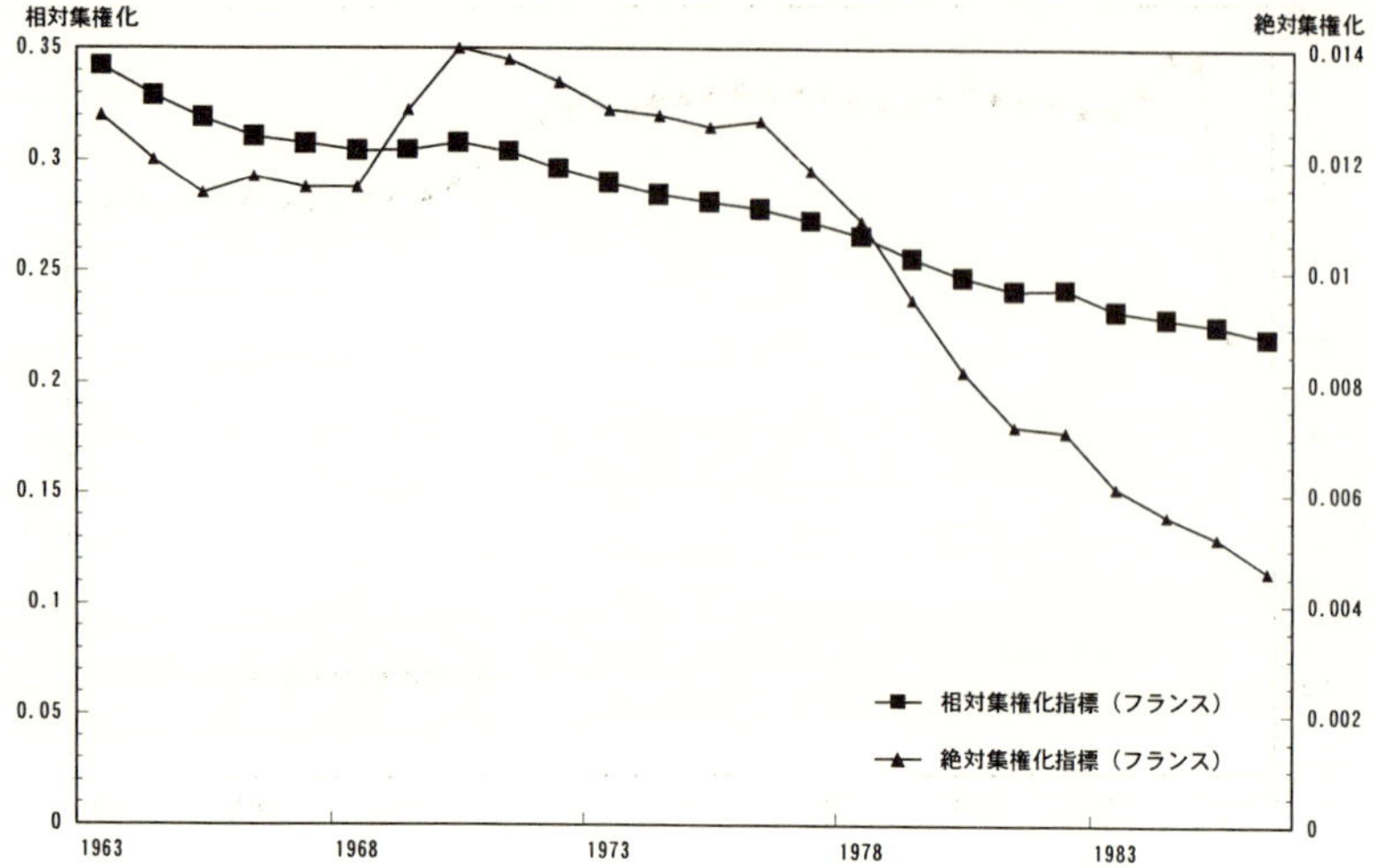

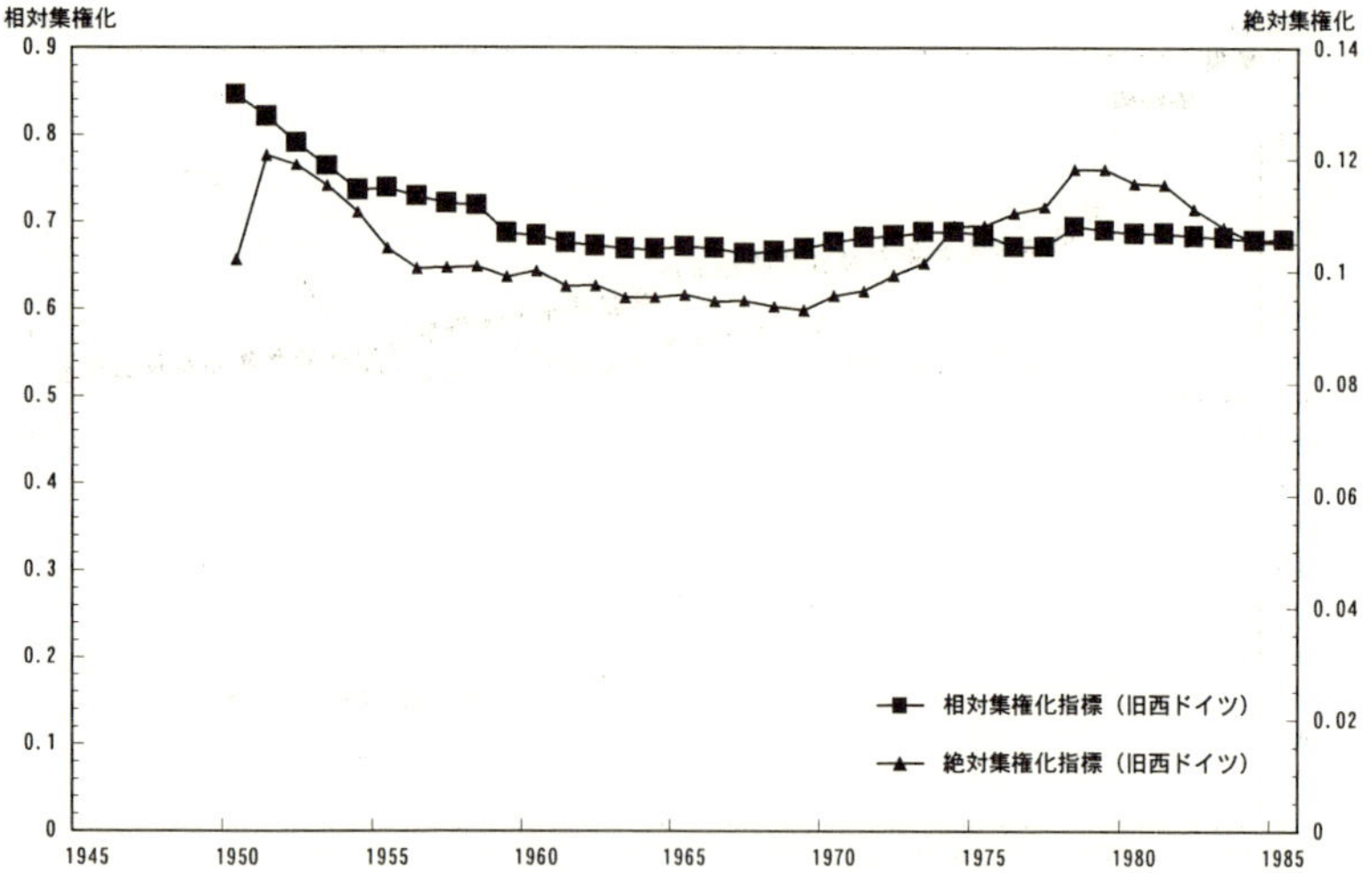

出所）Jelle Visser, "Unionization Trends Revisited," CESAR research paper, 1996; idem., *European Trade Unions in Figures* (Boston: Kluwer, 1988); Bernard Ebinghaus and Jelle Visser, *Trade Unions in Western Europe since 1945* (London: Macmillan, 2000), より筆者が算出。

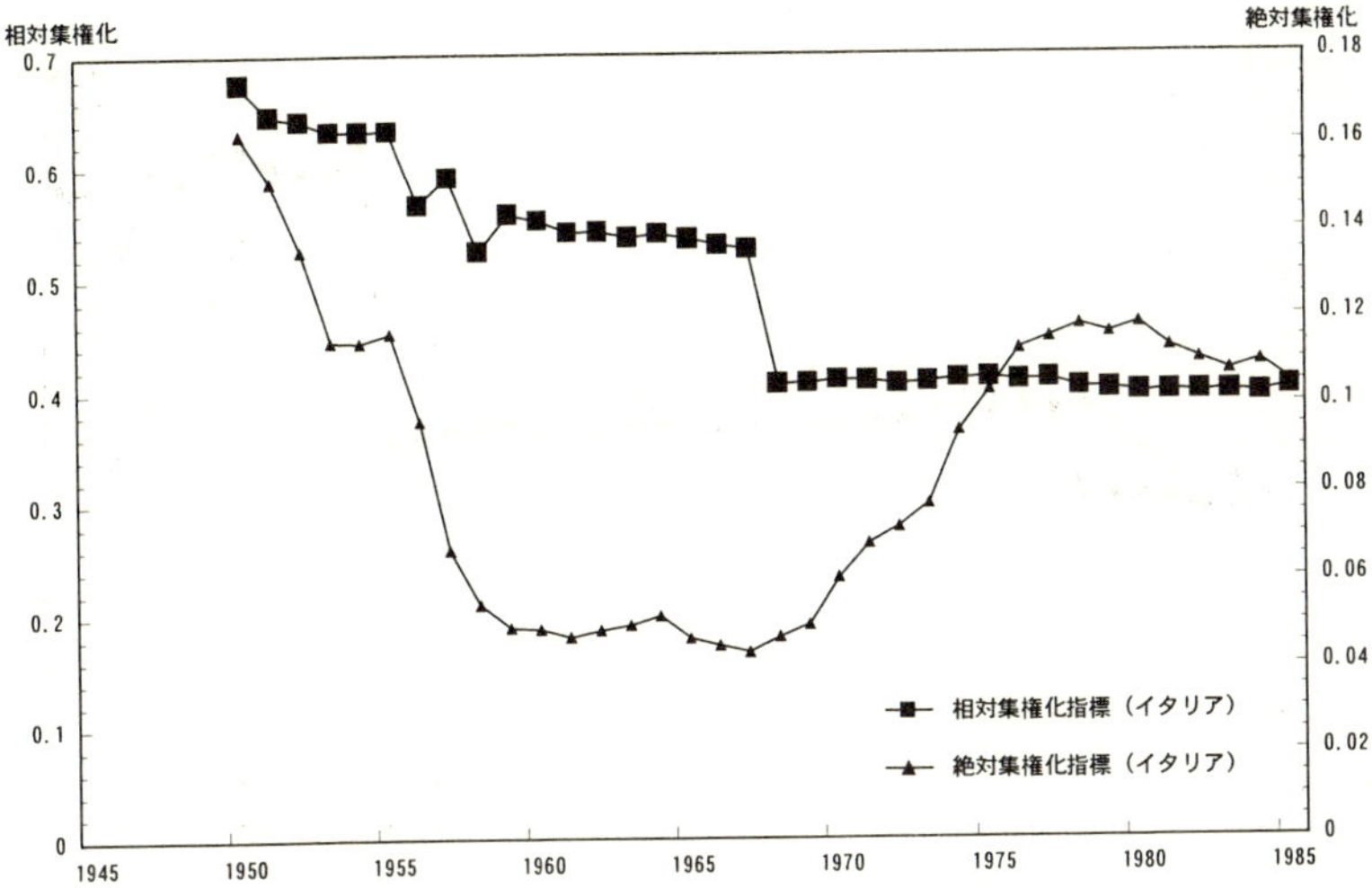

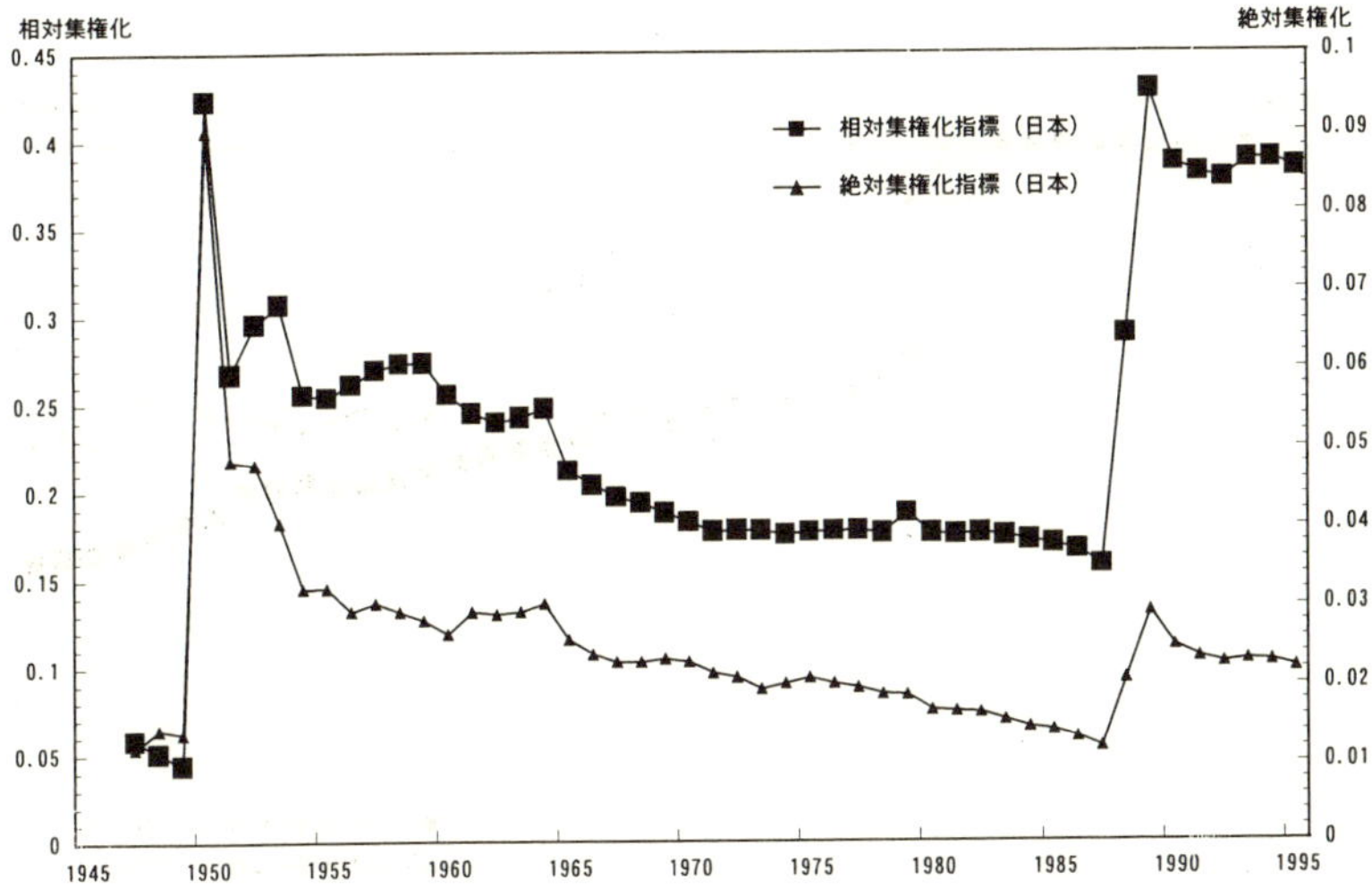

出所）Jelle Visser, "Unionization Trends Revisited," CESAR research paper, 1996; idem., *European Trade Unions in Figures* (Boston: Kluwer, 1988); Bernard Ebinghaus and Jelle Visser, *Trade Unions in Western Europe since 1945* (London: Macmillan, 2000); 労働省『労働組合基本調査報告』各年版、より筆者が算出。

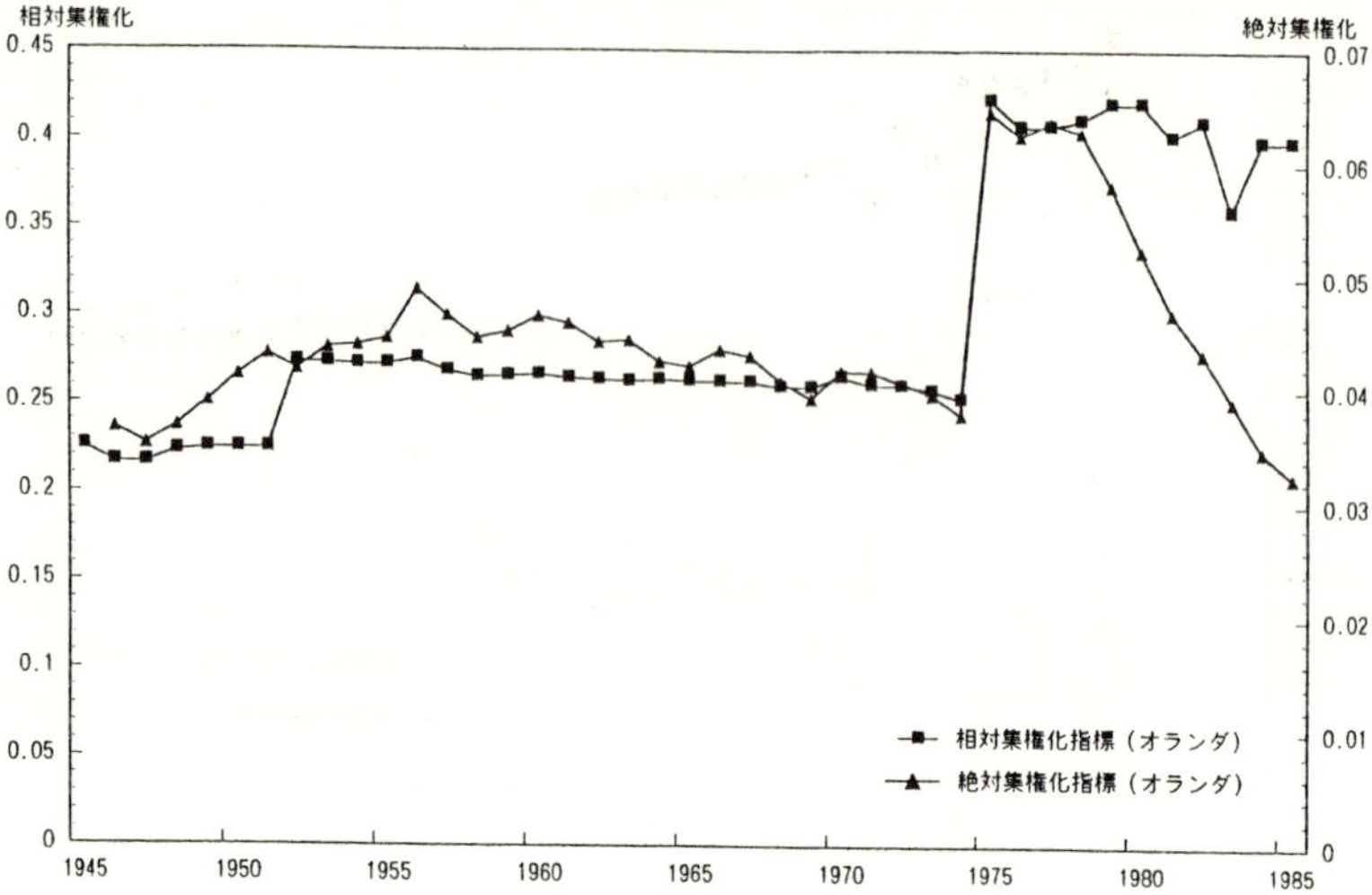

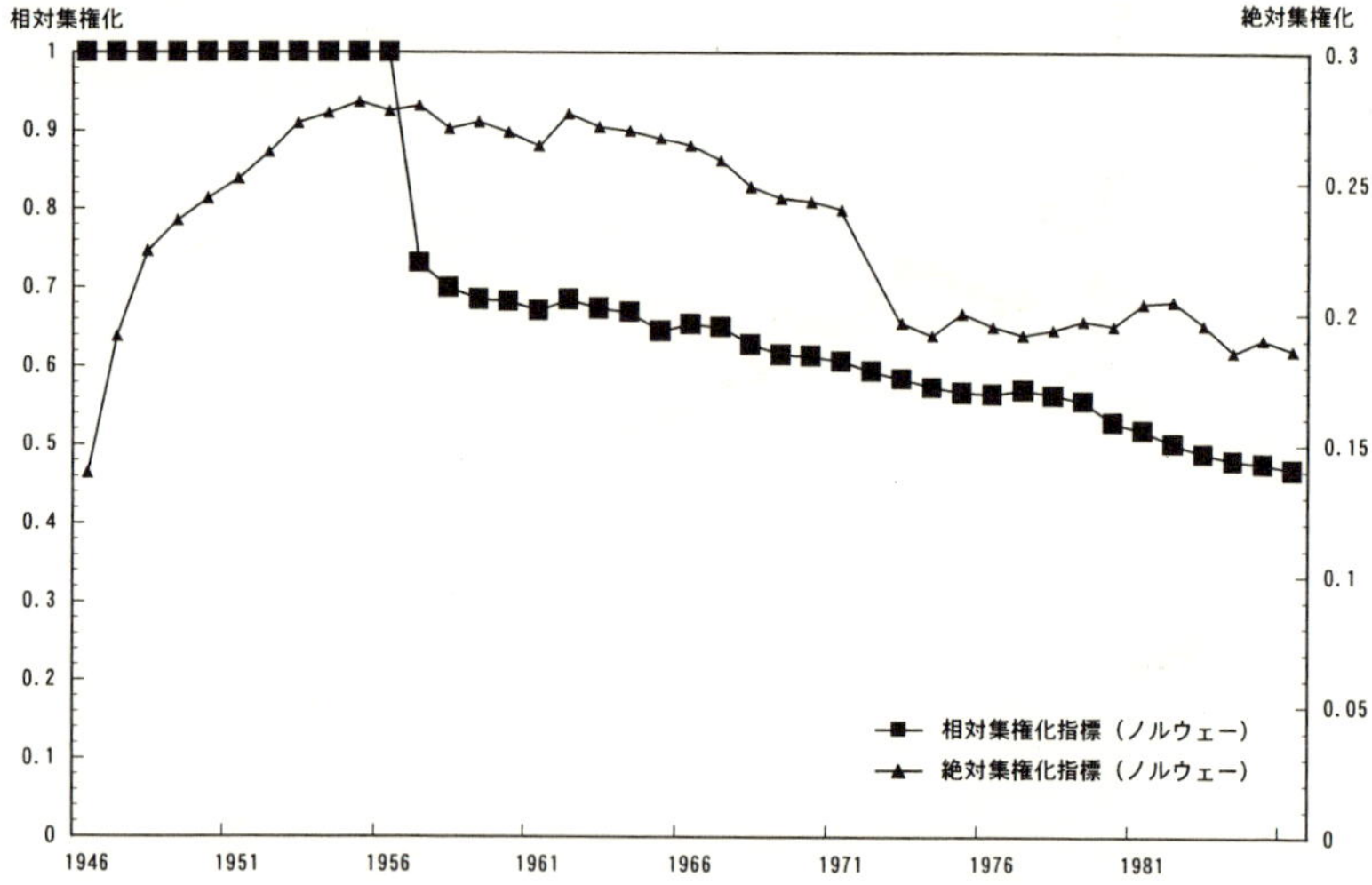

出所）Jelle Visser, "Unionization Trends Revisited," CESAR research paper, 1996; idem., *European Trade Unions in Figures* (Boston: Kluwer, 1988); Bernard Ebinghaus and Jelle Visser, *Trade Unions in Western Europe since 1945* (London: Macmillan, 2000), より筆者が算出。

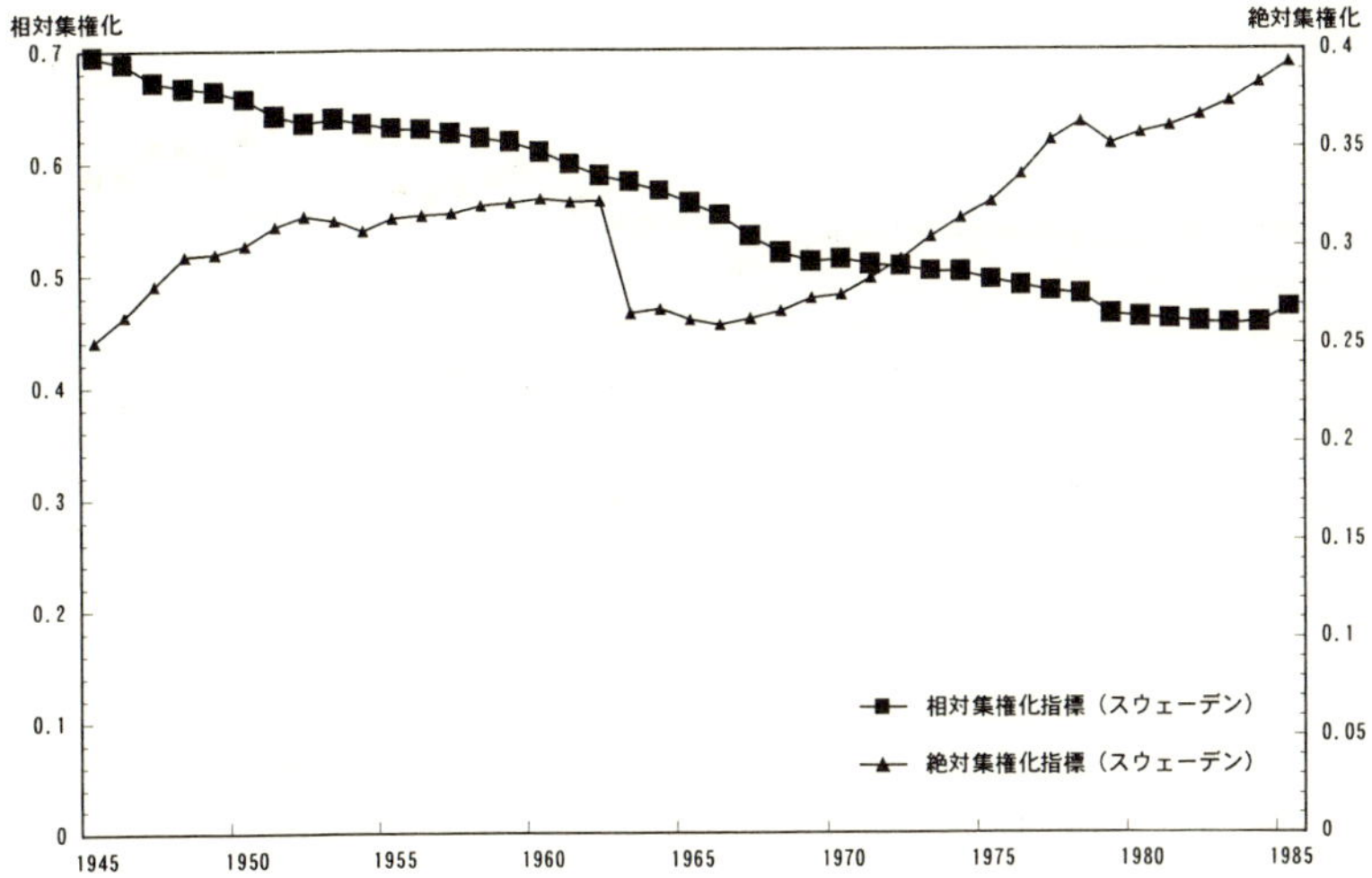

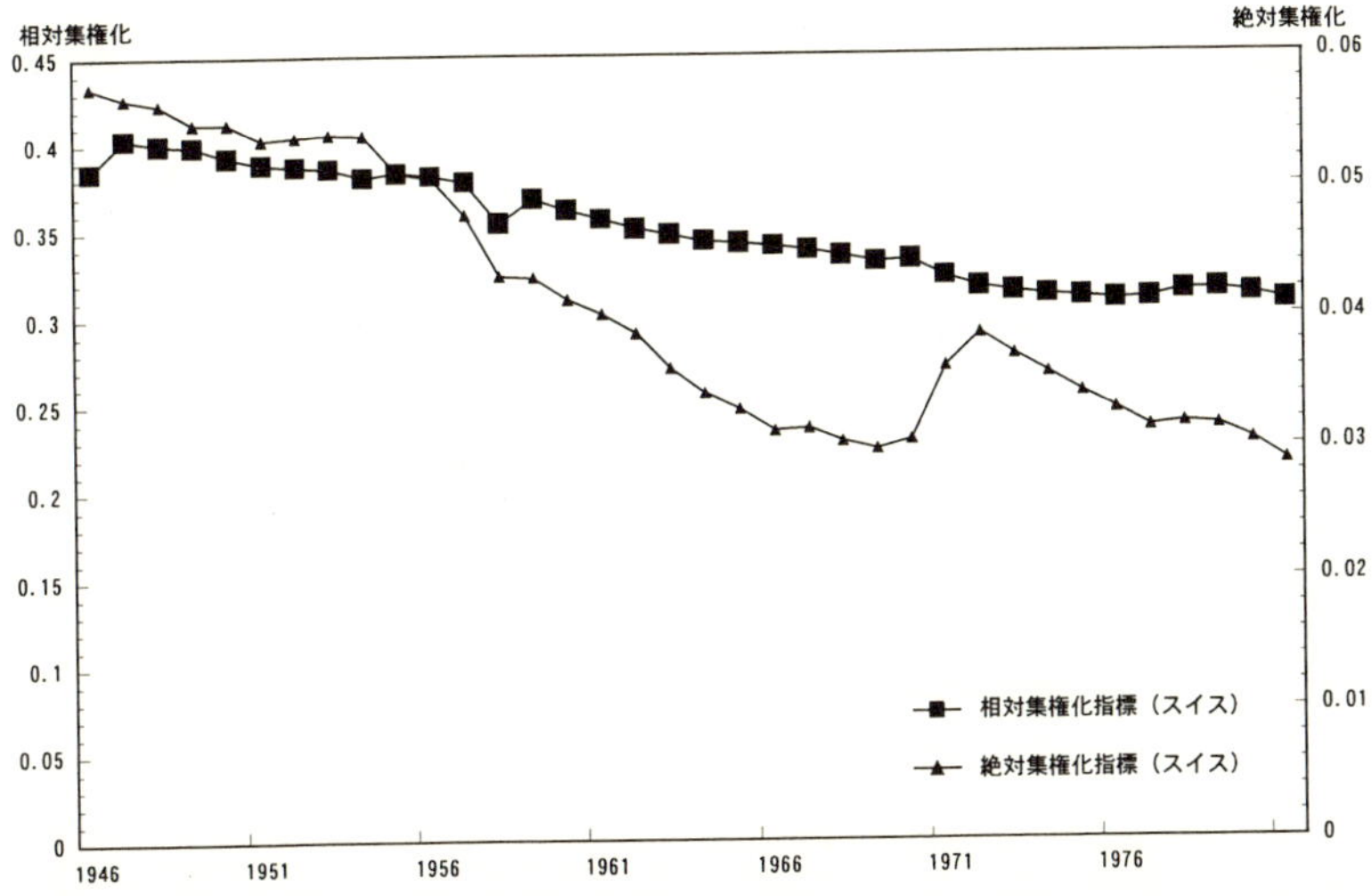

出所）Jelle Visser, "Unionization Trends Revisited," CESAR research paper, 1996; idem., *European Trade Unions in Figures* (Boston: Kluwer, 1988); Bernard Ebinghaus and Jelle Visser, *Trade Unions in Western Europe since 1945* (London: Macmillan, 2000), より筆者が算出。

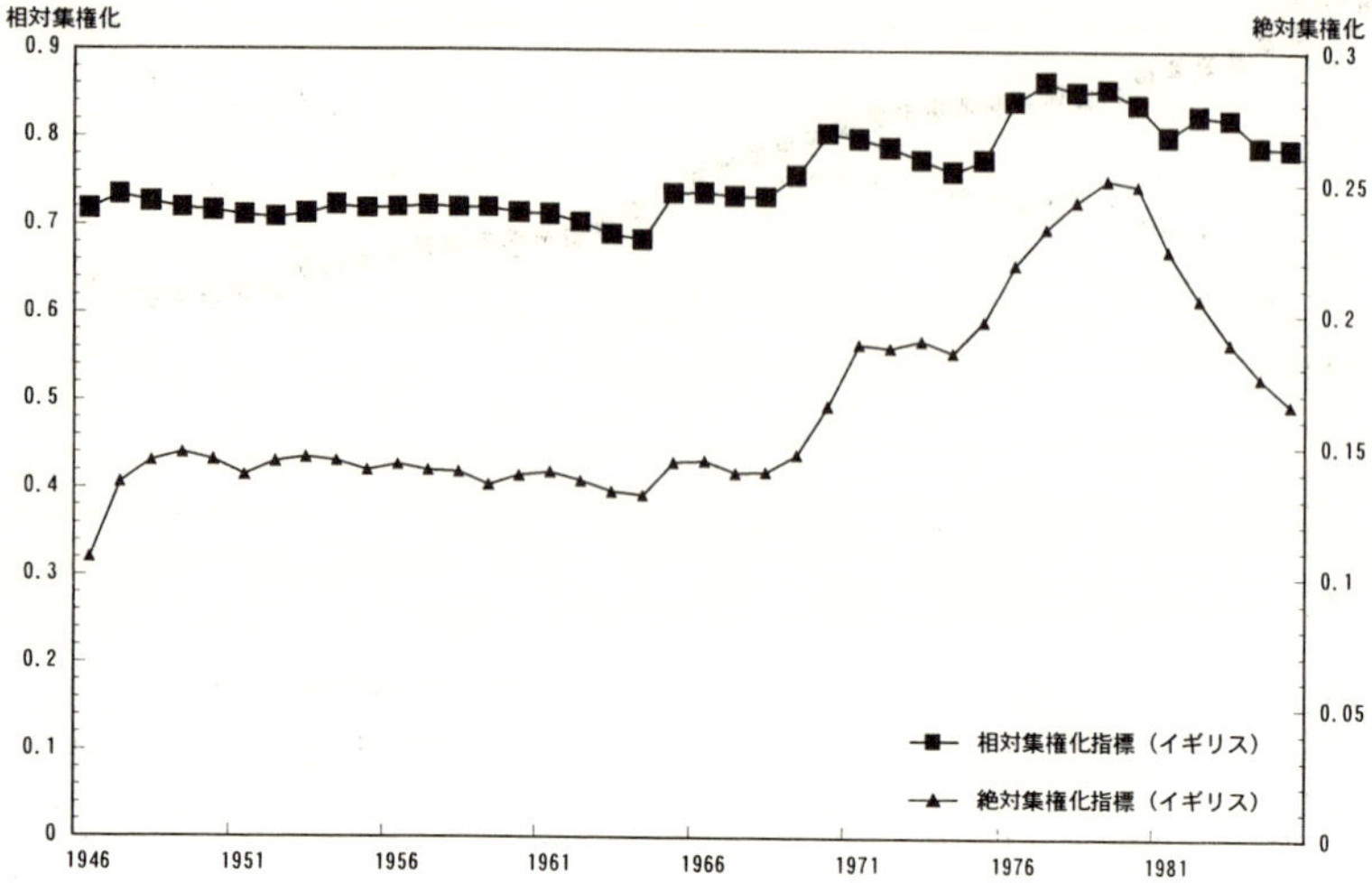

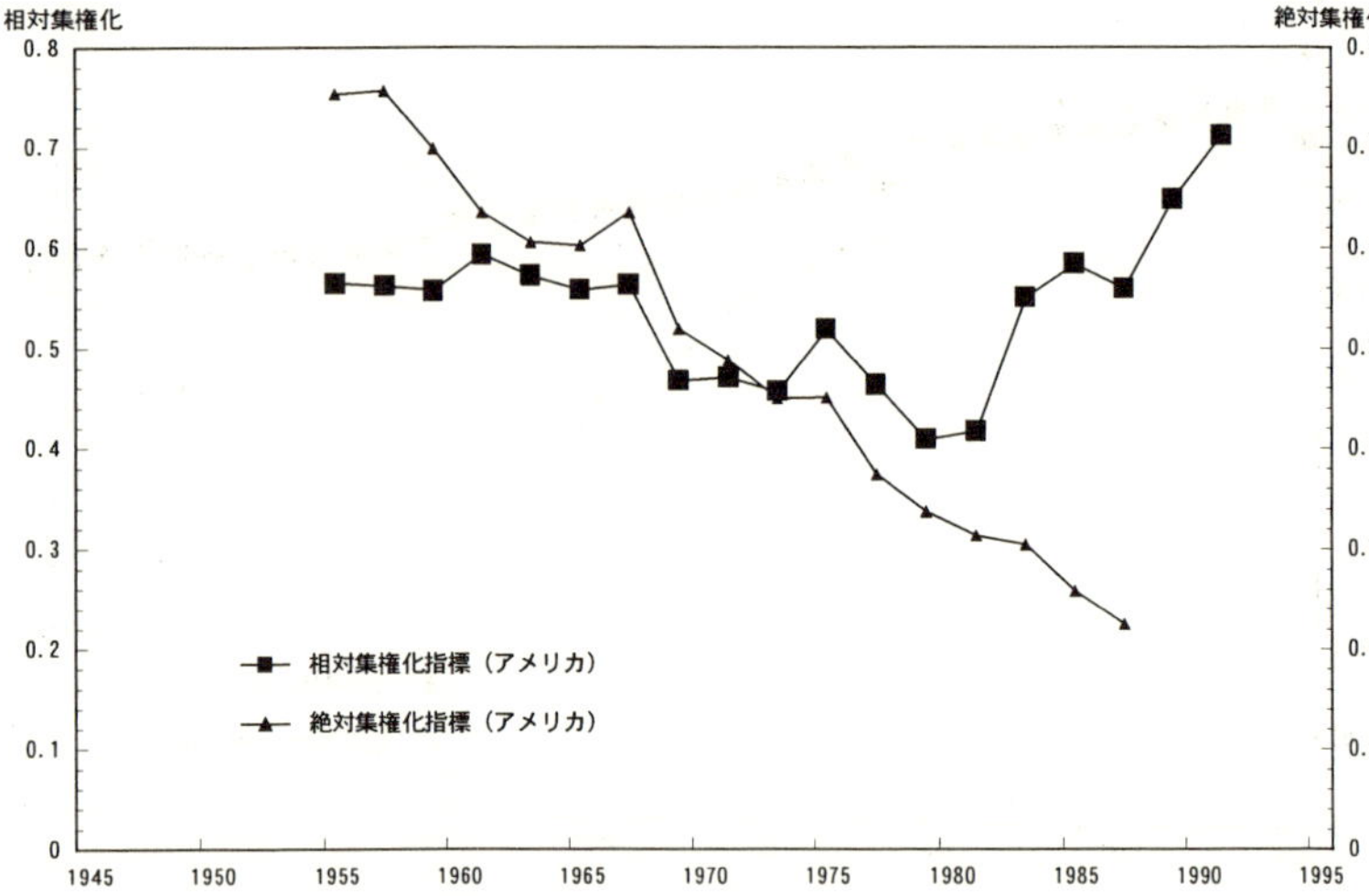

出所）Jelle Visser, "Unionization Trends Revisited," CESAR research paper, 1996; idem., *European Trade Unions in Figures* (Boston: Kluwer, 1988); Bernard Ebinghaus and Jelle Visser, *Trade Unions in Western Europe since 1945* (London: Macmillan, 2000); Courtney D. Gifford (ed.), *Directory of U.S. Labor Organization* (Wasington, D.C.: The Bureau of National Affairs, 1994), より筆者が算出。

付録図表 2-2　主要各国の脱制度化・変易率(時系列変化)

オーストリア

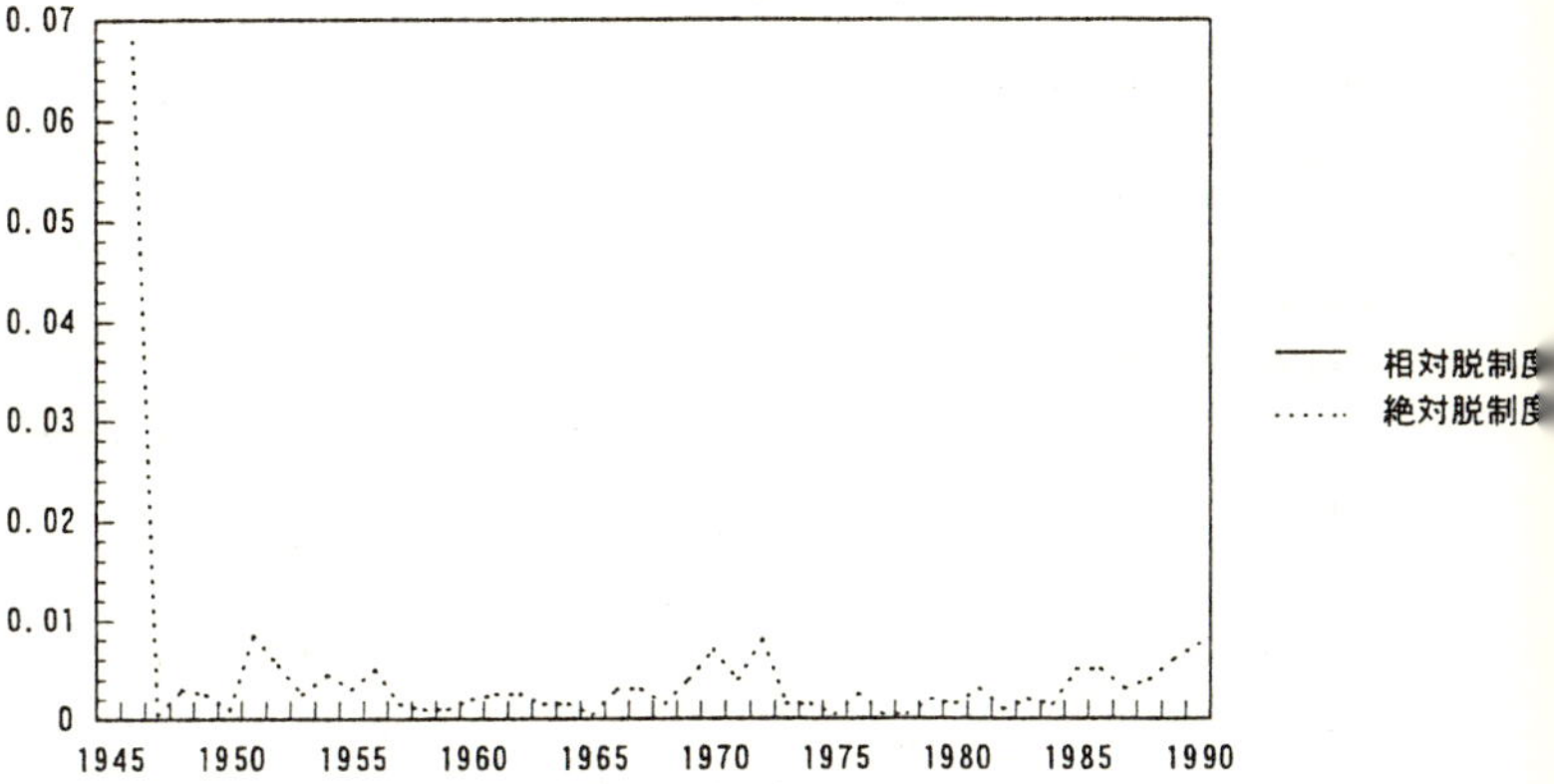

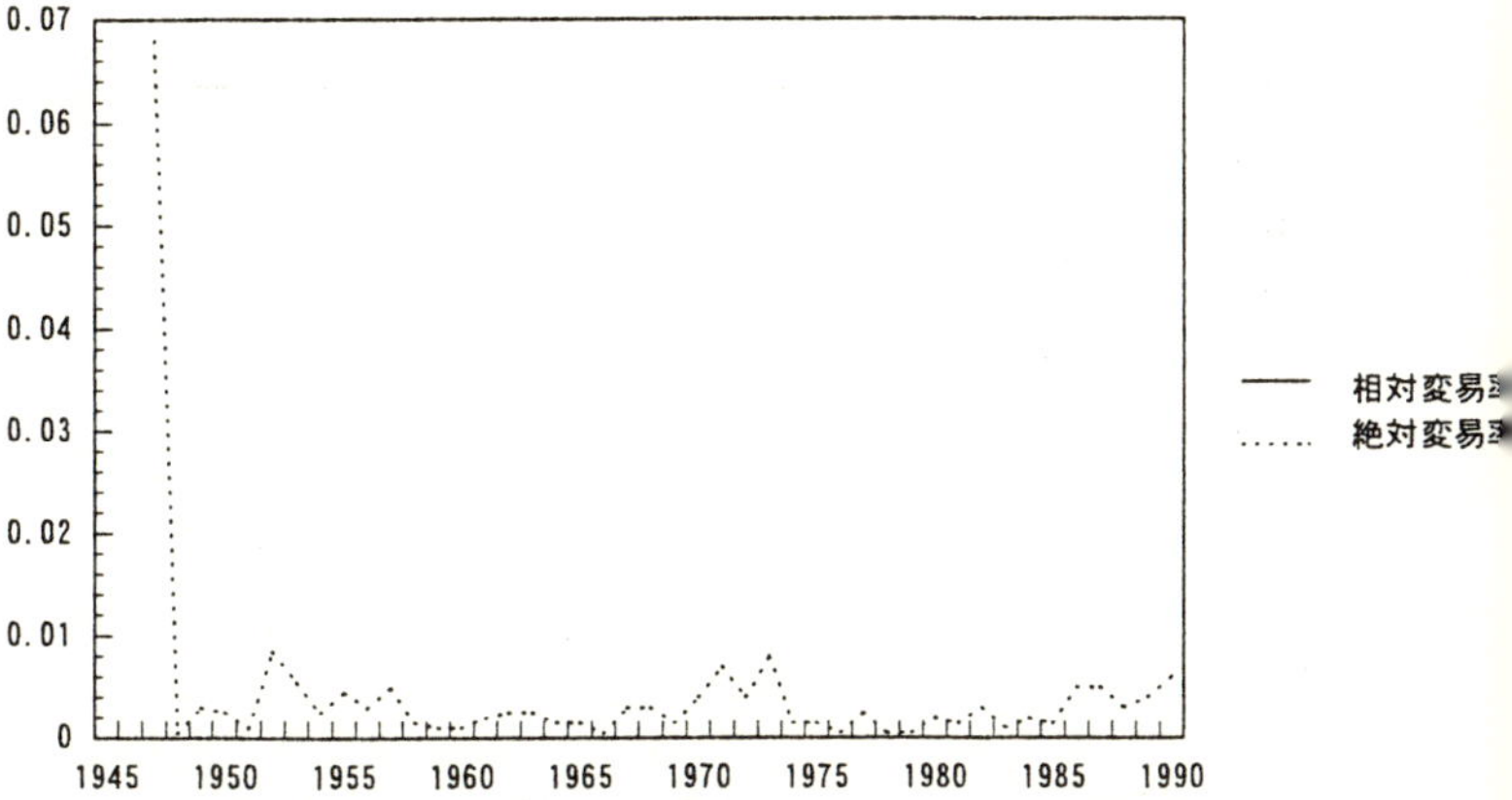

出所) Jelle Visser, "Unionization Trends Revisited," CESAR research paper, 1996; *idem., European Trade Unions in Figures* (Boston: Kluwer, 1988); Bernard Ebinghaus and Jelle Visser, *Trade Unions in Western Europe since 1945* (London: Macmillan, 2000), より筆者が算出。

デンマーク

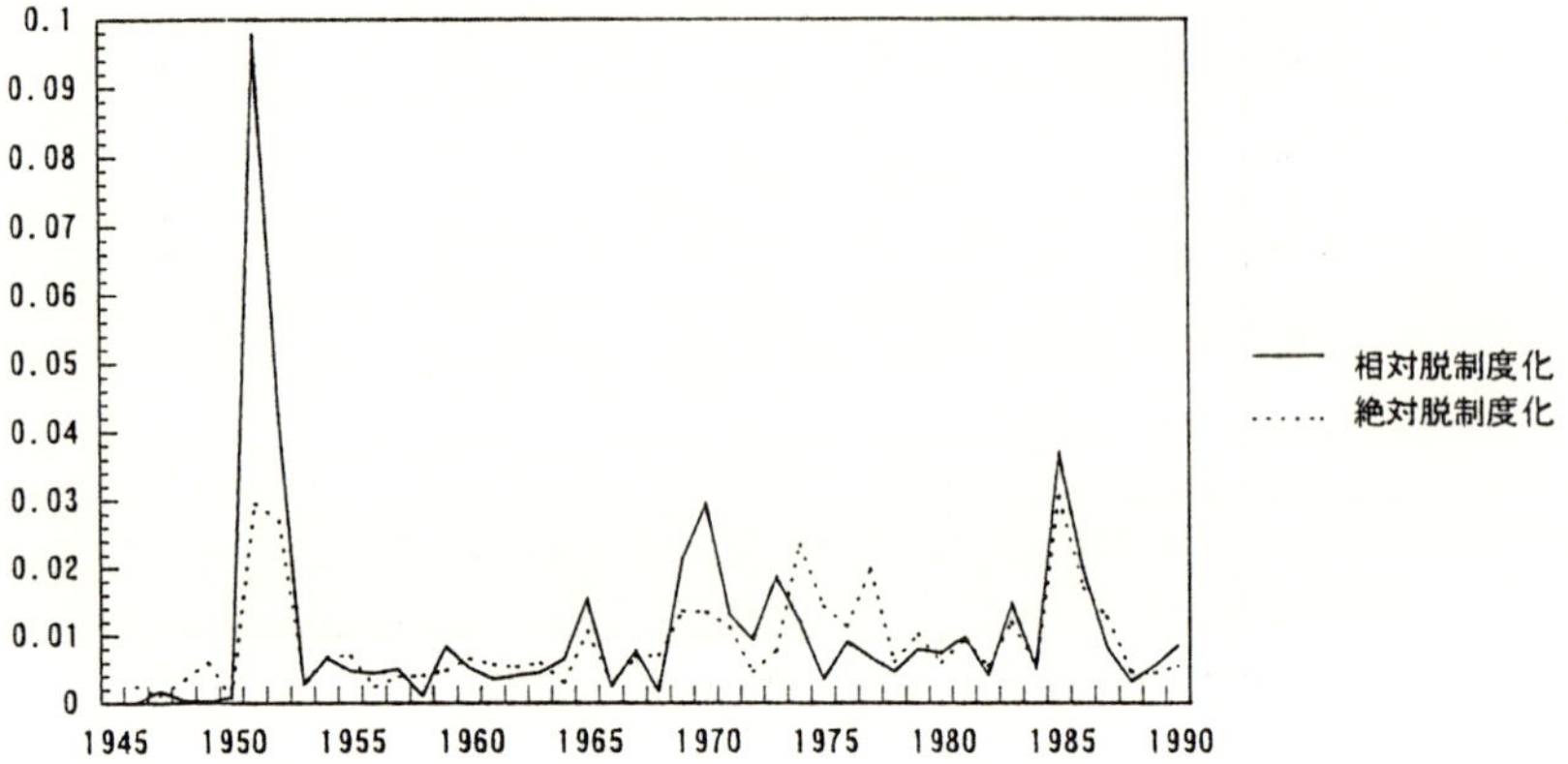

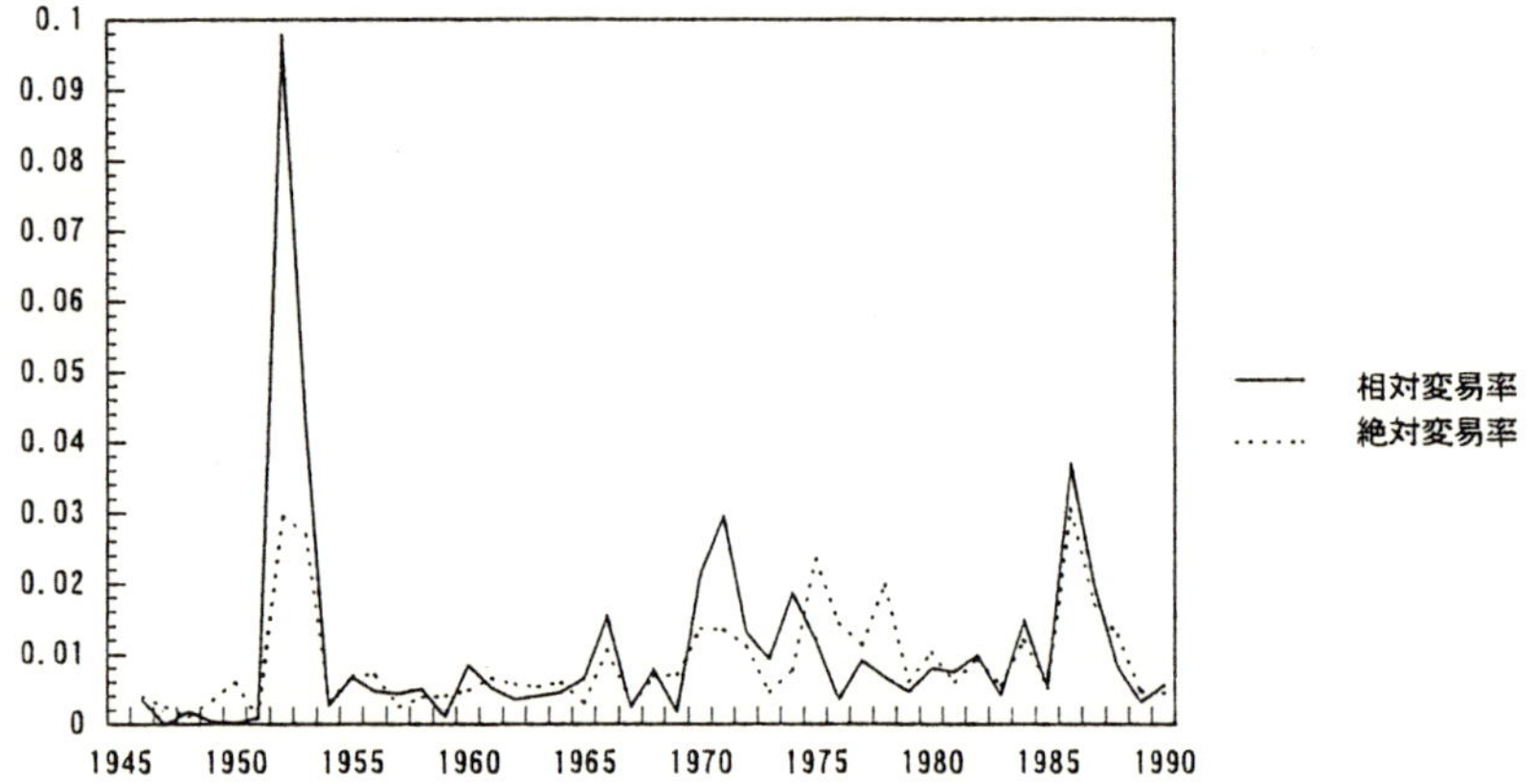

出所）Jelle Visser, "Unionization Trends Revisited," CESAR research paper, 1996; *idem., European Trade Unions in Figures* (Boston: Kluwer, 1988); Bernard Ebinghaus and Jelle Visser, *Trade Unions in Western Europe since 1945* (London: Macmillan, 2000), より筆者が算出。

フランス

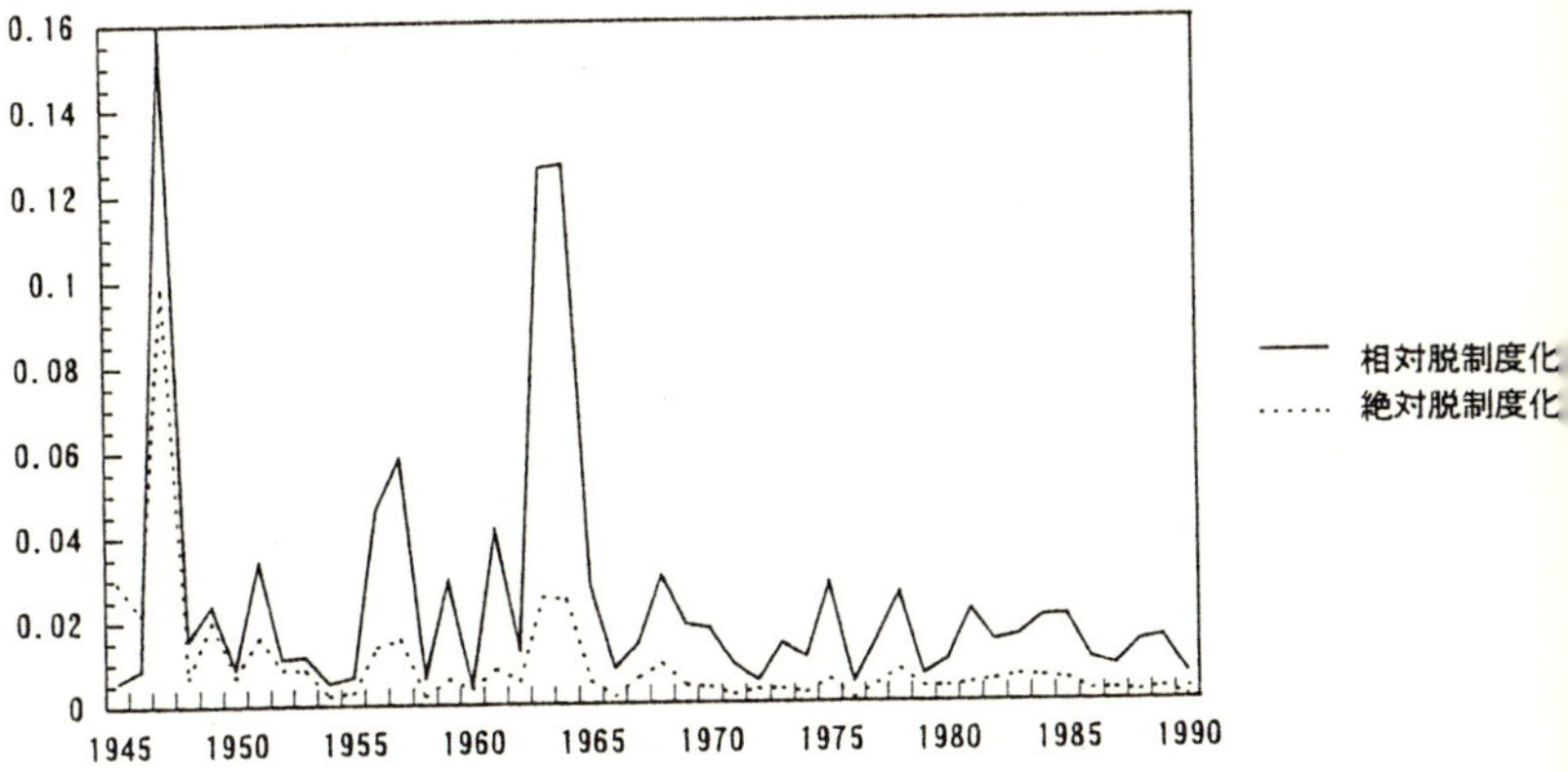

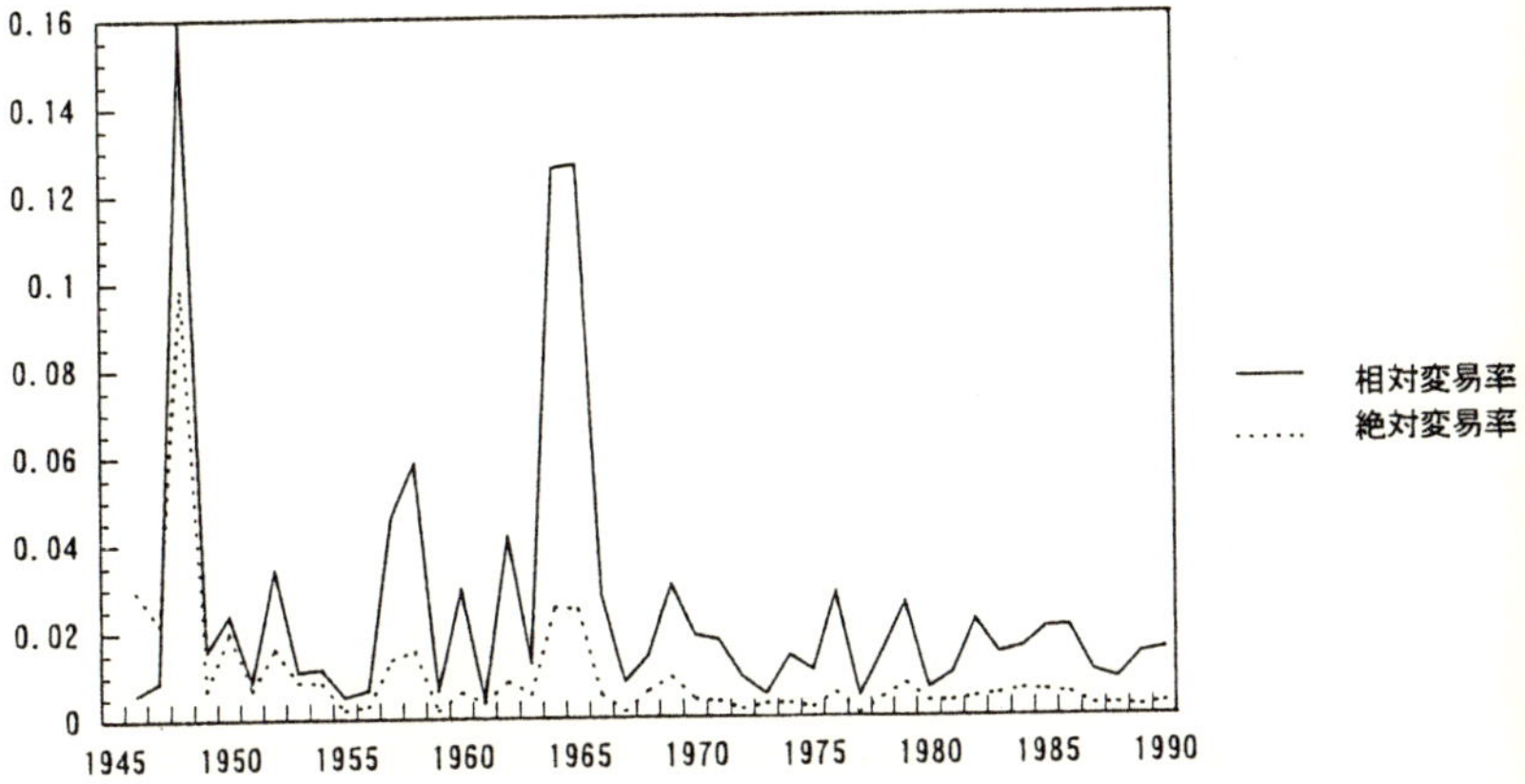

出所）Jelle Visser, "Unionization Trends Revisited," CESAR research paper, 1996; *idem., European Trade Unions in Figures* (Boston: Kluwer, 1988); Bernard Ebinghaus and Jelle Visser, *Trade Unions in Western Europe since 1945* (London: Macmillan, 2000), より筆者が算出。

旧西ドイツ

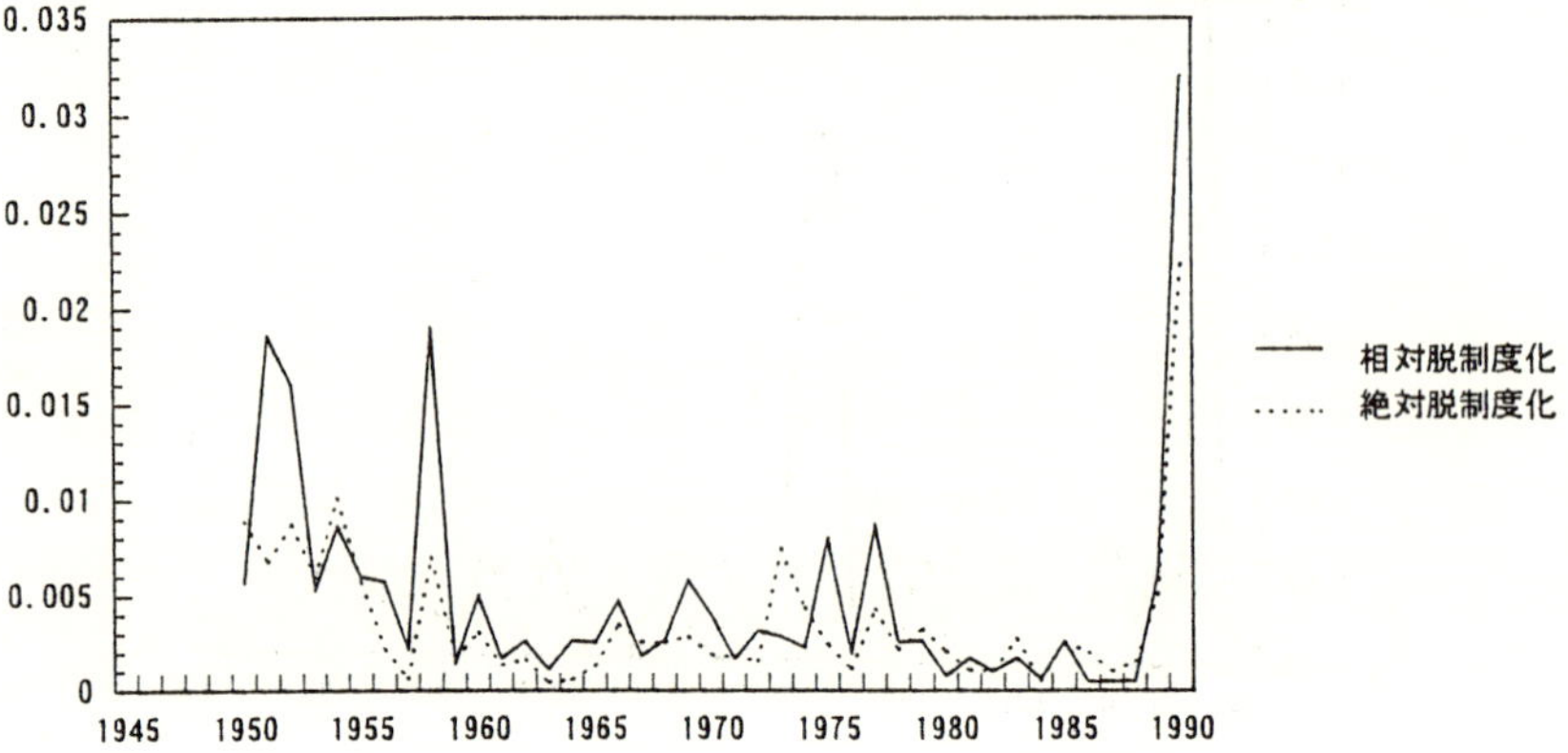

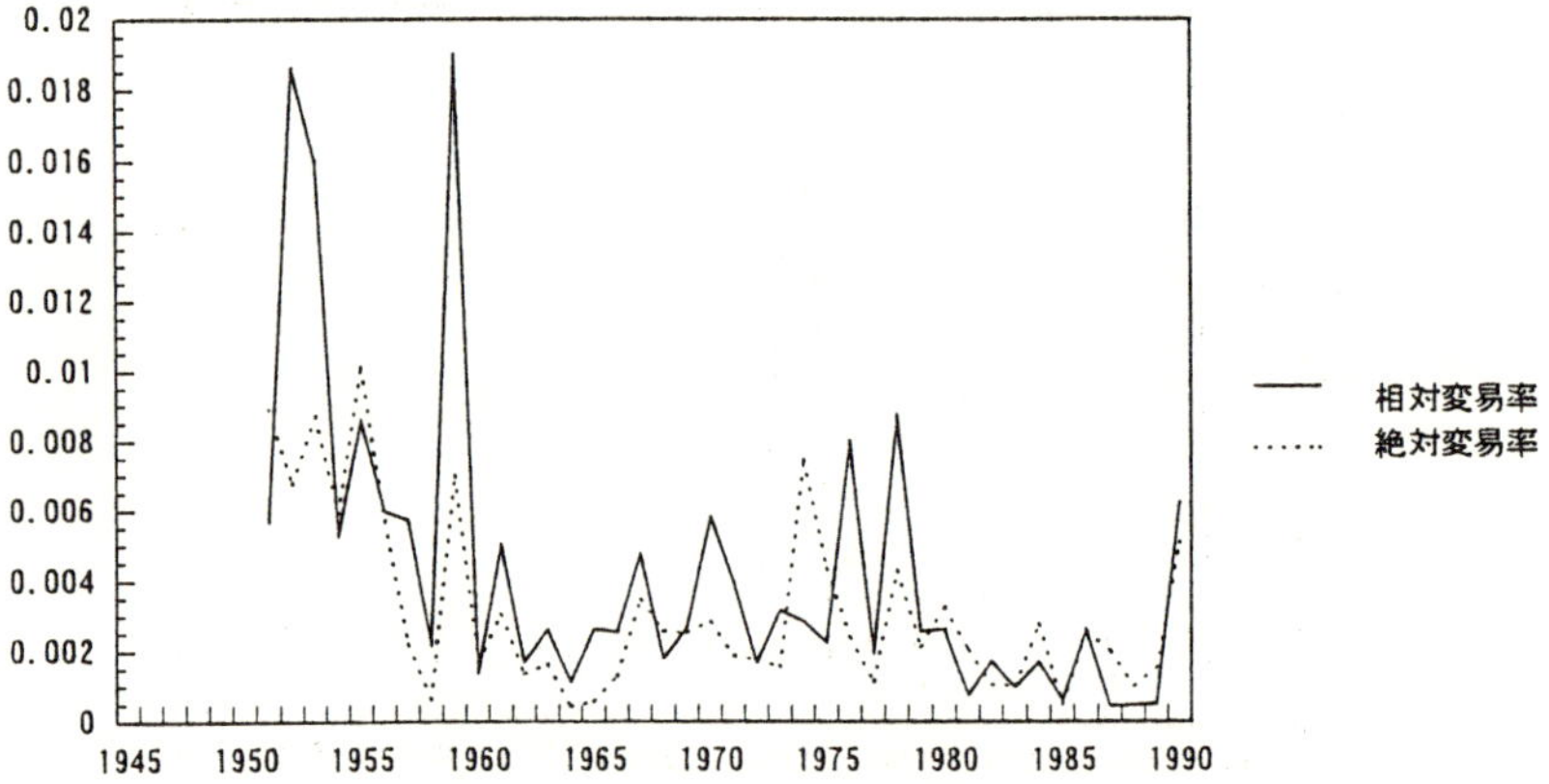

出所）Jelle Visser, "Unionization Trends Revisited," CESAR research paper, 1996; *idem., European Trade Unions in Figures* (Boston: Kluwer, 1988); Bernard Ebinghaus and Jelle Visser, *Trade Unions in Western Europe since 1945* (London: Macmillan, 2000), より筆者が算出。

イタリア

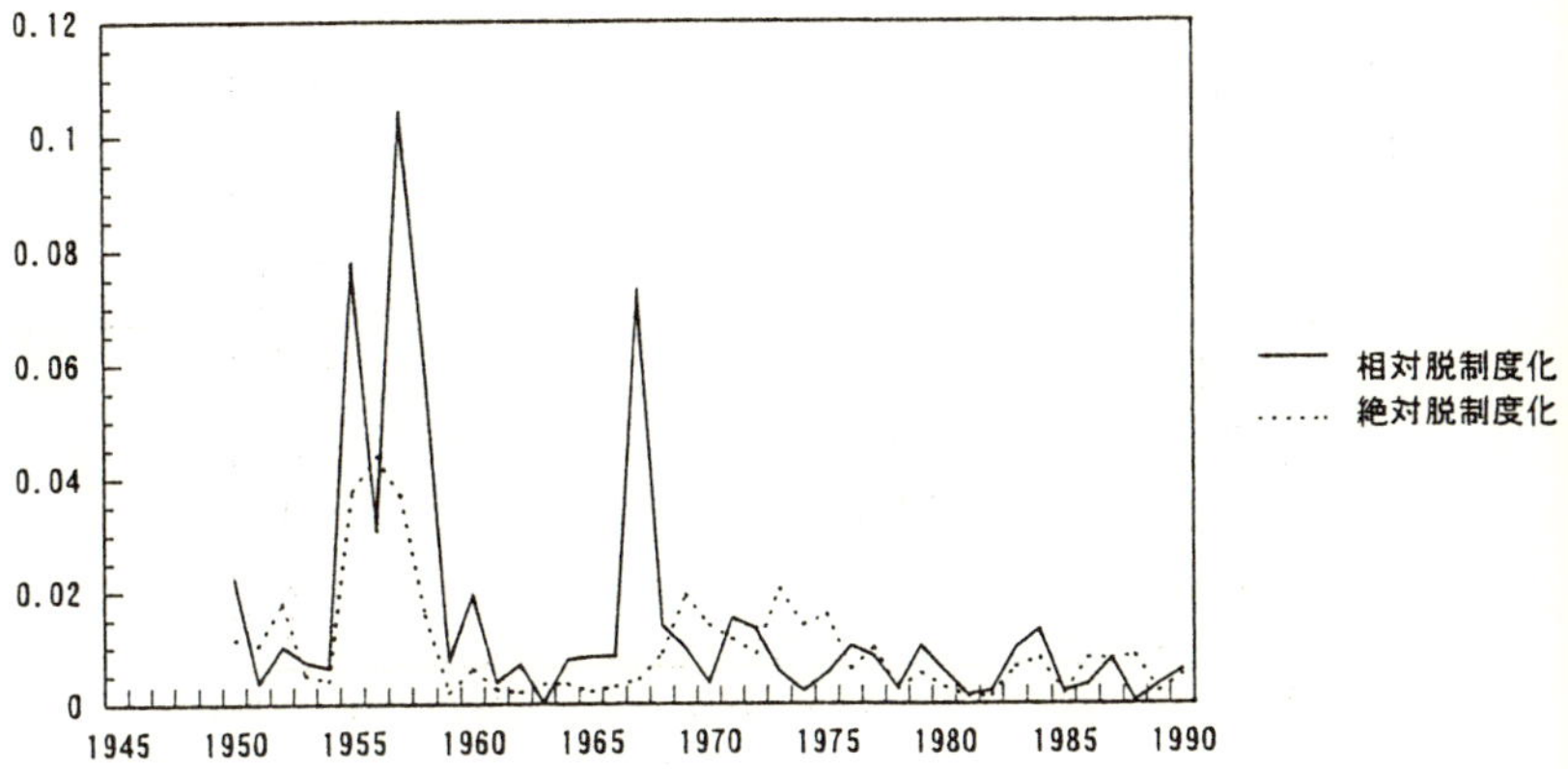

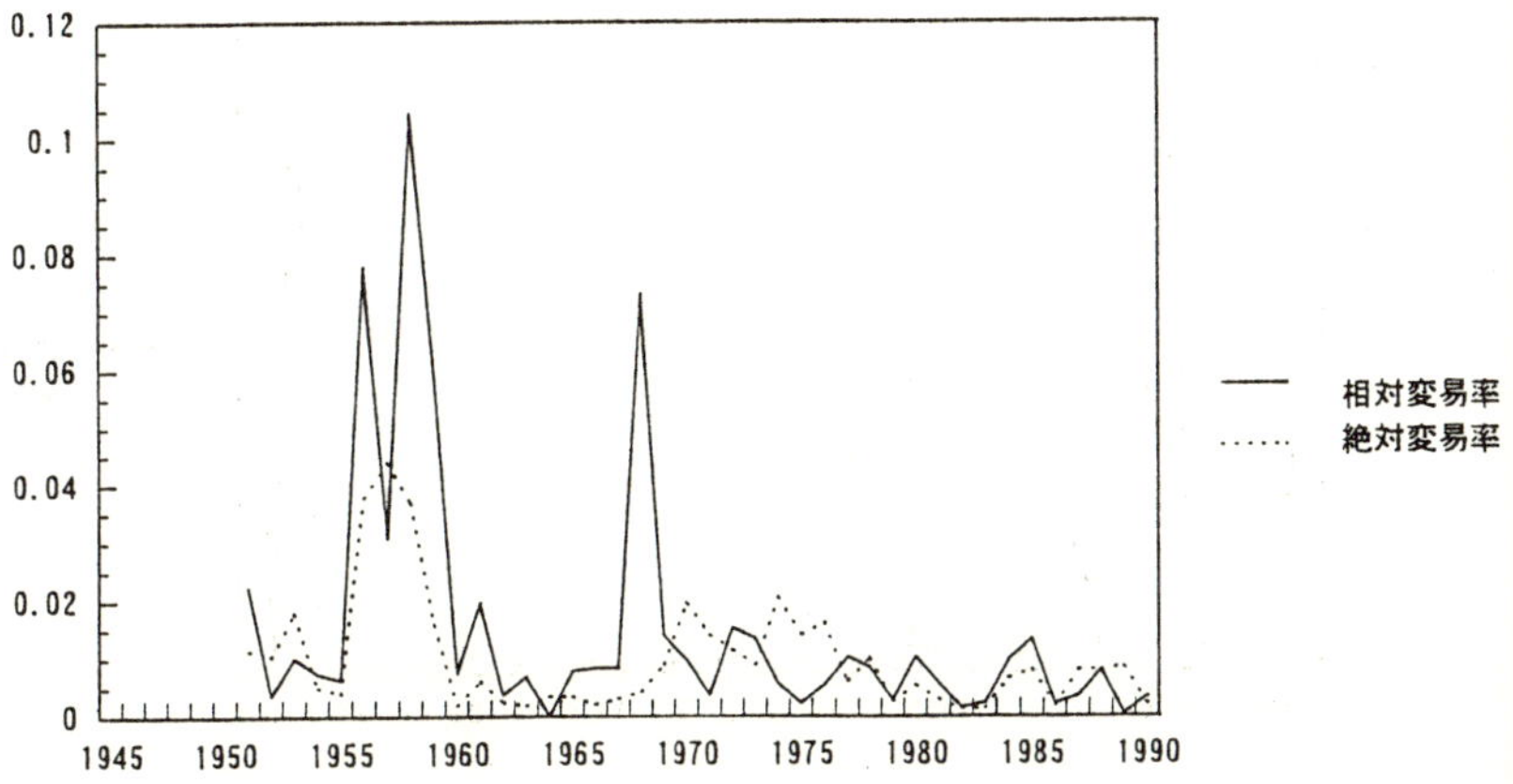

出所）Jelle Visser, "Unionization Trends Revisited," CESAR research paper, 1996; *idem., European Trade Unions in Figures* (Boston: Kluwer, 1988); Bernard Ebinghaus and Jelle Visser, *Trade Unions in Western Europe since 1945* (London: Macmillan, 2000), より筆者が算出。

日本

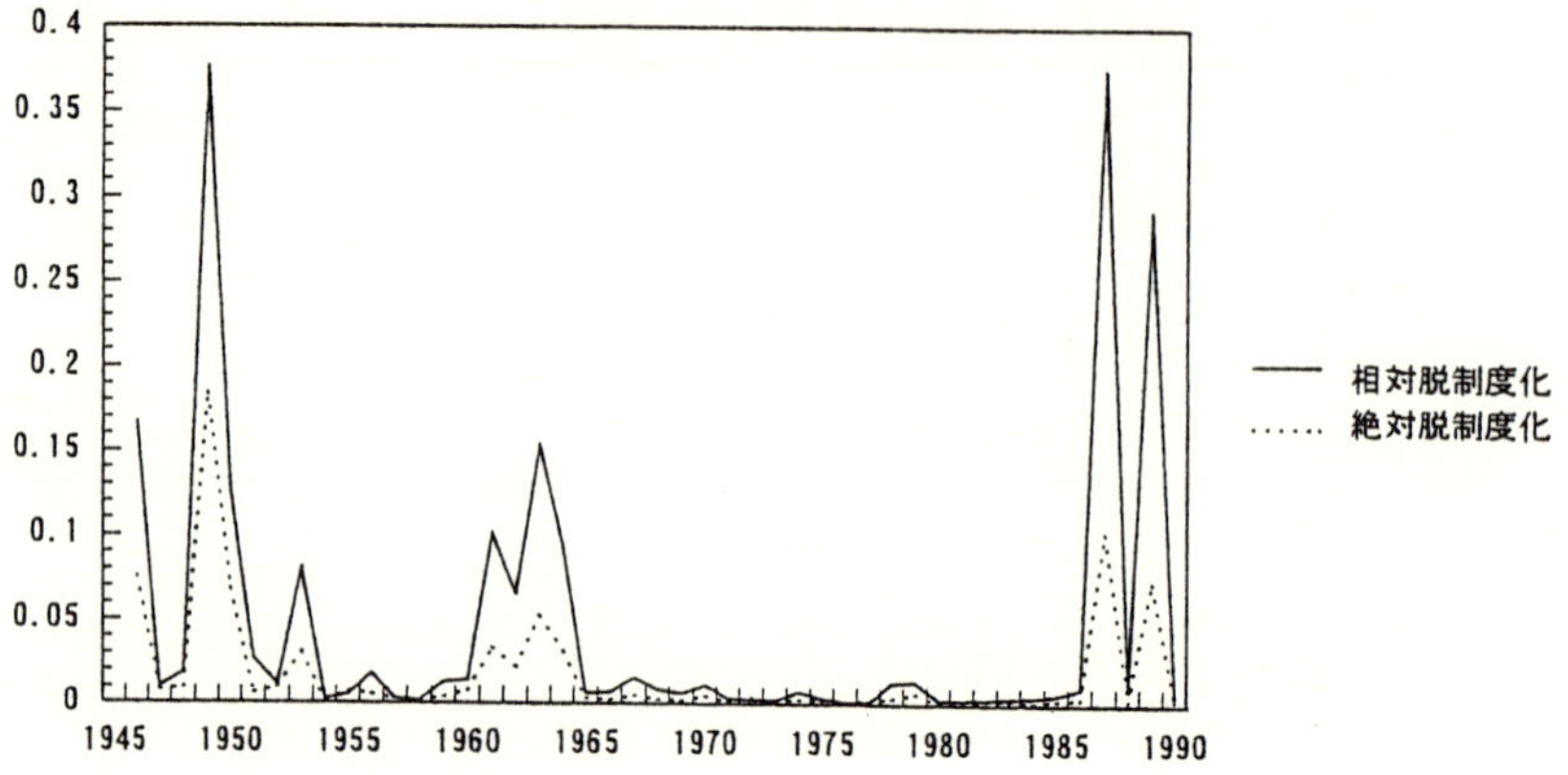

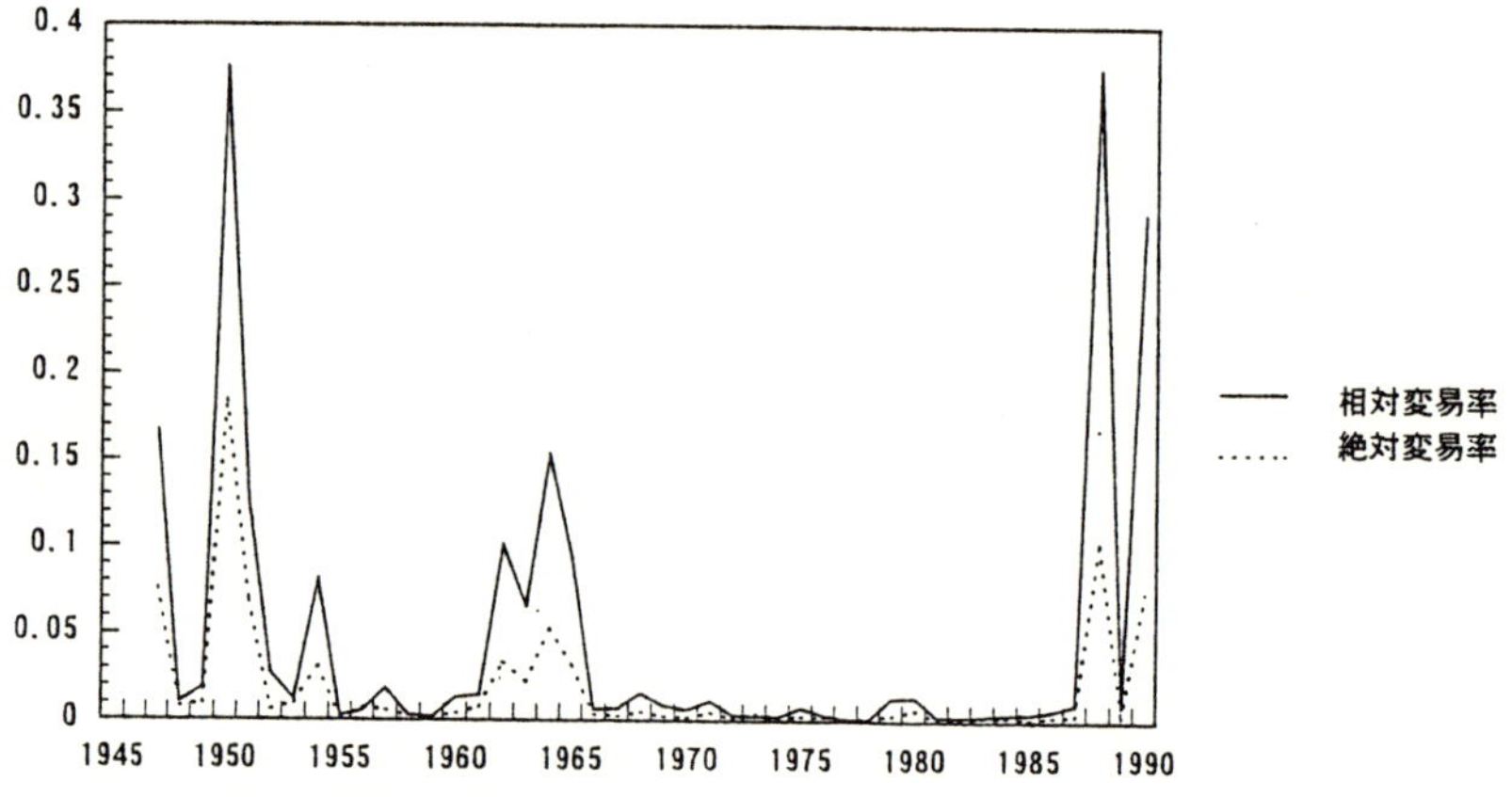

出所）労働省『労働組合基本調査報告』各年版、より筆者が算出。

オランダ

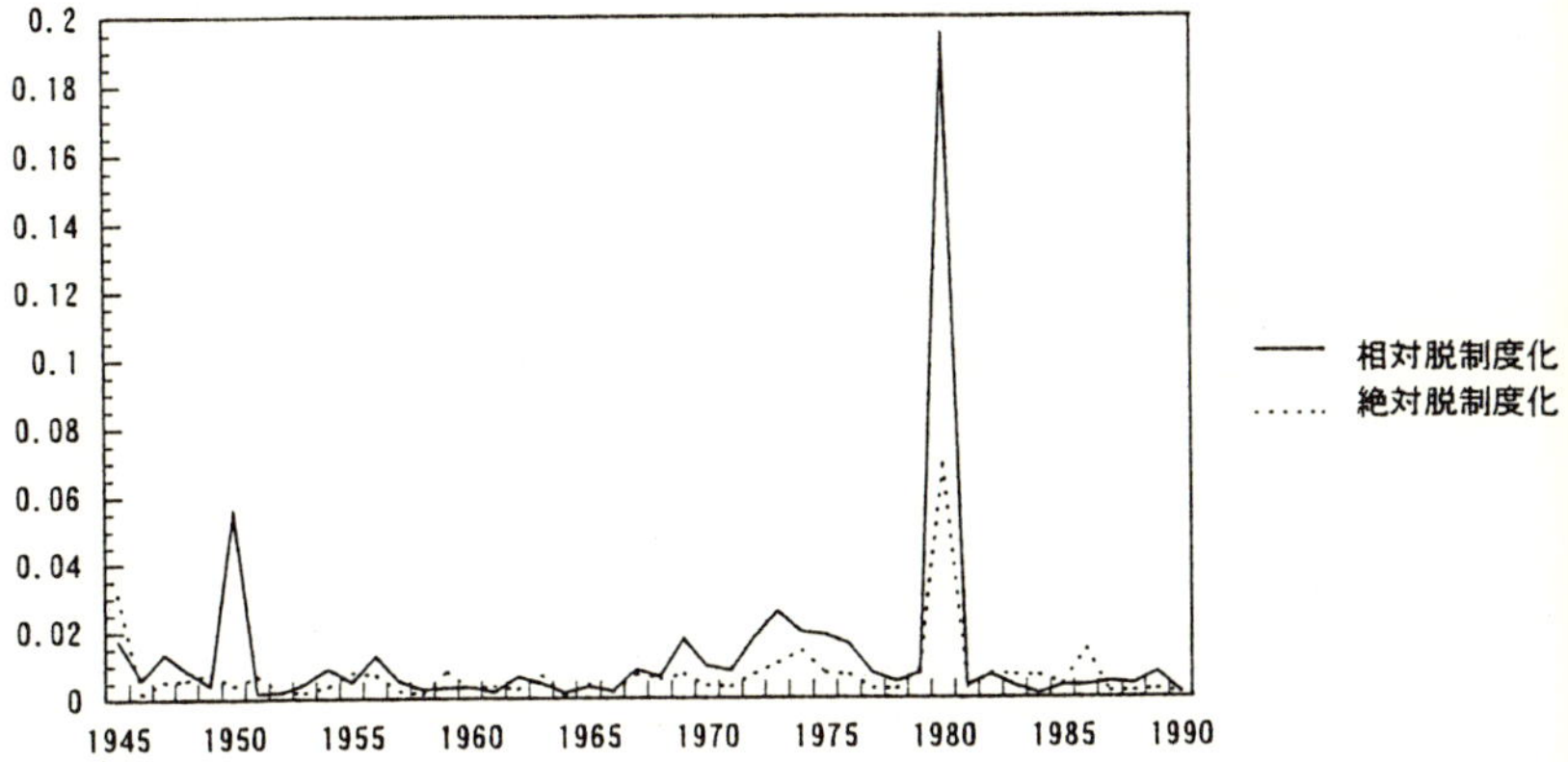

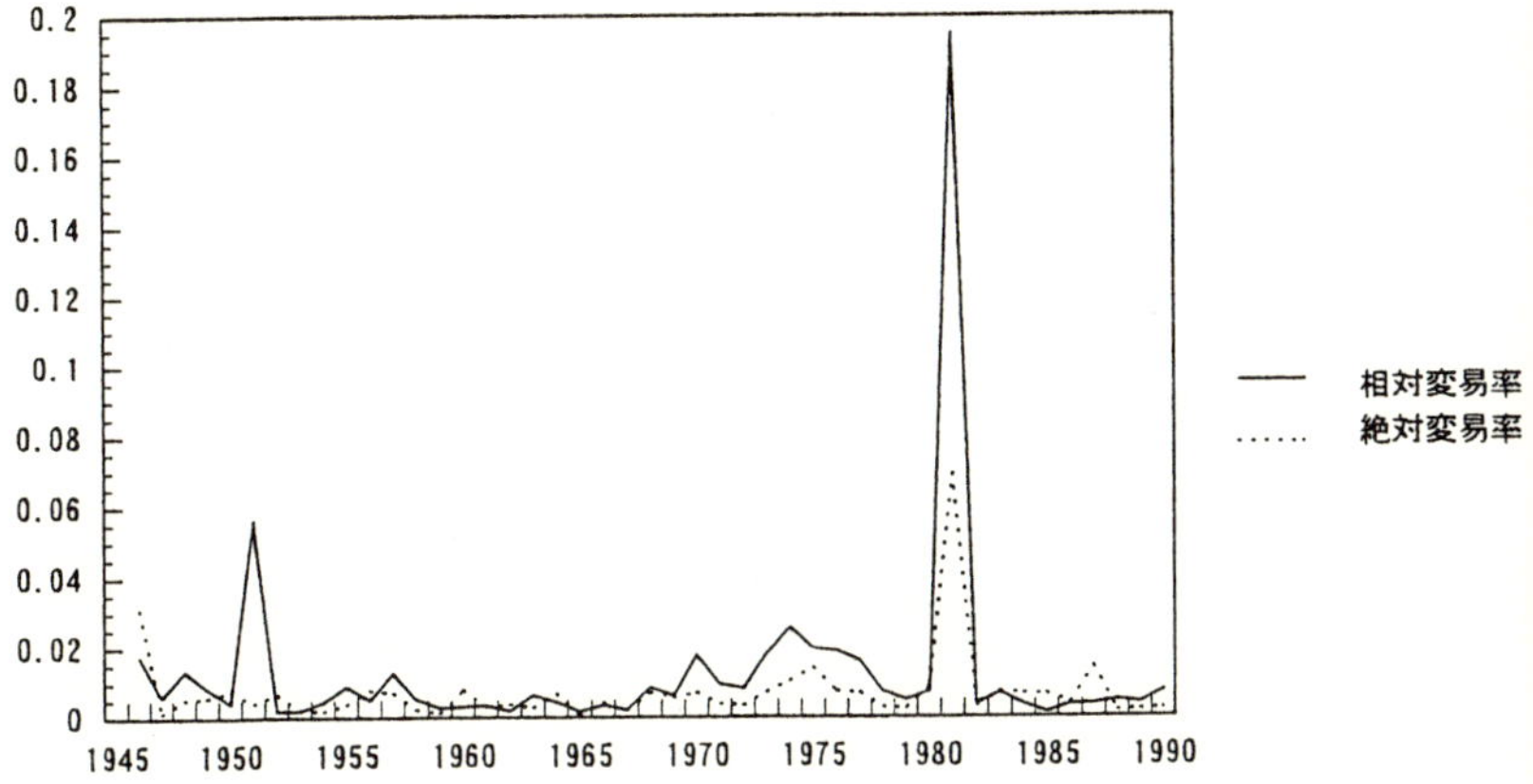

出所) Jelle Visser, "Unionization Trends Revisited," CESAR research paper, 1996; *idem., European Trade Unions in Figures* (Boston: Kluwer, 1988); Bernard Ebinghaus and Jelle Visser, *Trade Unions in Western Europe since 1945* (London: Macmillan, 2000), より筆者が算出。

ノルウェー

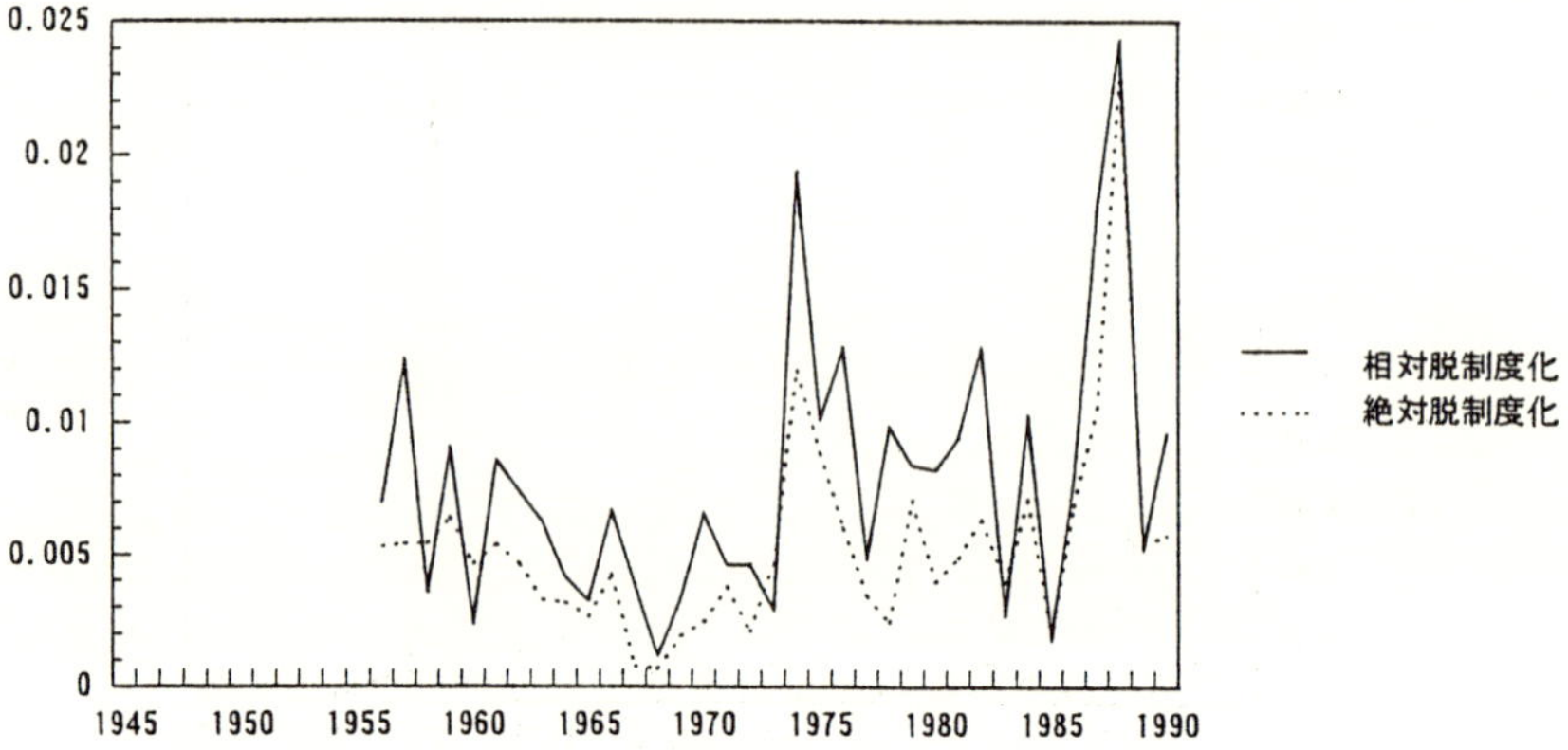

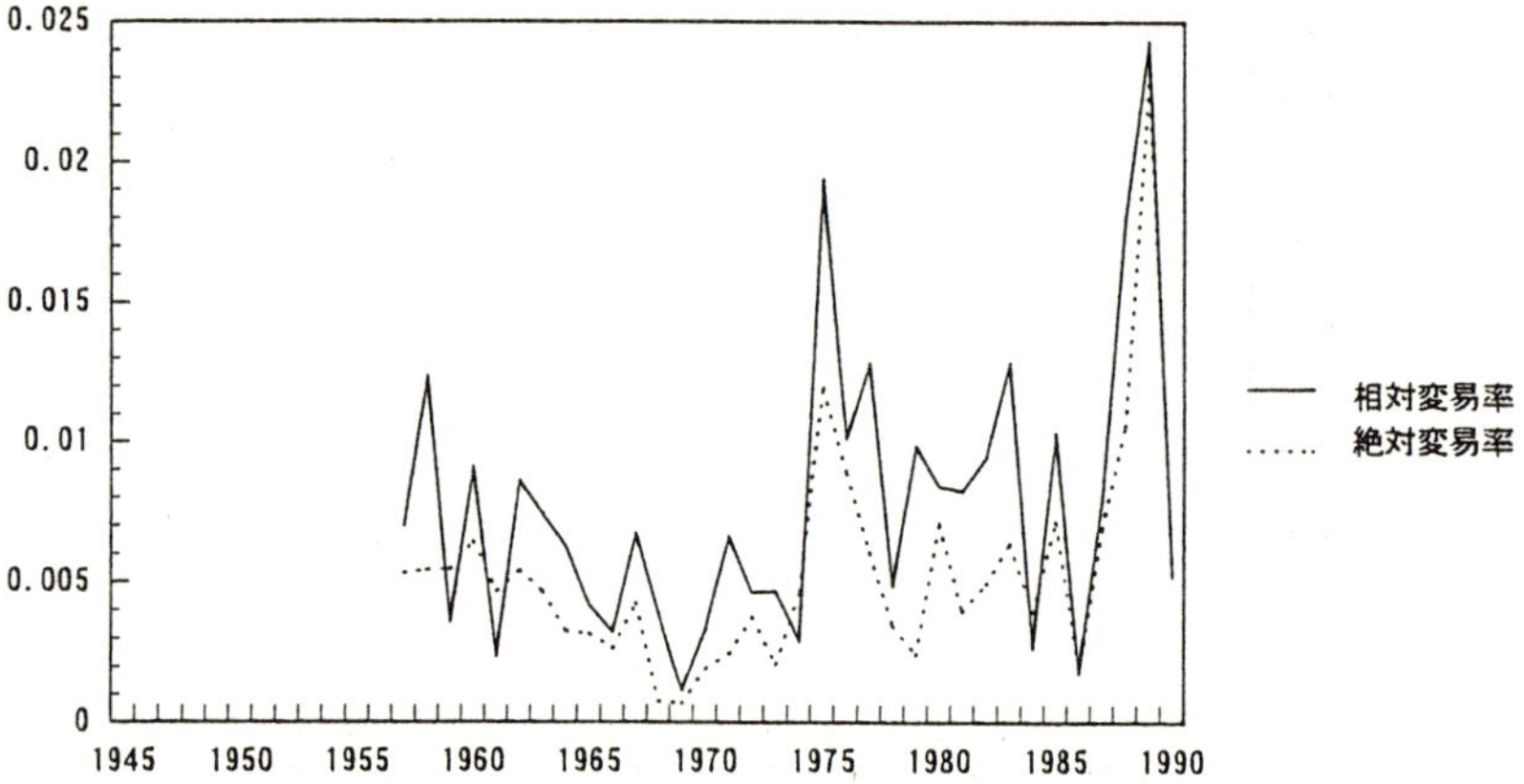

出所) Jelle Visser, "Unionization Trends Revisited," CESAR research paper, 1996; *idem., European Trade Unions in Figures* (Boston: Kluwer, 1988); Bernard Ebinghaus and Jelle Visser, *Trade Unions in Western Europe since 1945* (London: Macmillan, 2000), より筆者が算出。

スウェーデン

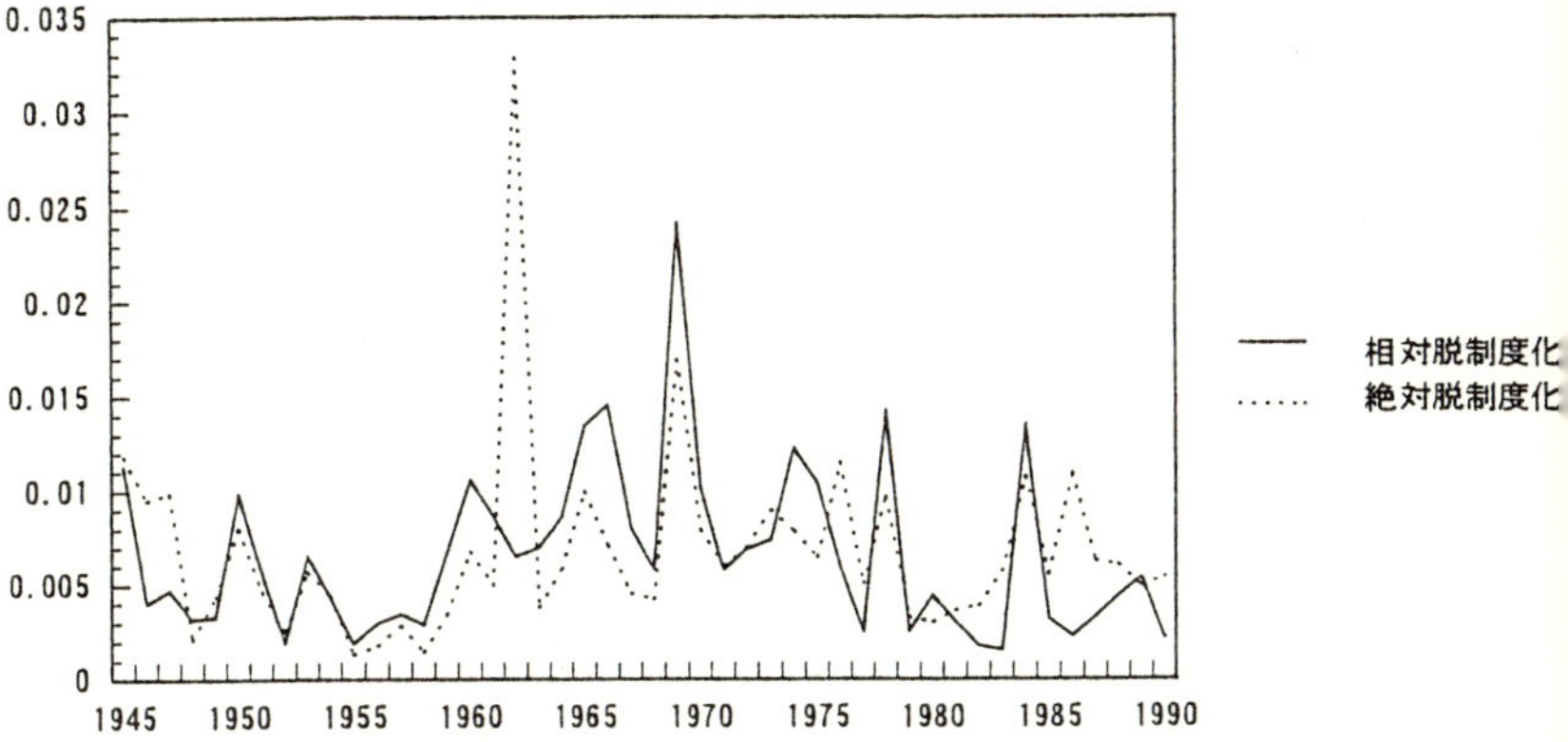

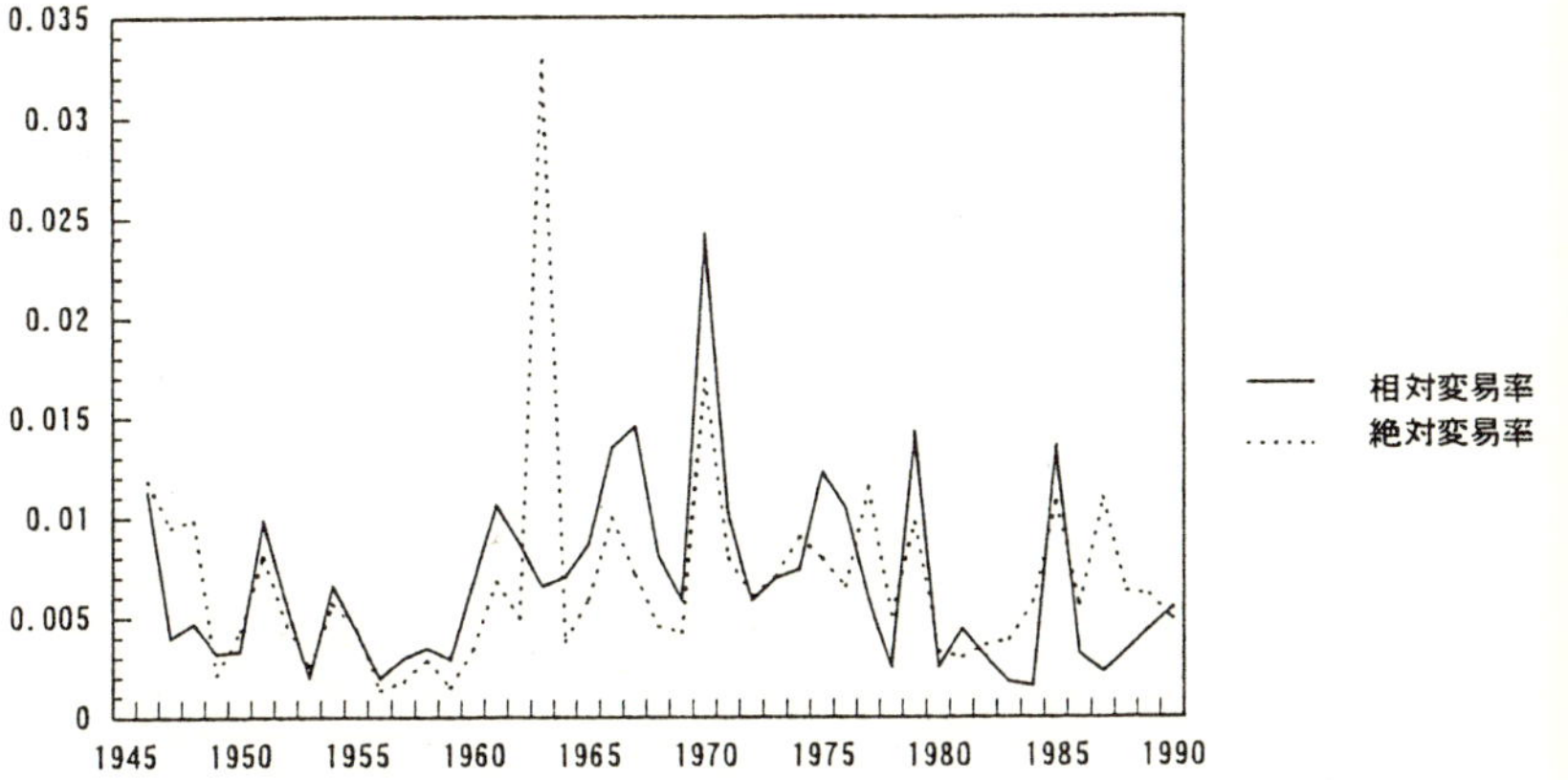

出所) Jelle Visser, "Unionization Trends Revisited," CESAR research paper, 1996; *idem., European Trade Unions in Figures* (Boston: Kluwer, 1988); Bernard Ebinghaus and Jelle Visser, *Trade Unions in Western Europe since 1945* (London: Macmillan, 2000), より筆者が算出。

スイス

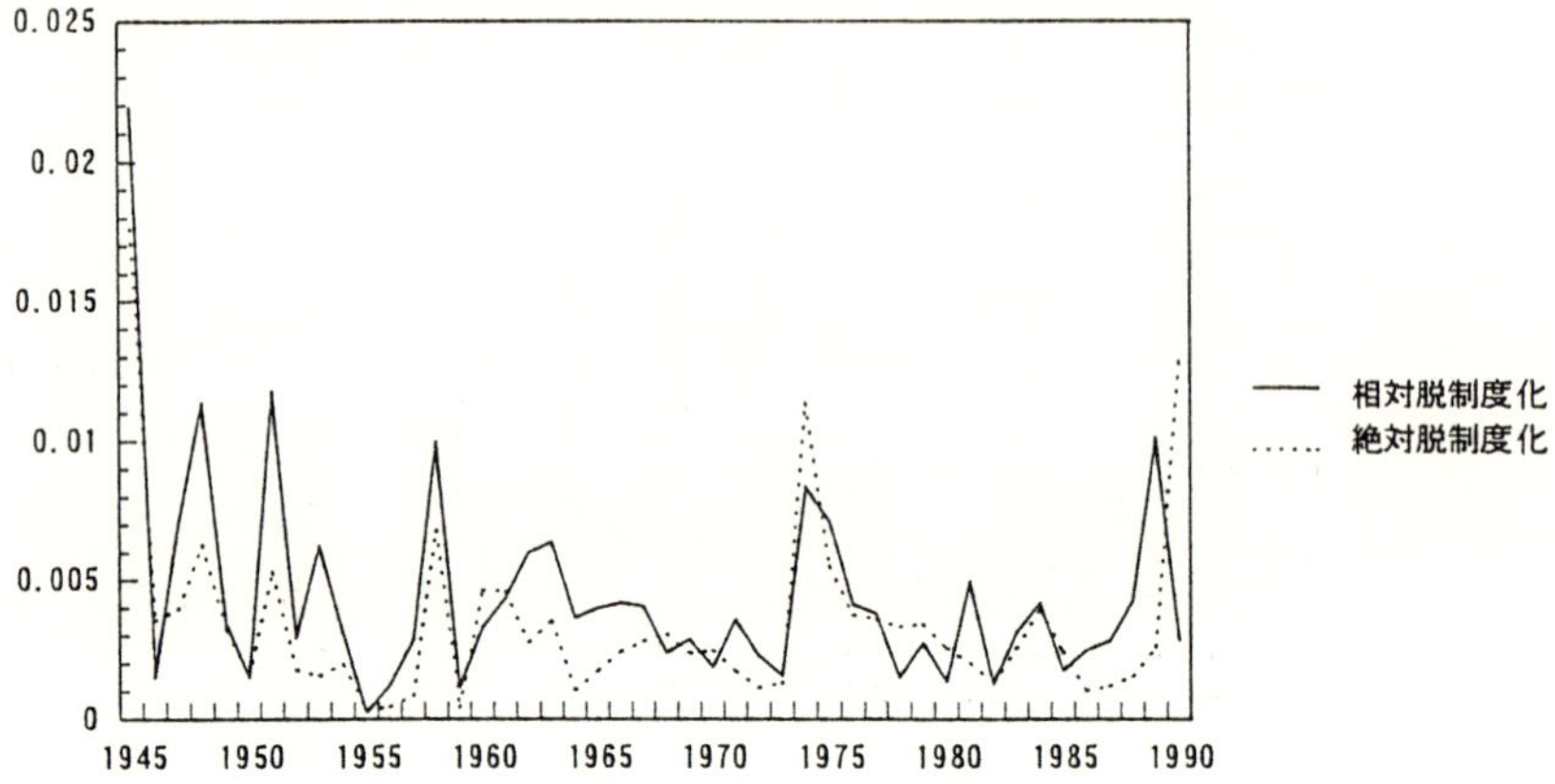

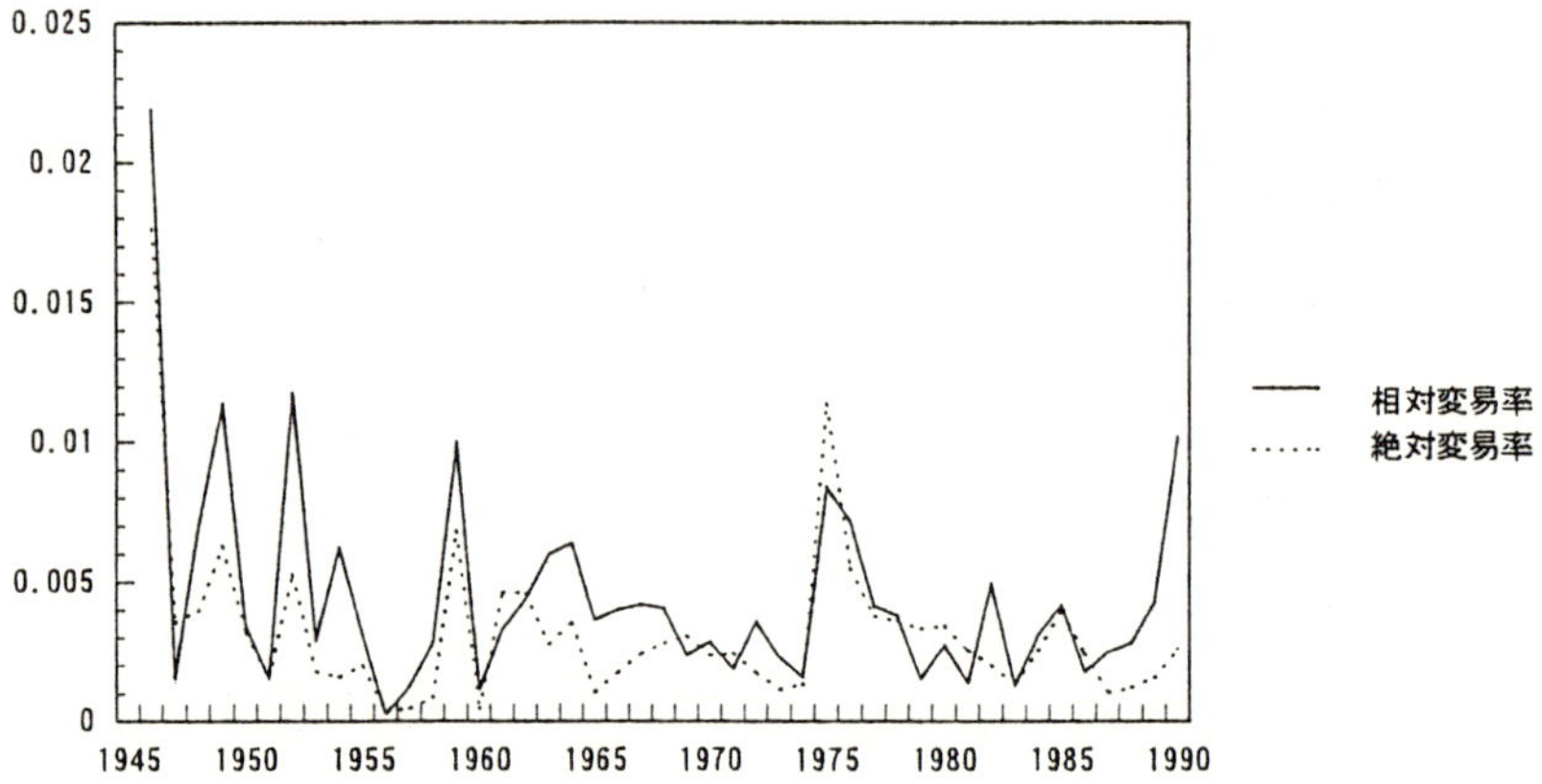

出所）Jelle Visser, "Unionization Trends Revisited," CESAR research paper, 1996; *idem., European Trade Unions in Figures* (Boston: Kluwer, 1988); Bernard Ebinghaus and Jelle Visser, *Trade Unions in Western Europe since 1945* (London: Macmillan, 2000), より筆者が算出。

イギリス

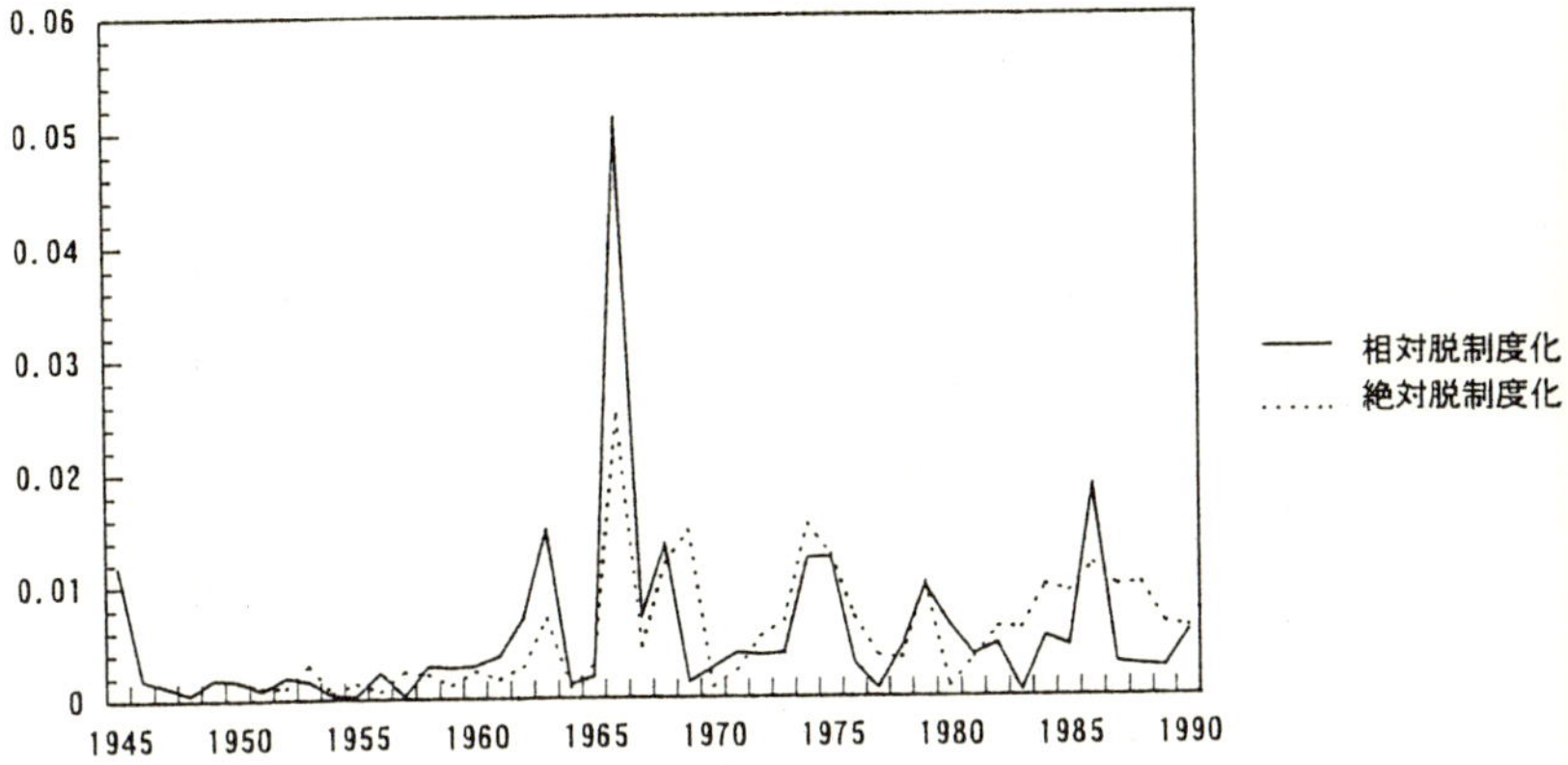

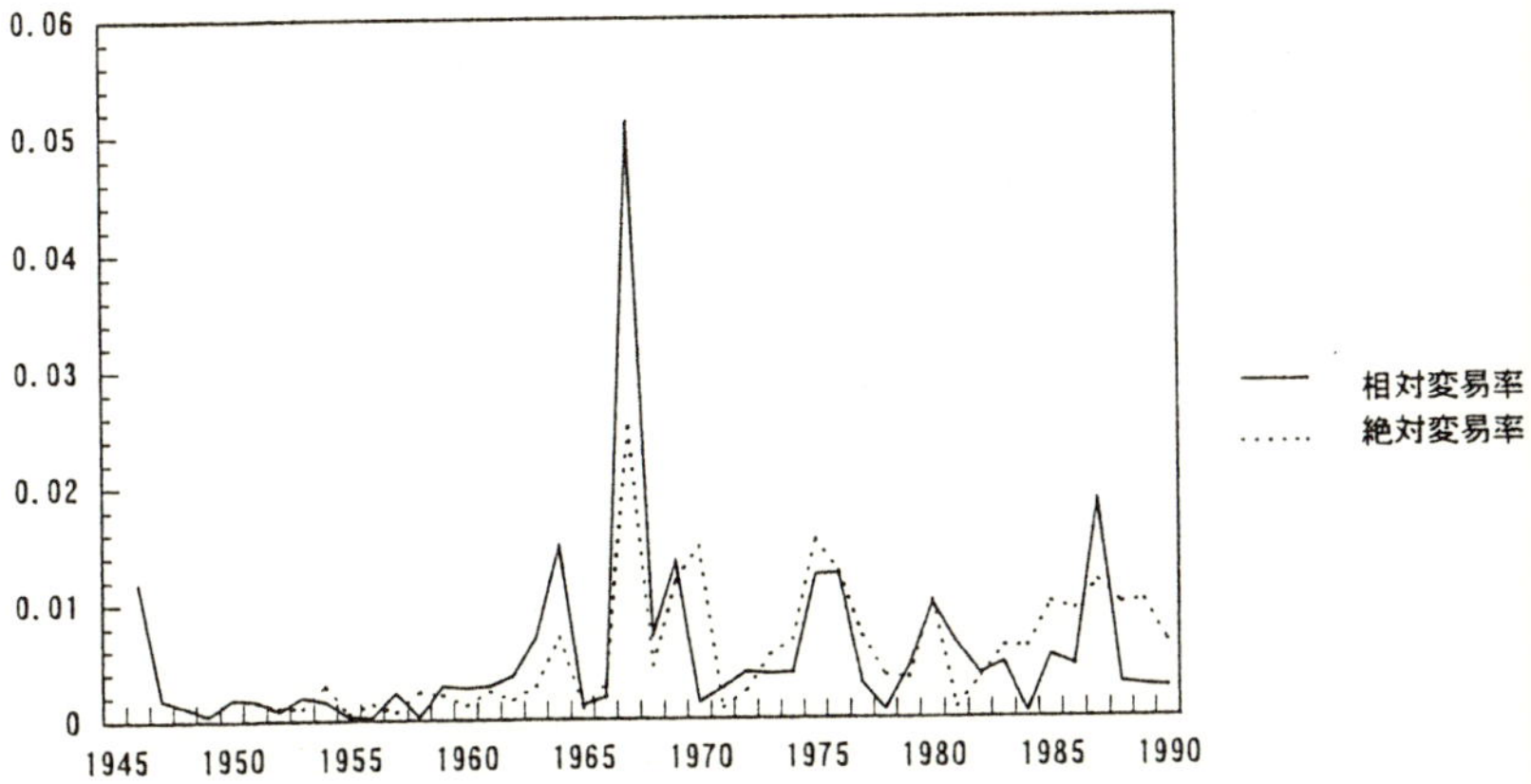

出所）Jelle Visser, "Unionization Trends Revisited," CESAR research paper, 1996; *idem., European Trade Unions in Figures* (Boston: Kluwer, 1988); Bernard Ebinghaus and Jelle Visser, *Trade Unions in Western Europe since 1945* (London: Macmillan, 2000), より筆者が算出。

アメリカ

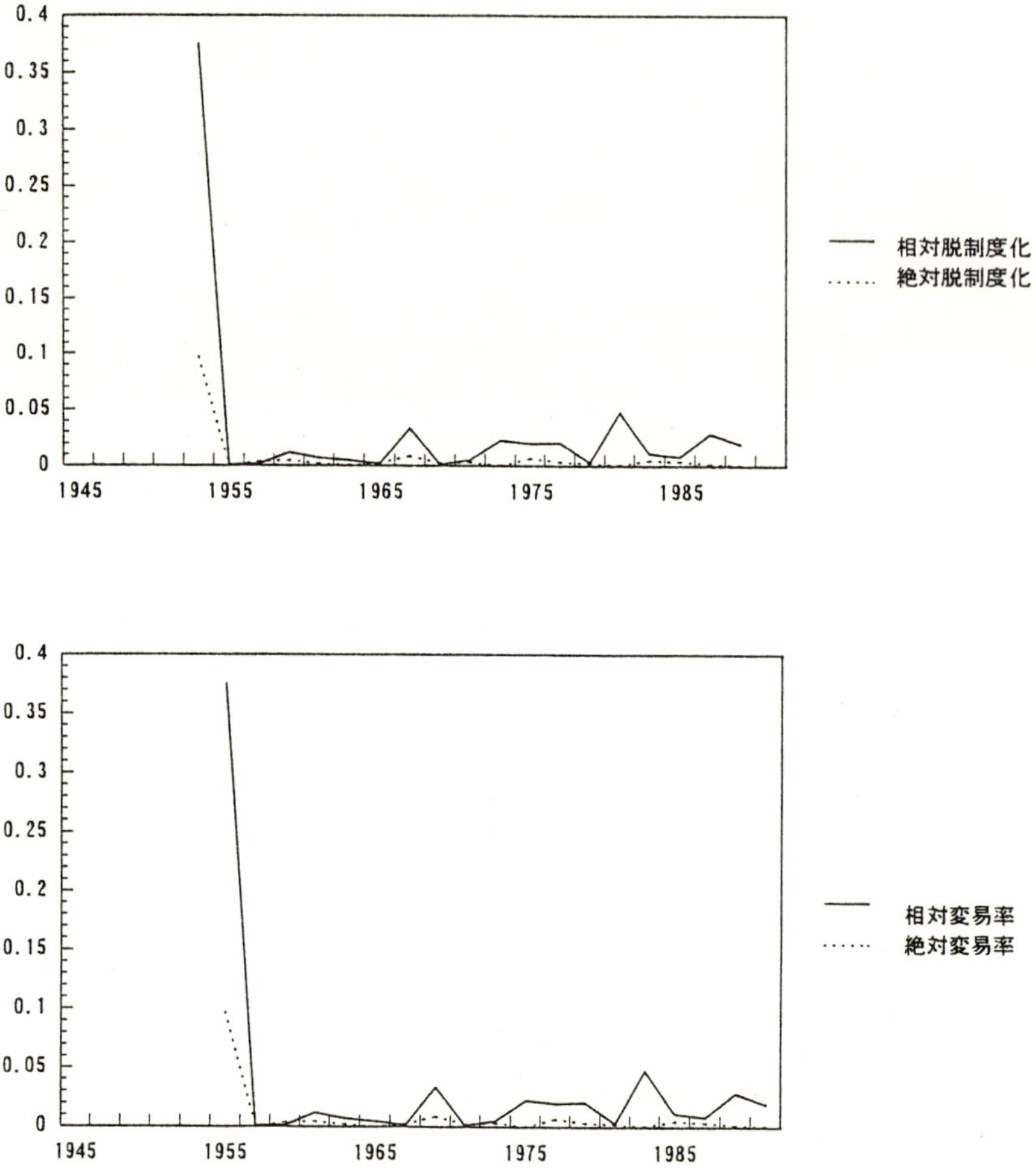

出所）Courtney D. Gifford (ed.), *Directory of U.S. Labor Organization* (Wasington, D.C.: The Bureau of National Affairs, 1994), より筆者が算出。

付録図表 4-1　主要各国のストライキ行動の形状の変化

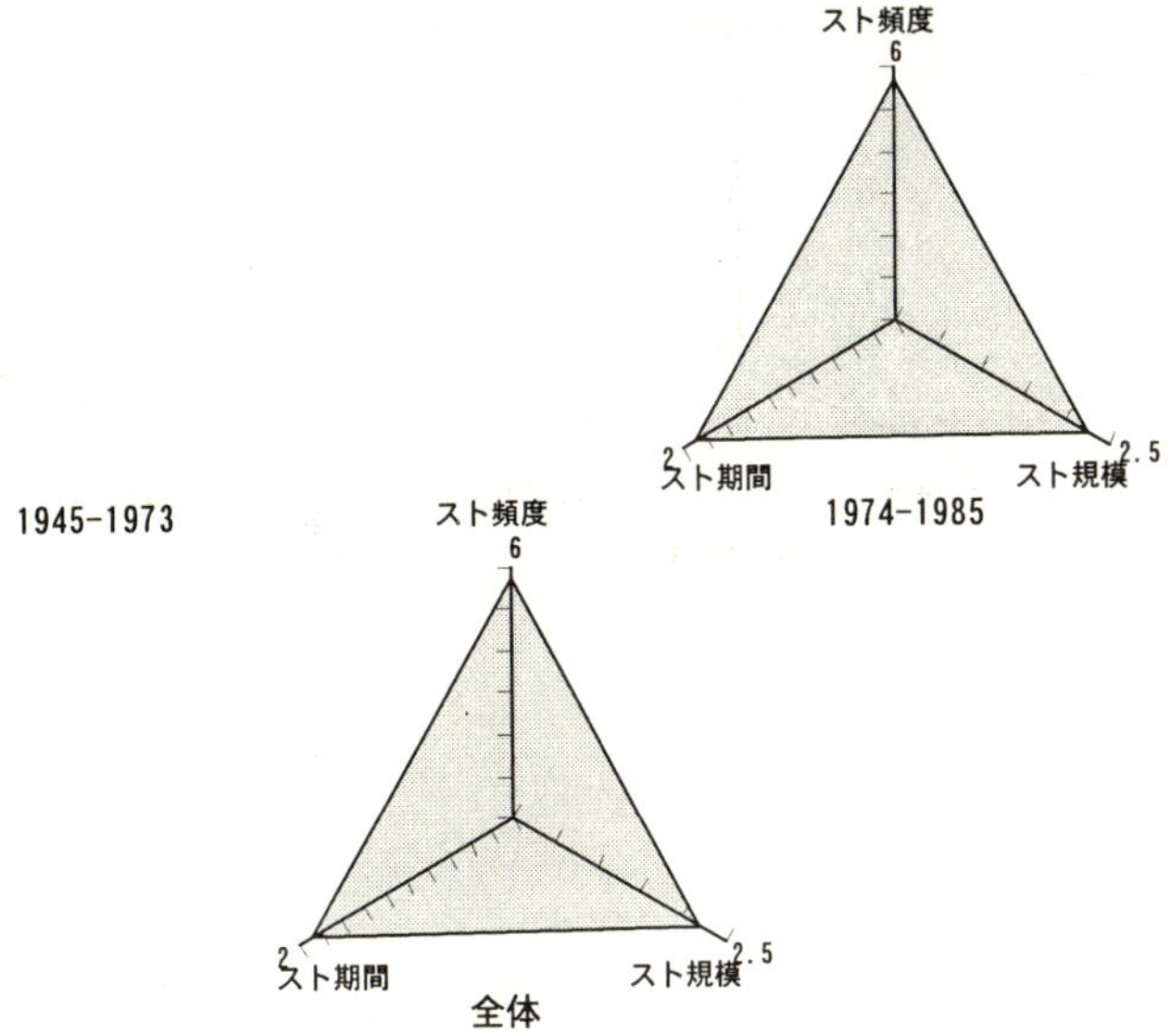

オーストリア

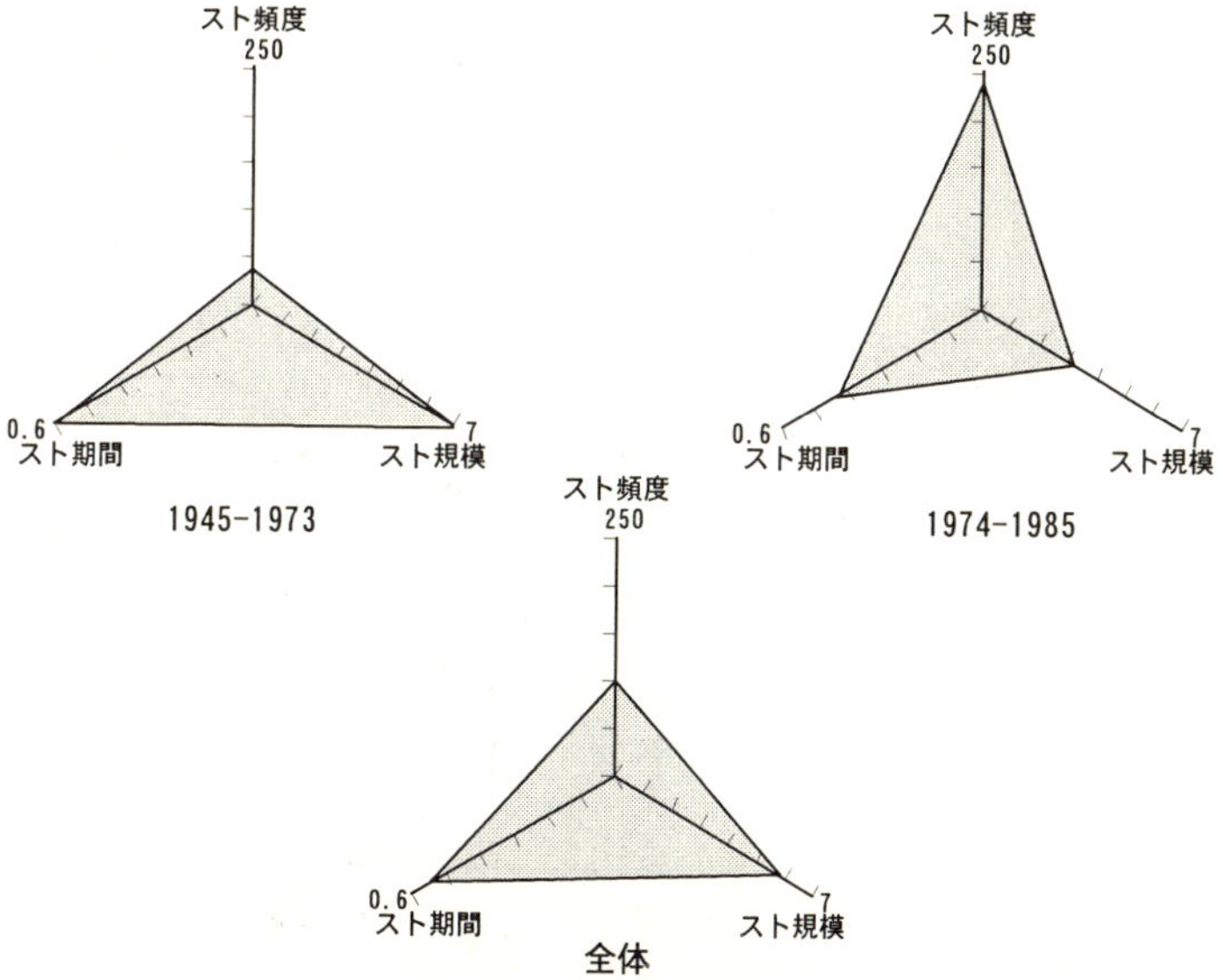

デンマーク

出所）International Labor Organization, *Yearbook of Labor Statistics* (Geneve: ILO).［国際労働事務局編『国際労働経済統計年鑑』日本 ILO 協会、各年版］、より筆者が算出。

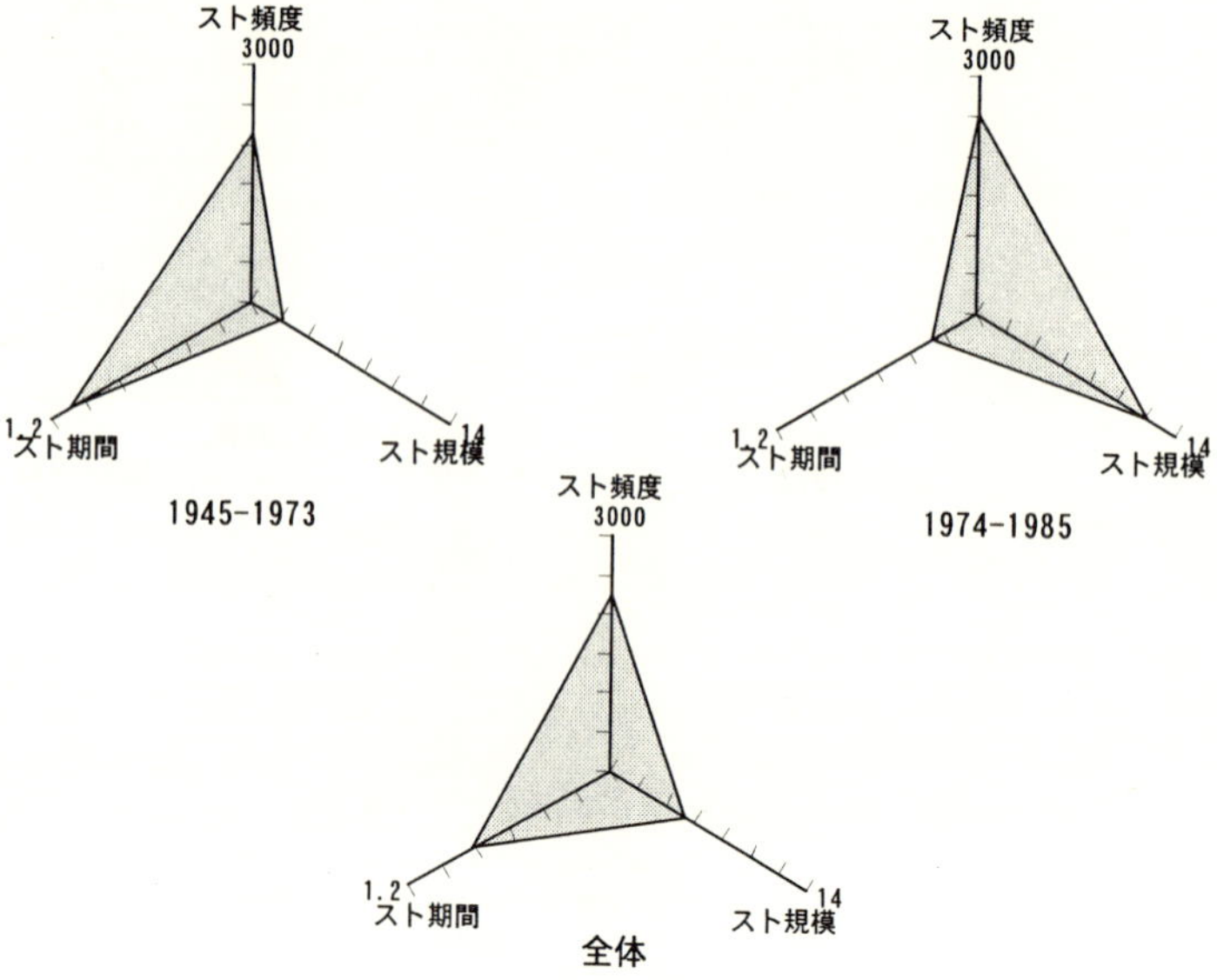

フランス

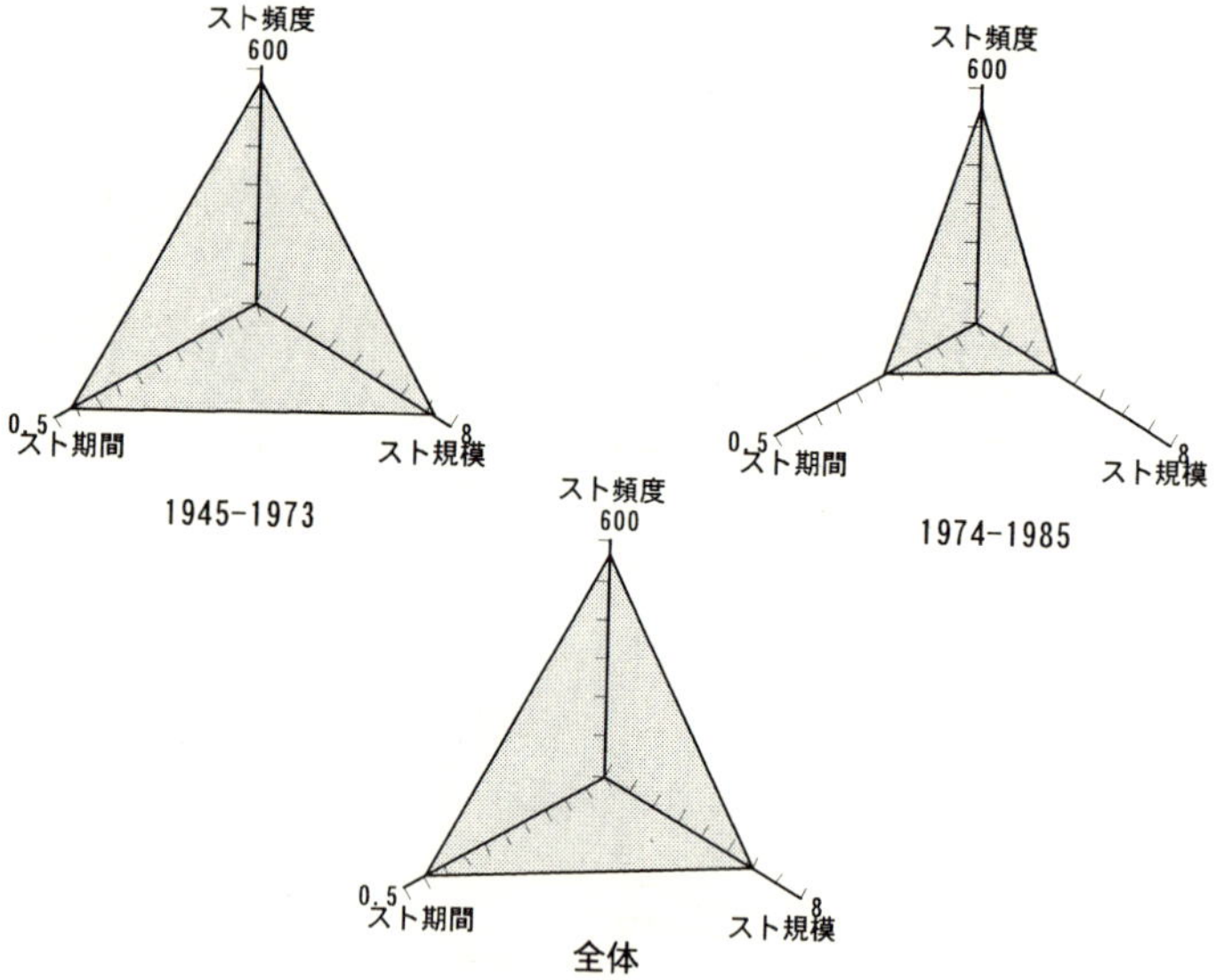

旧西ドイツ

出所）International Labor Organization, *Yearbook of Labor Statistics* (Geneve: ILO).［国際労働事務局編『国際労働経済統計年鑑』日本 ILO 協会、各年版］、より筆者が算出。

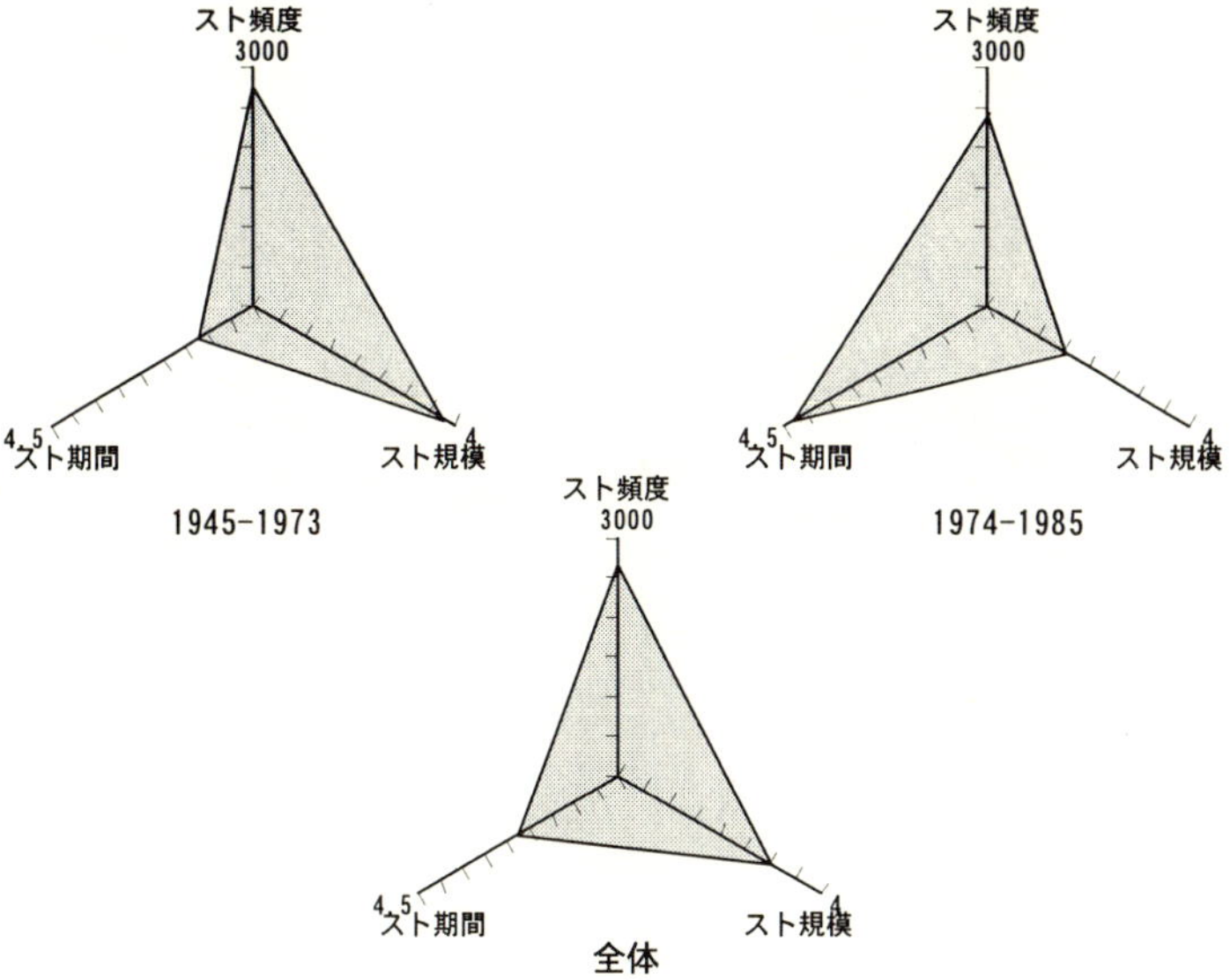

イタリア

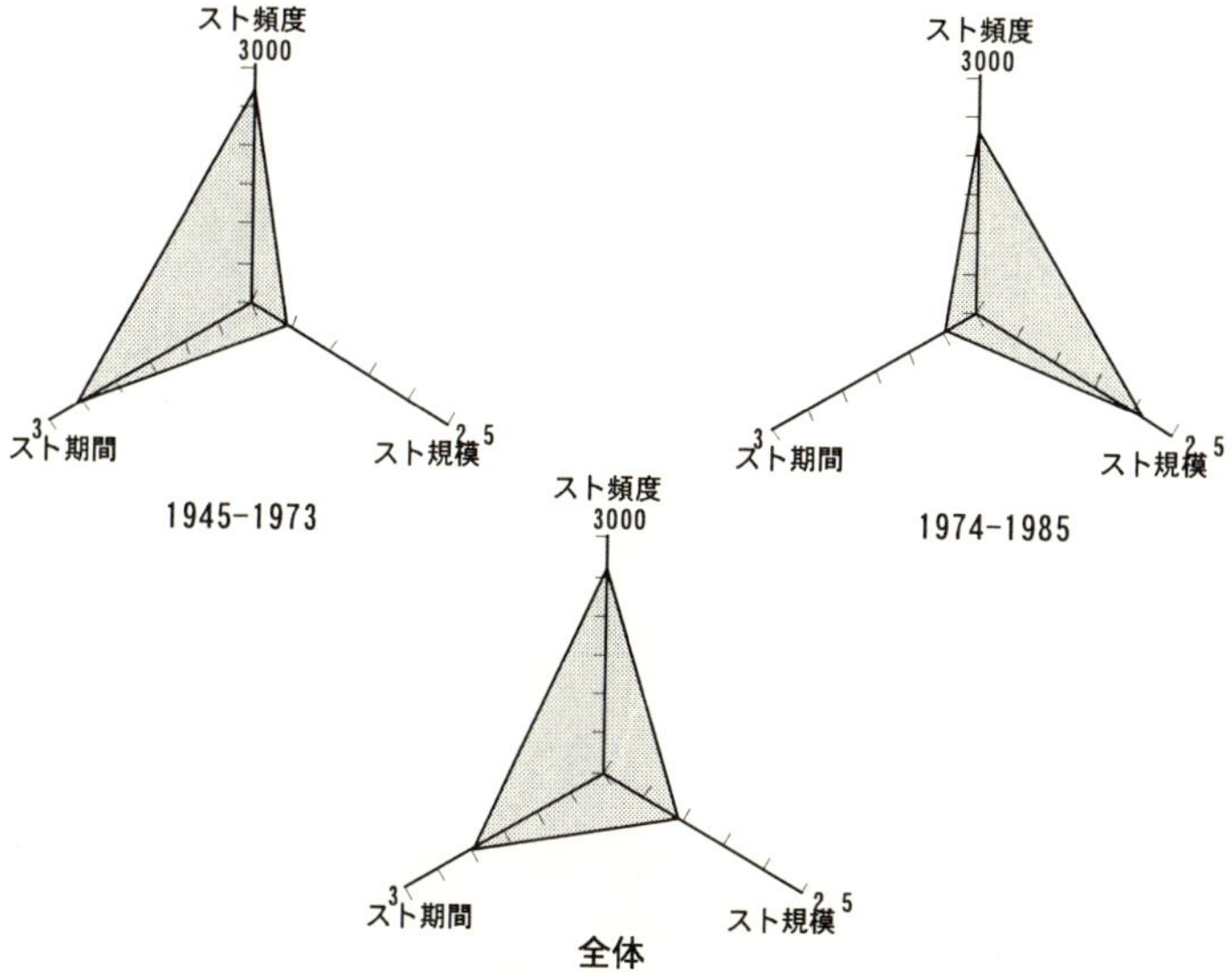

日　　本

出所) International Labor Organization, *Yearbook of Labor Statistics* (Geneve: ILO). ［国際労働事務局編『国際労働経済統計年鑑』日本 ILO 協会、各年版］、より筆者が算出。

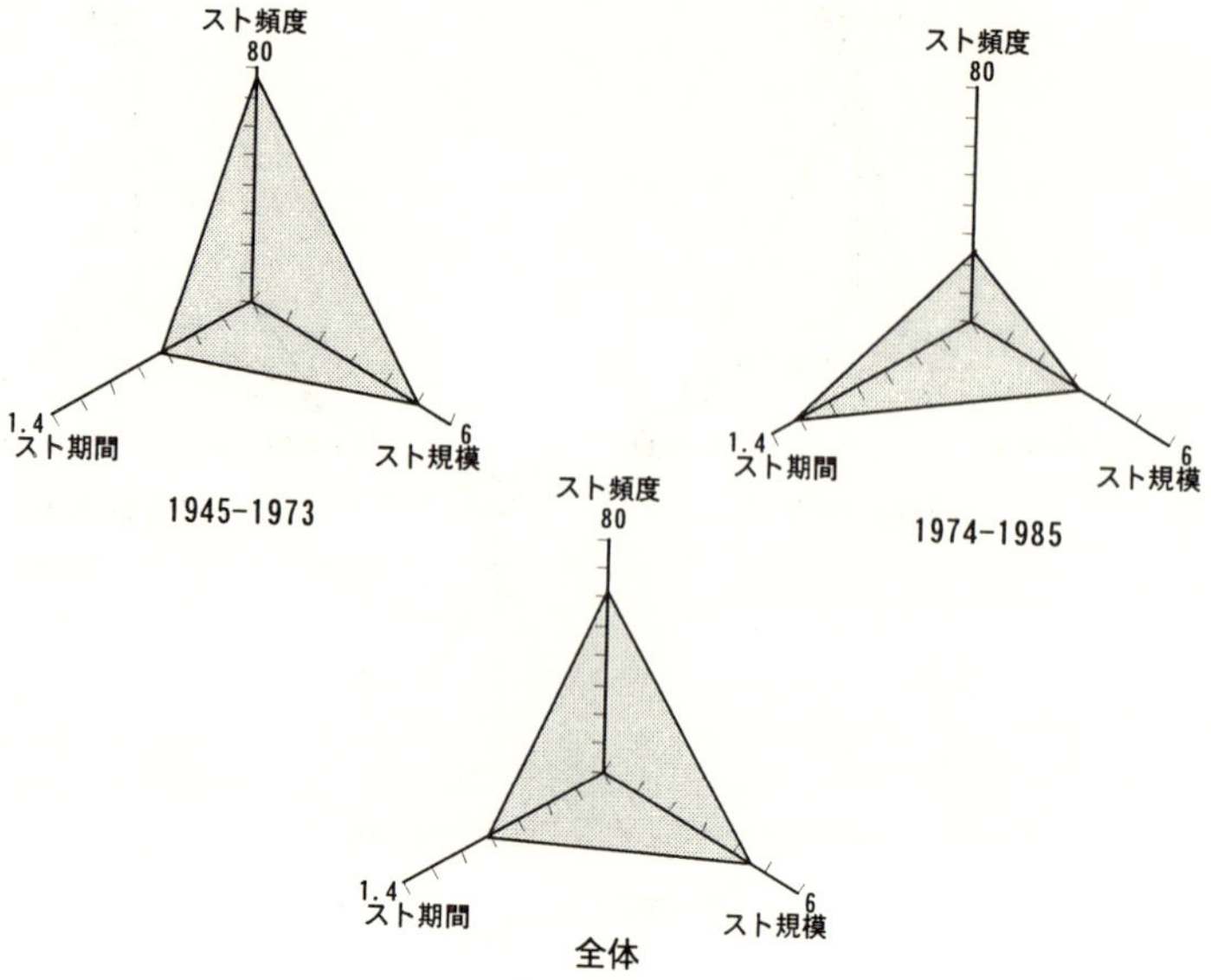

オランダ

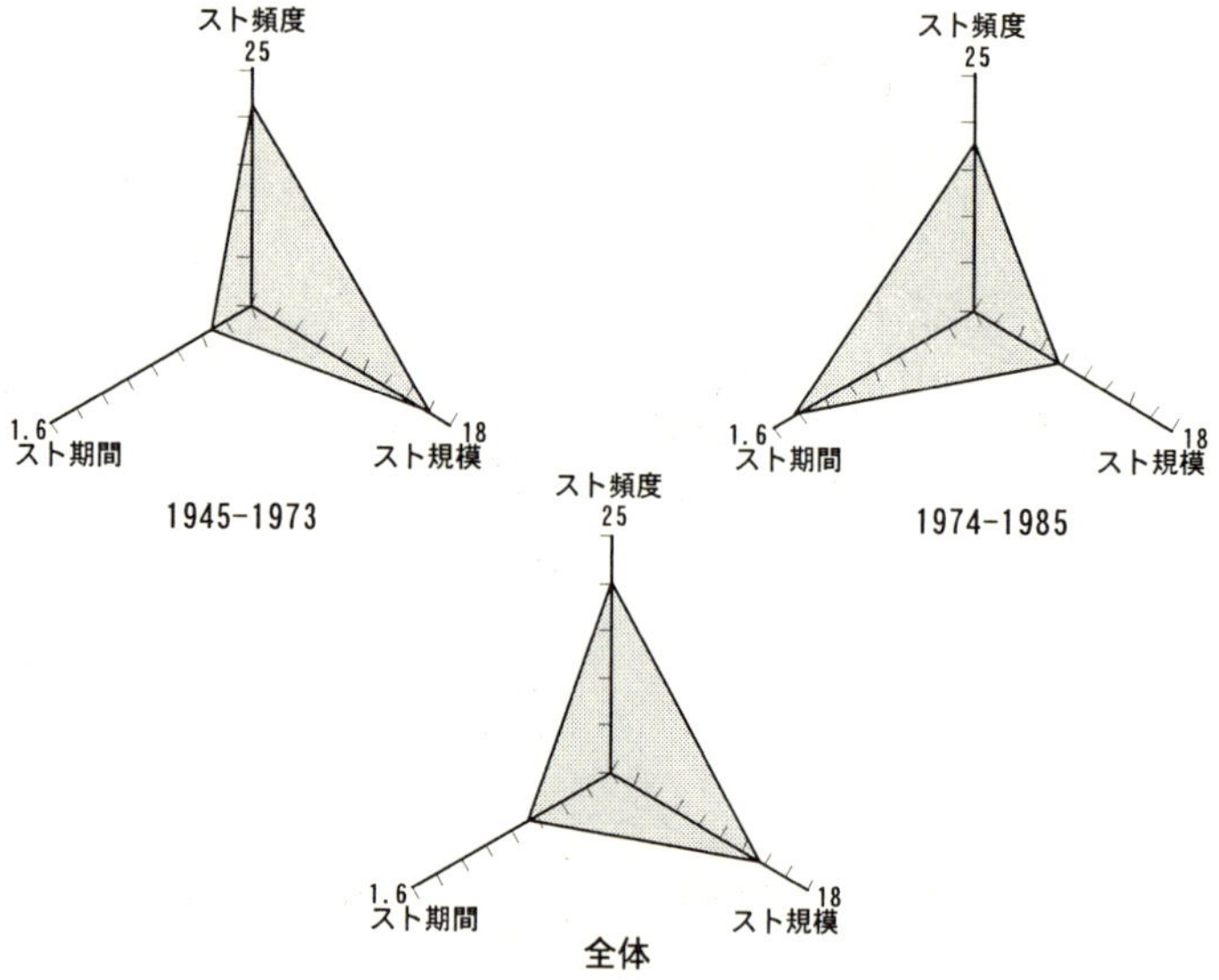

ノルウェー

出所）International Labor Organization, *Yearbook of Labor Statistics* (Geneve: ILO). ［国際労働事務局編『国際労働経済統計年鑑』日本 ILO 協会、各年版］、より筆者が算出。

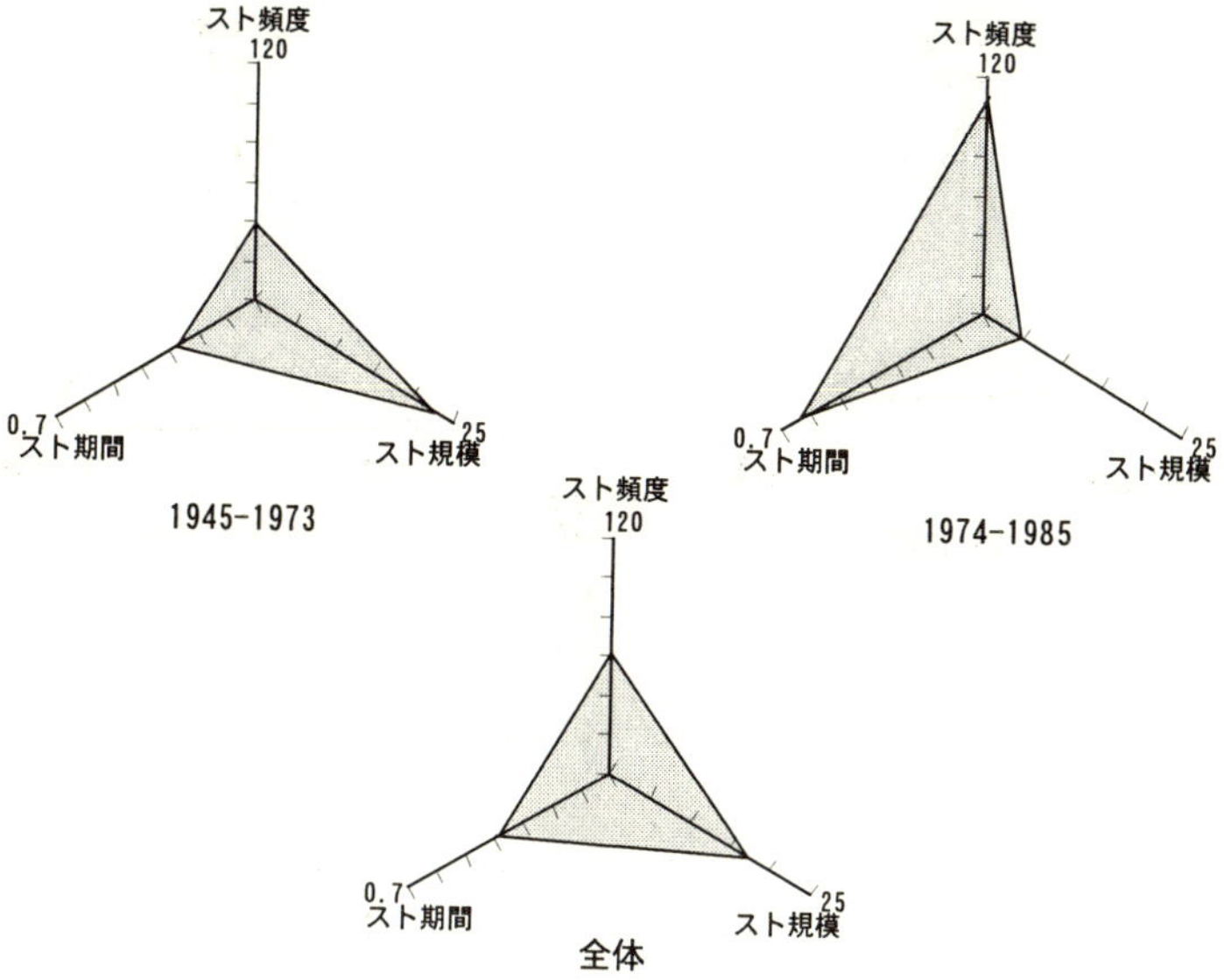

スウェーデン

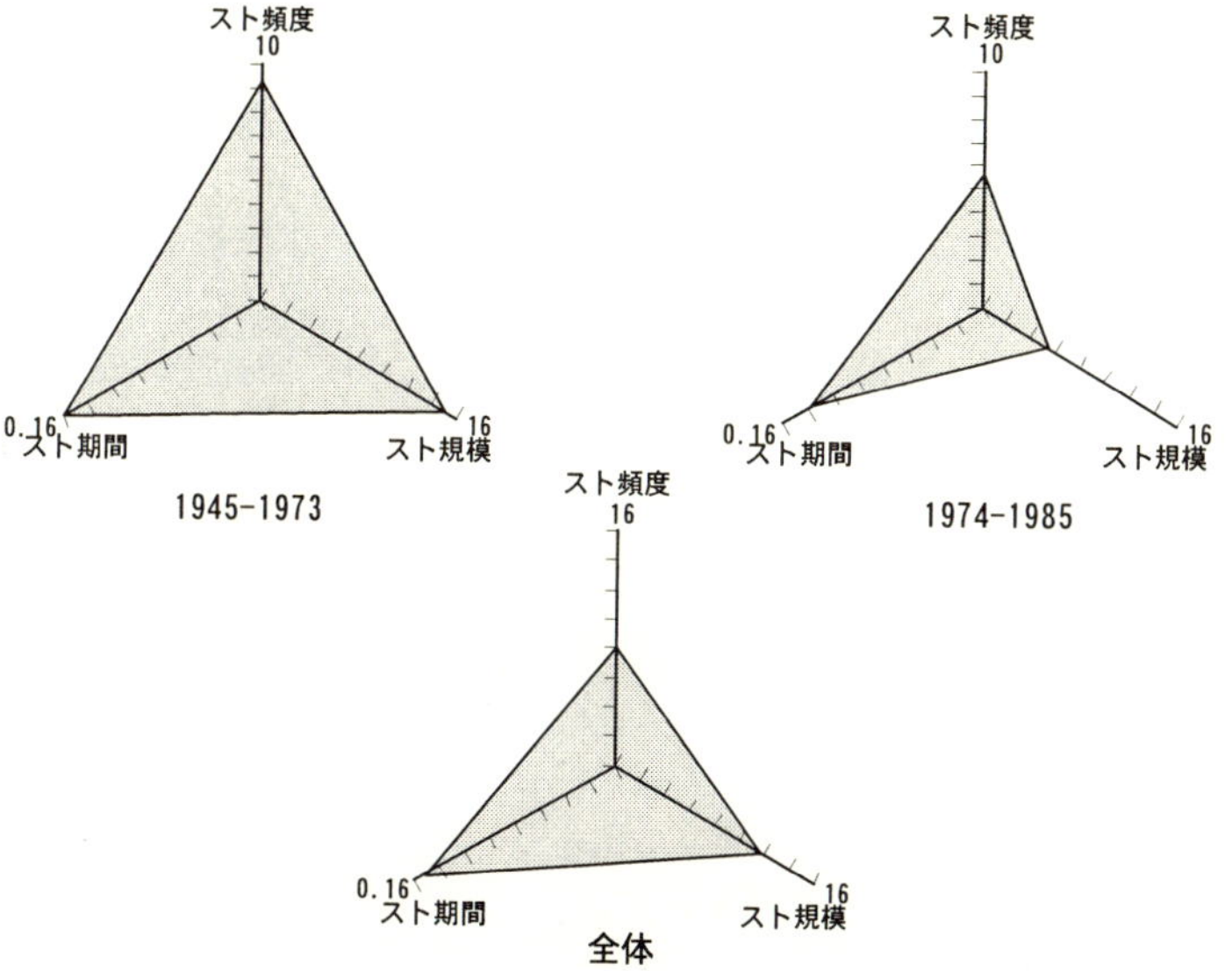

スイス

出所）International Labor Organization, *Yearbook of Labor Statistics* (Geneve: ILO).［国際労働事務局編『国際労働経済統計年鑑』日本 ILO 協会、各年版］、より筆者が算出。

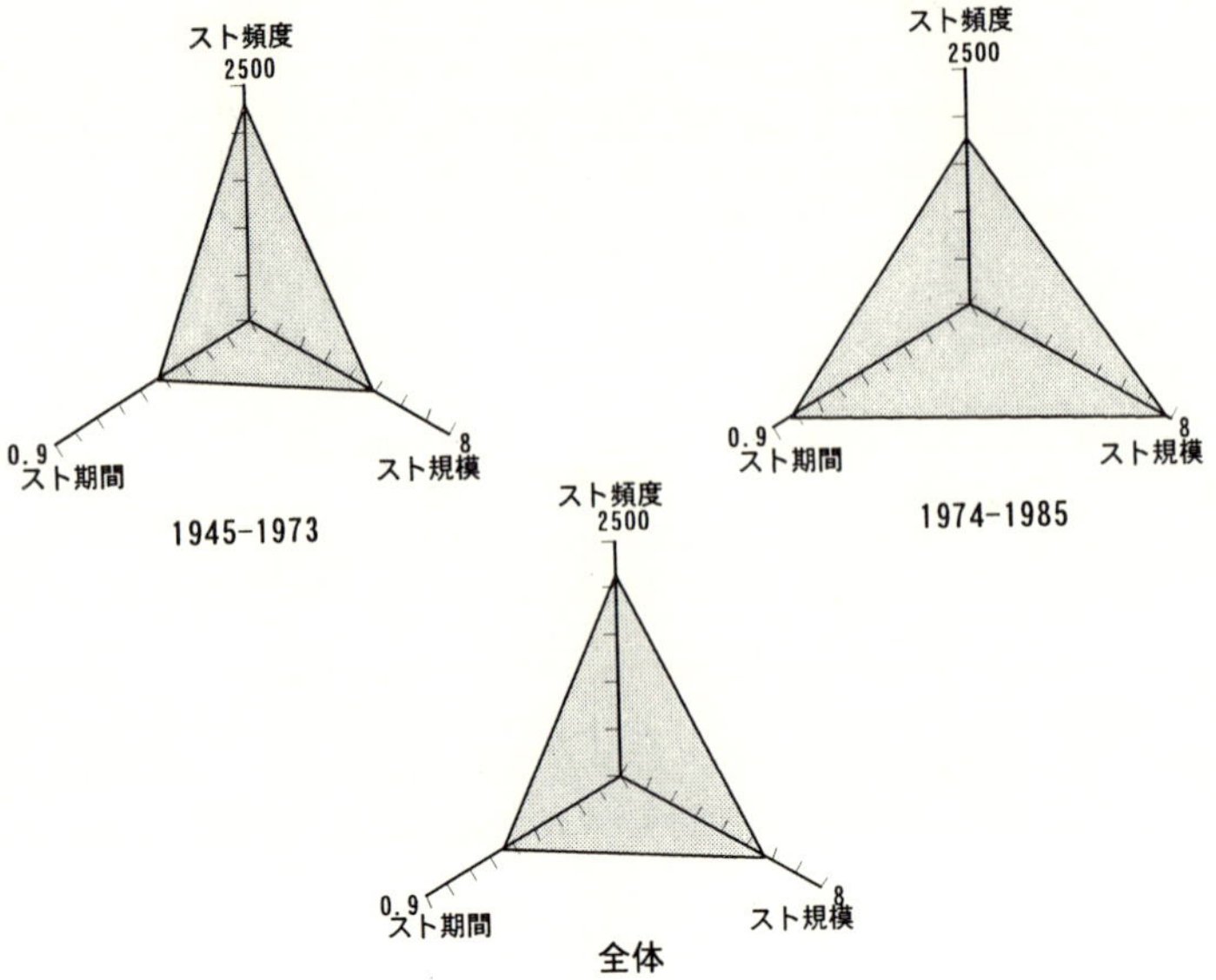

イギリス

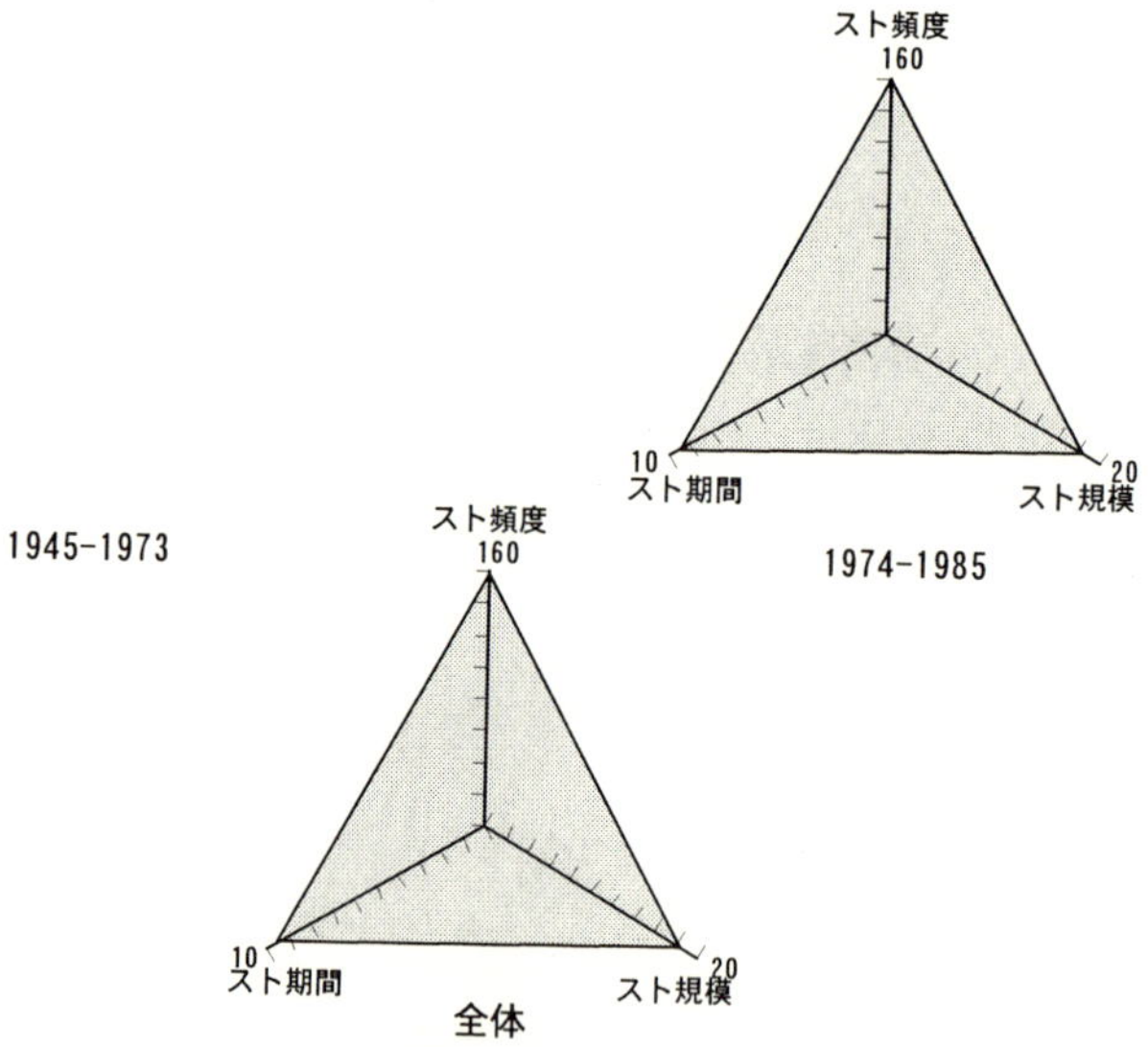

アメリカ

出所）International Labor Organization, *Yearbook of Labor Statistics* (Geneve: ILO). ［国際労働事務局編『国際労働経済統計年鑑』日本 ILO 協会、各年版］、より筆者が算出。

付録図表 4-2　相対・絶対集権化とストライキ行動(60-85年)

	ストライキ頻度	ストライキ頻度	ストライキ頻度	ストライキ頻度	ストライキ頻度	ストライキ頻
相対集権化	−235.155 (290.027)	−2526.420 ** (1260.943)	−216.395 (313.991)	−2922.320 ** (1437.711)		
(相対集権化)^2		2142.120 * (1147.661)		2438.020 * (1264.538)		
絶対集権化					−218.242 (526.501)	−2478.670 (1733.618)
(絶対集権化)^2						6678.610 (4881.293)
総組織率			−51.501 (325.840)	225.280 (353.977)		
社民	3.167 (8.359)	3.180 (8.306)	3.476 (8.440)	3.120 (8.383)	2.547 (8.410)	2.180 (8.395)
共産	9.965 (10.067)	13.500 (10.181)	9.851 (10.139)	13.940 (10.289)	10.052 (10.125)	9.760 (10.105)
失業率	27.203 (22.555)	32.740 (22.608)	26.805 (22.997)	36.150 (23.345)	23.510 (22.098)	26.520 (22.157)
賃上げ率	46.697 ** (19.026)	47.370 ** (18.909)	47.593 ** (19.213)	47.470 ** (19.079)	47.246 ** (19.165)	51.950 (19.428)
時期ダミー	274.560 ** (133.154)	324.570 ** (134.999)	268.831 * (140.241)	359.760 ** (147.028)	248.641 * (133.786)	271.670 (134.542)
ラグ変数	0.832 *** (0.0363)	0.800 *** (0.0400)	0.831 *** (0.0372)	0.800 *** (0.0400)	0.832 *** (0.0370)	0.830 (0.0370)
定数	−199.729 (342.002)	290.967 (429.649)	−190.748 (363.606)	271.416 (433.371)	−241.303 (341.451)	−164.320 (345.282)
N	203	203	201	201	201	201
R^2(調整済み)	0.833	0.836	0.832	0.835	0.833	0.834
F値		3.484 †		3.717 †		1.872

(　)内は標準誤差
p値　***p値＜0.01　**p値＜0.05　*p値＜0.1
F値有意水準　†††＜0.01　††＜0.05　†＜0.1(これは、本稿で言及したF検定の結果である。以下同様)

相対・絶対集権化とストライキ行動(60-85年)

	ストライキ参加	ストライキ参加	ストライキ参加	ストライキ参加	ストライキ参加	ストライキ参加
相対集権化	689.566	845.105	362.009	-818.237		
	(458.443)	(1803.565)	(489.359)	(1993.249)		
(相対集権化)^2		-136.302		999.326		
		(1528.345)		(1635.894)		
絶対集権化					1421.604 *	6733.900 **
					(853.758)	(2931.901)
(絶対集権化)^2						-14577.200 *
						(7700.885)
総組織率			1066.744 *	1198.715 **		
			(566.946)	(607.500)		
社民	-22.088	-21.898	-21.892	-23.300	-21.456	-18.600
	(15.421)	(15.602)	(15.442)	(15.636)	(15.235)	(15.220)
共産	50.289 ***	50.438 ***	55.003 ***	54.550 ***	50.301 ***	58.000 ***
	(19.036)	(19.153)	(19.215)	(19.258)	(19.124)	(19.437)
失業率	-7.879	-8.597	4.142	10.843	2.635	-5.700
	(39.120)	(40.029)	(39.578)	(41.127)	(38.994)	(39.006)
賃上げ率	54.534	54.898	56.571 *	54.040	57.411 *	52.600
	(33.180)	(33.506)	(33.190)	(33.497)	(33.284)	(33.183)
時期ダミー	-108.764	-111.971	-13.301	21.778	-31.097	-45.100
	(229.561)	(232.889)	(235.509)	(242.750)	(230.723)	(229.450)
ラグ変数	0.681 ***	0.682 ***	0.672 ***	0.669 ***	0.682 ***	0.700 ***
	(0.0431)	(0.0430)	(0.0436)	(0.0440)	(0.0435)	(0.0440)
定数	396.209	354.646	-36.294	216.228	450.225	130.943
	(628.075)	(783.264)	(667.171)	(786.055)	(632.250)	(650.681)
N	222	222	220	220	220	220
R^2(調整済み)	0.773	0.772	0.775	0.774	0.773	0.776
F値		0.008		0.373		3.583 †

( )内は標準誤差
p値 ***p値＜0.01 **p値＜0.05 *p値＜0.1
F値有意水準 †††＜0.01 ††＜0.05 †＜0.1

相対・絶対集権化とストライキ行動(60-85年)

	ストライキ量	ストライキ量	ストライキ量	ストライキ量	ストライキ量	ストライキ
相対集権化	3241.360 **	7712.340	3544.799 **	10209.270		
	(1525.375)	(5974.037)	(1640.397)	(6655.659)		
(相対集権化)^2		-3879.890		-5586.700		
		(5012.068)		(5407.250)		
絶対集権化					1173.310	17119.700
					(2802.000)	(9793.640)
(絶対集権化)^2						-43722.700
						(25740.400)
総組織率			-909.721	-1634.020		
			(1838.440)	(1967.291)		
社民	-47.236	-42.000	-48.471	-41.010	-16.107	-5.900
	(50.039)	(50.541)	(50.488)	(50.994)	(50.031)	(50.170)
共産	101.851 *	109.590 *	100.031	109.320 *	93.504	117.600
	(59.986)	(60.869)	(60.572)	(61.227)	(60.771)	(62.140)
失業率	340.352 ***	324.100 **	330.746 **	300.050 **	360.894 ***	350.200
	(130.886)	(132.681)	(133.018)	(136.274)	(132.701)	(132.260)
賃上げ率	27.017	39.120	26.008	43.100	33.552	23.000
	(108.199)	(109.423)	(109.021)	(110.252)	(109.875)	(109.570)
時期ダミー	903.829	810.300	837.316	638.000	1129.669	1107.500
	(743.697)	(754.137)	(769.912)	(793.593)	(756.624)	(753.390)
ラグ変数	0.630 ***	0.620 ***	0.628 ***	0.620 ***	0.654 ***	0.600
	(0.055)	(0.056)	(0.056)	(0.057)	(0.055)	(0.060)
定数	-898.634	-2108.902	-500.596	-1954.780	-655.872	-1720.164
	(2050.272)	(2580.013)	(2190.791)	(2603.596)	(2084.120)	(2167.546)
N	222	222	220	220	220	220
R^2(調整済み)	0.610	0.610	0.609	0.609	0.602	0.605
F値		0.599		1.067		2.885

( )内は標準誤差
p値 ***p値＜0.01 **p値＜0.05 *p値＜0.1
F値有意水準 †††＜0.01 ††＜0.05 †＜0.1

相対・絶対集権化とストライキ行動(60-85年)

	ストライキ規模	ストライキ規模	ストライキ規模	ストライキ規模	ストライキ規模	ストライキ規模
相対集権化	0.712	-0.344	0.783	-0.185		
	(0.597)	(2.340)	(0.648)	(2.756)		
(相対集権化)^2		1.004		0.879		
		(2.151)		(2.431)		
絶対集権化					-0.351	3.387
					(1.095)	(3.568)
(絶対集権化)^2						-11.108
						(10.093)
総組織率			-0.201	-0.0792		
			(0.670)	(0.751)		
社民	0.0285	0.0282	0.0290	0.0285	0.0355 *	0.0367 *
	(0.0183)	(0.0184)	(0.0186)	(0.0186)	(0.0186)	(0.0186)
共産	0.0705 ***	0.0706 ***	0.0702 ***	0.0704 ***	0.0689 ***	0.0705 ***
	(0.021)	(0.021)	(0.021)	(0.021)	(0.021)	(0.021)
失業率	0.0962 **	0.0978 **	0.0942 *	0.0970 **	0.110 **	0.105 **
	(0.0469)	(0.0472)	(0.0479)	(0.0486)	(0.0462)	(0.0463)
賃上げ率	-0.00260	-0.00384	-0.00222	-0.00331	-0.00393	-0.0107
	(0.039)	(0.039)	(0.039)	(0.040)	(0.039)	(0.040)
時期ダミー	-0.134	-0.115	-0.161	-0.129	-0.094	-0.135
	(0.277)	(0.281)	(0.292)	(0.306)	(0.280)	(0.282)
ラグ変数	0.154	0.156 ***	0.153 ***	0.155 ***	0.148 ***	0.147 ***
	(0.0315)	(0.0316)	(0.0320)	(0.0324)	(0.0322)	(0.0322)
定数	-1.150	-0.917	-1.088	-0.927	-1.035	-1.183
	(0.756)	(0.907)	(0.800)	(0.917)	(0.758)	(0.770)
N	198	198	196	196	196	196
R^2(調整済み)	0.235	0.232	0.230	0.226	0.228	0.229
F値		0.218		0.131		1.211

(　)内は標準誤差
p値　***p値＜0.01　**p値＜0.05　*p値＜0.1
F値有意水準　†††＜0.01　††＜0.05　†＜0.1

相対・絶対集権化とストライキ行動(60–85年)

	ストライキ期間	ストライキ期間	ストライキ期間	ストライキ期間	ストライキ期間	ストライキ期間
相対集権化	−3.730 (2.922)	11.831 (11.521)	−3.004 (3.137)	19.236 (12.742)		
(相対集権化)^2		−13.677 (9.796)		−18.895 * (10.496)		
絶対集権化					−6.367 (5.432)	9.432 (18.501)
(絶対集権化)^2						−43.500 (48.696)
総組織率			−2.371 (3.594)	−4.786 (3.818)		
社民	0.130 (0.098)	0.150 (0.099)	0.128 (0.099)	0.156 (0.099)	0.119 (0.097)	0.128 (0.098)
共産	−0.020 (0.110)	−0.004 (0.110)	−0.029 (0.111)	−0.014 (0.111)	−0.023 (0.110)	−0.010 (0.111)
失業率	0.524 ** (0.250)	0.460 * (0.254)	0.497 * (0.254)	0.382 (0.261)	0.468 * (0.249)	0.444 * (0.251)
賃上げ率	−0.228 (0.211)	−0.194 (0.212)	−0.224 (0.212)	−0.178 (0.213)	−0.234 (0.212)	−0.252 (0.213)
時期ダミー	3.080 ** (1.476)	2.807 * (1.486)	2.916 * (1.524)	2.318 (1.551)	2.737 * (1.481)	2.727 * (1.482)
ラグ変数	0.356 *** (0.0650)	0.341 *** (0.0658)	0.359 *** (0.0655)	0.340 *** (0.0661)	0.362 *** (0.0653)	0.356 ** (0.0657)
定数	−0.911 (3.999)	−5.030 (4.961)	0.072 (4.274)	−4.654 (4.996)	−1.182 (4.025)	−2.130 (4.164)
N	222	222	220	220	220	220
R^2(調整済み)	0.169	0.173	0.168	0.177	0.169	0.169
F値		1.949		3.241 †		0.798

( )内は標準誤差
p値 ***p値<0.01 **p値<0.05 *p値<0.1
F値有意水準 †††<0.01 ††<0.05 †<0.1

付録図表 4-3　相対・絶対脱制度化とストライキ行動(60-85年)

	ストライキ頻度	ストライキ頻度	ストライキ頻度	ストライキ頻度	ストライキ頻度	ストライキ頻度
相対脱制度化	558.489	522.992	327.451	−415.855		
	(2160.032)	(6354.010)	(2216.758)	(6610.270)		
(相対脱制度化)^2		246.623		5106.251		
		(41502.420)		(42766.760)		
絶対脱制度化					356.264	−815.540
					(6528.401)	(15083.000)
(絶対脱制度化)^2						24668.620
						(286073.500)
総組織率			−126.397	−130.328		
			(307.806)	(310.350)		
社民	1.770	1.776	2.076	2.224	1.877	1.870
	(7.994)	(8.080)	(8.262)	(8.380)	(7.985)	(8.000)
共産	10.543	10.554	9.813	10.030	10.794	10.810
	(9.960)	(10.150)	(10.194)	(10.380)	(9.914)	(9.900)
失業率	20.954	20.962	22.506	22.665	21.012	21.240
	(21.437)	(21.530)	(22.197)	(22.290)	(21.537)	(21.800)
賃上げ率	46.468 **	46.475 **	47.892 **	48.052 **	45.872 **	46.240 **
	(19.088)	(19.170)	(19.335)	(19.430)	(18.994)	(19.500)
時期ダミー	250.259 *	250.320 *	241.684 *	242.498 *	255.545 *	254.700 *
	(132.848)	(133.580)	(136.732)	(137.250)	(131.213)	(131.900)
ラグ変数	0.835 ***	0.835 ***	0.832 ***	0.832 ***	0.835 ***	0.840 ***
	(0.0360)	(0.0400)	(0.0370)	(0.0400)	(0.0360)	(0.0000)
定数	−250.280	−250.369	−194.048	−194.684	−252.087	−248.314
	(336.986)	(338.199)	(364.478)	(365.466)	(338.145)	(341.842)
N	204	204	201	201	204	204
R^2（調整済み）	0.833	0.832	0.832	0.831	0.833	0.832
F値		0.000019		0.0142		0.00744

（ ）内は標準誤差
p値　***p値＜0.01　**p値＜0.05　*p値＜0.1
F値有意水準　†††＜0.01　††＜0.05　†＜0.1

相対・絶対脱制度化とストライキ行動(60–85年)

	ストライキ参加	ストライキ参加	ストライキ参加	ストライキ参加	ストライキ参加	ストライキ
相対脱制度化	742.331	3946.600	2370.760	7674.300		
	(3931.556)	(11324.510)	(3992.490)	(11577.530)		
(相対脱制度化)^2		−22476.900		−36815.600		
		(74475.360)		(75418.830)		
絶対脱制度化					18119.900	61392.0
					(11791.350)	(26463.9
(絶対脱制度化)^2						−924533.0
						(506853.9
総組織率			1272.880 **	1298.100 **		
			(539.839)	(543.290)		
社民	−13.022	−13.200	−18.168	−18.600	−11.970	−10.0
	(14.263)	(14.300)	(14.514)	(14.570)	(14.200)	(14.2
共産	50.900 ***	49.900 **	55.319 ***	53.900 ***	52.510 ***	52.0
	(18.895)	(19.220)	(19.212)	(19.470)	(18.780)	(18.7
失業率	−2.9616	−3.900	8.911	7.400	−8.430	−17.0
	(38.121)	(38.330)	(39.011)	(39.200)	(38.080)	(38.2
賃上げ率	57.320 *	56.900 *	60.625 *	59.900 *	55.220 *	43.0
	(33.426)	(33.520)	(33.427)	(33.520)	(32.980)	(33.4
時期ダミー	−78.014	−83.600	−1.551	−8.500	−95.130	−80.0
	(232.265)	(233.490)	(234.111)	(234.970)	(228.120)	(227.1
ラグ変数	0.683 ***	0.700 ***	0.670 ***	0.700 ***	0.680 ***	1.0
	(0.0430)	(0.0400)	(0.0440)	(0.0400)	(0.0400)	(0.00
定数	390.378	386.717	−129.006	−142.564	282.753	114.24
	(628.305)	(629.761)	(667.731)	(669.313)	(628.550)	(631.97
N	223	223	220	220	223	22
R^2(調整済み)	0.771	0.770	0.775	0.774	0.773	0.77
F値		0.091†		0.238		3.32

( )内は標準誤差
p値 ***p値<0.01 **p値<0.05 *p値<0.1
F値有意水準 †††<0.01 ††<0.05 †<0.1

相対・絶対脱制度化とストライキ行動(60–85年)

	ストライキ量		ストライキ量		ストライキ量		ストライキ量		ストライキ量		ストライキ量	
相対脱制度化	−10890.500		−21992.300		−10223.800		−20819.200					
	(13114.520)		(37618.300)		(13169.900)		(38177.800)					
(相対脱制度化)^2			77765.600				73429.200					
			(246905.300)				(248268.400)					
絶対脱制度化									36446.320		156835.000	*
									(39359.220)		(88915.000)	
(絶対脱制度化)^2											−2566600.000	
											(1700919.000)	
総組織率					243.700		188.200					
					(1765.400)		(1779.200)					
社民	12.400		13.000		−10.300		−9.400		14.820		19.000	
	(47.530)		(47.700)		(47.920)		(48.100)		(47.570)		(48.000)	
共産	142.100	**	144.900	**	98.100		100.500		139.000	**	141.000	**
	(60.120)		(60.900)		(61.240)		(61.900)		(59.890)		(60.000)	
失業率	311.300	**	314.800	**	364.700	***	367.700	***	295.170	**	274.000	**
	(133.560)		(134.300)		(133.530)		(134.200)		(133.940)		(134.000)	
賃上げ率	8.000		9.400		23.300		24.600		16.390		−15.000	
	(112.090)		(112.400)		(110.820)		(111.200)		(111.260)		(113.000)	
時期ダミー	1180.800		1201.800		1216.500		1231.100		1023.350		1064.000	
	(772.690)		(777.200)		(772.540)		(775.800)		(762.370)		(761.000)	
ラグ変数	0.600	***	0.600	***	0.700	***	0.700	***	0.610	***	1.000	***
	(0.0500)		(0.1000)		(0.0500)		(0.1000)		(0.0500)			
定数	−1356.980		−1347.417		−728.551		−701.558		−1667.130		−2146.113	
	(2098.963)		(2103.696)		(2214.439)		(2220.822)		(2111.093)		(2129.080)	
N	223		223		220		220		223		223	
R^2(調整済み)	0.585		0.584		0.601		0.599		0.586		0.588	
F値			0.0992				0.0875				2.277	

( )内は標準誤差
p値 ***p値<0.01 **p値<0.05 *p値<0.1
F値有意水準 †††<0.01 ††<0.05 †<0.1

相対・絶対脱制度化とストライキ行動(60–85年)

	ストライキ規模	ストライキ規模	ストライキ規模	ストライキ規模	ストライキ規模	ストライキ
相対脱制度化	3.769 (4.465)	9.387 (13.105)	3.971 (4.595)	10.034 (13.665)		
(相対脱制度化)^2		−39.011 (85.526)		−41.609 (88.303)		
絶対脱制度化					9.382 (13.486)	12.573 (31.158
(絶対脱制度化)^2						−67.094 (590.156
総組織率			0.1957 (0.633)	0.229 (0.639)		
社民	0.0341 * (0.0176)	0.0332 * (0.0178)	0.0328 * (0.0182)	0.0316 * (0.0184)	0.0347 * (0.0176)	0.0347 (0.0177
共産	0.0688 *** (0.0203)	0.0671 *** (0.0207)	0.0681 *** (0.0208)	0.0664 *** (0.0212)	0.0703 *** (0.0202)	0.0702 (0.0203
失業率	0.105 ** (0.0447)	0.104 ** (0.0448)	0.109 ** (0.0463)	0.108 ** (0.0465)	0.103 ** (0.0449)	0.102 (0.0453
賃上げ率	−0.00044 (0.0391)	−0.00140 (0.0393)	0.00103 (0.0397)	−0.00010 (0.0398)	−0.00557 (0.0389)	−0.00650 (0.0399
時期ダミー	−0.1197 (0.277)	−0.1296 (0.279)	−0.1030 (0.286)	−0.1097 (0.287)	−0.0878 (0.273)	−0.0856 (0.275
ラグ変数	0.151 *** (0.0313)	0.151 *** (0.0313)	0.152 *** (0.0320)	0.153 *** (0.0321)	0.151 *** (0.0313)	0.151 (0.0314
定数	−1.067 (0.746)	−1.054 (0.748)	−1.134 (0.804)	−1.130 (0.806)	−1.103 (0.750)	−1.113 (0.758
N	199	199	196	196	199	199
R^2(調整済み)	0.232	0.229	0.227	0.224	0.231	0.227
F値		0.208		0.222		0.0129

( )内は標準誤差
p値 ***p値<0.01 **p値<0.05 *p値<0.1
F値有意水準 †††<0.01 ††<0.05 †<0.1

相対・絶対脱制度化とストライキ行動(60–85年)

	ストライキ期間	ストライキ期間	ストライキ期間	ストライキ期間	ストライキ期間	ストライキ期間
対脱制度化	-17.956	66.528	-23.681	56.124		
	(24.953)	(71.356)	(25.503)	(73.776)		
目対脱制度化)^2		-592.585		-553.573		
		(468.992)		(480.251)		
対脱制度化					-87.825	-39.080
					(74.982)	(169.928)
色対脱制度化)^2						-1038.940
						(3248.391)
組織率			-4.150	-3.734		
			(3.418)	(3.434)		
民	0.0896	0.0850	0.098	0.091	0.0848	0.0900
	(0.0905)	(0.0904)	(0.0927)	(0.0928)	(0.0904)	(0.0910)
産	-0.0063	-0.0260	-0.0275	-0.0450	-0.0145	-0.0100
	(0.109)	(0.110)	(0.111)	(0.112)	(0.108)	(0.109)
業率	0.461 *	0.440 *	0.458 *	0.438 *	0.486 **	0.480 *
	(0.244)	(0.244)	(0.250)	(0.251)	(0.244)	(0.247)
上げ率	-0.271	-0.281	-0.260	-0.271	-0.245	-0.260
	(0.212)	(0.212)	(0.214)	(0.214)	(0.210)	(0.214)
期ダミー	3.040 **	2.898 *	2.840 *	2.746 *	2.982 **	3.000 **
	(1.469)	(1.491)	(1.512)	(1.513)	(1.468)	(1.471)
グ変数	0.358 ***	0.354 ***	0.362 ***	0.358 ***	0.355 ***	0.360 ***
	(0.0647)	(0.0647)	(0.0653)	(0.0654)	(0.0647)	(0.0650)
数	-1.049	-1.122	0.893	0.696	-0.622	-0.813
	(3.993)	(3.988)	(4.274)	(4.274)	(4.010)	(4.063)
	223	223	220	220	223	223
^{2}（調整済み）	0.164	0.166	0.168	0.169	0.167	0.164
値		3.904 ††		1.329		0.102

）内は標準誤差
値　***p値<0.01　**p値<0.05　*p値<0.1
値有意水準　†††<0.01　††<0.05　†<0.1

付録図表 4-4　相対・絶対変易率とストライキ行動(60-85年)

	ストライキ頻度	ストライキ頻度	ストライキ頻度	ストライキ頻度	ストライキ頻度	ストライキ頻
相対変易率	1248.700 (2178.834)	5915.600 (6312.150)	1115.999 (2233.351)	5717.700 (6464.500)		
(相対変易率)^2		-32310.900 (41009.990)		-31609.900 (41665.750)		
絶対変易率					6729.964 (6533.695)	16587.000 (14677.000)
(絶対変易率)^2						-209196.000 (278837.600)
総組織率			-107.520 (307.804)	-81.200 (310.090)		
社民	1.594 (7.993)	0.800 (8.060)	1.834 (8.259)	1.000 (8.340)	1.849 (7.963)	2.000 (8.000)
共産	10.211 (9.958)	8.800 (10.130)	9.446 (10.195)	8.100 (10.370)	10.751 (9.888)	11.000 (9.900)
失業率	20.067 (21.492)	19.400 (21.530)	21.737 (22.242)	21.200 (22.280)	18.335 (21.543)	18.000 (21.600)
賃上げ率	47.477 ** (19.151)	47.500 ** (19.170)	48.902 ** (19.399)	48.900 ** (19.420)	46.171 ** (18.924)	44.000 * (19.100)
時期ダミー	240.853 * (133.596)	231.800 * (134.220)	233.092 * (137.440)	226.000 (137.910)	250.016 * (130.911)	260.000 * (131.800)
ラグ変数	0.835 *** (0.0360)	0.800 *** (0.0400)	0.832 *** (0.0370)	0.800 *** (0.0400)	0.834 *** (0.0360)	1.000 * (0.0000)
定数	-246.008 (336.859)	-238.275 (337.356)	-198.641 (364.078)	-202.257 (364.559)	-279.347 (337.294)	-320.464 (342.084)
N	204	204	201	201	204	204
R^2(調整済み)	0.833	0.833	0.832	0.832	0.834	0.833
F値		0.621		0.576		0.563

(　)内は標準誤差
p値　***p値＜0.01　**p値＜0.05　*p値＜0.1
F値有意水準　†††＜0.01　††＜0.05　†＜0.1

相対・絶対変易率とストライキ行動(60-85年)

	ストライキ参加	ストライキ参加	ストライキ参加	ストライキ参加	ストライキ参加	ストライキ参加
相対変易率	497.038 (3965.382)	-7812.140 (11209.690)	2287.174 (4024.609)	-3169.740 (11370.550)		
(相対変易率)^2		58061.690 (73255.700)		37784.910 (73616.980)		
絶対変易率					9437.892 (11907.420)	6017.910 (26282.700)
(絶対変易率)^2						73338.140 (502151.200)
総組織率			1271.675 * (540.296)	1239.120 * (544.950)		
社民	-13.052 (14.263)	-12.670 (14.280)	-18.200 (14.516)	-17.860 (14.560)	-12.536 (14.260)	-12.670 (14.300)
共産	50.961 *** (18.901)	52.960 *** (19.080)	55.251 *** (19.219)	56.430 *** (19.390)	51.938 *** (18.860)	51.880 *** (18.900)
失業率	-3.143 (38.227)	-1.610 (38.310)	7.840 (39.082)	8.610 (39.180)	-6.293 (38.310)	-6.120 (38.400)
賃上げ率	57.163 * (33.564)	56.430 * (33.610)	61.119 * (33.584)	60.540 * (33.660)	57.424 * (33.120)	57.890 * (33.300)
時期ダミー	-76.444 (233.741)	-59.000 (234.980)	-5.843 (235.560)	3.990 (236.750)	-85.693 (229.280)	-87.550 (230.200)
ラグ変数	0.683 *** (0.0430)	0.680 *** (0.0400)	0.670 *** (0.0440)	0.670 *** (0.0400)	0.679 *** (0.0400)	0.680 *** (0.0000)
定数	394.004 (627.824)	413.618 (628.856)	-123.019 (666.767)	-95.762 (670.135)	337.524 (631.051)	354.653 (643.280)
N	223	223	220	220	223	223
R^2(調整済み)	0.771	0.770	0.775	0.774	0.771	0.770
F値		0.628		0.263		0.0213

( )内は標準誤差
p値 ***p値<0.01 **p値<0.05 *p値<0.1
F値有意水準 †††<0.01 ††<0.05 †<0.1

相対・絶対変易率とストライキ行動(60–85年)

	ストライキ量	ストライキ量	ストライキ量	ストライキ量	ストライキ量	ストライキ量
相対変易率	-15912.000 (13230.350)	-29807.900 (37378.700)	-15673.600 (13282.760)	-29670.500 (37509.400)		
(相対変易率)^2		96993.800 (243945.000)		96829.400 (242602.900)		
絶対変易率					-33277.900 (39513.200)	-40509.000 (88087.000)
(絶対変易率)^2						155049.900 (1687096.000)
総組織率			115.000 (1762.790)	32.500 (1778.400)		
社民	13.100 (47.440)	13.700 (47.600)	-9.500 (47.840)	-8.600 (48.000)	10.700 (47.580)	10.400 (48.000)
共産	145.500 ** (60.140)	149.000 ** (60.900)	101.500 * (61.250)	104.800 * (61.900)	136.700 ** (59.910)	136.500 (60.000)
失業率	323.100 ** (133.910)	326.100 ** (134.400)	375.200 *** (133.700)	377.600 *** (134.100)	317.700 ** (134.090)	317.500 (134.000)
賃上げ率	-0.100 (112.230)	-1.200 (112.500)	14.400 (111.020)	13.100 (111.300)	16.000 (111.330)	16.800 (112.000)
時期ダミー	1261.700 (776.270)	1291.300 * (781.400)	1296.500 * (776.040)	1322.100 * (780.200)	1118.800 (763.210)	1114.500 (766.000)
ラグ変数	0.600 *** (0.0500)	0.600 *** (0.1000)	0.600 *** (0.0500)	0.600 *** (0.1000)	0.600 *** (0.0500)	0.600 (0.1000)
定数	-1382.248 (2093.681)	-1351.529 (2099.300)	-684.128 (2206.863)	-617.013 (2217.877)	-1216.883 (2112.643)	-1178.392 (2158.622)
N	223	223	220	220	223	223
R^2(調整済み)	0.587	0.585	0.602	0.601	0.585	0.584
F値		0.158		0.159		0.00844

( )内は標準誤差
p値 ***p値<0.01 **p値<0.05 *p値<0.1
F値有意水準 †††<0.01 ††<0.05 †<0.1

相対・絶対変易率とストライキ行動(60–85 年)

	ストライキ規模	ストライキ規模	ストライキ規模	ストライキ規模	ストライキ規模	ストライキ規模
相対変易率	0.950 (4.521)	4.065 (13.205)	1.120 (4.642)	4.638 (13.518)		
(相対変易率)^2		−21.485 (85.559)		−24.098 (86.939)		
絶対変易率					−10.254 (13.534)	−35.594 (30.421)
(絶対変易率)^2						536.656 (576.945)
総組織率			0.1247 (0.634)	0.142 (0.639)		
社民	0.034 * (0.0177)	0.034 * (0.0178)	0.033 * (0.0182)	0.033 * (0.0184)	0.034 * (0.0176)	0.034 * (0.0176)
共産	0.06985 *** (0.0203)	0.06910 *** (0.0206)	0.06902 *** (0.0209)	0.068200 *** (0.0211)	0.07020 *** (0.0202)	0.07050 *** (0.0202)
失業率	0.1051 ** (0.0448)	0.1048 ** (0.0450)	0.1088 ** (0.0465)	0.1086 ** (0.0466)	0.1099 ** (0.0450)	0.1111 ** (0.0450)
賃上げ率	−0.0033 (0.0393)	−0.0032 (0.0394)	−0.0017 (0.0399)	−0.0016 (0.0400)	−0.0050 (0.0389)	−0.0007 (0.0391)
時期ダミー	−0.0918 (0.280)	−0.099 (0.282)	−0.0831 (0.288)	−0.090 (0.290)	−0.0683 (0.274)	−0.0928 (0.275)
ラグ変数	0.150 *** (0.0314)	0.149 *** (0.0317)	0.151 *** (0.0321)	0.150 *** (0.0323)	0.150 *** (0.0313)	0.150 *** (0.0313)
定数	−1.055 (0.747)	−1.056 (0.749)	−1.096 (0.805)	−1.104 (0.808)	−0.997 (0.750)	−0.880 (0.761)
N	199	199	196	196	199	199
R^2(調整済み)	0.229	0.225	0.224	0.220	0.231	0.231
F値		0.0631		0.0768		0.865

( )内は標準誤差
p値 ***p値<0.01 **p値<0.05 *p値<0.1
F値有意水準 †††<0.01 ††<0.05 †<0.1

相対・絶対変易率とストライキ行動(60–85年)

	ストライキ期間	ストライキ期間	ストライキ期間	ストライキ期間	ストライキ期間	ストライキ期
相対変易率	-22.405 (25.219)	26.401 (71.112)	-28.874 (25.767)	10.191 (72.594)		
(相対変易率)^2		-341.539 (465.223)		-270.910 (470.543)		
絶対変易率					-87.555 (75.329)	-57.468 (165.739)
(絶対変易率)^2						-648.332 (3179.392)
総組織率			-4.289 (3.419)	-4.059 (3.447)		
社民	0.091 (0.090)	0.088 (0.091)	0.099 (0.093)	0.096 (0.093)	0.085 (0.090)	0.086 (0.091)
共産	-0.004 (0.109)	-0.016 (0.110)	-0.026 (0.111)	-0.034 (0.112)	-0.014 (0.108)	-0.014 (0.109)
失業率	0.4746 * (0.2444)	0.4670 * (0.2449)	0.4739 * (0.2508)	0.4690 * (0.2514)	0.4929 ** (0.2452)	0.4910 * (0.2460)
賃上げ率	-0.2616 (0.213)	-0.2780 (0.213)	-0.2744 (0.215)	-0.2710 (0.215)	-0.2593 (0.210)	-0.2640 (0.212)
時期ダミー	3.139 ** (1.500)	3.045 ** (1.507)	2.961 * (1.522)	2.896 * (1.529)	3.008 ** (1.470)	3.027 * (1.476)
ラグ変数	0.355 (0.0649)	0.352 (0.0650)	0.358 (0.0655)	0.356 (0.0657)	0.353 (0.0649)	0.352 (0.0650)
定数	-1.079 (3.989)	-1.165 (3.995)	0.941 (4.267)	0.753 (4.286)	-0.617 (4.011)	-0.767 (4.088)
N	223	223	220	220	223	223
R^2（調整済み）	0.165	0.163	0.169	0.167	0.167	0.163
F値		0.539		0.336		0.0416

( )内は標準誤差
p値 ***p値＜0.01 **p値＜0.05 *p値＜0.1
F値有意水準 †††＜0.01 ††＜0.05 †＜0.1

〈ナ行〉

ノルラート. M 278-279, 284
中野実 358

〈ハ行〉

ハートマン. P 155, 160, 190
ハナガン. M 277
ハンフリーズ. C 172-174
パウエル. W 49
パットナム. R 38, 70
パニッチ. L 244, 345
パレイモ. H 172-174, 197
ヒックス. A 114-115
ヒッブス. D 159-162, 194, 196
フランゾッシ. R 168-171, 194
プチェヴォルスキィ. A 117, 158
ブランド. D 52
ブリット. D 150
ペローネ. L 148, 166-167, 193, 200

〈マ行〉

マークス. G 87-88, 281
ミグダール. J 36-37
ミッチェル. T 36
前野良 70
真柄秀子 76
真渕勝 29
三宅一郎 128

〈ヤ行〉

山口定 28

〈ラ行〉

ライト. E. 148, 166-168, 181, 193, 200
ラクト. D 241, 284, 298
ラング. P 83-84, 99-102
リンドブロム. C 338-339
レイ. D 94-95, 104
レイプハルト. A 84
レームブルッフ. G 53, 86, 115-116, 278-280, 291
ローウィ. T 52, 273-274, 287, 338-339
ロジャース. J 55-57, 115
ロス. A 155, 160, 190
ロススタイン. B 52

〈ワ行〉

ワレンシュタイン. M 99-102

事項索引

〈ア行〉

アウトサイダー 14, 80, 111-112, 221-222
アクター 5-7, 141-142, 253, 333, 335-336, 348-350
アソシエーション(結社) 13, 43-45, 50-51, 87, 103
——とデモクラシー 54-59
位置権力 148, 166-167
イベント偏向 143-144
インサイダー 14, 80, 111-112, 221-222
影響力の論理 47-48, 103, 194, 348
エリート 13, 60, 63, 67, 159, 234, 276, 340

〈カ行〉

階級 65, 84, 157-158, 165, 241-242, 244, 251-252, 333, 339-340, 350
環境運動 62-65, 241, 266, 270, 280-282
関係論 49, 156-157
還元主義 8, 56, 157, 243, 252, 337, 343, 350
共産主義政党 161-163, 185, 196, 202, 293, 305
クライエンテリズム 65, 78, 273
経済パフォーマンス 81, 278
ケインズ主義 244
権力資源 84, 145, 149, 154, 194, 311, 340-341, 350
行為 6-7, 116-117, 120, 332, 344, 351
交叉階級連合 95-97, 158, 165, 276, 341-342
構造 6-7, 96-97, 148-149, 166-167, 181, 224, 240-242, 247, 253, 3 333, 343, 350
構造－機能主義 30, 143, 149, 224, 333, 343, 350, 354
構築 28, 56, 148, 336
公的地位 12, 50-53, 83, 103, 164, 339, 345
行動論 141, 336
合理的選択 5, 148, 336, 348
国家－社会関係
政治社会と市民社会(社会の二重性) 12, 38-41, 248-249, 293, 319-322, 332
コミュニティ 43-45, 59, 245

〈サ行〉

Ｊカーブ 141
資源動員 149, 156, 171, 194, 237-239, 311, 351
市場 42-43, 59, 86, 228, 245
社会民主主義 55, 83-86, 120, 149, 154, 163-168, 196, 202, 244, 293, 305, 340
集権化 91, 165, 330, 352
絶対(相対)—— 15-17, 103, 174, 197, 283, 294, 301
集団論 9, 144-146, 334
集中化 81, 91-94, 100-103, 157
収斂 17, 20, 346
出力(アウトプット) 52, 81, 224, 274-275, 293, 352
消費 64-65, 246-247, 268
所得政策 86-90, 164, 345
新自由主義 244
新中間層 242, 251, 350
ステイティスト(国家論) 81, 293-294, 334-335, 344
生産 64-65, 67, 246-247, 268, 275-276
政治意識 141, 240, 253, 350
政治過程 144, 171, 270-271, 336, 341
政治体制 5, 236, 266-267, 352
政治的機会構造(POS) 158, 217, 267-269, 295, 309, 352
制度 5-7, 9, 97, 114-115, 117,

120, 142, 166, 181, 225, 247, 333, 342, 347
制度変動 17-20, 115, 203, 311, 347
政府能力 226, 233, 274, 293, 305, 308, 334, 352
選挙動員 154, 162, 171, 196, 293, 305, 308
相対的価値剥奪 141
促進説 20, 65, 172, 203, 277, 353
組織場 49, 105, 296
組織率 13, 92, 150, 168, 194, 196, 201-202, 304-305, 316, 340
存在論 5-6, 28, 156, 336, 342, 349-350

〈タ行〉

多元主義 9, 47, 144, 173, 219, 221, 266, 334, 338, 349
　修正―― 273, 338
　弁護論的―― 272
脱産業化 242, 337
脱制度化(変易率) 17, 115, 203, 347
　絶対(相対)―― 17, 117-118, 205, 210, 294-295, 309-313
脱物質主義 240, 250, 350
調整 7, 42, 52, 344
デュアリズム 14, 80, 99, 108, 129, 210
統治連合 223, 234, 349-353
道具主義 158, 175, 341, 351

〈ナ行〉

入力(インプット) 52, 81, 224, 274-275, 293, 352
ネオ・コーポラティズム論争 4, 8-9, 35-37, 47, 81, 172, 276
ネットワーク性 9, 13, 49, 112, 194, 339

〈ハ行〉

反映論 8, 56, 157, 338
ハンプ型(説) 22-23, 81, 166, 199-200, 203, 209, 220, 229, 236, 282, 310, 353, 357
福祉国家 243, 254
プロテスト・サイクル 232, 267
分権化 17, 345-347
変易率(→脱制度化)

〈マ行〉

マクロ＝ミクロ・リンケージ 14, 112, 345
マルクス主義 345, 355, 358
メンバーシップの論理 47, 93
モラル・エコノミー 86, 165

〈ヤ行〉

U字型(説) 21-23, 168, 175, 193, 199, 203, 208, 229, 236, 276, 284, 304, 310, 316, 353, 357
抑制説 20-21, 172, 203, 278, 282, 304, 320, 353

〈ラ行〉

ライフ・チャンス 245
ランク・アンド・ファイル 13, 60, 63, 121, 159, 196, 202, 279, 340
利益集団リベラリズム 53, 273, 340
利益媒介 9, 21, 173, 227, 243, 278, 334, 351
連合論 234, 251, 341, 349
労働中心的アプローチ 158

主要文献リスト

(1)制度論と国家ー社会関係論について

(1)制度論に関連して

ーBates, Robert. 1988. "Contra Contractarianism: Some Reflections on the New Institutionalism." *Politics and Society,* 16: 387-401.

ーBonniface, Dexter and J.C. Sharman. 2001. "Review Article: An Analytical Revolution in Comparative Politics." *Comparative Politics,* 33: 475-493.

ーBrinton, Mary C. and Victor Nee (eds.). 1998. *The New Institutionalism in Sociology.* New York: Russell Sage Foundation.

ーCortell, Andrew P. and Susan Peterson. 2001. "Limiting the Unintended Consequences of Institutional Change." *Comparative Political Studies,* 34: 768-799.

ーDiMaggio, Paul J. and Walter W. Powell. 1991. "The Iron Cage Revisited: Institutional Isomorphism and Collective Rationality in Organizational Fields." In Walter W. Powell and Paul J. DiMaggio, eds., *The New Institutionalism in Organizational Analysis,* 63-82. Chicago: University of Chicago Press.

ーEbbinghaus, Bernhard and Jelle Visser. 1999. "When Institutions Matter: Union Growth and Decline in Western Europe." *European Sociological Review,* 15: 135-158.

ーFriedland, Roger and Robert R. Alford. 1991. "Bringing Society Back In: Symbols, Practices, and Institutional Contradictions." In Walter W. Powell and Paul J. DiMaggio, eds., *The New Institutionalism in Organizational Analysis,* 232-263. Chicago: University of Chicago Press.

ーGranovetter, Mark S. 1973. "The Strength of Weak Ties." *American Journal of Sociology,* 78: 1360-1379.

ーGranovetter, Mark S. 1985. "Economic Action and Social Structure: The Problem of Embeddedness." *American Journal of Sociology,* 91: 481-510.

ーGranovetter, Mark S. 1992. "Economic Institutions as Social Constructions: A Framework for Analysis." *Acta Sociologica,* 35: 3-11.

ーHall, Peter A. 1997. "The Role of Interests, Institutions, and Ideas in the Comparative Political Economy of the Industrialized Nations." In Mark Irving Lichbach and Alan S. Zuckerman, eds., *Comparative Politics: Rationality, Culture, and Structure,* 180-183. New York: Cambridge University Press.

ーHollingworth, J. Rogers, Philippe C. Schmitter, and Wolfgang Streeck. 1994.

"Capitalism, Sectors, Institutions, and Performance." In J. Rogers Hollingworth, Philippe C. Schmitter, and Wolfgang Streeck, eds., *Governing Capitalist Economy: Performance and Control of Economic Sectors,* pp.3-16. New York: Oxford University Press.

—Hollingworth, J. Rogers and Robert Boyer (eds.). 1997. *Contemporary Capitalism: The Embeddedness of Institutions.* New York: Cambridge University Press.

—Hollingworth, J. Rogers and Leon N.Lindberg. 1985. "The Governance of American Economy: The Role of Markets, Clans, Hierarchies, and Associative Behaviour." In Wolfgang Streeck and Philippe C. Schmitter, eds., *Private Interest Government: Beyond Market and State,* 221-254. Beverly Hills: Sage.

—Katznelson, Ira. 1996. "Knowledge about What? Policy Intellectuals and New Liberalism." In Dietrich Rueschemeyer and Theda Skocpol, eds., *States, Social Knowledge, and the Origins of Modern Social Policies,* 17-47. Princeton: Princeton University Press.

—Knill, Christoph and Andrea Lenschow. 2001. "'Seek and Ye Shall Find!' Linking Different Perspectives on Institutional Change." *Comparative Political Studies,* 34: 187-215.

—Klandermans, Bert. 1992. "The Social Construction of Protest and Multiorganizational Fields." In Aldon D.Morris and Carol McClurg Mueller eds., *Frontiers in Social Movement Theory,* 77-103. New Haven: Yale University Press.

—March, James G. and Joan P. Olsen. 1984. "The New Institutionalism: Organizational Fators in Political Factors in Political Life." *American Political Science Review,* 78: 734-49.

—March, James G. and Joan P. Olsen. 1989. *Rediscovering Institutions: The Organizational Basis of Politics.* New York: Free Press.

—Mizruchi, Marks S. and Joseph Galaskiewicz. 1993. "Networks of Interorganizational Relations." *Sociological Methods & Research,* 22: 46-70.

—Ostrom, Elinor. 1990. *Governing the Commons: The Evolution of Institutions for Collective Action.* New York: Cambridge University Press.

—Pontusson, Jonas. 1995. "From Comparative Public Policy to Political Economy." *Comparative Political Studies,* 28: 117-147.

—Powell, Walter. 1990. "Neither Market nor Hierarchy: Network Forms of Organization." *Research in Organizational Behavior,* 12: 295-336.

—Rueschemeyer, Dietrich and Theda Skocpol. 1996. "Introduction." In Dietrich Rueschemeyer and Theda Skocpol, eds., *States, Social Knowledge, and the Origins of Modern Social Policies,* 3-14. Princeton: Princeton University Press.

—Skowronek, Stephen. 1982. *Buiding A New American State.* Cambridge: Cambridge University Press.

—Schmitter, Philippe C. 1997. "Levels of Spatial Coordination and the Embeddedness of Institutions." In J. Rogers Hollingworth and Robert Boyer, eds., *Contemporary Capitalism: The Embeddedness of Institution,* 311-317. Cambridge: Cambridge University Press.

—Streeck, Wolfgang and Philippe C. Schmitter. 1985. "Community, Market, State - and Associations?: The Prospective Contribution of Interest Governance to Social Order." In Wolfgang Streeck and Philip C. Schmitter, eds., *Private Interest Government: Beyond Market and State,* 1-18. Beverly Hills: Sage.

—Streeck, Wolfgang. 1992. "The Logic of Associative Action and the Territorial Organization of Interest: the Case of German `Handwerk`." In *idem., Social Institutions and Economic Performance: Studies of Industrial Relations in Advanced Capitalist Economies,* 105-136. London: SAGE Publications.

—Thelen, Kathleen and Sven Steinmo. 1992. "Historical Institutionalism in Comparative Politics." In Sven Steinmo, Kathleen Thelen and Frank Longstreth, eds., *Structuring Politics: Historical Institutionalism in Comparative Analysis,* 3-18. Cambridge: Cambridge University Press.

—Ward, Hugh. 1987. "Structural Power: A Contradiction in Terms ?" *Political Studies,* 35: 593-610.

—Weaver, R. Kent and Bert A. Rockman (eds.). 1993. *Do Institutions Matter: Government Capabilities in the United States and Abroad.* Washington, D.C.: The Brookings Institute.

—Wolfe, Alan. 1989. *Whose Keeper: Social Sciences and Moral Obligation.* Berkeley: University of California Press.

—Wright, Erik Olin. 2000. "Working-Class Power, Capitalist-Class Interests, and Class Compromise." *American Journal of Sociology,* 105: 957-1002.

—Wright, Erik Olin. 1994. *Interrogating Inequality: Essays on Class Analysis, Socialism, and Marxism.* London: Verso.

・山口定『政治体制』東京大学出版会、1989年。

・真渕勝『大蔵省統制の政治経済学』中央公論社、1994年。

・盛山和夫『制度論の構図』創文社、1995年。

(2)国家および国家－社会関係の問題に関連して

—Barrow, Clyde W. 1993. *Critical Theories of the State.* Madison: The Universiry of Wisconsin Press.

—Burawoy, Michael and Theda Skocpol (eds.). 1982. *Marxist Inquiries: Studies of*

Labor, Class, and States. Chicago: The University of Chicago Press.

—Chilcote, Ronald H. 1994. *Theories of Comparative Politics: The Search for a Paradigm Reconsidered, 2ed.* Boulder: Westview Press.

—Hall, Peter. 1986. *Governing the Economy: The Politics of State Intervention in Britain and France.* Oxford: Oxford University Press.

—Hall, Peter. 1984. "Patterns of Economic Policy: An Organizational Approach." In Stephan Bornstein, David Held, and Joel Krieger, eds., *The State in Capitalist Europe: Casebook Series on European Politics and Society, No.3.,* 21-43. Winchester: George Allen & Unwin; Center for European Studies, Harvard Univeristy.

—Hart, Jeffrey A. 1992. *Rival Capitalist:International Competiveness in the United States, Japan, and Western Europe.* Ithaca: Cornell University Press.

—Held, David and Joel Krieger. 1984. "Theories of The State: Some Competing Claims." In Stephen Bornstein, David Held, and Joel Krieger, eds., *The State in Capitalist Europe: Casebook Series on European Politics and Society, No.3.,* 1-20. Winchester: Geroge Allen and Unwin; Center for European Studies, Harvard Univeristy.

—Kesselman, Mark. 1982. "State and Class Struggle: Trends in Marxist Political Science." In Bertell Ollman and Edward Vernoff, eds., *The Left Academy: Marxist Scholarship on American Campuss,* 82-114. New York: McGraw-Hill.

—King, Roger. 1986. *The State in Modern Society: New Directions in Political Society.* London: Macmillan.

—Krasner, Stephan D. 1984. "Approaches to the State: Alternative Conceptions and Historical Dynamics." *Comparative Politics,* 16: 240-244.

—Mitchell, Timothy. 1991. "The Limits of the State: Beyond Statist Approaches and Their Critics." *American Political Science Review,* 85: 77-96.

—Mitchell, Timothy. 1988. *Colonizing Egypt.* Berkeley: University of California Press.

—Migdal, Joel S. 1994. "The State in Society: An Approach to Struggle for Domination." In Joel S. Migdal, Atul Kohli, and Vivienne Shue eds., *State Power and Social Forces,* 7-36. Cambridge: Cambridge University Press.

—Migdal, Joel S. 2001. *State in Society: Studying How States and Societies Transform and Constitute One Anothe. Cambridge:* Cambridge University Press.

—Offe, Claus. 1981. "The Attribution of Public Status to Interst Groups: Observation on The West German Case." In Suzanne Berger, ed., *Organized Interests in Western Europe,* 123-158. Cambridge: Cambridge University Press.

—Offe, Claus. 1996. *Modernity and the State.* Cambridge: Polity Press, 1996.

—Skocpol, Theda. 1979. *State and Social Revolutions: A Comparative Analysis of France, Russia, and China*. Cambridge: Cambridge University Press.
—Skocpol, Theda. 1985. "Bringing the State Back In: Strategies of Analysis in Current Research." In Peter B. Evans, Dietrich Rueschemeyer, and Theda Skocpol, eds., *Bringing the State Back In,* 3-28. Cambridge: Cambridge University Press.
—Skocpol, Theda. 1992. *Protecting Soldiers and Mothers: The Political Origins of Social Policy in the United States.* Cambridge: The Belknap Press of Harvard University Press, 1992.
—Skocpol, Theda. 1996. "Unravelling From Above." *The American Prospect,* 25: 20-25.
—Stepan, Alfred. 1978. *The State and Society: Peru in Comparative Perspective.* Princeton: Princeton University Press.
—Stepan, Alfred. 1988. *Rethinking Military Politics: Brazil and Southern Cone.* Princeton: Princeton University Press.
—Stepan, Alfred. 2001. *Arguing Comparative Politics.* Oxford: Oxford University Press.
—Streeck, Wolfgang and Philippe C. Schmitter (eds.). 1985. *Private Interest Government: Beyond Market and State.* Beverly Hills: Sage.
—Weir, Margaret, Ann Shola Orloff and Theda Skocpol, "Introduction: Understanding American Social Politics." In *idem.,* eds., *The Politics of Social Policy in the United States,* 3-27. Princeton: Princeton University Press.
・田口富久治『現代資本主義国家』御茶の水書房、1982年。
・加藤哲郎『国家論のルネサンス』青木書店、1986年。

(3) 市民社会の問題に関連して

—Arato, Andrew. 1981-1982. "Empire and Civil Society: Poland 1981-82." *Telos,* 14: 19-48.
—Brant, Christopher G. A. 1993. "Social Self-Organization, Civility and Sociology: A Comment on Kumar's 'Civil Society'." *British Journal of Sociology,* 44: 397-401.
—Cohen, Jean L. and Andrew Arato. 1992. *Civil Society and Political Theory.* Cambridge: The MIT Press.
—Diamond, Larry. 1994. "Rethinking Civil Society: Toward Democratic Consolidation." *Journal of Democracy,* 5: 4-17.
—Edwards, Bob and Michael W. Foley. 1997. "Social Capital, Civil Socity, and Contemporary Democracy." *American Behavioral Scientist,* 40: 550-561.
—Foley, Michael W. 1996. "The Paradox of Civil Society." *Journal of Democracy,* 7:

38-52.
—Kumar, Krishan. 1993. "Civil Society: An Inquiry into the Usefulness of an Historical Term." *British Journal of Sociology,* 44: 375-395.
—Katznelson, Ira. 1996. *Liberalism's Crooked Circle: Letters to Adam Michnik.* Princeton: Princeton university Press.
—Putnam, Robert D. 1993. *Making Democracy Work: Civic Tradition in Modern Italy.* Princeton: Princeton University Press. [ロバート・D・パットナム(河田潤一訳)『哲学する民主主義——伝統と革新の市民的構造』(NTT出版、2001年)]。
—Putnam, Robert D. 1995. "Turning In, Turnig Out: The Strange Disappearance of Social Capital in America." *PS: Political Science & Politics,* 28: 664-683.
—Putnam, Robert D. 1993. "The Prosperous Community: Social Capital and Public Life." *The American Prospect,* 13: 35-37.
—Rosanvallon, Pierre. 1988. "The Decline of Social Visibility." In John Kean, ed., *Civil Society and the State: New European Perspective,* 199-220. London: Verso.
—Schmidt, James. 1995. "Civil Society and Social Things: Setting the Boundaries of the Social Sciencs." *Social Research,* 62: 899-932.
—Sullivan, William M. 1995. "Institutions as the Infrastructure of Democracy." In Amitai Etzioni, ed., *New Communitarian Thinking: Persons, Virtues, institutions and Communities,* 163-185. Charlottesville; University Press of Virginia.
・アントニオ・グラムシ(石堂清倫編訳)『獄中ノート』三一書房、1977年。
・前野良『自主管理の政治学』緑風出版、1983年。

(2) 多元主義、国家、コーポラティズム:リベラル・デモクラシーをめぐる諸問題

(1) 多元主義論に関連して

—Balbus, Issac. 1970-1971. "The Concept of Interests in Pluralist and Marxist Theory." *Politics and Society,* 1: 151-178.
—Barber, J. D. 1971. "Some Consequences of Pluralization in Government." In Harvey S. Perloff, ed., *The Future of the United States Government toward the year 2000: A Report from the Commission on the Year 2000 of the American Academy of Arts and Sciences,* 242-265. New York: G. Braziller.
—Cawson, Alan. 1979. "Pluralism, Corporatism and the Role of the State." *Government and Opposition,* 13: 178-198.
—Clegg, Hugh Armstrong. 1975. "Pluralism in Industrial Relations." *British Journal of Industrial Relations,* 13: 309-316.
—Crouch, Colin. 1979. "The State, Capital and Liberal Democracy." In *idem.*, ed., *State and Economy in Contemporary Capitalism,* 13-54. London: Croom Helm.

—Crouch, Colin. 1983. "Pluralism and the New Corporatism: A Rejoinder." *Political Studies,* 31: 452-460.

—Dahl, Robert. 1982. *Dilemmas of Pluralist Democracy.* New Haven: Yale University Press.

—Domhoff, G. William. 1978. *Who Really Rules?: New Haven and Community Power Reexamined.* New Brunswick: Transactions Books.

—Garson, G. David. 1974. "On the Origins of Interest-Group Theory: A Critique of a Process." *American Political Science Review,* 68: 1505-1519.

—Heisler, M. 1979. "Corporate Pluralism Revised: Where is the Theory." *Scandinavian Political Studies,* 2: 278-298.

—Hyman, Ricahrd. 1978. "Pluralism, Procedual Consensus and Collective Bargaining." *British Journal of Industrial Relations,* 16: 16-40.

—Katznelson, Ira and Mark Kesselman. 1975. *The Politics of Power: A Critical Introduction to American Government.* New York: Harcourt Brace Jovanovich.

—Kesselman, Mark. 1982. "The Conflictual of American Political Science: From Apologetic Pluralism to Trilateralism and Marixism." In J. David Greenstone, ed., *Public Values and Private Power in American Politics,* 34-67. Chicago: University of Chicago Press.

—Lindbrom, Charles E. 1977. *Politics and Market: The World's Political-Economic System.* New York: Basic Books.

—Lowi, Theodore J. 1964. "American Business, Public Policy, Case Studies and Political Theory." *World Politics,* 16: 677-715.

—Lowi, Theodore J. 1972. "Four Systems of Policy, Politics and Choice." *Public Administration Review,* 32: 298-310.

—Lowi, Theodore J. 1979. The End of Liberalism: *The Second Republic of The United State.* New York: Norton.〔Th・ローウィ (村松岐夫監訳)『自由主義の終焉』木鐸社、1981年〕。

—Marsh, David. 1983. "Interest Group Activity and Structural Power: Lindblom's *Politics and Markets.*" *West European Politics,* 6: 3-13.

—Martin, Ross M. 1983. "Pluralism and the New Corporatism." *Political Studies,* 31: 86-102.

—McCann, Michael W. 1986. *Taking Reform Seriously: Perspectives on Public Interest Liberalism.* Ithaca: Cornell University Press.

—McFarland, Andrew S. 1987. "Interest Groups and Theories of Power in America." *British Journal of Political Science,* 17: 129-147.

—Miller, Richard W. 1984. *Analyzing Marx: Morality, Power and History.* Princeton: Princeton University Press.

—Miller, Richard W. 1987. *Fact and Method: Explanation, Confirmation and Reality in the Natural and the Social Sciences.* Princetony: Princeton University Press.

—Schattschneider, E. E. 1960. *The Semi-Sovereign People: A Realist's View of Democracy in America.* New York: Holt, Rinehart & Winston. 〔E・E・シャットシュナイダー (内山秀夫訳)『半主権人民』而立書房、1972年〕。

—Truman, David B. 1951. *The Governmental Process.* New York: Knopf.

—Vogel, David. 1987. "Political Science and the Study of Corporate Power." *British Journal of Political Science,* 17: 385-408.

—Walker, Jack L. 1983. "The Origins and Maintenance of Interest Groups in America." *American Political Science Review,* 77: 390-406.

・辻中豊『利益集団』東京大学出版会、1988年。

・中野実『現代国家と集団の理論——政治的プルラリズムの諸相〔新装版〕』早稲田大学出版部、1997年。

(2)ネオ・コーポラティズム論をめぐって

—Berger, Suzanne (ed.). 1981. *Organized Interests in Western Europe.* Cambridge: Cambridge University Press.

—Cameron, David. 1984. "Social Democracy, Corporatism and Labor Quiescence: The Representation of Economic Interests in Advanced Capitalist Societies." In John H. Goldthorpe, ed., *Order and Conflict in Contemporary Capitalism: Studies in the Political Economy of Western European Nations,* 143-178. New York: Oxford University Press.〔D・R・キャメロン(下平好博訳)「社会民主主義・コーポラティズム・穏健な労働運動」J・H・ゴールドソープ編(稲上毅・下平好博・武川正吾・平岡公一訳)『収斂の終焉：現代西欧社会のコーポラティズムとデュアリズム』有信堂、1987年、148-197頁〕。

—Cawson, Alan and Peter Saunders. 1983. "Corporatism, Competitive Politics and Class Struggle." In Roger King, ed., *Capital and Politics,* 8-27. London: Routlede & Kegan Paul.

—Cawson, Alan. 1986. *Corporatism and Political Theory.* London: SAGE Publications.

—Chalmers, Douglas A. 1985. "Corporatism and Comparative Politics." In Howard J. Wiarda, ed., *New Directions in Comparative Politics,* 56-79. Boulder: Westview Press, 1985.〔D・A・チャルマース(大石裕・佐治孝夫訳)「コーポラティズムと比較政治学」H・J・ウィーアルダ編(大木啓介・佐治孝夫・大石裕・桐谷仁訳)『比較政治学の新動向』東信堂、1988年)、111-151頁。〕

—Cohen, Youssef and Franco Pavancello. 1987. "Corporatism and Pluralism: A Critique of Schmitter's Typology." *British Journal of Political Science,* 17: 117-122.

—Cox, Andrew. 1981. "Corporatism as Reductionism: the Analytic Limits of the Corporatist Thesis." *Government and Opposition,* 16: 78-95.

—Gobeyn, Mark James. 1993. *Corporatist Decline in Advanced Capitalism.* Westport: Green Wood Press.

—Grant, Wyn (ed.). 1985. *The Political Economy of Corporatism.* London: Macmillan.

—Harrison, Malcolm H. 1984. "Corporatism, Incorporation and Welfare State." In *idem.,* ed. *Corporatism and Welfare State,* 17-40. London: Gower.

—Katzenstein, Peter. 1984. *Corporatism and Change.* Ithaca: Cornell Univeristy Press.

—Katzenstein, Peter. 1985. *Small States in the World.* Ithaca: Cornell Univeristy Press.

—Katzenstein, Peter. 1987. *Policy and Politics in West Germany: The Growth of a Semisovereign State.* Philadelphia: Temple University Press.

—Katzenstein, Peter. 1988. "Japan, Switzerland of the Far East." In Takashi Inoguchi (猪口孝) and Daniel Okimoto (ダニエル・沖本), eds., *The Political Economy of Japan, Vol. 2: The Changing International Context,* 275-304. Stanford: Stanford University Press.

—Katzenstein, Peter (ed.). 1989. *Industry and Politics in West Germany: The Toward the Third Republic.* Ithaca: Cornell University Press.

—Lehmbruch, Gerhard. 1984. "Concertation and the Strucure of Corporatist Networks." In John H. Goldthorpe, ed., *Order and Conflict in Contemporary Capitalism: Studies in the Political Economy of Western European Nations,* 60-80. Oxford: Oxford University Press.

—Lijphart, Arend and Markus M. L. Crepaz. 1991. "Corporatism and Consensus Democracy in Eighteen Countries: Conceptual and Empirical Linkages." *British Journal of Political Science,* 21: 235-246.

—Panitch, Leo. 1986. *Working Class Politics in Crisis: Essays on Labor and the State.* London: Verso.

—Schmitter, Philippe C. 1985. "Neo Corporatism and the State." In Wyn Grant ed., *The Political Economy of Corporatism,* 33-62. New York: St. Martin.

—Scolten, Ilja. 1987. "Introduction: Corporatist and Consociational Arrangements." In *idem.,* ed., *Political Stability and Neo-Corporatism: Corporatist Integration and Societal Cleavages in Western Europe,* 1-38. London: SAGE Publications.

—Shonefield, Andrew. 1965. *Modern Capitalism: The Changing Balance of Public and Private Power.* Oxford: Oxford University Press.

—Siaroff, Alan. 1999. "Corporatism in 24 Industrial Democracies: Meaning and

Mesasurement." *European Journal of Political Research,* 36: 175-205.
—Vogel, David. 1996. *Kindred Strangers: The Uneasy Relationship between Politics and Business in America.* Princeton: Princeton University Press.
—Williams, Peter J. 1989. *Corporatism in Perspective.* London: SAGE Publications.
—Windolf, Paul. 1989. "Productivity Coalitions and the Future of European Corporatism." *Industrial Relations,* 28: 1-20.
・篠原一「団体の新しい政治機能」『講座基本法学　第二巻　団体』岩波書店、1983年、311-345頁。
・石田徹『自由民主主義体制分析』法律文化社、1992年。

(3)ネオ・コーポラティズム論の展開

(1)集権化の問題：組織間協調に関連して

—Calmfors, Lars and John Driffill. 1988. "Centralization of Wage Bargaining." *Economic Policy,* 4: 13-61.
—Calmforth, Lars. 1993. "Centralization of Wage Bargaining and Macroeconomic Performance: A Survey." *Economic Department Working Papers,* No. 131. Paris: OECD.
—Chaison, Gary N. 1996. *Union Mergers in Hard Times: the View from Five Countries.* Ithaca: ILR Press of Cornell University.
—Fulcher, James. 1991. *Labor Movements, Employers, and the State: Conflict and Co-operation in Britain and Sweden.* Oxford: Clarendon Press.
—Garrett, Geoffrey and Christopher Way. 2000. "Public Sector Unions, Corporatism, and Wage Determination." In Torben Iversen, Jonas Pontusson, and David Soskice, eds., *Unions, Employers, and Central Banks; Macroeconomic Coordination and Institutional Change in Social Market Economies,* 267-291. Cambridge: Cambridge University Press.
—Golden, Miriam. 1993. "The Dynamics of Trade Unionism and National Economic Performance." *American Political Science Review,* 87: 439-454.
—Iversen, Torben. 1996. "Power, Flexibility, and the Breakdown of Centralized Wage Bargaining: Denmark and Sweden in Comparative Perspective." *Comparative Politics,* 28: 399-436.
—Iversen, Torben. 1999. *Contested Economic Institutions: The Politics of Macroeconomics and Wage Bargaining in Advancesd Democracies*. Cambridge: Cambridge University Press.
—Johnston, Paul. 1994. *Success While Others Fall: Social Movement Unionism and Public Workplace.* Ithaca: ILR Press of Cornell University.
—Katz, Harry. 1993. "The Decentralization of Collective Bargaining: A Literature

Review and Comparative Analysis." *Industrial Labor Relations Review,* 47: 3-22.

—Pontusson, Jonas and Peter Swenson. 1996. "Labor Markets, Production Strategies and Wage Bargaining Institutions: The Swedish Employer Offensive in Comparative Perspective." *Comparative Political Studies,* 29: 223-250.

—Regini, Mario (ed.). 1992. *The Future of Labor Movements.* London: SAGE Publications.

—Soskice, David. 1990. "Wage Determination: The Changing Role of Institutions in Advanced Industrial Countries." *Oxford Review of Economic Policy,* 6: 36-61.

—Soskice, David. 1999. "Divergent Production Regimes: Coordinated and Uncoordinated Market Economies in the 1980s and 1990s." In Herbert Kitschelt, Peter Lange, Gary Marks, and John D. Stephens, eds., *Continuity and Change in Contemporary Capitalism,* 101-134. Cambridge: Cambridge University Press.

—Streeck, Wolfgang. 1987. "The Uncertainties of Management in the Management of Uncertainty." *International Journal of Political Economy,* 17: 57-87.

—Swenson, Peter. 1991. "Bringing Capital Back In or Social Democracy Reconsidered: Employer Power, Cross-Class Alliances, and Centralization of Industrial Relations in Denmark and Sweden." *World Politics,* 43: 513-545.

—Swenson, Peter. 1991. "Labor and Limits of Welfare State: The Politics of Intraclass Conflict and Cross-Class Alliances in Sweden and Germany." *Comparative Politics,* 23: 379-399.

—Swenson, Peter. 1991. "Managing the Managers: The Swedish Employers' Confederation, Labor Scarcity, and the Suppression of Labor Market Segmentation." *Scandinavian Journal of History,* 16: 335-356.

—Towers, Brian. 1997. *The Representation Gap: Change and Reform in the British and American Workplace.* Oxford: Oxford University Press.

—Traxler, Franz. 1994. "Collective Bargaining: Levels and Coverage." In *OECD Employment Outlook, July 1994,* 167-194. Paris: OECD.

—Traxler, Franz. 1996. "Collective Bargaining and Industrial Change : A Case of Disorganization? A Comparative Analysis of Eighteen OECD Countries." *European Sociological Review,* 12: 271-287.

—Traxler, Franz and Bernard Kittel. 2000. "The Bargaining System and Performance: A Comparison of 18 OECD Countries." *Comparative Political Studies,* 33: 1154-1190.

—Visser, Jelle. 1992. "The Strength of Union Movements in Advanced Capital Democracies: Social and Organizational Variations." In Mario Regini, ed., *The Future of Labor Movements,* 17-52. London: SAGE Publications.

—Waarden, Frans Van. 1992. "Emergence and Development of Business Interest Associations." *Organizational Studies*, 13: 521-562.
—Wallerstein, Michael, Miriam Golden, and Peter Lange. 1997. "Unions, Employers' Associations, and Wage-Setting Institutions in Northern and Central Europe, 1950-1992." *Industrial and Labor Relations Review,* 50: 379-401.
—Wallerstein, Michael and Miriam Golden. 1997. "The Fragmentation of the Bargaining Society: Wage Setting in the Nordic Countries, 1950 to 1992." *Comparative Political Studies,* 30: 699-731.
—Wallerstein, Michael, Miriam Golden, and Peter Lange. 1999. "Postwar Trade Union Organization and Industrial Relations in Twelve Countries." In Hebert Kitschelt, Peter Lange, Gary Marks, and John D. Stephens, eds., *Continuity and Change in Contemporary Capitalism,* 194-230. Cambridge: Cambridge University Press.
—Wallerstein, Michael. 1999. "Wage Setting Institutions and Pay Inequality in Advanced Industrial Societies." *American Journal of Political Science,* 43: 649-680.
—Western, Bruce. 1998. "Institutions and the Labor Market." In Mary C. Brinton and Victor Nee, eds., *The New Institutionalism in Sociology,* 224-243. New York: Russell Sage Foundation.
—Windmuller, John P. and Alan Gladstone (eds.). 1986. *Employer Associations and Industrial Relations: A Comparative Study.* Oxford: Clarendon Press.
・樋渡展洋『戦後日本の市場と政治』東京大学出版会、1991年。
・新川敏光『戦後日本政治と社会民主主義——社会党・総評ブロックの興亡』法律文化社、1999年。

(2) ミクロ・メゾ・コーポラティズムないしデュアリズムの問題

—Allen, Chrstopher S. 1990. "Trade Unions, Worker Participation, and Flexibility: Linking the Micro to the Macro." *Comparative Politics,* 22: 253-272.
—Berger, Suzanne and Michael Piore. 1980. *Dualism and Discontinuity in Industrial Societies.* Cambridge: Cambridge University Press.
—Burawoy, Michael. 1979. *Manufacturing Consent: Changes in the Labor Process under Monopoly Capitalism.* Chicago: University of Chicago Press.
—Burawoy, Michael. 1983. "Between the Labor Process and the State: The Changing Face of Factory Regimes under Advanced Capitalism." *American Sociological Review,* 48: 587-605.
—Cawson, Alan. 1985. "Corporatism and Local Politics." In Wyn Grant, ed. *The Political Economy of Corporatism,* 126-147. London: Macmillan.
—Crouch, Colin. 1985. "Conditions for Trade Union Wage Restraint." In Charles S.

Maier and Leon N. Lindberg, eds., *The Politics of Inflation and Economic Stagnation: Theoretical Approaches and International Case Studies,* 105-139. Washington, D. C.: The Brookings Institution.

—Crouch, Colin. 1990. "Trade Unions in the Exposed Sector: Their Influence on Neo-Corporatist Behaviour." In Renato Brunetta and Carlo Dell'Aringa, eds., *Labor Relations and Economic Performance,* 68-91. New York: New York University Press.

—Dahl, Robert A. 1984. "Democracy in the Workplace." *Dissent,* 31: 54-60.

—Gordon, Avery, Andrew Herman, and Paul G. Schervish. 1987. "Corporatist Structure and Workplace Politics." *Research in Social Problems and Public Policy,* 4: 73-97.

—Hicks, Alexander and Lane Kenworthy. 1998. "Cooperation and Political Economic Performance in Affluent Democratic Capitalism." *American Journal of Sociology,* 103: 1631-1672.

—Kume, Ikuo (久米郁男). 1998. *Disparaged Success; Labor Politics in Postwar Japan.* Ithaca: Cornell University Press.

—Locke, Richard. 1990. "The Resurgence of the Local Union: Industrial Restructuring and Industrial Relations in Italy." *Politics and Society,* 18: 347-380.

—Perez-Diaz, Victor. 1987. "Unions' Uncertainties and Workers' Ambivalence: The Various Crises of Trade Union Representation and Their Moral Dimensions." *International Journal of Political Economy,* 17: 108-138.

—Pontusson, Jonas. 1992. "Introduction: Organizational and Political-Economic Perspective on Union Politics." In Miriam Golden and Jonas Pontusson, eds., *Bargaining for Change; Union Politics in North America and Europe,* 1-37. Ithaca: Cornell University Press.

—Rogers, Joel and Wolfgang Streeck. 1995. "The Study of Work Councils: Concepts and Problems." In *idem.* eds., *Work Councils: Consultation, Representation, and Cooperation in Indutrial Relations,* 5-23. Chicago: University of Chicago Press.

—Sable, Charles. 1985. "The Internal Politics of Trade Unions." In Suzanne Berger, ed., *Organized Interests in Western Europe: Pluralism, Corporatism, and the Transformation of Politics,* 209-244. Cambridge: Cambridge University Press.

—Saunders, Peter. 1985. "Corporatism and Urban Service Provision." In Wyn Grant, ed. *The Political Economy of Corporatism,* 148-173. London: Macmillan.

—Schmitter, Philippe C. 1990. "Sectors in Modern Capitalism: Modes of Governance and Variations in Performance." In Renato Brunetta and Carlo Dell'Aringa, eds., *Labour Relations and Economic Performance,* 3-39. New York;

New York University Press.
—Silvia, Stephen J. 1988. "The West German Labor Law Controversy: A Struggle for the Factory of the Future." *Comparative Politics,* 20: 154-174.
—Streeck, Wolfgang. 1995. "Works Councils in Western Europe: From Consultation to Participation." In Joel Rogers and Wolfgang Streeck, eds., *Work Councils: Consultation, Representation, and Cooperation in Industrial Relations,* 313-348. Chicago: University of Chicago Press.
—Strauss, George. 1993. "Issues in Union Structure." *Research in the Sociology of Organizations,* 12: 36-42.
—Swenson, Peter. 1989. *Fair Shares: Unions, Pay, and Politics in Sweden and Germany.* Ithaca: Cornell University Press.
—Thelen, Kathleen. 1992. "The Politics of Flexibility in the German Metalworking Industry." In Miriam Golden and Jonas Pontusson, eds., *Bargaining for Change; Union Politics in North America and Europe,* 215-246. Ithaca: Cornell University Press.
—Thelen, Kathleen. 1991. *Union of Parts: Labor Politics in Postwar Germany.* Ithaca: Cornell University Press.
—Turner, Lowell. 1993. *Democracy at Work: Changing World Markets and the Future of Labor Unions.* Ithaca: Cornell University Press.
—Wever, Kirsten S. 1995. *Negoctiating Competitiveness: Employment Relations and Organizational Innovation in Germany and the United States.* Boston: Harvard Business School Press.
・篠田徹「いままたコーポラティズムの時代なのか」稲上毅、H・ウィッタカー、逢見直人、篠田徹、辻中豊『ネオ・コーポラティズムの国際比較 ── 新しい政治経済モデルの模索』日本労働研究機構、1994年、340–375頁。
・新川敏光『日本型福祉の政治経済学』三一書房、1993年。
・久米郁男『日本型労使関係の成功』有斐閣、1998年。

(3)政策形成の問題

—Brand, Donald R. 1988. *Corporatism and the Rule of Law: A Study of the National Recovery Administration.* Ithaca: Cornell University Press.
—Cameron, David R. 1988. "Politics, Public Policy, and Distributional Inequality: A Comparative Analysis." In Ian Shapiro and Grant Reeher, eds., *Power, Inequality, and Democratic Politics: Essays in Honor of Robert A. Dahl,* 219-255. Boulder: Westview Press.
—Compston, Hugh. 1995. "Union Participation in Economic Policy Making in Scandinavia, 1970-1993." *West European Politics,* 18: 98-115.

—Compston, Hugh. 1997. "Union Power, Policy Making, and Unemployment in Western Europe, 1972-1993." *Comparative Political Studies,* 30: 732-751.

—Crepaz, Markus M. L. 1992. "Corporatism in Decline? An Empirical Analysis of the Impact of Corporatism on Macroeconomic Performance and Industrial Disputes in 18 Industrial Democracies." *Comparative Political Studies,* 25: 139-168.

—Dore, Ronald. 1994. "Introduction: Incomes Policy: Why now ?" In Ronald Dore, Robert Boyer, and Zoe Mars, eds., *The Return to Incomes Policy,* 5-29. London: Pinter Publishers.

—Esping-Andersen, Gösta. 1990. *The Three Worlds of Welfare Capitalism.* Princeton: Princeton University Press.〔G・エスピン-アンデルセン（岡沢憲芙・宮本太郎監訳）『福祉資本主義の三つの世界）——比較福祉国家の理論と動態』ミネルヴァ書房、2001年〕。

—Hicks, Alexander. 1988. "National Collective Action and Economic Performance: A Review Article." *International Studies Quarterly,* 32: 131-153.

—Hicks, Alexander and Duane H. Swank. 1992. "Politics, Institutions, and Welfare Spending in Industrialized Democracies." *American Political Science Review,* 86: 658-674.

—Immergut, Ellen M. 1992. "The Rule of the Game: The Logic of Health Policy-Making in France, Switzerland, and Sweden." In Sven Steinmo, Kathleen Thelen and Frank Longstreth, eds., *Structuring Politics: Historical Institutionalism in Comparative Analysis,* 57-89. Cambridge: Cambridge University Press.

—Janoski, Thomas. 1990. *The Political Economy of Unemployment: Active Labor Market Policy in West Germany and the United States.* Berkeley: University of Berkeley Press.

—Janoski, Thomas. 1994. "Direct State Intervention in the Labor Market: The Explanation of Active Labor Market Policy from 1950 to 1988 in Social Democratic, Conservative, and Liberal Regimes." In Thomas Janoski and Alexander M. Hicks, eds., *The Comparative Political Economy of the Welfare State,* 54-92. Cambridge: Cambridge University Press.

—Marin, Bernd. 1985. "Austria: The Paradigm Case of Liberal Corporatism?" In Wyn Grant ed., *The Political Economy of Corporatism,* 89-125. London: Macmillan.

—Marks, Gary. 1986. "Neocorporatism and Incomes Policy in Western Europe and North America, 1950-1980." *Comparative Politics,* 18: 253-277.

—Rothstein, Bo. 1996. *The Social Domocratic State: The Swedish Model and the Bureaucratic Problem of Social Reforms.* Pittsburgh: University of Pittsburgh

Press.
—Schmidt, Manfred. 1987. "The Politics of Full Employment in Western Democracies." *ANNALS: American Academy of Political and Social Science,* 492: 171-181.
—Shimada, Haruo (島田晴雄). 1983. "Wage Determination and Information Sharing: An Alternative Approach to Income Policy?" *Journal of Industrial Relations,* 25: 177-200.
—Swank, Duane. 1992. "Politics and Structural Depencence of the State in Democratic Capitalist Nations." *American Political Science Review,* 86: 658-674.
—Wilensky, Harold and Lowell Turner. 1987. *Democratic Corporatism and Policy Linkages.* Berkeley: Institute of International Studies.

(4)社会民主主義の問題

—Anderson, Perry. 1994. "Introduction." In Perry Anderson and Patrick Camiller, eds., *Mapping the West European Left,* 1-22. London: Verso.
—Esping-Andersen, Gösta. 1985. *Politics Against Market: The Social Democratic Road to Power.* Princeton: Princeton University Press.
—Hicks, Alexander M. 1991. "Unions, Social Democracy, Welfare and Growth." *Research in Political Sociology,* 5: 209-234.
—Hicks, Alexander M. 1994. "The Social Democratic Corporatist Model of Economic Performance in the Short- and Medium-Run Perspective." In Thomas Janoski and Alexander M. Hicks, eds., *The Comparative Political Economy of the Welfare State,* pp. 189-217. Cambridge: Cambridge University Press.
—Hicks, Alexander M. 1999. *Social Democracy and Welfare Capitalism: A Century of Income Security Policy.* Ithaca: Cornell University Press.
—Iversen, Torben and Anne Wren. 1998. "Equality, Employment, and Budgetary Restraint: The Trilemma of the Service Econonomy." *World Politics,* 50: 507-546.
—Iversen, Torben. 1998. "The Choices for Scandinavian Social Democracy in Comparative Perspective." *Oxford Review of Economic Policy,* 14: 59-75.
—Koelbe, Thomas A. 1992. "Social Democracy between Structure and Choice." *Comparative Politics,* 24: 359-372.
—Korpi, Walter. 1983. *The Democratic Class Struggle.* London: Routeledge & Kegan Paul.
—Moene, Karl Ove and Michael Wallerstein. 1995. "How Social Democracy Worked: Labor-Market Institutions." *Politics and Society,* 23: 185-211.
—Panitch, Leo and Colin Leys. 1997. *The End of Parliamentary Socialism: From New Left to New Labor.* London: Verso.

－Piven, Frances Fox (ed.). 1992. *Labor Parties in Postindustrial Societies.* Oxford: Oxford University Press.

－Pontusson, Jonas. 1992. *The Limits of Social Democracy: Investment Politics in Sweden.* Ithaca: Cornell University Press.

－Pontusson, Jonas. 1994. "Sweden: After the Golden Age." In Perry Anderson and Patrick Camiller eds., *Mapping the West European Left,* 23-54. London: Verso.

－Przeworski, Adam. 1985. *Capitalism and Social Democracy.* Cambridge: Cambridge University Press.

－Scharpf, Fritz W. 1991. *Crisis and Choice in European Social Democracy.* Ithaca: Cornell University Press.

・真柄秀子『西欧デモクラシーの挑戦』早稲田大学出版部、1992年。

・宮本太郎『福祉国家という戦略 ── スウェーデンモデルの政治経済学』法律文化社、1999年。

(5)政党・政府の関連

－Castles, Francis G. and Peter Mair. 1984. "Left-Right Political Scales: Some 'Expert' Judgments." *European Journal of Political Research,* 12: 73-88.

－Cook, Chris and John Paxton. 1994. *European Political Facts, 1918-90.* London: Macmillan

－Cusack, Thomas R. 1999. "Partisan Politics and Fiscal Policy." *Comparative Political Studies,* 32: 464-486.

－Daalder, Hans (ed.). 1987. *Party Systems in Denmark, Austria, Switzerland, the Netherlands, and Belgium.* London: Frances Pinter.

－Dalton, Russell J., Paul Allen Beck, and Scott C. Franagan. 1984. "Electoral Change in Advanced Industrial Democracies." In *idem.,* eds., *Electoral Change in Advanced Industrial Democracies: Realignment or Dealignment,* 3-22. Princeton: Princeton University Press.

－Hicks, Alexander, Duan Swank and Martin Ambuhl. 1989. "Welfare Expansion Revisited: Policy Routines and their Mediation by Party, Class, Crisis." *European Journal of Political Research,* 17: 401-430.

－Huber, Evelyne, Charles Ragin, and John D. Stephens. 1993. "Social Democracy, Christian Democracy, Constitutional Structure, and the Welfare State." *American Journal of Sociology,* 99: 711-749.

－Katz, Richard S. and Peter Mair (eds.). 1992. *Party Organizations: A Data Handbook on Party Organizations in Western Democracies, 1960-90.* London: SAGE Publications.

－Laakso, Markku and Rein Taagepera. 1979. "Effective Numbers of Parties: A

Measure with Application to West Europe." *Comparative Political Studies,* 12: 2-27.

－Lijphart, Arend. 1984. *Democracies: Patterns of Majoritarian and Consensus Government in Twenty-One Countries.* New Haven: Yale University Press.

－Lijphart, Arend. 1994. *Electoral Systems and Party Sytems: A Study of Twenty-Seven Democracies, 1945-1990.* Oxford: Oxford University Press.

－Lijphart, Arend. 1997. "Reflections: Dimensions of Democracy." *European Journal of Political Research,* 31: 195-241.

－Lijphart, Arend. 1999. *Patterns of Democracy: Government Forms and Performances in Thirty-Six Countries.* New Haven: Yale University Press.

－Muller, Edward N. 1989. "Distribution of Income in Advanced Capitalist State: Political Parties, Labour Unions, and the International Economy." *European Journal of Political Research,* 17: 367-400.

－Müller, Wolfgang and Kaare Strøm (eds.). 2000. *Coalition Governments in Western Europe.* Oxford: Oxford University Press.

－Rae, Douglas W. 1971. *The Political Consequences of Electral laws, 2ed.* New Haven: Yale University Press.

－Schmidt, Manfred G. 1996. "When Parties Matter: A Review of the Possibilities and Limits of Partisan Influence on Public Policy." *European Journal of Political Research,* 30: 155-183.

－Taagepera, Rein and Matthew S. Shugart. 1989. *Seats and Votes: The Effects and Determinants of Electoral Systems.* New Haven: Yale University Press.

－Woldendorp, Jaap, Hans Keman, and Ian Budge. 1993. "The Stability of Parliament Democracies: Duration, Type and Termination of Governments." *European Journal of Political Research,* 24: 107-119.

・三宅一郎『投票行動』東京大学出版会、1989年。

・川人貞史『日本の政党政治1890-1937年』東京大学出版会、1992年。

(6)経済パフォーマンスとの関連

－Alvaretz, Michael, Geoffrey Garrett, and Peter Lange. 1991. "Government Partisanship, Labor Organization and Macro-Economic Performance." *American Political Science Review,* 85: 539-556.

－Anderson, Liam. 2001. "The Implications of Institutional Design for Macroeconomic Performance." *Comparative Political Studies,* 34: 429-452.

－ Bermeo, Nancy (ed.). 2001. *Unemployment in New Europe.* Cambridge: Cambridge Univerisity Press.

－Calmforth, Lars. 1990. "Wage Formations and Macroeconomic Performancein

the Nordic Countries: A Summary." In *idem.,* ed., *Wage Formations and Macroeconomic Performancein the Nordic Countries,* 11-60. Stockholm, Sweden: SNS Forlag.

—Carin, Wendy and David Soskice. 1990. *Macroeconomics and the Wage Bargain: A Modern Approach to Employment, Inflation and the Exchange Rate.* Oxford: Oxford University Press.

—Esping-Andersen, Gösta. 1999. *Social Foundations of Postindustrial Economics.* Oxford: Oxford University Press.

—Garrett, Geoffrey and Christopher Way. 1999. "Public Sector Unions, Corporatism, and Macroeconomic Performance." *Comparative Political Studies,* 32: 411-434.

—Hall, Peter A. 1994. "Central Bank Independence and Coordinated Wage Bargaining: Their Interaction in Germany and Europe." *German Politics and Society,* 31: 1-23.

—Hall, Peter A. and Robert J. Franzese, Jr. 1998. "Mixed Signals: Central bank Independence, Coordinated Wage Bargaining, and European Monetary Union." *Internatinal Organization,* 52: 505-535.

—Hall, Peter A. and David Soskice (eds.). 2001. *Varieties of Capitalism: The Institutional Foundations of Comparative Advantage.* Oxford: Oxford University Press.

—Hancock, Donald and Haruo Shimada (島田晴雄). 1993. "Wage Determination in Japan and Germany." In Haruhiro Fukui (福井治弘), Peter H. Markl, Hubertus Muller-Groeling, and Akio Watanabe, eds., *The Politics of Economic Change in Postwar Japan and Germany Vol. 1: Macroeconomic Conditions and Policy Responses,* 207-232. New York: St. Martin Press.

—Iversen, Torben. 1998. "Wage Bargaining, Hard Money and Economic Performance: Theory and Evidence for Organized Market Economies." *British Journal of Political Science,* 28: 31-61.

—Iversen, Torben. 1998. "Wage Bargaining, Central Bank Independence, and the Real Effects of Money." *Internatinal Organization,* 52: 469-504.

—Jackman, Robert W. 1987. "The Politics of Economic Growth in the Industrial Democracies, 1974-80: Leftist Strength or North Sea Oil?" *Journal of Politics,* 49: 242-274.

—Korpi, Walter. 1991. "Political and Economic Explanations for Unemployment: A Cross-National and Long-Term Analysis." *British Journal of Political Science,* 21: 315-348.

—Lange, Peter and Geffrey Garret. 1985. "The Politics of Growth: Strategic

Interaction and Economic Performance in Advanced Industrialized Democracies,1974-1980." *Journal of Politics,* 47: 792-827.

－Lange, Peter and Hudson Meadwell. 1985. "Typologies of Democratic Systems: From Political Inputs to Political Economy." In Howard J. Wiarda, ed., *New Directions in Comparative Politics,* 80-112. Boulder: Westview Press.〔P・ラング／H・ミードウェル(佐治孝夫訳)「民主主義システムの類型論――政治入力から政治経済へ」H・J・ウィーアルダ編(大木啓介・佐治孝夫・大石裕・桐谷仁訳)『比較政治学の新動向』東信堂、1988年、153-205頁〕。

－Lawson, Bob. 1992. "Corporatism and Labour Market Performance." In Jukka Pekkarinen, Matti Pojhola and Bob Rowthorn, eds., *Social Corporatism: A Superior Economic System?,* 82-131. Oxford: Oxford University Press.

－Moene, K. O., Michael Wallerstein, and M. Hoel. 1993. "Bargaining Structure and Economic Performance." In R.J. Flanagan, K.O. Moene, and Michael Wallerstein, eds., *Trade Union Behavior, Pay-bargaining, and Economic Performance,* 63-131. Oxford: Clarendon.

－Pontusson, Jonas. 1996. "Wage Distribution and Labor Market Institutions in Sweden, Austria and Other OECD Countries." Working Paper, No. 96. 4, Institute for European Studies, Cornell University.

－Soskice, David. 1990. "Reinterpreting Corporatism and Explaining Unemployment: Co-ordinated and Non-coordinated Market Economy." In Renato Brunetta and Carlo Dell'Aringa, eds., *Labor Relations and Economic Performance,* 170-213. New York: New York University Press.

－Teague, Paul and John Grahl. 1998. "Institutions and Labour Market Performance in Western Europe." *Political Studies*, 46: 1-18.

－Way, Christopher. 2000. "Central Banks, Partisan Politics, and Macroeconomic Outcomes." *Comparative Political Studies,* 33: 209-221.

・井戸正伸『経済危機の比較政治学 ― 日本とイタリアの制度と戦略』新評論、1998年。

(7) コーポラティズムの流動性・制度変動の問題に関連して

－Brulin, Goran and Tommy Nilsson. 1991. "From Societal to Managerial Corporatism: New Forms of Work Organization as a Transformation Vehicle." *Economic and Industrial Democracy,* 12: 327-346.

－Goldthorpe, John H. 1984. "The End of Convergence: Corporatist and Dualist Tendencies in Modern Western Societies." In John H. Goldthorpe, ed., *Order and Conflict in Contemporary Capitalism: Studies in the Political Economy of Western European Nations,* 315-344. Oxford: Oxford University Press.［J・H・ゴールド

ソープ(稲上毅訳)「収斂の終焉」J・H・ゴールドソープ編(稲上毅・下平好博・武川正吾・平岡公一訳)『収斂の終焉』有信堂、1987年、3-45頁]。

－Grahl, John and Paul Teague. 1989. "Labor Market Flexibility in West Germany, Britain and France." *West European Politics,* 12: 92-121.

－Kochan, Thomas A., Harry C. Katz, and Robert B. Mckersie. 1994. *The Transformation of American Industrial Relations.* Ithaca: ILR Press of Cornell University.

－Lehmbruch, Gerhard. 1977. "Liberal Corporatism and Party Government." *Comparative Political Studies,* 10: 91-126.[ゲルハルト・レームブルッフ(高橋進訳)「リベラル・コーポラティズムと政党政治」P・C・シュミッター／G・レームブルッフ編(山口定監訳・高橋進・辻中豊・坪郷実訳)『現代コーポラティズム(Ⅰ)——団体統合主義の政治とその理論』木鐸社、1984年、101–151頁]。

－Pedersen, Mogens N. 1979. "The Dynamics of European Party Systems: Changing Patterns of Electoral Volatility." *European Journal of Political Research,* 7: 1-26.

－Pryor, Fredric L. 1988. "Corporatism as an Economoc System: A Review Essay." *Journal of Comparative Economics,* 12: 317-344.

－Przeworski, Adam. 1975. "Institutionalization of Voting Patterns, or is Mobilization the Source of Decay?" *American Political Science Review,* 69: 49-67.

－Schmitter, Philippe C. 1982. "Reflections on Where the Theory of Neo-Corporatism Has Gone and Where the Praxis of Neo-Corporatism May Be Going." In Gerhard Lehmbruch and Philippe Schmitter, eds., *Patterns of Corporatist Policy-Making,* 259-279. London: SAGE Publications. [フィリップ・C・シュミッター(藪野祐三訳)「ネオ・コーポラティズム理論の経緯と実践のゆくえに関する考察」P・C・シュミッター／G・レームブルッフ編(山口定監訳・高橋進・辻中豊・藪野祐三・阪野智一・河越弘明訳)『現代コーポラティズム(Ⅱ)——先進諸国の比較分析』木鐸社、1986年、275–306頁]。

－Schmitter, Philippe C. 1989. "Corporatism is Dead! Long Live Corporatism!" *Government and Opposition,* 24: 54-73.

－Streeck, Wolfgang and Philippe C. Schmitter. 1991. "From National Corporatism to Transnational Pluralism: Organized Interests in the Single European Market." *Politics and Society,* 19: 133-164.

－Thelen, Kathleen. 1994. "Beyond Corporatism: Toward a New Framework for the Study of Labor in Advanced Capitalism." *Comparative Politics,* 27: 107-124.

－Western, Bruce. 1997. *Between Class and Market: Postwar Unionization in the Capitalist Democracies.* Princeton: Princeton University Press.

(8)デモクラシーの問題に関連して

－Cohen, Joshua and Joel Rogers. 1992. "Secondary Associations and Democratic Governance." *Politics and Society,* 20: 393-472.

－Cohen, Joshua and Joel Rogers (eds.). 1995. *Associations and Democracy: The Real Utopia Project, Vol. 1.* London: Verso.

－Copp, David, Jean Hampton, and John E. Roemer (eds.). 1993. *The Idea of Democracy.* Cambridge: Cambridge University Press.

－Crouch, Colin and Ronald Dore. 1990. "What Happened to Corporatism." In *idem.,* eds., *Corporatism and Accountability: Organized Interests in British Public Life,* 1-43. Oxford: Clarendon Press.

－Immergut, Ellen M. 1992. "An Institutional Critique of Associative Democracy: Commentary on Secondary Associations and Democratic Governance." *Politics and Society,* 20: 481-491.

－Immergut, Ellen M. 1992. *Health Politics: Intersts and Institutions in Western Europe.* Cambridge: Cambridge University Press.

－Fishkin, James S. 1991. *Democracy and Deliberation: New Directions for Democratic Reform.* New Haven: Yale University Press.

－Fung, Archon and Erik Olin Wright. 2001. "Deeping Democracy: Innovations in Empowered Participatory Governance." *Politics and Society,* 29: 5-41.

－Hirst, Paul Q. 1992. "Comments on Secondary Associations and Democratic Governance." *Politics and Society,* 20: 473-480.

－Hirst, Paul Q. 1994. *Associative Democracy: New Forms of Economic and Social Governance.* Cambridge: Politiy Press.

－Magagna, Victor V. 1988. "Representing Efficiency: Corporatism and Democratic Theory." *Review of Politics,* 50: 420-444.

－Mansbridge, Jane. 1992. "A Deliberative Perspective on Neocorporatism." *Politics and Society,* 20: 493-505.

－Mathews, John. 1989. *Age of Democracy: The Politics of Post-Fordism.* Oxford: Oxford University Press.

－Rogers, Joel. 1995. "A Strategy for Labor." *Industrial Relations,* 34: 367-381.

－Sable, Charles. 1982. *Work and Politics: The Division of Labor in Industry.* Cambridge: Cambridge University Press.

－Schmitter, Philippe C. 1992. "The Irony of Modern Democracy and Efforts to Improve Its Practice." *Politics and Society,* 20: 507-513.

－Streeck, Wolfgang. 1992. "Inclusion and Secession: Questions on the Boundaries of Associative Democracy." *Politics and Society,* 20: 515-527.

－Tamir, Yael. 1998. "Revisiting the Civic Space." In Amy Gutman ed., *Freedom of*

Association, 214-238. Princeton: Princeton University Press.

－Young, Iris Marion. 1992. "Social Groups in Associative Democracy." *Politics and Society,* 20: 529-534.

(4) 社会運動論について

(1) 初期行動論および政治意識・心理の問題をめぐって

－Davis, James C. 1962. "Toward a Theory of Revolution." *American Sociological Review,* 27: 5-19.

－Davis, James C. 1969. "The J-Curve of Rising and Declining Satisfactions as a Cause of Some Great Revolutions and a Contained Rebellion." In Hugh Davis Graham and Ted Robert Gurr, eds., *Violence in America: Historical and Comparative Perspectives: A Report to the National Commission on the Causes and Preventiosn of Violence, Vol.1 and 2,* 547-576. Washington, D.C.: National Commission on the Causes and Preventiosn of Violence.

－Gouldner, Alvin W. 1954(1965). *Wildcat Strike: A Study in Worker-Management Relationships.* Yellow Spring: Antioch Press; reprinted, New York: Harper & Row.

－Dubin, Robert. 1973. "Attachment to Work and Union Militancy." *Industrial Relations,* 12: 51-64.

－Gurr, Ted Robert. 1968. "Psychological Factors in Civil Strife." *World Politics,* 20: 245-278.

－Gurr, Ted Robert. 1968. "A Causal Model of Civil Strife: A Comparative Analysis Using New Indices." *American Political Science Review,* 62: 1104-1124.

－Gurr, Ted Robert. 1970. *Why Men Rebel*. Princeton: Princeton University Press.

－Kelly, John E. and Nigel Nicholson. 1980. "The Causation of Strikes: A Review of Theoretical Approaches and the Potential Contribution of Social Psychology." *Human Relations,* 33: 853-883.

－Kent, Stephen A. 1982. "Relative Deprivation and Resource Mobilization: A Study of Early Quakerism." *British Journal of Sociology,* 33: 529-544.

－Klandermans, Bert. 1984. "Mobilization and Participation: Social-Psychological Expansions of Resource Mobilization Theory." *American Sociological Review,* 49: 583-600.

－Stone, Lawrence. 1966. "Theories of Revolution." *World Politics,* 18: 159-176.

－Waddington, David P. 1986. "The Ansells Brewery Dispute: A Social-Cognitive Approaches to the Study of Strikes." *Journal of Occupational Psychology,* 59: 231-246.

(2) 資源動員論に関連して

—Britt, David and Omer R. Galle. 1974. "Structural Antecedents of the Shape of Strikes: A Comparative Analysis." *American Sociological Review,* 39: 642-651.

—Curtis, Russell L. and Louis A. Zurcher. 1973. "Stable Resource of Protest Movement: The Multi-Organizational Fields." *Social Forces,* 52: 53-61.

—Ingham, Geoffrey K. 1974. *Strikes and Industrial Conflict: Britain and Scandinavia.* London: Macmillan.

—Jenkins, J. Craig. 1983. "Resource Mobilization Theory and the Study of Social Movements." *Annual Review of Sociology,* 9: 527-553.

—McAdam, Doug. 1982. *Political Process and the Development of Black Insurgency, 1930-1970.* Chicago: Univeristy of Chicago Press.

—McCarthy, John D. and Mayer N. Zald. 1977. "Resource Mobilization and Social Movements: A Partial Theory." *American Journal of Sociology,* 82: 1212-1241.

—Oberschall, Anthony. 1973. *Social Conflict and Social Movements.* Englewood-Cliffs: Prentice-Hall.

—Tarrow, Sidney. 1988. "National Politics and Collective Action: Recent Theory and Research in Western Europe and the United States." *Annual Review of Sociology,* 14: 421-440.

—Tilly, Charles. 1969. "Collective Violence in European Perspective." In Hugh Davis Graham and Ted Robert Gurr, eds., *Violence in America: Historical and Comparative Perspectives: A Report to the National Commission on the Causes and Preventiosn of Violence, Vol.1 and 2,* 5-34. Washington, D.C.: National Commission on the Causes and Preventiosn of Violence.

—Tilly, Charles. 1977. "Getting it together in Burgundy, 1675-1975." *Theory and Society,* 4: 479-504.

—Tilly, Charles. 1978. *From Mobilization to Revolution.* Reading: Addison-Wesley. 〔堀江湛監訳、小林良彰・佐治孝夫・桜内篤子訳『政治変動論』芦書房、1984年〕。

—Tilly, Charles. 1995. "Contentious Repertories in Great Britain, 1758-1834." In Mark Traugott, ed., *Repertoires & Cycles of Collective Action,* 15-52. Durham: Duke University Press.

—Traugott, Mark. 1995. "Barricades as Repirtoile: Continuities and Discontinuities in the History of French Contention." In Mark Traugott, ed., *Repertoires & Cycles of Collective Action,* 43-56. Durham: Duke University Press.

—Zald, Mayer N. and Michael A. Berger. 1978. "Social Movements in Organizations: Coup d'Etat, Insurgency, and Mass Movements." *American Journal of Sociology,* 83: 823-861.

(3)政治的機会構造(POS)をめぐって

—Amenta, Edwin and Yvonne Zylan. 1995. "It Happened Here: Political Opportunitiy, the Institutionalism, and the Townsend Movement." In Stanford M. Lyman, ed., *Social Movements: Critiques, Concepts, Case-Studies,* 199-233. New York: New York University Press.

—Amenta, Edwin and Michael P. Young. 1999. "Democratic States and Social Movements: Theoretical Arguments and Hypotheses." *Social Problems,* 46: 153-168.

—Brockett, Charles D. 1995. "A Protest-Cycle Resolution of the Repression/Popular-Protest Paradox." In Mark Traugott, ed., *Repertoires & Cycles of Collective Action,* 117-144. Durham: Duke University Press.

—Della Porta, Donatella. 1995. *Social Movements, Political Violence, and the State; A Comparative Analysis of Italy and Germany.* Cambridge: Cambridge University Press.

—Eisinger, Peter K. 1973. "The Conditions of Protest Behavior in American Cities." *American Political Science Review,* 67: 11-28.

—Gamson, William A. 1975. *The Strategy of Social Protest.* Homewood: The Dorsey Press.

—Gamson, William A. and David S. Meyer. 1996. "Framing Political Opportunity." In Doug McAdam, John McCarthy, and Mayer Zald, eds., *Comparative Perspevtives on Social Movements: Opportunities, Mobilizing Structures, and Cultural Framings,* 275-290. Cambridge: Cambridge University Press.

—Gerhards, Jurgen and Dieter Rucht. 1992. "Mesomobilization: Organizing and Framing in Two Protest Campaigns in West Germany." *American Journal of Sociology,* 98: 555-595.

—Goldstone, Jack A. 1994. "Is Revolution Individually Rational? Groups and Individuals in Revolutionary Collective Action." *Rationality and Society,* 6: 139-166.

—Kitschelt, Herbert. 1982. "Structures and Sequences of Nuclear Energy Policy Making: Suggestions for a Comparative Perspective." *Political Power and Social Theory,* 3: 271-308.

—Kitschelt, Herbert. 1985. "New Social Movements in West Germany and the United States." *Political Power and Social Theory,* 5: 273-324.

—Kitschelt, Herbert. 1986. "Political Opportunity Structures and Politial Protets: Anti-Nuclear Movements in Four Democracies." *British Journal of Political Science,* 16: 57-85.

—Kriesi, Hanspeter, Ruud Koopmans, Jan Willem Duyvendak, and Marco G.Giugni. 1992. "New Social Movements and Political Opportunity in Western

Europe." *European Journal of Political Research,* 22: 219-244.

−Kriesi, Hanspeter. 1995. "The Political Opportunity Structure of New Social Movements: Its Impact on Thier Mobilization." In J. Craig Jenkins and Bert Klandermans, eds., *The Politics of Social Protest: Comparative Perspectives on States and Social Movements,* 167-198. Minneapolis: University of Minnesota Press.

−McAdam, Doug. 1996. "Conceptual Origins, Current Problems, Future Directions." In Doug McAdam, John D. MacCarthy, and Mayer N.Zald, eds., *Comparative Perspectives on Social Movements: Political Opportunities, Mobilizing Structures, and Cultural Framings,* 23-40. Cambridge: Cambridge University Press.

−Offe, Claus. 1990. "Reflections on the Institutional Self-transformation of Movement Politics: A Tentative Stage Model." In Russell J. Dalton and Manfred Kuecheler, eds., *Challenging the Political Order: New Social and Political Movements in Western Democracies,* 232-250. Oxford: Oxford University Press.

−Quadagno, Jill. 1992. "Social Movements and State Transformation: Labor Union and Racial Conflict in the War on Poverty." *American Sociological Review,* 57: 616-634.

−Rucht, Dieter. 1996. "The Impact of National Contexts on Social Movement Structures: A Cross-Movement and Cross-national Comparison." In Doug McAdam, John D. McCarthy, and Mayer N. Zald, eds., *Comparative Perspectives on Social Movements: Political Opportunities, Mobilizing Structures, and Cultural Framings,* 185-204. Cambridge: Cambridge University Press.

−Sawyers, Traci M. and David S. Meyer. 1999. "Missed Oppoutunities: social Movement Abeyance and Public Policy." *Social Problems,* 46: 187-206.

−Tarrow, Sidney. 1996. "States and Opportunities: The Political Structuring of Social Movements." In Doug McAdam, John D. McCarthy, and Mayer N. Zalt, eds., *Comparative Perspectives on Social Movements: Political Opportunities, Mobilizing Structures, and Cultural Framings,* 41-61. Cambridge: Cambridge University Press.

−Tarrow, Sidney. 1989. *Democray and Disorder: Protest and Politics in Italy, 1965-1975.* Oxford: Oxford University Press.

−Tarrow, Sidney. 1994 (1998). *Power in Movement: Social Movements and Contentious Politics, 1ed.,(2ed).* Cambridge: Cambridge University Press.

−Tarrow, Sidney. 1990. "Struggle, Politics, and Reform: Collective Action, Social Movements, and Cycles of Protest." *Western Societies Program Occasional Paper,* No. 21, Center for International Studies: Cornell Univerisity.

(5)スト行動について

(1)スト行動をめぐる議論

－Britt, David and Omer R. Galle. 1972. "Industrial Conflict and Unonization." *American Sociological Review,* 37: 46-57.

－Edwards, Paul K. 1978. "Time Series Regression Models of Strike Activity: A Reconsideration with American Data." *British Journal of Industrial Relations,* 16: 320-334.

－Edwards, Paul K. 1981. "The Strike-Proneness of British Manufacturing Establishments." *British Journal of Industrial Relations,* 19: 135-148.

－Hibbs, Douglas A. 1973. *Mass Political Violence: A Cross-National Causal Analysis.* New York: John Wiley & Sons.

－Hyman, Richard. 1989. *Strikes, 4ed.,* London: Macmillan.

－Jackson, Michael P. 1987. *Strikes: Industrial Conflict in Britain, U.S.A. and Australia,* Sussex, U.K.: Wheatsheaf Books.

－Kaufman, Bruce E. 1981. "Bargaining Theory, Inflation, and Cyclical Strike Activity in Manufacturing." *Industrial and Labor Relations Review,* 34: 333-355.

－Kaufman, Bruce E. 1992. "Research on Strike Models and Outcomes in 1980s: Accomplishments and Shortcomings." In David Lewin, Olivia S. Mitchell, and Peter D. Sherer, eds., *Research Frontiers in Industrial Relations and Human Resources,* 77-129. Madison: Industrial Relations Research Association.

－Kaufman, Bruce E. 1999. "Expanding the Behavioral Foundations of Labor Economics." *Industrial and Labor Relations Review,* 52: 361-392.

－Korpi, Walter. 1978. "Workplace Bargaining, the Law and Unofficial Strikes: the Case of Sweden." *British Journal of Industrial Relations,* 16: 355-367.

－Korpi, Walter. 1981. "Unoffcial Strikes in Sweden." *British Journal of Industrial Relations,* 36: 66-86.

－Pizzorno, Alessandro. 1978. "Political Exchange and Collective Identity in Industrial Conflict." In Colin Crouch and Alessandro Pizzorno, eds., *The Resurgence of Class Conflict in Western Europe since 1968, Vol.2: Comparative Analysis,* 277-298. London: Macmillan.

－Ross, Arthur M. and Paul T. Hartman. 1960. *Changing Patterns of Industrial Conflicts.* New York: John Willey & Sons.

－Shalev, Michael. 1980. "Trade Unionism and Economic Analysis: The Case of Industrial Conflict." *Journal of Labor Research*, 1: 133-174.

－Shalev, Michael. 1983. "Strikes and the Crisis: Industrial Conflict and Unemployment in the Western Nations." *Economic and Industrial Democracy,* 4:

417-460.

—Shorter, Edward and Charles Tilly. 1971. "The Shape of Strikes in France, 1830-1960." *Comparative Studies in Society and History,* 13: 60-86.

—Shorter, Edward and Charles Tilly. 1974. *Strikes in France, 1830-1968.* Cambridge: Cambridge University Press.

—Soskice, David. 1978. "Strike Waves and Wage Explosions, 1968-70: An Economic Interpretation." In Colin Crouch and Alessandro Pizzorno, eds., *The Resurgence of Class Conflict in Western Europe since 1968, Vol.2: Comparative Analysis,* 221-246. London: Macmillan.

(2)構造・制度・コーポラティズムとストライキ行動

—Dickenson, Mary. 1981. "The Effect of Parties and Factions on Trade Union Election." *British Journal of Industrial Relations,* 19: 190-200.

—Edwards, Paul K. 1983. "The Political Economy of Industrial Conflict: Britain and the United States." *Economic and Industrial Democracy,* 4: 461-500.

—Franzosi, Robert. 1995. *The Puzzle of Strikes: Class and State Strategies in Postwar Italy.* Cambridge: Cambridge University Press.

—Goldfield, Michael. 1989. "Worker Insurgency, Radical Organization, and New Deal Labor Labor Legislation." *America Political Science Review,* 83: 1257-1282.

—Hibbs, Douglas A. 1978. "On the Political Economy of Long-Run Trends in Strike Activity." *British Journal of Political Science,* 8: 153-175.

—Hibbs, Douglas A. 1987. *The Political Economy of Industrial Democracies.* Cambridge: Haravard University Press.

—Humphries, Craig. 1990. "Explaining Cross-National Variation in Levels of Strike Activity." *Comparative Politics,* 22: 167-184.

—Korpi, Walter. 1974. "Conflict, Power and Relative Deprivation." *American Political Science Review,* 68: 1569-1578.

—Korpi, Walter and Michael Shalev. 1979. "Strikes, Industrial Relations and Class Conflict." *British Journal of Sociology,* 30: 164-187.

—Korpi, Walter and Michael Shalev. 1980. "Strikes, Power, and Politics in the Western Nations, 1900-1976." *Political Power and Social Theory,* 1: 301-334.

—Lehner, Franz. 1987. "The Political Economy of Distributive Conflict." In Francis G. Castles, Franz Lehner, and Manfred G. Schmidt, eds., *Managing Mixed Economy,* 54-96. Berlin: Walter de Gruyter.

—Lipset, Seimour Martin, Martin Trow, and James Coleman. 1956. *Union Democracy: What Makes Democracy Work in Labor Unions and Other Organization?* New York: Anchor Books.

—Paloheimo, Heikki. 1984. "Pluralism, Corporatism and the Distributive Conflict in Developed Capitalist Countries." *Scandinavian Political Studies,* 7: 11-38.

—Paloheimo, Heikki. 1984. "Distributive Struggle and Economic Development in the 1970s in Developed Capitalist Countries." *European Journal of Political Research,* 12: 171-190.

—Perrone, Luca. 1983. "Positional Power and Propensity to Strike." *Politics and Society,* 12: 231-261.

—Perrone, Luca. 1984. "Positional Power, Strikes and Wages." *American Sociological Review,* 49: 412-421.

—Quadagno, Jill. 1987. "Theories of the Welfare State." *Annual Review of Sociology,* 13: 109-128.

—Shalev, Michael. 1978. "Strikers and the State: A Comment." *British Journal of Political Science,* 8: 479-492.

—Smith, Michael R. 1979. "Institutional Setting and Industrial Conflict in Quebec." *American Journal of Sociology,* 85: 109-134.

—Snyder, David. 1975. "Institutional Setting and Industrial Conflict: Comparative Analysis of France, Italy and the United States." *American Sociological Review,* 40: 259-278.

—Snyder, David and William R. Kelly. 1976. "Industrial Violence in Italy, 1878-1903." *American Journal of Sociology,* 82: 131-162.

—Snyder, David. 1977. "Early North American Strikes: A Reinterpretation." *Industrial and Labor Relations Review,* 30: 325-341.

—Wright, Erik Olin. 1984. "Postscrpt: Luca Perrone, Positional Power, Strikes and Wages." *American Sociological Review,* 49: 421-425.

(6)新社会運動について

(1)新社会運動をめぐって

—Eder, Klaus. 1985. "The New Social Movements: Moral Crusades, Political Pressure Groups, or Social Movements." *Social Research,* 52: 869-890.

—Giugni, Marco G. 1998. "Introduction: Social Movements and Change: Incorporation, Transformation, and Democratization." In Marco G. Giugni, Doug McAdam, and Charles Tilly, eds., *From Contention to Democracy,* xii-xiv. Lanham: Rowman & Littlefield.

—Kitschelt, Herbert. 1989. *The Logic of Party Formation: Ecological Politics in Belgium and West Germany.* Ithaca: Cornell University Press.

—Kitschelt, Herbert. 1990. "New Social Movements and the Decline of Party Organization." In Russell J. Dalton and Manfred Kuecheler, eds., *Challenging the*

Political Order: New Social and Political Movements in Western Democracies, 179-208. Oxford: Oxford University Press.

—Klandermans, P. Bert. 1990. "Linking the 'Old' and the 'New': Movement Networks in the Netherlands." In Russell J. Dalton and Manfred Kuecheler, eds., *Challenging the Political Order: New Social and Political Movements in Western Democracies,* 122-136. Oxford: Oxford University Press.

—Marx, Gary T. and James L. Wood. 1975. "Strands of Theory and Research in Collective Behavior." *Annual Review of Sociology,* 1: 363-428.

—Marx, Gary T. and Douglas McAdam. 1994. *Collective Behavior and Social Movements: Process and Structure.* Englewood Cliffs: Prentice Hall.

—Müller-Rommel, Fernand (ed.). 1989. *New Politics in Western Europe: The Rise and Success of Green Parties and Alternative Lists.* Boulder: Westveiw Press.

—Offe, Claus. 1987. "Challenging the Boundaries of Institutional Politics: Social Movements since the 1960s." In Charles S. Mair, ed., *Changing Boundaries of the Political: Essays on the Evolving Balance between the State and Society, Public and Private in Europe,* 63-105. Cambridge: Cambridge University Press.

—Pichardo, Nelson A. 1997. "New Social Movements: A Critical Review." *Annual Review of Sociology,* 23: 411-430.

—Plotke, David. 1995. "What's So New About New Social Movements?" In Stanford M. Lyman, ed., *Social Movements: Critiques, Concepts, Case-Studies,* 113-136. New York: New York University Press.

—Richardson, Dick and Chris Rootes (eds.). 1995. *The Green Challenge: The Development of Green Parties in Europe.* London: Routledge.

—Rucht, Dieter. 1999. "The Impact of Environmental Movements in Western Societies." In Marco Giugni, Doug McAdam, and Charles Tilly, eds., *How Social Movements Matter,* 205-224. Minneapolis: Univerisity of Minnesota Press.

—Tarrow, Sidney. 1996. "Social Movements in Contentious Politics: A Review Article." *American Political Science Review,* 90: 874-883.

—Tilly, Charles. 1993-1994. "Social Movements as Historically Specific Clusters of Political Performance." *Berkeley Journal of Sociology: A Critical Review,* 38: 1-30.

—Wallace, Michael and J. Craig Jenkins. 1995. "The New Class, Postindustrialism, and Neocorporatism: Three Images of Social Protest in the Western Democracies." In J. Craig Jenkins and Bert Klandermans, eds., *The Politics of Social Protest: Comparative Perspectives on States and Social Movements,* 96-137. Minneapolis: University of Minnesota Press.

・小野耕二『転換期の政治変容』日本評論社、2000年。

・坪郷実『新しい社会運動と緑の党』九州大学出版会、1989年。

・社会運動研究会編『社会運動研究の新動向』成文堂、1999年。

(2)政治体制(多元主義およびコーポラティズム)と新社会運動

—Bornschier, Volker and Michael Nollert. 1994. "Political Conflict and Labor Disputes at the Core: An Encompassing Review for the Post-War Era." In Volker Bornschier and Peter Lengyel, eds., *Conflicts and New Departures in World Society: World Society Studies, Vol.3,* 377-403. New Brunswick: Transaction Publishers.

—Dahl, Robert. 1967. *Pluralist Democracy in the United States: Conflict and Consent.* Chicago: Rand-McNally.

—Giugni, Marco G. and Florence Passy. 1998. "Contentious Politics in Complex Societies: New Social Movements Between Conflict and Cooperation." In Marco G. Giugni, Doug McAdam, and Charles Tilly, eds., *From Contention to Democracy,* 81-108. Lanham: Rowman & Littlefield.

—Hanagan, Michael. 1998. "Social Movements: Incorporation, Disengagement, and Opportunities: A Long View." In Marco G. Giugni, Doug McAdam, and Charles Tilly, eds., *From Contention to Democracy,* 3-29. Lanham: Rowman & Littlefield.

—Kriesi, Hanspeter, Ruud Koopmans, Jan Willem Duyvendak, and Marco G.Giugni. 1995. *New Social Movements in Western Europe: Comparative Analysis.* Minneapolis: University of Minnesota Press.

—Alan Marsh. 1990. *Political Action in Europe and the U.S.A.*. London: Macmillan.

—Nollert, Michael. 1995. "Neocorporatism and Political Protest in the Western Democracy." In J. Craig Jenkins and Bert Klandermans, eds., *The Politics of Social Protest: Comparative Perspectives on States and Social Movements,* 138-164. Minneapolis: University of Minnesota Press.

—Pizzorno, Alexandro. 1985. "Interests and Parties in Pluralism." In Suzanne Berger, ed., *Organized Interests in Western Europe: Pluralism, Corporatism, and the Transformation of Politics,* 278-292. Cambridge: Cambridge University Press.

—Taylor, Charles Lewis and David A. Jodice (eds.). 1983. *World Handbook of Political and Social Indicators, Vol.2: Political Protest and Government Change.* New Haven: Yale Univerisity Press.

—Wilson, Frank L. 1990. "Neo-corporatism and the Rise of New Social Movements." In Russell J. Dalton and Manfred Kuecheler, eds., *Challenging the Political Order: New Social and Political Movements in Western Democracies,* 67-83. Oxford: Oxford University Press.

(7)比較の方法と問題について

- Beck, Nathaniel and Jonathan Katz. 1995. "What to do (and not to do) with Time-Series Cross Section Date." *American Political Science Review,* 89: 634-647.
- Beck, Nathaniel and Jonathan Katz. 1996. "Nuisance vs. Substance: Specifying and Estimating Time-Series-Cross-Section Models." *Political Analysis,* 8: 1-36.
- Eckstein, Harry. 1975. "Case Study and Theory in Political Science." In Fred I. Greenstein and Nelson W. Polsby, eds., *Strategies of Inquiry: Handbbok of Political Science, Vol.7,* 79-137. Reading: Addison-Wesley.
- Gerring, John. 2000. *Social Science Methodology: A Critical Framework.* Cambridge: Cambridge University Press.
- Huber, Evelyne and John D. Stephen. 2001. *Development and Crisis of the Welfare State: Parties and Politics In Global Markets.* Chicago: University of Chicago Press.
- Janoski, Thomas and Alexander M. Hicks. 1994. "Methodological Innovations in Comparative Political Economy: An Introduction." In *idem.,* eds., *The Comparative Political Economy of the Welfare State,* 1-27. Cambridge: Cambridge University Press.
- Lierberson, Stanley. 1992. "Small N's and Big Conclusions: An Examination of the Reasoning in Comparative Studies on a Small Number of Cases." In Charles C. Ragin and Howards S. Becer, eds., *What is a Case?: Exploringa the Foundations of Social Inquiry,* 105-118. Cambridge: Cambridge University Press.
- Lijphart, Arend. 1971. "Comparative Politics and Comparative Method." *American Political Science Review,* 65: 682-698.
- O'Connell, Philip J. 1994. "National Variation in the Fortunes of Labor: A Pooled and Cross-sectional Analysis of the Impact of Economic Crisis in the Advanced Capitalist Nations." In Thomas Janoski and Alexander M. Hicks, eds., *The Comparative Political Economy of the Welfare State,* 218-242. Cambridge: Cambridge University Press.
- Ostrom, Charles W. 1990. *Time Series Analysis: Regression Techniques.* London: SAGE Publications.
- Paloheimo, Heikki. 1990. "Micro Foundations and Macro Practice of Centralized Industrial Relations." *European Journal of Political Research,* 18: 389-406.
- Przeworski, Adam and Henry Teune. 1970. *The Logic of Comparative Social Inquiry.* New York: Wiley Interscience.
- Ragin, Charles C. 1991. "Introduction: The Problem of Balancing Discourse on Cases and Variables in Comparative Social Science." In Charles C. Ragin, ed.,

Issues and Alternatives in Comparative Social Research, 1-8. Leiden, The Netherlands: E.J. Brill.

—Ragin, Charles C. 1994. "Introduction to Qualitative Comparative Analysis." In Thomas Janoski and Alexander M. Hicks, eds., *The Comparative Political Economy of the Welfare State,* 299-319. Cambridge: Cambridge University Press.

—Sayrs, Leo. 1991. *Pooled-Time Series Analysis.* London: SAGE Publications.

—Stimson, James A. 1985. "Regression in Space and Time." *American Journal of Political Science,* 29: 914-945.

—Tufte, Edward R. 1974. *Data Analysis for Politics and Policy.* Englewood Cliffs: Prentice-Hall.

人名索引

〈ア行〉

アイヴェルセン. T　85, 94-99, 106, 128, 164, 197
アイジンガー. P　219-221, 229, 232, 236, 276, 282
アメンタ. E　293-296, 308
アラトー. A　39, 70
イマールガット. E　58
イングルハルト. R　240
ウィルソン. F　271, 279-281, 288-289
ウルフ. A　42, 44
エドワーズ. P　153
オコンナー. P　301
オッフェ. C　248-254
オルソン. M　47, 150
石田徹　130, 287
井戸正伸　29-30
大木啓介　135, 258, 362
小野耕二　262, 288-289

〈カ行〉

カッツェンスタイン. P　37, 81, 96, 230
カムフォース. L　30, 81-82
ガー. T　154
キッチェルト. H　224-232, 236, 239-240, 243-248, 253-254, 268, 276, 284, 293, 352
ギャムソン. W　221-223
キャメロン. D　81, 83, 91
ギャレット. G　83
クリーシ. H　233, 299-300
クレパース. M　88, 281, 294, 296
クローチ. C　116
グールドナー. A　143
グラノベーター. M　38, 42
グラムシ. A　258
グラント. W　116
ケント. S　142
ゲール. O　150
コーエン. J　39, 55-57
コルピー. W　88, 155, 171, 196
コンプストン. H　88-90
ゴールデン. M　91-94, 98-102, 105-106, 157
加藤哲郎　361
川人貞史　128
久米郁男　258

〈サ行〉

シャットシュナイダー. E　272
シャリフ. M　88, 154-155
シュトリーク. W　42-44, 47-49, 59, 93, 103, 194
シュミッター. P. C.　12, 42-44, 52-53, 59, 62-65, 81, 91, 94, 172-173, 195, 268, 277-279, 291
ショーンフィールド. A　115-116
ショーター. E　149-150, 190-193
ジーニ. M　277
ジャックマン. R　84
スウェンソン. P　85-86, 116
スコッチポル. T　293
スティムソン. J　301
ステパン. A　40-41
スナイダー. D　151-153, 196
篠田徹　73
篠原一　78
新川敏光　130, 360
盛山和夫　28

〈タ行〉

タロー. S　232-236, 266-269
ダール. R　145, 179
ティリー. C　49, 149-150, 154, 190-193, 238
デイヴィス. J　154
ディマジオ. P　49
ドムホフ. W　179
ドリフィール. J　81-82
田口富久治　361
坪郷実　259

著者紹介

桐谷　仁（きりや　ひとし）

略　歴

1958年千葉県生まれ。慶應義塾大学法学部政治学科卒業、同大学院法学研究科政治学専攻博士課程単位取得。尚美学園短期大学、静岡大学法経短期大学部勤務を経て、現在、静岡大学人文学部法学科教授。専攻、政治学、比較政治学。

主要著作等

『国家と近代化』（芦書房、共著）、「ネオ・コーポラティズム」『現代の政治学Ⅲ』（北樹出版、所収）、「新制度論をめぐる一考察」『法政研究』（静岡大学）等。H・J・ウィーアルダ編『比較政治学の新動向』（東信堂、共訳）、R・ピゴット『政治発展論』（芦書房、共訳）など。

State, Corporatism and Social Movements:
Between Institutions and Collective Action

国家・コーポラティズム・社会運動――制度と集合行動の比較政治学

2002年11月30日　　初　版第１刷発行　　〔検印省略〕

＊定価はカバーに表示してあります

著者 © 桐谷仁／発行者 下田勝司　　印刷・製本／中央精版印刷

東京都文京区向丘1-20-6　郵便振替 00110-6-37828　発行所
〒113-0023　TEL (03)3818-5521　FAX (03)3818-5514　株式会社 東信堂
E-mail : tk203444@fsinet.or.jp

Published by TOSHINDO PUBLISHING CO., LTD.
1-20-6, Mukougaoka, Bunkyo-ku, Tokyo, 113-0023, Japan

ISBN4-88713-464-9 C3031 ¥5400E